工商管理优秀教材译丛

营销学系列——

[美] 菲利普·科特勒（Philip Kotler）
约翰·鲍文（John T. Bowen） 著
西摩·巴洛格鲁（Seyhmus Baloglu）

旅游市场营销

第 8 版

谢彦君 李淼 郭英 孙佼佼 徐英 译

Marketing for Hospitality and Tourism (Eighth Edition)

清华大学出版社
北京

北京市版权局著作权合同登记号 图字：01-2021-4867

Authorized translation from the English language edition, entitled MARKETING FOR HOSPITALITY AND TOURISM, 8TH ed., 9780135209844 by PHILIP KOTLER, JOHN T. BOWEN, SEYHMUS BALOGLU published by Pearson Education Limited, copyright © 2021 Pearson Education Limited.

All Rights Reserved. No part of this book may be reproduced or transmitted in any form or by any means, electronic or mechanical, including photocopying, recording or by any information storage retrieval system, without permission from Pearson Education Limited. CHINESE SIMPLIFIED language edition published by TSINGHUA UNIVERSITY PRESS LIMITED, Copyright © 2022.

本书中文简体翻译版由培生教育出版集团授权给清华大学出版社出版发行。未经许可，不得以任何方式复制或传播本书的任何部分。

本书封面贴有 Pearson Education（培生教育出版集团）激光防伪标签，无标签者不得销售。
版权所有，侵权必究。举报：010-62782989，beiqinquan@tup.tsinghua.edu.cn。

图书在版编目(CIP)数据

旅游市场营销：第8版/（美）菲利普·科特勒（Philip Kotler），（美）约翰·鲍文（John T. Bowen），（美）西摩·巴洛格鲁（Seyhmus Baloglu）著；谢彦君等译. —北京：清华大学出版社，2022.6
（工商管理优秀教材译丛. 营销学系列）
书名原文：Marketing for Hospitality and Tourism
ISBN 978-7-302-60761-8

Ⅰ.①旅… Ⅱ.①菲… ②约… ③西… ④谢… Ⅲ.①旅游市场－市场营销学－高等学校－教材 Ⅳ.①F590.82

中国版本图书馆CIP数据核字(2022)第088252号

责任编辑：王　青
封面设计：何凤霞
责任校对：宋玉莲
责任印制：杨　艳

出版发行：清华大学出版社
网　　址：http://www.tup.com.cn，http://www.wqbook.com
地　　址：北京清华大学学研大厦A座　　邮　编：100084
社 总 机：010-83470000　　邮　购：010-62786544
投稿与读者服务：010-62776969，c-service@tup.tsinghua.edu.cn
质量反馈：010-62772015，zhiliang@tup.tsinghua.edu.cn

印 刷 者：北京富博印刷有限公司
装 订 者：北京市密云县京文制本装订厂
经　　销：全国新华书店
开　　本：185mm×260mm　　印　张：37.75　　插　页：2　　字　数：897千字
版　　次：2022年8月第1版　　印　次：2022年8月第1次印刷
定　　价：109.00元

产品编号：088784-01

前　言 PREFACE

感谢曾使用本书作为教材的学生和教师。正是由于他们的支持,我们才能够出版第8版的《旅游市场营销》。如今,这本书已经有9种语言的版本。

本书的读者对象是旅游管理、酒店管理等专业的学生。我们在每次改版时都会采纳来自学生和老师的意见与建议。有很多学生对我们说,这本书既有趣又流畅。有一位学生在写给我们的信中谈到:"读这本书是一种享受——好像我并不是在读一本教科书。"新版延续了可读性。我们倾听了教师们的意见,力求从教学的角度让他们感到行文更加流畅。

本书的作者们拥有在世界各地的旅游接待业工作的丰富经验。我们对旅游接待业的理解可以保证本书能清晰地解释营销概念并阐明如何将这些概念应用到现实情境中。

本书具有国际性的视野,这在日益全球化的时代尤为重要。商务市场已经国际化,各国国内的企业正在向海外扩张。因此,让学生们了解世界其他地区的企业和文化问题是很重要的。国际营销问题并不是某一章的专题,而是贯穿整本书。

第8版中的新内容

作为同类教材的佼佼者,本书第8版是一次里程碑式的改版。本次改版我们力图反映数字时代中受顾客价值、顾客参与和顾客关系影响的主流营销趋势与推力。

（1）在每章末尾增加了课堂小组练习。通过练习,学生可以强化在每章正文学到的知识。这些练习不仅可以为学生带来生动的营销课堂,也为教师提供了通过穿插具有参与性的动手练习来保持学生的参与性的绝佳方式。

（2）数字营销专家克里斯蒂安·莫罗桑（Cristian Morosan）教授撰写了有关数字营销、直接营销和分销的章节。酒店客房的在线分销、餐厅的在线配送服务及点对点住宿的在线对接等方式均已有了长足的发展。社交媒体上的用户生成内容可能成就也可能毁掉一家餐厅,同时也提供了一个获取顾客信息的有效来源。在互联网上产生的海量数据被人们倾听、收集,经由人工智能的处理后这些信息可以帮助我们更好地服务顾客。莫罗桑博士重新撰写了第12章和第16章,将科技和社交媒体的最新进展融入其中。

（3）本版的一个特色是拥有国际视野。本版新增了国际营销发展的讨论和案例。由于世界变得更小、竞争更激烈,营销者面临全球营销的新挑战和新机遇,特别是在一些快速增长的新兴市场,如中国、印度、中东、东欧和东南亚。在第1章,我们讨论了旅游业国际化的发展。为了帮助学生们理解旅游业国际化的重要性,我们增加了很多国际案例,如第9章增加了全球范围内酒店的品牌化实践,第17章增加了有关旅游目的地品牌化和旅游竞争力的内容以帮助学生了解全球市场竞争。

(4) 第 8 版继续跟进营销传播和营销内容生成的快速发展。营销人员不仅要制定整合营销传播方案，还要与客户和媒体合作，利用付费、自有、免费和共享的媒体策划以客户为导向的营销内容。

(5) 本书之所以成为同类教材的佼佼者，主要在于创新性的学习设计，第 8 版在这方面继续完善。本书的一个设计特色是开篇的导入案例，以具体的旅游接待企业为例说明每章将讨论的理论是如何应用于实践的。本版还更新了各章的学习目标和营销专栏。本书最后的案例研究也增加了新的案例。

本书凝聚了整个项目团队的心血。没有学生及其他高校的教师的支持，本书就无法成为同类书籍中的佼佼者。我们感谢大家的厚爱，并向参与本书编写的人员致以深深的谢意。

教辅资源

(1) 教师手册。包括课堂讨论的内容提要、教学建议和部分章末习题的答案。

(2) 考试生成系统(TestGen)。利用 TestGen，任课教师可以灵活地运用纸质、电子、线上的方式发起和管理考试。TestGen 具有一些先进的功能，如浏览和编辑习题库、将所选择的习题拖拽入自己创建的试卷、方便打印及以多种排版方式编辑试卷等。任课教师既可以从 TestGen 的题库中选择试卷编号快速创建考试卷，也可以自己撰写考试题目。TestGen 的随机生成器提供了显示不同文本的选项，以及计算一次考试使用的题目分值。

(3) 幻灯片。本书的幻灯片提供了简洁明了的大纲和要点，以及相关的图表。

致学生 TO THE STUDENT

欢迎你开始学习本书第 8 版。

本书将引领你走上蕴含无穷魅力、充满无尽探索的营销之路。随着国内游和国际游的游客数量持续增加,加上数字技术的发展,一个更具参与性、联系更为紧密的世界应运而生。

今天所学的知识有些很快就会用上,有些可能要到工作后才能派上用场。理解营销的理论和概念很重要,这些知识有助于你分析未来的形势并做出正确的决策。本书列举了大量实例,帮助你了解概念是如何应用于行业情境中的。此外,本书还包括营销专栏、导入案例等,让你的学习更愉快。书中提供了大量案例来展示现实中的企业是如何使用本书中所介绍的营销原则的。

营销既是艺术也是科学。艺术的成分给营销增添了几分不确定性,这会使有些同学感到吃力。我们建议你先快速阅读每章的内容,然后回过头来放慢速度再读一遍。这有助于你充分理解书中的内容。

我们在每一版的修订中都会听取学生的意见,了解该使用哪些插图,哪些例子很有趣,而哪些例子应该在新版中删除。我们致力于写一本学生喜欢的,能够清晰地解释并说明如何将营销概念应用于实际的教材。得益于此,本书才能以九种不同的语言在全球范围内被广泛使用。

希望你喜欢本书并祝愿你取得成功!

作者简介 ABOUT THE AUTHORS

菲利普·科特勒（Philip Kotler） 美国西北大学凯洛格管理学院杰出的国际营销学教授。芝加哥大学经济学硕士、麻省理工学院经济学博士。科特勒是《营销管理》一书的作者，该书现已出版到第15版，是全球各大商学院营销学专业的研究生使用最多的教材。他还出版了数十部成功的著作并在知名期刊发表了100多篇学术文章。他是唯一一位三次获得世人瞩目的阿尔法·卡帕·普西奖的学者，该奖是《营销学报》设立的年度最佳论文奖。

科特勒是第一位包揽四大奖项的学者：美国营销协会颁发的"年度杰出营销学教育工作者奖"和William L. Wilkie"为了更美好的世界营销"奖；医疗保健营销学会颁发的用以奖励优秀医疗保健营销学者的"菲利普·科特勒奖"；表彰在营销学术和实践方面的贡献的"谢斯基金会奖"。他所获得的其他奖项包括：年度销售和营销主管国际营销教育者奖项；欧洲营销咨询和训练者协会颁发的卓越营销奖；"查尔斯·库利奇·帕林"营销研究奖；美国营销协会为表彰他"对营销学的杰出贡献"而授予的"保尔·康弗斯奖"。《福布斯》的调查显示，科特勒名列全球最具影响力的十位商业思想家榜单。《金融时报》对全球1 000名高管进行的调查显示，科特勒在"21世纪最有影响力的商业作家与大师"中排名第四。

科特勒曾任美国管理科学联合会市场营销学会主席、美国市场营销协会理事、营销科学学会受托人。他曾为很多美国公司和外国公司做过营销战略、营销计划、营销组织和国际营销方面的咨询。他的足迹遍及欧洲、亚洲和南美，面向企业和政府就全球营销的实践和机会等问题进行宣讲。

约翰·鲍文（John Bowen） 美国休斯敦大学康拉德·希尔顿酒店管理学院特聘教授和前任院长。他曾在亚洲、澳大利亚、中美洲、欧洲和南美洲讲学。鲍文教授在很多旅游接待企业任顾问。在成为学者之前，鲍文担任过酒店业务和企业层面的管理人员。他是《康奈尔酒店与餐饮管理季刊》《服务营销学报》《现代国际接待业营销学报》和《国际旅游业热点问题研究》的编辑，还是《业主与管理者的酒店营销》一书的作者之一。鲍文因其教育和研究成果获得了很多奖项，如内华达大学基础教育奖、山姆和玛丽·博伊德杰出教授奖、酒店业研究生教育终身贡献创始人奖。鲍文还是杰出教育家评议委员会的委员。研究生教育与研究会给他颁发了奠基人奖来表彰他在研究生教育方面所做的贡献。大休斯敦酒店和住宿业协会为他颁发了终生成就奖。他三次因为发表的酒店业突出研究成果获得了国际酒店、餐饮及学术教育理事会（CHRIE）颁发的年度奖励并获得了"约翰·威立终身研究成就奖"。在最近一篇发表在《接待和旅游教育学报》上的文章中，鲍文被列为5名最具影响力的酒店业管理学者之一。休斯敦的市长宣布2014年11月21日为约翰·

鲍文日,来纪念鲍文教授在酒店业和酒店教育方面的成就。

鲍文曾获康奈尔大学酒店管理学士学位、考普斯·克里斯蒂州立大学工商管理学硕士和理学硕士学位、得克萨斯A&M大学营销学博士学位。

西摩·巴洛格鲁(Seyhmus Baloglu) 美国内华达大学拉斯维加斯分校哈拉酒店管理学院教授和杰出学者,曾担任10年的副院长和哈拉研究中心主任。巴洛格鲁拥有库库罗瓦大学酒店管理学士学位、夏威夷太平洋大学工商管理硕士学位和弗吉尼亚理工大学酒店营销博士学位。巴洛格鲁曾在亚洲、澳大利亚、欧洲和加勒比地区开设课程和研讨会。在从事学术研究前,他曾在餐厅、酒店、度假村俱乐部和旅行社等多个行业担任管理人员。他在《商业研究杂志》《康奈尔酒店季刊》《酒店与旅游研究》《国际酒店管理》《旅游研究年鉴》《旅游研究杂志》《旅游管理》《旅行和旅游市场营销》和《旅游分析》等知名期刊上发表了大量文章。他从旅游目的地、度假村、酒店、机场、夜总会和供应链组织获得了很多研究经费、合约和咨询项目。他被认为是酒店和旅游研究的重要贡献者之一。他的著作在多个学科和研究领域被广泛引用。巴洛格鲁的研究履历为他赢得了国际声誉,他还是多个知名期刊的编委员会成员。他曾在很多国内和国际会议、研讨会、专题讨论会上作为嘉宾发言,并在很多国际会议上担任主讲人和圆桌对话小组成员。他还参与编著了《管理和营销旅游目的地:获得竞争优势的策略》和《旅游接待业研究量表手册》。他获得过众多享有盛誉的教学、研究和服务奖项,如UNLV校友会年度杰出教师、国际酒店餐饮教育学会(I-CHRIE)颁发的约翰·威立终身研究成就奖、ICHRIE年度研究奖、山姆和玛丽·博伊德杰出教授奖、爱思邓肯研究奖、克劳迪恩·威廉姆斯杰出主席和哈拉杰出主席奖。

参编人员

克里斯蒂安·莫罗桑(Cristian Morosan) 美国休斯敦大学康拉德·希尔顿酒店管理学院副教授。在2012年加入该学院之前,他曾在天普大学、堪萨斯州立大学和圣托马斯休斯敦大学教授市场营销。他的工作得到了地区组织的资助,如酒店及旅游业财政与科技专业人员协会、州和地方目的地组织,以及休斯敦大学和堪萨斯州立大学等院校。他的研究成果涵盖110多项经同行评审的出版物,包括参编书籍及在《旅游管理》《国际酒店管理》《当代国际酒店管理》《旅行和旅游市场营销》《旅行研究》《酒店与旅游研究》和《酒店信息技术》等期刊上发表文章。莫罗桑曾获得多项著名学术奖项,包括教学卓越创新奖、斯蒂芬·拉什莫尔/HVS研究卓越奖、教务长卓越成就表彰优秀证书、芭芭拉·斯托授予教师发展奖和12名优秀教职工奖。他是《国际当代酒店管理》《国际酒店信息技术》和《国际旅游研究》的编委会成员,并被国际酒店餐饮教育学会(I-CHRIE)认证为信息技术领域的杰出评审员。他曾在I-CHRIE、国际旅游和旅行信息技术联合会、国际酒店信息技术协会(并获得协会颁发的2015年和2018年iHITA最佳研究论文奖)、酒店及旅游业财政与科技专业人员协会、旅行和旅游研究协会展示研究成果。他曾多次出现在媒体上,并受邀在北美、欧洲及亚洲的会议、座谈会和研讨会上发表演讲。

莫罗桑在罗马尼亚Stefan cel Mare Suceava大学获理学学士学位、在爱荷华州立大学获理学硕士和博士学位。

目录 CONTENTS

第1部分 定义旅游市场营销和营销过程

第1章 通过旅游市场营销创造顾客价值和顾客参与 ········ 2
- 1.1 迈向成功的通行证 ········ 4
- 1.2 顾客导向 ········ 5
- 1.3 什么是旅游市场营销 ········ 6
- 1.4 旅游市场营销 ········ 7
- 1.5 理解市场和顾客需求 ········ 9
- 1.6 设计顾客导向的营销战略 ········ 12
- 1.7 制订整合营销计划 ········ 15
- 1.8 管理顾客关系和获取价值 ········ 15
- 1.9 从顾客处获取价值 ········ 19
- 1.10 不断变化的营销前景 ········ 22
- 1.11 市场营销：成为成功管理者的通行证 ········ 25
- 课堂小组练习 ········ 26
- 体验练习 ········ 27
- 参考文献 ········ 27

第2章 服务营销观念在旅游市场营销中的应用 ········ 31
- 2.1 服务文化 ········ 33
- 2.2 服务营销的特征 ········ 33
- 2.3 服务利润链 ········ 37
- 2.4 服务企业管理战略 ········ 38
- 课堂小组练习 ········ 50
- 体验练习 ········ 50
- 参考文献 ········ 51

第3章 营销战略：合作打造顾客参与、价值和关系 ········ 54
- 3.1 高绩效企业的特征 ········ 56

3.2	企业战略规划：界定营销的角色	58
3.3	营销计划：合作建立顾客关系	65
3.4	营销战略和营销组合	66
3.5	管理营销活动	69
3.6	衡量和管理营销投资回报率	74

课堂小组练习 75
体验练习 75
参考文献 75

第 2 部分　了解市场和顾客价值

第 4 章　营销环境分析 82

4.1	公司的环境	84
4.2	公司的微观环境	84
4.3	公司的宏观环境	90
4.4	应对营销环境	98

课堂小组练习 99
体验练习 99
参考文献 99

第 5 章　管理顾客信息以洞察顾客 102

5.1	营销信息和顾客洞察	104
5.2	营销信息系统	106
5.3	营销调研	113
5.4	国际营销调研	133
5.5	小型组织的营销调研	134

课堂小组练习 134
体验练习 135
参考文献 136

第 6 章　消费者市场与消费者购买行为 140

6.1	消费者行为模型	141
6.2	影响消费者行为的各种特征	142
6.3	购买决策过程	155

课堂小组练习 160
体验练习 160
参考文献 160

第 7 章　组织购买行为 ········· 166

- 7.1　组织购买过程 ········· 168
- 7.2　组织购买过程的参与者 ········· 169
- 7.3　组织购买者的主要影响因素 ········· 170
- 7.4　组织购买决策 ········· 172
- 7.5　通过数字和社交营销吸引组织购买者 ········· 174
- 7.6　旅游接待业集团市场 ········· 175
- 7.7　与会议策划人打交道 ········· 182
- 课堂小组练习 ········· 183
- 体验练习 ········· 184
- 参考文献 ········· 184

第 8 章　顾客驱动的营销策略：为目标顾客创造价值 ········· 187

- 8.1　市场 ········· 189
- 8.2　市场细分 ········· 190
- 8.3　目标市场选择 ········· 200
- 8.4　市场定位 ········· 205
- 课堂小组练习 ········· 210
- 体验练习 ········· 211
- 参考文献 ········· 212

第 3 部分　设计顾客价值驱动的战略和组合

第 9 章　产品与品牌的设计和管理：创造顾客价值 ········· 218

- 9.1　什么是产品 ········· 219
- 9.2　产品的层次 ········· 220
- 9.3　品牌战略 ········· 227
- 9.4　新产品开发 ········· 234
- 9.5　产品生命周期策略 ········· 241
- 9.6　国际产品与服务营销 ········· 247
- 课堂小组练习 ········· 248
- 体验练习 ········· 248
- 参考文献 ········· 249

第 10 章　内部营销 ········· 255

- 10.1　内部营销概述 ········· 256
- 10.2　内部营销的过程 ········· 259

课堂小组练习 ·· 275
　　体验练习 ·· 275
　　参考文献 ·· 275

第 11 章　定价：理解并获取顾客价值 ·· 280
　11.1　定价时应考虑的因素 ·· 282
　11.2　定价方法 ··· 293
　11.3　定价策略 ··· 297
　11.4　收益管理 ··· 300
　11.5　心理定价 ··· 306
　11.6　价格调整 ··· 308
　　课堂小组练习 ·· 310
　　体验练习 ·· 311
　　参考文献 ·· 311

第 12 章　分销渠道：交付顾客价值 ·· 314
　12.1　合作增加价值 ·· 315
　12.2　旅游接待业分销渠道 ·· 320
　12.3　渠道行为与组织 ··· 326
　12.4　渠道管理 ··· 331
　　课堂小组练习 ·· 334
　　体验练习 ·· 335
　　参考文献 ·· 335

第 13 章　接洽顾客、传递顾客价值与广告 ··· 337
　13.1　促销组合 ··· 339
　13.2　整合营销传播 ··· 340
　13.3　打造有效的营销传播 ·· 345
　13.4　进行有效营销传播的步骤 ·· 346
　13.5　制定促销总预算和促销组合 ··· 353
　13.6　广告 ··· 357
　　课堂小组练习 ·· 368
　　体验练习 ·· 368
　　参考文献 ·· 368

第 14 章　产品促销：公共关系和营业推广 ··· 372
　14.1　公共关系 ··· 374
　14.2　公关过程 ··· 377

14.3　旅游接待业的公关机会 ················· 382
课堂小组练习 ································· 394
体验练习 ····································· 395
参考文献 ····································· 395

第15章　专业销售 ································· 398

15.1　专业的销售管理 ························· 400
15.2　旅游接待业销售的本质 ················· 401
15.3　销售团队的目标 ························· 402
15.4　销售团队的结构与规模 ················· 404
15.5　组建销售部门 ··························· 409
15.6　关系营销与战略联盟 ···················· 412
15.7　招聘与培训专业销售团队 ··············· 413
15.8　管理销售团队 ··························· 416
15.9　社交销售：在线工具、移动工具和社交媒体工具 ········ 428
课堂小组练习 ································· 429
体验练习 ····································· 429
参考文献 ····································· 429

第16章　直接营销、在线营销、社交媒体营销和移动营销 ········ 433

16.1　直接营销与数字营销 ···················· 435
16.2　数字与社交媒体营销 ···················· 437
16.3　顾客数据库与传统的直接营销 ·········· 447
16.4　关系营销与忠诚计划 ···················· 450
16.5　传统形式的直接营销 ···················· 454
16.6　在线隐私与安全 ························· 456
课堂小组练习 ································· 456
体验练习 ····································· 457
参考文献 ····································· 457

第4部分　旅游接待业营销管理

第17章　旅游目的地营销 ···························· 462

17.1　营销旅游目的地 ························· 464
17.2　旅游开发与投资 ························· 473
17.3　旅游市场的细分与监测 ················· 478
17.4　与游客市场沟通 ························· 487
17.5　组织与管理旅游营销 ···················· 491

课堂小组练习 ··· 493
　　体验练习 ··· 494
　　网络练习 ··· 494
　　参考文献 ··· 494

第18章　下一年的营销计划 ··· 500
　　18.1　营销计划的目标 ··· 502
　　18.2　营销计划的编制 ··· 503
　　18.3　展示计划并为未来做准备 ··· 523
　　课堂小组练习 ··· 524
　　体验练习 ··· 525
　　参考文献 ··· 525

附录　案例研究 ··· 527
　　案例1　齐普卡：不是汽车，而是城市生活方式 ······························· 527
　　案例2　哥斯达黎加国家电力电信公司自助餐厅 ······························· 530
　　案例3　爱彼迎：真正的热情好客 ··· 535
　　案例4　福乐鸡：美国快餐市场的霸主 ·· 538
　　案例5　狩猎餐厅：更换概念还是仅改变装修风格 ····························· 542
　　案例6　In-N-Out汉堡：顾客看重的是传统方式 ································ 544
　　案例7　澳大利亚旅游委员会 ··· 547
　　案例8　女巫城堡酒店 ··· 552
　　案例9　梅奥诊所 ·· 556
　　案例10　麋鹿山酒店 ·· 557
　　案例11　丽思卡尔顿酒店 ·· 560
　　案例12　大塔基 ··· 562
　　案例13　滴血之心餐厅：一家餐厅的独特定位 ································· 565
　　案例14　败也定价，成也定价：从一家当地餐厅得到的启示 ················· 569
　　案例15　超值的精神航空公司：收获不多但付出更少 ·························· 570
　　案例16　阿波罗旅馆 ·· 572
　　案例17　卡梅隆商贸客栈 ·· 574
　　案例18　热带垂钓旅馆 ··· 577
　　案例19　博尔德河酒店 ··· 580
　　案例20　国际旅行社 ·· 584
　　案例21　超级酒店公司 ··· 585
　　案例22　优步 ·· 587

第1部分
定义旅游市场营销和营销过程

第1章　通过旅游市场营销创造顾客价值和顾客参与

第2章　服务营销观念在旅游市场营销中的应用

第3章　营销战略：合作打造顾客参与、价值和关系

旅游市场营销（第8版）
MARKETING for Hospitality and Tourism·8e

第 1 章

通过旅游市场营销创造顾客价值和顾客参与

学习目标

☐ 描述营销对旅游接待业的重要性,简述营销的步骤。
☐ 解释如何分析顾客需要、欲求、需求和市场。
☐ 解释如何设计顾客价值导向的营销战略。
☐ 描述如何建立能为企业带来利润的顾客关系。
☐ 讨论创造顾客价值的结果。
☐ 解释影响营销前景的主要趋势。

导入案例

布法罗鸡翅酒吧:为体育迷打造精彩体验

为体育迷打造精彩体验是生意蒸蒸日上的布法罗鸡翅酒吧长期恪守的座右铭。酒吧的昵称 B-Dubs 对痴迷的常客来说如雷贯耳,它象征着专注食物、体育和"二者之间的一切"。毋庸置疑的是,布法罗鸡翅酒吧在平衡"鸡翅"和"啤酒"的关系上达到了登峰造极的地步。酒吧提供丰富的鸡翅种类:有骨的和无骨的,配上 5 种干调味料和 17 种招牌酱汁,酱汁按辣度强弱被划分为从甜烧烤酱(属于传统烧烤酱,不辣的甜味)到沙漠辣(烟熏风味,甜口,辣椒调味)到重新配置的"Blazin"(非常棒,很刺激,用魔鬼椒的魔鬼辣味烹制而成)等各种类型。为搭配这些鸡翅,布法罗鸡翅酒吧提供了多达 30 种生啤,且有国产、进口和精酿啤酒品牌可供选择。布法罗鸡翅酒吧能够让你既"吃饱"还"喝足"。

然而,布法罗鸡翅酒吧成功的秘诀并不只是靠卖鸡翅和啤酒盈利。酒吧真正吸引顾客并且让他们再次光顾的是它提供的顾客体验。顾客来到布法罗鸡翅酒吧获得的是一个完整的餐饮和社交体验:观看体育赛事、自在地交谈、为他们支持的队伍干杯、与老朋友会面,以及结交新的朋友。"我们发现我们在做的不只是卖鸡翅,"酒吧表示,"我们在做一件更大的生意:为体育迷打造精彩体验。"

酒吧的所有设计都是为了让各种体育项目的爱好者拥有最佳的观赛体验。惊叹声从顾客踏入1 100家布法罗鸡翅酒吧其中任意一家的那一刻就开始了。这不是那些黑暗潮湿的体育酒吧。布法罗鸡翅酒吧像是一个微型体育场馆,高高的天花板、充足的自然光、颜色明亮的装修风格。每家布法罗鸡翅酒吧都配备了60~70台超大平板电视机,这些电视机排布在墙上、吧台上方等各个位置,确保每个桌位都是酒吧里最好的观看席位,无论你喜欢的队伍或体育项目是什么,甚至包括当地大学或高中赛事的直播。布法罗鸡翅酒吧创造了一个令人兴奋的环境,使它成为亲临赛场以外最好的,甚至是更好的事物。酒吧负责顾客体验和创新的副总裁说:"我们感觉自己拥有1 100座体育场。"

在布法罗鸡翅酒吧,每个人都有自己独特的体验。酒吧吸引了形形色色的顾客,从流连酒吧的体育爱好者到寻找能够负担得起开销的夜生活的家庭。单身或成对的顾客被吸引到吧台区域,而很多家庭聚会则选在铺着地毯的包间里。除了在大屏幕上直播各种体育赛事,酒吧还提供桌边平板电脑,顾客可以用来玩扑克或知识问答游戏。点唱机的共享功能让顾客可以操控餐厅音响系统播放的音乐。

布法罗鸡翅酒吧似乎总能找到吸引顾客并提升他们体验的方法。以其声名远播的"烈焰鸡翅挑战赛"为例,只要顾客在6分钟内吞下12个饱蘸该店最辣的招牌酱汁的鸡翅,就能得到一件纪念T恤衫,并将名字刻在名人墙上。这绝非易事,因为烈焰酱汁的辣度是普通墨西哥辣椒酱的60倍。在6分钟挑战期间,挑战者们不允许使用餐巾或餐具、触摸自己的脸、吃喝除鸡翅以外的任何东西。菜单上印有很多警告语句,服务员也建议一般人不要尝试这个挑战。在挑战之前,每名挑战者都要签署一份免责书,同意"自愿承担自己可能因此遭受的任何损失、损害、伤害、疾病或死亡的风险"。可以想象,当酒吧宣布有人要挑战时,总是会吸引一大群人来看热闹。

布法罗鸡翅酒吧从不催促顾客离开。尽管其他很多休闲餐厅都有翻台的说法,即让每张桌子接待尽可能多的付费顾客,但在布法罗鸡翅酒吧情况恰恰相反。布法罗鸡翅酒吧鼓励人们逗留更长时间,享受食物,沉浸在酒吧的氛围之中。

为了实现这一目标,除了常规的服务员外,酒吧的每张桌子都配备了一名顾客体验队长。布法罗鸡翅酒吧的首席营销员说,体验队长"就像派对的主人",从一张桌子踱到另一张桌子,与顾客聊天,为他们提供个性化的体验,确保他们的需要得到满足。想要在一个屏幕上同时显示两个游戏?你的体验队长会帮忙实现。需要平板电脑方面的帮助?你的体验队长会帮你。想尝试新的酱料?体验队长会给你一些建议,甚至会带一些不同的酱料小样来给你蘸薯条试吃。

额外配备顾客体验队长是一项不小的开支,尤其是要推广到1 100家门店。但布法罗鸡翅酒吧的管理层认为,付给队长的工资远远比不上提升至关重要的顾客体验、延长顾客逗留时间、让他们更频繁地回来消费所带来的好处。拥有体验队长的布法罗鸡翅酒吧的顾客满意度和忠诚度相比那些没有配备体验队长的酒吧达到了创纪录的水平。

忠于其"最佳体育体验"的使命，布法罗鸡翅酒吧在酒吧内外都积极运用数字和社交方式与顾客互动。事实上，该连锁酒吧声称自己是业内线上粉丝参与度最高的数字品牌。布法罗鸡翅酒吧的网站非常活跃，每月能够吸引300万访问者。其品牌在脸书上有1 200多万粉丝，在推特上有66万粉丝，在YouTube和Ins主页上也有活跃的表现。总而言之，布法罗鸡翅酒吧在线下和线上都采取了大量激发顾客情谊的促进措施。布法罗鸡翅酒吧的管理层表示："这是为了给顾客提供成为品牌的倡导者的途径，从而让他们不只是品牌的旁观者。"

满足顾客体验为布法罗鸡翅酒吧带来了巨大的回报。布法罗鸡翅酒吧是美国排名第一的鸡翅和生啤酒销售商。过去5年间，当其他休闲餐厅在激烈的竞争和缓慢的增长中苦苦挣扎时，布法罗鸡翅酒吧的销售额增长了两倍多，利润增长了250%。布法罗鸡翅酒吧的出色业绩引起了温迪餐厅的股东罗克资本集团的注意，并在前不久被该集团收购。该集团专门成立了一家新公司Inspire Brands来管理布法罗鸡翅酒吧。布法罗鸡翅酒吧提供了一个通过为顾客创造价值而从顾客那里获取价值的案例。这是营销的核心。[1]

1.1 迈向成功的通行证

在经济全球化的今天，作为一名管理者，营销会为你的职业生涯和企业的成功经营提供莫大的帮助。当今的旅游业，顾客来自世界各地，他们是"上帝"。之所以赋予他们这样的头衔，是因为顾客的购买决策和评价能够左右你的职业生涯。

旅游业是全球最大、最具国际性的产业之一。全球旅游业收入已经超过15万亿美元，旅游者超过13.3亿人次。[2] 中国的14亿人口每年进行超过50亿次的国内旅行，花费超过7 000亿美元。[3] 中国国内游的快速发展加上每年超过1.5亿的入境游客，带动了酒店、度假地、航空业及其他旅游支持产业的发展。中国出境游人数达1.35亿，是很多旅游目的地的目标市场。荣获"全球最佳机场"这一殊荣的机场，不在美国或是欧洲，而在新加坡。世界上最好的酒店是位于意大利托斯卡纳的波尔多佩里卡诺酒店。15个国家拥有全球排名前20的酒店。全球最好的国际航空公司是新西兰航空公司。[4]

全球旅游业活力十足，充满了刺激和挑战。来自全球各地的大学毕业生在酒店和旅游规划/促销机构就职。虽然当前竞争变得日益激烈，但机遇也是前所未有的。

欢迎你学习市场营销，它是你迈向成功的通行证！

今天的营销已经不仅是一种商业职能，而是一门哲学、一种思维方式、一种对你的事业和头脑进行整合的方式。营销远不是开展一场新的广告活动。营销的任务从来都不是欺骗顾客或毁损企业形象。营销的任务是向目标顾客提供实实在在的价值，刺激消费，满足消费者真正的需要。

营销不同于企业的其他职能，它直接与顾客打交道。创造顾客价值和顾客满意，是旅游接待业营销的核心所在。尽管很多因素影响着企业经营的成败,但今天所有成功的企业,不管大小,有一样是共同的——它们都有很强的顾客导向意识,并极其重视营销工作。雅高(Accor)酒店通过发扬"雅高精神",即预测和满足顾客需求的能力,以及对细节的真正关注成为全球最大的连锁酒店集团之一。[5] 丽思卡尔顿(Ritz Carlton)酒店向顾客承诺提供真正"值得回味的体验"。麦当劳(McDonald's)也凭借 QSC&V(quality:质量;service:服务;cleanliness:清洁;value:价值)发展成为全球最大的连锁餐厅。这些以及其他成功的旅游接待企业深知,必须关心顾客,市场份额和利润的提升才会随之而来。

作为一名经理,你要鼓励员工为顾客提供卓越的价值。你要清楚只有提供了顾客满意,企业才能获得利润。这是营销最简单的一个定义。本书将引领你踏上一段旅程,借此使你赢得顾客的信任,并使营销成为你的管理哲学。

1.2 顾客导向

企业的目的(purpose of a business)是创造并维系那些获得了满足并为企业带来利润的顾客。[6] 当顾客的需要获得满足时,就意味着他们被吸引并留了下来。他们不仅会再次光顾同一艘邮轮、同一家酒店、同一个出租车公司、同一间餐厅,而且会向其他人传播自己的满意。

"那利润怎么办?"旅游接待企业管理者的做法表明他们把利润列为首要目标,而顾客满意仅在其次。这种态度最终会葬送企业,因为他们会发现回头客越来越少,口碑越来越差。成功的管理者知道,最好把利润看作成功经营的结果,而不是企业经营的唯一目标。企业如果能够满足顾客的需要,顾客就会为产品支付一个合理的价格,而这个合理的价格就包含了企业所期望的利润。

那些始终寻求短期利润最大化的管理者,实际上是在卖空顾客和企业。看看下面这个小故事吧:

> 一位顾客在打烊前走进一家餐厅,迎面听到服务员问:"你要干什么?"这位顾客多少有些惊讶,于是就说想要吃点儿什么。服务员语气粗鲁地告诉他,餐厅已经关门了。这时,顾客指着门上的一块牌子质问,餐厅不是9点才关门吗?"不错。可是我还要打扫呢,我还要归拢食物呢,弄完这些就9点了。所以,我们现在就关门了!"这位顾客走出餐厅到一个街区外的另一家餐厅用餐,此后再也没有光顾过那家餐厅。

让我们思考一下。为什么这位顾客遭到如此粗暴的对待?也许:
- 这名服务员想要早点儿下班。
- 这名服务员正被头痛困扰。
- 这名服务员面临个人或家庭方面的问题。

真实的原因是这名服务员曾经在打烊之前接待了一位顾客,结果她不得不工作到22:30。餐厅的管理者不仅没有嘉许她为顾客服务到很晚,反而抱怨她延长了工作时间。管理者想要的是减少加班费。而员工对此的反应就是,不管代价多大,也要在21点关门,这样管理者才高兴。但他们没有意识到,他们正在失去顾客,也是在失去从未来的业务中赚钱的机会。实际上,员工的待客行为往往是管理哲学的反映。

与此不同的管理思想是,把顾客放在第一位,并对那些能很好待客的员工予以嘉奖。万豪集团的销售与营销副总裁说:"我们曾经对餐厅经理所做的有益于集团的事情,如降低食品成本,给予嘉奖。可是,你什么时候听说过顾客要的是餐厅的食品成本?你必须对顾客想要从你的企业中获得的东西持嘉许的态度。"[7]

强调顾客的长期价值并采取适当的措施长期留住顾客才是明智之举。最近的两项研究对此均有解释。弗罗姆公司(Forum Company)发现,维持一位忠诚顾客的成本仅是吸引一位新顾客的成本的20%。[8] 另一项研究发现,顾客保留率每增加5%,利润就会增加25%~125%。[9] 因此,一家酒店若能使顾客保留率从35%增至40%,利润至少会增加25%。[10] 北欧航空(Scandinavian Airlines)的前总裁谈到赢得满意顾客的重要性时说:"看看我们的资产负债表。在资产方,我们能看到有多少飞机值多少钱。但这实际上是错误的,我们在自我愚弄。在资产一方,我们真正应该列上去的是去年我们运送了多少快乐的乘客。因为那是我们获得的唯一资产——对我们的服务感到满意、愿意再次光顾并付钱给我们的人。"[11]

没有顾客,资产就毫无价值;没有顾客,一间新建的价值百万美元的餐厅就会关门大吉;没有顾客,一家价值3亿美元的酒店就会面临破产,只能以账面价值的一小部分售出。

 ## 1.3 什么是旅游市场营销

在酒店业,营销与销售常被混为一谈,这不足为奇。销售部是酒店最显眼的部门之一。销售经理向潜在的顾客推销旅游服务和酒店餐饮。因此,尽管营销职能的大部分非促销业务都发生在紧闭的门后,但销售职能在酒店中却是最能看得见摸得着的职能之一。在餐饮业,很多人把营销与广告和促销混为一谈,经常会听到餐厅经理们说他们"不信任营销",其实他们是对广告的效果感到失望。实际上,销售和广告只是营销职能中的两个,而且往往还不是最重要的两个。广告和销售是**营销组合**(marketing mix)中促销方面的内容。除了促销(Promotion)外,其他营销组合要素还包括产品(Product)、价格(Price)和分销(Distribution)。分销有时也被称作渠道(Place),这时的营销组合战略被称为4P。营销还包括计划、调研、信息系统和了解消费者行为。

4P框架引导营销人员确定产品及其特征、制定价格、选择分销和促销方式。例如,麦当劳生产的是快餐食品,它使用高质量的原料,而且产品的开发以能够满足人们对快餐食品的支付意愿为原则。大多数顾客都不愿意花费超过15分钟的时间前往麦当劳餐厅,所以麦当劳的分销计划就必须包括将餐厅建在靠近目标市场且方便前往的地方。这就是麦当劳在北美有超过1.5万间餐厅的原因。由于能够把成本分摊到各个餐厅,麦当劳可以更有效地利用电视等大众媒体。营销组合的真谛就是利用各种可配置的要素为目标市场创造一个有效的产品/服务组合。

如果营销人员在识别消费者需要、开发产品,以及定价、分销和促销方面卓有成效,就会带来受欢迎的产品和获得满足的顾客。万豪集团提出了体验式的慕奇夕(Moxy)酒店概念,丹尼尔·迈耶(Daniel Meyer)设计了昔客堡(Shake Shack)汉堡店。他们设计不同的产品,这些产品为消费者提供新的利益。营销就意味着"击中目标"。杰出的管理思想家彼得·德鲁克对此的表述是:"营销的目的是使促销成为多余之举,是力求充分地理解顾客的需要从而使产品和服务适合这种需要并自动销售出去。"12

这并不意味着销售和促销不重要,而是说,它们仅是更大的营销组合,即一系列营销工具的一部分,它们协同作用,使顾客获得满足。使销售和促销真正发挥效用的唯一方法是先界定目标顾客及其需要,然后为顾客提供很容易进入和获得,并且对其有价值的产品组合。

1.4 旅游市场营销

1.4.1 营销的重要性

众所周知,旅游接待业是世界上最主要的产业之一。在美国,它是第二大雇主,50个州中,有一半以上的州以此为最大产业。

在属于旅游接待业的餐饮业,营销发挥着越来越大的作用。由于大公司进入旅游接待业市场,从而使传统的个体餐厅和酒店从夫妻店式产业转向以连锁店为主的产业。这些连锁店在一个高度竞争的环境中经营,要想赢得顾客,往往需要采取极具进攻性的营销技巧。在美国65万家餐厅中,有近半数餐厅是多元经营的组成部分。13

酒店业正经历着合并的过程,雅高、希尔顿和万豪等酒店正在并购酒店联号,在一个总公司下经营几个酒店品牌。这些大酒店集团的一些营销专家已经创造了一种激烈竞争的营销环境。为了应付日益沉重的竞争压力,酒店联号越来越依赖营销管理专家。营销总监是专职营销人员,其他人员则必须是兼职营销人员。所有的经理都必须理解营销。在找工作时充分利用你所学的营销知识,你将会获得更多的工作机会,最后有希望找到一份自己所喜爱的工作。

1.4.2 旅游业营销

旅游业的两个主要产业部门是酒店业和旅行业。我们所界定的旅行业,包括所有除了酒店和餐饮企业以外提供旅行服务的组织。这些组织包括旅行社、为旅游者提供陆地交通的供应商、旅游经营商、度假零售商、旅游娱乐活动供应商、会展中心。酒店业和旅行业相互关联,因此很难将二者明确区分开。认清两个产业互相高度依赖比将二者区分开更为重要。会议策划人在选择目的地时,会考虑到达目的地的路费、酒店的价值、餐厅的质量及与会者可以参加的晚间活动。

邮轮公司所取得的成功是旅行产业链上众多成员联合营销的结果。例如,波士顿港想要吸引更多的邮轮生意,马萨诸塞州港口管理局积极向邮轮公司发动营销攻势。当这些邮轮公司被说服之后,它们又向各大旅行社推销。由于旅行社掌握着邮轮生意95%的份额,这一举动就显得尤为重要。波士顿港意识到,如果一艘从波士顿港出发的邮轮乘坐率高,邮轮公司会很高兴,并且会增加从波士顿港出发的邮轮的数量。结果是:通过这次联合营销行动,波士顿港的邮轮停靠量翻了一番,为当地经济增加了1 730万美元的收入。

这只是旅行业在向邮轮公司推销的过程中实施的联合营销行动的开始。航空公司、汽车出租商、酒店旅游经营商、餐厅和铁路客运公司也与邮轮公司合作开发组合产品。这种合作开发要求各方在定价、促销和分销这些组合产品时开展合作。例如,在马萨诸塞州,政府或准政府部门通过旨在推动产业发展的立法及通过向地区、全州和全国进行促销,扮演着非常重要的角色。[14]

很少有产业能像旅行业与酒店业那样彼此依存得如此紧密。这种依赖关系势必使事情变得更为复杂。旅行业需要营销人员具有宏观视野,并善于通过各种富有创造性的、建立在坚实的营销知识基础上的营销战略来应对消费者瞬息万变的需求。

1.4.3 营销的定义

营销必须满足顾客的需求。如果营销人员了解顾客需求,开发的产品能够提供卓越的价值,并且在价格、分销和促销方面表现出色,那么产品就能顺利售出。我们给出的**营销**(marketing)定义是:企业为顾客和社会创造价值的过程,可以建立牢固的顾客关系,进而从顾客处获取价值,同时为社会创造价值。近年来,营销的一个新特点是为社会创造价值。如今,随着环境压力的提升和贫困人口比例的增加,企业采用可持续的经营方法并为所在的社区提供助益变得非常重要。

营销专栏 1-1

四季酒店是如何取悦顾客的

当顾客乘坐的出租车离去后,多伦多四季酒店的门童罗伊·戴蒙特(Roy Dyment)发现顾客的手提箱忘在了酒店的门口。戴蒙特给这位已经到达华盛顿的顾客打了电话,得知这个箱子中有顾客当天上午将要参加的一次重要会议的文件。戴蒙特意识到最保险的方法是在会议召开前自己亲自把手提箱送到华盛顿。于是,他这样做了。他的初衷是为顾客着想,而没有考虑经理是否会批准。当他返回时,等待他的不是批评或解雇,而是年度最佳员工的荣誉。四季酒店是世界上实践营销理念的几个大型连锁酒店之一。四季酒店的创始人兼董事长艾沙道尔·夏普(Isadore Sharp)称,四季酒店的最高宗旨是让顾客满意。包括最高管理层在内的整个酒店的工作流程中,"为顾客着想"的理念无处不在。四季酒店的企业文化鼓励员工竭尽全力去满足顾客的需要。员工从来不会因为努力为顾客服务而受到惩罚。

根据毕马威的研究,与其他很多酒店把盈利和增长视为首要目标相比,四季酒店是一个特例。这在一定程度上说明了为什么四季酒店能够因优质服务而闻名于世。四季酒店的实践表明,把顾客放在第一位能够给酒店带来高于平均水平的财务收益及其他酒店可望而不可即的利润率。[15]

1.4.4 营销过程

图 1-1 展示了一个简单的五步营销过程模型。在前四步中,企业设法理解顾客,制定价值导向战略,建立能够提供卓越的顾客价值的营销项目,打造牢固的顾客关系,并且从顾客处获取价值。在最后一步,企业以销售、利润和长期顾客资产的方式收获通过创造卓越的顾客价值而获取的回报。

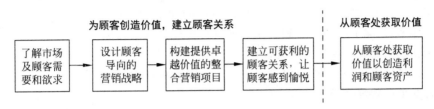

图 1-1 一个简单的营销过程模型

1.5 理解市场和顾客需求

营销人员首先要理解顾客需要和欲求以及他们所处的市场。接下来我们将检视五个核心的顾客和市场概念:①需要、欲求和需求;②市场供给(有形产品、服务和体验);③价值和满意度;④交换和关系;⑤市场。

1.5.1 顾客需要、欲求和需求

1. 需要

营销中最基本的概念是**人的需要**(human needs)。人的需要是一种被感知到的匮乏的状态。这种需要包括基本的生理需要,如对食物、衣服、温暖和安全的需要;社会需要,如对归属、友爱、娱乐和放松的需要;尊重需要,如对地位、赞誉和名望的需要;个人需要,如对知识和自我表现的需要。这些需要并不是由营销人员发明的,而是人类自身的组成部分。

2. 欲求

营销的第二个基本概念是**人的欲求**(human wants)。它是人的需要受到文化和个性的影响后所采取的一种形式,是人表达其需要的方式。例如,一位饥饿的巴布亚新几内亚人需要食物,而他的欲求是芋头、米饭、山药和猪肉。一位饥饿的美国人需要食物,其欲求则是汉堡、薯条和可乐。欲求是对能满足需要的具体物品的描述。随着社会的发展,社会成员的欲求将随之膨胀。由于人们面临的足以唤起其兴趣和欲望的物品越来越多,生产者会试图提供越来越多的能够满足人们欲求的产品和服务。餐厅曾经只提供普通的白葡萄酒,如今面对要求各异的顾客,餐厅也必须提供更多的酒品,如霞多丽、长相思和灰皮诺。

很多销售者无法区别欲求和需要。某电钻制造商认为顾客需要的是一个钻头,而实际上顾客需要的是一个孔洞。这些销售者患有"营销近视症"。[16] 他们痴迷于产品,过于关

注现有的欲求,而没有意识到潜在的顾客需要。他们忘了,实体产品只是解决顾客所遇到的问题的工具而已。因此,当一种新产品出现并且能更好、更便宜地满足消费者的需要时,这些销售者就会陷入困境。尽管顾客的需要没有改变,但他们会去购买新产品。

目前,餐饮业面对的是顾客用餐方式的巨大变化。很多顾客希望餐厅提供食物,但在家中享用。美国餐厅超过一半的食物都采用了外带形式,人们在家中、办公室、车上或是其他地方用餐。[17]用餐习惯的巨大变化促使一些餐厅对其送餐系统,甚至是食物制作区都进行了改造。这一变化同时催生了新的企业,Uber Eats、Grubhub 等送餐服务将顾客与餐厅联系起来,消除了顾客开车到餐厅取餐或是餐厅管理自己的送餐服务的需要。新开张的餐厅和翻新的餐厅为外卖取餐设计了一个单独的入口,免得干扰餐厅内顾客的用餐。杂货店抓住了这个机会,不仅出售可以直接带回家的现成食材,还出售放在可用微波炉加热的餐盒里的新鲜餐食。还有一些企业发现了新的商机,通过消除购买多种食材的麻烦,让顾客自己做饭的体验更为轻松。这些企业简化了做饭过程,通过提供从准备一顿饭(包括菜谱)到把饭送上桌的所有的一切,为顾客创造了一个轻松愉快的做饭体验。随着欲求的转变,能够理解顾客新欲求的企业将有机会为顾客创造价值。

3. 需求

人们的欲求几乎无穷无尽,但购买力却是有限的。人们总是选择物有所值的产品。购买力可以支撑的欲求,就变成了**需求**(demands)。

营销工作做得好的公司,会竭尽全力去研究和理解顾客的需要、欲求和需求。它们进行顾客研究。聪明的企业甚至要求包括最高管理层在内的所有级别的员工与顾客保持紧密的联系。例如,在西南航空公司,所有的高级主管在每个季度都要为顾客搬运一次行李、办理一次登机手续,或充当空乘人员为顾客提供服务。迪士尼乐园的所有经理每年都要花一周时间干检票、销售爆米花、操作游乐设施等一线工作。在细节上理解顾客需求、欲求和需要对设计营销战略非常重要。新墨西哥州圣达非市拥有一个美丽且历史悠久的歌剧院,但是当地只有很小一部分人会去观赏歌剧。正如圣达非经济发展公司前总裁凯瑟琳·扎克(Catherine Zacker)所说,"大多数美国人并不喜欢听用意大利语演唱的歌剧。"不过,他们确实想要其他形式的娱乐。当歌剧院开始举办各种形式的音乐会时,为这种当代娱乐所创造的需求让歌剧院的演出票销售一空。[18]

1.5.2 市场供应:有形产品、服务和体验

顾客的需要和欲求通过市场供应得到满足。产品是有形产品、服务、信息或体验的组合。我们常常将产品等同于有形产品或拥有物质实体的产品(如酒店的房间或是我们在餐厅享用的牛排)。在服务业中,包括顾客服务和体验在内的无形产品甚至比有形产品更为重要。度假村的经理意识到顾客将会带着记忆离开,因此努力创造能产生愉悦记忆的体验。在丽思卡尔顿酒店,每当日落时分,经理都会在海边放置躺椅供顾客休憩,请大提琴手演奏轻松的音乐,并为顾客提供香槟酒。他们意识到这些行为不仅能够为顾客创造价值,同时也是一个能够创造持久记忆的体验。万豪在新港海滩提供观赏海豚活动,在犹他州提供水上漂流项目。万豪利用目的地的资源创造顾客体验,使他们能够铭记一生。从广义上看,市场提供的产品还包括其他实体,如人、场所、组织、信息和想法。举例来说,

圣地亚哥有一个"幸福在召唤"的广告活动,邀请游客前来享受这座城市的好天气和美好时光——从海湾和海滩到市中心夜生活和城市景观等所有的一切。[19]顾客需要决定要体验的活动、入住的酒店,以及就餐的餐厅。对于他们来说,这些都是产品。

1.5.3 顾客价值和满意

顾客价值(customer value)是顾客通过拥有和/或使用某种产品所获得的利益与取得该产品所付出的成本之间的差额。成本可以是货币形式的也可以是非货币形式的。时间是旅游接待业顾客所付出的最大的非货币成本之一。企业一直在尝试节约顾客的时间,并为顾客创造价值。例如,使用智能手机进行数字结账可以让顾客不必再跟前台打交道;顾客在星巴克可以用智能手机提前点餐,等他们到达时他们最喜欢的饮料已经备好了。管理人员必须了解顾客,知道应该为他们增加什么价值。这是一个持续的过程,因为顾客和竞争形势是不断变化的。

顾客期望(customer expectation)建立在顾客的购买经验、亲友意见和市场信息的基础上。如果企业能满足顾客的期望,他们就会感到满意。营销人员必须确定适当的顾客期望水平。旅游接待企业很容易将期望水平设置得过高,因为顾客只有在消费后才能做出评价。例如,餐厅的经营者可以在广告中宣称自己提供的是全城最好的海鲜。如果事实并非如此,很多顾客就会失望而归。顾客体验并未达到他们的期望,从而导致他们在社交媒体上给出负面评价。企业必须了解如何为市场创造价值,并且将其传递给现有顾客和潜在顾客。例如,可以着重宣传餐厅精于烹饪本地打捞的新鲜海鲜。顾客是否满意取决于顾客所实际感受到的价值与其期望之间的关系。如果产品的价值低于顾客的期望,顾客就不会满足;如果产品的价值符合顾客的期望,顾客就会满足;如果产品价值超过了顾客的期望,顾客就会大喜过望。聪明的企业只向顾客承诺自己所能提供的,然后设法提供比承诺更高的价值,这样才能使顾客获得意外的惊喜。

管理者必须认识到创造高度满意而不只是满意的顾客的重要性。在一个7级量表上,如果1分代表非常满意,7分代表非常不满意,那么大多数管理者对2分就会感到满足。然而,如图1-2所示的波士顿酒店的一份顾客调查结果显示[20],打1分和2分的顾客

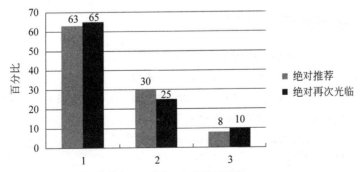

1=非常满意,4=中立,7=非常不满意
虽然3分在上面的7级量表中算作一个"正向的"得分,但给出该分数的顾客很少会再次光顾。

图1-2 满意度与忠诚行为的关系

之间存在巨大的差距。回想最近一次你对某个只是感到满意的餐厅,你还会再去吗?可能不会。但是如果你走出餐厅时说"哇,简直太棒了",你很可能会再次光顾这家餐厅并将其推荐给其他人。在社交媒体上,成百上千的人会看到你的好评。

1.5.4 交换和关系

当人们要通过交换来满足需要和欲求时,营销就出现了。**交换**(exchange)是以某物为代价从他人那里取得所需之物的行为。营销活动包括在目标市场上建立和维持有利可图的交换关系。其目标不只是吸引新顾客和达成**交易**(transaction),还包括维持顾客并增加他们与企业之间的交易。营销人员希望通过持续不断地提供卓越的顾客价值来建立牢固的关系。

1.5.5 市场

交易的概念直接引出了市场的概念。**市场**(market)是某种产品的现有买家和潜在买家构成的集合。这些买家拥有可以通过交换关系得到满足的同样的需要或欲求。

营销意味着通过作用于市场建立有利可图的顾客关系。然而,建立这些关系需要做大量的工作。卖家必须搜寻买家,确认他们的需要,精心设计产品或服务,确定价格,进行促销并送货。产品研发、调研、交流、分销、定价和服务等都是关键的营销活动。

1.6 设计顾客导向的营销战略

完全理解了顾客和市场之后,营销管理者就可以设计顾客导向的营销战略了。我们将**营销管理**(marketing management)定义为:选择目标市场并与之建立有利关系的科学和艺术,同时为社会创造价值。**营销管理者**(marketing manager)的目标是通过创造、提供及传播卓越的顾客价值来寻找、吸引、保持和增加目标顾客。要设计一个成功的营销战略,营销管理者必须回答两个重要的问题:我们面对什么样的顾客(我们的目标市场是什么)?我们如何最好地为他们服务(我们的价值主张是什么)?

1.6.1 选择要服务的顾客

企业首先必须决定为谁提供服务。这一任务通过将市场划分为不同的顾客群体(市场细分)并选择合适的细分市场(目标市场选择)来实现。一些人认为营销管理就是要找到尽可能多的顾客来提高需求。但营销管理者知道他们不能为所有顾客提供全方位的服务。如果尝试这么做,反而很可能谁都服务不好。相反,企业应集中精力接待自己能够服务好的,并且有利可图的顾客。例如,丽思卡尔顿酒店将富有的旅行者作为目标市场,麦当劳则主要针对家庭市场。

企业必须决定如何为目标市场的顾客服务,即如何在市场上实现差异化定位。企业的**价值主张**(value proposition)是其承诺为顾客提供的一系列能够满足顾客需要的利益或价值。

每个品牌的价值主张都有所不同。价值主张需要回答顾客提出的问题:"为什么我要购买你的品牌而不是你的竞争对手的品牌?"企业要在目标市场上获得最大的优势,必须提出强有力的价值主张。

1.6.2 营销管理定位

营销管理者希望制定可以与目标市场上的顾客建立可获利关系的战略。但是这些战略应该以何种观念为指导呢?应该如何在顾客利益、组织利益与社会利益之间进行权衡呢?这些利益通常互相冲突。有三种观念可供各类组织机构用来指导其营销活动:销售观念、营销观念和社会营销观念。

1. 销售观念

销售观念(selling concept)认为,除非一个组织做出大量的销售和促销努力,否则消费者不会购买多少该组织的产品。销售导向的目标是尽可能地获得每一笔生意,而不在意销售之后顾客的满意度,也不关注销售的经济效益。

销售观念并不能与顾客建立长期的关系,因为其指导思想是要卖掉现有的产品,而不是打造市场所需要的产品。餐厅通常会在生意惨淡时做广告,却不先分析生意惨淡的原因。它们不设法改变产品以适应变化了的市场,而是忙于促销,通过加大广告力度和增加折扣把产品推销给顾客。最终,这些餐厅会因为产品不再满足顾客需要而退出市场。

销售观念在旅游接待业是很流行的。其中一个重要的因素是生产能力持续过剩。实际上,旅游接待业内部的每一个部门都曾深受生产能力过剩之苦。所有者或最高管理层在面对生产能力过剩时,自然而然就会想到销售、销售、销售。为什么一些主要的部门,如酒店、度假村、航空公司、邮轮公司甚至餐厅都一直面临生产能力过剩的情形?原因包括:①以成为最大的或最有生产能力的而自豪;②认为随着规模的扩大一定会实现规模经济;③慷慨的税收减免政策鼓励房地产开发商过度建设房地产项目;④未能把收益管理与销售/营销管理有机地结合起来;⑤所有者、咨询机构、融资机构和政府部门做出蹩脚的预测和规划,或者干脆就没有预测和规划。

2. 市场营销观念

市场营销观念(marketing concept)认为,组织目标的实现取决于对目标顾客需要和欲求的识别,以及比竞争者更有效地满足顾客的需要。

令人吃惊的是,即使供应者早已了解顾客的需要,仍然可能存在利基市场。这很可能是因为,对于那些提供产品的人(如餐厅服务员)来说,要想改变其行为是有一定困难的。美国退休者协会针对其出版的杂志《现代老人》做了一项读者调查,结果59%的人回答说他们经常独自在餐厅就餐,另有18%的人说他们有时是这样。有84%的人认为他们所接受的服务比他们自己开办餐厅——要是有可能的话——所能提供的服务差。有的餐厅已经开始为单身顾客提供特殊的就餐区域,让单身就餐者围着圆桌就坐,从而为就餐者提供了与其他就餐者交谈的机会,也使餐厅有更多的座位空间。还有的餐厅设置了对面座位,这也能鼓励那些想交谈的人坐到一起。这些餐厅很珍视单身就餐者,并培育了一个获利颇丰的细分市场。[21]市场营销观念首先要明确地定义市场,聚焦顾客需要,然后整合影响顾客的所有营销活动。该观念通过创造基于顾客价值和顾客满意的长期顾客关系来实现组织目标。正如西南航空的首席执行官赫布·凯莱赫(Herb Kelleher)所说,"我们没有营销部门,但我们有顾客部门。"图1-3对比了销售观念与市场营销观念。

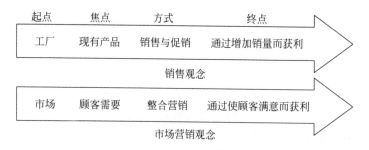

图1-3 销售观念与市场营销观念的对比

3. 社会营销观念

社会营销观念（societal marketing concept）质疑,纯粹的市场营销观念是否忽视了消费者短期欲求与长期福祉之间可能存在的冲突。一个满足目标市场即时需要和欲求的企业是否在长远的未来对其顾客来说也是最好的呢？社会营销观念认为,营销战略应该以一种能同时维系或改善消费者和社会福祉的方式向消费者传递价值。这一观念提倡可持续营销:既满足消费者和企业当下的需要,又能维护或提升子孙后代满足其需求的能力的、对社会和环境负责任的营销。图1-4说明了社会营销观念的原理。

图1-4 社会营销观念的三因素

资料来源:Kotler,Philip; Armstrong,Gary,Principles of Marketing,16th ed.,© 2016,pp. 12,24,50

从更广阔的角度来看,越来越多的领军企业和营销思想家开始提倡共享价值的观念,该观念认为界定市场的是社会需要,而不仅是经济需要。[22]共享价值的观念关注如何在创造经济价值的同时兼顾社会价值。越来越多的企业不仅关注短期经济利益,还关注顾客的福祉、对其业务至关重要的自然资源的枯竭、关键供应商的生存能力及企业所在社区的经济福祉。

餐厅在可持续发展方面做出的两项努力包括减少食物浪费和采购本地食材,以减少运输食材所使用的碳燃料。永续餐厅协会（SRA）助力发起了一项减少食物浪费和鼓励采购本地食材的推广活动。该协会通过研究发现,大多数顾客就餐后不会打包食物,其中有34%的受访者从未想过这么做,25%的人觉得不好意思提出打包食物的要求,还有24%的人则认为餐厅不允许他们把未吃完的食物带离餐厅。18%的人表示,他们不会在家里吃打包食物或认为打包食物不卫生。永续餐厅协会一直在与各地的餐厅合作以减少食物浪费。总部位于伦敦的 Wahaca 餐饮集团通过开展"不要浪费美味"活动鼓励顾客打包未吃完的食物。该集团发现,活动开展 6 个月的时间里食物浪费减少了 20%。英国 Pret a Manger 餐厅通过"不让食物过夜"项目,每年向慈善机构捐赠超过 50 万份未售出的食物。[23]

1.7 制订整合营销计划

企业的营销战略勾勒出企业服务的目标顾客及如何为这些顾客创造价值。接下来,营销人员将制订为目标顾客传递预期价值的整合营销计划。营销计划通过将营销战略付诸实施与顾客建立联系。营销计划包括企业的营销组合,即企业用来实施营销战略的一系列工具。

主要的营销组合工具包括四大类,即营销 4P:产品(Product)、价格(Price)、渠道(Place)和促销(Promotion)。为了传递价值主张,企业必须先创造能够满足市场需要的产品,并确定产品价格及将产品提供给目标顾客的渠道。最后,它必须将产品的信息传递给消费者,让他们知道产品的优势(促销)。企业必须将所有这些营销工具组合起来,形成一个完全的、整合的营销项目,从而将预期的价值传递给目标顾客。在后面的章节,我们将会更加详细地探讨营销计划和营销组合。

1.8 管理顾客关系和获取价值

营销过程的前三步是理解市场和顾客需求、制定顾客导向的营销战略、制订整合营销计划,而它们都是为了接下来最重要的一步——建立可获利的顾客关系做铺垫。

1.8.1 顾客关系管理

顾客关系管理(customer relationship management,CRM)可能是现代营销最为重要的概念,是指管理各顾客的具体信息和谨慎地管理顾客接触点以最大化顾客忠诚度。**顾客接触点**(customer touch point)是指顾客与该品牌或产品接触的任何机会,既包括真正的体验,也包括个性化或大众化的随意观察。对酒店来说,接触点包括预订、办理入住和退房、常住优惠计划、客房服务、商业服务、健身设备、洗衣服务、餐厅和酒吧。例如,四季酒店依赖个人接触,如员工总能礼貌地叫出顾客的名字,高级员工能够理解商务旅行者的复杂需求,至少拥有一个本地区最佳的服务设施,如最好的餐厅或休闲健身中心。

有些接触点是最容易被忽略的地方,如顾客账单。会议策划者需要即时且准确的账单。在一次为期多天的会议中,与会议策划者一起核对账单有助于建立信任和牢固的关系。

顾客关系管理使企业可以有效地利用个性化的信息,提供卓越的即时顾客服务。企业知道每一位有价值的顾客的需求,从而为顾客量身定做产品、提供服务、安排项目、提供信息和便利设施。企业盈利的一个主要驱动力就是其顾客资源的价值,因此顾客关系管理非常重要。然而最近,顾客关系管理有了更为广泛的含义。在广义上,顾客关系管理是指通过传递卓越顾客价值与满意而建立和维持可获利的顾客关系的总体过程,包括赢得、维系和培育顾客等所有方面。

1. 建立关系的构成要素:顾客价值和满意度

建立持久顾客关系的关键是创造卓越顾客价值和满意度。

顾客价值。吸引和维系顾客并非易事。顾客经常要在众多令人眼花缭乱的产品和服务中进行选择。顾客会从具有最高的**顾客感知价值**(customer-perceived value)的企业处购买产品,即顾客会权衡与其他竞争产品相比,某种产品或服务的总利益与总成本之间的差额。需要强调的是,顾客通常无法客观准确地评估产品的价值和成本,而是会依据感知价值行事。

对某些顾客来说,价值可能意味着物美价廉的产品;而对其他顾客来说,价值或许意味着"一分钱一分货"。例如,如果有限服务餐厅能够提供通常只有在更贵的餐桌服务餐厅才能品尝的食物,就会受愿意排队且在前台点单的那部分顾客的欢迎。顾客接下来还需要自己把食物端上桌上,而没有服务员到桌前服务。他们在享受同样食物的情况下,可以比在提供全套服务的餐厅少花费10%~20%,从而得到更高的感知价值。前往其他餐厅的顾客可能喜欢更为轻松的就餐氛围,可以与亲朋好友交谈,而不必去排队点餐。对于这部分顾客来说,对提供全套服务的餐厅的感知价值要高于提供有限服务的餐厅,他们愿意为在提供全套服务的餐厅就餐而支付额外的费用。

顾客满意度。顾客满意度(customer satisfaction)取决于与购买者期望相关的产品感知使用效果。如果产品使用效果低于期望,顾客会不满;如果产品使用效果与期望一致,顾客会感到满意;如果使用效果高于期望,顾客会感到高度满意或万分欣喜。

在营销方面表现出色的企业会想方设法地让重要的顾客满意。大多数研究表明,满意度越高的顾客,其忠诚度也越高,企业的业绩因此会更好。明智的企业仅向顾客承诺能够确保的基本服务,而实际上却为其提供更多、更好的服务,从而让顾客满意。满意的顾客不仅会重复购买,而且愿意成为企业的营销伙伴和将自己的美好体验与他人分享的"宣传员"。

对于致力于让顾客满意的企业,为顾客创造额外的价值和提供良好的服务已经成为企业整体文化的一部分。企业为顾客创造愉悦并不一定需要极致的服务。福乐鸡(Chick-fil-A)作为一家快餐连锁店,也能以顾客服务闻名。因此,顾客满意度不仅来自超水平的服务,还深受企业传递其基本价值定位及帮助顾客解决在购买中遇到的问题的方式的影响。"大多数顾客不想有惊喜",一位营销顾问说,"他们[只是]想要一段轻松的经历。"[24]本书的作者之一对在酒店住宿的商务出行者做了焦点小组调研。他们宣称自己只想要一场顺心的体验。例如,当打开床头灯时,灯会亮;可以顺手将手机插到夜间插座充电;在沐浴时,毛巾已经放置妥帖。

虽然以顾客为中心的企业追求的是比竞争对手更高的顾客满意度,但这并不意味着它会想要将顾客满意度最大化。企业总是可以通过降低价格或改善服务来提升顾客满意度,但这意味着利润会下降。营销的目的是创造能够为企业带来利润的顾客价值。这就要求实现微妙的平衡:营销人员必须持续创造更多的顾客价值和满意度,但不能"送出所有家底"。只要企业为顾客提供了使其满意的服务,它就有机会与顾客建立关系。

2. 顾客关系的等级和工具

企业可以根据目标市场的性质,建立不同等级的顾客关系。一个极端的情形是,拥有很多低端顾客的企业可能只需要与这些顾客发展基本的顾客关系。例如,麦当劳在了解顾客时,不会给所有顾客打电话、发邮件或发短信,而是通过产品体验、品牌广告、网站和社交媒体来吸引顾客和建立顾客关系。

除了提供持续的高价值和高满意度之外,营销人员还可以用特定的营销工具来增强与顾客的联系。例如,很多公司采取常客营销方案,奖励经常购买或大量购买的顾客。航空公司提供常旅客优惠计划,酒店为常客提供客房升级服务,超市为贵宾顾客提供优惠折扣。时至今日,几乎每个品牌都有忠诚奖励计划。例如,捷蓝航空的 TrueBlue 忠诚计划采用了十分常见的常客积分和奖励制,不过增添了一些优化,如无日期限制和家庭共享。更重要的是,TrueBlue 计划使顾客体验个性化。每个 TrueBlue 会员都有定制的网络和移动端主页,并配有显示可用积分、捷蓝航空活动历史、与捷蓝航空奖励合作伙伴的联系以及旅行和航班计划链接的信息板。个性化的页面不仅让 TrueBlue 会员能够更好地管理自己的积分和奖励,本身也是一个便捷的一站式旅行计划工具,所有这些都与会员个人资料相匹配。正如一位会员所描述的那样:"当你成为 TrueBlue 的正式会员以后,好好填写个人资料吧。上传一张带蓝色滤镜的绝妙自拍作为会员照片,选择一个你最喜欢的捷蓝航空目的地,甚至可以创建一个去蓝岭山脉的终极梦想旅程,添加到自己的 16 项 Trueblue 愿望清单中。"捷蓝航空对自己的会员承诺:"Trueblue 会员,为了报答您的忠诚,我们把我们的忠诚献给您。"[25]

顾客与品牌间关系的性质正在发生巨大转变。互联网以及线上、移动端和社交媒体等数字技术的迅猛发展,已经使人与人之间交往的方式发生了翻天覆地的变化。与此同时,这些不断变化的环境也对品牌和企业与顾客联系的方式,以及彼此的品牌行动产生了巨大的影响。

1.8.2 顾客参与及如今的数字化与社交媒体

数字时代催生了一系列令人眼花缭乱的建立顾客关系的新工具,从网站、线上广告和视频、移动广告、手机应用程序、博客,到在线社区和主要的社交媒体,如推特、脸书、YouTube、Snapchat、Ins。

过去,企业常面向广大顾客群体,与顾客保持一定的距离,开展大众营销。如今的企业则广泛应用网络、移动端和社交媒体平台进行精准定位,以更深入的交互方式吸引顾客。传统的营销重在将品牌推销给顾客,新的营销则是**顾客参与式营销**(customer-engagement marketing),旨在让顾客直接、持续地参与塑造品牌对话、品牌体验和品牌社区之中。顾客参与式营销不仅是把品牌推销给顾客,其目标是让品牌成为顾客日常交流和生活的重要组成部分。

蓬勃发展的互联网和社交媒体极大地促进了顾客参与式营销的发展。今天的消费者比以往任何时候都更了解情况,联系更紧密,更有能力。与以往相比,如今的消费者能够获取更多的品牌信息,可以通过丰富多样的数字平台向其他消费者传达和分享自己对品牌的看法。因此，营销人员不仅需要重视顾客关系管理，而且这种关系还受到顾客的管理，这意味着顾客正在通过与企业及其他顾客的联系为构建和推广自己的品牌体验助力。

如今，大多数营销人员都在依托大众媒体开展营销，综合运用线上、移动端和社交媒体来推动消费者的品牌参与、品牌对话和品牌推广。例如，为了加大传播力度，企业会在社交媒体上发布最新的广告和视频，希望达到病毒式传播的效果。为了打造品牌知名度，企业努力在推特、YouTube、脸书、Ins 等各大社交媒体上制造话题，维持热度。很多企业还建立了官方微博、移动应用程序、微型网站或顾客点评系统，这些都是为了在一个更为个性化和交互式的层面上吸引消费者。

类似地，几乎所有企业都有脸书账号。星巴克在脸书上有超过 3 700 万的粉丝，而可口可乐的脸书粉丝则超过 1.7 亿。同时，大多数营销人员都开通了 YouTube 频道，供品牌及其粉丝发布最新广告、其他娱乐或资讯类视频。Ins、领英和推特等都曾引爆了营销界，为品牌提供了与顾客互动的更多方式。灵活使用社交媒体意味着可以让顾客参与品牌建设，与品牌对话，并将品牌推荐给其他人。

顾客参与式营销的关键是带着有吸引力的重要的品牌信息，以一种不唐突的方式介入消费者的社交对话。单纯靠发布一段幽默视频、创建一个社交媒体网页或开设博客账号是远远不够的。并非所有的消费者都希望深入或频繁参与每一个品牌的建设。成功的顾客参与式营销意味着为目标顾客的生活和社交做出真诚且相关的贡献。

消费者原生营销是新的顾客对话中一个日益增长的部分，其中消费者在塑造自身及他人的品牌体验的过程中扮演了重要的角色。这些可能发生在消费者之间不经意的信息交换中，如博客、视频分享网站或其他在线论坛上。不过，越来越多的企业开始邀请消费者在塑造产品和品牌信息中扮演更为积极的角色。奇利斯餐厅（Chili's）在成立 40 周年那天成功举办了一次宣传活动。餐厅号召顾客们唱一曲奇利斯小肋排之歌，然后上传到奇利斯的推特上。餐厅收集了大量的用户原创歌曲，编辑成视频发布在 YouTube 上。该视频已经被观看了近 200 万次。[26]

无论是否出自营销人员的邀请，消费者原生营销已经成为一股重要的市场力量。通过丰富的原创视频、博客和网页，消费者在塑造品牌体验中扮演着重要的角色。除了创造品牌对话，顾客还可以对产品设计、使用、包装、价格和分销等所有环节发表意见。

1.8.3 合作伙伴关系管理

如今，营销人员知道自己无法独立创造顾客价值和建立牢固的顾客关系，而是必须与众多营销伙伴紧密协作。营销人员不但要精于顾客关系管理，还必须擅长伙伴关系管理。如何与企业内外部的合作伙伴齐心协力创造更多的顾客价值，是营销人员面对的一大难题。

1. 企业内的合作伙伴

曾几何时，营销人员需要理解顾客的想法，并在企业的各部门面前代表顾客的利益。那时的观点是，营销只需要通过营销人员、销售人员和客服人员就可以完成。然而，在当今联系更为紧密的世界中，企业内的任何职能部门都会与顾客产生联系，尤其是电子化的联系。因此,新的观点是,无论你在企业中的工作是什么,你都必须理解营销并以顾客为导向。一位首席执行官说:"营销太重要了,它绝不仅仅属于营销部门。"27

2. 企业外的营销伙伴

营销人员同样需要与供应商、渠道合作者甚至是竞争对手建立合作关系。如今大多数企业都与其他企业结成网络,成为互相依赖的合作伙伴。其合作伙伴包括批发商、活动策划人、面包师、花店、办公用品公司,以及其他提供企业开展业务所需产品的人。

供应链是一条从原材料到零部件,再到提供给最终买家的产成品的整个过程链。例如,海鲜餐厅的供应链上有渔民、海产品加工者、将海产品从东南亚运送给分销商的运输商、进口商、分销商和制作晚餐的餐厅。

通过供应链管理,很多企业加强了自己与供应链上每位合作伙伴的关系。它们知道自己的财富不仅取决于自己的表现。成功的顾客关系也取决于自己的供应链与竞争对手的供应链相比的表现如何。这些企业不仅将供应商视为卖方,而是将其视为传递顾客价值的伙伴。星巴克与咖啡豆种植者展开合作,星巴克为他们提供农业技术,作为回报,星巴克得以拥有充足的优质咖啡豆。星巴克还为那些需要资金,但没有能力从传统渠道借款的种植者提供贷款,来种植下一批作物。星巴克意识到自己的业务依赖于稳定的优质咖啡豆供应,而这有赖于忠于星巴克的种植者。

1.9 从顾客处获取价值

如图1-1所示,营销过程的前四步涉及通过创造和提供卓越的顾客价值与顾客建立关系。最后一步则涉及从顾客处获取价值作为回报,其形式包括现金、未来的销售、市场份额及利润。通过创造卓越的顾客价值,企业可以培养高度满意的顾客,他们会保持忠诚并持续地购买。这反过来意味着为企业带来长期的回报。接下来,我们讨论创造顾客价值的回报:顾客忠诚和顾客维系、市场份额、顾客份额、顾客资产。

1.9.1 顾客忠诚和顾客维系

良好的顾客关系管理能够让顾客感到愉悦。作为回报,愉悦的顾客会保持忠诚并乐于告诉他人自己对企业和产品的喜爱。因此,顾客关系管理的目标不仅是让顾客满意,还要让顾客愉悦。失去一名顾客不只是失去一笔买卖,而是意味着失去贯穿消费者一生的整个购买流。我们将其称为**顾客终身价值**(customer lifetime value)。接下来讲一个顾客终身价值(LTV)的生动案例。斯图·伦纳德(Stew Leonard)的大型连锁超市在康涅狄格州和纽约州都有分店。他说,每当看到一名不开心的顾客,他都觉得自己失去了价值5万美元的收益。为什么呢?因为超市的顾客人均每周消费100美元,1年平均消费50次,通常会光顾10年。如果一名顾客有了不愉快的购物体验,下次购物时就会选择另一家超市,那么伦纳德就失去了5万美元的收益。这笔损失还没有考虑这位不开心的顾客会把自己的经历与其他顾客分享,使他们也不再光顾而带来的损失。为了让顾客愿意再次光顾,伦纳德打造了《纽约时报》所称的"乳品店界的迪士尼",店员身穿卡通人物的服饰,精心安排娱乐活动,有小动物可供顾客一起嬉戏,还在店内各处做了电子动画。就这样,这家1969年成立时规模很小的乳品店,在伦纳德带领下以惊人的速度增长,增开了29家新店,每周接待30万名顾客。为数如此众多的忠诚顾客在很大程度上得益于该店对顾客服务的热衷。"第一条规则:顾客永远是对的。第二条规则:如果顾客错了,请参考第一条规则。"[28]

斯图·伦纳德不是唯一一位考虑顾客终身价值的企业家。丽思卡尔顿酒店认为每一位顾客的终身价值都超过12万美元。达美乐比萨认为每一位顾客的终身价值超过1万美元。[29]企业可能会在某次交易中遭受亏损,但仍然可以从长期的顾客关系中受益。这也是成功的企业会赋予员工解决顾客问题的权力的重要原因。企业希望维护与顾客的良好关系,让顾客能够再次光顾。

1.9.2 持续增长的顾客份额

除了单纯地留住优质顾客以获取顾客的终身价值,优秀的顾客关系管理还有助于营销人员增加他们的**顾客份额**(share of customer),即本企业的产品在顾客购买的此产品类别中的占比。也就是说,餐厅想要更多的"餐饮份额",航空公司想要更大的"旅行份额"。为了增加顾客份额,企业可以为现有顾客提供更加多样化的产品。例如,咖啡店可以扩展产品范围,提供果味茶和沙冰,抑或推出交叉销售的糕点、小吃,还可以向上促销现磨咖啡和混合饮料等多种产品,从而为现有顾客提供更多的产品和服务。

现在,我们知道除了获得顾客外,保持并且促进顾客增长也很重要。一名营销顾问说:"企业唯一能够创造的价值来自顾客——现有的顾客与未来的顾客。没有顾客,也就没有生意。"[30]

1.9.3 创造顾客资产

现在,我们知道除了获得顾客外,维系并促进顾客增长也很重要。企业的价值来自现有的和未来的顾客的价值。进行顾客关系管理时,企业要有长远的眼光。企业不仅希望获得能带来回报的顾客,还希望"拥有"他们的一生,从他们的购买中赚取更大的份额,并获取他们的终身价值。

1. 顾客资产的含义

顾客关系管理的终极目标是创造较多的顾客资产。[31]**顾客资产**(customer equity)是企业现有顾客和潜在顾客的终身价值的折现价值。维系顾客的最佳方法是让产品带来高顾客满意度和高感知价值,从而实现牢不可破的顾客忠诚度。显然,企业优质顾客的忠诚度越高,顾客资产就越多。与销量或市场份额相比,用顾客资产可以更好地评估企业的绩效。销量或市场份额只能反映企业过去的情况,而顾客资产则预示着未来。[32]

2. 与对的顾客建立对的关系

企业应谨慎地管理顾客资产,将顾客视为必须进行管理和最大化的资产。不过并非所有顾客,甚至并非所有的忠诚顾客都值得投资。令人惊讶的是,一些忠诚顾客并不能带来利润,而一些不忠诚的顾客却是利润丰厚的。那么,企业应该在哪些顾客身上投资并留住他们呢?

企业可以根据顾客的潜在盈利能力对顾客进行分类，并进行相应的管理。图 1-5 按照潜在的盈利能力和忠诚度将顾客分为四个关系组。[33] 不同的顾客关系组需要采用不同的关系管理战略。"陌生人"显示出很低的潜在盈利能力和忠诚度。企业提供的产品与他们的需要并不契合。对于这类顾客的关系管理策略非常简单：将他们作为顾客对待，但不对他们进行任何营销投资。例如，一对情侣一年会因为特殊纪念日去两次高档餐厅，所选择的餐厅在 3～4 家他们最喜欢的餐厅中轮动。在此情形下，你可以在他们的生日或纪念日前发邮件表示如果他们来用餐会赠送甜品以确保你的餐厅是他们心中的首选。"蝴蝶"是指有潜在收益能力但并不忠诚的顾客，企业的产品与他们的需要之间有很大的重叠。然而，如同蝴蝶一样，我们只能享受这些顾客短期的暂时惠顾。例如，四处旅行，体验不同的目的地和经历的人虽然喜欢你的餐厅，但是终会离开，然后在新的目的地的另一家餐厅有一段不同的体验。想要把蝴蝶型顾客转变为忠诚顾客是非常困难的。相反，企业应该尽可能享受蝴蝶型顾客的短暂停留，与他们进行令人满意且能够获利的交易，在进行交易的短期内尽可能多地获取他们的业务，而在下一次交易到达前，则并不需要再对他们进行投资。

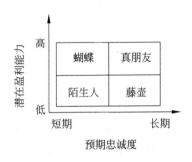

图 1-5　顾客关系组

资料来源：Kotler, Philip; Armstrong, Gary, Principles of Marketing, 16th ed., © 2016, pp. 12, 24, 50.

"藤壶"非常忠诚但是给企业带来的利润并不多。在他们的需要与企业的产品之间只有有限的重合。例如，在餐厅里只要了一个三明治却既不点配菜也不要饮料的顾客。这些顾客就像附着在船体上的藤壶，是一种拖累。藤壶类顾客或许是最为棘手的顾客。他们应该受到妥善对待，然而就像对待陌生人类顾客一样，不应该对藤壶类顾客进行营销投资。

"真朋友"是兼具高利润和高忠诚度的顾客。他们的需要与企业的产品高度契合。企业希望建立持久的关系来取悦这些顾客，并培育和维系他们，促进他们的增长。企业希望将真朋友转变成"真信徒"，让顾客不但定期惠顾，还要将自己在企业的美好经历告诉他人。

此处的关键是：不同的顾客类型需要不同的关系管理战略。目标是与对的顾客建立对的关系，将营销资源投资给我们能为其创造最大价值，反过来也能为企业创造价值的顾客。需要注意的是，为了维系服务文化，我们应该善待所有的顾客。在这些细分市场上存在差异的只是营销开支。

1.10 不断变化的营销前景

每天,市场上都发生着巨大的变化。纽约洋基队的传奇接球手和经理约吉·贝拉对此有更精辟的总结,他说:"未来时刻都在变得与过去不一样。"市场的变化必将导致服务于市场的人随之转变。本节我们主要分析改变营销前景、挑战营销战略的主要趋势和力量。我们将着重介绍四个主要的发展趋势:数字时代、不断变化的经济环境、快速的全球化和对可持续营销实践的倡议。

1.10.1 数字时代:在线、社交媒体和移动营销

1. 在线

数字技术的爆炸式增长从根本上改变了我们的生活方式——社会交往、信息交流、娱乐和购物方式。欢迎来到物联网(IoT)时代,在这种全球环境中,所有的人和物都能通过数字的方式与其他人和物连接在一起。现在,超过41亿人(占世界人口的54%)可以上网,40%的世界人口能通过智能手机访问社交媒体。而随着数字技术在未来的飞速发展,这些数字还会增长。[34] 大多数顾客都完全沉浸在数字化的世界里。如今,美国和其他地方的大多数旅行者都把智能手机当作闹钟,让酒店房间里的闹钟没了用武之地。美国人每天耗费在数字媒体上的平均时间(6.3小时)超过观看传统意义上的电视的时间(3.5小时)。[35] 顾客对数字和移动技术的热爱,为试图吸引顾客的营销人员提供了肥沃的土壤,无怪乎互联网以及数字和社交媒体的快速发展席卷了整个营销界。数字和社交媒体营销是指使用数字营销工具,如网站、社交媒体、移动广告和应用程序、在线视频、电子邮件、博客及其他数字平台,通过消费者的电脑、智能手机、平板电脑、联网电视等数字设备,随时随地吸引消费者。如今,几乎每家企业都在通过各种数字工具接触顾客,帮助他们购物和解决遇到的问题,这些数字工具包括网站、最新的推特和脸书页面、YouTube上的病毒式广告和视频、富媒体电子邮件和移动应用程序。除了品牌网站,大多数企业还将社交和移动媒体整合到自己的营销组合中。

2. 社交媒体

几乎所有的品牌网站,乃至传统媒体广告都会标注该品牌在脸书、Ins、推特、Google+、YouTube、领英等社交媒体上的链接。社交媒体为营销人员扩大顾客参与、激发人们对品牌的讨论提供了令人兴奋的契机。

一些社交媒体非常庞大,如脸书有超过15.9亿的月活跃用户,Ins的月活跃用户超过4亿,推特的用户超过3.15亿。在线社交新闻社区Reddit每月有来自185个国家的2.34亿独立访客。而规模较小、功能更聚焦的社交媒体网站也在蓬勃发展,如由2 000万名母亲组成的在线社区CafeMom。即使是很小的网站也有其受众,如Birdpost.com就吸引了狂热的观鸟客,这是一个不断增长的旅游市场。

社交媒体提供了一个数字家园,人们可以在这里交流、分享生活中的重要内容和时刻。这就为即时营销提供了一个理想平台。营销人员可以利用让附近的消费者通过智能手机刷到自己餐厅的方式,吸引那些正在想去哪儿吃晚餐的消费者或是用地理围栏接触

游客。社交媒体的使用还包括开展一些简单的竞赛或推广活动，让人们在脸书上点赞、发推特，或是在 YouTube 上发小视频。各种规模的组织都在广泛使用精心整合的社交媒体。

3. 移动营销

移动端可能是发展最快的数字营销平台。智能手机永远在手，一直开机，精准定位，而且高度个性化，从而成为营销人员在整个购物流程中随时随地吸引消费者的理想手段。例如，星巴克的顾客可以使用移动设备完成从寻找最近的星巴克、了解新产品到下订单和支付的任何活动。52%的网络流量来自智能手机，而且这个比例还在增长。[36] 4/5 的智能手机用户使用手机购物：通过应用程序或是移动端网站浏览产品信息；进行店内价格比较，阅读线上产品介绍，寻找和兑换优惠券，等等。通过移动设备端在线购物的增长速度超过在线销售总额的增长速度。营销人员利用移动端渠道刺激消费者即时购买，简化购物程序，丰富品牌体验，或者完成上述所有的一切。地理围栏是一种对餐厅和旅游景区十分有效的移动营销技术。景区可以向附近一定范围内的智能手机发送信息，餐厅可以向餐厅附近的人宣传本店提供的特色菜或热门菜品。

尽管社交媒体和移动端营销拥有巨大的潜力，大多数营销人员还在学习如何有效地使用它们。其中的关键是将新的数字技术与传统营销相结合，创造一个运行平稳的整合营销战略和营销组合。数字营销、移动营销和社交媒体营销等营销工具几乎已经渗透到营销战略和营销策略的方方面面，对这些工具的介绍也将贯穿本书的始终。在了解了营销的基础知识后，我们将在第 16 章更深入地探讨数字营销与直销。

1.10.2 可持续营销——呼吁环境保护和承担更多的社会责任

营销人员正在重新审视自己与社会价值、社会责任，以及我们赖以生存的地球之间的关系。随着消费全球化和环保运动日益成熟，今天的营销人员被要求开展可持续的营销实践。企业伦理和社会责任已经成为几乎所有企业的热门话题。没有企业能忽略环保运动的重新兴起及提出的高要求。每个企业的行为都会影响顾客关系。如今的顾客希望企业以对社会和环境负责任的方式提供价值。

未来，社会责任和环保运动将对企业提出更高的要求。有些企业抵制这些运动，仅在迫于法律或有组织的消费者抗议时才会妥协。然而，有远见的企业乐于承担社会责任，将可持续营销视为回馈社会的机会。这些企业通过满足顾客和社区的即时需要和长期利益的方式来获利。

本杰瑞(Ben & Jerry's)等企业展现了与众不同的公民意识和负责任的态度，将社会责任和环境责任融入企业的价值和使命宣言中。例如，本杰瑞长期以来为自己是一家"价值导向型企业"而感到自豪，为供应商、员工、顾客和社区等所有利益相关者创造了"关联繁荣"。[37]

本杰瑞的三重使命包括：制作美味的冰激凌（产品使命）、确保可持续的财务收入增长（经济使命）、"以创新的方式让世界变得更美好"（社会使命）。本杰瑞用实际行动践行自己的使命，例如：坚持从当地农场购买健康、天然、非转基因、有公平贸易认证的原料；采用"尊重地球和环境"的商业模式，投资风能和太阳能的使用、旅行补偿和碳中和；其关爱乳品项目帮助农民在农场实现更具可持续性的生产(快乐的奶牛、快乐的农民和快乐的星球)。本杰瑞基金会每年为美国各地的社区服务组织和项目提供近200万美元的基层补助。本杰瑞还免除了14家加盟店的特许经营费,将其交由社区的非营利组织独立拥有和运营。

1.10.3 全球化的迅速发展

在重新定义顾客关系的同时,营销人员也在重新审视自己与周围更广阔世界的联系。如今,几乎每一家企业,无论大小,都或多或少地受到全球竞争的影响。一个婚礼场地从花农那里采购来自墨西哥苗圃的鲜花,一家连锁餐厅采购的海鲜来自哥斯达黎加的养殖场,而大多数酒店家具都是中国制造的。

麦当劳每天为全球100多个国家的数百万顾客提供服务。万豪、希尔顿、洲际酒店等全球品牌开发了旨在让中国顾客感到宾至如归的特色项目,包括中文翻译服务、简体中文欢迎辞、电热水壶、中文电视台和中式早餐等。旅游接待业就其本质而言一直具有国际视野。发展中国家不断壮大的中产阶级,加上相对较低的机票价格,催生了国际旅行和酒店品牌国际化的空前增长。这也为旅游专业的毕业生在全球各地就业创造了前所未有的机遇。

1.10.4 共创

第一次出游的人往往因为对目的地不熟悉而遗憾地错过了本可以留下美好回忆的体验。共创是指旅游接待企业通过与顾客互动,共同创造顾客体验。互动既可以是被动的,也可以是主动的。"休斯敦之旅"就是一个很好的例子。"休斯敦之旅"的管理者组织了一些可体验的旅游活动,为游客打造不同生活方式的旅游体验,包括闺蜜之旅、男士周末、家庭游,以及当地酿酒厂一日游等。[38]根据游客的喜好,共开发了17条旅游路线。喜欢精酿啤酒的人既可遵循"休斯敦之旅"设计的行程,也可根据自己的时间和兴趣对行程进行修改。

Withlocals.com是一个跨旅游目的地的组织,以共享经济的模式,让游客与当地人共同创造旅游体验,也让当地人可以有更多的收入。例如,你可以在越南当地人的家中享用主人夫妇准备的午餐或晚餐。该项服务的介绍称:"你可以坐10分钟的出租车到我们家,我们也可以骑自行车去接你,尽管会花费更多时间,但也更有趣。"如果你想吃午餐,主人会邀请你和他们一起去当地市场,挑选新鲜的食材,然后回到他们家烹饪午餐。Withlocals.com注重社会责任,目标是通过旅游业为当地人提供可持续的收入。[39]与此同时,为游客营造难忘的共创体验,让那些吸引想要与当地人共度时光的国际游客的目的地也能从提供这些体验中受益。游客将获得一生难忘的记忆,会在社交媒体上与他人分享。

两位欧洲学者提供了一个旨在为散客或团体游客实时提供定制化建议的主动共创的案例。[40]假如有一名游客前往海滩,计划在阳光的沐浴下度过一周的假期,如果暴风雨与她同时抵达,那么她在海滩上度过美好一周的梦想将化为泡影。当地的目的地营销组织(DMO)可以通过社交媒体获得游客抵达的日期和停留的时间,结合这段时间的天气预报,以及游客除了去海滩之外还喜欢什么,目的地营销组织可以为游客规划一条新的旅游路线。共创旅游体验的终极目标是创造记忆。这些记忆将伴随游客一生,游客也会在与他人的面对面交往中或在社交媒体上分享。

1.10.5 共享经济

共享经济对旅游接待业来说并不新鲜。例如,度假屋的部分所有权或共享所有权就是一种完善的共享所有权形式。共享经济最近的发展在一定程度上是由于人们为了获得额外收入,通过在互联网上的相互联系,分享自己的才能、时间和有形资产。例如,爱彼迎(Airbnb)创建了一个分配系统,让游客可以使用主人的一间卧室、整栋房子或度假屋。有些人愿意在当地举办大型会议期间让出自己的公寓,因为他们可以在一周内赚到相当于平时几个月的房租。优步和来福车让车主可以通过搭载他人的方式,分享自己的时间和汽车。DogVacay是一项由爱狗人士提供的服务,他们愿意在自己家里或顾客家里照顾别人的狗。BonAppetour和共飨时刻(Eatwith)为游客提供了一个平台,寻找愿意在家里招待游客的当地人,游客甚至还可以学习如何烹饪当地美食。共享经济为游客提供了新的体验和便利,也为服务提供者创造了获得收入的机会。

具备颠覆性的共享经济也带来了挑战。餐厅、酒店和出租车等很多旅游接待行业都受到严格监管,以保障游客安全。这些行业要支付高额税款来支持旅游业和旅游基础设施的发展。旅游接待业传统的服务提供商认为,共享经济的运营缺乏监管,由此获得了有违市场公平的优势。尽管存在这些争议,一些老牌公司也开始加入共享经济。奔驰公司创建了Car2Go拼车平台,阿维斯(Avis)则打造了拼车公司Zipcar。沙发客(Couchsurfing)为游客提供了一个免费与他人同住的平台,将愿意招待游客的人与愿意做沙发客的人进行匹配,就像他们是去拜访朋友一样。随着共享经济的持续发展,旅游接待业将同时面临威胁和机遇。管理者需要控制并降低威胁,同时还要把握机会。

1.11 市场营销:成为成功管理者的通行证

在本章开头,图1-1展示了营销过程的一个简单模型。如今我们已经讨论了营销过程的所有环节,可以总结什么是营销了。简单来说,营销就是企业通过为顾客和社会创造价值,建立牢固的顾客关系,作为回报从顾客处获取价值的过程。营销过程的前四步是为顾客创造价值。企业首先通过研究顾客需要和管理营销信息对所处的市场有充分的了解。接着基于对两个简单的问题的回答来设计顾客导向的营销战略。第一个问题是"我们服务的顾客是谁?"(市场细分和目标市场)。优秀的营销企业知道自己不可能为所有的消费者提供全方位的服务。相反,它们需要将资源向那些能够服务得最好,并且最有利可图的顾客倾斜。第二个问题是"我们怎样能为目标顾客提供最佳服务?"(差异化和价值定位)。针对这个问题,营销人员要勾勒出一个价值定位,阐明企业为了赢得目标顾客将提供什么价值。

确定了营销战略后,企业需要制订整合的营销计划(包含营销组合的四大要素,即4P),将营销战略转化为真正的顾客价值。企业为顾客开发产品,促成顾客的品牌认同。企业为产品定价,创造真正的顾客价值,并将这些产品分销给目标顾客。最后,企业制订促销计划,吸引目标顾客,传达价值主张,并说服顾客购买企业的产品。

营销过程最重要的一步或许就是与目标顾客建立以价值为核心、能为企业带来利益的顾客关系。在整个过程中,营销人员通过顾客关系管理让顾客满意和愉悦,让顾客参与创建品牌对话、体验和建立品牌社区的过程。然而,在创造顾客价值和顾客关系上,企业必须与包括企业内部和整个外部营销系统在内的营销伙伴开展紧密合作。除了开展良好的顾客关系管理和顾客参与式营销外,企业还必须开展良好的合作伙伴关系管理。

营销过程的前四步是为顾客和社会创造价值。最后一步则是企业通过从顾客处获取价值来收获良好的顾客关系带来的回报。提供卓越的顾客价值会带来高度满意的顾客,他们会购买更多的产品并会重复购买。这有助于企业获取顾客的终身价值和更高的顾客份额,从而增加企业的长期顾客资产。

最后,面对日新月异的营销前景,企业还必须考虑三个因素。在建立顾客关系和合作伙伴关系时,他们必须利用数字时代的最新营销技术,抓住全球机遇,并确保以对环境和社会负责的方式可持续地行动。一位技术主管表示:"变化的速度如此之快,变革的能力已经成为一种竞争优势。"昔日成功的营销策略很快就会变得过时。对于希望在旅游接待业大展宏图的人来说,这确实是令人兴奋的时刻,但也面临挑战。本书的读者对象不仅是想在营销领域大展宏图的学生,而是所有追求成功的职业生涯的学生。理解营销意味着理解顾客,理解为顾客服务的员工,理解所处的不断变化的环境。市场营销知识是旅行接待业所有管理人员必须掌握的,是你成为一名成功管理者的通行证。

课堂小组练习

*带星号的练习题可作为个人作业或线上作业。学生需要对答案给出解释。

1. *你不打算从事营销业,而是想当酒店或餐厅的总经理,那么你为什么需要学习和了解市场营销?

2. *很多管理人员认为企业的经营目标是追求利润,也有些人认为应该是创造并维系顾客。请解释这两种观点将如何影响企业与顾客的互动。举例说明你的答案。如果一位管理者认为企业目标是创造并维系顾客,这是否意味着他不关心利润?

3. *一家餐厅由于10多年提供品质如一的美食而获得了良好的声誉。该餐厅每当周末都会爆满,平时的生意也不错。餐厅经理称,餐厅并没有做过营销,因为没有必要,生意已经足够好了。这家餐厅真的没有做过营销吗?请解释你的答案。

4. *阅读图1-2。为什么你认为给出2分(较为满意)的人很可能不再光顾?

5. *什么是顾客资产?企业可以如何增加顾客资产?

6. 根据你的观察,举出几个旅游接待企业承担社会责任的例子。这些企业做了什么让你觉得它们有社会责任感?你认为存在没有社会责任感的企业吗?你为什么这样认为?请说明承担社会责任感对企业有什么好处。

7. 爱彼迎、优步和共飨时刻等共享经济组织的出现会给旅游接待业带来好处还是会产生负面影响?

体验练习

任选一道题做。

1. 参观两家同一类型的餐厅,如两家快餐店或两家休闲餐厅。观察餐厅的清洁程度、室内设计及其他物理特征,然后点一道菜,观察服务和食物的质量。记录你的所见所闻,然后说明哪家餐厅的顾客导向意识更强,并说明原因。

2. 拨打两家酒店预订中心的号码,询问空余客房、客房类型及一个月后的客房价格(注意:不要预订客房)。记录你的感受,包括电话被接听的速度、提供信息时是否以顾客为导向、工作人员的态度是否友好。根据你的体验,你认为哪家酒店的预订系统顾客导向更强?

3. 如果你对旅行业的其他某个领域感兴趣,你可以在该领域选择两家企业,并用与上一题中相同的标准比较这两家企业的顾客导向意识。例如,如果你对旅游业感兴趣,你可以联系两家旅游组织并向它们询问当地景点的情况。旅游组织可以是当地的会展或旅游管理局。

参考文献

1. Sources: Demitrios Kalogeropoulos, "Why Buffalo Wild Wings Is Spending More on Its Employees." *The Motley Fool*. June 24, 2015, www. fool. com/investing/general/2015/06/24, why-buffalo-wildwings-is-spending-more-on-its-emp. aspx; Demitrios Kalogeropoulos, "3 Reasons Buffalo Wild Wings Can Keep Soaring in 2015."*The Motley Fool*, January 9, 2015, www.fool.com/investing/genera/2015/01/09/3-reasons-why-buffalo-wild-wings-can-keepsoaring. aspx; Bryan Gruley, "The Sloppy Empire: How Buffalo Wild Wings Turned the Sports Bar into a $1.5 Billion Juggernaut."*Bloomberg Businessweek*, April 13-19, 2015, pp. 62-65; Tanya Dua, "The Buffalo Wild Wings Recipe for the 'Ultimate Sports Experience'," August 4, 2015, http://digiclay. com/brands/buflalo-wild-wings-recipeultimate-sports-experience/; http://ir. buffalowildwings. com/financials. cfm; www. buffalowildwings. com/en/(accessed September 2016).

2. *UNWTO Tourism Highlights* 2017, World Tourism Organization, retrieved May 15, 2018, from https://www. e-unwto. org/doi/pdf/10. 18111/9789284419029 and *UNTWO World Tourism Barometer*(January 2017), World Tourism Organization, retrieved May 15, 2018, from http://cf.cdn. unwto.org/sites/all/files/pdf/unwto_barom18_01_january_excerpt_hr.pdf.

3. China Tourism in 2017, TravelChinaGuide. com, retrieved May 15, 2018, from https://www. travelchinaguide.com/tourism/2017statistics/.

4. "2018 World Airport Awards,"*Airport of the year* 2011, retrieved May 15, 2018, from http://www. worldairportawards.com/; "The Gold List 2017: The 20 Best Hotels in the World,"*Conde Nast Traveller*, retrieved May 15, 2018, from http://www. cntraveller. com/gallery/best-hotels-in-the-world-2017 and "Best Airlines in the World 2017" retrieved May 15, 2018, from http://www. cntraveller.com/article/best-airlines-in-the-world-2017.

5. Accor 2001-2002 Asia Pacific Hotel Directory, p. 1.

6. Theodore Levitt, *Marketing Imagination* (New York: Free Press, 1986).
7. Christian Gronroos, *Service Management and Marketing* (Lexington, MA: Lexington Books, 1990).
8. Patricia Sellers, "Getting Customers to Love You," *Fortune* (March 13, 1989): 38-49.
9. Frederick Reichheld, *The Loyalty Effect* (Boston, MA: Harvard Business School Press, 1996).
10. James L. Heskett, Jr., W. Earle Sasser, and W. L. Hart Christopher, *Service Breakthroughs* (New York: Free Press, 1990).
11. Karl Albrecht, *At America's Service* (Homewood, IL: Dow Jones/Irwin, 1988), p. 23.
12. Peter F. Drucker, *Management: Tasks, Responsibility, Practices* (New York: Harper & Row, 1973), pp. 64-65.
13. Kim McLynn (2018), "Despite a Decline in Unit Count, U.S. Independent Restaurants Still Represent Over Half of Commercial Restaurant Units and Are Forecast to Spend $39 Billion in 2018," The NPD Group, retrieved June 1, 2018, from https://www.npd.com/wps/portal/npd/us/news/press-releases/2018/despite-a-decline-inunit-count-us-independent-restaurants-still-representover-half-of-commercial-restaurant-units-and-areforecast-to-spend-39-billion-in-2018/.
14. "Cruise Forum," *Travel Agent* (May 2, 1994): B2.
15. Patricia Sellers, "Getting Customers to Love You," *Fortune* (March 3, 1989): 38-41; Isadore Sharp, "Quality for All Seasons," *Canadian Business Review*, 17, no. 1 (spring 1990): 21-23; Four Seasons Hotels and Resorts Web site, retrieved July 11, 2011, from http://www.fourseasons.com/about_us/corporate_bios/isadore_sharp/.
16. Theodore Levitt, "Marketing Myopia," *Harvard Business Review* (July/August 1960): 45-46.
17. Samantha Bomkamp (August 31, 2017), "With Carryout and Delivery on the Rise, Restaurants Are Getting Redesigned," *Chicago Tribune*, retrieved May 15, 2018, from http://www.chicagotribune.com/business/ct-restaurant-digitalrenovation-0903-biz-20170831-story.html.
18. "The Changing Look of Tourism," *Arts & Cultural Tourism*. Speech given at Economic Summit May 26-27, 2004, Steamboat Springs, CO.
19. Samantha Shankman, "The Simple Message behind San Diego's $9 Million Ad Campaign," *Skift*, February 5, 2015, http://skift.com/2015/02/05/the-simplemessage-behind-san-diegos-9-million-ad-campaign/; http://stoptextsstopwrecks.org/#home (accessed September 2016).
20. John T. Bowen and Shiang-Lih Chen, "The Relationship Between Customer Loyalty and Customer Feedback," *Modern Maturity*, 40, no. 4 (July/August 1997): 12.
21. See also Dan Lago and James Kipp Poffley, "The Aging Population and the Hospitality Industry in 2010: Important Trends and Probable Services," *Hospitality Research Journal*, 17, no. 1 (1993): 29-47.
22. See Michael E. Porter and Mark R. Kramer, "Creating Shared Value," *Harvard Business Review* (January-February 2011): 63-77; Marc Pfitzer, Valerie Bockstette, and Mike Stamp, "Innovating for Shared Value," *Harvard Business Review* (September 2013): 100-107; "About Shared Value," *Shared Value Initiative*, http://sharedvalue.org/about-shared-value (accessed September 2016); "Shared Value," www.fsg.org (accessed September 2016).
23. Sustainable Restaurant Association, The Discerning Diner, Sustainable Restaurant Association, 2013, http://www.thesra.org/wp-content/uploads/2012/01/Consumer-Report.pdf (accessed June 25, 2015).
24. "Delighting the Customer Doesn't Pay," *Sales & Marketing Management*, November 11, 2013,

http://salesandmarketing.com/content/delighting-customersdoesnt-pay; Patrick Spenner, "Why Simple Brands are Profitable Brands," *Forbes*, February 20, 2014, www.forbes.com/sites/patrickspenner/2014/02/20/whysimple-brands-are-profitable-brands-2/#2b28bellb097; Chad Quinn, "How IT Can Create an Effortless Experience,"*CIO*, www.cio.com/article/3,007,770.

25. See "The Ultimate Guide to JetBlue TrueBlue," *LoungeBuddy*, www.loungebuddy.com/jetblue-trueblue-ultimate-guide/and www.jetblue.trueblue.com(accessed September 2016).

26. Adam Olson, Chili's 'Sing Along with Chili's Baby Back Ribs Song' by IMM(2015), CampaignUs, https://www.campaignlive.com/article/chilis-sing-along-chilisbaby-back-ribs-song-imm/1335497 (accessed June 3, 2018).

27. Philip Kotler and Kevin Lane Keller, *Marketing Management* (14th ed.)(Upper Saddle River, NJ: Prentice Hall, 2012), p. 17.

28. "Stew Leonard's," *Hoover's Company Records*, July 15, 2010, pp. 104-226, www.stew-leonards.com/html/about.cfm(accessed August 2010).

29. Brad Rosenthal, "LTV Lifetime Value of a Customer,"*Lincolnrose Blog*, May 10, 2011, retrieved July 14, 2011, from http://www.lincolnrosetrust.com/Blog.html? entry=ltv-lifetime-value-of-a.

30. Don Peppers and Martha Rogers, "Customers Don't Grow on Trees,"*Fast Company*(July 2005): 26.

31. For more discussion on customer equity, see Roland T. Rust, Valerie A. Zeithaml, and Katherine A. Lemon, *Driving Customer Equity* (New York: Free Press, 2000); Rust, Lemon, and Zeithaml, "Return on Marketing: Using Customer Equity to Focus Marketing Strategy,"*Journal of Marketing* (January 2004): 109-127; Dominique M. Hanssens, Daniel Thorpe, and Carl Finkbeiner, "Marketing When Customer Equity Matters," *Harvard Business Review* (May 2008): 117-124; Thorsten Wiesel, Bernd Skieram, and Julian Villanueva, "Customer Equity: An Integral Part of Financial Reporting,"*Journal of Marketing* (March 8, 2008): 1-14; and V. Kumar and Denish Shaw, "Expanding the Role of Marketing: from Customer Equity to Market Capitalization,"*Journal of Marketing*(November 2009): 119.

32. See Roland T. Rust, Valerie A. Zeithaml, and Katherine A. Lemon, *Driving Customer Equity*(New York: Free Press, 2000); Robert C. Blattberg, Gary Cetz, and Jacquelyn S. Thomas, *Customer Equity* (Boston, MA: Harvard Business School Press, 2001); Rust, Lemon, and Zeithaml, "Return on Marketing: Using Customer Equity to Focus Marketing Strategy,"*Journal of Marketing*(January 2004): 109-127; James D. Lenskold, "Customer-Centered Marketing ROI,"*Marketing Management* (January/February 2004): 26-32; Rust, Zeithaml, and Lemon, "Customer-Centered Brand Management,"*Harvard Business Review*(September 2004): 110; Don Peppers and Martha Rogers, "Hail to the Customer," *Sales & Marketing Management* (October 2005): 49-51; and Alison Enright, "Serve Them Right,"*Marketing News*(May 1, 2006): 21-22.

33. Based on Werner Reinartz and V. Kumar, "The Mismanagement of Customer Loyalty,"*Harvard Business Review*, July 2002, pp. 86-94. Also see Chris Lema, "Not All Customers Are Equal—Butterflies & Barnacles," April 18, 2013, http://chrislema.com/not-allcustomers-are-equal-butterflies-barnacles/; Jill Avery, Susan Fournier, and John Wittenbraker, "Unlock the Mysteries of Your Customer Relationships," *Harvard Business Review*, July-August 2014, pp. 72-81; "Telling Customers 'You're Fired',"*Sales and Marketing.com*, September/October 2014, p. 8; and Michele McGovern, "6 Rules for Firing a Customer,"*Customer Insight Experience*, January 6, 2016, www.customerexperienceinsight.com/6-rules-for-firing-a-customer/.

34. Simon Kemp(2018),"Digital in 2018:World's Internet Users Pass the 4 Billion Mark,We Are Social,"https://wearesocial.com/blog/2018/01/global-digitalreport-2018(accessed June 5,2018).
35. Average weekly time spent watching live TV in the United States from 4th quarter 2013 to 2nd quarter 2018,(in hours)Statista,https://www.statista.com/statistics/707084/time-spent-live-tv/(accessed June 5,2018).
36. Simon Kemp(2018),"Digital in 2018:World's Internet Users Pass the 4 Billion Mark,We Are Social,"https://wearesocial.com/blog/2018/01/global-digitalreport-2018(accessed June 5,2018).
37. See www.benjerry.com/values, www.benandjerrysfoundation.org and www.unilever.com/brands-in-action/detail/ben-and-jerrys/291995(accessed September 2016).
38. See http://www.visithoustontexas.com/travel-planning/itineraries-and-trip-ideas/.
39. See Withlocals Web site https://www.withlocals.com/experiences/vietnam/ho%20chiminhcity/?guests=2&keywords=dinner&pagesize=20(accessed December 15,2015).
40. D. Buhalis and M. Foerste(2015). "SoCoMo Marketing for Travel and Tourism:Empowering Co-creation of Value." *Journal of Destination Marketing & Management*,4:151-161.
41. Simon Kemp(2018),"Digital in 2018:World's Internet Users Pass the 4 Billion Mark,We Are Social,"https://wearesocial.com/blog/2018/01/global-digitalreport-2018(accessed June 5,2018).

第 2 章

服务营销观念在旅游市场营销中的应用

> **学习目标**
> - 描述服务文化，了解服务营销的特征。
> - 阐释服务利润链。
> - 解释服务企业的管理战略。

> **导入案例**
>
> **Topgolf：一种娱乐体验**
>
> 高尔夫被认为是上了年纪的人的游戏。在美国，每年至少打一次18洞高尔夫的人中，有61%的人年龄在50岁及以上。在英国，每周打一次高尔夫的人的平均年龄是63岁。近年来，美国高尔夫爱好者的人数降至2 500万左右，减少了500多万。停业的高尔夫球场的数量超过了新开张的数量。然而，尽管可能被认为是一个没有吸引力的产业，Topgolf却以高尔夫为中心创建了一个非常受欢迎的且能盈利的娱乐理念，打造了能够吸引和留住年轻球手的概念，其60%的顾客都不超过34岁。高尔夫练习场被Topgolf改造成娱乐体验的场所，通过游戏化的击球及包括餐厅、酒吧和娱乐设施在内的各项设施，Topgolf的娱乐价值得以实现。
>
> **高尔夫的游戏化**
>
> Topgolf使用带有微芯片的高尔夫球，可以追踪球的位置。球手可以挑战从新手到专家技能水平的7种游戏。球手对准放置在练习场上的圆形目标挥杆击球，如果高尔夫球落在场中的目标范围内，球手将基于其选择的游戏获得相应的得分。显示屏上会记录球手的成绩，像电子游戏一样自动评分。球手们坐在舒适的六人座位上，座椅前是放有食物和饮料的桌子。服务员会定时过来看看球手们有什么需要，为他们营造一个富有趣味的聚会氛围。企业中负责招待客户的人不用在球场上花最

少4个小时的时间就能陪客户打高尔夫球。对于休闲的球手来说,这些游戏富有趣味性;对于高尔夫新手来说,不需要任何高尔夫技巧就可以在Topgolf中享受到乐趣。

设施

Topgolf设置了餐厅和酒吧,供等待场地的人消磨时间。Topgolf还设有配备了娱乐设施的屋顶休息室。拉斯维加斯的Topgolf有两个游泳池和一个音乐会场地。食品和饮料都极富吸引力。在美国第七大城市圣安东尼奥,Topgolf酒水和饮料的月销售额高达70万美元,在各类场所中排名第二,仅次于占地2.43平方千米的JW万豪圣安东尼奥山乡村度假酒店。在奥斯汀,Topgolf仅在4个月内就卖出了2万多份汉堡和Mushi(一种墨西哥食物和寿司的结合)这两种餐厅中最受欢迎的美食。这一数字对于大多数餐厅都称得上是了不起的业绩,但对Topgolf来说却只是其高尔夫收入的点缀。通过为顾客创造价值,Topgolf从顾客身上获得价值。这就是它的场馆扩张如此迅速的原因。

会员等级和定价

Topgolf掌握并应用了收益管理的原则,采取通过提价来抑制旺季的需求、通过降价来提高淡季的需求的定价策略。不仅场地的租金在一天或一周的不同时段不同,Topgolf各个档次的会员费也不一样:家庭豪华会员在旺季以外的时段可以无限次游玩,而普通终身会员在非旺季只需花费5美元就可以带客人来游玩,不过Topgolf要记录会员的每次来访。企业会员每年只需支付1万美元,持卡人即可在周末高峰时段享受优先通道,而除此之外的时间,持卡人可以预定场地。为什么有人愿意每年花1万美元成为企业会员?答案就在于为客户创造价值。Topgolf发现,企业高管不愿意把客户带到他们必须坐着等待服务的地方。企业高管希望为客户创造良好的体验,Topgolf也希望会员及其客户都能有良好的体验。被护送到队伍的最前面也让会员在客户面前很有面子。Topgolf为企业客户创造了一种服务交付体验,他们知道这会给会员及其客户带来难忘的体验。通过会员费和餐饮费,Topgolf也获得了不菲的收益。

会客室

轻松玩乐和新奇感使Topgolf成为一个理想的聚会场所。Topgolf办过的聚会包括从各个年龄段的生日聚会到企业会议,甚至还有单身派对。Topgolf不仅能与Main Event Entertainment等为青少年办生日聚会的场所一较高下,还能在举办会议和团队建设活动等重要的企业聚会方面与举办小型企业活动的酒店展开角逐。企业可以在Topgolf开个会,接着去外面的高尔夫球场进行团队建设活动。Topgolf将自己视为通过积极参与的员工和顾客,创造难忘的共享体验的企业。这些顾客既包括想要与朋友享受休闲之夜的人,也包括需要场地召开重要会议的企业。

员工

Topgolf意识到,创造难忘的体验需要员工的积极参与,需要其乐于为顾客提供帮助。客人一进入Topgolf,就会有员工走上前表示欢迎,回答他们的问题,提供指引。员工们的热情服务在整个过程中会一直持续。Topgolf深知员工在提供良好的客户体验中的关键作用。为了确保选到最好的员工，Topgolf 有一个精心设计的选拔过程。在这个过程中，管理者会观察求职者的个人行为、求职者之间的互动，以及他们在认为没有人注意时的举动。在选拔过程中将被选拔者分为三大类：积极参与整个行程的"摇滚明星"；看上去全程参与，但在情感上无动于衷的"臭鼬"；以及完全不参与其中的"僵尸"。

Topgolf 深知自己处在为顾客提供难忘体验的服务行业。同样需要注意的是，Topgolf 的核心价值观之一是关爱，包括慷慨地表现出善良、同情和慈善。Topgolf 践行了我们将在第 2 章讨论的很多原则，并由此创造了一个每年能娱乐数百万人的新理念，而企业也获得了巨大的利益。[1]

2.1 服务文化

旅游接待企业最重要的一项任务，就是开发经营的服务方面，创造一种浓厚的服务文化。服务文化注重对顾客的服务和顾客需要的满足。这种服务文化必须始于最高管理层，并向下贯通。第 3 章讨论的企业使命、视野和价值都应该支持服务文化。企业应该雇用具有服务顾客的意识的人，并与员工一起贯彻服务理念，从而培育出全心全意为顾客服务的员工。优良的服务意味着，第一个接到顾客要求的员工必须负责到底，而不是推给别人，然后抛之脑后。例如，前台员工收到顾客索要毛巾的请求后不能只是将顾客要毛巾的信息传达给客房部。前台员工首先会致电客房部，但他的工作并未到此结束。他需要在 10 分钟内再与客房部联系，确认毛巾是否已经送到顾客房间。如果已送达，他会给顾客打电话，确认毛巾是否已送到，并询问顾客是否需要其他服务。服务文化让员工知道自己的责任是为顾客提供服务，同时也为员工提供了实现优良服务所需的工具和保障。

2.2 服务营销的特征

服务营销人员必须了解服务的四个特征：**无形性**（intangible）、**不可分割性**（inseparability）、**变动性**（variability）和**不可储存性**（perishability）（见图 2-1）。

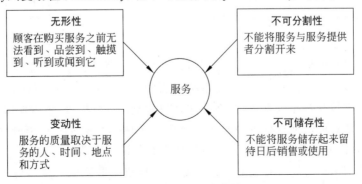

图 2-1 服务的四个特征

2.2.1 无形性

与有形产品不同,无形产品在购买之前是看不见、嗅不出、摸不着、听不见、闻不到的。旅游接待业的产品只能被体验,而在体验之前,我们并不会知道产品的质量。餐厅的客人只有消费后才知道食物的优劣。类似的,一个家庭只有在度假后才知道自己的度假地选择是否正确。

体验型产品意味着我们能带走的只有关于体验的记忆。万豪国际度假俱乐部认识到了这一点,精心为顾客营造难忘的体验。万豪发现,水上漂流可以为入住犹他州半山度假村的家庭创造回忆,并在未来几年内都津津乐道。该度假村提供水上漂流及其他有趣的家庭体验活动,让顾客想要故地重游。其他度假村也在创造体验,如夕阳西下时在海滩上提供香槟或音乐,或是员工为客人提供的让其意想不到的特殊服务。一些酒店经理分享了记录客人留言的意见簿,其中提到了他们从员工那里获得的难忘体验。这为其他员工创造体验、营造美好记忆提供了参考。

因为顾客只有在接受了服务之后才能知道服务的质量,因此服务营销人员需要采取措施向潜在顾客展示服务的价值。[2] 这一过程称为提供**有形证据**(tangible evidence)。促销材料、员工形象和服务企业的实体环境都有助于服务的有形化。旅游服务企业如今会在网站上展示模拟旅程和照片,并利用脸书、品趣志(Pinterest)、Ins 及其他社交媒体分享照片和视频。

高档餐厅的宴会销售人员在销售拜访时可以通过展示糕点样品将产品有形化。这种方式能够创造声誉并让潜在顾客了解餐厅食物的质量。销售人员可能还会带上一本相册来展示宴会布置、不同菜品的摆盘及以往顾客的推荐信。对于打算举办婚宴的顾客,酒店还会在婚礼之前为新娘的家庭准备膳食,从而让新娘在婚宴前就可以品尝到食物,以免发生意外。

销售人员可能是潜在顾客与酒店或餐厅接触的第一联系人。穿着考究、打扮得体、回答问题迅速且专业的销售人员可以在顾客心目中为酒店塑造良好的形象。制服也是令体验有形化的一种方式。旧金山日航酒店前台员工所穿的制服就是一种有形证据,以其专业性向走进酒店的顾客展示这是一家四星级的酒店。

酒店的一切都在传递着信息。客房水杯上的包装纸让顾客知道杯子是被清洗过的,折叠起来的洗手间纸巾告诉顾客洗手间已经打扫过。

有形证据如果管理不当可能会让企业受损。管理不当的有形证据所传递的负面信息包括在节假日过后两周还在持续做节假日特惠的广告、缺了字母的标牌或烧坏的灯泡、垃圾遍地的停车场、在凌乱的工作场所身着脏制服的员工。这些迹象向顾客传递着负面的信息。餐厅经理接受过相关培训,会在餐厅开门营业前进行检查,至少要保证没有坏掉的灯泡。类似于坏掉的灯泡这样的小事会令坐在附近的顾客感到餐厅不注重细节。顾客会关注这些细节,因此行业领导者一致认为管理者必须注重细节。

企业在传递信息时还应强化其定位。麦当劳叔叔的形象虽然很适合麦当劳,但这种小丑形象却并不适合四季酒店。这一切都说明,旅游接待企业需要审视每一个有形证据以确保它能向目标顾客传递正确的企业形象,也就是其他个人或群体看待本企业的方式。[3]

2.2.2 不可分割性

实物产品经历了生产、储存、出售,进而消费的过程。与之相反,服务产品首先被出售,然后才能同时被生产和消费。在大多数旅游接待企业中,服务者和顾客在交易发生时必须同时在场。服务的不可分割性还意味着员工和顾客往往都是产品的一部分。餐厅里的食物可能很精美,但如果员工的服务态度恶劣或服务有疏忽,顾客就会有不满意的体验。

一对夫妇选择了一家餐厅,可能是因为那里安静而浪漫,但倘若一群吵吵嚷嚷的聚会者也坐在同一个房间就餐,他们很可能会毁掉这对夫妇的体验。管理者必须对顾客加以管理,避免他们做出令其他人不满的事情来。

不可分割性的另一个含义是顾客和员工都必须了解整个服务运作系统,因为他们共同参与服务过程。顾客必须能看懂餐厅的菜单才能点到自己想吃的菜品。这意味着旅游接待企业必须像培训员工一样培训顾客。纽瓦克机场附近的一家酒店很受国际旅客的青睐,很多游客用现金或旅行支票付款,因为他们没有信用卡。前台服务员经常要接听怒气冲冲的顾客打来的电话,抱怨房间内的电影播放系统无法使用。服务员必须向顾客解释是因为他们没有预付这笔费用,他们只付了房费,要想看电影必须先到前台付费。显然,听到这样的话顾客一定会更恼火。实际上,如果在顾客办理入住时先询问其是否愿意为一些可能收费的项目(如收费电影频道)预付一笔钱,就可以避免这个问题,与顾客的关系自然也会得到改善。

旅游接待企业经常要邀请顾客参与他们正在消费的服务。这意味着企业必须选择、雇用和培训顾客。[4] 快餐店会培训顾客自己拿取饮料,这让他们在等待时有事可做,并减少了员工的工作。酒店、餐厅、航空公司和租车公司会培训顾客使用电子登录系统,通过网络获取信息和进行预订。使用这些服务的顾客同时扮演了服务中间商和预订商的角色。通过让顾客成为"员工",企业也为顾客提供了好处,包括价值的增加、定制化的服务和缩短的等待时间。不可分割性要求管理者既要善于管理员工,又要善于管理顾客。

2.2.3 变动性

服务是高度变化的。服务的质量与提供服务的人、时间和地点密切相关。造成服务变动性的原因有很多。服务的生产与消费是同时进行的,这限制了质量控制;需求的波动使需求高峰期内的产品质量难以保持一致;服务提供者与顾客之间的高度联系意味着产品质量的均衡离不开服务技巧,也离不开交易时的具体行为。一位顾客某一天可能得到了出色的服务,但却可能在另一天从同一位服务员那里得到极为平庸的服务。服务平庸的原因可能是服务员感觉身体不适或正在经历情感问题。缺乏交流和顾客期望的异质性很可能导致服务的变动性。例如,在餐厅就餐的顾客点了一份五分熟的牛排,他实际上是希望牛排里外一样熟,而厨师却可能将五分熟理解成牛排中心保持淡红色。当顾客切开牛排发现里面还有淡红色的血迹时就会感到很失望。为了解决这类问题,很多餐厅都对牛排的烹制标准做了统一而明确的规定,并传达给员工和顾客。与顾客的沟通有时是口头的,有时是印在菜单上的。顾客能再次光顾一家餐厅,常常是因为上一次他们得到了很满意的体验。如果他们所获得的服务一天一个样,满足不了他们的期望,他们就不会再次光顾。产品的变动性或缺乏一致性在旅游接待企业是引起顾客不满的主要因素。

克服了变动性,便可以获得一致性,这是旅游接待企业获得成功的关键要素。[5] 一致性意味着顾客可以不出所料地获得期望的产品。在酒店业,这意味着早上 7 点的叫醒服务永远可靠,会议策划者也能指望酒店会在下午 3 点为会议的茶歇准备好咖啡。在餐饮业,一致性意味着蒜蓉鲜虾意面的口味与两周前保持一致,洗手间的毛巾随时备好,上周点过的伏特加下个月还能点到。产品的一致性正是麦当劳在全球获得成功的一个主要原因。

酒店可以采取下列三个步骤减少变动性,创造一致性。

(1) 制定良好的招聘和培训流程。雇用合适的员工并为他们提供良好的培训至关重要,无论这些员工是高技能的专业人士还是低技能的工人。受过良好培训的员工具有六个特征:①竞争力——掌握了必要的技能和知识;②懂礼貌——态度友好,尊重和理解他人;③可信——值得信任;④可靠——提供一致、准确的服务;⑤责任心——能够迅速地回复顾客的要求和问题;⑥善于沟通——努力了解顾客并进行清楚的交流。万豪和西南航空等优秀的旅游接待企业都在选聘人员方面花费了大量的时间和精力。不过它们对员工的关注并不止于此,还会通过持续的培训继续对员工进行投资。

(2) 将整个企业的服务过程标准化。在服务蓝图中将服务提供系统进行图示化能够同时勾勒出服务的过程、顾客的接触点及从顾客角度出发的服务证据。顾客的体验包括他在接受服务时必须做的每一个步骤。而在幕后,企业必须巧妙地帮助客人从一个步骤移动到下一个步骤。通过直观地展示服务过程,服务蓝图可以帮助顾客更好地理解服务过程,在设计阶段及早发现设计缺陷。服务蓝图包括交互线、可视线和内部支持线。交互线代表顾客与员工的接触;可视线代表顾客可以看到的领域,这些领域提供酒店服务的有形证据;内部支持线代表为顾客服务所需的内部支持。

(3) 监控顾客满意度。旅游接待企业有很多可以用来监控顾客满意度的方式。它们可以监控社交媒体上的顾客评论。及时发现负面的顾客评论可以让企业在顾客离开前及时改正。分析顾客评论是了解顾客对企业及其竞争对手的看法的好方法。可以使用建议和投诉系统、顾客调查和比较购物。酒店拥有理解顾客的优势,可以很容易地在顾客住宿或使用服务后开展满意度调查。酒店集团经常会雇用第三方向最近曾经入住旗下酒店的顾客发放满意度调查问卷来监控旗下酒店的表现。Travelocity.com 等旅游中介会与顾客联系,调查其对通过自己网站预定的酒店的满意度。尽管这些旅游中介并不能控制酒店的服务和质量,但它们意识到,如果顾客有过较差的体验,那么他们可能不会再使用自己的服务。旅游中介尝试创造一致性的体验,并通过星级评价系统和顾客评论来塑造顾客期望。企业,尤其是在线服务商,可以建立顾客信息库和信息系统来提供更为个性化、定制化的服务。

2.2.4 不可储存性

服务是不能被储存起来的。一个有100间客房的酒店,如果在某一天晚上只售出60间,是不可能把没有售出的40间客房储存起来留待次日销售的。未售出的这40间客房所造成的损失永远无法弥补。由于服务的这种不可储存性,酒店收紧了预订要求。现在,很多酒店规定取消预订需提前两天告知,而以往的规定是在入住当天晚上6点以前。餐厅也开始对预订后没来就餐的顾客收取一定的费用。它们意识到,如果预订客人没有到,那个座位可能就没有机会再卖出去了。

一些酒店常常以极低的价格出售房间,而不是让其闲置。不可储存性导致了一些问题。这些折扣价吸引来的顾客与酒店的常客往往无法和谐相处。例如,一家豪华酒店的房间的正常房价为300美元,它在Princeline上"自己定价"的**隐性渠道**(opaque channel)①上将房间以80美元售出。这位支付了80美元的顾客不太可能去酒店里的餐厅就餐,而是会去酒店外价格便宜的餐厅就餐或是从附近的快餐店打包食物回酒店吃。酒店管理者必须小心谨慎,他们需要在减少库存的同时维护品牌形象。我们将在本章结尾探讨需求管理所需的技术。

 ## 2.3 服务利润链

在服务行业,服务产生于顾客与一线服务人员的互动之中。而高效的互动则离不开一线服务人员的技能和后台的支持系统。所以,成功的服务企业总是把注意力同时集中在员工和顾客身上。他们了解**服务利润链**(service profit chain),这条链把服务企业的利润与员工和顾客的满意度联系在一起。6 服务利润链包含下面五个环节。

(1) 内部服务质量:选拔出色的员工并进行培训,优异的工作环境,以及对接触顾客的员工的强有力的支持,都会带来满意的和高效的服务人员。

(2) 满意的和高效的服务人员:更满意的、忠诚的和勤奋的员工会带来更高的服务价值。

(3) 更高的服务价值:高效的顾客价值创造和服务,将会带来满意的和忠诚的顾客。

(4) 满意的和忠诚的顾客:满意的和忠诚的顾客会重复购买,并且会向他人推荐,这会带来健康的服务利润和增长。

(5) 健康的服务利润和增长:作为最终成果的卓越的服务企业绩效。

服务利润链证明了员工在为顾客创造价值方面的重要性。如果执行得当,服务利润链可以自主运转。员工乐于为顾客服务,顾客也喜欢员工提供的产品。员工与频繁光顾的忠实顾客成为朋友,从而营造了一个轻松愉悦的工作氛围。下面举一个运转良好的服务利润链的例子。在四季酒店,让顾客满意是每个人的工作,而这一切都需要从让员工满意开始:7

---

① 在隐性渠道购买中,顾客只知道所预订酒店的大概位置和档次,但不知道具体品牌。该渠道能够防止忠诚顾客以折扣价购买。

四季酒店形成了高度个性化、精心打造的服务艺术。无论是在毛里求斯四季度假酒店的热带岛屿天堂,还是在塞伦盖蒂四季狩猎酒店位于撒哈拉沙漠以南的豪华"营地",一晚的住宿费不低于1 000美元,顾客当然希望酒店的员工能读懂自己的心思。四季酒店从来不会让顾客失望。正如毛伊岛四季酒店的一位顾客曾对经理说的那样,"如果有天堂,我希望它是由四季酒店管理的。"是什么让四季如此特别?这个原因已不是什么秘密——是四季酒店员工的素质。四季酒店深知,快乐、满意的员工才能造就快乐、满意的顾客。就像它对顾客所做的一样,四季酒店尊重且呵护自己的员工。

四季酒店雇用了最优秀的员工,给他们提供优厚的薪资,为他们精心设计职业发展方向,帮助他们树立自豪感,并对杰出的服务行为进行奖励。四季酒店对待员工就像对待最重要的客人一样。例如,所有员工——从整理房间的服务员到总经理——都在酒店的自助餐厅一起(免费)用餐。最好的一点可能是,每位工龄超过一年的员工,每年都可以在其他的四季度假酒店免费住6晚。入住客房使员工感到自己和自己所服务的顾客一样重要且受到呵护,从而激励员工在工作时提供更高水平的服务。四季酒店的一名员工说:"旅行回来,你会浑身是劲。很想为客人们做点什么。"在这些举措下,四季酒店全职员工的离职率仅为18%,是行业平均水平的一半。四季酒店连续18年被《财富》杂志评为最适宜工作的100家公司之一。这就是四季酒店成功的最大秘诀。

2.4 服务企业管理战略

2.4.1 服务差异化管理

服务营销人员经常抱怨难以将本企业的服务与竞争对手的服务有效地区别开来(差异化)。由于顾客认为不同企业所提供的服务大同小异,所以他们很少介意提供服务的是谁,而是更关心企业以什么价格提供服务。避免价格竞争的途径是提供差异化的服务,而不是发动价格战。通过降价来竞争会导致企业降低成本以抵消降价损失的利润。削减员工工资会导致服务水平的降低。减少维修费用会导致设备老化。企业可以提供差异化的服务,如各种足以将本企业的服务与竞争对手的服务区别开来的创新性特征。阅读营销专栏2-1,了解三家企业是如何通过创造力和创新来竞争的。经常创新的企业往往能取得短期的优势,赢得善于创新的美誉,而这有助于企业留住那些总是寻求最佳服务的顾客。

服务企业对服务过程进行差异化有三条途径:通过人、物质环境和服务流程的差异化来实现。企业可以通过聘用更有能力、更有责任心的服务人员实现差异化。或者,企业可以打造优越的物质环境来传递其服务的优质。此外,企业还可以设计一个独特的服务流程。最后,服务企业可以通过标识和品牌进行差异化。例如,一个广为人知的标识就是麦当劳的金色拱门,类似的还有希尔顿、香格里拉和索菲特(Sofitel)酒店。

营销专栏 2-1

捷蓝航空、西南航空和太阳马戏团的三个服务差异化案例

在时常有企业破产和顾客满意度较低的航空业,西南航空和捷蓝航空是两个例外。两家企业以两条截然不同的路径获得了可观的财务收益和较高的市场份额。其中发展较早的西南航空开创了与众不同的商业模式:只提供短途航线,不与旅行社合作,不提供餐食,不在大机场设登机口,以及不收取额外费用。尽管西南航空后来调整了其中一些举措,但仍不打算效仿竞争对手收取行李费、机票改签费及其他费用的做法,因为它认为,这样做将因为机票预订的减少而损失10亿美元的收入。作为一家真正的廉价航空公司,西南航空一直能够提供低价机票,这得益于其严格的成本控制,能够保证飞机满仓航行,所有这些都带有一种非正式的、友好的风格。西南航空会聘用性格外向、喜欢与人共事的员工,并充分为其赋权。[8]

捷蓝航空同样开发了一个与其他航空公司截然不同的商业模式,将主要目标市场对准了纽约肯尼迪国际机场(JFK)的休闲旅客。作为一家低成本的廉价航空公司,捷蓝航空的优势在于提供舒适的座位、电视直播和可选零食。捷蓝航空在其培训学校捷蓝大学附近斥资3 200万美元建了一座大楼作为员工的集体宿舍,从而可以更好地在来捷蓝大学接受培训的员工中培养企业文化,加深与员工的情谊。捷蓝航空2 2000名员工中每年约有一半会去接受培训。[9]

在超过25年的历史中,太阳马戏团不断打破马戏团的传统。它拥有传统的元素,如空中飞人、小丑、肌肉男和柔术表演者,但却创造了非传统的演出情境,华美的演出服饰、现代的音乐及美轮美奂的舞台设计。此外,它还摒弃了最为常见的马戏团元素——动物表演。它的每个表演元素都环环相扣地构成同一个主题,如"献给流浪心灵的贡品"或"城市生活幻境"。如今太阳马戏团已经从魁北克的街头表演发展成一个市值5亿美元的国际化企业,拥有3 000名员工,每年都会横跨四大洲为数百万名观众表演。太阳马戏团大获成功的部分原因是其鼓励艺术家的创造性和创新文化以及对品牌的精心呵护。每年都会有新的节目产生——总是源自内部——并且非常独特,其他巡游剧团很难仿效。除了媒体和当地推广,太阳马戏团还与数百万名会员进行广泛的邮件互动,创建了一个在线会员社区——有20%~30%的演出票都由这些会员购买,每年能够创造8亿美元的收入。[10]

2.4.2 服务质量管理

服务企业实现差异化的一个办法是持续提供比竞争对手更优异的服务。人们可以通过一系列客观标准来评价诸如汽车这样的有形产品,如百公里加速时间、耗油量、车内空间等。而对于服务业产品来说,衡量质量的标准是对顾客期望的满足程度。这里的关键是如何让服务质量超出顾客的期望。正像美国运通的总裁所说:"只承诺你所能提供的,而提供超出你承诺的。"这些期望建立在以往的经验、口碑和企业广告等基础上。如果顾客感知一个企业的实际服务超过期望的服务,就会再度光顾该企业。顾客维系率也许是

最好的质量测定指标:服务企业维系顾客的能力取决于它能否持久地为顾客提供优质的服务。因此,制造商的质量目标可能是"零缺陷",而服务企业的质量目标则是"顾客零流失"。

服务企业需要辨识出目标顾客对服务质量的期望。我们将在第4~6章讨论如何从顾客处获取信息及如何理解他们。理解顾客是提供优质服务的前提条件。一旦确定了顾客期望,管理者需要建立一个服务提供系统以提供能满足顾客期望的服务。最重要的是服务者能够清晰地界定服务并让员工知道需要提供什么样的服务才能满足顾客的期望。服务业的投资回报通常来自顾客维系率和销售额的增加。

例如,西南航空有一个积极主动的顾客沟通团队,他们的工作是找出哪里发生了问题,如因为机器问题或恶劣的天气导致航班延误、医疗突发事件、暴怒的乘客,然后尽可能在24小时之内迅速对糟糕的体验进行补救。[11]如今,这个团队通常以电子邮件或短信的形式与乘客进行沟通。沟通内容分为三个部分:真诚地道歉;对存在的问题进行简短解释;一份补偿礼物,通常是一张代金券,可供下次乘坐西南航空航班时使用。调查显示,当西南航空很好地处理延误状况时,顾客给它的评分比正常准点航班高14~16分。

现在,诸如脸书和推特等社交媒体开始帮助企业根除和弥补顾客对企业服务的不满。正如第4章将讨论的那样,企业可以通过监控网络空间快速发现顾客的问题并即时回应。例如,西南航空成立了一个由29人组成的专门团队,每月回复大约8万条脸书和推特的帖子。快速而周到的回应可以把不满意的顾客变成企业品牌的拥护者。[12]

对一些管理很好的服务企业所做的调查显示,它们在服务质量方面具有若干共同的特征。首先,那些顶尖儿的服务企业都是"顾客迷恋型"的。它们对如何满足顾客需要有一套哲学,这使它们赢得了不可动摇的顾客忠诚。其次,这些企业的高层管理者都一直保持着对优质服务的承诺。六善养生与酒店集团、迪士尼和奇利斯餐厅等的管理层不仅关注财务业绩,而且关注服务业绩。再次,优秀的服务企业都设有很高的服务标准。98%的准确度标准听起来似乎已经不错了,但若采用这个标准,米高梅酒店每天会把50名客人领到已经有客人的房间里,澳拜客牛排馆会有数百份烹制错火候的牛排,雅高酒店的预订中心每周会出现数百起差错。这种差错率对以顾客为导向的公司而言是无法接受的。顶尖儿的公司不仅会力争提供"好"的服务,它们的目标是100%的无差错服务。最后,优秀的服务企业密切关注服务业绩——不仅是本企业的,也包括竞争对手的。它们采用诸如比较购买、顾客调查和填写建议/投诉表的方法来体现这种关注。这些公司也注重与员工沟通,及时向他们反馈服务业绩情况以显示对服务质量的关注。丽思卡尔顿酒店每天都会给员工开会,认真听取顾客的反馈意见,并阅读顾客的入住资料。很多快餐店以赢取奖励机会的方式鼓励顾客填写网络问卷调查,回答一些有关服务的问题。

2.4.3 服务生产率管理

由于成本激增,服务企业承受着提高服务生产率的压力。它们可以通过下面几种方式提高服务生产率。首先,可以给予员工更好的培训,也可以雇用能更勤奋地工作或更有服务技巧的新员工。其次,可以通过增加设备、实行生产过程标准化"使服务工业化",如麦当劳在食品零售中采取的装配线方法。最后,服务企业可以运用科技的力量。虽然我们通常只知道科技的力量能够帮助生产企业节省时间和成本,但它实际上在提升服务业员工生产率上拥有巨大的潜力,而这一潜力却常常未被开发。

通过使用自助服务技术(SST),服务企业已经成功地让顾客参与到服务生产中,如在快餐店自己倒饮料,以及选择航班、选择座位和网购机票等。我们将在本章后续继续讨论自动服务技术。随着技术的进步,酒店和餐厅开始使用智能机器人。日本的海茵娜酒店取得了历史性的突破,让机器人来担任前台工作人员。雅乐轩酒店不提供客房服务,但一些雅乐轩酒店用名为"管家"的机器人改良了送餐服务,由它把餐食送到客人的房间。[13] 卡利堡快餐店使用机器人来烹制汉堡肉,并将烹制好的汉堡肉放到圆面包片上。机器人被用于制作咖啡、比萨、点餐并提供点餐建议、解释菜单上的菜品和送餐。机器人的恰当使用可以改善顾客的服务体验,帮助创造顾客价值。[14]

但是,企业必须注意,不要过于看重效率而降低实际服务的质量。试图将服务工业化或大幅降低成本会使服务企业在短期内提高效率,但服务效果可能不尽人意。例如,一家餐厅在减少了厨房的开支后,可能会发现由于厨房跟不上顾客下单的速度,顾客因等餐时间过长而感到不满。因此,企业在试图提高服务生产率时,应该时刻想着如何创造和传递顾客价值。简言之,必须避免将"服务"的本质排除于服务之外。

2.4.4 解决顾客投诉

很多服务企业都在斥巨资开发精简高效的服务提供系统。它们希望确保顾客在每一次服务过程中都能得到一致的优质服务。产品制造商可以把机器和原料调整到一切都令人满意为止,服务企业的服务质量受员工与顾客之间互动关系的影响,却总是在变动,出现问题是不可避免的。即使是最好的餐饮企业,也会出现诸如上菜延迟、牛排烤焦或员工发脾气等状况。不过,虽然企业不能完全避免服务问题,但服务人员可以从中总结经验教训。问题处理得好,可以把一个愤怒的顾客转化为忠诚的顾客。实际上,从失败中爬起来可能比一开始就一帆风顺赢得更多的顾客购买和更高的顾客忠诚度。因此,企业应该采取措施,不仅要随时随地提供优质服务,而且在发生服务差错时要能及时补救。

要想有效地解决顾客投诉,管理者必须给一线服务人员授权,给他们所需的权力、责任和激励,使之愿意识别、关心和注意顾客的需要。例如,万豪对员工进行授权培训,鼓励员工超越职权去解决顾客问题。这样,员工可以迅速有效地采取措施以避免因服务问题而导致顾客流失。万豪沙漠温泉酒店规定,一线服务人员的主要目标是保证"我们的客人在入住期间享受到优质的服务,感到宾至如归"。训练有素的员工有权当场采取任何措施来让顾客满意。他们也有责任协助管理者找出造成顾客不满的原因,有责任向管理者提出改善酒店整体服务、提高顾客满意度的建议。

维系顾客的核心内容之一是解决顾客投诉。技术研究规划院的一项研究发现,如果顾客对服务非常不满,那么91%的人是不会再次光顾的。但是,倘若顾客的投诉得到了迅速的解决,则有82%的人还会光顾。妥善地解决投诉可以将顾客流失率从91%降到18%。对一些不严重的投诉,如果能妥善处理,会将顾客流失率降低到5%以下。[15] 在解决投诉的过程中要考虑两个重要的因素。首先,如果你要解决投诉,那么要尽可能快,因为拖延越久,流失率越高;其次,要找出顾客投诉的根源。如果你没有意识到投诉的存在,则不可能解决它。

例如,一位女性商务旅客刚从国外旅行归来,入住纽约的一家酒店。一夜美梦之后,她打电话要求提供客房送餐服务,于是早餐很快就送上来了。一位满面笑容的侍者推着餐车进入房间,并将早餐放在可以眺望窗外的地方。他打开保温箱,取出热气腾腾的早餐。侍者把账单递给她,她快速在上面签了字,还出手大方地给了小费。现在,她打算享用早餐了。

侍者说:"对不起,您必须用现金付账。"她解释说自己没带现金,并拿出了信用卡,那是美国运通金卡,她在入住酒店时用的就是这张卡。侍者打电话询问,用了5分钟的时间,证实女士可以用信用卡。这位女士坐下来面对一份已经凉了的早餐,已经没了胃口。[16]如果这位侍者得到授权去解决顾客的不满,那么他就可以先离开房间去前台解决问题而不必打扰顾客在房间中享用早餐。

投诉需要迅速通过个人沟通的方式予以回应,可以是社交媒体、电子邮件、短信(SMS)或电话。在社交媒体上回复时,应尽量尝试让顾客通过电子邮件或电话的方式线下联系你来解决投诉。企业所能做的最糟糕的事情就是发一封电子邮件,邮件中却对顾客的问题漠不关心,或未对投诉进行正面回应。《餐饮业》杂志的记者联系了连锁餐厅的25位客服代表,向对方提出对餐厅的服务不满。25位客服代表中,只有15位回复了他的投诉。一位客服代表回复说:"我现在很忙,你能过半个小时再打过来吗?"当她再次打过去时,这位客服代表说:"行吧,我现在有一分钟时间,你有什么问题——服务慢了?就这些?好吧,如果你希望的话,我可以写份报告。"在回复了投诉的客服代表中,只有10个人很好地或完美地解决了问题。这些客服代表接听电话时表现出关切之情,并在随后寄来了道歉信和优惠券。甚至还有一位区域副总裁给顾客回了电话,询问哪里出了问题。[17]

在解决投诉的过程中,还有一个关键的问题是大多数顾客并不投诉。他们根本不给管理者纠正错误的机会,而是一走了之,再也不光顾了。因此,当顾客投诉时,管理者应该心存感激,因为他们有了解决投诉和赢回顾客的机会。大多数投诉来自想要再次惠顾的忠诚顾客,他们希望管理者能够解决问题以避免类似的问题再次出现。所以,管理者必须寻求某些途径来鼓励顾客投诉。社交媒体的检索功能可以帮你找出对你的餐厅发表评论的顾客,从而让管理层做出回应。管理者可以培训员工留意有不满情绪的顾客,并设法了解他们遇到的问题。就像一位餐厅经理所观察的那样,如果顾客在餐厅里四处打量,肯定有什么地方做得不对。我们需要找到不对的地方并解决它。如果我们将视角做这种转换,将抱怨看作一种赠与,我们就会更积极地利用投诉所形成的信息,使我们的企业进一步发展。顾客投诉是一种最容易获得的顾客和市场信息来源,但至今尚未得到充分的利用。[18]

一位俱乐部经理讲述了他在俱乐部举办的一次圣诞聚会中遇到的令他惊讶的事。圣诞聚会的筹备工作进展顺利,员工们对聚会的安排颇感自豪。因此,当一位老会员提出想要与餐饮部经理、厨师及经理召开电话会议,讨论聚会中存在的问题时,这位经理感到十分震惊。这通电话持续了一个半小时,其中谈到的很多问题在管理层看来是十分琐碎的抱怨。通过认真地倾听,经理找到了症结所在。他让员工对此进行反思,并在第二天召开了会议。他还让餐饮部经理列出了参加聚会的会员名单。他发现大多数将要参加聚会的都是退休的老会员,他们没有家人陪伴,在节日里独自一人。因为在通常情况下,俱乐部举办的聚会对45岁左右的会员吸引力很强,因此这次聚会还是按照这一年龄段的会员需求进行设计,而非针对65岁左右的会员,但这次聚会的参与者却恰恰是65岁以上的会员。这就是顾客不满的根源:聚会的菜单和主题更适合年轻些的群体。通过倾听并接纳顾客的意见,俱乐部的管理者意识到应该针对正确的目标市场去安排聚会。如果顾客没有说出自己的意见,或是管理者没有接纳意见,圣诞聚会就会朝着错误的目标市场一直走下去。

营销专栏 2-2

改善服务质量的建议

贝里(Berry)、帕拉苏拉曼(Parasuraman)和蔡特哈姆尔(Zeithaml)作为服务学术研究的先驱,对改善整个服务产业的服务质量提出了下面10条建议。

(1) 倾听。通过持续地倾听顾客和非顾客的期望与感知来理解顾客真正想要的是什么(如使用服务质量信息系统)。

(2) 可靠性。如果要问服务质量唯一最重要的维度是什么,那么可靠性一定是首选答案。

(3) 基本服务。服务企业必须提供人们期望的最基本的服务:信守承诺、尊重常识、倾听顾客、及时给顾客传达信息,以及下决心给顾客传递价值。

(4) 服务设计。在管理服务细节时要有全局观。

(5) 补救。为了使遇到问题的顾客感到满意,服务企业应该鼓励顾客投诉(并且畅通投诉渠道),针对顾客的特殊问题进行快速回应,并建立一套问题解决机制。

(6) 给顾客惊喜。虽然可靠性是满足顾客期望中最重要的维度,但其他维度,如担保、责任心和同情心则是超出顾客期望的重要维度(如超乎寻常的快捷、优雅、礼貌、能力、承诺和理解)。

(7) 公平对待。服务企业必须重视公平问题,对顾客和员工都要展示公平。

(8) 团队合作。团队合作能够提高员工的积极性和能力,从而在传递服务时保持仔细和关注。

(9) 员工调查。营销人员必须对员工展开调查研究,找出问题的原因和解决方法。

(10) 服务型领导。质量服务来源于贯穿企业的有启发性的领导,来源于卓越的服务系统设计,来源于高效的信息和技术应用,来源于潜移默化的、隐形的、强大的被称为企业文化的内部力量。[19]

2.4.5 将员工作为产品的一部分予以管理

在餐饮业,员工是产品和营销组合的一个关键部分。这意味着人力资源部和市场营销部必须紧密合作。在没有设置人力资源部的餐厅,餐厅经理扮演着人力资源经理的角色。这位经理必须雇用友善且有能力的员工,并制定政策以便在员工和顾客之间建立积极的关系。即使是人力资源政策中的一些小细节也可能对产品的质量产生显著的影响。[20]

在一家经营良好的酒店中有两种顾客:付钱的顾客和员工。[21]对员工加以培训和激励,使之提供优异的顾客服务称为内部营销。在酒店业,营销部仅负责传统的外部营销工作是远远不够的,其工作还包括鼓励企业的所有员工都建立顾客导向的思想(见第10章)。[22]下面的摘录出自《追求卓越》一书,从中可以看出训练有素的员工对酒店的重要性。

晚餐之后,我们决定在华盛顿再逗留一晚,因为忙碌的一天让我们无法赶上最后一班飞机。我们并没有预订酒店,但离四季酒店很近。我们曾在那儿住过,而且很满意。当我们穿过大堂,踌躇着该找一个怎样的借口才能弄到间客房时,令我们惊讶的是,迎宾员抬起头来,微笑着叫出了我们的名字并向我们问好。她竟然记得我们的名字!一瞬间,我们明白了为什么在短短一年的时间里,四季酒店就成为这一地区的"首选住宿地",而且仅用了一年就赢得最受欢迎的四星级酒店头衔。[23]

2.4.6　感知风险管理

购买服务产品的顾客由于在购买之前不能亲历服务过程,往往会感到担心。[24]这也是顾客会依赖Yelp等网站及其他社交媒体上的用户评论的原因。这些评论被认为是可靠的信息来源。

让我们考虑这样一种情形:一名行政助理按照经理的指示,要在某地区召开一次销售会议。假定这位助理从未主持过会议,也未与酒店打过交道。如果会议进展顺利,经理就会对她产生良好的印象;否则这位助理就会受到责怪。在安排会议地点时,这位助理只能相信酒店的推销员。好的酒店推销员会告诉顾客酒店已经成功地举办过上百次会议,来打消其疑虑。对顾客提出的专业要求,酒店推销员可以通过出示以往顾客的感谢信或带领顾客查看酒店的设施来形象地证明酒店的专业性。好的酒店推销员必须设法消除顾客的担心并赢得其信赖。

消除顾虑的一种办法是鼓励顾客在风险较低的环境下亲身体验酒店或餐厅的服务。一些酒店和度假地向会展公司和旅行社提供踩点游。航空公司通常会提供免费机票,因为它们希望创造商业机会。酒店为潜在顾客免费提供客房、食物、饮品和娱乐项目,希望他们能推荐酒店。踩点游可以让中间商提前体验酒店的服务,从而减少服务产品的无形性。

人们在购买服务产品时感受到的高风险,会反过来提高人们对曾提供过稳定产品的酒店、餐厅和会展公司等企业的忠诚度。销售人员必须对潜在顾客充满耐心,并持续地拜访他们。在某些时刻,他们熟悉的供应商可能会出错,使他们想尝试选择新的供应商。服务企业必须尽可能地满足每一个群体,因为它们知道其他企业都在等着它们犯错误好抢走它们的生意。

2.4.7　接待能力与需求的管理

管理者在谋求接待能力与需求之间的平衡时有两种选择:调整接待能力或改变需求

量。例如,航空公司可以使用动态的接待能力管理,调节飞机的接待能力以匹配需求。航空公司可以在一条热门航线上用大飞机替换掉小飞机,然后将小飞机分配给乘客较少的航线。[25] 如果不能增加一架更大的飞机,也可以通过取消机票折扣,提高机票价格来减少需求。更高的价格意味着有一部分乘客,尤其是那些探亲访友的乘客可能会放弃行程或改乘其他航空公司的航班,从而降低总需求。

1. 接待能力管理

公司管理层的责任是在长期内寻求接待能力与需求的平衡,而各部门经理的职责则是寻求短期内接待能力与需求波动的平衡。本节介绍的管理手段主要适用于短期需求管理。

(1) 将顾客纳入服务提供系统。将顾客纳入服务运作过程中,可以增加每个员工所能服务的顾客人数,由此便可以扩大接待能力。这一观念在餐饮业已经被普遍接受,而在酒店业的推广则应归功于现代技术的发展。最古老、最常见的顾客自助服务可能是自助餐。顾客自主选择想吃的食物,自己为自己服务。顾客无须决定点什么菜,把点好的菜单交给服务员,接着等待食物上桌。厨房可以批量烹制更多的食物,而不是依据个人点单,顾客能够自己照顾自己,餐厅前台也可以招待更多的顾客。自助餐因此在高需求时段非常普遍,如大酒店的早餐或者母亲节。

自助服务技术(SSTs)可以被用来扩充生产能力,特别是在餐厅,通过让顾客做一些力所能及的服务事项来服务更多的顾客。希尔顿酒店开发了一种系统,顾客可以使用智能手机预订,在到达的前一天选择房间,到店后出示预订信息即可入住。基于调查和社交媒体上的后续评价,希尔顿发现,顾客对于能够选择房间的位置和房间内的床上用品大加赞赏。这个过程中没有员工或员工活动的介入。希尔顿正在研究如何在这个过程中打造顾客主导的互动关系。[26]

(2) 对员工进行交叉培训。在酒店,对各种服务的需求并不均衡。某个服务点可能突然间人满为患,而此时其他服务点却处于正常需求水平。管理者如果对员工进行交叉培训,就可以通过调剂员工来提高酒店的接待能力。一家每晚只有30~40位顾客的酒店餐厅,即使有80个座位,也不可能安排两名以上的服务员。可是,服务员这样少,一旦遇到60位顾客的情况,餐厅就穷于应付了,尤其是当顾客几乎同时到达时。如果前台服务人员和宴会服务人员接受过点菜服务培训,餐厅经理就有了一支可以在紧急时刻随时调遣的员工队伍,当所需服务员超过两名时,他们就能够派上用场。

(3) 聘用兼职员工。在异常忙碌的一天、用餐高峰时段,或者一年中季节性业务繁忙的月份里,管理者可以聘用兼职员工来提高接待能力。一些夏日度假酒店在夏季会聘用兼职员工,而在淡季则会辞退一些员工,在业务特别清淡的季节干脆停业。兼职员工可以让酒店或餐厅有效地控制接待能力。兼职员工也可以采取随叫随到的方式。有些酒店备有一个宴会服务员名录,以供遇有大型活动时电话联系。聘用兼职员工可以提高企业的灵活性,在必要时调整所需员工的数量。

(4) 租用或共享额外的设施和设备。商业活动不必受空间和设备不足的局限。如果一家酒店周三晚上的所有设施都已经被预订出去,则只能推掉一个周二到周四的三天订座和晚宴商机。为了挽留这些顾客,一个很有创意的想法是建议他们到酒店以外的场所体验一次特殊的就餐经历。在巴黎,可以一边荡舟塞纳河一边用餐;在亚利桑那,可以是一次户外烤牛排;而在香港,则可以在著名的珍宝海鲜舫漂浮餐厅用餐。

有些餐饮企业通常只购买其常规使用量范围内的设备。在遇到应付不开的情形时,就会去租用设备。租用或共享设备、请顾客在室外就餐,可以提高接待能力,满足短期的需求。

(5) 在需求低谷期制订停工计划。在一些季节性比较强的度假酒店,需求呈现明显的波动性。前文所讨论的各种措施都是为了在旺季增加接待能力以满足需求。也存在这样的情形,企业要通过降低接待能力来应对淡季的需求减少。降低接待能力的方法之一是在淡季开展维修和养护。

(6) 改变服务提供系统。我们已经讨论过的一种改变服务提供系统的方法是自助餐。有些餐厅和娱乐设施可以通过延长营业时间来提高接待能力。酒店的咖啡厅如果上午 7 点半就已经满员,则可以将原来上午 7 点开门的时间改在 6 点半。如果在头半个小时只坐了五张桌子,那么半个小时之后这些座位就能腾出来了。这样可以使咖啡厅在高峰时间有更多的空座位。酒店已经有打包带走食物的选项,当一个人想要一顿便餐或者零食时,他可以从各种已经备好的食物和饮料中选择自己想要的,然后带走。一家名叫"蹦蹦跳跳"的儿童娱乐中心原本在夜间是不营业的,却可以为 20 多岁的青年群体提供通宵服务。如果顾客有需求,该中心就在夜间营业。总之,很多企业都可以通过延长营业时间来提高接待能力。

2. 需求管理

在理想的情况下,管理者只需要扩大接待能力即可满足需求。然而,如果召开的是一个全城规模的大会,一家酒店是根本无法满足客人对客房的需求的。在圣诞节前的周六,餐厅只要有地方,就可以接受很多的预订;而在夏季,度假村只要有客房,就可以卖出更多。所有成功的接待业企业都日益受到接待能力的限制。接待能力管理可以帮助企业增加接待能力,但供不应求的情况仍然时有发生。需求管理可以采用以下几种策略。

(1) 用价格创造或抑制需求。大多数产品的价格与需求负相关。管理者可以通过降价创造需求,通过提价减少需求。餐厅在淡季常常会提供特价菜以创造需求。例如,赛百味餐厅会在星期二推出买二送一活动。而它的竞争对手 Port of Subs 餐厅则在下午 5 点之后提供折扣,因为大多数人在晚餐时是不吃三明治的。一些度假酒店在淡季降低价格,而一些城市酒店则在周末打折促销。管理者必须确保低价吸引的细分市场是他们所期望的目标市场。

当需求超过供给时,管理者可以通过提高价格来减少需求。在新年前夜,很多餐厅和夜总会都推出了比平时价格高出不少的套餐。因为在这一天,无论价格多高,餐厅都会顾客盈门。

(2) 利用预订系统。酒店和餐厅经常利用预订系统来控制需求。管理者如果发现需求超过接待能力,可以将接待能力留给最有利可图的细分市场。预订也可以使管理者在接待能力不足的情况下回绝进一步的预订。

虽然预订有助于餐厅对需求加以管理,但也有可能减少接待能力。这也是某些大客流量的中档餐厅不采用预订系统的原因。如果一桌客人迟到 10 分钟,可能造成另外一两对客人等待20多分钟。客人到店和离店时间往往不能精准契合，导致座位常常会空闲20分钟甚至更长时间。高档餐厅的客人往往希望能够预订，并期望在他们到来时台面已经安排就绪。中档餐厅的客人则没有这种期望，所以有些大众餐厅甚至可以让顾客排队等候，暂时将需求储存起来，一旦有空位腾出，马上就有顾客补进，从而消除了座位空闲的时间。

为了使接待能力最大化，有些餐厅在接受预订时会给出时间限制。例如，顾客可以在18点、20点或22点前来。当顾客打电话预订时，接听电话的服务员会告诉顾客就餐的时间，以及他们的座位可以占用两个小时，在两个小时之后，会有另一拨顾客等待就餐。通过确保餐厅有三拨就餐者和调整需求，餐厅的接待能力增加了。如果20点的座位已经约满了，管理者可以根据顾客的偏好将需求调整到18点或22点。在母亲节那天，瓦隆餐厅为用餐高峰期之前到来的顾客提供了价格优惠，而对在用餐高峰期来就餐的顾客收取相对较高的价格。这样，餐厅通过定价和预订的组合策略，创造了较早时间段内更多的需求。

在需求超过接待能力的情况下，可以要求顾客交预付款。例如，一些酒店和餐厅举办的新年前夜宴会要求顾客提前购买入场券。度假酒店通常要求顾客预交一定金额的不予退还的定金。通过收取预付款，管理者可以有一定的与接待能力相匹配的收入。如果顾客爽约，度假酒店也不会有太大的损失。

迪士尼乐园有一套独特的预订模式——快速通道。顾客可以通过指定途径绑定门票，获取快速通道票，并预约游玩的时间。拿到快速通道票的顾客可以绕过等待的队伍走快速通道，这样通常可以少等待一个小时。为了确保游乐项目能够容纳快速通道游客和普通游客，顾客被限制每4个小时才能享受一次快速通道服务。快速通道的魅力在于游客可以到餐厅和商店消费而不必将时间浪费在排队上。快速通道解决了需求问题，迪士尼也由此创造了更满意的顾客体验和更多的销售机会。

（3）超额预订。并非每一位预订的顾客都会到店。计划一旦变动，预订的顾客就有可能无法前来。因此，超额预订就成了一些酒店、餐厅、铁路公司和航空公司用来平衡需求和供给的方法。那些严格按照酒店的客房数接受预订的管理者常常发现空置率较高。例如，某家酒店20%的使用非担保预订的顾客及5%的使用担保预订的顾客未信守承诺。如果这家餐厅有80位顾客做了担保预订，有40位顾客做了非担保预订，则一般而言，该餐厅平均会空置12间客房。如果平均房价为200美元，则意味着每年在客房、餐饮方面的潜在收入损失将超过75万美元。

超额预订必须谨慎控制，应了解酒店的顾客、过去的情况、其他酒店的可用房间及天气情况等重要的因素。可以利用软件系统进行准确预测。如果酒店不能兑现其预订，就很有可能失去这些预订却并未得到尊重的顾客，甚至会影响与这些顾客有关的一些公司和旅行社的生意。因此，酒店必须在完美售罄、房间空置或让顾客离开之间保持微妙的平衡。通常，让一个房间空着也比无法兑现预订好。

有些酒店对那些预订后到店时却没有房间的顾客不提供任何服务。管理到位的酒店则会为顾客另外寻找住处，并为其支付当晚在另一家酒店住宿的房费及前往该酒店的交通费。精明的经理还会通过给这些顾客提供次日的免费客房来留住他们。那些对待预订粗枝大叶的酒店是要付出代价的。例如,彩虹旅行社在芳亭白露希尔顿酒店为一些要观看迈阿密对战俄克拉荷马的橄榄球赛的顾客订了 45 间客房。酒店没能将彩虹旅行社的顾客全部安排下来,结果彩虹旅游社提起诉讼,认为芳亭白露希尔顿酒店损害了自己的声誉。陪审团判决芳亭白露希尔顿酒店赔偿 25 万美元。陪审团认为,周末的橄榄球赛创造了大量的需求,芳亭白露希尔顿酒店应调整其超额预订 15% 的政策。[27]

(4) 收益管理。动态定价和超额预订多用于**收益管理**(revenue management)系统中。管理者利用计算机软件,根据价格、预订记录及超额预订情况提出更为完善的需求管理方法——收益管理,将不可储存的固定库存配置给最有价值的顾客。设计合理的收益管理系统可以使收入增长 8% 或者更多。一家拥有 200 间客房的酒店在实行收益管理之后,最高预期收入增加了 60 万美元。他们在设计收益管理系统时是以每间客房收入(RevPAR)最大化为目标。餐厅也采用了收益管理技术,但其目标是使每个座位收入(RevPASH)最大化。对于餐厅而言,座位的利用与非高峰期的定价都是实现这一目标的手段。

设计合理的收益管理系统注重交易量和回头客。因此,在一年中光顾酒店 11 次而且每次都住两天的顾客与那些因参加会议而入住的顾客会受到不同的待遇。忠诚的老顾客备受关注,有些酒店还给予这些顾客不随业务需求波动的内部折扣价,目的就是留住他们。正像人们所看到的,酒店的收益管理体系十分复杂,需要对预测模型和酒店的顾客有深入的了解。[28] 对于青睐数字和市场战略的酒店管理等专业的毕业生来说,收益管理是一个令人兴奋的职业。最大化收益的能力如今已经是一个重要的管理工具,因此成为企业的收益经理是走上企业营销副总裁岗位的一个重要途径。

(5) 排队管理。当需求超过接待能力而顾客愿意等待时,就形成了排队现象。有时顾客主动选择等待,而其他时候他们只是迫于无奈。例如,当餐厅经理告诉顾客要等 20 分钟时,顾客可能选择等待。而在已经预订好的酒店办理入住手续时,顾客也许别无选择。

自愿排队,如在餐厅等位,是管理需求的一种常见而有效的方法。管理好排队可以使顾客的等待不那么难熬。应该高估等待时间。当等待时间大约是 30 分钟时,最好的办法是告诉顾客等待时间将达到 35 分钟,而不要告诉他只需等待 20 分钟。有些管理者担心,如果等待时间太长会失去顾客,所以倾向于低估等待时间。一旦顾客接受了这个等待时间,他们就会坐下来,喝点饮料,但眼睛却会盯着自己的手表。如果时间到了还没轮到自己,他们就会马上站起来,质问负责人还要等多久。如果顾客等待的时间比被告知的时间长,那么他们坐到餐桌边时会带有负面情绪,从而更容易对服务吹毛求疵,此时餐厅再想补救就很难了,很多顾客在离开时都会留下不满意的记忆。

如果管理者告诉顾客要等待 35 分钟,却在 30 分钟后安排他们落座,顾客就会感到高兴。如果顾客不想等这么久,管理者可以建议他们在人少的时段再来。

总而言之,服务的水平越高,顾客愿意等待的时间就越长。在高档餐厅等待 20 分钟通常是可以接受的,而在快餐店,等待时间超过 5 分钟就难以接受了。快餐店必须提高接待能力以满足需求,否则就要流失一部分顾客。[29]

服务专家大卫·梅斯特(David Maister)给出了下列有关排队管理的建议:[30]

① 无所事事的时间比有事可做的时间感觉漫长。一些游乐园安排演员与正在排队的孩子互动,使他们感到时间一晃就过去了。有些餐厅将等待餐位的顾客带到鸡尾酒廊,为其提供一杯鸡尾酒,顾客间的交谈也使时间过得很快。利澳酒店在排队就餐的顾客上方悬挂电视机,播放酒店提供的各类产品(如娱乐和餐饮)的宣传片。这些例子说明,管理者可以设法利用顾客排队等候的时间,使他们的等候变得更惬意。

② 不公平的等待比公平的等待感觉漫长。如果顾客感觉受到了不公平的对待,就可能变得焦躁不安。有些餐厅大餐桌的数量有限,于是总想最大限度地利用这些餐桌。例如,餐厅不会将四位一起来就餐的顾客安排到可供六人坐的餐桌,哪怕有很多个四人就餐者在等座位。这种做法有时会使被冷落的顾客十分恼火。由于他们本来占先,所以就期望老板让他们先坐。在这种情况下,负责人应该解释清楚原因。还有一个不公平等待的例子。一位等待了20分钟的顾客终于排到队伍的最前面可以办理入住手续了,可当他刚开始向前台服务员说明预订细节时,电话铃响了。服务员马上接电话,与对方交谈了10分钟。万豪酒店已经通过拆走前台的电话来避免这种干扰和造成不公平等待的情况。

③ 未知的等待比已知的有限等待感觉漫长。大多数乘客都体验过飞机延误。如果机场能够告知飞机将会延误一个小时,那么乘客就可以去吃点东西、购物或是做些其他事情来打发时间。然而,如果只是通知飞机延误并且乘客询问要延误多久时,得到的答复却是出现了机械故障,我也不知道还要等多久,乘客就会变得很焦虑。这种焦虑的来源就是不确定的延误。乘客因为担心飞机随时可能修好起飞而无法离开登机口,因而很难放松下来。30分钟的延误感觉像是没有尽头。因此,航空公司应该尽可能告知乘客延误的原因及预计要等待的时间。有时航空公司不愿意这么做是因为它们也不知道修好飞机需要多久,而且不希望乘客离开登机口。不过,它们应该及时告知乘客进展情况以减少不确定性。

梅斯特认为,顾客对公平的感知并非总是很清晰,有必要进行管理。不管采用什么优先原则,服务人员都必须竭力保证这些原则符合顾客的公平感,要么调整原则,要么说服顾客认可这些原则。

(6) 需求转移。将宴会和会议的需求加以转移通常是可能的。一位销售经理可能要在10月底或11月初召开销售会议。他知道,要预订酒店必须告知对方确切的时间。假设时间定在10月31日,但实际上选10月24日或11月7日都可以。在开会的前一天晚上,需要20间客房,在开会当天,要有一间会议室。酒店预计31日的客房将全部售出,但目前还有空房。此时,精明的经理就会询问是否必须在10月31日开会。如果日期是灵活的,销售经理就会设法将会议时间挪到酒店客房不会全部售出的时间,因为这段时间酒店最需要这笔生意。在这种情况下,精明的会议策划人会给出若干日期选择,询问他能够得到最优惠的价格的日期。

(7) 筹划促销活动。促销的目标之一是增加需求,或者像我们即将讲到的,将需求曲线左移。在淡季,开展促销常常是发展业务的有效方式。我们将在本书的后面探讨促销问题。

服务的四个特征是无形性、不可分割性、变动性和不可储存性,这些特征使服务企业的营销策略和技巧不同于制造企业。在本书后面几章,我们将讨论这些营销策略和技巧,以及支持它们的原则。

课堂小组练习

*带星号的练习题可以作为个人作业或线上作业。学生需要对答案给出解释。

1.*说明酒店、餐厅或影院提供的服务如何体现服务的无形性、不可分割性、变动性和不可储存性。请给出具体的例子。

2. 你是否参考过猫途鹰（TripAdvisor）或 Yelp 等网站上的消费者评价内容？如果是，请解释你为什么认为这些信息是可靠的。如果不是，请说明你是如何选择一家新餐厅的。如果其他消费者以同样的方式获取信息，那么管理者应该如何吸引新顾客？

3.*讨论服务员是顾客在餐厅就餐时所获得的产品的一部分这一说法。

4. 在猫途鹰上找几家酒店或餐厅，并查看顾客评论。你认为公司经理对这些评论的回复恰当吗？请解释原因。

5. 用自己的语言解释需求管理和接待能力管理的差别。每一点差别至少举出两个例子。在小组讨论环节举例说明，企业在经营中是如何利用接待能力与需求管理的。

6.*浏览一家连锁酒店的网站。为使产品有形化，网站采取了哪些措施？网站中有与不可储存性特征相关的内容（如特价出租客房）吗？

7.*找一个你感兴趣的主题的博客。博客上有广告吗？博主是否得到任何公司的赞助？有相关的赞助信息吗？根据你的观察写一份简短的报告。

体验练习

任选一道题做：

1. 不可储存性在航空业尤为重要。没有售出的座位就永远失去了价值，如果没有售出的座位太多，则会导致巨大的损失。凭借电子售票系统，航空公司可以轻松地利用定价策略来应对需求的不可储存性和变动性。

（1）浏览一家航空公司的网站，选择 8 日内往返两个城市，找出同一航线分别提前 60 天、2 周、1 周和 1 天的预订价格。这其中有明显的变化规律吗？

（2）如果一家商店积压了很多成熟的水果，它就会降价以便尽快将水果卖出去。如果航空公司的座位马上就要"撂荒"了，航空公司会如何调整价格？为何提前一天预订的机票价格通常会高一些？

2. 参观一家餐厅或酒店。观察并记录它是如何管理顾客的，包括如何安排顾客在酒店内的行走路线、让顾客排队或是如何丢掉垃圾。记下你认为做得好的和做得差的地方并解释原因。

3. 参观一家餐厅或酒店，举例说明它是如何运用有形证据使顾客了解公司类型及运作方式的。要观察公司的内外环境、标志及员工制服。记下你认为做得好和做得差的地方并解释原因。

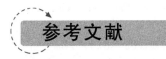

参考文献

1. See Topgolf. com; Brandi Shaffer, (October 27, 2016) "Bloomberg Businessweek Highlights the Appeal, Growth of Topgolf," Bloomberg Businessweek Highlights the Appeal, Growth of Topgolf, https://clubandresortbusiness.com/2016/10/bloomberg-businessweek-highlights-appeal-growth-topgolf/; Rosemary Ayim(November 7, 2014) "Average age of golfers up a massive 15 years since 2009," The Golf Business, http://www.thegolfbusiness.co.uk/2014/11/average-age-golfers-massive-15-years-since-2009/; Statistic Brain (May 3, 2018), "Golf Player Demographic Statistics," https://www.statisticbrain.com/golf-player-demographic-statistics/; Sergio Chapa and Korri Kezar (August 7, 2015), "TopGolf San Antonio breaks alcohol sales records for chain in Texas," *Dallas Business Journal*, https://www.bizjournals.com/dallas/news/2015/08/07/topgolf-san-antonio-breaks-alcohol-sales-records.html; Eric Vician (April 8, 2015), "Topgolf Tampa setting franchise records after just four months," *Tampa Bay Times*, http://www.tampabay.com/news/business/topgolf-tampa-setting-franchise-records-after-just-fourmonths/2224575 (accessed June 2018).

2. G. Lynn Shostack, "Breaking Free from Product Marketing," *Journal of Marketing* (April 1977): 73-80.

3. Bernard H. Booms and Mary J. Bitner, "Marketing Services by Managing the Environment," *Cornell Hotel and Restaurant Administration Quarterly*, 23, no. 1(1982): 35-39.

4. Robert C. Ford and Cherrill P. Heaton, "Managing Your Guest as a Quasi-Employee," *Cornell Hotel and Restaurant Administration Quarterly*, 42, no. 2(2001): 46-61.

5. Diane Schanlensee, Kenneth L. Bernhardt, and Nancy Gust, "Keys to Successful Services Marketing: Customer Orientation, Creed, Consistency," in *Services Marketing in a Changing Environment*, ed. Thomas Bloch et al. (Chicago, IL: American Marketing Association, 1985), pp. 15-18.

6. See James L. Heskett, W. Earl Sasser, Jr., and Leonard A. Schlesinger, *The Service Profit Chain: How Leading Companies Link Profit and Growth to Loyalty, Satisfaction, and Value* (New York: Free Press, 1997); Heskett, Sasser, and Schlesinger, *The Value Profit Chain: Treat Employees Like Customers and Customers Like Employees* (New York: Free Press, 2003); Christian Homburg, Jan Wieseke, and Wayne D. Hoyer, "Social Identity and the Service-Profit Chain," *Journal of Marketing* (March 2009): 38-54; Rachael W. Y. Yee and others, "The Service-Profit Chain: A Review and Extension," *Total Quality Management & Business Excellence* (2009): 617-632.

7. "Four Seasons Hotels and Resorts Named to Fortune List of the '100 Best Companies to Work for,'" March 2, 2015, http://press.fourseasons.com/news-releases/2015/fortune-100-best-companies-to-work-for/; and http://jobs.fourseasons.com and www.fourseasons.com/about_us/fourseasons.com/about_us/(accessed September 2016).

8. See Terry Maxon, "Horrible Flight? Airlines' Apology Experts Will Make It Up to You," *McClatchy-Tribune News Service*, (August 24, 2010); Katie Morell, "Lessons from Southwest Airlines' Stellar Customer Service," ehotelier.com, August 29, 2012, http://ehotelier.com/hospitality-news/item.php?id=23931_0_ll_0M_C; and Adam Toporek, "Southwest Airlines: A Service Recovery Surprise," B2C, April 24, 2014, www.business2community.com/customer-experience/southwest-airlines-service-recovery-surprise-0886284 # dri7dI4r5qW2ESBH.97.

9. See Martha White,"Lost Bags, at 140 Characters, and Airlines Respond,"*The New York Times*, October 20,2015,p. B6.
10. Brad Tuttle,"One Airline That Stubbornly Refuses to Pile on the Fees(for Now),"*Time*,May 7, 2013;Jennifer Rooney,"Southwest Airlines CMO Kevin Krone Explains What's Behind the New Grown-Up Ads,"*Forbes*,April 22,2013;Brad Tuttle,"Southwest Airlines: We're Not Really about Cheap Flights Anymore," *Time*, March 26, 2013; David Whelan, "All Grown Up," *Forbes*, July 18,2011.
11. Kris van Cleave, "JetBlue's New, Exclusive Orlando 'hotel'," *CBS News*, April 1, 2015, https://www.cbsnews.com/news/jetblue-hotel-lodge-employeesstay-while-training-orlando-florida/(accessed June 10,2018);Justin Bachman, "How JetBlue Aims to Grab Some High-Dollar Traffic," *Bloomberg*, June 13, 2013; Robin Farzad and Justin Bachman, "Once High-Flying, JetBlue Returns to Earth," *Bloomberg Businessweek*,April 5,2012.
12. Dinah Eng, "The Rise of Cirque du Soleil," *Fortune* (November 7, 2011): 39-42; Matt Krantz, "Tinseltown Gets Glitzy New Star,"*USA Today*,August 24,2009;Linda Tischler,"Join the Circus," *Fast Company*(July 2005): 53-58; "Cirque du Soleil," America's Greatest Brands 3(2004); Geoff Keighley,"The Factory," *Business* 2.0 (February 2004): 102; Robin D. Rusch, "Cirque du Soleil Phantasmagoria Contorts,"Brandchannel.com,December 1,2003.
13. E. Hertzfield(2016),"Will robots ever replace guestroom mini bars," available at http://www.hotelmanagement.net/tech/will-robots-ever-replace-guestroom-minibars(accessed July 26,2017).
14. See John Bowen and Elizabeth Whalen, "Trends That Are Changing Travel and Tourism," *Worldwide Hospitality and Tourism Themes*, 9, no. 6(2017): 592-602; https://caliburger.com/ (accessed June 10, 2018); Hertzfield, E. 2016, "Will robots ever replace guestroom mini bars," available at http://www. hotelmanagement. net/tech/will-robots-ever-replace-guestroom-minibars (accessed July 26,2017).
15. Adapted from Leonard L. Berry, A. Parasuraman, and Valarie A. Zeithaml, "The Lessons for Improving Service Quality," *MSI Reports Working Paper Series*, no. 03-Vol (Cambridge, MA: Marketing Science Institute,2003): 61-82. See also Leonard I. Berry's books,*On Great Service: A Framework for Action* (New York: Free Press,2006),*Discovering the Soul of Service*(New York: Free Press,1999), as well as his articles; Leonard L. Berry, Venkatesh Shankar, Janet Parish, Susan Cadwallader, and Thomas Dotzel, "Creating New Markets through Service Innovation," *Sloan Management Review*(Winter 2006): 56-63; Leonard L. Berry, Stephen H. Haeckel, and Lewis P. Carbone, "How to Lead the Customer Experience," *Marketing Management* (January-February 2003): 18-23; Leonard L. Berry, Kathleen Seiders, and Dhruv Grewal, "Understanding Service Convenience,"*Journal of Marketing*(July 2002): 1-17.
16. *Feelings Consultant Marketing Manual* (Bloomington, MN: Better Than Money Corporation, n.d.). The Technical Research Programs Institute does studies on customer complaints and the success of complaint resolution.
17. Linda M. Lash,*The Complete Guide to Customer Service*(New York: Wiley,1989),pp. 68-69.
18. Majorie Coeyman,"You Call This Service?"*Restaurant Business*(May 15,1997): 93-104.
19. Janelle Barlow and Claus Moller,*A Complaint Is a Gift* (San Francisco,CA: Berrett-Koehler,1996).
20. Richard Norman,*Service Management: Strategy and Leadership in Service Businesses*(New York: Wiley,1984).

21. See Karl Albrecht, *At America's Service* (Homewood, IL: Dow Jones/Irwin, 1988).
22. See Leonard Berry, "Big Ideas in Services Marketing," in *Creativity in Services Marketing*, ed. M. Venkatesan et al. (Chicago, IL: American Marketing Association, 1986), pp. 6-8.
23. Thomas J. Peters and Robert H. Waterman, *In Search of Excellence* (New York: Warner Books, 1982), p. xv.
24. See Valarie A. Zeithaml, "How Consumer Evaluation Processes Differ Between Goods and Services," in *Marketing of Services*, ed. James H. Donnelly and William George (Chicago, IL: American Marketing Association, 1981), pp. 186-190.
25. Sanne de Boer, "The Impact of Dynamic Capacity Management on Airline Seat Inventory Control," *Journal of Revenue and Pricing Management*, 2, no. 4 (2004): 315-320.
26. "Hilton Revolutionizes Hotel Experience with Digital Check-In, Room Selection and Customization, and Check-Out across 650,000-Plus Rooms at More Than 4,000 Properties Worldwide," *Hilton Worldwide*, July 28, 2014, http://news.hiltonworldwide.com/index.cfm/news/hilton-revolutionizes-hotel-experience-with-digital-checkin-room-selection-and-customization-and-checkout-across-650000-plus-rooms-at-more-than-4000-properties-worldwide (accessed June 30, 2015).
27. Mark Pestronk, "Finding Hotels Liable for Walking Guests," *Travel Weekly*, 49, no. 37 (1990): 371.
28. Sunmee Choi and Anna S. Mattila, "Hotel Revenue and Its Impact on Customer's Perceptions of Fairness," *Journal of Revenue and Pricing*, 2, no. 4 (2004): 303-314; Karyn Strauss and Jeff Weinstein, "Lesson in Revenue Management," *Hotels* (July 2003): 22; R. G. Cross, *Revenue Management: Hardcore Tactics for Market Domination* (New York: Broadway Books, 1997).
29. Carolyn U. Lambert and Thomas P. Cullen, "Balancing Service and Costs through Queuing Analysis," *Cornell Hotel and Restaurant Administration Quarterly*, 28, no. 2 (1987): 69-72.
30. David H. Maister, "The Psychology of Waiting Lines," in *Service Encounter*, ed. John A. Czepiel, Michael R. Solomon, and Carol F. Surprenant (Lexington, MA: D.C. Heath, 1985).

第 3 章

营销战略：合作打造顾客参与、价值和关系

学习目标

- ☐ 解释企业绩效的积极影响因素。
- ☐ 讨论营销在企业战略规划中的作用。
- ☐ 阐释如何与合作伙伴联合营销，共同创造和传递顾客价值。
- ☐ 总结营销在制定以顾客为导向的营销战略和营销组合中的作用。
- ☐ 解释四种营销管理功能。
- ☐ 讨论如何衡量和管理营销投资回报。

导入案例

星巴克的营销战略：营造"星巴克体验"

30多年前，霍华德·舒尔茨（Howard Schultz）便产生了让欧洲风格的咖啡店落户美洲的念头，并就此改变了咖啡行业。他相信人们需要把生活节奏慢下来，闻一闻咖啡的浓香，多享受生活的乐趣。星巴克就此诞生了，它以全新的战略吸引顾客，创造顾客价值。星巴克不仅出售咖啡，还出售星巴克体验——提供令人开心的体验，它为人们带来美妙的时光、美妙的人和美妙的咖啡。星巴克为顾客提供了所谓的"第三空间"——既远离家，也远离工作。研磨咖啡豆的声音、气味，咖啡师混合和冲泡咖啡的景象——这些都与咖啡一同成为顾客体验的一部分。在接下来的20年间，人们涌向星巴克。至2007年，约15 000家星巴克遍布全球，星巴克的销售额和利润如同爪哇咖啡的蒸汽一样腾腾向上。不过，星巴克的成功也招致了一窝蜂的抄袭行为，似乎每个人都在兜售自己的精品咖啡品牌。

为了在这个日益被咖啡因过度浸泡的市场上维持良好的增长势头，星巴克确定了雄心勃勃的全方位增长战略。星巴克快速开设新店。在芝加哥一条长约三个街

区的街道上，竟然有6家星巴克。在纽约，一家梅西百货中有两家星巴克。而这种扩张也引发了人们的调侃："一家新的星巴克将会在旧星巴克的休息室里开起来。"高密度的店面分布可见一斑。除此之外，星巴克还在全美开设售货亭和咖啡摊，从塔吉特商店、超市到酒店，从航空公司到汽车经销商都宣称："我们提供星巴克咖啡。"

星巴克的扩张速度越快，就越远离其最初的使命和价值观。对快速增长的沉迷开始对珍贵的"星巴克体验"产生影响。星巴克从一家温馨近人的咖啡店，演变成了咖啡因加油站。星巴克发现自己竟然在与麦当劳之类的企业竞争，有着相似的顾客群。

2000年卸任CEO的星巴克创始人霍华德·舒尔茨对此表示担忧。2007年，在给星巴克管理层的备忘录中，舒尔茨哀叹企业的快速增长导致"星巴克体验"的淡化，星巴克"正在失去灵魂"。2008年，舒尔茨再次担任星巴克总裁兼首席执行官时，星巴克已经陷入困境。星巴克在美店铺的平均交易量下降，店铺销售额增长放缓。短短两年，星巴克股价下跌了近80%。一位分析师描述星巴克的窘境时说："金融秃鹫正在盘旋，讣告正在起草。"

然而，星巴克并未就此衰落，舒尔茨迅速做出反应，恢复了星巴克的荣光。舒尔茨关闭了表现不佳的门店，更换了企业的大部分高管，放慢了星巴克的增长速度。更重要的是，他重新确立了星巴克的核心使命和价值观，将重点重新放在为顾客提供"星巴克体验"上。"随着星巴克的快速发展，我们取得了非凡的成功，然而正因如此，我们开始忽视对顾客的关注，忘记了不断提升星巴克体验的使命。"星巴克需要将注意力重新放在顾客身上，需要重新建立与顾客的情感依恋。

为了强调这一点，舒尔茨斥资3 000万美元在新奥尔良提升士气。之后不久，星巴克在美国的所有门店关闭了3小时，基于提供满意的顾客体验对员工进行培训。

这些行动开启了星巴克持续革新的进程。开发新产品、创新店铺形式、建设新的平台，通过这一系列举措，星巴克重新建立了星巴克体验。除了改进标志性的咖啡产品之外，星巴克将星巴克体验带入了新的产品领域。几年前，星巴克推出的Via获得了成功，这是一款美味的速溶咖啡。最近，星巴克又开发了Fizzio——一款手工制作的碳酸苏打水饮品。

星巴克还尝试了新的店铺形式，如位于西雅图的星巴克甄选烘焙工坊和甄选品鉴馆，后者既是咖啡馆，也是咖啡文化圣地，还是热火朝天的烘焙坊。舒尔茨将这家新店描述为"耐克遇上苹果，再遇见星巴克"，是更极致的星巴克体验。星巴克的另一大举措是收购了在北美有400多家门店的茶叶零售商Teavana。舒尔茨认为这是星巴克革新和改造的关键，"茶是一个价值900亿美元的品类，创新的时机已然成熟，我们将像珍视咖啡一样珍视茶"。

星巴克的革新不仅限于重新培训员工、开发新产品和创新门店形式。过去10年间，与其他品牌一样，星巴克也通过数字移动平台建立了顾客参与和品牌社区。星巴克首席数字官称，星巴克的支付应用大获成功，星巴克忠诚奖励计划和星礼卡让星巴克"与顾客建立了直接、实时、个性化的双向数字关系"。星巴克移动支付程序拥有超过 1 100 万名活跃用户,移动支付占美国店内交易支付方式的 21%。

今天,重新焕发活力的星巴克再次与顾客充分互动,为顾客提供独一无二的星巴克体验,销售额和利润再次获得了较大增长。星巴克每周在 70 个国家和地区的 23 500 家门店为超过 7 000 万名顾客服务。过去 6 年间,星巴克的收入几乎翻了一番,利润增长了 5 倍多。

星巴克的故事告诉我们:良好的营销战略是始终专注提供顾客价值。企业的目标不只是销售额、利润和扩张,而是通过有意义的方式吸引顾客并创造顾客价值。一家企业如果关注顾客参与和顾客价值,就会有良好的业绩。"这不仅是提醒注册和完成任务,"舒尔茨说,"它也使我们与顾客建立了情感和持久的联系。我们的内心想法是通过咖啡体验来庆祝我们与顾客之间的互动,生活离不开咖啡。"[1]

3.1 高绩效企业的特征

如今酒店企业所面临的主要挑战是如何在迅速变化的市场和环境中实现业务的健康发展。理特管理顾问企业提出了一个用来描述高绩效企业的特征的模型。[2] 该模型包括四个要素:利益相关者、流程、资源和组织。对这些要素进行审视有助于为我们学习战略营销奠定基础。

3.1.1 利益相关者

任何企业都必须先界定**利益相关者**(stakeholder)及其需要。长期以来,大多数企业关注的都是股东的利益。但今天的企业意识到还必须满足顾客、员工、供应商及企业所在社区等其他利益相关者的利益。企业必须尽力满足每个利益相关者最基本的期望。

各种利益相关者群体间具有动态的联系。成长型企业会让员工非常满意,从而激励员工持续改进工作和进行创新。其结果就是产品和服务质量的提高,使顾客和利益相关者都高度满意。

为了应对经济衰退,希尔顿酒店集团实施了为包括顾客、股东、员工(团队成员)、战略合作伙伴和社区在内的所有利益相关者创造价值的战略目标和系统的商业模式,以确保利益的一致性。希尔顿酒店集团使用平衡计分卡,将顾客满意度、员工满意度、第三方企业调研报告、财务和收益管理、品牌标准整合到一个系统中,衡量企业创造的价值。现在,希尔顿酒店集团广泛地使用平衡计分卡以确保实现团队奖励和卓越的顾客服务。绩效测量方式已经发展到包括全面质量计分卡(TQS)、根据满意度和忠诚度跟踪(SALT)形成的忠诚度评分及质量保障(Quality Assurance,QA)评分。希尔顿酒店集团正是根据这些绩效指标来评选和表彰年度最佳酒店的。[3]

一个常被忽略的关键利益相关者群体是由酒店管理企业管理的酒店的业主。酒店管理企业可能是知名的企业,也可能不为人知。很多酒店业主实际上是投资者,他们并不想直接参与酒店管理,因此委托经验较为丰富的酒店管理企业代为管理。

3.1.2 流程

企业的运作传统上都是由各部门承担的,但部门制的组织形式也暴露出一些问题。部门往往追求部门利益的最大化,而这一目标却不一定与企业目标相契合。在各部门之间还存在隔阂,而且隔阂会越来越严重,难以形成理想的合作关系。这样,工作效率就会降低,而计划在落实到部门层次时也会出现偏离。

企业日益重视对流程的管理,甚至将这一点看得比对部门的管理还重要。它们会研究各种任务是如何从一个部门传递到另一个部门的,研究有什么障碍能影响产出的效果,并且组建跨职能团队来管理核心业务流程。

3.1.3 资源

各种流程的实施都需要企业在人力、材料、机器和信息方面有所投入。以前,企业追求的往往是拥有和控制进入业务领域的资源。现在情况变了。某些企业发现,它们所拥有的某些资源并不能像从外部获得的资源那样发挥应有的作用。越来越多的企业决定将非核心业务外包出去。不过,对一些构成业务关键部分的核心资源和能力,它们更倾向于自己拥有和培养。精明的企业都在努力识别自己的核心竞争力并将其作为战略规划的基础。

表 3-1 给出了组织战略规划中所涉及的资源。

表 3-1 战略分析:激发创意的问题

1. 企业可以如何利用将来可能发生的社会变革?
2. 企业可以如何借助顾客关系来最大化自己在现有业务及未来业务中的市场地位?
3. 是否存在应慎重考虑建立伙伴关系的利益相关者?
4. 企业是否拥有能够取得竞争优势的资源或能力?
5. 是否存在为取得竞争优势而应开发的资源或能力?
6. 企业能否与其他竞争者或利益相关者结成联盟或开展合资经营以获取有价值的知识、技能或其他资源?
7. 是否存在某些资源或能力,企业因尚不具备这些资源或能力而处于竞争劣势?
8 宏观环境中是否存在企业在制定战略时应予以考虑的潜在危机?

资料来源:Jeffrey S. Harrison,"Strategic Analysis for the Hospitality Industry,"*Cornell Hotel and Restaurant Administration Quarterly*,44,no.2,April 2003,152.

3.1.4 组织

组织结构、政策和文化构成了企业的组织层面。在快速变化的企业中,所有这些要素都可能出现功能失调。尽管组织结构和政策可以调整,但企业的文化却很难改变。成功的酒店会努力维持其服务文化。除此之外,组织结构、政策和文化还需要与不断变化的战略规划保持一致。组织结构与政策的变化有时是由合并造成的,有时是企业为了适应不断变化的环境必须做出的改变。例如,如今组织结构中新增的一个职位是新媒体经理或数字营销经理。对于营销经理和总经理来说,政策和组织结构应该能够支持企业文化。

3.2 企业战略规划:界定营销的角色

在企业层面,战略规划流程始于企业总体目标和使命的界定(见图3-1)。使命进而被转变成用以指导整个企业的具体的支持性目标。接下来,总部会决定哪些业务和产品组合对企业是最有利的以及应该分别给予多大程度的支持,然后针对每个业务和产品制订具体的营销计划及其他部门计划,以支持企业层面的计划。营销计划涉及业务单元、产品和市场层面,针对特定的营销机会制订具体的计划以支持企业战略规划。

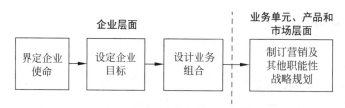

图3-1 战略规划的步骤

每家企业都必须为长期生存和发展制定战略,并使之适合特定的情境、机遇、目标和资源。这是**战略规划**(strategic planning)的重点。战略规划是指建立并维持一个使组织目标和能力能够适应变动的市场机遇的战略的过程。

战略规划为企业的其他计划奠定了基础。企业通常会制订年度计划、长期计划和战略规划。年度计划和长期计划涉及企业的现有业务及其继续经营的问题。而战略规划则是要让企业抓住机遇以适应不断变化的环境。

企业总部负责实施整个计划过程。一些企业赋予业务部门很大的自由度,让它们制定自己的战略。而另一些企业则不然,它们不仅确定企业的发展目标,还深度介入每个业务部门的战略制定过程。澳拜客牛排馆在韩国取得的成功要归功于它松散的结构适应了当地文化,为采购提供了便利。[4] 20世纪80年代中期,迪士尼成立了一个强大的、高度集权的战略规划小组来指导企业的发展方向。接下来的20年里,迪士尼发展成了一个规模庞大、业务多样的传媒和娱乐集团。这家规模庞大的企业囊括了从主题公园、电影制片厂(迪士尼制片厂、试金石制片厂、皮克斯制片厂等),到媒体网络(ABC电视台和ESPN、迪士尼频道、部分A&E和历史频道及其他6个频道),再到消费品和邮轮企业。后来为了提高业绩,迪士尼解散了战略规划小组,将权力下放给各部门的经理。对广泛的业务组合实行良好的战略管理使迪士尼在竞争中胜出。[5]

旅游接待业具有跨国性和多文化性。态度与文化的差异有时会导致管理者在管理风格上以及对战略规划、授权和本章所讨论的其他概念的重要性的认识上存在巨大的差异。一项关于波兰、法国和奥地利三国酒店管理者的研究表明,各国管理者在风险承担及国际化视野方面存在差异。令人感兴趣的是,波兰的管理者与法国的管理者相比具有更为开阔的国际化视野。研究者得到的结论是:这三国管理者所持有的不同态度会影响其自主程度。同时,酒店的战略及实施程度也受到三国管理者不同态度的影响。[6]

3.2.1 界定企业使命

酒店的存在是为了完成某些事情：提供一晚的住宿、某个家庭一天的探险和娱乐、一对情侣美好的就餐体验，等等。最初，企业的使命和目的通常都比较清晰。随着时间的推移，组织不断成长，产品、市场和环境变化之后，使命就变得模糊不清了。当管理层感觉到组织因为失去目标而漂移不定时，就要重新设定目标。而要打造可靠的使命，需要先回答下面几个问题：我们的业务是什么？顾客是谁？顾客想要的价值是什么？我们应该做什么业务？这些貌似简单的问题却是企业必须回答的难题。成功的企业总是不断地提出这些问题并深刻而全面地予以回答。

很多组织会撰写正式的使命宣言来回答上述问题。使命宣言是有关组织目标的陈述，即它想在更大的环境中追求什么。清晰的组织使命宣言就像"看不见的手"一样引导着组织中的人。研究表明，拥有精心制定的使命宣言的企业常常拥有较好的组织绩效和财务绩效。[7]

一些企业缺乏远见，居然以产品或技术观念来定义使命宣言（如"我们提供住宿"或"我们是一家酒店网络预订企业"）。然而，市场导向的使命宣言是根据满足顾客需求的观念来定义业务。下面的例子就说明了产品导向和市场导向的区别。如果迪士尼采用产品导向的话，它会说："我们经营主题公园。"而市场导向则是："我们制造梦想——带给家庭美好时光，并留下永存的记忆。"丽思卡尔顿的产品导向的使命宣言会是："我们经营豪华的酒店房间和上好的餐厅。"而市场导向的使命宣言则是："我们创造丽思卡尔顿体验，使你感到赏心悦目，强身健体，满足你内心深处的愿望和需求。"Chipotle的使命不是售卖墨西哥卷饼，而是承诺提供"良心食品"，长期造福顾客和环境。为了坚守这一使命，Chipotle只使用可持续的当地天然食材。[8]

管理层应避免将使命制定得过于狭隘或过于宽泛。在很多情况下，服务企业所从事的业务并不符合市场导向的业务宣言。例如，一家位于得克萨斯州的汉堡快餐连锁店日常需要数千磅的牛肉，它认为可以省去中间环节，自己生产牛肉，因而进军养牛业。然而不久它却发现，经营牧场和提供汉堡需要两套完全不同的业务技能。使命宣言应该切合实际。泰国航空公司如果将使命定为全球最大的航空公司，则连自己都不会相信。不过，它可以为乘客提供卓越的服务和款待，这些乘客大多是来自泰国主要城市的商务乘客和游客。

组织要以自己的独特能力为基础来定义使命。麦当劳或许也可以进军太阳能产业，但那并非它的核心能力。

企业的使命宣言应该具有激情。员工需要能体会到自己工作的重要性及对人们生活的贡献。当用某种愿景（某种几乎不可能实现的梦想）来主导使命宣言时，使命宣言就会很出色。托马斯·莫纳根（Thomas Monaghan）为了在30分钟内将热比萨送到任何家庭，开办了达美乐比萨店。鲁思·弗特尔（Ruth Fertel）想要为顾客提供最好的牛排，创建了茹丝葵牛排馆。菲尔·罗伯茨（Phil Roberts）为了使在美国的南意大利家庭社区餐厅恢复以往的温暖和热情，创办了布卡荻贝坡意式餐厅。[9] 詹姆斯·汤姆森（James Thomson）想要创造真正独特和难忘的就餐体验，在苏格兰的爱丁堡城堡创建了英国最好的餐厅之一女巫餐厅。在取得成功后,詹姆斯及其拥有改造旧城堡经验的团队,对一处建于17世纪的名为Prestonfield的城堡进行了改造,很快,Prestonfield就成为爱丁堡最豪华的度假酒店、苏格兰最浪漫的酒店,以及全球排名前100的酒店。而位于Prestonfield内的Rhubarb餐厅也同样誉满全球。[10] **企业的使命宣言**(corporate mission statement)应该特别强调企业所要秉承的宗旨。这些宗旨决定了员工应以什么方式与顾客、供应商、分销商、竞争者等重要群体打交道。[11]

企业的使命宣言应该描述企业未来10~20年的愿景和方向。企业的使命不能隔几年就随着经济波动变化一次。不过,倘若企业的使命已不能体现企业的最佳发展方向,则必须重新进行定义。

文华东方酒店集团在全球26个国家拥有超过40家酒店,经营着一些全球最高档的酒店。[12] 该集团的愿景是:"取悦和满足每一位顾客,每天都要有所作为,持续进步以保持最佳。"

正如导入案例中星巴克的故事一样,企业的使命不在于创造更高的销售额或利润,这些只是为顾客创造价值的奖励。使命应聚焦顾客,致力于创造顾客体验。例如,快速发展的连锁餐厅布法罗鸡翅餐厅的使命不是靠卖出最多的鸡翅赚取利润。顾客来到布法罗鸡翅餐厅固然是为了吃鸡翅、喝啤酒,但他们也会看体育比赛、闲聊、为支持的球队加油、与老朋友相会、结识新朋友,这才是完整的就餐和社交体验。"我们知道我们的业务不只是销售鸡翅,"该企业表示,"我们有更广阔的愿景,致力于提升体育迷顾客的体验。"布法罗鸡翅餐厅忠于这一更加广阔的使命,推出了多种加强顾客与餐厅情感联系的店内和线上促销活动。"这一方式不仅让顾客们做观众,还能让他们成为品牌的拥护者。"企业网站每月吸引140万人访问,其脸书账号拥有1 200万粉丝。对以顾客为中心这一使命的坚持给布法罗鸡翅餐厅带来了巨大的收益。在过去8年里,企业的销售额翻了两番,而且自诩是业内粉丝参与度第一的品牌。[13]

明确了使命和愿景之后,接下来应该界定**企业价值观**(corporate value),这是企业的优先事项和行为的制度标准。越来越多的企业将社会责任和环境责任融入使命、愿景和价值观中。[14] 一些酒店制定保护环境和社会可持续的使命、愿景和价值观,向社会传达自己对待可持续发展的严肃态度及为可持续发展做出的努力。香格里拉酒店集团的价值观根植在经济、环境和社会三重底线上:"我们想要成为一个由有责任感、有教养的人组成的团体,我们具有环保意识,在日常生活中履行社会责任,并激励他人效仿。我们承诺以对经济、社会和环境负责任的方式运营,同时兼顾不同利益相关者的利益。"喜达屋酒店集团的价值观言简意赅:"喜达屋坚持可持续发展,把负责任行为作为重中之重,利于企业发展的同时造福社会,我们努力践行这一信念。"万豪国际阐释了对于可持续发展和环境保护的看法,"我们有责任在酒店和办公室节约用水,减少能源消耗,我们的所有业务都要注重环境的可持续性",同时提出了全球价值观和目标,如发展绿色酒店,激励员工和顾客与酒店协作共同实现可持续发展。万豪国际还列出了应重点关注的具体领域,如通过采购来源可靠的有机食品、种植香草园、购买以可持续方式捕捞的海鲜,实现酒店餐饮的可持续发展。[17]

这些使命和价值观契合年青一代的思想、情感和信念。例如,"千禧一代"非常关注环境问题和企业责任,他们更愿意购买致力于环境保护和社会可持续发展的企业的产品。[18]

3.2.2 设定企业目标

企业需要将使命分解为涉及各个管理层级的具体支持性目标。每个管理者都应该有目标并且负责实现目标。"丽思卡尔顿体验使你感到赏心悦目,强身健体,满足你内心深处的愿望和需求。"这个广义的使命形成了各个层级的目标,包括业务目标和营销目标。丽思卡尔顿的总体目标是通过提供真诚的关怀和舒适感构建可获利的顾客关系。它通过理解顾客的需求来实现这一目标。具体做法是观察顾客,看他们如何使用房间,并且让员工反馈顾客对丽思卡尔顿及其竞争对手的评价。可以通过增加销量或减少成本来增加利润。销量可以通过提升企业在休闲市场、团队市场和短期业务市场上的份额来实现。接下来,这些目标就会成为企业当前的营销目标。[19]

营销战略和方案必须支持这些营销目标。为了提升市场份额,丽思卡尔顿可以增加销售人员来吸引旅游市场,也可以扩展在国际市场上的份额。丽思卡尔顿还意识到将托管公寓作为自己的酒店项目能够使这些公寓的价值比无品牌时增加35%,这就有可能提供现金流,成为给新项目融资的一个选择。

每个宽泛的营销战略都必须被分解为具体的细节。例如,增加旅游业务可能需要更多的销售人员以及广告和公共关系方面的努力,而这些要求都必须陈述清楚。这样,企业的使命就转化成了一系列的当前目标。

3.2.3 设计业务组合

很多企业都经营若干种业务。不过,它们往往不能清晰地对这些业务加以界定,反而过多地用产品来定义业务,如经营"酒店业务"或"邮轮业务"。[20]实际上,用市场定义业务要比用产品好得多。应该把业务看作是满足顾客需要的过程,而不是产品生产过程。企业应该按照顾客需要而不是产品来定义业务。Expedia集团是一家高度多元化的旅游企业,拥有Expedia、HomeAway和Expedia CruiseShipCenters等多个在线旅游品牌,其产品组合几乎涵盖了各个方面,为具有不同品位和预算的休闲与商务旅行者提供查询、规划和预订服务。[21]

管理层应避免过于狭隘或过于宽泛地定义市场。全球最大的连锁酒店——假日酒店就落入了这个陷阱。有一段时间,它把业务范围从"酒店业务"扩展到"旅游产业"。它并购了美国第二大汽车租赁服务平台Trailways公司和三角洲轮船公司。但假日酒店没能经营好这些企业,最后只好将其剥离出去。[22]如今假日酒店被洲际酒店集团收购,重新专注于酒店业务。

企业必须找出需要从战略高度加以管理的业务。这些业务被称为**战略业务单元**(strategic business units,SBUs)。战略业务单元具有下面三个特征:

(1)它是需要与企业的其他业务分开规划的一个单项业务或多个相关的业务组合。
(2)它有自己的竞争对手。
(3)它有一名专职经理,负责制定战略规划和检查盈利状况,并对大多数能影响利润的因素施加控制。

识别企业战略业务单元的目的是为这些单元确定战略目标并提供相应的资金支持。这些单元把它们的计划送往企业总部,总部或者批准这些计划,或者驳回要求进一步修改。总部审阅这些计划,并由此决定应该建立、维持、收割和放弃哪些业务单元。管理人员不能仅凭感觉行事,而是需要借助分析工具并根据获利潜力对业务单元进行分类。

精品国际酒店集团启动了多项计划来振兴旗下的凯富品牌系列,其中包括凯富客栈和凯富豪华套房,以及 2 000 家左右的酒店。"重新定义和设计凯富"计划侧重三项关键战略:关闭表现不佳的酒店、更新现有酒店、建设新的代表性酒店。[23]

1. 制定增长战略

企业要想更加有效地进行竞争或吸引高级人才加盟,就必须增长。与此同时,企业也需要注意,不能把增长本身作为目标。企业的目标必须是盈利性的增长。很多人会补充说增长必须不能破坏环境。不过,这一观点仍需要多方的共识。

营销对于企业实现盈利性的增长目标负有主要责任。营销必须识别、评估和选择市场机会并制定适当的战略来捕捉这些机会。**安索夫产品-市场扩展方格**(Ansoff product-market expansion grid)(见图 3-2)提供了分析增长的一个有用框架。[24]首先,管理层要考虑,在现有市场上,现有产品是否还能得到更多的市场份额(市场渗透战略)。美国的唐恩都乐(Dunkin')40%的销售额产生于 11 点之后,下午 3 点到 6 点提供打折的菜品和咖啡以增加下午的销售额。[25]星巴克则利用忠诚度计划和移动支付应用程序增加销售额。

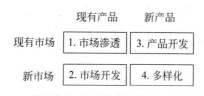

图 3-2 利用产品-市场扩展方格识别市场机会

其次,管理层要考虑能否为现有产品开发一些新市场(市场开发战略)。美国西南航空公司开通了飞往墨西哥及牙买加和多米尼加等加勒比海目的地的航线。猫头鹰餐厅为了吸引年青一代和女性消费者翻新了餐厅并且更新了菜单。[26]

最后,管理层要考虑产品开发,为现有市场提供新产品或改良产品。通过审视这三种密集型市场增长机会,管理层很可能会发现几种发展途径。但这还不够,他们还必须检视多样化和一体化增长机会。例如,星巴克开发了在超市销售的速溶咖啡。麦当劳通过拓展产品类型增加消费者规模。例如,麦咖啡的推出针对新兴的咖啡市场的消费者,抢走了星巴克和唐恩都乐的一部分市场份额。[27]麦当劳还推出水果、沙拉、卷饼等新产品吸引"千禧一代",推出新的早餐菜单以提高麦咖啡的销量。[28]洲际酒店集团开发了逸衡酒店来吸引寻求舒适体验的商务旅客和休闲旅客。

2. 多样化增长

当企业能够在当前业务范围之外发现好机会时,多样化增长就变得很有意义。好机会是行业吸引力很大,企业也具备获得成功的各种业务实力。多样化增长战略的类型有三种。首先,企业可以开发与现有产品在技术和营销方面相互协调的新产品,也就是使这些产品可以吸引一些新的顾客类型(同心多样化战略)。20 世纪中期,温德姆环球公司

（Wyndham Worldwide）推出温德姆度假网络品牌进军分时度假业务，吸引独立的分时度假村和酒店的开发商参与温德姆品牌的特许经营与管理。现在，美国、加拿大、墨西哥、加勒比海和南太平洋地区都有温德姆的分时度假区。[29] 最近，拥有汉堡王和 Tim Hortons 的餐饮品牌国际企业斥资 18 亿美元收购了炸鸡连锁店派派思路易斯安那厨房。[30] 其次，企业可以寻求某些能满足现有顾客需要的新产品，尽管这种新产品在技术上与企业现有产品并没有什么关联（横向多样化战略）。酒店、餐厅、邮轮公司和航空公司销售 T 恤衫、香水和行李箱等礼品时，采取的就是这种战略。硬石餐厅等很多餐厅已经发现销售带有餐厅标志的服饰非常赚钱，而且这些服饰还能起到广告的作用。希尔顿酒店通过网站 Hilton to Home 销售床上用品和室内设施。[31]

实施多样化战略的机遇有时是伴随着新技术的发展而出现的。一种新型铝制渡轮的时速可达 55 英里，能够承载上百名乘客。这种新技术让渡轮可以开辟新的航线，这为旅游接待业提供餐饮服务和轮渡服务创造了新机遇。[32]

最后，企业可以开发某种与现有技术、产品或市场均无关联的新产品（跨行业多样化战略）。本章前面提到的进入养牛业的餐厅就是跨行业多样化战略的例子。

法国马赛的索迪斯集团（Sodexho）在提供海上游船接待服务方面非常有经验也非常成功。[33] 集团的创始人皮埃尔·白龙（Pierre Bellon）决定把业务扩展到保健设施和学校等具有类似需要的产业部门，并寻求国际性的扩张。5 年间，集团在比利时取得了成功，之后扩展到北美和南美，并在巴黎交易所公开上市。索迪斯集团在 2008 年的全球扩张中，将名字改为 Sodexo，因为在一些国家，"xh" 不好发音。

企业涉足不熟悉的行业或产品而将业务扩展得过于宽泛会失去侧重点。由此可见，企业可以利用某种营销体系框架来系统地识别各种新的业务机会。

虽然存在风险，但始于某一市场的企业常常想要进入其他看似有利可图的市场。旅游业正是这种现象的很好例证。然而，安全的战略是不存在的，因为不同的业务领域往往需要不同的管理风格和经验。

营销专栏 3-1

雅高酒店集团：与 Onefinestay 携手

雅高酒店集团（以下简称雅高）的总部位于巴黎，在全球拥有和经营数千家酒店。2016 年，雅高宣布以 1.7 亿美元的价格收购了位于伦敦的"共享经济"创业企业 Onefinestay。该企业是一个豪华度假租赁平台。雅高承诺在此后的几年内会持续为 Onefinestay 投资约 7 000 万美元，扩大这家企业的全球影响力。雅高董事长兼首席执行官塞巴斯蒂安·巴赞（Sébastien Bazin）表示："Onefinestay 成功地把握了关键点——传统酒店和共享经济的新参与者都无法满足的产品组合。"这次收购使雅高获得了与私人住宅租金上涨相关的价值，并增强了雅高在奢侈品市场上的影响力。

雅高是欧洲最大的酒店集团，在 92 个国家和地区拥有约 3 900 家酒店。雅高携手 Onefinestay 进军豪华度假租赁市场，加强应对爱彼迎带来的威胁，并继爱彼迎等公司之后进一步扩大奢华的产品组合。塞巴斯蒂安·巴赞表示："雅高的目标是在 5 年内使酒店客房之外的业务提供30%的收入。"

Onefinestay结合短期度假租赁和优质的服务在高端市场提供酒店体验,面向商务和休闲客人,提供精选的私人住宅和全天候的个性化服务。Onefinestay负责监管每次租赁,提供洗浴用品、床上用品及其他设施,为高端客人提供服务。

对于房东来说,Onefinestay专注于安心和便利,为房东提供促销、定价、分销、保险、筛选客人以及专业的清洁、管理和维护服务。该公司经营着2 500多处房产。

被雅高收购之后,Onefinestay仍然是一家独立的公司,顾客仍然通过访问Onefinestay的网站预订住宿。2016年,Onefinestay在4个城市开展业务。如今,Onefinestay已覆盖了伦敦、罗马、巴黎、纽约、洛杉矶、夏威夷和加勒比海等7个城市和目的地。在雅高7 000万美元的额外投资和支持下,Onefinestay的目标是在未来5年内扩展40多个新城市业务,尤其是在欧洲和亚洲。

2017年,雅高又收购了在法国提供高端租赁服务的Squarebreak和美国豪华别墅租赁中介Travel Keys。与专注于城市地区的Onefinestay不同,Travel Keys和Squarebreak以度假区为重点,前者在加勒比海地区有强大的影响力,后者则在欧洲和北非有着丰富的产品组合。最近,雅高将Travel Keys和Squarebreak整合到Onefinestay品牌下,但仍会保留二者的名称。这一举措是为了进一步应对爱彼迎及其他在线预订平台的竞争。整合之后,租赁房源将从2 500个增加到10 000个。[34]

3. 一体化增长

多样化、市场开发和产品开发可以通过后向一体化、前向一体化或产业内部的横向一体化来实现。酒店企业可以通过收购供应商(如食品分销商)实现**后向一体化**(backward integration),也可以通过并购旅游批发商或旅行社实现**前向一体化**(forward integration)。米高梅国际酒店集团成立了自己的旅游批发商米高梅度假(MGM Resorts Vacations),销售完整的度假套餐。只要政府部门不加禁止,集团还可能并购一家或多家竞争企业,从而实现**横向一体化**(horizontal integration)。2013年,Pinnacle娱乐公司提出用28亿美元收购竞争对手财星(Ameristar Casinos)。美国联邦交易委员会以合并会减少竞争为由阻止了这次收购,最终导致密苏里州圣路易斯和路易斯安那州查尔斯湖地区的顾客面临更高的价格、更低的服务质量。[35] 2015年,洲际酒店集团(IHG)收购了金普顿酒店集团,后者的业务包括精品酒店和餐饮,旗下共有62家酒店、71家餐厅和酒吧。[36]

企业可以系统地识别新的经营机会,方法就是利用一个营销系统框架,考察如何在现有产品市场上强化自身的地位、在当前业务范围之外寻求有利可图的机会,考虑如何对当前业务进行后向一体化、前向一体化和横向一体化。

4. 缩减规模

增长战略并不是企业考虑的唯一战略。缩减规模有时更有利于企业的长期生存。企业放弃产品或市场的原因有很多。企业可能发展得太快。在美国,上市的连锁餐厅承受着每个季度都要提升销售额和净利润的巨大压力。酒店的快速扩张有时会超出其质量管理能力,当出现这种情况时,单店的销售额开始减少,股价也随之下跌。这时,酒店会减少连锁店的数量,重新整合,回归行之有效的系统。在经济衰退期间,企业会将资源集中于利润最高的产品组合,裁减不盈利的业务部门。有些企业的经营重点会发生变化,从而退出旧市场进入新市场。

美国餐饮巨头 Landry's 出售了休闲连锁餐厅 Joe's Crab Shack,决定专注于高档餐厅,低端的 Joe's Crab Shack 不再适合其发展规划。Landry's 的首席执行官表示:"多年来,Joe's Crab Shack 一直是公司增长的重要组成部分。现在我们正朝着与以前不同的战略方向前进,Joe's Crab Shack 已不再适合我们的未来规划了。"[37] 之后,Landry's 收购了高档牛排连锁餐厅 Morton's。企业必须谨慎地缩减、收割、剥离无利可图或者不再适合整体战略的品牌和业务。

 3.3 营销计划:合作建立顾客关系

企业的战略规划确定了经营的业务类型和目标,在每个业务单元内再进行更详细的规划。营销、财务、会计、采购、运营、信息系统、人力资源等业务单元内的主要部门应该协同实现战略目标。

营销以多种方式在企业的战略规划中发挥着重要作用。首先,营销概念是企业的一种指导理念,揭示了企业战略应该围绕为顾客创造价值、满足关键顾客群体的需求展开。其次,营销可以评估可利用的企业潜力,识别有吸引力的市场,为企业的战略规划提供参考。最后,营销为达到每个业务单元的分目标制定了对应的战略。业务单元的目标确立下来后,营销的任务就是帮助实现目标并盈利。

顾客参与和顾客价值是营销人员成功的关键因素。如第 1 章所述,尽管营销能够在其中起主导作用,但仅靠营销无法实现目标。营销只是吸引、维持和增加顾客的一种手段。除了顾客关系管理,管理者还必须进行合作伙伴关系管理,与企业其他部门密切合作,形成有效的内部价值链。大多数酒店将洗衣工作外包出去,这时就需要一个可靠的供应商来提供清洁的成品并按需交付。接下来我们就看一下企业价值链和价值交付网络的概念。

3.3.1 与企业其他部门合作

企业的每个部门都可以被视为企业内部**价值链**(value chain)上的一个环节。[38] 每个部门都执行创造价值的活动——设计、生产、营销、运输和支持企业的产品。企业的成功不仅取决于每个部门单独的优秀表现,也取决于各个部门间能否有效配合。

理想情况下,不同职能部门可以协调运作,共同创造顾客价值。然而,在实践中,部门间的关系充满了冲突和误解。总经理从顾客的视角考虑问题。当管理者想要提高顾客满意度时,如果所有部门都不把顾客放在首位,就会产生冲突。例如,销售部门可能希望为重要的顾客延迟退房,但客房部可能并不想占用额外的人手提供这项服务。如果每个人都以顾客利益和未来业务为先,那么各部门将共同努力,为顾客提供优质的服务。

总经理必须设法让所有部门都"为顾客着想",并建立一条平稳发展的价值链。一位营销专家说:"真正的市场导向……意味着整个企业都想着为顾客创造价值,并且把自己视为定义、创造、沟通、向顾客传递价值的一系列流程,无论哪个职能部门,都应该做市场营销。"另一位专家提到:"吸引顾客需要整个企业的努力,我们都是营销人员。"[39]因此,无论你是会计师、运营经理、财务分析师、IT专家还是人力资源经理,都需要了解营销,了解自己在创造顾客价值中的作用。

3.3.2 与营销系统内的其他成员合作

为了创造顾客价值,企业既要顾及内部价值链,也要进入供应商、分销商和顾客的价值链中。人们纷纷去麦当劳不仅是因为喜欢麦当劳的汉堡包。顾客选择麦当劳,不仅是因为其食品,还因为麦当劳在世界各地精心打造的价值传递系统提供了高标准的QSCV,即质量(quality)、服务(service)、卫生(clean)和价值(value)。麦当劳与特许经营商、供应商及其他成员通力合作,共同使麦当劳成为"顾客最喜欢的就餐场所和用餐方式"。

如今,越来越多的企业正在与供应链中的其他成员(供应商、分销商和最终顾客)合作,提高顾客价值传递系统的绩效。竞争不只发生在竞争者之间,还发生在企业创造的整个顾客价值传递系统之间。

3.4 营销战略和营销组合

战略规划定义了企业的总体使命和目标。图3-3展示了营销的角色和活动,总结了在顾客导向的营销战略和营销组合的管理中所包含的主要活动。

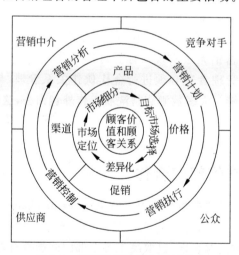

图3-3 管理营销战略和营销组合

资料来源:Philip Kotler and Gary Armstrong, *Principles of Marketing*, 17th ed., p.50.

顾客位于中心。企业的目标是为顾客创造价值,并建立可获利的顾客关系。接下来是**营销战略**(marketing strategy),即企业借以创造顾客价值和可获利的顾客关系的营销逻辑。企业决定为哪些顾客服务(市场细分和目标市场选择)以及如何为他们服务(差异化和市场定位)。企业先确定总体的市场,然后将它进行细分,选择最有潜力的细分市场,进而集中于这一细分市场,专注于服务和满足细分市场顾客的需求。

在营销战略的指导下,企业会设计一个整合的营销组合,其中需要予以控制的因素有产品、价格、渠道和促销(4P)。要找出最佳的营销战略和组合,企业必须进行营销分析、计划、执行和控制。通过这些活动,企业可以观察并适应营销环境中的人员和力量。接下来让我们简要地分析一下每项活动。在后面的章节,我们会对每项活动进行更为深入的探讨。

3.4.1 顾客导向的营销战略

正如我们在第 1 章所强调的,要在当今竞争激烈的市场中获得成功,企业必须以顾客为中心,从竞争对手那里赢得顾客,通过提供更高的价值来留住顾客并促进顾客增长。为了使顾客满意,企业必须先理解他们的需要和欲求。因此,好的营销需要细致入微的顾客分析。

企业知道,它们不可能在每个市场使所有的顾客都满意——至少不是用同一种方式使顾客满意。顾客的类型多种多样,他们的需要也是多种多样的。大多数企业都能够比其他一些企业更好地服务于某些细分市场。因此,每家企业都必须对总体市场进行划分,选择最佳的细分市场,并设计服务于该细分市场的可获利战略。这一过程涉及市场细分、目标市场选择、差异化和市场定位。

1. 市场细分

市场由不同类型的顾客、产品和需要构成。营销人员必须找到能提供最佳机遇的细分市场。可以根据地理区位、人口统计特征、心理特征和行为特征等对消费者进行群组划分并有针对性地提供服务。由于具有不同需要、特征或行为的消费者所需要的产品和营销方案并不相同,以此为基础将消费者划分为不同群体的过程称为**市场细分**(market segmentation)。

细分市场由对给定的营销活动做出相似反应的消费者组成。让一个酒店同时成为享受奢华和精打细算的顾客群体的首选是非常困难的。企业应该明智地将精力集中在重点满足某些细分市场的独特需要上。

2. 目标市场选择

在进行了市场细分之后,企业可以进入一个或多个细分市场。**目标市场选择**(market targeting)包括评估每个细分市场的吸引力并选择一个或多个细分市场进入。企业应该选择那些有利可图的,能够创造和保持最大顾客价值的细分市场。一个资源有限的企业可能只选择一个或少数几个特定的细分市场或"利基市场"。

此外,企业也可以同时服务于几个相关的市场,因为顾客或许不同,但基本的欲求相同。大多数企业在开始时为单一的细分市场提供服务,如果获得了成功,则可能增加细分市场。大企业最终会追求覆盖整个市场。

3. 差异化和市场定位

企业一旦选定了目标市场,就要决定如何为每个选定的目标市场差异化自己的产品以及要在市场上占据什么样的位置。产品的市场定位是指在消费者心目中,该产品与竞争对手的产品相比所占据的位置。营销人员想要为其产品进行独特的市场定位。如果消费者感到一种产品与其他产品并无不同,那么他就没有理由购买这种产品。

市场定位（positioning）是为了使产品与竞争对手的产品相比，在目标市场的消费者心中占据一个清晰的、与众不同的和诱人的位置。正如一位定位专家所说的，市场定位是"消费者想要为一个品牌支付更高价格的原因"。[40] 因此，营销人员会为自己的产品选择不同于竞争品牌的产品的定位并在目标市场上赋予产品最大的优势。

CitizenM 连锁酒店承诺"负担得起的奢华"。赛百味希望您"吃到新鲜"，而温迪快餐则称"质量就是我们的秘诀"。美国西南航空公司自成立之日起就将自己定位为"LUV 航空"，并在其新徽标和飞机图形设计中采用了彩色心形图案，进一步强化了这一定位。正如西南航空的广告所传达的那样，"没有心脏，它就只是一台机器"。西南航空坚持"用心做一切"。

在进行产品的市场定位时，企业首先要确定可能的，能够提供竞争优势的顾客价值差异，从而确立自己的位置。企业可以通过制定比竞争对手更低的价格或提供更多的利益以搭配高价来创造更高的顾客价值。但是如果企业承诺了更高的价值，它就必须提供这种价值。有效的市场定位始于差异化，企业要对自己的产品进行真正的差异化才能为消费者提供更高的价值。企业一旦选择了定位，就必须采取强有力的措施为顾客提供和传递这一定位。企业的整个营销方案都应该支持已选定的定位战略。

3.4.2 确定整合营销组合

在确定了整体营销战略之后，企业就要开始计划营销组合的细节，这是现代营销的重要概念之一。营销组合是一系列可控的、策略性的营销工具，企业使用它从目标市场上获得期望的回应。营销组合包含企业能做的影响其产品需求的一切事情，它们可以被划分为四类变量，即我们所知的 4P（产品、价格、渠道和促销）。

产品是指企业为目标市场提供的商品和服务的组合。价格是消费者为了获得产品所支付的金额。渠道是指企业将产品投放于目标市场的活动。促销则是传达产品利益和说服目标顾客购买的活动。

有效的营销战略项目会将所有的营销组合元素融合在一个整合的营销方案中，进而通过提供顾客价值而实现营销目标。营销组合包括企业的战术工具组合，该组合可以在目标市场上为企业进行强有力的定位。

一些批评家认为 4P 可能忽略或者低估了一些重要的活动。例如，他们会问："服务在哪里？"难道仅仅因为它不是以 P 开头就忽略它吗？答案是：服务，如银行业、航空业和零售业服务，也属于产品。我们可以称之为服务产品。

"包装呢？"批评者还可能提出这个问题。营销人员或许会回答说他们将包装算作很多产品决策中的一个。一切都表明，正如图 3-3 所展示的，很多营销活动看似被排除在营销组合之外，实际上它们都被归纳在了 4P 中。问题不在于是否应该有 4P、6P，或是 10P，而是哪一个框架最有助于设计一个整合的营销方案。

不过，还存在另一个有理有据的质疑，它指出 4P 概念是从卖家的视角而非买家的视角来看市场。从买家的视角来看，在注重顾客价值和关系的时代，4A 可能比 4P 更加恰当。[41]

4P	4A	4P	4A
产品	可接受性（Acceptability）	渠道	可达性（Accessibility）
价格	可负担性（Affordability）	促销	可感知性（Awareness）

在这个以顾客为中心的框架下，可接受性是产品超越顾客期望的程度；可负担性是顾客愿意并且能够支付的产品价格的高低；可达性是顾客获取产品的难易程度；可感知性是顾客所了解的产品特征，被说服尝试及被提醒重购的程度。4A与传统的4P密切相关。产品影响可接受性，价格影响可负担性，渠道影响可达性，促销影响可感知性。营销人员最好先考虑4A，然后在此基础上构建4P。

因此，虽然营销人员认为自己在销售产品，顾客则是在购买价值或为自己的问题购买解决方案。顾客感兴趣的不仅是价格，他们关注获得、使用和处理一个产品的总成本。顾客希望产品和服务越方便越好。最终，他们想要双向的交流。

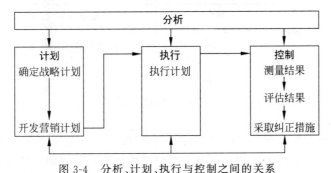

图 3-4　分析、计划、执行与控制之间的关系

3.5　管理营销活动

在营销管理中，除了要善于营销，企业还需要注重管理。管理营销过程需要四种营销管理功能（如图 3-4 所示），即分析、计划、执行和控制。企业首先要建立企业层面的战略规划，进而将它们转化为营销计划、其他部门计划、产品和品牌的计划。通过执行，企业将计划落实为行动。控制则是指测量和评估营销活动的结果并采取必要的纠正措施。最终，营销分析为其他所有营销活动提供了信息和评估。

3.5.1　营销分析

管理营销功能的第一步是对企业的情况进行全面的分析。营销人员需要进行SWOT分析，评估企业的整体优势（Strength）、劣势（Weakness）、机会（Opportunity）和威胁（Threat），如图 3-5 所示。优势包括内部能力、资源以及能够帮助企业服务顾客和实现目标的积极情境因素。劣势包括内部不足和可能影响企业绩效的负面情境因素。机会是指外部环境中的有利因素或趋势，它们可以使企业发挥优势。威胁则是可能给企业带来挑战的不利的外部环境或趋势。

企业应该分析市场和营销环境,找出有吸引力的机会并发现环境中的威胁,还应该分析企业的优势和劣势以及现有的和可能的营销活动以确定有哪些可资利用的最佳机会。目标是利用优势抓住环境所赐予的机会,并消除或克服劣势,尽可能减小威胁。

1. 内部环境分析(优势和劣势分析)

从环境中辨识出有利的机会是一回事,拥有必要的竞争力以便在这些机会中取得成功又是另一回事。每个业务部门都需要定期分析自己的优劣势。管理人员和外部咨询人员要通览业务部门在营销、财务、制造和组织等方面的竞争力。每个要素都被划分为若干等级:非常强、比较强、一般、比较弱和非常弱。一家企业如果营销能力很强,那么在所有营销要素上就都会很强。

	积极	消极
内部	**优势** 有助于企业实现目标的内部能力	**劣势** 妨碍企业实现目标的内部缺陷
外部	**机会** 能够使企业发挥优势的外部因素	**威胁** 影响企业绩效的现有的和潜在的外部因素

图 3-5　SWOT 分析

在检视这种优劣模式时,业务部门显然没有必要调整每个弱势项目,也不应因每个强势项目而沾沾自喜。最大的问题是该业务部门是应该把自己局限于那些已拥有必要优势的机会,还是应该考虑更好的机会。

旅游业的很多专家认为,要想有效地竞争,像酒店、旅游景区和邮轮公司这样的企业必须在全球分销系统(GDS)和计算机预订系统(CRS)上做到无缝连接。如果一家酒店想通过旅行社增加其国际业务和客房预订,则开发或使用这样一个系统就是一种优势。有时,一个业务部门业绩较差,并不是因为它缺乏必要的实力,而是因为缺乏通力协作的精神。在某些旅游企业,人们把销售人员视为收入丰厚、工作轻松的一群人,认为他们只需要把订单塞给顾客就行了。而销售人员则将服务人员视为能力欠佳的人,因为服务人员提供的糟糕的服务经常毁掉他们辛辛苦苦拉来的订单。由此看来,在内部环境审计中,评估部门间合作也是至关重要的。

每一家企业都要对一些基本的过程进行管理,如新产品开发、将原材料加工成产成品、将销售线索变成订单、顾客下单到完成现金支付等。每一个过程都创造价值,每一个过程都要求部门间的团队协作。

2. 外部环境分析(机会和威胁分析)

业务部门的经理意识到,要想实现部门目标,必须对环境的各个部分进行管理。一般来说,业务部门必须监控市场上足以影响业务部门获利能力的关键**宏观环境变量**(macroenvironmental forces)(人口统计特征、经济、技术、政治、法律、社会文化)和重要的**微观环境变量**(microenvironmental forces)(顾客、竞争者、分销渠道和供应商)。业务部门需要建立营销情报系统,用来跟踪形势的变化和发展动向。对于每一种趋势和发展动向,管理者都需要识别其中潜藏的机会和威胁。

发生在2001年的"9·11"事件使世界各地的旅游接待企业突然意识到这类重大事件会对商务和旅游产生巨大影响。因此,旅游促销机构、会务中心、交通运输企业和住宿企业开始认真思考寻找替代市场、设计新产品、提升安全性及紧急情况下的能源供应等问题。

作为新兴的工业和政治大国,中国、印度及东欧各国的崛起也会对旅游接待业产生重大影响。例如,印度等国家高品质、低价格的医疗保健创造了医疗旅游这一新的旅游细分市场。同时,世界最大的医学中心之一得克萨斯医疗中心发现来自东欧国家的医疗旅游人数开始下降。在当今快速变化的环境中,外部环境中的机会与威胁已经在战略规划中显示出新的重要作用。

(1) 机会。环境分析的主要目的在于识别新的机会。我们把**营销机会**(marketing opportunity)定义为:企业可以从中获利的需求领域。

可以根据机会的吸引力和成功的可能性对其进行列举和分类。企业能否成功,不仅要看其业务实力能否满足在该目标市场上成功运行的需要,而且要看这些实力是否可以胜过竞争对手。取得最佳业绩的企业将是那些能创造最大顾客价值并做到始终如一的企业。

对于某些度假村来说,引入休闲俱乐部的概念可能也是一种机会。这些项目瞄准本地市场,允许会员享用度假设施,有时甚至可以提供房间供其休息。会员制提供了增加收入的机会,但如果管理不善,也会有负面影响。在线预订网络和联盟能够为独立精品酒店或B&B(住宿加早餐)业务提供促销和分销的机会。

一些机会隐藏在消费者未被满足的需求中。最近,新出现的精品酒店和生活方式概念吸引了"千禧一代"及注重环保与健康的顾客。主打这一概念的酒店包括万豪集团旗下的慕奇夕和艾迪逊(Edition),喜达屋酒店旗下的W酒店、雅乐轩和源宿(Element),洲际酒店旗下的英迪格(Indigo)和凯悦酒店旗下的安达仕(Andaz)。例如,源宿酒店的定位是生态友好型酒店,提供"吃得好、睡得好、锻炼和休息"的平衡体验。[42]洲际集团发现商务和休闲旅客的生活方式与健康需求未得到满足,因此开发了衡逸(EVEN)酒店品牌。衡逸酒店提供新鲜有机食材制成的菜品、天然沐浴产品、彩色LED氛围照明灯、瑜伽垫等运动器材和灵活的工作空间。[43]

(2) 威胁。外部环境的某些发展构成了营销威胁。我们将营销威胁定义为:在没有营销防御的情况下,企业所面临的会导致销量和利润减少的各种不利的趋势或形势。可以根据严重程度和发生的概率对威胁进行分类。把一个具体的业务部门所面临的主要威胁和机会联系到一起,有可能出现四种结果:①主要机会很大,主要威胁很小的最理想的业务;②主要机会和主要威胁都很大的投机性的业务;③主要机会和主要威胁都不大的主要业务;④机会很小,威胁很大的棘手的业务。

以往为医院、学校、政府部门和写字楼等机构提供服务的企业,现在面临来自快餐店的竞争威胁。必胜客、唐恩都乐、汉堡王等快餐店都已经进入了这个市场。像爱玛客(Aramark)这样一直为上述机构提供餐饮服务的企业不能忽视这种威胁。

如今，威胁的影响如此严重，以至于所有的旅游接待企业都必须研究可能出现的威胁并建立风险管理体系。我们之前提到过"9·11"事件的影响，但像疯牛病和细菌污染这样的危险也与旅游接待企业关系重大。几年前，Jack-in-the-Box 快餐店由于汉堡包中的大肠杆菌病毒导致 400 人患病，3 名儿童死亡，而受到重大欺骗、失职及沟通不力等指控。[45] Jack-in-the-Box 快餐店遭受了惨重的经济损失，在将近 4 年的时间里都处于亏损状态，险些破产。

由于所有食品企业都面临细菌污染的可能，因此必须将其视为危险因素，并制定应对措施。

3.5.2 制定目标

业务部门在界定了使命并进行了 SWOT 分析之后，就可以进一步制定具体目标了。仅追求单一目标的业务部门很少。大多数业务部门都制定了一整套目标，包括盈利性、销售额增长、市场份额扩大、成本控制等。业务部门负责制定这些目标，并根据目标进行管理。业务部门应根据轻重缓急有层次地设计各种目标。应尽可能使用定量的方法对目标加以界定。像"提高投资回报率(ROI)"这样的目标在表达上就不如"将投资回报率提高到 15%"好，而"在两年内将投资回报提高到 15%"则更加明确。目标应支持可测量的指标。应基于对业务部门进行的机会和优势的分析确定切实可行的指标，而不能基于一厢情愿的想法。

最后，企业的各种目标要协调一致。有时，要在各种目标之间进行权衡。比如：高利润率与高市场份额；对现有市场的深度渗透与开发新市场；盈利目标与非盈利目标；高增长与低风险。

由于在酒店的所有者与经营者之间存在管理契约关系，酒店业在制定目标和业绩衡量标准时面临极大的挑战。多数产业部门，如制造业、建筑业或零售业，都自己聘用管理人员，而不是与独立的经营管理企业签订合同。"在磋商酒店管理协议时面临的所有问题中，最难解决的是如何确定一个为双方所接受的合适的业绩衡量标准。"[46]

目标指出了业务部门要达到的目的，而战略要回答如何达到这些目的。每个企业都要为自己的目标量身定制战略。战略可以分为很多类型，迈克尔·波特将其概括为三种类型，它们构成了战略思想的良好起点：[47]

（1）总成本领先。企业竭尽全力追求总成本最低。这种战略的问题在于，其他企业通常会实现更低的成本。因此关键是在采取类似的差异化或集中性战略的竞争者中实现成本最低。红龙虾(Red Lobster)有自己的海鲜供应链，这有助于确立其在市场上的低成本领先地位。

（2）差异化。企业力求在某个由重要的顾客利益构成的大市场上取得很好的业绩。顾客利益的相对重要性随着市场上的人口统计特征和心理特征的变化而变化。In-N-Out 汉堡店的肉按照订单烹饪，薯条是人工切的，通过使用新鲜的食材实现与其他大型汉堡连锁店的差异化。

尽管困难重重，但一些企业已成功将低成本战略与差异化战略相结合。西南航空公司设计了一个低成本的运送系统，不收取改签费，而且免费托运行李。

（3）集中化。企业聚焦一两个较小的细分市场，而不是介入一个大市场。企业了解这些市场的需要，并在目标市场上采取成本领先或差异化战略。Food Trucks 在美国各大城市越来越受欢迎，为寻求正宗地方餐饮的顾客提供特色菜肴。

在线航空旅游业提供了利用这三种战略的很好的例证：Travelocity 采取差异化战略，提供全方位的服务；Lowestfare 在休闲旅游市场上采取低成本战略；Last Minute 采取集中化战略服务于临时出行的灵活度高的旅游者。[48]

3.5.3 营销计划

营销计划包括制定有助于企业实现整体战略目标的营销战略。每种业务、产品或品牌都需要一份具体的营销计划。营销计划首先要有一个概述，从整体上介绍主要的任务、目标及建议。计划的主要部分是对当前的营销状况和潜在机会与威胁所进行的详尽的 SWOT 分析。接下来，营销计划需要为品牌确定主要的目标并制定可落实的具体的营销战略。

营销战略包括针对目标市场、市场定位、营销组合和营销支出的具体规划。它概述了企业打算如何为目标顾客创造价值以获取价值回报。在这一部分，计划制订者要解释每个战略是如何回应威胁和机会的，并讲清楚计划初期所提出的关键问题。营销计划的其他部分会列出有关营销计划执行的行动计划和支持性的营销预算的细节。最后一部分会介绍控制，以对过程进行监控、对营销投资的回报进行测量并采取纠正措施。旅游接待企业的经理或销售总监每年都需要制订营销计划。一份出色的营销计划对于企业的成功至关重要，因此我们将在本书的最后一章专门介绍营销计划的制订。

3.5.4 执行

有了清晰的战略与周密的支持计划还不足以确保企业的成功。企业也许会在执行环节上出问题。同一家企业的员工有着相同的行为和思维方式。他们必须理解并信任企业的战略，企业必须把战略传达给员工，并让他们理解自己在战略执行中的作用。为了执行战略，企业必须拥有必要的资源，包括执行企业战略所必需的各种技术人员。

3.5.5 反馈和控制

随着战略的执行，企业需要跟踪执行的结果，并监控环境的各种新变化。环境会有所变化，而当它真的发生时，企业需要重新检视并调整执行过程、行动方案、战略甚至目标。彼得·德鲁克指出，做正确的事情（有效果）比正确地做事（有效率）更为重要。好的企业实际上在两方面都做得非常好。

企业一旦由于未能对环境的变化做出反应而丧失市场地位，要想重振雄风就会难上加难。各种组织，尤其是大型组织，都具有很大的惯性，但通过领导层可以对组织进行调整，不过最好是在危机发生之前。

酒店业在战略规划的制定方面面临特殊的挑战。大多数其他旅游接待企业，如航空公司、邮轮公司和连锁餐厅，在制定战略规划时所采用的方式与制造业企业极其相似。这些组织拥有高度集中的管理系统，可以基于该系统制定战略决策。

3.6 衡量和管理营销投资回报率

营销经理必须确保营销投资使用得当。在过去,很多营销人员阔气地将大笔资金花费在大型的、昂贵的营销方案上,却很少仔细考虑这些投资的财务回报率。他们相信营销会以一种不可捉摸的方式带来创造性的成果,因此无法对生产率或回报率进行测量。但是在如今的经济形势下,这些都发生了变化。[49]

最近的一项研究发现,当财务吃紧时,营销人员将营销的投资回报率视为仅次于节约的第二大问题。一位营销人员说:"对于营销人员来说,能够合理化其花费变得越来越重要了。"另一位营销人员说,对于一个营销方案,营销者必须自问:"我所使用的战略和战术组合正确吗?我的投资能否在市场份额、收入或利润上获得最大的回报?"[50]

作为回应,营销人员正在开发针对营销投资回报率的更好的测量方法。**营销投资回报率**(return on marketing investment)是营销投资净回报除以营销投资成本的值。它能够衡量在营销活动上的投资所带来的利润。

近期的一项调查发现,虽然近年来 2/3 的企业都在实施营销投资回报项目,但只有 22% 的企业表示在衡量营销投资回报率上取得了进步。另一项针对财务总监的调查显示,93% 的被调查者对其企业衡量营销投资回报率的能力并不满意。主要的问题是进行哪些衡量及如何在这些衡量项目上获得完善的数据。[51]

企业可以根据标准化的营销绩效来衡量营销投资回报率,如品牌知名度、销售额或市场份额。不过,除了标准的绩效衡量指标外,营销人员越来越多地使用以顾客为中心的衡量指标,如顾客获取率、顾客参与、顾客体验、顾客忠诚度、顾客终身价值和顾客资产。

很多企业将这些指标加入了营销仪表盘,即一个包含一系列有意义的营销绩效衡量标准的展示板,用来检测战略营销绩效。正如汽车的仪表盘向司机展示其汽车状况的细节,营销仪表盘向营销人员展示他们所需的具体指标以帮助他们评价和调整营销战略。

有一种商业软件能够生成针对食宿服务运营的仪表盘。TravelClickHotels 开发的 Searchview 能够对企业的线上表现提供即时的更新,包括在线旅游代理商(OTA)的产品、机构的页面状况、旅游代理商对企业的评级、点击付费的业绩以及顾客的评分和评论。企业还可以在 travelclick.com 等网站上将自己的页面及排名与竞争对手进行比较。餐饮业的仪表盘可以包括销售组合报告、促销报告、优惠折扣返券情况、每种配料的信息、工资成本与销售成本等。而在几年前,个体经营者收集信息的成本还非常高。

越来越多的企业提供的营销仪表盘上显示了顾客在各大社交媒体上给企业的评分,并且可以与竞争对手得到的评分进行比较。这些营销仪表盘增强了管理者监控用户生成内容(UGC)和管理在线品牌的能力。

软件即服务(SaaS)技术公司 Revinate 为酒店搭建专门的平台,用于追踪和管理酒店在社交媒体上得到的评论和声誉,并与顾客实时沟通。Revinate 提供基准的营销仪表盘,包括各大社交网站的评分、趋势分析、与其他竞争对手的比较、顾客情绪和正负面评论,包含日平均房价、每间客房收入、入住率的业绩报告和月度财产报告。

课堂小组练习

＊带星号的练习题可以作为个人作业或线上作业。学生需要对答案给出解释。

1. ＊上网查找一家旅游接待企业的使命宣言。对照本章中使命宣言的相关内容对其进行评论。

2. ＊查看一家旅游接待企业的年报（可在企业的主页上获取）。从年报上可以了解哪些关于企业战略的信息？

3. ＊根据之前的分析，使用安索夫产品-市场扩展方格提出一个战略并采用适当的营销组合实施该战略。

体验练习

任选一道题完成：

1. 参观两家酒店、餐厅或其他旅游接待企业。基于观察，记录其优势和劣势。要注意观察地理位置、设施、员工态度、产品质量、品牌声誉（如果有品牌的话）等因素。

2. 寻找一家酒店与其他企业结成战略联盟的例子（这家企业可以是旅游接待企业，也可以不是）。说明联盟对于双方的益处。

3. 寻找大学附近的一家酒店，对其进行 SWOT 分析。

4. 考虑你学校附近的商业区。假设你想在这里创业，开一家餐厅，而且正在寻找餐厅的潜在商机。你有机会找到一个独特且有希望的业务吗？描述你的目标市场及你如何提供与现有业务模式与众不同的服务。

参考文献

1. John Kell,"Starbucks Wants Your Phone as Muchas It Wants to Sell You Coffee," *Fortune*, July 24, 2015, http://fortune.com/2015/07/24/starbucks-mobile-investments/; David Kaplan, "Starbucks: TheArt of Endless Transformation," *Inc.*, June, 2014, pp. 82-86; Laura Lorenzetti, "Fortune's World's MostAdmired Companies: Starbucks, Where Innovation IsAlways Brewing," *Fortune*, October 30, 2014, http://fortune.com/2014/10/30/starbucks-innovation-cafe-to-classroom/; "Starbucks Corporation: Fiscal 2007 Annual Report," http://media.corporate-ir.net/media files/irol/99/99518/2007AR.pdf; JuliaHanna, "Starbucks, Reinvented: A Seven-YearStudy on Schultz, Strategy, and Reinventing a Brilliant Brand," *Forbes*, August 25, 2014, www.forbes.com/sites/hbs working knowledge/2014/08/25/starbucks-reinvented/; Bryan Pearson, "Starbucks Loyalty Program Change Brews Anger, Filters Out Valueof Experience," *Forbes*, February 24, 2016, www.forbes.com/sites/bryanpearson/2016/02/24/starbucksloyalty-change-brews-anger-filters-out-value-ofexperience/print/; http://roastery.starbucks.com(accessed September 2016); and Starbucksannual reports and other information accessed at www.starbucks.com, September 2016.

2. See Tamara J. Erickson and Everett Shorey, "BusinessStrategy: New Thinking for the 90s," *Prism*

(4th Quarter 1992): 19-35.

3. Dieter Huckestein and Robert Duboff, "Hilton Hotels: A Comprehensive Approach to Delivering Value for All Stakeholders," *The Cornell HRA Quarterly* (August 28-38, 1999); http://www.bscdesigner.com/bscfor-hotel-top-management.htm (accessed February 2015); http://news.hiltonworldwide.com/index.cfm/newsroom/detail/26370 (accessed February 2015).

4. Kyuho Lee, Mahmood A. Khan, and Jae-Youn Ko, "Outback Steakhouse in Korea: A Success Story," *The Cornell Hospitality Quarterly*, 49, no. 1(2008): 62-72.

5. Lisa Richwine, "Disney Earnings Beat Despite Shaky Economy," Reuters.com, February 8, 2012, www.reuters.com/article/2012/02/08/us-disneyidUSTRE8161TE20120208; http://corporate.disney.go.comlinvestors/annual_reports.html (accessed July 2013).

6. Patrick Legoherel, Philippe Callot, Karine Gallopel, and Mike Peters, "Personality Characteristics, Attitude Toward Risk and Decisional Orientation of the Small Business Entrepreneur: A Study of Hospitality Managers," *Journal of Hospitality and Tourism Research*, 28, no. 1(2004): 117-118.

7. For more on mission statements, see Frank Buytendijk, "Five Keys to Building a High-Performance Organization," *Business Performance Management* (February 2006): 24-29; Joseph Peyrefitte and Forest R. David, "A Content Analysis of Mission Statements of United States Firms in Four Industries," *International Journal of Management* (June 2006): 296-301; Jeffrey Abrahams, 101 *Mission Statements from Top Companies* (Berkeley, CA: Ten Speed Press, 2007).

8. See http://www.ritzcarlton.com/en/about/goldstandards and https://www.chipotle.com/food-withintegrity (accessed May 29, 2018).

9. "Mission Statements for the Next Millennium," *Restaurant Hospitality* (December 1998): 46.

10. www.scotland-edinburgh.co.uh/hotel-home.asp, Prestonfield-Edinburgh's most indulgent retreat, 2008.

11. For more discussion, see Laura Nash, "Mission Statements: Mirrors and Windows," *Harvard Business Review* (March/April 1988): 155-156. See also Tom Feltenstein, "Strategic Planning for the 1990s: Exploiting the Inevitable," *Cornell Hotel and Restaurant Administration Quarterly*, 33, no. 3 (1994): 45.

12. See https://www.mandarinoriental.com/about-us/ (accessed May 19, 2018).

13. Based on information from "Buffalo Wild Wings," a 22SQUARED case study, September 5, 2012, http://22squared.com/work/projec/buffalo-wild-wingsflavor-fanatics-case-study; Lauren Johnson, "Buffalo Wild Wings Mobile Campaign Increased Purchase Intent by 45pc," *Mobile Commerce Daily*, April 15, 2013, www.mobilecommercedaily.com/buffalo-wildwings-mobile-campaign-increases-purchase-intentby-45pc; Brandon Southward, "The Crowd Goes Wild," *Fortune* (July 22, 2013): 18; www.buffalowildwings.com/about/ (accessed September 2014). Buffalo Wild Wings® is a registered trademark of Buffalo Wild Wings, Inc.

14. Phillip Kotler, Hermawan Kartajaya, and Iwan Setiawan, *Marketing* 3.0 (New Jersey: John Wiley & Sons, Inc., 2010).

15. See http://www.shangri-la.com/corporate/about-us/corporate-social-responsibility/sustainability/mission-statement/ (accessed March 2015).

16. See http://www.starwoodhotels.com/corporate/about/citizenship/index.html (accessed February 2015).

17. See http://www.marriott.com/corporate-socialresponsibility/corporate-environmental-responsibility.mi (accessed January 2015).

18. See http://www.chicagobusiness.com/article/20140325/OPINION/140329895/corporatesocial-responsibility-is-millennials-new-religion(accessed March 2014).
19. See the BASF Innovations Web page, www.corporate.basi.comJenJinnovationenI7idZj-HA6M0bcp4PX(accessed November 2007).
20. Theodore Levitt, "Marketing Myopia," *Harvard Business Review* (July/August 1960): 45-46.
21. See http://www.expediagroup.com/expedia-brands/(accessed April 15, 2018).
22. See "Holiday Inns: Refining Its Focus to Food, Lodging, and More Casinos," *Business Week* (July 21, 1980): 100-104.
23. See http://www.hospitalitynet.org/news/4054592.html(accessed January 2012).
24. Igor H. Ansoff, "Strategies for Diversification," *Harvard Business Review* (September/October 1957): 113-124.
25. Leslie Patton, "Dunkin' Donuts Upgrades Stores to Be More Like Starbucks," *BusinessWeek*, June 13, 2013, http://www.businessweek.com/bw/articles/2013-06-13/dunkin-donuts-upgrades-storesto-be-more-like-starbucks.
26. Josh Sanburn, "Hooters' Big Experiment: New Menu, New Decor and a New Target Audience," August 2, 2012, http://business.time.com/2012/08/02/hooters-big-experiment-new-menu-new-decor-and-anew-target-audience/; Erin Dostal, "Hooters Unveils Newly Built Restaurant Prototype," *Nation's Restaurant News*, June 20, 2013, http://nrn.com/operations/hooters-unveils-newly-built-restaurant-prototype.
27. See http://www.forbes.com/sites/greatspeculations/2014/10/03/mcdonalds-mccafe-to-face-stiffcompetition-in-canada/; Emily Morgan, "McDonald's Loses Millennials to Fast-Casual Restaurants," August 25, 2014, http://www.hngn.com/articles/40192/20140825/mcdonald-s-loses-millennialsto-fast-casual-restaurants.htm.
28. Dan Moskowitz, "McDonald's New Menu Item Test Hints at the Company's Future Strategy," *The Motley Fool*, March 17, 2014, http://www.fool.com/investing/general/2014/03/17/mcdonalds-new-menu-item-testhints-at-the-companys.aspx.
29. See http://www.wyndhamworldwide.com/aboutwyndham-worldwide/wyndham-vacation-ownership.
30. John Kell, "Burger King Owner Pays $1.8 Billion for Popeyes," *Fortune*, February 21, 2017, http://fortune.com/2017/02/21/burger-king-owner-buys-popeyes/.
31. See http://www.hiltontohome.com/index.aspx.
32. John Ritter, "Full Speed Ahead for New Ferries," *USA Today* (April 12, 2004): 3A.
33. Dennis Reynolds, "Managed Services Companies," *Cornell Hotel and Restaurant Administration Quarterly*, 38, no. 3(1997): 90.
34. Patrick Whyte, July 26, 2017, "AccorHotels Combines Its Rental Brands Under Onefinestay," July 26, 2017, retrieved from https://skift.com/2017/07/26/accorhotels-combines-its-rental-brands-underonefinestay-name/; Murad Ahmed, "Accor Boosts Onefinestay Home-Sharing Business," *Financial Times*, July 25, 2017, retrieved from https://www.ft.com/content/b96ff4c6-708a-11e7-93ff-99f383b09ff9; Sam Shead, "Europe's Largest Hotel Group Has Acquired onefinestay's Luxury Home Rental Platform," April 5, 2016, retrieved from http://www.businessinsider.com/accorhotels-acquiresonefinestay-117-million-2016-4; Dominique Vidalon, "AccorHotels Joins Luxury Home Rentals Market with onefinestay," April 4, 2016, retrieved from https://www.reuters.com/article/us-onefinestay-m-a-accorhotels/accorhotels-joins-luxury-home-rentals-marketwith-onefinestay-idUSK-

CN0X20BG; Paul Sawers, "AccorHotels Acquires Luxury Vacation-Rental Platform onefinestay for $170 million," April 5, 2016, retrieved from https://venturebeat.com/2016/04/05/accorhotels-acquires-luxury-homesharing-platformonefinestay-for-170-million/; "AccorHotels Becomes a World Leader in the Luxury Serviced Homes Market by Acquiring onefinestay," April 5, 2016, retrieved from http://press.accorhotels.group/accorhotels-becomesa-world-leader-in-the-luxury-serviced-homes-marketby-acquiring-onefinestay/.

35. See http://www.ftc.gov/news-events/pressreleases/2013/08/ftc-requires-pinnacle-sell-twocasino-properties-condition.

36. See http://www.ihgplc.com/index.asp?pageid=57&newsid=3362.

37. "Landry's Reaches Deal to Sell Joe's Crab Shack," *Houston Chronicle*, October 10, 2006, http://www.chron.com/business/article/Landry-s-reaches-deal-tosell-Joe-s-Crab-Shack-1905117.php (accessed July 5, 2015)

38. See Michael E. Porter, *Competitive Advantage: Creating and Sustaining Superior Performance* (New York: Free Press, 1985); Michael E. Porter, "What Is Strategy?" *Harvard Business Review* (November-December 1996): 61-78. Also see "The Value Chain," www.quickmba.com/strategy/value-chain (accessed July 2013); Philip Kotler and Kevin Lane Keller, *Marketing Management*, 14th ed. (Upper Saddle River, NJ: Prentice Hall, 2012), pp. 34-35 and 203-204.

39. Nirmalya Kumar, "The CEO's Marketing Manifesto," *Marketing Management* (November-December 2008): 24-29; Tom French and others, "We're All Marketers Now," *McKinsey Quarterly*, July 2011, www.mckinseyquarterly/Were_all_marketers_now_2834.

40. Jack Trout, "Branding Can't Exist Without Positioning," *Advertising Age* (March 14, 2005): 28.

41. The four Ps classification was first suggested by E. Jerome McCarthy, *Basic Marketing: A Managerial Approach* (Homewood, IL: Irwin, 1960). The four As are discussed in Jagdish Sheth and Rajendra Sisodia, *The 4 A's of Marketing: Creating Value for Customer, Company and Society* (New York: Routledge, 2012); and Philip Kotler and Kevin Lane Keller, *Marketing Management*, 15th ed. (Hoboken, NJ: Pearson Education, 2016), p. 26.

42. Maria-Pia Intini, "Boutique Evolved: 5 Key Trends," November 14, 2011, http://www.hotelnewsnow.com/Article/6945/Boutique-evolved-5-key-trends.

43. See http://www.hotelnewsnow.com/Article/12455/Brands-focus-on-health-and-wellness-in-design (accessed October 2013).

44. H. G. Parsa and Mahmood A. Khan, "Quick Service Restaurants of the Twenty-First Century: An Analytical Review of Macro Factors," *Hospitality Research Journal*, 17, no. 1 (1993): 164.

45. Dennis Reynolds and William M. Balinbin, "Mad Cow Disease: An Empirical Investigation of Restaurant Strategies and Consumer Response," *Journal of Hospitality and Tourism Research*, 27, no. 3 (2003): 361.

46. Jonathan Berger, "Applying Performance Tests in Hotel Management Agreements," *Cornell Hotel and Restaurant Administration Quarterly*, 38, no. 2 (1997): 25.

47. See Michael E. Porter, *Competitive Strategy: Techniques for Analyzing Industries and Competitors* (New York: Free Press, 1980), Chapter 2.

48. Philip Kotler and Kevin Lane Keller, *Marketing Management* (New York: Pearson Education, 2016): 52.

49. Adapted from information found in Diane Brady, "Making Marketing Measure Up," *BusinessWeek*

(December 13,2004): 112-113; Gray Hammond, "You Gotta Be Accountable," *Strategy* (December 2008): 48; Kate Maddox, "Optimism, Accountability, Social Media Top Trends," *B to B* (January 18, 2010): 1.

50. See Kenneth Hein, "CMOs Pressured to Show ROI," *Brandweek* (December 12, 2008): 6; Lance Richard, "The Paradox of ROI and Decreased Spending in the Ad Industry," *American Journal of Business* (Fall 2009), www.bsu.edu/mcobwin/majb/?p=599; Kevin J. Clancy and Peter C. Krieg, "Getting a Grip," *Marketing Management* (Spring 2010): 18-23.

51. See Hein, "CMOs Pressured to Show ROI": 6; Hammond, "You Gotta Be Accountable," 48; Lawrence A. Crosby, "Getting Serious About Marketing ROI," *Marketing Management* (May/June 2009): 10-11.

第2部分
了解市场和顾客价值

第4章　营销环境分析

第5章　管理顾客信息以洞察顾客

第6章　消费者市场与消费者购买行为

第7章　组织购买行为

第8章　顾客驱动的营销策略：为目标顾客创造价值

旅游市场营销（第8版）
MARKETING for Hospitality and Tourism,8e

第 4 章

营销环境分析

- □ 列举公司营销环境的组成因素。
- □ 描述影响公司为顾客提供服务的能力的微观环境因素。
- □ 描述影响公司为顾客提供服务的能力的宏观环境因素。
- □ 讨论公司怎样才能主动而不是被动应对环境的变化。

Manna 餐厅：卡斯尔罗克复临医院里受欢迎的社区餐厅

旅游接待业营销已不再局限于营利性部门，如今很多非营利组织逐渐开始重视营销理念。重返大学校园的校友经常对校内娱乐和餐饮设施的变化感到惊讶。一些医院也参考了企业的营销设计。过去医院提供的食物在质量和卖相上非常差。作为非营利组织，科罗拉多州的卡斯尔罗克复临医院（Castle Rock Adventist Hospital）提供了一个优秀的案例。该医院密切关注环境和社会问题，精心打造了一家成功的医院餐厅。

科罗拉多州的卡斯尔罗克位于丹佛以南，西面是山麓，远眺可见高耸的落基山脉，是一个拥有 5 万多名居民的社区，居民都较为年轻（平均年龄 33 岁），并且受过良好教育（45% 有本科学历），家庭收入远高于科罗拉多州的平均水平。[1] 由于卡斯尔罗克风景秀丽，居民对环境问题格外关注。

卡斯尔罗克复临医院于 2013 年 8 月开业，承载了社区对环境和社会问题的关注，也体现了其赞助者基督复临安息日会医疗体系（Adventist Health System，AHS）的价值观。AHS 是美国最大的非营利性新教医疗保健系统，旗下有 38 家医院、疗养院和家庭护理机构，拥有 4.4 万名员工，每年为超过 400 万人提供服务。AHS 价值观的核心是通过名为"创造健康"的健康模式保障社区居民的健康生活。

卡斯尔罗克复临医院的选址旨在让患者能够欣赏山岳美景。研究表明，窗外的自然景观可以为病人创造良好的康复环境。医院提供的一项社区服务是伊廷花园。该社区在科罗拉多州是最大的。社区居民可以在花园种植新鲜营养的天然食品。医院还提供"创造健康"的健康模式，该模式基于精选、修养、环境、活动、信任、人际关系、景致和营养。

毕业于美国烹饪学院的主厨丹·斯凯（Dan Skay）基于医院的环境规划了一个新的餐厅概念。他认为餐厅不应该只为医院工作人员和患者服务，还应该为社区服务。Manna餐厅的理念是成为一个以顾客为导向提供全方位服务的餐厅。丹·斯凯和医院的首席执行官托德·福肯伯格（Todd Folkenberg）都认为应该为社区提供健康的餐饮选择。Manna餐厅与其他餐厅的不同之处在于，它开设了社区烹饪课程，鼓励居民自行烹制健康的膳食。

Manna餐厅尽可能地使用当地的食材，包括蜂蜜和来自伊廷花园的蔬菜。为了确保全年供应新鲜的香草，医院还计划建造一个水培植物园。

餐厅面临的第一个挑战是让最高管理层相信，可以采用另一种餐饮服务模式来满足员工、顾客和社区的需求。为了满足快捷服务和员工餐食的需求，餐厅增加了一家便利店（Manna市场）来售卖咖啡、方便食品、沙拉和外带热餐。除了Manna市场之外，餐厅还提供一项名为移动Manna的餐饮外带服务，以及为患者提供餐饮服务的床边的Manna。

餐厅的食物以素食为主，但也不仅限于素食。素食占到餐食提供的40%～50%。有肉的几个菜肴非常重视选用的肉的质量，餐厅将草饲牛肉和散养鸡作为肉类来源。

项目设计是影响顾客满意度的关键因素。餐厅需要一个具有中央循环枢纽功能的厨房，以适应从收货、仓储移动到生产区的交通需求，让食物在不干扰生产的情况下被运送到指定区域。洗碗机的设置也独具匠心，可以从两个独立的入口分开递送患者用过的餐车和餐具，以避免交叉污染。

绿色设计理念融入用餐区域和厨房，表现在自然采光的落地窗、节水洗碗机、具备灵活性的配有节能装置的通用设备配给系统等。从自助餐厅模式改造为传统的餐厅，能够最大限度地减少食物浪费。一些副产品还可以制成供当地社区花园使用的堆肥。自开业以来，餐厅的屋顶上就加装了风力涡轮机和太阳能电池板，这些设备可以提供高达30%的设施用电。

为了让顾客从用餐区域可以看到包括双窗炉膛烤箱在内的厨房设备，厨房的大部分设施的摆放位置是经过精心设计的。餐厅内部使用当地的艺术品、手工制作的木制餐桌和（原产于卡斯尔罗克的）流纹岩石雕。

与设有独立生产区域的普通自助餐厅相比，Manna餐厅将病房服务与餐厅厨房相结合，能够最大限度地减少所需设备的数量。餐厅因此购买了可供厨师尽情发挥厨艺的欧式厨房工作台和高端厨房设备，在提高厨师做菜效率的同时也能让顾客欣赏到厨师的精彩表演。开放式厨房展示窗的设计既能让顾客在用餐时看到厨房里的情景,又不会干扰厨师。流线形生产区域还有利于提高工作效率,促进团队协作生产,并增加交叉培训的便利性。病房服务的供餐窗口与餐厅相对独立,便于提供送餐服务,充分考虑了顾客需求。

由于无须重复布置生产和服务的区域,就可以有余力购买高端的家具和厨房设备,同时也意味着更低的维修和更换成本。这种高效的服务模式改变了员工的工作负荷。烹饪工作量减少,就能雇用更多的服务员,大幅节约成本的同时还能提高顾客满意度。而且餐厅也可以向服务员发放高于市场平均水平的薪资。

Manna餐厅的月平均收入为130 000美元,超出了人们对这家拥有50个床位的医院的餐厅的收入预期。凭借便捷的外带自取市场和混搭的现代午餐/晚餐菜单,Manna餐厅每天接待350~400位顾客,人均消费9美元。约85%的客流来自社区,让Manna餐厅在YELP上赢得了很高的评分。顾客经常主动付小费。这些小费被用来创立了一个基金会,资助了很多当地的非营利及社区健康相关的项目。相关的资助活动和资助项目会通过诸如FreeCycle(市内免费自行车租赁计划)等回馈餐厅的顾客和社区。

该项目的总体目标是通过在相互扶持、宁静的氛围中提供创意菜肴,促进健康,满足社区迫切的健康需求。凭借厨师导向的设计以及从生产到交付的便利流程,更有可能达成目标。就像网球比赛一样,如果你不能好好发球,你永远不会赢。这个项目设计的方方面面都使顾客成为最终赢家。

4.1 公司的环境

公司的**营销环境**(marketing environment)由一些影响公司能否成功开展并维持与目标顾客的交易的各种外部因素与势力构成。在营销环境中,机遇与挑战并存。成功的公司都知道密切关注并适应环境的变化是多么重要。

从事营销的管理人员是追随潮流并寻求机遇的人。他们当中的佼佼者往往具备两种能力。他们训练有素,拥有营销情报和营销调研两套严谨的方法,用来收集与营销环境相关的信息。他们还投入大量时间去了解顾客和竞争环境。通过仔细研究环境,营销人员可以使营销战略适应市场中出现的新机遇和新挑战。

公司的营销环境包括微观环境和宏观环境两部分。**微观环境**(microenvironment)包括与公司密切相关并能影响公司服务能力的因素和势力,如公司本身、营销渠道企业、顾客市场及广大公众。**宏观环境**(macroenvironment)包括影响整个微观环境的比较大的社会力量,如人口统计特征、经济、自然、技术、政治、竞争者和文化因素。我们首先讨论公司的微观环境,然后讨论其宏观环境。

4.2 公司的微观环境

营销管理的任务是通过创造顾客价值、提高顾客满意度来与顾客建立关系。这需要与公司的微观环境密切配合,具体因素如图4-1所示,包括供应商、营销中介、顾客和公众,他们共同构成了公司的价值传递系统。

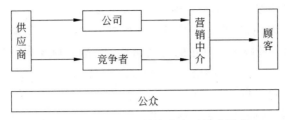

图 4-1　公司微观环境中的主要构成因素

4.1.1　公司

营销经理不是在真空中作业。他们必须与公司的最高管理层及各个部门紧密合作。实施营销计划所需的资金要由财务部门筹措和使用。会计部门通过测算收益和成本帮助营销人员了解是否达到了营销目标。客房部负责销售部卖出客房的清洁卫生。高层管理者确定公司的使命、目标、宏观战略和政策。营销决策必须与高层管理者的战略和计划保持一致。

在营销理念之下,所有的管理者和员工都必须"为顾客着想"。他们应该相互协作,共同努力为顾客提供更高的价值和满意度。总之,公司的所有部门都会对营销部门的计划和行动产生影响。

4.1.2　现有竞争者

现有竞争者既属于微观环境,也属于宏观环境,而现有顾客是微观环境的一部分。每个公司都要面对为数众多的各种各样的竞争者。营销理念认为,公司要想成功,必须能够比竞争者更好地满足目标顾客的需求。营销人员不仅要针对目标顾客的需要适时做出调整,而且要针对同一市场上竞争者的服务战略做出相应的调整。公司必须通过在消费者心目中树立强有力的产品形象建立战略优势。

没有哪个单一的竞争性营销战略能适合所有公司的需要。每个公司都要分析自身的规模,比较自己与竞争者的相对产业地位。在一个产业中举足轻重的大公司所能运用的某些战略,对一些小公司而言可能望尘莫及。但小公司也可以选择能形成某种竞争优势的战略。例如,一家大型餐厅连锁集团可以利用大批量购买能力来支撑全国性的广告,并把费用分摊给上千家连锁店。但是,个体小餐厅由于不必担心要在上千家餐厅中推行标准化的菜单,能够对当地的饮食潮流做出快速反应,提供更加丰富多彩的菜品。可见,无论是大公司还是小公司,都要努力寻找能形成竞争优势的营销战略,这样才能克敌制胜。

在分析竞争对手时,公司应监控市场份额。市场份额是每个市场参与者在目标市场上所占的份额。管理人员往往不能正确地判断自己的竞争对手。休斯敦一家海鲜餐厅的经理认为自己的餐厅没有竞争者,因为周围几英里之内没有第二家海鲜餐馆。几个月之后,他的餐厅却倒闭了。因为顾客把钱花在了他的竞争对手那里,他们要么在附近的非海鲜餐厅就餐,要么驾车到距离较远的海鲜餐厅就餐。我们的研究表明,那些将一家餐厅评价为"好"的顾客中只有40%会再次光顾,而认为酒店或餐厅"超好"的顾客中则有90%会再次光顾。旅游接待业的竞争十分激烈,仅仅达到"好"是不够的,我们必须追求卓越。

本书的一位作者发现,尽管一家游戏厅中有78%的顾客会定期光顾并被视为忠诚顾客,但实际上只有34%的顾客是真正的忠诚顾客,其余的44%都属于虚假忠诚。真正忠诚的顾客不仅在行为上忠诚,会频繁出入游戏厅,而且他们在态度上也高度忠诚,很可能会把游戏厅介绍给自己的朋友。然而,虚假忠诚的顾客尽管在行为上忠诚,但他们对游戏厅没有感情,一旦马路对面有一家新游戏厅开张,他们很可能就会离开。掌握公司所在市场中新的竞争者出现时有多少顾客会离开,对管理人员而言是十分重要的。[2]

如图4-2所示,每一家公司都面对下列四种类型的竞争者。

图4-2 竞争层次

资料来源:Adapted from *Analysis for Market Planning*,Donald R. Lehmann and Russell S. Winer,p22.

(1)公司可以把竞争者看作以类似的价格向相同顾客提供类似产品和服务的公司。在这个层面上,麦当劳将汉堡王和温迪餐厅视为竞争者。

(2)公司可以把生产同样或同等级产品的公司都看作是竞争者。所以,麦当劳就会把所有快餐店,如肯德基、塔可贝尔、坚宝果汁和阿比餐馆,都看作竞争对手。

(3)公司可以把竞争者的范围再放宽到所有提供相同服务的公司。这样,麦当劳就会认为自己是在与所有餐厅及其他熟食供应商(如超市的熟食柜台)竞争。[3]

（4）公司可以把竞争的视野进一步放开，也就是说，把所有要从同一顾客兜里掏钱的公司都看作竞争者。这样，麦当劳就会将自己下厨的消费者也视为竞争者。

举几个将上述框架运用到实践的例子。赛百味的广告将目标定位在第二个层次上的竞争。广告强调了与其他类型的快餐（如汉堡包）相比，三明治所具有的营养价值。麦当劳的那句广告语"你今天应该休息一下了"所指向的竞争者就是第四个层次的，它告诉人们给自己放个假，暂时离开厨房。嘉年华邮轮公司把竞争者定位在第三个层次，也就是度假目的地，如夏威夷。

4.1.3 供应商

供应商（suppliers）是为公司提供其生产产品和服务所需资源的公司或个人。各种影响供应商的发展趋势和现状也会深刻地影响公司的营销计划。假设一家餐厅的经理要在周末推出一道活龙虾特色菜。海产品供应商同意为这次周末促销提供200只龙虾。周五早晨，这位供应商打来电话，说从波士顿运来的龙虾缺货，周六上午才能到货。餐厅经理必须寻找其他供货渠道，否则已经预定的客人在周五晚上将大失所望。

另一个例子是一家连锁餐厅要在菜单上增加一道扇贝海鲜。公司管理人员用了6个月来完善这道菜。就在开发阶段，扇贝的价格上涨了一倍。餐厅只能提高菜价，而这个价格很可能是顾客不愿支付的。这道菜最终只能被放弃。可见，管理层必须关注供货是否有保证（如受缺货和罢工的影响）及供应成本的变化。

一些酒店与餐厅订立了餐饮服务合同。拉斯维加斯的纽约大酒店与ARK餐厅签约，由ARK餐厅管理酒店的餐厅。[4] 这些酒店将著名品牌的餐厅引进自己酒店中，以便为酒店的顾客创造更多的价值，并吸引餐厅的顾客入住酒店。将餐饮外包给餐饮专家管理，酒店就能将精力集中在住宿业务上。酒店可以通过多种方法与名厨或品牌餐厅合作。一种方法是向监管餐厅的主厨支付冠名费或是管理费，使用主厨的名字来命名餐厅，冠名费或管理费通常占餐厅总收入的4%~7%。还有一种方法是与主厨签订合伙协议，让主厨成为股权合伙人，通常给其30%~50%的股份。此外，主厨还可以获得3%~6%的管理费。这种方式会让主厨更为投入，因为他可以直接分享餐厅的利润。[5]

这听起来似乎是一种很好的安排，而且在现实生活中，效果也往往不错。然而，外包其实并不简单。在焦点小组访谈中，商务旅行者告诉我们，在选择酒店时，酒店是否有适合商务会谈的咖啡厅是一个十分重要的因素。对于将餐饮经营权出让给高档餐饮运营商的酒店来说，可能出现的一个问题就是这些运营商对咖啡厅和客房送餐业务都不太感兴趣，从而使这些业务受到影响。另一个问题是，餐饮运营商根据租赁协议使用酒店空间，酒店如果想重新装修店面或重新设计公共空间就面临麻烦。当顾客向酒店前台抱怨餐饮服务差时，回答说餐厅不是由酒店经营的恐怕不太合适。因此，酒店需要与餐厅商定服务补救措施。酒店必须认真挑选餐饮运营商。最好的方法是以股权为基础引进餐厅品牌，而咖啡厅、客房服务和宴会厅仍由酒店自己经营。

一些连锁餐厅与供应商建立了密切的联系。福乐鸡与哥斯达黎加的生产合作社THRIVE Farmers合作，为餐厅顾客提供特级咖啡。通过这种合作方式，咖啡种植户的收入比通过传统渠道销售提高了10倍。福乐鸡的产品战略与开发副总裁大卫·法默尔

(David Farmer)表示:"现在我们能够为顾客提供一杯令人赞叹的咖啡,同时它也将改善种植户的生活。"福乐鸡与咖啡供应商之间的密切关系,为餐厅创造了很多营销渠道,如通过社交媒体以及店内咖啡杯和托盘内的纸垫上印的信息来宣传餐厅。[6]

旅游目的地需要供应商。航空公司的服务、酒店、餐厅、会议设施和娱乐都属于旅游目的地应提供的服务项目。各地会议和旅游管理局(CVB)的任务之一就是要确保当地有较多的优质旅游产品供应商。它们必须筛选合适的机构为旅游者提供各种旅游项目,让旅游者有更多的选择。旅游局也要代表这些供应商的利益,保证它们顺利地开展工作。

4.1.4 营销中介

营销中介(marketing intermediaries)帮助公司向最后的购买者推广、销售和分销产品。营销中介是帮助旅游接待企业寻找顾客或达成销售的企业,包括旅行社、旅游批发商与经营商、酒店代理商和在线旅行社(OTA),如 Expedia、Travelocity 和 Orbitz。这些在线旅行社将航空公司和酒店房间进行搭配销售,为顾客创造价值。

互联网实现了去中介化和价格透明性。**去中介化**(disintermediation)是指去掉中间商。有些酒店创建了自己的网络预订系统,域名通常为 Brand.com(把"Brand"替换成各大公司的品牌名即可,如 Hyatt.com)。各品牌对中间商的依赖逐渐降低,不过仍旧使用它们来满足额外的需求。只通过直接渠道还不能创造足够的需求。如今,就连小酒店也可以将自己的产品通过网络推向全球。

酒店在向使用网络的中间商出售产品时,必须注意价格的透明性。例如,提供给团队的折扣通常包括为团队管理人员提供的免费房间,这些都被算进了酒店房费的折扣中。团队也常被要求预订大量房间以获得额外的免费服务。如果团队价是 229 美元一晚而团队成员却可以直接在网上以 209 美元的价格预订,那么团队成员可能就会选择直接在网上预订。酒店的销售经理应该制定与团队价相同的在线价格,或者给予团队顾客补偿,以弥补他们比在线预订高出的那部分价格。网络创造了多种分销渠道,但也使公司与中间商和最终用户的互动变得更加困难。

如今营销人员已经意识到与中介机构进行合作的重要性,而不是仅将它们视为产品的销售渠道。例如,餐厅已经成为软饮料公司的中间商。当可口可乐公司成为麦当劳、温迪和赛百味等快餐连锁店的独家供应商时,它所提供的就不只是软饮料,还有强有力的营销保障。[7]

可口可乐成立了一个跨职能团队来了解每个零售伙伴的业务细节。该团队对饮料消费者进行了大量研究,并与自己的合作伙伴分享这些研究成果。它分析了美国各个邮政区域的人口统计特征,帮助合作伙伴判断哪些可乐品牌在当地更受欢迎。可口可乐甚至研究了免下车餐厅的菜单,以更好地了解什么样的版面、字体、字号、颜色和图案能够吸引顾客购买更多的食品和饮料。以这些研究为基础,可口可乐食品服务小组开发了营销方案和销售工具以帮助其合作伙伴提升饮料销售额和利润。如此强有力的伙伴力量使可口可乐成为美国软饮料市场的行业领袖。可口可乐及其他主要供应商都意识到自己是餐厅的合作伙伴。如果餐厅经营得好,它们的产品也会销售得好。

营销服务代理机构（marketing service agency）帮助公司制定并实施营销战略和战术，包括公关代理机构、广告代理商和直邮企业。营销服务代理机构还包括营销调研公司、媒体公司和营销咨询公司，它们帮助公司进行市场定位，将产品推销到适当的市场。这些企业在创意、质量、服务和价格方面有很大差异。公司应该定期审视它们的业绩，替换掉业绩较差的企业。

金融中介机构（financial intermediaries）包括银行、信贷公司、保险公司等帮助旅游接待企业进行融资，或为其商品与服务交易提供风险担保的企业。保险费用，尤其是酒类责任保险费的提高，使一些旅游接待企业被迫停业。由于公司的营销活动在很大程度上受信贷成本攀升和信用条件限制的影响，公司必须与重要的金融机构建立密切的关系。小型连锁企业往往承受着维持高股价和让股东满意的压力。波士顿市场（Boston Market）、福德拉克（Fuddruckers）和戴尔·塔克（Del Taco）等快餐店就是如此。这些公司虽然已经通过重组得到了复苏，但它们都经历过艰难的时期。因此，公司必须谨慎应对，不能盲从金融中介机构不切实际的扩张欲望。

4.1.5 顾客

旅游接待企业需要认真研究五种类型的顾客市场。个体消费者市场由出于休闲活动、医疗需求及聚会活动（如老友聚会、婚礼或葬礼）而购买旅游接待服务的个人和家庭组成。企业市场购买旅游接待服务则是出于业务需要。它可以是代表公司的个人客户，也可以是公司或组织的会议团体客户，如要举办销售会议的公司或要举办年会的协会等。中间商购买产品是为了再将它售出。例如，旅行社可能购买航班座位、酒店房间、地面交通和餐饮，将它们打包成一次行程，在消费者市场上出售。政府市场由为个人或会议购买旅游接待服务的政府机构组成。政府市场的住宿费用通常受政府规定的住宿报销标准影响。国际市场由来自其他国家的包括消费者、商业机构、中间商和政府在内的购买者构成。每种市场都有其独特性，需要企业仔细研究。我们将在第 6 章和第 7 章详细讨论。

4.1.6 公众

公司的营销环境还包括各种公众。**公众**（public）是对组织实现其目标的能力具有现实或潜在利益关联或影响的团体。我们将公众划分为以下七种类型：

(1) 金融公众。它们会影响公司获得资金的能力。银行、投资机构和股东是主要的金融公众。

(2) 媒体公众。包括报纸、杂志、广播电台和电视台，它们传播新闻、观点和社论。

(3) 政府公众。管理层必须重视政府的政策。营销人员经常要咨询公司律师有关产品安全、广告真实性等问题。

(4) 公民团体。公司的营销决策可能会受到消费者组织、环保组织等的质疑。公关部门可以帮助公司与消费者和公民团体沟通。

(5) 当地公众。包括社区居民和社区组织。大公司通常会指定一名社区关系负责人来处理社区问题、参加会议、回答问题并为有意义的活动做出贡献。

(6) 普通公众。公司需要关注普通公众对其产品和活动的态度。公司的公众形象会影响普通公众的购买行为。

(7) 内部公众。包括员工、管理者、志愿者和董事会成员。大公司会使用新闻简报及其他方式来传递信息和鼓舞内部公众。当员工对公司感觉良好时，这种积极的态度会转化为更出色的顾客服务。

公司可以为这些主要的公众及其顾客市场制订营销计划。假设公司想要从特定的公众处获得特定的回报，如商业信誉、好的口碑、提供志愿服务或资金支持等。公司需要针对不同的公众提供不同的产品或服务以获得期望的回报。例如，拉斯维加斯某企业想要在新的地方修建度假村时会努力节约用水，因为它知道节约用水是当地居民和政府所关心的问题。

4.3 公司的宏观环境

公司及其他所有行动者都处在一个更大的宏观环境中。图4-3展示了公司宏观环境中的七个主要因素，下面让我们来看看这些因素是如何影响营销计划的。

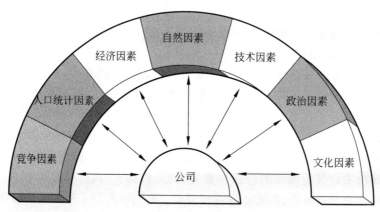

图 4-3　公司宏观环境中的主要因素

4.2.1 竞争者

我们将未来的竞争者视为宏观环境的一部分，因为未来竞争者的进入通常难以预测，而且可能对现有企业产生重大影响。

进入壁垒、退出壁垒与竞争

影响竞争的两个因素是公司进入和退出市场的能力。[8] 进入壁垒阻止公司进入某个市场，而退出壁垒则使公司难以退出。餐饮业的特征是进入壁垒低。开餐厅所需的资金并不太多，从而难以预测未来的竞争形势。因此，某些餐厅在开业时还没有直接的竞争对手，然而一年后就有了四五个竞争对手。这说明，对竞争进行预测并假设存在强大的竞争对手是非常重要的。即便现在还没有竞争对手，餐厅经理也应该以即将面临强大的竞争对手的心态来经营。只有这样，当竞争对手出现时，经理才能从容应对。

酒店的进入壁垒则相对较高，这源于建造酒店的成本和良好位置的稀缺。不过有些酒店遇到的问题却有所不同：行业的退出壁垒很高。兴建酒店的大量资本投入都变成了沉没成本。其结果是，酒店无法偿付贷款、难以支付税金及其他固定成本。经营利润只能用于弥补一部分固定成本，虽然处于亏损状态，但酒店不会彻底歇业。因此，当市场需求暴跌时，客房供应仍保持不变，从而导致竞争愈发激烈。

酒店的竞争环境还受另一个因素的影响：大多数酒店都是在业务周期的上升阶段投资兴建的，当时酒店呈现供不应求的局面。但酒店从计划到开业可能至少需要4年的时间，彼时市场周期也许已经处于下降阶段了。可悲的是，新酒店往往是在市场衰退期开业。[9] 因此，当现有的酒店正在想尽办法为闲置客房寻找客源时，可能还会有新的竞争者进入市场。

学习本节后，你很容易就会发现，旅游接待业的竞争环境是难以预测的，这也是我们将其看作宏观环境的部分原因。一个有钱人很可能因为自负而在你的市场范围内开一间餐厅，即便这一做法非常不明智。一家酒店集团想要进军你所在的城市。这家酒店可能经营困难，但该集团却能通过在你所在城市立足来证明其投资的正确性，即使它的到来不过是为已经疲软的市场增加了更多空房间而已。一位富有的国际商人想要投资房地产，选择建造酒店。虽然从短期来看这个项目并不具有经济可行性，但该投资者看重的是长期的房地产收益。上述项目都会增加已经严重供大于求的市场供给。如果从经济可行性考虑，这些项目都不可能实施。旅游接待业的投资常常难以预测。

营销专栏 4-1

Visit Indy——目的地数字营销

"通过转为100%的数字和社交营销，Visit Indy彻底颠覆了向休闲游客推广目的地的方式。"Visit Indy的旅游开发副总裁玛丽·哈加德（Mary Huggard）说。Visit Indy是印第安纳州印第安纳波利斯官方认可的目的地营销组织（DMO）。

美国乃至世界上大多数旅游目的地的宣传媒介都仅限于传统媒体，如电视、广播、印刷品和户外广告等。一家名为The Basement的专门从事数字营销的新创意机构最近受托运营Visit Indy。印第安纳波利斯的发展和市场的不断变化对传统媒体之外的新的营销战略提出了要求。Visit Indy转向数字营销的主要原因包括：

（1）"千禧一代"很快将成为第一大旅游消费群体，他们也是第一批精通各项技术的一代人。

（2）数字和社交营销使Visit Indy能够精确定位顾客（在适当的时间将适当的信息传递给适当的受众）。

（3）数字营销提供了更大的灵活性，可以根据受众的试验结果和实时反馈来改变广告或信息。

（4）数字和社交营销（如果正确使用）能将消费者从被动接受变为互动和主动参与，从而有希望实现更高水平的忠诚度和分享行为。

（5）更容易进行结果追踪。Visit Indy可以出于自身目的或合作伙伴的需要，追踪网络分析的结果。

（6）对于当地人来说，社交媒体和数字媒体将是其参与 Visit Indy 的旅游总体规划过程的主要方法。

资料来源：Jeff Robertson, vice president of Tourism Development for Visit Indy.

印第安纳波利斯正在迅速改变。The Basement 的执行创意总监布莱恩·菲利普斯（Brian Phillips）将印第安纳波利斯的动态变化与得克萨斯州的奥斯汀进行了比较："10年前，很少有人想去印第安纳波利斯的餐厅、剧院和感受那里的夜生活，更不会想住在其市中心。"[10]如今，市中心的公寓开发和破败地区的重建都如火如荼，现在这里是有着时尚餐厅，可以"与朋友开心地小酌一杯"的地方。像奥斯汀一样，这里的卡车餐厅、精品店和啤酒厂也蓬勃发展。

布莱恩接着说："Visit Indy 的管理团队认为数字营销提供了让我们可以根据人口统计数据和心理特征来实现更为细致的市场细分的契机。数字化让我们的客户可以与消费者建立互动关系并了解他们的行为。信息更加精确，推介城市所用的每一块钱都物超所值。现在我们能够触及和影响所有的细分市场，包括探亲访友和首次来印第安纳波利斯的游客。我们可以通过语音和数字信息展示我们的城市，告知每一位顾客他正在寻找的地方，无论是犹太熟食店、沙龙、水疗中心、博物馆，还是公共纪念碑或酒吧。公司还在考虑使用无人机来传递信息。"

布莱恩继续说："这需要大量的创造性工作，针对不同细分市场设计能够引起其关注的内容，把印第安纳波利斯推向每个微观市场上的每个人。内容为王！城市目的地对于很多游客而言都是千篇一律的。Visit Indy 开展数字营销的目的是将旅游目的地与竞争对手区分开。因为我们现在可以直接与每一位访客及潜在访客对话，好的对话并不是静态的。数字化让我们可以调整和完善这些信息。"

Visit Indy 的营销和传播副总裁克里斯·加尔（Chris Gahl）称："成功还将取决于城市关键部门的加入。"[11]考虑到这一点，Visit Indy 正在制定整体旅游规划，号召传统旅游行业、公众、准政府组织、受影响的个人和城市部门的所有人参与，每个参与者都代表自身的利益，如住宿部门关注的房间布置，同时也会从宏观角度讨论城市应该如何发展和变化才能满足游客和居民的需求。

玛丽·哈加德代表 Visit Indy 及其代理机构发言时说："数字营销不再是未来，而就是现在，是时候改变方向了。"

4.2.2　人口统计环境

人口统计学（demography）研究人口的规模、密度、地理位置、性别、种族、职业等统计指标。营销人员特别关注人口统计环境，原因是它与人相关，而人构成了市场。如今，世界人口呈级数增长，如今已经超过 74 亿，到 2030 年将会达到 85 亿。[12]全世界人口众多且人口组成多样化，这既是机遇也是挑战。

世界人口环境的变化对企业产生了深远的影响。例如，中国的人口数量在 25 年前开始急速攀升，中国政府曾经制定了独生子女政策，出现了六个大人（父母二人、祖父母和外祖父母四人）共同照顾一个孩子的现象。这些孩子因此得到了太多的关注和娇惯，他们影响着从餐饮到旅行的各种市场。拥有独生子女的父母几乎会将40%的收入花在孩子身上。[13]

星巴克选择了中国的"千禧一代"作为目标市场，把自己定位成一个新的、非正式的、很舒适的会面场所。[14]这些年轻人推崇个性。"他们关于世界的看法非常独特，"星巴克大中华区的总裁说，"他们从未经历过我们这代人所经历的艰难时光"。[15]星巴克顺应了他们的想法，给他们提供定制的饮品、个性化的服务和原创音乐。在美国，大约80%的星巴克业务是外带业务，而在中国，90%的星巴克业务是室内消费。清晨顾客并不多，年轻人大多在下午涌进星巴克与朋友聚会。星巴克不但知道中国将会成为最大的市场，还为此做好了准备。2011年，星巴克在云南建了咖啡种植园和加工厂。[16]近年来，中国的咖啡市场显著增长，以"千禧一代"为目标市场的星巴克已将其影响扩展到了东部，目前已开设了1 000余家咖啡店，实现了12亿美元的销售额。[17]

营销人员会密切关注国内外市场上的人口统计趋势和发展状况。他们密切关注年龄和家庭结构的变化、地理人口变迁、教育特征和人口多样性。

4.2.3 经济环境

市场既要有一定的人口，也要有一定的购买力。**经济环境**（economic environment）由影响消费者购买力和支出模式的因素构成。世界各国的收入水平和分配方式都不尽相同。有些国家采取自给自足的经济模式，消费的大多是本国生产的农产品和工业产品，因此其提供的市场机会较少；而实施工业经济的国家则与之相反，其产品种类繁多，市场发育完善。营销人员必须关注国内外的主要趋势和消费者支出模式的变化。

如今的旅游业是在全球环境中运作的。当欧元相对美元升值时，前往欧洲旅游的美国人就会减少，因为很多人将度假地点转移到了美国国内和南美地区。

阿根廷货币贬值的一个好处是阿根廷可以成为展会和会议目的地。然而，当国际会议的策划者将会议召开地移至古巴的圣地亚哥，巴西的圣保罗、里约热内卢，阿根廷的布宜诺斯艾利斯等南美城市时，也意味着亚洲、欧洲和北美的城市失去了这些商机。阿根廷、智利和乌拉圭的游客数量均超过了100万，这其中的部分原因就是汇率的变化。

4.2.4 自然环境

自然环境是指营销人员所需的或会受到营销活动影响的自然资源。在过去的30年间，公众对环境问题的关注迅速增长。在世界上的许多城市，空气污染和水污染已经达到了危险的边缘。

营销人员应该了解自然环境的几个重要趋势。首先是原材料的日益短缺。空气和水看似是无限的资源，但空气污染困扰着世界上的许多大城市，水资源短缺已经成为美国及世界其他一些地区的重要问题。到2030年，全球将有1/3的人没有充足的饮用水。[18]可再生资源，如森林和食物，也必须谨慎地使用。而不可再生资源，如石油、煤炭和各种矿物质，则面临更为严重的问题。这些资源短缺增加了新酒店、餐厅和旅游景点的建设成本。

其次是更为严重的污染。例如，在监管不严的旅游目的地，垃圾和污水处理不符合规定,造成地下水被污染,水供应受到影响。乱扔垃圾尤其是不可降解的瓶子、塑料及其他包装材料也会对环境造成危害。海滩和后湾区充斥着垃圾,这些都严重威胁着其可持续发展。旅游接待企业必须是负责任的企业公民。2018年,万豪与星巴克、希尔顿、凯悦、美国航空共同宣布,将在其全球6 500家酒店和度假村中淘汰约10亿支塑料吸管和2.5亿个搅拌棒。万豪还采取了减少对环境影响的其他措施,如用带泵的大瓶替换小瓶的洗发水和护发素,每年将因此节约3 500万个盛放洗漱用品的塑料瓶。[19]

自然环境中有很多吸引游客的因素,如森林、洁净的沙滩、清澈的溪水、野生动物和清新的空气,而这些很可能会逐渐消失。马尔代夫就发生了海水温度因厄尔尼诺现象上升,致使大量珊瑚礁死亡的惨剧。而珊瑚礁是这里重要的旅游景观,珊瑚礁旅游每年可带来190亿美元的直接经济收入。[20]任何一位参与旅游活动的人都有保护环境、促进旅游可持续发展的义务。人们对可持续发展的关注正在增加,greenlodgingnews.com等很多公共团体及绿色餐厅协会等组织也应运而生。

最后是政府逐渐加强对自然资源管理的干预。在建立更为洁净的环境方面,不同国家的政府所关注的领域和采取的措施各不相同。一些国家(如德国)的政府大力追求环境质量。而其他一些国家,特别是较为贫困的国家,则因为资金不足或缺乏政治意愿而在治理污染的问题上无所作为。不幸的是,这些国家大多依赖旅游业,也遇到了前面提到的各种环境问题。人们普遍希望世界各地的企业都能承担更多的社会责任,而且可以找到能够控制和减少污染的更为物美价廉的设备。

4.2.5 技术环境

影响我们命运的最富戏剧性的力量是技术,例如我们可以通过无线网络使用Skype和FreeConference.com等程序进行音频和视频互动。如今很多组织接受签署后扫描并通过电子邮件发送的文件,而不是像以前那样只接受原始文件,从而加快了业务进展的速度。领英和脸书等社交媒体也使我们能够实时进行业务和私人联系。

技术对旅游接待业的影响是多方面的。例如,Intelity开发了一种名为交互式顾客体验(ICE)的产品,可以在智能手机、平板电脑等多种联网设备上使用。例如,客房服务、代客泊车、餐厅订位和水疗服务等酒店服务都可以通过平板电脑进行预订。电影院、餐馆、高尔夫课程和航班预订等外部服务也可以通过网络预订。为了防止被窃,该产品还配备了追踪装置。[21]有人预测,未来顾客可以直接用智能手机登记入住,从而将不再需要前台。日本的海茵娜酒店(Hen na Hotel)开发了前台机器人,并在顾客进入客房时进行面部识别,希望通过降低劳动力成本成为该地区的低价位领军酒店。[22]

技术、机器人和人工智能(AI)的应用正在改变旅游接待业的经营方式。酒店通过应用这些技术提升顾客体验,提高酒店的声誉和口碑。机器人通常被用于提供便利设施和客房服务,如搬运行李、办理快速入住和退房、收款等。希尔顿等酒店开始使用机器人提供礼宾服务。有些邮轮和酒吧使用机械臂制作鸡尾酒。酒店业利用人工智能提供数据辅助和语音激活服务。客人可以远程控制室温和照明。聊天机器人颠覆了酒店与顾客的沟通方式。拉斯维加斯康士登酒店的AI服务员Rose可以提供度假村内外的娱乐和活动建议。雅高酒店的Mercure推出了BOT这一AI即时通信工具,为游客讲当地的故事,让他们了解所在的城市和社区。[23]

最为重要的转变是社交媒体的发展。智能手机是旅游者的一个万能工具,可以用来预定和查询,作为登机牌,在酒店办理入住,甚至可以充当房卡。这些自助服务技术为顾客节省了时间,也节省了旅游接待企业的劳动力。不过必须保证智能手机可以联网。此外,还可以利用技术手段帮助酒店减少失窃现象。[24]

技术对酒店的经营也大有帮助。例如,将防水的射频识别(RFID)芯片置入毛巾、浴袍、宴会桌布等物品中,酒店管理者就可以确定各楼层储藏室中的存货。随着越来越多的提供全方位服务的酒店将织物外送清洗,射频识别技术被用来追踪送洗的织物以防遗失。Panera 面包连锁店将其 400 家面包店改造成便捷点餐和送餐的模式。顾客可以使用餐桌上配备的 iPad 自助点餐。这项举措是为了解决顾客对于排队等待点餐的不满。[26]迪士尼使用内置 RFID 的魔法腕带为顾客带来定制化的体验。魔法腕带为迪士尼提供了一笔潜在的财富,由此收集的有关顾客活动和移动细节的电子数据可以用来帮助改善公司的物流、服务和销售环节。[27]

营销人员必须了解和预测技术环境的变化。由于顾客会参与服务的提供过程,因此技术变革意味着我们需要培训顾客如何使用新技术。

4.2.6 政治环境

营销决策深受政治环境变化的影响。政治环境是由法律、政府机构及社会上对各种组织与个人有影响和制约作用的压力集团构成的。接下来我们将讨论当前的某些政治趋势及其对营销管理的影响。

随着产品越来越复杂,人们对产品的安全性也越来越关注。一些政府机构已经介入了从消防法规到食品安全等各种事件的调查与管制。雇主与雇员的工作都属于政府管制的范畴,酒类销售也一样。酒店与餐厅所缴纳的税金是当地政府主要的收入来源。1990年,纽约市曾将房价在 100 美元以上的酒店的税率提高到 21.25%。结果很多会议策划人都把业务转到别处。在此后的 3 年间,纽约市的会议业务减少了 37%。尽管税率提高了,但税收总收入却减少了。真正的输家是纽约市的旅游接待业。自此以后,纽约市的酒店税收降到了与其他城市相同的水平。地方政府人员有关提高酒店税率的提议往往会遭到酒店协会和行业专业人士的强烈反对。[28]

政府立法与管制的目的是保护消费者利益免受企业不正当行为的侵害。各级政府部门对不正当的商业行为加以界定,并提出解决的办法。当然,企业可以主动通过自律来尽可能减少政府干预。美国酒店与汽车旅馆协会、美国餐馆协会等协会组织负责界定贸易行为的性质并鼓励行业内良好的商业行为。

政府管制的目的也在于保护社会整体利益免受企业无序经营的侵害。以盈利为目的的企业经营活动并不总是有利于生活质量的改善。为了保护社会利益,需要制定限制烟尘排放、垃圾堆放、污染、设施超负荷使用等行为的法规。管制的目的是使企业在关心自己的生产和分销成本的同时,也要对社会利益负责。

政府管制与执行的力度很可能越来越严厉。企业的管理层在制订产品与营销计划时必须熟悉有关保护竞争、保护消费者利益、保护社会利益的主要法律法规。

有时旅游接待企业和产品会因为政治、误解等而成为联合抵制的受害者,虽然它们自身可能并没有什么过错。成为抵制对象的企业可以采取以下措施:

(1) 强调企业与当地社区的联系。

(2) 采用低姿态。避免冲突,避免接受不友好媒体的采访。

(3) 动用专业的公关和广告力量对谣言和错误信息进行反击。选择有经验的、可靠的发言人。

(4) 保持耐心。人们对这种事情的热度通常都不会持久。[29]

4.2.7　文化环境

文化环境由影响社会基本价值观、认知、偏好和行为的制度及其他力量构成。作为一种集合体,社会塑造了其成员的基本信念和价值观。下面讨论的文化特征会影响营销决策。

1. 文化价值观的传承性

任何社会中的个人都持有某些传承下来的核心信念与价值观。例如,大多数美国人都信奉工作、婚姻、乐善好施与诚实。核心信念与价值观是子女从父辈那里传承下来的,并且由学校、企业和政府予以强化。不过,次级信念与价值观更容易改变。例如,相信婚姻是一种核心信念,而认为人应该早点结婚则是次级信念。

旅游接待业是全球性的。受文化观念与禁忌的影响,各国的管理者会有很大的不同。比如,以色列的酒店管理人员需要理解和遵守犹太教的饮食规则。因为规则很复杂,需要持续监督。以色列的酒店必须配备两个厨房,一个烹制肉食,一个制作乳制品。由于符合犹太教规的肉类价格昂贵,所以酒店里的食品成本都很高。[30]

在新加坡(以及日本、越南和韩国),人们很看重风水。风水师会提出最佳的风向水流建议,甚至宅地的选择以及门的朝向、桌子的摆放都有讲究。要想有好的风水,建筑物应该朝向宽阔的水面,两侧有山峦围抱,还不能使山峦的灵气受到阻滞。新加坡的凯悦酒店因为在建造时没有考虑风水问题,后来做了重新设计以求买卖兴隆。最初,前台平行于门及门外的道路,这被认为会导致肥水外流;而且门是朝西北开的,容易让晦气侵入。风水师建议在设计上做一些变动,以便招财进宝、驱逐晦气。[31]

幸福和健康已经成为很多人推崇的生活方式。大多数美国人过度劳累,需要假期来恢复身心健康。他们希望在旅途中能够保持健康的生活方式。酒店迎合了这种新趋势,为顾客提供保健和健身设施,如 24 小时营业的健身房和游泳池、无谷蛋白或是有机食品和饮料、瑜伽垫、健身课程、精油、符合人体工程学的床,甚至是全套的养生室。[32]

2. 日益重视道德与社会责任

书面规定并不能涵盖所有的营销问题,加上现行法律往往难以执行,因此在成文的法律法规之外,企业还要受到社会规范和职业道德准则的约束。

(1) 对社会负责的行为。开明的企业鼓励管理者主动承担法律没有强制企业履行的社会责任,坚持"做正确的事"。这些对社会负责任的企业积极寻找保护消费者和环境的长远利益的各种途径。

如今,几乎营销的每一个方面都涉及道德和社会问题。这些问题通常与各方利益冲突相关,一些善良的人在特定的场合也会就应采取的正确行动产生争执。很多企业正在制定一些旨在处理复杂社会责任问题的对策、准则与回应。

网络营销的繁荣带来了一系列新的社会问题和道德问题。批评家们对在线个人隐私问题表示担忧。个人信息数据的数量呈爆炸式增长。用户自己正是这些数据的主要提供者,他们自愿将高度私人的信息放在脸书、领英等社交网站上,任何人都可以通过电脑或智能手机轻松地获取这些信息。

然而,大多数这类数据是由企业系统建立而成的,其目的在于更好地了解消费者,而消费者往往并未意识到自己的信息已经被别人掌握了。即使是合法的企业也会在顾客的个人电脑里植入cookie,进而从顾客的每一个网络动态中收集、分析和分享数据。批评家们担心企业已经掌握了太多信息,可能会利用这些信息做一些不利于顾客的行动。虽然大多数企业完全披露了其网络隐私政策,并致力于用这些信息造福顾客,但是信息的滥用仍旧存在。

以社会责任为己任的公益组织的数量有所增加。辛迪·兰姆(Cindi Lamb)载着她5个月大的女儿从百货商店开车回家时,被一名醉酒司机的车撞上。事故导致婴儿腰部以下瘫痪。辛迪得知这位酒驾司机是名惯犯后愤怒至极。她决心改变法官、警察和政客对酒后驾车的处理方式。在朋友及其他受害者的帮助下,她成立了MADD(拒绝酒后驾车母亲协会)。如今,MADD对旅游接待业产生了深远的影响,它要求餐厅在提供酒精饮料时更负责任。MADD帮助促成了针对酒后驾车的更严厉的立法措施。

支持善待动物协会(PETA)的一位专家说,他们希望看到所有出售肉类产品的快餐店都关门。位于萨克拉门托的一家寿司店曾经提供一道名为"舞蹈虾"的日本菜。在吃这道菜时,店员会指导顾客将柠檬汁挤进活虾的体内让它"跳舞"。PETA要求该店将这道菜从菜单中删除。在收到大量的抗议之后,该店照做了。虽然能够善待动物是好事,但要求人们完全不吃肉会令很多人难以接受。

一些中餐厅使用鱼翅进行汤品调味的饮食习惯导致包括双髻鲨、虎鲨等鲨鱼种群几乎灭绝。幸运的是,野生动物保护组织野生救援(Wild Aid)的报告表明,鱼翅的需求正在下降。很多国家已经禁止捕捉鲨鱼、割下鱼鳍,然后将其扔回海里自生自灭的捕鲨行为。

(2)公益营销。为了承担社会责任并树立更积极的形象,很多公司将自己与有意义的事业联系在一起。公益营销已经成为企业捐赠的首选形式。它将企业的产品或服务目标与为有意义的事业或慈善组织进行筹资联系在一起,从而使企业"善者常富"。如今,这些企业每年都会资助数十个公益营销活动。例如,BJ餐厅发起了"给孩子们的饼干"活动,将带有"Pizookie"字样的甜点销售收入的一部分捐赠给囊胞性纤维症基金组织。

公益营销也引发了一些反对的声音。批评家们担心公益营销更像是销售战略而非捐赠战略,公益营销实际上成了利用公益的营销。因此,开展公益营销的企业可能会发现自己虽然能获得更多的销售额和更好的企业形象,但同时也面对剥削的指责。不过,如果操作得当,公益营销可以使企业和公益事业双双得益:企业获得的是有效的营销工具,而且可以树立更积极的公众形象;慈善组织或公益事业则能够得到更多的关注,获得资金和支持的新来源。

4.4 应对营销环境

很多公司将营销环境视为必须适应的"不可控"因素。它们被动地接受这种营销环境,并不想对它有所改变。这些公司分析各种环境因素并制定相应的策略,目的只是尽量回避各种威胁。

还有一些公司则采取了**环境管理视角**(environmental management perspective)。[33] 它们不是简单地观察环境并做出反应,而是积极地采取行动去影响公众和营销环境中的各方势力。这些公司会聘请游说者影响行业立法,举办各种媒体活动以赢得有利的新闻报道,通过软广告引导社会舆论,提起诉讼或投诉来维持自身权益,以及签订协议来更好地控制分销渠道。

宏观环境中可以被施加影响的因素之一是政治环境。企业可以加入各种行业组织,如美国酒店业协会(AH&LA)、国际餐饮管理协会(HCIMA)等。这些行业组织也会雇用专门的游说者代表整个行业向政府表达诉求。

营销管理不可能总是对环境因素产生影响,在许多场合,企业所能做的只是观察并顺应环境。例如,企业很难对人口的地理迁移、经济环境或基本的价值观产生影响。但只要有可能,营销管理人员就应主动而非被动地应对营销环境中的公众及各种因素。

事实证明,采用环境分析方法对很多旅游接待企业都很有好处。该方法包括以下步骤:①确定需要监控的环境区域;②确定获取信息的方式,包括信息来源、收集信息的频率及负责收集信息的人员;③实施数据收集计划;④对数据进行分析并运用于营销计划过程中。分析的部分内容是衡量各种趋势的重要性,帮助组织采取正确的应对方式。

仅仅收集有关环境的数据还远远不够,管理者必须将其转化为可以帮助他们做出决策的有用信息。用于辅助决策的信息必须可靠、及时、有效。

考虑相互联系的环境因素也很重要。2013年,美国人在外就餐的次数超过了在家吃饭的次数。这种变化背后的一个原因是很多家庭中夫妻二人都在外工作,花在做饭上的平均时间是15分钟,而且还在减少。以前那种女人在家为男人做饭的生活模式已不复存在了。许多人仍然喜欢在家里吃饭,但他们没有时间做饭。这些趋势推动了所谓"代做家庭餐"的餐厅的兴起。罗伯特·戴尔·格莱德(Robert Del Grande)在得克萨斯州和亚利桑那州开办的 Café Express,以及在路易斯安那州梅泰里开办的美食家厨房(Foodies Kitchen)就是兼顾高品质食物与顾客自助服务的餐饮概念的典范。

食杂店正在成为餐厅的竞争对手。大多数食杂店都在微波炉旁放置食物展柜,里面的食物包括炖肉、照烧鸡肉和意大利面食。海威(Hy-Vee)食杂店还为在线下单的顾客开辟了免下车取餐窗口。

上面的例子说明了环境因素是如何联系在一起的。导致夫妻二人都在外工作的经济因素,也是一个可以随着时间不断变化的人口统计变量。女性也能成就事业,也能走上曾经被男人把持的管理岗位。我们正在见证文化上的变迁:男性开始参与家务劳动,再也不能指望某位家庭成员会承担起做饭的工作。技术的发展也使在家中烹制食物和加热熟食变得更容易。食杂店与快餐厅之间的竞争可能更趋激烈。食杂店的熟食柜台越来越精致,熟食品种也多种多样,还有新鲜的可微波加热的外卖食品,甚至可能提供送货或免下车取餐服务。总之,食物消费模式的变化与经济、人口统计特征、技术、文化和竞争趋势密切相关。

课堂小组练习

*带星号的练习题可以作为个人作业或线上作业。学生需要对答案给出解释。

1. *上网了解不同组织如何用生态旅游吸引游客。
2. *根据从网上收集的信息,你认为太空旅游什么时候可以成为一种可行的旅游方式?哪些组织正在努力发展太空旅游?
3. 访问旅游企业或酒店的网站,查找它们采取措施保护和改善自然环境的例子。你认为哪些企业的措施更好?为什么?
4. *20世纪60年代以来,麦当劳的营销理念发生了哪些变化?在这些变化的背后,哪些环境因素发挥了作用?今后的10年,受新的环境因素的影响,其理念会发生什么变化?
5. 未来10年,环境发展的趋势会怎样影响凯悦和索菲特等高级连锁酒店的经营成败?如果你是这类酒店的营销总监,面对这些发展趋势你将制订什么样的应对计划?
6. 环境趋势的变化如何影响酒店的设计风格?
7. 哪些环境趋势会影响迪士尼今后5年的成败?如果你负责迪士尼的营销工作,你将制订什么样的应对计划?

体验练习

查看几家旅游接待企业的年报。从报表上你能否了解这些企业为应对环境进行了怎样的业务调整?如果你无法获得年报,请浏览本书网站获取电子版的年报。

参考文献

1. Castle Rock(Town)Colorado, U.S. Census Bureau, State and County Quick Facts, February 5, 2015, http://quickfacts.census.gov.
2. Seyhmus Baloglu, "Dimensions of Customer Loyalty, Separating Friends from Well Wishers," *Cornell Hotel and Restaurant Administration Quarterly*, 43, no. 1(2002): 47-59.
3. Philip Kotler, *Marketing Management* (Upper Saddle River, NJ: Prentice-Hall, 1988); Donald R. Lehmann and Russel S. Winer, *Analysis for Marketing Planning* (Plano, TX: Business Publications, 1988).
4. See www.arkvegas.com(accessed July 19, 2018).
5. Tejal Rao, "The New Hotel Cuisine: Don't Bite the Brand That Feeds You," StarChefs.com, May 2007, http://www.starchefs.com/features/trends/concept/index.shtml(accessed August 2, 2008).
6. Chick-fil-A Looks to Perk Sales by Offering First-Ever Specialty Grade Coffee in QSR Industry, Chick-

fil-A.com, 2014, CFA Properties, Inc.

7. Information from Robert J. Benes, Abbie Jarman, and Ashley Williams, "2007 NRA Sets Records," www.chefmagazine.com (accessed September 2007); "Coca-Cola, Fishbowl Partnering to Offer Digital Strategy Solutions for Restaurants," February 20, 2015, https://www.fastcasual.com/news/coca-cola-fishbowl-partnering-to-offer-digital-strategy-solutions-for-restaurants, www.thecoca-colacompany.com/presscenter/presskit_fs.html, and www.cokesolutions.com (accessed July 2018).

8. Michael Porter, *Competitive Strategy* (New York: Free Press, 1980).

9. Melinda Bush, "The Critical Need to Know," *Cornell Hotel and Restaurant Administration Quarterly*, 26, no. 3(1985): 1.

10. From Brian Phillips, Executive Creative Director of the agency. Copyright © by Visit Indy. Reprinted by permission.

11. From Chris Gahl, Vice President of Marketing and Communications for Visit Indy. Copyright © by Visit Indy. Reprinted by permission.

12. World POPClock, U.S. Census Bureau, www.census.gov (accessed June 2018). This Web site provides continuously updated projections of the United States and world populations.

13. See Clay Chandler, "Little Emperors," *Fortune* (October 4, 2004): 138-150; "China's Little Emperor's," *Financial Times* (May 5, 2007): 1; "Me Generation Finally Focuses on US," Chinadaily.com.cn (August 27, 2008), www.chinadaily.com.cn/china/2008-08/27/content_6972930.htm; Melinda Varley, "China: Chasing the Dragon," *Brand Strategy* (October 6, 2008): 26; Clifford Coonan, "New Rules to Enforce China's One Child Policy," *Irish Times* (January 14, 2009): 12; David Pilling, "Reflections of Life in China's Fast Lane," *Financial Times* (April 19, 2010): 10.

14. Adapted from information in Janet Adamy, "Different Brew: Eyeing a Billion Tea Drinkers, Starbucks Pours It on in China," *Wall Street Journal* (November 29, 2006). Also see, "Where the Money Is," *Financial Times* (May 12, 2007): 5; Laurie Burkitt, "Starbucks Menu Expands in China," *Wall Street Journal*, March 9, 2011.

15. Janet Adamy, "Different Brew: Eyeing a Billion Tea Drinkers, Starbucks Pours It on in China," *Wall Street Journal*, November 29, 2006.

16. Laurie Burkitt, "Starbucks Menu Expands in China," *Wall Street Journal* (March 9, 2011): B.7.

17. "China Millennials Switch to Coffee as Starbucks Pushes East," August 8, 2017, www.bloomberg.com/news/articles/2017-08-08/china-millennials-swap-tea-for-coffee-as-starbucks-pushes-east.

18. Sarah Begley, "UN Report Warns of Serious Water Shortages Within 15 Years," *Time*, March 20, 2015, http://time.com/3,752,643/un-water-shortage-2030/; The 2030 Water Resources Group, www.2030wrg.org (accessed September 2016); and "The World's Water," *Pacific Institute*, www.worldwater.org/data.html (accessed September 2016).

19. Dee-Ann Durbin, "Marriott Will Stop Using Plastic Straws in All of Its Hotels by 2019," *Time*, July 18, 2018, http://time.com/5341608/marriott-hotels-plastic-straws-2019/.

20. "How Tourism Can Be Good for Coral Reefs," www.global.nature.org/content/coral-reef-tourism (accessed May 2018).

21. See www.intelitycorp.com (accessed August 18, 2010).

22. Robert Loos, "Robots to Staff Hotel in Japan," *Robotics Today*, February 3, 2015, http://www.roboticstoday.com/news/hotel-androids-robots-to-staff-hotel-in-japan-3106 (accessed July 10, 2015).

23. Tobey Grumet Segal, "How Hotels Are Using Artificial Intelligence to Improve Your Stay," April 4,

2018, www. cntraveler. com/story/how-hotels-are-using-artificial-intelligence-to-improve-your-stay; Corris Little, "Robotic Bartenders Shake up F&B," March 21, 2018, Hotel Business, https://www. hotelbusiness. com/web-excl-robotic-bartenders-shake-up-fb/? eid ＝ 378696098&-bid ＝ 2043328; Mariella Moon, "IBM Watson Powers Hilton's Robotic Concierge 'Connie,'" March 9, 2016, https://www. engadget. com/2016/03/09/hilton-robot-concierge-connie/; David Eisen, "AccorHotels Just Predicted 7 Hospitality Trends for 2018," *Hotel Management*, January 9, 2018, www. hotelmanagement.net/operate/accorhotels-just-predicted-7-hospitality-trends-for-2018.

24. "Mobile Phones Replace Room Keys in Stockholm Hotel, Check In and Check Out Without Ever Stopping by the Front Desk," November 2, 2010, http://news. discovery. com/tech/mobile-phones-replace-hotel-keys.html(accessed August 18, 2011).

25. Roger Yu, "Hotels Use RFID Chips to Keep Linens from Checking Out," (July 31, 2011), http://abcnews. go. com/travel/hotels-rfid-chips-linens-checking/story?id ＝ 14179579 (accessed August 18, 2011).

26. Machan Dyron, "Flour on His Shoes," CEO Spotlight, Ron Shaich, Panera Bread, Barron's: *The Dow Jones Business and Financial Weekly*, XCV, no. 8(February 23, 2015): 38-39.

27. See "A ＄1 Billion Project to Remake the Disney World Experience, Using RFID," www.fastcompany. com/1671616/a-1-billion-project-to-remake-the-disney-world-experience-using-rfid; Brooks Barnes, "At Disney Parks, a Bracelet Meant to Build Loyalty(and Sales)," *New York Times*, January 7, 2013, p. Bl; Claire Swedberg, "MagicBands Bring Convenience, New Services to Walt Disney World," *RFID Journal*, June 16, 2014, www. rfidjournal. com/articles/view?11877; and Christopher Palmeri, "Why Disney Won't Be Taking Magic Wristbands to Its Chinese Park," *Bloomberg*, January 10, 2016, www. bloomberg. com/news/articles/2016-01-10/why-disney-won-t-be-taking-magic-wristbands-to-its-chinese-park.

28. Gene Sloan, "Restaurant Taxes Gain Weight in Cash-Strapped Cities," *USA Today*, International Edition(Asia)(September 28, 1994): B7; see Steve Lackmeyer and David Dishman, "Hotel Tax Hike Opposed by Industry Professionals in Oklahoma," March 28, 2018, *NewsOK*, www. newsok. com/article/5,588,661/hotel-tax-hike-opposed-by-industry-professionals-in-oklahoma.

29. Salah Al Shebil, Adbul A. Rasheed, and Hussam Al-Shammari, "Battling Bigots," *Wall Street Journal*(April, 28, 2007): R6, R11.

30. Kenneth J. Gruber, "The Hotels of Israel: Pressure and Promise," *Cornell Hotel and Restaurant Administration Quarterly*, 28, no. 4(1988): 42.

31. J. S. Perry Jobson, "Feng Shui: Its Impacts on the Asian Hospitality Industry," *International Journal of Contemporary Hospitality Management*, 6, no. 6(1994): 21-26; Bernd H. Schmitt and Yigang Pan, "In Asia, the Supernatural Means Sales," *New York Times* (February 19, 1995): sec. 3, 11.

32. Adam Glickman, "6 Hotel Wellness Upgrades That Won't Break the Bank," February 6, 2018, www. hotel-management.net/operate/6-wellness-solutions-won-t-break-bank; John Power, "As Fitness and Wellness Become Top Priority for Travelers, Hotels Embracing New Trends," February 7, 2017, www. traveltripper. com/blog/as-fitness-and-wellness-become-top-priority-for-travelers-hotels-embracing-new-trends/.

33. Carl P. Zeithami and Valarie Zeithami, "Environmental Management: Revisiting the Marketing Perspective," *Journal of Marketing* (Spring 1984): 46-53.

第 5 章

管理顾客信息以洞察顾客

学习目标
- ☐ 解释信息在洞察市场和顾客方面的重要作用。
- ☐ 解释营销信息系统的概念,并讨论如何开发营销信息。
- ☐ 概述营销调研的步骤,解释企业是如何分析和使用营销信息的。

导入案例

约瑟夫是一位三十来岁的纽约人。他前不久去新泽西州的大西洋城度周末,打算住在自己最钟爱的凯撒娱乐旗下的一家酒店,顺便享受一些娱乐项目。然而不巧的是,当时所有酒店都被预订一空了。不过,他在玩完桌上游戏并用凯撒娱乐全奖卡刷卡之后,娱乐厅的经理亲自前来将他请到了前台。他被告知现在有了空房,并且能够以每晚100美元的折扣价入住。在他住了两晚后准备办理退房时,酒店告诉他房费已经全免了。

这是他突然获得的好运气吗?还是一个企业知道顾客关系管理的真正含义?如果你询问任何一个凯撒娱乐全奖卡的会员,他会毫不犹豫地告诉你答案是后者。"凯撒娱乐的管理者经常给会员升级房间或在酒店已预订一空的情况下帮会员找到空房间。"约瑟夫后来说,"而且我非常喜欢的一点是,无论我是在大西洋城、拉斯维加斯、堪萨斯城、新奥尔良,只要是凯撒娱乐旗下的酒店,我都能够使用我的全奖卡。"

约瑟夫不是唯一一个对凯撒娱乐的顾客关系管理赞不绝口的顾客。实际上,顾客关系管理专家为凯撒娱乐制定的方案达到了黄金标准。凯撒娱乐将全奖项目作为自己业务和营销战略的核心,使自己的娱乐业能够收集顾客数据,将数据转化为顾客洞察,并用这些洞察为顾客提供无与伦比的体验。

收集数据

全奖计划自1998年开始实施以来一直卓有成效。通过明智的投资和持续不断的关注,凯撒娱乐在顾客关系管理方面大获成功。

该计划的运行机制如下：全奖项目的会员在凯撒娱乐各个项目上的消费可以得到相应的积分。他们可以用这些积分兑换多重福利，如现金、餐饮、商品、房间或酒店演出票。全奖计划的简洁性使其在规模迅速扩张的同时保持了灵活性。过去10年间，凯撒娱乐进行了大量收购，如今已经在全美拥有多个品牌，旗下有50多家酒店。全奖计划的会员在这些酒店消费时都会刷全奖卡，如入住4万个酒店房间中的一间、在390家餐厅中的任一家用餐、在240家礼品店的任一家购买纪念品或是在7个高尔夫球场中的任一个打球。凯撒娱乐的4 400万顾客中超过80%的人（大致相当于美国每6个成年人中就有一个人）都在使用全奖卡。这是一个庞大的数据库。凯撒娱乐会定期研究顾客样本以了解更多细节。

顾客洞察

分析所有这些信息让凯撒娱乐可以掌握旗下娱乐项目经营的详细情况。从这些全奖数据中凯撒娱乐得知，26%的顾客创造了82%的收益。然而，这些最佳顾客却并非该产业长久以来所关注的"挥金如土者"，他们都是来自各行各业的普通人，如中年退休教师、流水线工人，以及银行职员和医生等拥有可自由支配收入和时间的人。凯撒娱乐发现这类顾客可能只在夜晚来娱乐但并不在酒店过夜，因此它制定了相应的策略。凯撒娱乐的品牌管理副总裁克里丝·哈特（Kris Hart）在谈到一项针对14 000名全奖卡会员所做的调查时说："我们进行了大量的心理细分——观察人们行为的驱动力是什么。他们是由于离得近才来的吗？是因为直邮广告吗？是因为对会员计划的忠诚吗？这个调查让我们可以聚焦具有特定动机的人群构成的顾客细分市场，而了解顾客动机有助于我们调整品牌策略和信息传递方式。"

顾客体验

通过顾客洞察，凯撒娱乐围绕满足最佳顾客的需求来制定营销和服务发展战略。凯撒娱乐每年向会员寄送超过2.5亿封直邮广告和1亿封电子邮件。一名老顾客一年中可能收到150封来自一家或多家凯撒娱乐旗下的公司或酒店的邮件。从顾客的角度看，这似乎是一个噩梦。而在凯撒娱乐对顾客进行了情感反应测试后发现，顾客实际上还挺喜欢接收这些邮件的。原因就在于每位顾客收到的邮件所提供的都是与他自身密切相关的信息，因此并不反感。

凯撒娱乐无疑也关心回复率、点击率、收入和顾客盈利率等指标。不过凯撒娱乐的会员计划之所以数一数二是因为它更关注这些结果之间存在怎样的相关性。由于凯撒娱乐的顾客关系管理文化从IT部门到一线员工无所不在，因此能够将获取的数据转换为独一无二的顾客体验。基于顾客服务的得分，员工也有自己的积分体系，他们可以用这些积分兑换奖励，从iPad到游泳器材，应有尽有。凯撒娱乐还会使用神秘购物者来检验服务表现、培训员工达到服务标准。[1]

凯撒娱乐将服务文化与核心的全奖项目结合在了一起。凯撒娱乐知道顾客在娱乐一天后需要的是一张免费的演出票、一张餐券还是一次房间升级。实际上，凯撒娱乐能够实时处理顾客信息。从顾客刷了全奖卡的那一刻起，凯撒娱乐就在实时地进行顾客信息处理,在数据与顾客体验之间建立完美的联结。凯撒娱乐的首席资讯官称之为"运作中的顾客关系管理"。以每分钟都在更新的顾客信息为基础,"酒店员工可以查看顾客消费的历史记录,并根据目前的预订水平与以往的预订状况决定这名顾客是否需要房间升级。当你正在玩游戏时,可能会有一名员工走向你,为你提供一顿免费的美食,或者是祝你生日快乐。"

凯撒娱乐在不断地改进信息管理技术以更好地理解顾客,提供不断改善的顾客体验。最近,全奖计划增加了追踪和奖励非博彩类消费的功能。这对那些不喜欢博彩的顾客来说无疑是一件好事。凯撒娱乐的高级副总裁大卫·诺顿(David Norton)说:"我们想让他们也感到自身的重要性,因为他们会在房间、温泉、餐饮和观看演出上花费数百美元,但之前得到的关照却不如一个每天仅花费 50 美元的顾客。"这凸显了全奖计划的全面性,其目的在于最大化顾客体验,无论这种体验包含了什么。

凯撒娱乐的顾客关系管理无疑获得了回报。公司发现快乐的顾客更加忠诚,快乐的体验会让消费增加 24%。凯撒娱乐的全奖计划会员通常更加快乐。

虽然凯撒娱乐在经济衰退时期遭受了沉重的打击,但现在的情况已经有所好转;通过收购和全奖计划的成功,凯撒娱乐已成为行业的领头羊,2017 年的收入约为 50 亿美元。[2]

凯撒娱乐向我们展示了营销人员如何利用信息对市场进行深入的洞察。凯撒娱乐利用营销信息获得顾客洞察,在顾客参加博彩活动、预订房间、安排旅行、用餐和享受其他活动时,相关信息都被凯撒娱乐储存、分析,并用于提高顾客满意度、体验和忠诚度。

5.1 营销信息和顾客洞察

为了给顾客创造价值并与他们建立有意义的关系,营销人员必须先获取对于顾客所需和所想的新颖且深刻的洞察。这样的顾客洞察来源于优良的营销信息。利用这些洞察,公司可以发展竞争优势,做出更好的决策。

尽管顾客洞察和市场洞察对于为顾客创造价值和建立顾客关系非常重要,但这些洞察往往难以获得。顾客的需要和购买动机通常不是显而易见的,他们通常不会准确地告诉你自己需要什么以及为什么购买。为了获得良好的顾客洞察,营销人员必须有效地管理来源广泛的营销信息。

5.1.1 营销信息和当今的"大数据"

如今,营销人员可以随时获得大量的营销信息。近年来,随着信息技术的爆炸式发展,企业可以生成海量的信息。

消费者自己也在生成大量的营销信息。利用智能手机、个人电脑和平板电脑,通过在线浏览网页和博客、应用程序和社交媒体互动、短信和视频、地理位置数据等方式,消费者自发地向企业和彼此提供海量的信息。

大多数营销人员并不缺乏信息,反而常常因为面对过量的信息而无所适从。这个问题可以用**大数据**(big data)这个概念来概括。大数据一词是指当今复杂的信息生成、收集、存储和分析技术所产生的庞杂的数据集。全球的人和系统每年都会产生大约一万亿字节的信息。这些数据足以填满2.47万亿张旧式光盘,它们堆起来的高度足以往返月球4次。世界上90%的数据都是在过去两年里产生的。[3]

大数据有三个特点:数量(从数百兆字节到数千兆字节的大量信息)、速度(数据流入企业的速度越来越快,包括实时交付)和多样性(包括结构化和非结构化格式:来自社交网络的文本、来自应用程序的数据、网络服务、图像、GPS信号和传感器的读数)。

大数据使营销人员面临巨大的机遇和挑战。如今,很多餐厅使用不同的系统管理不同业务的运作,如店内销售、在线订单与配送、顾客忠诚度和购买历史。通过将各种数据合并为一个大数据,餐厅可以有效地使用和应用它们,以获得丰富、及时的顾客洞察,了解服务器性能、菜单趋势、顾客偏好和订单历史。[4] 然而,查看和筛选海量的数据是一项艰巨的任务,因为大数据通常来自外部,且结构化程度较低。要将一张照片、一段声音、一个视频片段或社交媒体帖子与其他数字数据结合起来,并挖掘出有用的见解,是非常具有挑战性的。此外,这类数据的数量远远超过了任何管理者可以消化的。事实上,大多数营销经理都被数据压得喘不过气来,甚至经常被其淹没。然而,尽管数据过剩,营销人员仍然经常抱怨他们缺乏足够的正确信息。因此,他们不是需要更多的信息,而是需要更好的信息,同时还需要更好地利用已经拥有的信息。

营销人员将营销分析应用于他们从网络、移动端口、社交媒体跟踪、顾客交易和参与以及其他来源收集的大量复杂的数据集,以挖掘出有意义的模式,从而获得顾客洞察并衡量营销业绩。[5] 万豪酒店最近聘请了一家消费者分析公司,该公司分析了300多套独特的数据及来自1.16亿个家庭的调查数据,用以揭示顾客的行为模式,包括他们是谁,他们出差或休闲旅行的次数、居住和工作地点、旅行目的,以及他们对品牌的整体价值是什么。然后,万豪利用这些信息,按市场和地区确定了全美范围内的需求,以促进未来的品牌增长。[6]

5.1.2 管理营销信息

因此,企业的营销调研和信息系统所做的不只是掌握大量的信息。营销调研和营销信息的真正价值在于所提供的顾客洞察。"营销调研部门的价值不是由其开展调研的次数决定的,"一位营销专家说,"而是由它所提供的用于分析的商业价值及它对于决策的影响决定的。"[7]

基于这样的思路,很多企业如今都在重塑或重新定义自己的营销调研和信息职能。它们创建了一个顾客洞察小组,由负责顾客洞察的副总裁主导,成员则是来自企业各个职能部门的代表。例如,卡夫食品公司的营销调研主管就被称为顾客洞察和战略主管。

顾客洞察小组收集顾客和营销信息的来源非常广泛:从传统的营销调研到融入顾客和观察顾客,再到追踪顾客在社交媒体上发布的有关公司及其产品的对话。他们从各种来源挖掘大数据,然后使用这些营销信息获得重要的顾客洞察,帮助公司为顾客创造更多的价值。例如,某个顾客洞察小组就将自己的使命简洁地描述为:"越来越好地理解我们的顾客并满足他们的需要。"

5.2 营销信息系统

营销信息系统(marketing information system,MIS)由人、设备和程序构成,用于收集、分类、分析、评估和分配决策者所需的及时而准确的信息。图5-1说明了营销信息系统的概念。虽然营销信息系统从营销经理开始,又终止于营销经理,但整个企业的管理人员都应参与其中。首先,营销信息系统与管理人员互动,了解需要评估什么样的信息。其次,营销信息系统会通过公司内部记录、营销情报活动、营销调研过程发掘所需信息,由信息分析专家对信息进行处理使之更加符合需要。最后,营销信息系统以适当的形式在适当的时间将信息传递给管理者,帮助其制订和实施营销计划并控制过程的顺利进行。

我们现在可以更深入地考察企业营销信息系统的各种功能。

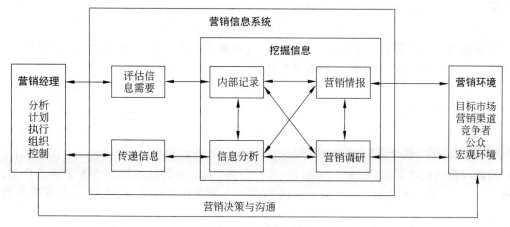

图 5-1 营销信息系统

5.2.1 评估信息需要

好的营销信息系统会在管理者想要得到的信息与他们实际需要而又能得到的信息之间求得平衡。企业首先会与管理人员沟通来了解他们需要的信息。例如,Mrs. Field's Cookies 为管理人员提供每小时更新的销售预测。当销量下降时,计算机会自动给出营销建议,如在商场开展免费试吃活动,来提高销量。[8]

有些管理人员对所有的信息都来者不拒,却忽视了收集信息的成本及效用。实际上,信息泛滥带来的危害不亚于信息匮乏。有些管理人员忙忙碌碌,并不知道要什么信息,还有些管理人员根本就不知道应该掌握哪些信息。例如,管理者可能需要了解顾客在博客或社交媒体上对其品牌有利或不利的讨论的激增情况,然而因为他们不知道这些讨论的存在,所以根本不会想到要问这些问题。

例如,管理者可能需要预测即将上市的新的竞争品。然而,竞争对手都会极力封锁这方面的信息。肯德基开发新款三明治时,只有少数公司高层知道这个项目。肯德基研制出了三明治配方,而其供应商必须签订保密协议。在把这款三明治投放市场之前,肯德基不想让竞争对手听到一点风声。然而,拥有良好的营销信息系统的企业可能早就注意到了肯德基计划的蛛丝马迹。他们可能听到某个面包供应商议论肯德基订购小面包的订单,也可能风闻肯德基的一位高管声言要采取措施加强午餐业务。即使有保密协议,消息也会在不经意间泄露出去,管理人员只要耳目灵通,就能通过合法且道德的信息来源,如公司高管的演讲和商业出版物来掌握竞争对手的动向。

企业必须评估所获信息的价值与获取该信息的成本。信息的价值取决于它的用处,而对此的判断却相当主观。类似地,评估获得特定信息的成本也并不容易。

收集、处理、储存和传递信息的成本可能呈现加速增长的势头。有时,多增加的信息对于改善管理人员的决策并没有多大贡献,也就是说,可能会得不偿失。假设一家餐厅的经理估计,在没有进一步信息的情况下开发新的菜单,总利润额可达50万美元。他相信,如果有更多的信息来改善营销组合策略,则会使利润增加到52.5万美元,但倘若为了得到这些信息要花费3万美元则不值得。好的营销信息系统能够在使用者想要获取的信息与他们真正需要且能够得到的信息之间找到平衡。

5.2.2 挖掘营销信息

营销管理人员所需的信息可以从**内部数据**(internal data)、**营销情报**(marketing intelligence)和**营销调研**(marketing research)中获得(见图5-2)。

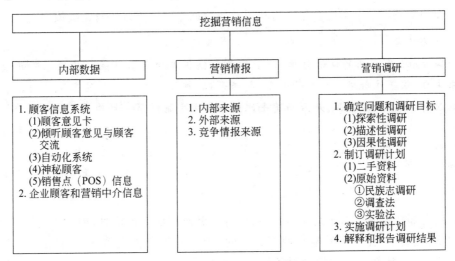

图5-2 营销信息的三个来源

1. 内部数据

很多企业都建立了大规模的内部信息数据库,从企业内部网中收集消费者的数据和营销信息。营销经理可以轻松访问和利用数据库中的信息,确定营销机会和挑战、制订项目计划，以及进行绩效评估。表 5-1 中问题的答案有助于营销人员了解自己需要哪些营销信息。

表 5-1　评估营销信息时需要问的几个问题
1. 你通常会做哪些类型的决策？
2. 做这些决策需要什么类型的信息？
3. 你经常得到的有用信息是什么类型的？
4. 哪些社交媒体网站能够为你提供有用的信息？
5. 你想要获得而尚未获得的信息是什么类型的？
6. 你现在已经拥有而实际上你并不需要的信息是什么类型的？
7. 你每天、每周、每月、每年需要的是什么信息？
8. 你想要了解什么样的话题？
9. 什么样的数据库对你有用？
10. 你喜欢什么类型的信息分析项目？
11. 现有信息系统中最有价值的四种改进是什么？

数据库中的信息来源广泛：营销部门获取的信息包括顾客交易、人口统计特征、心理统计特征及购买行为方面的信息；顾客服务部门跟踪记录顾客满意度或服务方面的问题；会计部门编制财务报表并详细记录销售、成本和现金流；运营部门报告生产进度、出货和库存情况；销售人员报告经销商反馈和竞争对手的活动；营销渠道合作伙伴则提供有关销售点（POS）系统的数据。营销经理应该利用目前由各部门生成的信息形成强大的顾客洞察和竞争优势。

下面的案例展示了必胜客是如何利用内部数据库做出更好的营销决策的。

必胜客的数据库包括来自 4 000 万个美国家庭的详细顾客信息，这些信息来自全国 6 600 家门店的电话订单、网上订单和销售点的交易记录。必胜客还开通了脸书主页，收集注册用户的电子邮箱、电话号码、邮编等信息。必胜客还对顾客最喜欢的配料、最后点的菜品、是否与芝士比萨和意式香肠比萨一起购买了沙拉等进行交叉分析。必胜客运用这些信息加强顾客关系，向顾客推销那些能带来更多订单的交易选项。一位博主写道："当我想吃比萨时我会想到谁？谁会送给我优惠券和免费赠品，让我想要购买比萨而不是自己做饭？你说对了，必胜客。我在必胜客下了很多订单，已经忠诚于它了。在必胜客下单如此容易，我根本不会考虑从别处购买了。"[9]

利用内部数据库可以比其他信息来源更快、更便宜地获得信息，但它也有一些不足。由于内部信息往往是为了其他目的而收集的，所以对于营销决策而言可能不全面或不适用。例如，会计部门用于编制财务报表的销售和成本数据必须加以调整才能用来评估特定细分市场、销售人员或渠道业绩的价值。资料很快就会过时，需要努力保持数据库资料的实效性。此外，大公司每天都会形成大量的信息，必须对其进行整合，才能保证管理人员轻松、有效地利用这些信息。要对如此之多的信息进行管理，需要尖端的设备和技术。

每一个企业都可能拥有大量管理人员所不知道或未曾注意的信息,这些信息分散在无数的数据库、计划和记录中,甚至埋藏在很多资深管理人员的头脑中。因此,企业必须努力发掘信息金矿,让管理人员能更容易地寻求问题的答案并做出明智的决定。越来越多的企业开始建设自己的**数据仓库**(data warehouse),将顾客数据单独存储在一个更容易访问的位置。然后,使用强大的数据挖掘技术,找出数据中隐含的有意义的模式,将其传达给管理人员。例如,酒店可以利用数据来检索对特定类型的促销活动给出积极响应的顾客的资料。然后,酒店营销部门就可以识别具有相同特征的顾客,并针对他们开展类似的促销活动。

在生产计划和销售报告、前台报告、销售拜访报告,以及各种职能活动中都包含有用的营销信息。管理人员可以利用从这些渠道及其他来源获得的信息来评估营销绩效,发现营销机会与问题。下面是一些企业运用内部记录进行更好的营销决策的例子:[10]

(1) 酒店管理人员利用预订记录和入住登记信息及时调整广告和人员推销安排。如果大多数度假人员都在11月预订翌年2月的客房,那么在12月才做广告就太迟了。

(2) 预订记录也能提供有关酒店代理商的合作效率方面的信息。酒店可以通过电话、传真或拜访的形式向其通报各种由酒店支持的联合促销活动,以增加客房销量。

(3) 路易斯安那州通过研究旅游者发现,大多数家庭的夏季度假计划是在春季做出的。因此,该州的旅游接待企业会在1~5月面向家庭市场做广告,以便在这些家庭制订度假计划时可以看到它们的信息。

顾客历史信息。在任何旅游接待企业营销信息系统中都存在的最重要的一个因素是构建能够获取和使用顾客信息的程序。顾客信息对改善服务、制订有效的广告和促销计划、开发新产品、改进现有产品、编制营销和销售计划及实施有效的收益管理计划等都至关重要。然而,有太多的旅游接待企业并不很清楚谁是自己的顾客。

表5-2列出了顾客的详细信息。乍看上去,表中所列项目无疑显得过于武断和琐碎。而事实却是,越来越多的旅游接待企业开始收集和使用这样的信息。显然,酒店、度假地、邮轮公司等旅游接待企业必须注意不要侵犯顾客的隐私,也不要打扰他们。从内部记录中,我们可以得到大量的有关信息,而这需要预订部和会计部等其他部门的配合。

顾客趋势信息。顾客趋势信息对于制订计划和收益管理至关重要。酒店、航空公司、邮轮公司和租车公司所使用的顾客趋势信息包括:预订模式;取消预订;转化百分比(咨询后预订占咨询的比例);超额预订模式;旺季、次旺季和淡季客房出租率的历史趋势;收益的季节模式。

顾客历史信息可以帮助酒店营销人员识别回头客,并掌握其个人需要和喜好。如果顾客在第一次入住期间曾要过某种报纸,酒店就应该在顾客档案中留下相关的记录,确保在他将来再住店时为他提供这种报纸。如果一家豪华酒店在顾客第五次入住时为他免费升级到更好的房间,就意味着酒店管理人员致力于提高顾客的满意度,因为常客对免费升级往往很在意,而且其中会有很多人在下次入住时会选择价位更高的房间。

顾客信息管理。要得到这些重要的信息不能依靠机会,也不能全凭部门经理们一时的兴致。下面所讨论的获得顾客信息的技术中的任何一种或者全部,都属于顾客信息获取系统的一部分。

表 5-2　应该收集的具体顾客信息

顾客个人信息	所购买的主要产品/服务的类型(以酒店为例)
姓名	标准间
住址	套房
邮政编码	豪华套房
电子邮件地址	**其他消费**(交叉购买)(以酒店为例)
电话号码	长途电话
住宅	洗衣服务
办公室	客房服务
手机	迷你吧
同行者人数	酒店餐饮
出行原因	健身房
商务	娱乐设施
消遣	可包含在账单中的零售商品
紧急事务	逗留时间
预订人	入住时间
自己	到达时所使用的交通工具
雇主	私家车
预订来源	租用汽车
雇主姓名	旅游大巴
雇主地址	火车
头衔/职位	出租车
支付方式	**常客计划的会员**
信用卡	本酒店(号码)
哪一种卡?	其他积分机构
现金	航空公司(号码)
支票	公司(号码)
公司账户	

①顾客意见卡。在餐厅的餐桌上或酒店客房中经常可以见到这种顾客意见卡,有时是送给准备离店的顾客填写。这些卡片能提供有用的信息,有助于发现各部门和服务中存在的问题,从而采取纠正措施。顾客意见卡存在的问题是,它们可能并不代表大多数顾客的意见。通常,只有1％～2％的顾客愿意花时间填卡,而这些人不是非常恼怒就是非常满意。[11]因此,顾客意见卡虽然对发现问题很管用,但并不能很好地衡量整体顾客满意度。而且,如果对顾客意见卡的分发和控制缺乏周密的计划,员工就可能有选择地将意见卡发给那些他们认为可能会填写好评的顾客。只要有机会,员工也可能将那些填写了差评的卡片扔进垃圾筒。许多公司要求将顾客意见卡邮寄到公司办公室以避免这类问题。

②倾听顾客意见,与顾客交流。许多公司都有与顾客沟通的正式途径。对于常住客,酒店可以在下午提供免费招待会。这不仅是答谢顾客的一种方式,也为管理人员提供了与顾客沟通的机会。澳大利亚海洋世界要求管理人员每周进行几次顾客需求调查,了解顾客的想法。这种了解顾客需求的绝佳途径让管理层能够亲自听取顾客的意见。温德姆

酒店(Wyndham Hotel)在向客房送餐时会提前5分钟打电话通知顾客。这项服务程序就是根据一位顾客的建议设定的。提出建议的是一名女性商务旅客,她说自己通常是先打电话订餐,然后沐浴、穿衣服,之后才用餐。酒店提前打电话通知,可以让她知道服务人员何时会到达,避免那会儿还在沐浴。温德姆酒店发现,所有的商务旅客都对这一体贴的服务程序赞赏有加,这也说明,酒店可以通过与顾客交谈中了解的意见和建议来改善服务。从顾客那里获取信息会让他们感觉受到关注,这有助于建立信任并提高顾客忠诚度。[12] 特朗普酒店集团实施了一个名为 Trump Attaché 的顾客偏好服务计划,将每一位顾客都当作贵宾对待,其宗旨是"不要让顾客感觉是第一次入住"。每位顾客都会被分配一位"专属礼宾"来满足其个人需求。集团收集并存储顾客在入住期间提出的每一个要求和礼宾所观察到的顾客的个人喜好。Attaché 团队在顾客到达前和离开后都会与他们联系,了解他们的评价和个人偏好,这些也会被记录在数据库中,以便顾客再次光临时更好地为其服务。特朗普酒店集团的这项计划创造了显著而持久的顾客忠诚度。[13]

如果员工在倾听顾客意见方面训练有素,并能将所得到的意见反馈给管理人员,就能形成一个有力的信息通道。你的员工就好像是记录顾客意见的传声筒。对于这种倾听来的建议,管理人员必须及时反馈给员工,说明自己是如何利用这些信息的,必须在员工与管理人员之间建立信任关系。丽思卡尔顿酒店就充分发挥了"意见箱"的作用。公司前总裁霍斯特·舒尔茨(Horst Schulze)曾说:"一定要始终倾听顾客的意见,因为他们的需求总在变化。要想让顾客百分之百满意,就一定要倾听并做出相应的改变,防止顾客的期望已经发生了变化而你却没有随之改变。"[14]

③ 自动化系统。自动化顾客信息系统的成本不断降低,功能却日益增强,使酒店能够与顾客建立密切的关系。[15]

显然,任何酒店或大型邮轮公司等旅游接待企业都必须启用自动化系统。这样的系统有很多种,在购买之前必须仔细考察和测试。需要记住的是,自动化顾客信息系统只是营销数据库系统、收益管理系统等更大的系统的一部分。

自动化顾客信息系统对销售人员来说是非常有用的。销售人员可以调取特定地理区域(如一个城市)的顾客资料。销售人员根据这些信息可以迅速找出那些应该最先拜访的常客,这对于展开闪电式推销很有帮助。根据这种顾客资料也能识别出那些以前曾是常客而如今已经不再光顾的人。销售人员也可以拜访这些顾客,看能否重获与他们做生意的机会。

自动化顾客信息系统为连锁酒店,尤其是小型连锁酒店提供了实实在在的竞争优势。"通过中央网络系统,酒店集团的成员可以共享顾客信息。试想一下,如果一位顾客在入住波士顿的一家酒店时曾要过一间套房、一瓶香槟酒和一个防过敏枕头,此后他在入住毛伊岛的同一家连锁酒店时,还没等提出要求就获得了同样的服务,他会留下多么深刻的印象。"[16]

④ 神秘顾客。据估计,神秘顾客是一个价值超15亿美元的市场。[17] 旅游接待企业常会雇用一些人假扮成顾客四处访查,然后汇报他们的体验。各行各业都在使用神秘顾客。麦当劳实施神秘顾客计划来调查门店是否达到标准,并将调查结果公布在网上,以便当地管理人员和公司管理人员都能够了解情况。[18] 有些公司还会雇用神秘顾客来探查竞争

对手。

如果通过神秘的假顾客可以使员工的优秀业绩得到认可并受到奖励,那么这种方法就会对员工形成正向激励。最有效的神秘顾客系统会为员工提供未来工作中需要注意的事项清单。如果员工感觉神秘顾客的唯一目的是打小报告和挑毛病,那么该计划将很难充分发挥作用。

⑤销售点(POS)信息。借助 POS 机,餐厅可以通过计算机来汇总和分类手工输入的信息,还可以收集餐厅顾客刷卡消费的相关信息。

快餐业的一些研究者认为,未来的 POS 机将采用配有人工智能的计算机专家系统。可以想象计算机化汉堡这样一种情景:有关顾客偏好、订购尺寸和数量等信息都可以从 POS 机上获得并提供给专家系统,然后专家系统会计算甚至可能会订购专供每天特定时间段所需的若干数量的面包和配料。[19]

企业顾客和营销中介信息。顾客和潜在顾客的数据库对于专业的销售人员特别有价值。基准会议接待度假村(Benchmark Hospitality Conference Resort)的销售人员培训不仅研究顾客的人口统计特征,还按地理和产业细分市场来确定潜在的目标市场。该度假村的销售人员能够监控某些行业和潜在顾客的发展变化。在与任何一个企业会议策划人员见面之前,销售人员都要获得这位潜在顾客的各种营销信息,包括:该企业的行业地位和战略发展前景;年报中的损益表;资产负债率;企业文化方面的信息;有关该企业如何运作会议的资料。

这些信息可以从年报、上市公司的财务分析、有关该企业的文章等渠道获得,也可以通过与该企业的员工交谈获得。除了有关潜在顾客的详细信息外,该度假村还要求销售人员经常阅读一些商业报刊,如《华尔街日报》《纽约时报》等。[20]

2. 竞争性营销情报

竞争性营销情报是有关营销环境变化的日常公开信息,可以帮助管理人员制订和调整营销计划及短期策略。营销情报技术包括亲自观察消费者和竞争对手,对竞争对手的产品、在线研究和社交媒体热议进行基准测试。

营销情报的内部来源。营销情报可以由企业的管理人员、前台员工、服务人员、采购人员和销售人员收集。不过,企业的员工往往由于太忙而无法提供重要的信息。因此,企业必须向员工宣传他们在收集信息方面的重要作用,培训他们发掘和报告新情报的能力。管理人员应定期听取员工的汇报。

酒店的所有者和管理人员是营销情报系统的重要组成部分。纽约希尔顿酒店总经理约翰·鲍尔(John F. Power)在一次前往日本的旅行中就扮演了情报员的角色。"我意识到日式早餐与我们的早餐非常不同。"鲍尔说,"尽管大多数人在访问一个国家时都喜欢品尝该国的各种食品,但早餐却还是喜欢自己熟悉的口味。"

根据鲍尔此行所收集的营销情报,纽约希尔顿酒店的早餐菜单中有了味噌汤、紫菜、烤鱼、生鸡蛋、纳豆、泡菜和米饭等原汁原味的日式早餐。[21]

营销情报的外部来源。旅游接待企业必须鼓励供应商、会议和旅游主管部门、旅行社为其提供重要的情报。为了获得这些信息,旅游接待企业应该鼓励员工以友好的且能被对方所接受的方式对待买家、销售人员和潜在的员工,并鼓励管理人员加入一些社区和专业组织,在那里他们有可能获取重要的营销信息。

酒店与餐厅的管理人员能接触内部的关键信息渠道,可以掌握很多有价值的信息。销售人员也是很好的信息渠道。

有时候竞争对手也可以成为企业的情报来源。例如,英国航空的前任首席执行官鲍勃·艾灵(Bob Ayling)在参观刚成立的易捷航空(EasyJet)时就完成了这一"侦查"使命……鲍勃与易捷航空的创始人哈吉·约安努(Stelios Haji-Ioannou)取得联系,称自己对这位希腊企业家是如何经营廉价航空公司的很感兴趣,询问能否去参观。哈吉·约安努欣然同意,还向鲍勃展示了自己的商业计划。一年之后,英国航空宣布成立子公司Go。易捷航空集团事务部的负责人说:"Go就是易捷航空的翻版。相同的机型、相同的机票直销,同样使用二级机场,同样在飞机上出售点心。他们成功地窃取了我们的商业模式,真是卓有成效的间谍活动。"

竞争情报来源。竞争情报可以从竞争对手的年报、发表在行业杂志上的文章、演讲稿、出版物、宣传册和广告中获取。酒店和餐厅的管理人员还应定期造访竞争对手的经营场所。正如第4章所述,任何一种竞争信息系统中都必须明确地界定竞争。

Revinate等社交媒体公司会根据酒店在社交媒体网站上的评分提供酒店声誉基准报告,可用来监控竞争酒店在社交媒体上的日常服务。基准分析使酒店能够跟踪竞争对手的表现并采取行动。[23]

一位网络情报专家说:"在信息时代,企业在网络上留下了大量的信息。"如今的管理人员"不必仅依据过时的新闻和直觉去做投资和业务决策"。[24] 使用网络搜索引擎,营销人员可以搜索某个竞争对手、事件或是趋势,然后观察其动态。情报收集人员还可以通过成千上万个数据库获取信息。有些数据库是免费的,如美国证券交易委员会(SEC)的数据库就提供了有关上市公司的大量财务信息。此外,有3 000多家公司有偿提供数据库和信息搜索服务,如Dialog、DataStar、LEXIS-NEXIS等。

各大协会有时会从会员那里收集数据,加以整理后再以合理的价格出售。但这些信息往往会有误导性,因为会员企业经常会提供错误数据,占有较大市场份额的企业甚至可能会拒绝提供数据。

5.3 营销调研

管理人员不能总是等待来自营销情报系统的零星信息。对于一些特殊的营销情况和决策,他们需要做专门研究。当麦当劳决定在菜单中增加沙拉时,营销策划人员需要调研顾客对蔬菜和调料类型的偏好。

佛罗里达棕榈海滩的本恩牛排店想了解目标顾客中听过本恩品牌名称的人所占的比例、他们是通过什么渠道知道的、都知道些什么,以及他们对本恩的感觉如何。这些信息有助于本恩牛排店了解其营销传播的效果。显然,偶尔获得的营销情报不可能回答上述所有问题。管理人员有时需要开展正式的营销调研。

营销调研(marketing research)是一个识别、界定营销机会与问题,对营销活动进行监控和评估,并向管理层提供调研结果和建议的过程。[25] 营销调研人员所从事的活动范围很广,其中 10 种最普遍的活动是市场潜力测量、市场份额分析、市场特征识别、销售分析、经营趋势分析、短期预测、竞争产品研究、长期预测、营销信息系统研究、现有产品测试。

营销调研可以内派给公司的调研人员,也可以雇用外部的调研人员。大多数大公司(超过 73%)都设有自己的营销调研部门。但即使如此,有些公司也会请外部的专业机构从事实地调查及其他一些特殊调查。

万豪国际集团的重点调研项目包括:市场细分和规模测量;概念开发、产品试销和技术;价格敏感性评估;广告和促销评估;可持续发展和社会影响;顾客满意度、顾客忠诚度和顾客体验。[26]

小酒店和餐厅可以从附近设有经济管理或旅游专业的大学获取调研方面的帮助。大学营销专业的学生可以做一些初步的调研工作,帮助收集有关潜在顾客的信息,并进行顾客问卷调查。教师通常会替学生安排这方面的工作,好让他们积累营销调研经验。

营销调研过程包括四个步骤(见图 5-3):确定问题和调研目标、制订收集信息的调研计划、实施调研计划、解释和呈报调研结果。

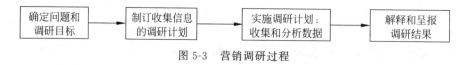

图 5-3 营销调研过程

5.3.1 确定问题和调研目标

在确定所要调研的问题和目标时,管理人员必须与营销调研人员密切合作。管理人员对解决问题和做出决策所需的信息最有发言权,而调研人员则最了解营销调研的过程及获取信息的途径。

管理人员必须充分了解营销调研过程并谨慎地解读调研结果。如果不了解营销调研过程,他们就可能接受错误的信息,得出错误的结论或要求获得很多不必要的信息。营销调研人员可以帮助管理人员确定问题并正确地解读调研结果。

例如,某餐厅经理请一位调研人员调查餐厅在目标市场上的知名度。该经理觉得顾客少的原因是缺乏知名度。然而,调研人员却发现其实很多人都知道这家餐厅,但却将它视为特殊的就餐场合而不是日常吃饭的地方。由此可见,该经理搞错了问题和调研目标。

恰当地界定了问题之后,接下来管理人员和调研人员就要确定调研目标。营销调研的目标有三种:①**探索性调研**(exploratory research),收集有助于界定问题和建立假设的基本信息;②**描述性调研**(descriptive research),描述市场的规模和结构;③**因果性调研**(causal research),检验关于因果关系的假设。管理人员通常从探索性调研开始,然后依次进行描述性调研和因果性调研。

营销调研的一个失败案例是美国印第安人保留地发起的一个自助项目。为了促进当地旅游业的发展,该项目共计建了 52 家酒店。然而由于计划不周,很多酒店被建在几乎无人光顾的偏远地区,最后只有两家酒店存活下来。如果事先进行了适当的营销调研,原本可以得到一些有价值的信息,如游客到访这些地区的趋势、可能的细分市场及其规模、游客偏好等。[27]

5.3.2 制订调研计划

营销调研的第二步是明确需要收集哪些信息,并制订数据收集计划。

1. 明确所需的具体信息

调研目标必须转化成具体的信息需要。万豪决定对新的低价位酒店系统进行调研时,有两个具体的目标:①把旅游者从竞争对手那里吸引过来;②最大限度地避免对旗下现有酒店的冲击。这项调研可能需要下列具体信息[28]:酒店应该提供哪些功能?应该如何定价?应该座落在哪里?如果座落在旗下现有酒店附近,能保证不抢自家生意吗?销售额和利润预计能达到什么水平?

2. 收集二手资料

为了满足管理人员的信息需要,调研人员可以收集二手资料,也可以收集原始资料,或二者兼而有之。**二手资料**(secondary data)是现存的,为其他目的而收集的信息。**原始资料**(primary data)是为当前需要专门收集的信息。

调研人员通常是先收集二手资料,因为二手资料的收集往往更方便,也更便宜。例如,美国餐饮协会出版的《美国餐厅》提供按照州和产业部门分类的餐饮业年销售预测数据。企业既可以通过向某家调研机构付费来获得这些信息,也可以通过加入美国餐饮协会并从其出版物上获得有关信息,后者成本较低。社交媒体网页上的群组也是很好的二手资料来源。例如,领英上就有关于酒店销售、收益管理、活动管理以及住宿和餐饮趋势的群组。

利用在线商业数据库,营销调研人员可以自己对二手资料源进行检索。ProQuest 和 LexisNexis 等综合数据库服务为营销决策者提供了大量的信息。除了提供收费信息的商业服务,几乎所有的行业协会、政府机构、商业出版物和新闻媒体都在网站上提供免费信息。

互联网搜索引擎在查找相关的二手资料来源方面也可以起到很大作用。然而,它们也可能十分低效。例如,万豪酒店的营销人员在谷歌上搜索"酒店自身蚕食",会出现超过 8 万个页面。尽管如此,结构良好、设计合理的在线搜索仍然可以成为营销调研的良好起点。

然而,基于二手资料的决策方法也存在问题。可能找不到所需的资料,或者即使有,也可能不够相关、不够准确、不够及时、不够全面。例如,一家行业杂志想要确定在企业旅行经理和旅行代理商心目中最好的连锁酒店有哪些。该杂志将调查表作为杂志插页分发出去,结果回复率不足 0.05%。然而,该杂志却基于这一不可靠的反馈信息发布了所谓的"最佳酒店排名"。[29] 此外,如果这类调查设计不当,则那些规模最大的酒店或餐厅将榜上有名,因为被调查者对它们更熟悉。

二手资料为营销调研开了个好头。不过,当二手资料无法满足信息需要时,企业就必须着手收集原始资料。

3. 制订原始资料收集计划

有些管理人员收集原始资料是靠提几个问题、采访几个人来完成的。但这样收集来的资料有时根本没有用处,甚至更糟糕,会造成误导。如表 5-3 所示,原始资料的收集需要做一系列决策，包括明确调研方法、接触方式、抽样计划和调研工具。

表 5-3 制订原始资料收集计划

调研方法	接触方式	抽样计划	调研工具
观察法	邮件	抽样单位	调查问卷
调查法	电话	样本量	机械设备
实验法	面谈	抽样程序	
	在线		

调研方法。三种基本的调研方法是观察法、调查法和实验法。**观察法**（observational research）是通过对有关的人、活动和情形进行观察来收集原始资料的方法。例如，一家餐饮服务商派调研人员到竞争餐厅了解其菜品的价格、分量及质量的稳定性等，观察各营业点的交易情况。另一家餐厅则通过观察竞争餐厅的位置、交通流量和附近的各种条件来评估新餐厅的选址方案。一家连锁酒店让调研人员扮作顾客去检查咖啡厅的清洁状况和服务水平。万豪国际集团基于观察调研的结果选择洗护用品。设计开发团队在测试了 52 个品牌的产品之后，才为万豪选出了理想的洗发水、护发素、沐浴露、乳液和香皂。该团队观察客人使用房间内洗护用品的频率，以及他们是否带走了某些洗护用品，来判断他们是否喜欢产品。[30]

观察法可以得到人们通常不愿或不能提供的信息。如果某道菜在许多桌上剩下的分量都很大，则说明这道菜不好吃。但激发购买行为的感觉、信念和态度等是无法观察出来的。长期的或偶尔发生的行为也很难观察到。由于观察法的这些局限性，调研人员往往利用调查法作为观察法的补充。

如今有许多公司都使用**民族志调研**（ethnographic research），包括派出训练有素的观察人员，观察消费者并与处于"自然情境"中的消费者进行互动。

酒店会在客人退房后让调研人员进入房间，了解客人为了满足自己的需要对房间家具布置做了哪些改变。例如，客人是否将电视机转了方向以便自己在桌边工作时也能看到？他们是否移走了桌边的家具以加大工作空间或放置资料？通过观察客人对房间的使用方式，民族志调研人员可以帮助酒店设计更能满足客人需求的房间和家具布置。民族志调研人员也可以帮助设计酒店大堂使其更符合社交需要。客人们不仅可以待在房间内工作、阅读、看电视或使用社交媒体，还可以来到大堂，在一个热情、开放的氛围中参与这些活动。

营销专栏 5-1

民族志调研：观察消费者真正在做什么

一个女孩走进酒吧，对调酒师说："给我一杯健怡可乐和一个能清楚观察到那群喝米勒淡啤的人的座位。"如果你以为我要讲个笑话，那你就错了。这个女孩是奥美广告公司（Ogilvy & Mather）的民族志调研人员艾玛·吉尔丁（Emma Gilding）。她的工作是在美国各地的酒吧中观察那些与朋友喝啤酒的人。不开玩笑,这就是货真价实的、最前沿的营销调研方法——民族志调研。

就像摄影师用镜头记录人们的行为,吉尔丁也在记录并观察这些人彼此之间的距离。她偷听人们的谈话,观察话茬怎样从一个人转移到另一个人那里,就像坐在篝火旁的原始部落一样。回到办公室后,将有一个由受过训练的民族志调研人员和心理学家组成的团队聚在一起观看拍摄自圣地亚哥和费城的酒吧的5个夜晚的超过70个小时的录像。他们通过观察得到了一个关键的信息:米勒淡啤的爱好者是群体顾客,而其竞争对手百威淡啤的爱好者则是只身一人的顾客。基于这个发现,米勒啤酒推出了一个幽默诙谐的广告:一位米勒啤酒饮用者的荒诞经历(如在地铁中从一名盲人音乐家的吉他盒中偷偷拿钱被当场抓住,或是在沙漠中搭上一个疯狂的卡车司机的车),镜头转换到他正在与朋友们喝着啤酒,向他们吹嘘自己的经历。由于兼具娱乐性和情感共鸣,米勒淡啤的这则广告大获成功。

今天的营销人员面临许多难题:顾客对某个产品的真实想法到底是什么,他们又是如何告诉自己朋友的?他们到底会如何使用它?他们会告诉你吗?他们能告诉你吗?传统的调研通常无法准确地回答这些问题。要想找到答案,许多公司使用民族志调研,观察顾客并与他们在"自然情境"中进行互动。

民族志调研人员努力探寻"消费者真实"。在调查和访谈中,顾客可能会说出(并且完全相信)某种偏好和行为,但事实却大相径庭。民族志调研可以进入顾客的内心世界,帮助营销人员了解消费者真正要做什么而非他们自己说要做什么。"这可能意味着你会看到一个宣扬健康饮食的心脏病患者在狼吞虎咽地吃着肉丸子、喝着奶油汤,"一位民族志调研人员说,"或是一位糖尿病患者说自己吃吐司时连果酱都不抹,却使劲往香肠和鸡蛋里放盐。"[31]

通过进入顾客的内心世界,民族志调研人员可以仔细研究顾客对产品的想法和感觉。民族志调研人员经常会观察到一些传统的焦点小组和调查法无法得到的细节问题。例如,焦点小组告诉贝斯特韦斯特酒店(Best Western Hotel),通常是男性决定何时住店及住在哪里。而实际上,从记录跨国旅行的情侣的录像中可以观察到,这类决定通常由女性做出。此外,使用民族志调研可以发现一些连顾客自己都未察觉的问题。通过拍摄正在沐浴的顾客,卫浴设备制造商摩恩(Moen)发现了顾客没有意识到的安全隐患,例如,一些女性在刮腿毛时会把腿放在温度控制器上。如果只是进行调查询问,摩恩永远也不可能发现这一设计缺陷。

亲身体验顾客的经历也能提供非常有用的信息。因此,越来越多的营销调研人员与顾客建立了亲密的关系,近距离地观察他们的一举一动,在自然情境中与他们互动,或参与其中。

资料来源:Adapted excerpt and other information from Brooks Barnes, "Disney Expert Uses Science to Draw Boy Viewers," *New York Times* (April 14, 2009): A1; Linda Tischler, "Every Move You Make," *Fast Company* (April 2004): 73-75; Ellen Byron, "Seeing Store Shelves Through Senior Eyes," *Wall Street Journal* (September 14, 2009): B1; Spencer E. Ante, with Cliff Edwards, "The Science of Desire," *Bloomberg Businessweek* (June 5, 2006), http://www.businessweek.com/magazine/

content/06_23/b3987083.htm(accessed August 25,2011).

传统的定量研究方法力图证明已有的假设，获取有关产品和战略的问题的答案，而观察法则可以产生新鲜的顾客和市场洞察。民族志调研的优势在于它能够提供比传统研究更丰富的顾客信息。[32]这对于要与顾客打交道的酒店、餐厅等旅游接待企业的产品而言非常重要。顾客调研的一个困难是顾客可能无法描述自己想要什么，尤其在产品还未被开发出来的时候。凭借民族志调研，我们可以深入了解消费者是如何使用产品的，而这一点他们自己可能无法精确地描述。

除了在实体环境中进行民族志调研外，很多公司定期进行网络民族志研究，即观察消费者在网上的自然状态。通过观察人们在网上的互动，企业可以分析消费者在线上和线下的购买动机和行为。[33]

观察法和民族志调研通常可以获得传统调查问卷或焦点小组所无法获得的细节。不错，企业仍旧在使用焦点小组、问卷调查和人口统计数据来了解消费者的想法。但是，在人们居住和工作的地方近距离地观察消费者可以让企业发掘消费者未能表达清楚的欲望。[34]另一位调研人员对此很认同："传统的营销调研还远远不够。它很难发现人们无法想象或表达的东西。"亨利·福特曾说："如果我问人们想要什么，他们会说想要跑得更快的马。"[35]

调查法(survey research)是最适合收集描述性信息的方法。酒店或餐厅可以通过直接询问顾客来了解顾客的知识、态度、偏好或购买行为。调查法可以是结构化的，也可以是非结构化的。结构化调查使用正式的表格，让所有的被调查者都回答相同的问题。非结构化调查由访谈人员与各个被调查者交谈，并根据他们的回答来引导访谈的走向。

调查法有直接和间接之分。使用直接调查法时，调研人员直接询问有关行为和想法的问题，如"您为什么不去阿比餐厅就餐？"而使用间接调查法时，调研人员会问："什么样的人会在阿比餐厅就餐？"从回答中调研人员有可能找出消费者不去阿比餐厅就餐的原因。实际上，这些问题可能会反映消费者并没有意识到的因素。

调查法的主要优点是其灵活性。它可以用来收集多种营销情景之下的不同信息。如果设计得当，调查法还能提供比观察法和**实验法**(experimental research)更为快捷、成本更低的信息。

调查法也有其局限性。有时人们难以回答所调查的问题，因为人们无法记住自己做了什么和为什么做，或根本就没想过这些事情。也许，他们不愿意向陌生的调查人员回答属于自己隐私的问题，而忙碌的人可能并不愿意花时间回答问题。有时，被询问者为了显示聪明和见多识广，可能在根本不知道答案的情况下随口给出答案。还有的人会给出自认为调研人员所期待的答案，认为这样可以帮到他们。严谨的调查方案设计可以在一定程度上避免这些问题。

实验法是最科学有效的调研方法，通过排除与观察结果相矛盾的解释来确定因果关系。如果实验设计和执行得当，调研人员和营销经理是可以得到准确的实验结果的。

在实验过程中，要选择合适的目标群体，将他们置于不同的条件下，控制外部变量，并检查观察到的各个群体的不同反应是否具有统计学意义。如果消除或控制了外部变量，则可以将观察到的结果与实验过程或自变量的变化联系起来。美国航空公司进行了一个实验,在芝加哥飞往东京的航班上提供上网服务,在第一周收费 15 美元、第二周收费 10 美元。如果该航班每周的头等舱乘客人数基本相同,而且在实验期间与平时也没有什么区别,那么美国航空公司就可以认为使用上网服务的乘客人数的变化与收费水平有关。营销人员经常会使用直邮方式测试新产品的各种定价水平。

实验法最适合收集因果信息。麦当劳的调研人员在为"千禧一代"开发一种新的三明治之前,可以先回答下列问题:新三明治可以为麦当劳增加多少销售额?新三明治对菜单中的其他菜品会有什么影响?什么样的广告策略能最大限度地影响三明治的销售额?不同的价格水平会怎样影响新三明治的销售额?

例如,为了测试两种价格水平的效果,麦当劳可以做一个简单的实验:选择两个类似的城市,在这两个城市的餐厅中以不同的价格销售新三明治。如果两个城市非常相似,且其他所有营销手段都是相同的,那么两个城市的三明治销量差异就是由价格引起的。

4. 接触方式

收集信息的方式包括通过邮件、电话、面谈或网上收集。每种方法都有其优缺点。

邮寄问卷有很多优点:可以低成本收集大量的信息;与接受陌生人的电话访谈和面谈相比,受访者在填写邮寄问卷时更愿意给出有关个人问题的真实答案;由于没有访谈者的参与,也就不会产生访谈者偏差。邮寄问卷对于被调查者来说也比较方便,他们可以在空闲时作答。这种方法还可以联系到经常外出旅行的人,如会议策划者。

邮寄问卷也有一些缺点。问卷缺乏灵活性,问题措辞需要简单明确,所有受访者都需要按固定的顺序回答相同的问题,调研人员不能根据受访者的回答调整问卷。邮寄问卷通常比电话访谈和面谈耗费更长的时间,而且这种方式的回复率(将填好的问卷寄回给调查者的人数)往往很低。当回复率较低时,这些人可能就不再是抽样总体的典型代表了。此外,调研人员很难控制在家里或办公室中填写问卷的到底是什么人。

电话访谈是一种快速收集信息的方法。这种方法比邮寄问卷更为灵活。访谈者可以解释对方不懂的问题,也可以略过某些问题,还可以根据受访者当时的反应深入探讨某些问题。电话访谈可以在更大程度上对样本加以控制。访谈者可以筛选出具有某些特征的人作为受访者,甚至可以根据姓名找到特定的受访者。与邮寄问卷相比,电话访谈的回复率更高。

电话访谈也有一些缺点。与邮寄问卷相比,花费在每个受访者身上的平均成本更高,而且有些受访者可能也不愿意与调查人员谈论个人问题。启用访谈者虽然提高了灵活性,但也存在访谈者偏差。访谈者的谈话方式、提问方式上的细微差别,以及其他个人因素,都可能影响受访者的回答。不同的访谈者在解释和记录受访者回答方面差异较大,加上截止日期的压力,有些访谈者有可能在没有实际提问的情况下自己编造答案。

一种越来越常见的电话访谈方式是顾客自愿参与并拨打免费电话接受调查。顾客在购买产品时得知自己被选中参加调查,且将因参加调查而获得奖励。通常情况下,奖品是下次购物时可优惠 3～5 美元。这种电话访谈是自动化的,相应地减少了调查成本。丽思卡尔顿酒店通过盖洛普电话访谈来了解酒店客服工作的质量。这种访谈会问一些功能性和情感性的问题。功能性问题包括"这顿饭怎么样?"或"您住的客房干净吗?"而情感性问题可揭示顾客的幸福感。酒店利用调查结果及日常经验不断改善和提升顾客体验。[36]

然而,公众越来越不愿意接受电话访谈。很多不道德的企业明面上是在做电话访谈,其实是在推销。还有盗贼在利用这种方式了解房主什么时候可能外出,甚至借此判断房子里有什么财物。

面谈有两种形式:个人面谈(拦截访谈)和小组面谈。后者是定性研究方法。个人面谈可以在家里、办公室、大街上或商场中进行。洲际酒店集团旗下的健身与健康主题品牌 EVEN 酒店刚成立时,设计师到旅行者家中进行访谈,了解他们的饮食和运动习惯,以及有助于其入睡的因素,并观察他们的浴室。[37] 进行这种调查,访谈者必须得到受访者的配合,访谈的时间可以短至几分钟,长至数小时。对于耗时更长的调查,有时要给受访者一定的报酬,作为对他们花时间接受访谈的回报。

拦截访谈在旅游研究中得到了广泛的应用。例如,拉斯维加斯会议和游客管理局(LVCVA)每年使用这种方法对 3 600 名游客进行访谈。访谈是在不同地点和不同时间进行的。访谈结束后,游客会得到纪念品作为感谢。拦截访谈让调研人员能在较短的时间内了解游客。当你连游客的姓名和住址都不知道时,拦截访谈或许是唯一的选择。拦截访谈通常涉及判断抽样过程。访谈者事先可能已经有了"拦截哪些人"的大致框架,如 20% 在 20 岁以下,40% 在 60 岁以上。这样粗略的框架要留给访谈者留下犯错误和出偏差的空间,因为他可能无法根据相貌准确地判断对方的年龄甚至性别。

面谈的主要缺点是成本和抽样问题。面谈的成本是电话访谈的 3~4 倍。为了节省时间和降低费用,小组面谈通常使用小样本,这样做很难得出一般性的结论。不过,由于访谈者在访谈过程中的自由度较大,因此真正的问题是面谈中的偏差。

集体面谈的一种常用类型是焦点小组。**焦点小组访谈**(focus group interviewing)通常是邀请 6~10 人,由受过训练的主持人带领大家就某种产品、服务或组织进行几个小时的交谈。主持人需保持客观,对主题及相关产业有一定的了解,并懂得群体和消费者的一些行为规律。参与者通常能得到一小笔钱或礼品券作为回报。面谈一般在比较舒适的地方进行,还会提供茶点,以营造一种轻松的氛围。主持人先是泛泛地提出一些问题,然后引导大家深入探讨具体问题,鼓励人们畅所欲言,让大家积极表达真实的感受和想法。同时,主持人要始终把握讨论的焦点,这也是焦点小组访谈名称的由来。人们的发言通过笔记或录像的形式记录下来,留待以后用来研究消费者的购买过程。很多时候,来自广告代理机构和客户公司的观察者会在双面镜后观察小组讨论。

焦点小组访谈已经成为了解消费者的想法和感受的主要定性营销调研工具,调研人员不仅可以听到消费者的想法和意见,还可以观察他们的面部表情、身体动作和谈话流程。

这种方法尤其适合酒店和餐厅,因为管理者很容易接触到自己的顾客。例如,一些酒店管理人员会定期邀请属于某个细分市场的酒店客人共进早餐。在吃早餐的过程中,管理人员可以了解客人对酒店的哪些方面感觉满意,需要在哪些方面做出改善才能让客人感觉更惬意、更舒适。客人很喜欢受到重视的感觉,而管理人员可以获得有价值的信息。餐厅管理人员在午餐或晚餐时邀请客人并进行交谈的做法与此类似。

下面列举几个餐厅利用集体面谈进行调查的例子。

（1）一家牛排店想通过顾客面谈了解营业额下降的原因，于是组织了两个焦点小组。其中一个小组由一些表示愿意再度光顾该店的顾客组成，另一个小组由一些表示不想再光顾该店的顾客组成。从这两个小组的讨论中店主得知，顾客认为餐厅本身还不错，但食物却很单调。通过扩展和升级菜单，问题终于得到了解决。[38]

（2）焦点小组访谈给伊利诺伊州艾文斯顿的一家自助餐厅提供了关键信息。这家餐厅的顾客需要代客泊车服务，而餐厅业主原本没想到停车会是一个问题，因为顾客可以将车停在街边或附近的停车场。业主还了解到，顾客在露台厅就餐会感觉不自在。露台厅配有玻璃桌和门廊家具。显然，就餐者觉得这里太不讲究了。于是，餐厅对露台厅重新加以布置，也增加了代客泊车服务。现在，人们会抢着在露台厅用餐。只要你愿意并细心地倾听，焦点小组访谈是很有价值的。[39]

酒店一直在使用焦点小组提供关于服务和举措的意见。近年来，酒店可以通过社交媒体实时获取顾客的评价。凯悦酒店最近组织了"世界上最大的焦点小组"，让世界各地的凯悦员工通过推特和脸书与顾客一起讨论。接下来，凯越酒店在全球范围内进行了40多次焦点小组讨论，重新定义了顾客体验，从而发现了顾客的新需求，如除臭剂、卷发器和更健康的菜品等。[40]

深度访谈是定性的个人面谈的另一种方式。顾名思义，深度访谈是使用开放式问题的个人访谈。调研人员可以借助这些问题深入了解消费者行为。例如，如果有人回忆起的难忘酒店经历与豪华套房相关，那么调研人员就可以接着问是什么使酒店套房显得豪华。当难以召集焦点小组访谈时，可以用深入访谈来代替。比如，我们想深入了解豪华酒店的顾客对某些概念的看法，但又无法组织至少6名住客在同一时间来参加焦点小组，则可以在早餐时对其进行单独访谈。[41] **萨尔特曼隐喻抽取技术**（Zaltman Metaphor Elicitation Technique，ZMET）是用来了解消费者对某种品牌或计划的想法和感受的一种常用的定性技术（见营销专栏5-2）。

营销专栏 5-2

ZMET：进入消费者的头脑

品牌对消费者的意义是什么？消费者对一个品牌的感觉如何？为什么消费者会忠诚于某个品牌？传统的调查法无法从深层次上回答上述问题。曾经是哈佛商学院营销学教授的杰拉尔德·萨尔特曼（Gerald Zaltman）与同事们开发了一种揭示消费者对产品、服务、品牌等的想法和感受的深度调研方法。萨尔特曼隐喻抽取技术（ZMET）背后的基本假设是，人们的大多数想法和感觉都是无意识的，是由一套普遍的深层隐喻塑造而成的，世界观塑造了消费者所想、所听、所说或所做的每一件事。换句话说，ZMET假设大部分的潜意识内容是基于图像而不是文字。

ZMET的工作原理是，首先要求参与者从自己的来源（杂志、目录、家庭相册）中选择至少12张图片来表达他对某个问题或品牌的想法和感受。在一对一的访谈中，调研人员使用先进的访谈技术与参与者一起探讨这些图片，揭示其隐含意义。最后，参与者用计算机程序将这些图片组成一张拼贴画，传达他们潜意识中对某个主题的想法和感受。调研结果通常会显著影响营销活动。

资料来源：Gerald Zaltman and Lindsay Zaltman, "What Deep Metaphors Reveal About the Minds of Consumers," *Marketing Metaphoria* (Boston: Harvard Business School Press, 2008); Glenn L. Christensen and Jerry C. Olson, "Mapping Consumers' Mental Models with ZMET" *Psychology & Marketing*, 19 (June 2002): 477-502; Emily Eakin, "Penetrating the Mind by Metaphor," *New York Times*, February 23, 2002; Flavia Hendler and Kathryn A. LaTour, "A Qualitative Analysis of Slot Clubs as Drivers of Casino Loyalty," *The Cornell Hospitality Quarterly* (May 2008): 105-121; Gerald Zaltman, *How Customers Think* (Cambridge, MA: Harvard Business School Press, 2003).

定性研究有助于深入了解定义和概念。准确理解概念对于调查方法的选择很关键。因此，焦点小组和深入访谈通常是调查过程的一部分。定性研究也有助于理解调查结果。例如，快餐店的顾客可能会说服务速度很重要。管理人员需要了解顾客是如何衡量和定义服务速度的。这些信息可以通过定性研究获取。

精选国际酒店集团（Choice Hotels International）发起了"重新定义，重新设计"计划，重新设计凯富（Comfort）品牌旗下的2 000家酒店的外观。为了重新设计酒店元素，找出最吸引客人的设施，除了对开发商进行深入访谈外，该集团进行了广泛的消费者测试，包括对1 500名客人进行调查。[42]

在线营销调研。 互联网的发展对营销调研的方式产生了巨大的影响。越来越多的调研人员通过互联网和移动调查、在线焦点小组、在线样本库和品牌社区等**在线营销调研**（online marketing research）收集原始数据。用互联网进行调查的方法多种多样。企业可以在自己的官网或社交网站上发布调查问卷，或通过电子邮件邀请人们填写有偿问卷，也可以在雅虎等热门网站上放置链接并用抽奖来激励人们参与问卷调查。一家主题公园管理公司就开发了一个由11 000名顾客组成的调查小组，在正常偏误范围内抽取顾客进行网上调查。该公司的调研主管说，互联网调查提供了有效信息，而且与电话调查相比，这种方式至少为他们节省了3万美元。[43]

企业也可以进行在线实验。企业可以在不同的网站、移动客户端上或在不同的时间对不同的价格、标题或产品功能进行实验，了解其产品的相关效果。

随着传统调查方法的回复率下降和成本增加，在线调研正在迅速取代邮寄调查问卷和电话访谈，成为主要的数据收集方法。虽然在线调研非常流行，但明智的公司并不会用它完全替代传统方法，而只是将它作为一种补充。一位营销总监说："网络并不是解决我们所有业务挑战的唯一方式，但它确实扩展了我们的工具箱。"

规模较小的企业也可以使用Snap Surveys和SurveyMonkey等在线调研服务，在几分钟内创建、发布自己的定制化的在线或移动调查问卷。在线调研专家雅各布·布朗（Jacob Brown）提出了一些建议：与其他调查方法一样，在线调研也需要进行预调查。如果数据库中的人数原本就不多，又不想将其浪费在预调查中，则可以购买一份与被调查者具有相同特征的名单列表做预调查。这种做法要比不做预调查好得多。

还要观察在回答每一道题时放弃继续答题的人数。如果某一道题的放弃率很高，则意味着这道题有问题。如果问卷的完成率很低，但并没有某道题的放弃率很高，则说明问卷的题目太多了。针对消费者的调研应使用简单的技术。不要指望受访者会耐心等着图片加载或费心去更改显示器设置。在线调研虽然方便快捷且成本低廉，但如果设计不当或目标不清，那么回复率会是一个问题。[44]

营销专栏5-3概括了在线调研的一些优缺点。在线调研人员已经开始以不同的方式使用即时通信(IM)工具与受访者聊天，与在线焦点小组的成员进行深入探讨，或者引导受访者访问网站。[45]即时通信工具也是让青少年就某个话题畅所欲言的有效方式。

营销专栏5-3

在线调研的优缺点

优点

（1）成本低。电子邮件调研的成本比传统调研低20%～50%，而回复率却高出了50%。

（2）速度快。在线调研可以自动将合适的问题投放给被调查者，并及时反馈结果。据估测，在线调研可以在40小时内获得75%～80%的被调查者反馈，而电话调研完成150份调查需要70天。

（3）人们在网上更诚实。英国在线调查公司YouGov.com通过通话系统就"是否应该对非洲提供更多的援助"这一问题对250个人进行了调查，另一半调查则是通过在线调研实现的。在线回答被认为是更加诚实的。因为人们在私密的答题环境中不必直面调研人员，他们给出的答案更加诚实，涉及敏感话题时尤其如此。

（4）在线调研的功能更加丰富。宽带的普及使在线调研更具灵活性，功能也更强大。例如，虚拟现实软件可以让人们看到相机、汽车和医疗器械等产品的3D模型，并进行模拟操作。即便在最基本的触觉层面，在线调研的答题过程也比用笔在纸上答题更简单、更有趣。

（5）数据更准确。在线调查软件可以自动根据被调查者给出的答案执行判定程序，上一个问题的答案关乎下一个问题是会弹出还是会被跳过。例如，如果商务旅行者与游客要回答的问题是不同的，那么在被调查者回答了自己的出行目的后，会自动弹出相应的一组问题。

缺点

（1）样本可能很小或有偏差。美国约有33%的家庭不能上网，在低收入群组中这一比例还要更高。虽然65岁以上的人是增长最快的网民群体，但这些人中上网的比例仍然很低。因此可以推测，在线调研所得到的样本大多来自年轻人。旅游调研发现，从纸质调查问卷与在线调研中得到的结果差异很大，其中包括人口统计变量之间的差异。尽管越来越多的人开始上网，但在线调研人员仍必须找到新的方法来跨越数字鸿沟，以获取不上网的群体的信息。他们既可以将线下与线上调研结合起来，也可以在商场和休闲中心提供临时上网设备。

（2）在线调研也可能出现技术问题和不一致的情况。一些营销调研人员过度使用技术，把注意力集中在一些花哨的噱头和数据可视化上，而忽略了基本的调查设计准则。此外，浏览器不同也会产生问题。网页设计者的最终产品在受访者的屏幕上看起来可能有很大差异。

资料来源:"Survey: Internet Should Remain Open to All," www.consumeraffairs.com(accessed January 25, 2006); "Highlights from the National Consumers League's Survey on Consumers and Communications Technologies: Current and Future Use," www.nclnet.org/(accessed July 21, 2005); Catherine Arnold, "Not Done Net: New Opportunities Still Exist in Online Research," *Marketing News* (April 1, 2004): 17; Louella Miles, "Online, on Tap," *Marketing* (June 16, 2004): 39-40; Suzy Bashford, "The Opinion Formers," *Revolution* (May 2004): 42-46; Nima R. Ray and Sharon W. Tabor, "Contributing Factors: Several Issues Affect e-Research Validity," *Marketing News* (September 15, 2003): 50; Bob Lamons, "Eureka! Future of B to B Research Is Online," *Marketing News* (September 24, 2001): 9-10.

营销调研人员不仅利用互联网进行定量研究和数据收集,还采用基于互联网的定性研究方法,如在线焦点小组、博客和社交网络。借助互联网,调研人员可以快速、低成本地对顾客进行定性研究。**在线焦点小组**(online focus group)是主要的定性网络研究方法。比起传统的焦点小组,在线焦点小组具有很多优势。只需要一台能上网的笔记本电脑,参与者可以在任何地方登录。互联网可以将全国各地甚至是世界各地的人聚集在一起,尤其是那些没有时间参与现场调查的高收入群体。同时,调研人员几乎可以在任何地方对在线焦点小组进行指导和监督,节省了差旅费用。最后,虽然在线焦点小组需要事先做一些准备,但可以近乎实时地得到结果。

在线焦点小组有多种形式。最常见的是在线聊天室讨论,参与者与主持人围坐在虚拟的桌边交流。调研人员也可以建立一个在线信息平台,受访者在几天或几周的时间内在平台上互动。参与者每天都可以登录,围绕焦点小组的主题进行评论。

在线焦点小组虽然成本低廉且易于管理,但缺乏真实世界中人与人接触时对受访者的动态把握。为了克服这一缺点,一些调研人员为在线焦点小组添加了实时音频和视频。例如,在线调研公司 Channel M2 通过将焦点小组参与者聚集在氛围友好的"虚拟访谈室"中而"让在线调研具有人情味"。[47] 这一研究使用传统的方式招募参与者,然后为他们配发网络摄像头,以便实时记录他们的语言和非语言反应。参与者通过电子邮件接收指导,包括 Channel M2 在线访谈室的网址链接或免费的电话会议号码。在指定时间,参与者点击链接或拨打电话,即可登录 Channel M2 的访谈室,看到其他参与者的实时视频、聊天文本、共享的屏幕和幻灯片及白板。焦点小组开始讨论后,在轻松愉快且极具真实感的氛围中,问题和答案会自动浮现。参与者通过口头或短信的方式直接参与讨论。调研人员可以在任何地方加入焦点小组之中,实时观察和聆听每个人的回应,还可以在日后观看录制下来的版本。

网络已经成为开展调研和进行顾客分析的一种重要的新工具。不过今天的营销调研人员早已超越了结构化的在线调研、焦点小组和网络社群,他们正在不断延伸网络的功能。越来越多的调研人员积极挖掘那些已经存在于网络上的自发的、非结构化的、自底向上的顾客信息来倾听和观察顾客。或者只是简单地扫描顾客在公司的品牌网站或购物网站(如 zagat.com 或 tripadviser.com)上的点评和评论,或者是使用复杂的网页分析工具来深度分析博客或脸书和推特等社交媒体上的顾客评论和信息。在线倾听和观察顾客可以获得有价值的线索,掌握消费者对品牌的看法或感受。正如一位信息专家所说的:"网络知道你想要什么。"[48]

在线调研人员面临的最大问题可能就是消费者隐私问题。一些批评者担心不道德的调研人员在调研结束后可能会使用调查中收集的电子邮件地址和机密信息来推销产品。他们担心在网上收集到的个人信息的技术并未得到消费者的许可。如果不解决这些隐私问题,消费者可能会感到气愤并且不愿意合作,同时也会引发政府的干预。例如,唐恩都乐(Dunkin'Donuts)经常"偷听"消费者的在线对话,进行顾客关系管理。杰夫·勒纳(Jeff Lerner)前不久在推特上说,他在唐恩都乐免下车窗口买的咖啡的盖子松了,弄脏了他的白衬衫和新车。几分钟内,唐恩都乐就注意到了他的推特,并直接给他发了一条信息,询问他的电话号码,给他打电话道歉,还送给他一张 10 美元的礼品卡。勒纳认为唐恩都乐的行为值得称赞,后来发博客称:"这就是社交媒体。这就是倾听,是参与。"然而,也有些消费者会觉得唐恩都乐监控推特的行为是对他们隐私的侵犯。[49]

抽样计划。营销调研人员通常利用样本来得出有关消费者总体的结论。**样本**(sample)是指从总体中抽取出的能代表总体的部分。理想情况下,样本应具有代表性,让调研人员可以准确推断更大的总体的思想和行为。

样本设计需要明确下面四个问题。

(1) 要调查谁?这个问题并非总是很清晰的。比如,要研究一个家庭是如何做出度假决策的,调研人员到底应该找谁做访谈?是丈夫、妻子、其他家庭成员、旅行社员工,还是所有这些人?调研人员必须确定所需信息的类型以及最有可能提供这些信息的对象。

(2) 应该调查多少人?样本越大,结论越可靠。但是,要得到可靠的结论并不一定要抽取目标市场上的所有单位或大部分单位。如果选择合理,由不到总体的 1% 所构成的样本也足以得出很可靠的结果。

(3) 如何抽取样本?样本单位可以从总体中随机抽取(概率样本),也可以由调研人员选择最易从中获得信息的人(方便样本),还可以从若干具有不同人口统计特征的群体中选择一定数量的参与者(定额样本)。各种抽样方法都有不同的成本和时间限制,准确程度不同,统计特性也不一样。应根据调研项目的不同需要选择适当的抽样方法。表 5-4 列出了不同的样本类型。

(4) 何时做调查?这一点在个人面谈中尤为重要。所选择的日子和时间段的客流应该具有代表性。例如,如果 70% 的顾客是在晚上 7 点后光顾,那么数据收集的时间就应该向这段时间倾斜。具体的时间不同,顾客的类型也会不同。在餐厅附近工作的人会去餐厅吃午餐,而在餐厅附近居住的人则会去吃晚餐。周日到周四在酒店住宿的多是商务旅客,而游客更可能在周末住宿。因此,如果调查对象是商务旅客,那么应该在工作日抽取更多的样本。如果数据收集时间与顾客的类型不匹配,则可能得出错误的调查结果。

调研工具。在收集原始信息时,营销调研人员可以选择两种主要的调研工具:调查问卷和机械设备。

(1) 调查问卷。无论是面谈,还是通过电话、电子邮件、网络进行的调研,问卷都是最常用的调查工具。问卷具有很大的灵活性,因为提问的方式多种多样。封闭式问题给出

表 5-4 样本的类型

概率样本	
简单随机抽样	总体的每个单位都有均等的机会被抽取
分层随机抽样	总体被分为相互排斥的群体（如年龄群体），从每个群体中随机抽取样本
整群（面积）抽样	总体被分为相互排斥的群体（如街区），调研人员从中抽取一个群体作为样本进行调查
非概率样本	
方便抽样	调研人员挑选最容易获得信息的总体单位进行调查
判断抽样	调研人员根据自己的判断选择可能提供准确信息的总体单位进行调查
定额抽样	调研人员从每个类别中选择既定数量的人进行调查

了所有可能的答案选项，被调查者只需要在其中选择就可以了，如多项选择和量表类问题。开放式问题可以让被调查者用自己的话回答问题。例如，在航空公司的乘客调查中，西南航空也许会询问："你怎么看待西南航空？"或者请人们将下面这句话补充完整："当我选择航空公司时，最看重……"由于受访者的回答不受限制，这种提问方式常常能发掘比封闭式问题更多的信息。

开放式问题在探索性调研中尤其有用，因为在这种情况下调研人员更重视人们的想法是什么，而不是要测定具有某种想法的人有多少。不过，封闭式问题所提供的答案更容易解释和制表。

调研人员还应该注意问题的措辞和排序。调研人员应该使用简洁、直接、无偏见的词语。问题应该按逻辑顺序排列。第一个问题应该尽可能引起答题者的兴趣，比较难回答的或涉及个人信息的问题应放在最后，以免答题者产生抵触情绪。

在编制调查问卷时，营销调研人员必须决定询问哪些问题、提问的形式及措辞、问题的排序。问卷常常漏掉应该提的问题，却把一些答题者不能、不愿意或不必要回答的问题包括在内。应该仔细检查每一个问题，确保其有助于实现调研目标。要剔除那些只是有趣的问题。在一份粗制滥造的问卷上，你会发现很多错误（见营销专栏5-4）。

营销专栏 5-4

一份"有问题的"调查问卷

假设下面的问卷是一位餐厅经理为了解潜在市场而编写的。作为消费者，你是怎样看待每个问题的呢？

1. 你最近的收入是多少？

人们没必要知道自己最近的收入是多少，也不想对别人透露自己的具体收入。此外，调查问卷也不应该以这种私人问题开头。私人问题应该放在问卷的末尾。

2. 你多久外出就餐一次？

这是一个非常模糊的问题。有用的信息至少要包括餐厅类型和就餐时段。

3. 在工作日，你通常吃几次早餐？

　　1____　2____　3____　4____　5____

这个问题没有穷尽全部答案。如果一顿早餐也不吃呢？应该加上第 6 个答案："0 ____"。

4. 你在午餐上平均花多少钱？

　　____0~2 美元　　____2~4 美元　　____4~6 美元　　____6~8 美元

这个问题的答案有重叠。花 2 美元、4 美元和 6 美元的人可能会随意在两个答案中选择一个。这个问题也没有穷尽全部答案，花 8 美元以上的人就不能回答了。

5. 你希望(餐厅名)在周五和周六的晚上邀请乐队现场表演吗？

　　是(　　)　　否(　　)

"希望"这个词并不代表购买行为。许多人会回答"是"，因为这个答案给他们提供了一个娱乐选项，但这并不表示他们会定期光顾。此外，很多时候这种附加服务是有成本的。如果受访者要为此付费或支付更高的饮料价格，则应该在问卷中标明。而且，这个问题也没有指明乐队的类型。一些想听乡村音乐的人会回答"是"，但当餐厅邀请的是重金属乐队时，他们自然会非常失望。

6. 你是否在今年或去年的 4 月收到了更多的餐厅优惠券？

这种事情谁能记得清？

7. 在你对餐厅的评价中最重要且起决定性作用的因素是什么？

什么是"最重要且起决定性作用的因素"呢？不要使用令受访者难以理解的词语。

　　旅游接待业的调研人员在设计问题和选择样本时必须格外小心，以免无意中冒犯被调查者，而对瓷砖或黄铜配件等很多产品则不需要如此谨小慎微。营销调研方面的一个经典的错误案例是由美国的一家航空公司制造的。该公司向商务乘客提出了随员特价优惠，原以为随员都会是商务乘客的配偶。按照促销计划，公司把问卷发给了这些乘客的配偶。问卷上天真地问："您对最近的随行之旅印象如何？"在好几份问卷上都有这样的回答："什么旅行？我根本就没出门！"该公司接到很多愤怒的顾客打来的投诉电话，甚至收到了诉讼威胁，因为该公司不仅侵犯了乘客的隐私权，还使被调查者的婚姻关系更加紧张（见表 5-5）。

　　(2) 机械工具。调研人员还可以使用机械工具来跟踪消费者行为。简单的有记录消费者的购买数量，复杂的则有测量消费者面对不同的营销激励时的大脑活动。餐厅经理使用 POS 系统跟踪菜单上各菜品的销量，通过查询促销菜品的销量是否有所上升来判断促销的效果如何。顾客忠诚项目会追踪顾客的购买行为并基于这些信息提供忠诚奖励。如果顾客从不购买开胃菜，那么餐厅可以赠送一盘开胃菜作为忠诚奖励，因为这道免费菜并不会让顾客比平时少点几个菜。持续跟踪顾客消费是理解顾客行为的一种既简单又有效的方式。

　　研究人员使用"神经营销学"来测量顾客的大脑活动，探究他们的感受和反应。营销科学家使用核磁共振(MRI)扫描与脑电图(EEG)设备研究和跟踪脑电活动和血流，帮助企业分析其品牌和营销中,是什么令顾客兴奋不已,又是什么让顾客兴趣全无。"企业大多瞄着顾客的心,实际上大脑才是更好的目标,"一位神经营销学研究者说,"神经营销学直达让消费者产生行动的地方——大脑。"[50] 德国的一项神经营销研究指出,星巴克的咖啡价格太低了,低了 1/3,白白丢掉了许多利润。[51] 新近的一些研究使用面部肌电图(fEMG)的神经科学技术,对酒店广告的有效性提出了新的见解,可以在情感上区分品牌。[52]

百事可乐旗下的菲多利(Frito-Lay)使用神经营销学来测试商业广告、产品设计和包装。最近的 EEG 测试结果显示,与印有薯片的光膜包装相比,印着土豆及其他健康配料的亚光膜包装在大脑中负责愧疚的区域引起的活动要少一些。于是,菲多利立即换掉了光膜的产品包装。虽然神经营销学技术可以实时测量消费者的涉入和情感反应,但这种大脑反应是很难阐释的。因此,神经营销学通常与其他研究方法共同使用,以便更加全面地理解消费者头脑中发生的事情。[53]

表 5-5 问题的类型

A. 封闭式问题

名称	描述	举例
二分问题	提供两个备择答案的问题	"在安排本次旅行时,您亲自给达美航空打电话了吗?" □是　□否
多项选择	提供三个或更多备择答案的问题	"本次飞行您与谁同行?" □独自　　　　□只有孩子 □配偶　　　　□同事/朋友/亲属 □配偶与孩子　□参加旅游团
李克特量表	被调查者可以表示同意或不同意的程度的一种陈述方式	"小航空公司通常会提供比大航空公司好的服务。" 非常反对　反对　既不赞同　赞同　非常赞同 　　　　　　　　也不反对 1□　　　2□　　　3□　　　4□　　　5□
语义分化	在两个意义完全相反的词语间提供不同的尺度,被调查者选择其中的某个点来表示自己的判断	达美航空 规模大 x:__:__:__:__规模小 经验丰富 __:__:__:x:__缺乏经验 现代的:__:__x:__:__:传统的
重要程度量表	将某种性质从"不重要"到"极其重要"加以排列的一种量表形式	"航班上的餐食服务对我来说" 极其重要　很重要　比较重要　不太重要　根本不重要 1____　　2____　　3____　　4____　　5____
等级量表	将某种属性依照"差"到"极好"的顺序加以排列的量表	"达美航空的餐食服务" 极好　　很好　　好　　一般　　差 1____　2____　3____　4____　5____
购买意向量表	描述被调查者购买意向的量表	"如果在长距离飞行中能提供电话服务,我" 肯定购买　可能购买　不确定　可能不买　肯定不买 1____　　2____　　3____　　4____　　5____

续表

B. 开放式问题

名　称	描　述	举　例
完全无结构	被调查者几乎可以毫无限制地回答问题	"您对达美航空的看法是什么?"
词语联想	提供一些文字，每次一个词汇，由被调查者告诉他想到的第一个词汇	"听到下列词汇时,您最先想到的词是什么?" 航空公司 _____ 达美航空 _____ 旅行 _____
补全句子	给出一个不完整的句子，让被调查者补全	"我在选择航空公司时,考虑最多的是_____。"
补叙故事	讲述一个不完整的故事，请被调查者将它补充完整	"几天前,我曾乘坐达美航空的航班。我发现飞机内外色彩鲜艳。这让我有了如下的感想。" 现在,请完成这个故事。
填补图画	一幅有两个人物的图画，其中一个人做了某种陈述，请被调查者以另一个人的身份来补全对话	在空白处填充对话。
主题统觉测试(TAT)	展示一幅图画，请被调查者根据图中描绘的正在发生和可能发生的事情构思一段故事	根据图片编一段故事。

提出调研计划。制订调研计划的最后一个阶段是将计划以书面形式呈现,供参与实施计划和使用调研结果的人审查。计划应涵盖既定的管理问题和调研目标、要获得的信息、二手资料的来源、收集原始资料的方法,以及调研结果对管理决策所应起到的作用。计划中还应该包括调研成本和期望收益。书面调研计划可以确保营销管理人员和调研人员考虑到调研中所有的重要方面,并同意调研实施的原因和方式。在批准调研项目之前,管理人员应仔细审查调研计划。

5.3.3　实施调研计划

调研人员通过收集、处理和分析资料来实施营销调研计划。收集资料的工作可以由企业的营销调研人员完成,也可以交由外部专业机构完成,前者可以使企业更好地控制信息收集的过程和质量,而后者可以降低资料收集成本,提高资料收集速度。

营销调研的资料收集阶段通常是花费最多、最容易出错的阶段。调研人员应密切关注现场调查工作以确保计划正确实施,还应避免出现被调查者拒绝合作或给出有偏见、不诚实的答案,以及调查者犯错误或走捷径等问题。

收集上来的资料必须经过处理和分析,从中提炼重要的信息和结论。要审核问卷中所填列数据的准确性和完整性,进行编码以便计算机分析处理。调研人员要用标准的计算机程序对结果进行表格化处理,并计算各主要变量的平均值及其他统计指标。

5.3.4 解释和报告调研结果

调研人员应对调研结果进行解释,得出结论,并向管理层报告。调研人员应避免提供太过繁杂的数据和复杂的统计模型,因为管理层想听到的是对决策有帮助的主要结论。

但是,对资料的解释不能完全由调研人员完成。调研结果可以从不同的角度解释,所以在调研人员和管理人员之间应该展开讨论,这有助于找到最好的解释。管理人员还应核实调研项目是否得到恰当的执行。在查看了各种结果之后,管理人员可能会提出另外一些可以用调研数据回答的问题。调研人员应该把基本资料呈报营销管理人员,以便他们能自己再做一些分析及相关性测试。

解释是营销过程中的重要步骤。倘若一位经理盲目地接受了错误的解释,那么再好的调研过程也没有意义。类似地,管理人员在解释时也可能出现偏见。他们有时更容易接受符合自己意愿的调研结果,而拒绝那些未曾预料到的或不合意的调研结果。因此,在解释调研结果时,管理人员与调研人员必须紧密合作,对调查过程和随后的决策共同承担责任。

解释和报告调研结果是调研过程四个步骤中的最后一步。对于管理人员来说,重要的是牢记调研是一个过程,调研人员必须按步骤操作。营销专栏5-4列出了研究过程中可能出现的一些问题。

营销专栏 5-4

调查中可能出现的问题

1. 做出假设

餐厅正在考虑是否开一个钢琴吧。调研人员设计了一份问卷。其中的一个问题是顾客是否愿意在休闲区域开展娱乐活动,但未提及是何种娱乐。顾客可能以为说的是演奏舞曲的乐队,于是积极回应。餐厅经理如果基于这些积极的回应开设了钢琴吧,就会感到非常困惑:为什么人们对钢琴吧的反应如此淡漠?幸运的是,这一错误在调查的预测试中得到了改正。

一家乡村俱乐部询问会员是否觉得俱乐部该翻新了。很多会员回答说"需要"。俱乐部马上聘请专家进行翻新设计。然而,当俱乐部通知会员由于翻新支出会费将上涨时,会员们纷纷表示不满。如果一开始就在调查中说明相关的费用,也许就可以省下一大笔的设计费。

2. 缺少定性信息

行业杂志上报道的大多数调查都提供了描述性的信息。例如，宝洁公司所做的一项研究发现，促使经常出行的游客再次光顾一家酒店的决定性因素之一是整洁的环境。要利用这些信息，管理人员必须知道客人判断整洁环境的标准。通过焦点小组访谈，管理人员可以知道客人判断客房是否整洁的依据，以及其他更具体的信息。

3. 忽视样本中的细分群组

对调查结果进行分析，可以确定不同消费者群体间的差异。人们通常会计算每个问题的答案的算术平均值（平均数），并根据该信息进行调查分析，而这种分析往往会掩盖群体间的重要差异。例如，一家俱乐部调查了会员对餐厅午餐的满意度。所设计的答案中，1为非常满意，3为满意，5为非常不满意。调查结果的平均值为2。然而，对样本进行分层之后，调研人员发现一组会员的满意度高达1.5，而另一组的满意度平均为2.7。这些信息与全体样本的平均数相比更有价值。管理人员必须决定是应投入更多资金提高对餐厅评价较低的会员的满意度，还是为对餐厅评价较高的会员提供优惠促销。

4. 对复杂统计分析的不当使用

一位调研人员指出，工商管理类学校中酒店管理专业学生的入学人数在96%的显著水平上与教职工人数相关。他进一步提出了基于教职工人数预测入学人数的公式：如果有3名教职工，则入学人数为251；如果再聘用两名教职工，入学人数将达426。然而，依靠这一公式做决策的学校可能会很失望。

调研人员认为增加教职工人数可以增加入学率。然而实际上，大多数学校是为了应对学生人数增加才增加教职工的。教职工的人数与学生的人数正相关，不过是因为学生创造了教职工的职位，而非教职工可以带来更多的学生。

5. 样本不具有代表性

样本是从总体中抽出来的，能够代表总体。在理想的情况下，样本应具有代表性，让调研人员可以准确地估计总体的想法和行为。酒店管理人员的奖金通常取决于顾客满意度评分。有时候，即使两个细分市场对酒店的服务同样满意，其中一个细分市场给出的评分也可能低于另一个。例如，在一次顾客满意度调查中，26~35岁的被调查者给企业服务质量的打分低于其他细分市场的打分。不过，他们给竞争对手的打分也比较低，从而使企业相对于竞争对手的满意度与其他细分市场并没有什么不同。这一细分市场不见得对酒店的服务不满，而只是喜欢给低分。当总体中存在这样的样本时，如果对它们的抽样过多或过少，都可能使调研结果出现偏差。如果它们在样本中的比例较低，整体满意度就会偏高；如果它们在样本中的比例较高，整体满意度就会偏低。

对企业的营销情报系统和营销调研系统收集的信息做进一步分析通常也很有好处，可以帮助解释调研结果。比如，可以做旨在进一步发掘数据内在关联的高级统计分析。这种分析不仅是计算平均数和标准差，它可以帮助管理人员回答下列问题：

(1) 影响销量的主要变量有哪些？每个变量的重要性如何？

(2) 如果价格上涨10%，广告增加20%，销量会如何变化？

(3) 能够确切地预测哪些人可能来我们酒店入住，哪些人会到竞争对手的酒店入住的最佳指标是什么？

（4）对市场进行细分时用什么变量最好？有多少个细分市场？

数学模型也可以帮助营销人员做出更好的决策。每个模型都代表一个真实的系统、过程或结果。这些模型有助于回答"如果……会怎样"和"哪个最好"之类的问题。在过去20年中，营销学家开发了大量的模型来帮助营销人员制定更好的营销组合决策、选择销售区域、制订人员推销计划、选择零售网点位置、制定最优广告组合策略及预测新产品的销售前景。

营销信息如果不能帮助管理人员改进决策质量将一文不值。收集到的信息必须及时送交适当的营销管理人员。大企业拥有中央营销信息系统，可以定期为管理人员提供业绩报告、更新情报并汇报研究结果。管理人员利用这些日常报告计划、执行和控制决策。但是特殊情况下，营销管理人员也需要一些非常规的信息，以便做出即时决策。例如，一位销售经理与某位重要客户发生纠纷，因此需要过去一年的销售记录。在某种菜品脱销时，餐厅经理需要知道其他连锁餐厅是否备有存货。在拥有中央营销信息系统的大企业，管理人员必须向负责管理信息系统（MIS）的员工索取信息，而且往往需要耐心等待。很多时候，信息来得太晚，已经失去了价值。

信息处理技术的进步给信息传递带来了革命性的变化。随着计算机、软件和通信技术的发展，很多企业正在为营销信息系统设置更多的终端设备，让管理人员可以直接访问存储信息的中央系统。在某些企业，营销管理人员可以利用桌面终端设备接入企业的信息网络。不用离开办公桌，他们就可以从内部记录或外部信息服务等途径获得信息，对信息进行分析，用文字处理器撰写报告，通过无线电通信设备与网络中的其他人沟通。互联网是很好的营销信息来源（见营销专栏5-6）。

营销专栏 5-6

HSMAI 的知识中心：营销信息的重要来源

过去10年间，国际酒店业营销协会（Hospitality Sales and Marketing Association International，HSMAI）对自己的知识中心网站进行了持续的改进，对各种来源的营销信息进行了良好的分类编目。

这个门户信息平台可以搜索，提供全球酒店业的各种营销信息和资源，对营销专家和酒店营销专业的学生来说是一个重要的信息来源。人们还可以订阅HSMAI信息中心的新闻。

该网站分为销售、营销和收益管理等主要栏目。销售栏目包括文章、演示文稿和销售人员的工具。营销栏目包含从工作描述到营销计划的所有信息，以及行业营销领军人物的见解。收益管理栏目提供优化收益的资源，包括演示文稿、专家文章和收益管理模板。与其他栏目一样，这些栏目都开设了博客，会员们可以交流讨论。很多酒店已经开始招聘收益管理和社交媒体营销领域的经理。希望在该领域获得职位的学生可以通过浏览知识中心的信息和帖子了解最新资讯。

在该网站可检索大量的营销信息。登录 www.hsmai.org 可访问其知识中心。学生和教师的会员费有特别折扣。对酒店营销感兴趣的学生应该熟悉 HSMAI 网站,并学会利用其提供的资源。

这些系统的发展前景令人振奋。凭借这些系统,管理人员可以更直接、更快捷地获取所需信息,并根据需要对信息进行处理。随着越来越多的管理人员使用这些系统,以及技术进步所带来的成本降低,旅游接待企业将越来越多地使用分散化的营销信息系统。

5.4 国际营销调研

国际营销调研的流程与国内营销调研并无不同,都是确定问题、制订调研计划、解释和报告调研结果。不过,国际营销调研人员面临更多、更复杂的问题。国内营销调研面向的是一个国家,各个市场的状况基本相同,而国际营销调研面向的是不同国家的市场,这些市场因不同国家经济发展水平、文化习俗、购买方式上的差异而往往有很大差别。

在很多国外市场上,国际调研人员要想收集到可用的二手资料往往很难。在美国,营销调研人员可以从众多调研服务机构获取可靠的二手资料,但在很多国家根本就没有这类调研服务机构。即使大规模的国际调研服务机构也只在为数不多的几个国家开展业务。例如,世界最大的营销调研公司 A. C. 尼尔森在美国之外的一些国家设有办事处。[54] 即使能得到二手资料,也会因为在各国的来源不同而难以汇总和比较。

由于缺乏可靠的二手资料,国际营销调研人员经常自己收集原始数据。这时,他们会遇到很多在国内调研时不会遇到的问题。比如,他们会发现,就连确定适当的样本都很困难。在美国,调研人员可以利用电话号码本、人口普查数据及其他各种来源的社会经济资料来构建样本,但在很多国家这样的信息是非常匮乏的。样本建立后,美国的调研人员通常可以很容易地通过电话、邮件或访谈的方式接触大多数被调查者,而在世界其他一些地方要接触被调查者则不这么容易。例如,尽管在美国每 100 人中就有 79 人上网,但在墨西哥每 100 人中只有 36 人上网。而在马达加斯加,每 100 人中只有 2 人上网。在一些国家,邮政系统也很不可靠。例如,在巴西,约有 30% 的邮件永远寄不到目的地;在俄罗斯,邮件往往需要几个星期才能寄到。在很多发展中国家,由于道路和交通系统很糟糕,调研人员很难到达某些地区,从而使个人访谈难以实施,而且费用高昂。[55]

不同国家的文化差异给国际营销调研人员带来了更多的问题。语言是最明显的障碍。例如,问卷要先用一种语言设计好,然后翻译成被调研国家的语言。答案又必须再翻译成原来的语言,以便进行分析和解释。这不仅增加了调研成本,还更容易出错。

把问卷从一种语言翻译成另一种语言并非易事。由于很多成语、词组和说法在不同的文化中含义不同,翻译时可能会"丢失"很多要点。一位丹麦主管说:"想了解这一点,你可以让一个人把一句话从英语翻译成其他语言,再让另一个人把它翻译回英语。你一定会大吃一惊。我记得有一次'眼不见心不烦'变成了'看不见的事情是疯狂的'。"[56]

在不同的国家,人们的购买角色和消费决策也有很大差异,这使国际营销调研变得更加复杂。而且,不同国家的消费者对待营销调研的态度也不一样。在某些国家,人们可能很愿意回答问题;而在另一些国家,却可能没有人愿意回答问题。很多国家的文盲率很高,无法对某个细分市场采用书面调查。此外,发展中国家的中产阶级为了显得更富有常会给出虚假的回答。例如,在印度进行的一次茶叶消费调查中,70%以上的中等收入的被调查者声称购买的是全国品牌中的一种。而实际上,在印度销售的茶叶中超过60%是没有牌子的普通茶叶,因此这个调查结果非常值得怀疑。

尽管存在这些问题,近来国际营销的增长还是使国际营销调研的应用得到了快速发展。全球性企业除了进行这种调研之外别无选择。虽然国际营销调研的成本很高、问题很多,但不做这种调研恐怕成本更高,因为可能会错失机会或犯错误。一旦认识到这一点,国际营销面临的许多问题就都可以克服或避免了。

5.5 小型组织的营销调研

小企业的管理人员通常认为营销调研是大企业投入大量的资金由专家来做的事情。然而,很多营销调研技术可以为小企业利用,而不需要投入太多费用。

小企业的管理人员可以通过观察周围发生的事情来获取有用的营销信息。例如,餐厅经理可以通过记录一天中不同时段的就餐者人数和类型估计餐厅顾客的结构。也可以从当地的媒体上获得竞争对手的广告信息。

管理人员可以使用小规模的便利样本进行调查。旅行社可以通过非正式的焦点小组访谈(如请一些人来共进午餐)了解顾客对旅行社的满意程度。餐厅经理可以与顾客交谈,医院的饮食服务经理可以对病人进行访谈。餐厅经理可以在空闲时随机拨打电话,了解消费者外出就餐的地点及其对本地几家餐厅的评价。管理人员还可以设计一些简单的实验:通过改变常规直邮的设计并观察结果,可以了解哪种设计效果更好;通过调整报纸广告,可以观察广告大小、位置、优惠券及刊登广告的媒体的不同效果。

小企业也可以选择二手资料。很多协会、地方媒体、商会和政府机构都能为小企业提供帮助。美国小企业管理局(Small Business Administration)提供数十种免费出版物,提供的建议涉及设计广告和确立企业标识等许多方面。各地的报纸通常会提供一些关于当地消费者及其消费方式的信息。

有时候,一些志愿者团体和大学也会开展调研。很多大学都在寻找小企业作为营销调研课程的案例。开设销售管理课程的教师非常愿意为酒店做闪电式的销售活动。

综上所述,二手资料收集、观察法、调查法和实验法都适合预算较少的小企业。虽然非正式调研比较简单且费用较低,但也不能马虎。管理人员必须仔细研究调查对象,提前界定问题,系统地认识偏差。只要仔细计划并认真实施,低成本的调研也能提供可靠的信息,帮助管理人员改进营销决策。

课堂小组练习

* 带星号的练习题可以作为个人作业或线上作业。学生需要对答案给出解释。

1. 为一家酒店或餐厅制订计划。上网查找有关会员计划的信息,包括酒店或餐厅现有的会员计划。总结你的发现。本书的网站上提供了如何设置搜索的建议。

2. 上网搜索"社交媒体营销",找出专门监控社交媒体的企业,就其中两家企业展开讨论。然后再找两个可以自由监控的网站,讨论营销人员可以如何利用这些网站来监控自己的品牌。将你的发现写成一份简短的报告。

3. 假设你正在为你喜爱的酒店或餐厅进行营销调研。这家企业的销售额已经连续两个季度下降了,你决心找出原因。你打算开展面对面的焦点小组访谈,了解消费者对企业现有产品的看法。同时,你也希望获得关于企业计划在未来6个月内推出的新产品的用户反馈。请确定焦点小组的组成。谁应该被邀请参加焦点小组?为什么?你想获得哪些类型的信息?确定可能向焦点小组提出的问题。

4. *假设你拥有一家高档餐厅,餐厅有30位员工。你希望提升餐厅的服务质量。你可以如何运用观察法实现调研目标?

5. 内部数据库、营销情报和营销调研都是获取营销信息的手段,请比较它们的异同。给出它们的定义,然后说明可以从内部数据库、营销情报和营销调研中获得哪些类型的有用信息。解释为什么需要使用这三种手段。

6. *调研人员通常是从分析二手资料开始数据收集过程的。一家全方位服务餐厅的经理想了解顾客消费倾向,他可以从哪些渠道获得二手资料?

7. *在下列各种情境中,哪类调研最合适?为什么?
(1) 一家快餐店想了解儿童对其产品的销量有什么影响。
(2) 一家商务酒店想收集有关商务旅客对其餐厅的菜单品种、食物质量和服务水平的原始资料。
(3) 一家休闲餐厅正在考虑在一处迅速发展起来的郊区开办分店。
(4) 一家快餐店想要测试在两个城市中所做的两个广告对其烤牛肉三明治销量的影响。
(5) 你所在地区的旅游局领导想了解如何有效地使用营销经费。

8. *焦点小组访谈是一种应用很广但也广受批评的营销调研方法。这种方法有何优缺点?哪些问题适合使用焦点小组访谈方法?

9. *什么是大数据?它给营销人员带来了哪些机会和挑战?

体验练习

任选一道题做:

1. 调查校内人员对校园内餐饮服务的感受。
(1) 你的调研总体是谁?
(2) 制订抽样计划,列出可以获取具有代表性的样本的时间和地点。

2. 找一张当地旅游接待企业的顾客意见卡。你认为可以对这张意见卡做何修改?如果你是经理的话,你将如何使用通过意见卡收集到的信息?

参考文献

1. Reprinted by permission from Richard Abowitz.
2. Michael Bush, "Why Harrah's Loyalty Effort Is Industry's Gold Standard," *Advertising Age* (October 5, 2009); Neil A. Martin, "A Tempting Wager," *Barron's*, 86, no. 15 (April 10, 2006): 28, 30; H. Scot Krause, "Caesars Offers Total Rewards through Slot Club," May 17, 2016, www.gamingtoday.com/casino_games/video_casino/article/60446-Caesars_offers_total_rewards_through_slot_club; "Leading Selected Casino Companies Worldwide in 2017, by Revenue," www.statista.com/statistics/257531/leading-casino-companies-worldwide-by-revenue/ (accessed July 2018); "Say and Play Total Rewards Program—CAESARS ENTERTAINMENT," November 29, 2017, www.casinojournal.com/articles/91763-say-and-play-total-rewards-program-caesars-entertainment; Howard Stutz, "Caesars Expands Total Rewards Program," *Las Vegas Review-Journal*, March 1, 2012, www.reviewjournal.com/business/casinos-gaming/caesars-expands-total-rewards-program/; "Wyndham Partners with Caesars for Loyalty Program," June 5, 2017, www.hotelnewsnow.com/Articles/143828/Wyndham-partners-with-Caesars-for-loyalty-program.
3. See "Big Data," Wikipedia, http://en.wikipedia.org/wiki/Big_data (accessed June 2016); Michael LevRam, "What's the Next Big Thing in Big Data? Bigger Data," *Fortune*, June 16, 2014, pp. 233-240; Peter Horst and Robert Duboff, "Don't Let Big Data Bury Your Brand," *Harvard Business Review*, November 2015, pp. 79-86.
4. Kristen Hawley, "Chefs + Tech: How Big Data Enhances Good Hospitality," August 29, 2017, https://skift.com/2017/08/29/chefstech-how-big-data-enhances-good-hospitality/.
5. For more discussion, see Matt Ariker and others, "Quantifying the Impact of Marketing Analytics," *Harvard Business Review*, November 5, 2015, https://hbr.org/2015/11/quantifying-the-impact-of-marketing-analytics; Martin Kihn, "What's Going on with Marketing Analytics?" *Gartner*, September 30, 2015, http://blogs.gartnencom/martin-kihn/whats-going-onwith-marketing-analytics-2/.
6. David Eisen, "Marriott Bets on Predictive Analytics for Brand Growth," *Hotel Management*, January 31, 2018, https://www.hotelmanagement.net/tech/marriott-builds-its-brands-by-knowing-more-about-you.
7. Mohanhir Sawhney, "Insights into Customer Insights," p. 3.
8. Tom Richman, "Mrs. Field's Secret Ingredient" (October 1987), as cited in *Managing Services* by Christopher Lovelock (Upper Saddle River, NJ: Prentice Hall, 1992): 365-372.
9. See "Pizza Hut and Its Local Agency Win Direct Marketing Association Award," *Pegasus Newswire*, November 18, 2006, www.pegasusnews.com; Jennifer Brown, "Pizza Hut Delivers Hot Results Using Data Warehousing," *Computing Canada* (October 17, 2003): 24; http://newspapergrl.wordpress.com/2006103/22lpizza-hut％E2％80％99s-vip-elub/; www.yum.com/investors/fact/asp (accessed March 2007).
10. John Bowen, "Computerized Guest History: A Valuable Marketing Tool," in *The Practice of Hospitality Management II*, ed. Robert C. Lewis et al. (Westport, CT: AVI, 1990).
11. Mark Lynn, "Making Customer Feedback a Priority—A Key to Inducing Demand and Maximizing Value," *Hospitality Net*, June 28, 2004, http://hospitalitynet.org.

12. Rick Hendrie,"Hear Me Out: Talking, Listening to Current Guests May Be the Best Way to Get More Through the Door,"*Nation's Restaurant News*(January 20,2003): 28+;Cary Jehl Broussard, "Inside the Customer-Focused Company,"*Harvard Business Review*(May 2000): S20.
13. See Donald Trump Jr. and Suzie Mills, "Valuing Customer Loyalty—The 76% Factor,"http://hotelexecutive. com/business _ review/2702/valuingcustomerloyaltythe76factor（accessed February 2015）.
14. James L. Heskett,W. Earl Sasser,Jr.,and Leonard A.Schlesinger,*The Service Profit Chain*(New York: Free Press,1997),p. 67.
15. Chekitan S. Dev and Bernard O. Ellis,"Guest Histories: An Untapped Service Resource,"*Cornell Hotel and Restaurant Administration Quarterly*,32,no. 2(1991): 31.
16. Tammy P. Bieber,"Guest History Systems: Maximizing the Benefits,"*Cornell Hotel and Restaurant Administration Quarterly*,30,no. 3(1989): 22.
17. See www.mspa-americas.org/news(accessed August 2018).
18. Carolyn Taschner, "Commentary: Mystery Shopping Is Booming Business,"*The Daily Record* (Baltimore)(May 15,2004);Allison Perlik,"If They're Happy,Do You Know It,"*Restaurants and Institutions*(October 15,2002): 65-70.
19. Joseph F. Durocher and Neil B. Neiman,"Technology: Antidote to the Shakeout,"*Cornell Hotel and Restaurant Administration Quarterly*,31,no. 1(1990): 35.
20. Burt Cabanas,"A Marketing Strategy for Resort Conference Centers,"*Cornell Hotel and Restaurant Administration Quarterly*,33,no. 3(1992): 47.
21. "Making Them Feel at Home,"*Cornell Hotel and Restaurant Administration Quarterly*,30,no. 3 (1989): 4.
22. James Curtis,"Behind Enemy Lines,"*Marketing*(May 24,2001): 28-29.
23. https://learn. revinate. com/2018-global-benchmark-report/2018-global-hotel-reputation-benchmark-report/(accessed August 2018).
24. "Company Sleuth Uncovers Business Info for Free,"*Link-Up*(January-February 1999): 1,8.
25. American Marketing Association,officially adopted definition(1987).
26. "Marriott Hotels Opens Innovation Lab,"June 3, 2013, www. hotelnewsresource. com/article71878.html;Jane L. Levere,"A Campaign From Marriott Aims Younger,"June 16,2013,www. nytimes. com/2013/06/17/business/media/a-campaign-from-marriott-aims-younger. html; www. serve360. marriott. com/wp-content/uploads/2018/06/2017 _ Sustainability _ and _ Social _ Impact _ Report. pdf (accessed August 2018);"Business Analysis of Marriott International," www. revenuesandprofits. com/marriott-international/(accessed July 2018);"Marriott's First-Ever, Pop-Up Innovation Lab Further Evolves Its Cutting Edge Aloft and Element Hotel Brands,"www.news.marriott.com/2017/01/marriotts-first-ever-pop-innovation-lab-evolves-cutting-edge-aloft-element-hotel-brands/(accessed May 2018);"Here's How Marriott International is Offering Innovative Guest Experiences with Its New Smart Shower Screen and Interactive Lobby Kiosk Technology," www. guestexperience. wbresearch. com/marriott-international-innovative-guest-experiences-strategy-smart-shower-interactive-lobby-kiosk-ty-u(accessed July 2018).
27. "The Entrepreneurial Approach to Indian Affairs,"*Cornell Hotel and Restaurant Administration Quarterly*,29,no. 2(1988): 5.
28. Jerry Wind, Paul E. Green, Douglas Shifflet, and Marsha Scarbrough, "Courtyard by Marriott:

Designing a Hotel Facility with Consumer-Based Marketing," *Interfaces*, 19, no. 1(1989): 25-47.

29. Robert C. Lewis and Richard E. Chambers, *Marketing Leadership in Hospitality: Foundations and Practices* (New York: Van Nostrand Reinhold, 1989), p.518.

30. See Halah Touryalai, "Hotel Science: How Marriott & Starwood Hotels Choose Your Room Amenities," *Forbes*, August 6, 2014, http://www.forbes.com/sites/halahtouryalai/2014/08/06/hotel-science-how-marriott-starwood-hotels-choose-your-room-amenities/.

31. Linda Tischler, "Every Move You Make," *Fast Company* (April 2004): 73-75.

32. Spencer E. Ante, "The Science of Desire," *Business Week* (June 5, 2006): 99-106.

33. See Pradeep K. Tyagi, "Webnography: A New Tool to Conduct Marketing Research," *Journal of American Academy of Business* (March 2010): 262-268.

34. Spencer E. Ante, "The Science of Desire," *Business Week* (June 5, 2006): 100. Also see Jan Fulton and Suzanne Gibbs Howard, "Going Deeper, Seeing Further: Enhancing Ethnographic Interpretations to Reveal More Meaningful Opportunities to Design," *Journal of Advertising Research* (September 2006): 246-250.

35. Spencer E. Ante, "The Science of Desire," *Business Week* (June 5, 2006): 100; Rhys Blakely, "You Know When It Feels Like Somebody's Watching You...," *Times* (May 14, 2007): 46; Jack Neff, "Marketing Execs: Researchers Could Use a Softer Touch," *Advertising Age* (January 27, 2009), http://adage.com/article7article_id=134144.

36. Robert Reiss, "How Ritz-Carlton Stays at Top," *Forbes*, October 30, 2009, http://www.forbes.com/2009/10/30/simon-cooper-ritz-leadership-ceonetwork-hotels.html.

37. Nancy Trejos, "Guests Help Design the Hotel of the Future," *USA Today*, November 15, 2013, http://www.usatoday.com/story/travel/hotels/2013/11/14/hotel-guests-millennials-design-marriott-holiday-inn/3538573/.

38. Joe L. Welch, "Focus Groups for Restaurant Research," *Cornell Hotel and Restaurant Administration Quarterly*, 26, no. 2(1985): 78-85.

39. Dorothy Dee, "Focus Groups," *Restaurants USA*, 10, no. 7(1990): 30-34.

40. Nancy Trejos, "Guests Help Design the Hotel of the Future," *USA Today*, November 15, 2013, http://www.usatoday.com/story/travel/hotels/2013/11/14/hotel-guests-millennials-design-marriott-holiday-inn/3538573/.

41. Robert J. Kwortnik, "Clarifying 'Fuzzy' Hospitality-Management Problems with Depth Interviews and Qualitative Analysis: Properly Conducted Depth Interviews Can Dig to the Sometimes-Confusing Heart of Consumers' Motivation for Hospitality Purchases," *Cornell and Hotel Restaurant Administration Quarterly* (April 2003): 117-129.

42. See "Choice Hotels Launches Plan to Redefine and Redesign its Comfort Brand Family," http://www.hospitalitynet.org/news/4,054,592.html(accessed January 25, 2012).

43. Anne Chen, "Customer Feedback Key for Theme Park," *eWeek* (December 15, 2003): 58.

44. Jacob Brown, "Survey Metrics Ward Off Problems," *Marketing News* (November 11, 2003) accessed online via Business Source Premier, October 12, 2004.

45. Stephen W. Litvin and Goh Hwai Kar, "E-Surveying for Tourism Research: Legitimate Tool or a Researcher's Fantasy?" *Journal of Travel Research* (2001): 308-314.

46. Deborah L. Vence, "In an Instant: More Researchers Use IM for Fast, Reliable Results," *Marketing News* (March 1, 2006): 21.

47. Based on information found at www.channelm2.com/HowOnlineQualitativeResearch.html(accessed December 2010).
48. Stephen Baker,"The Web Knows What You Want,"*Business Week*(July 27,2009):48.
49. Tina Sharkey,"Who Is Your Chief Listening Officer?"*Forbes*,March 13,2012,www.forbes.com/sites/tinasharkey/2012/03/13/who-is-your-chief-listening-officer/.
50. Jessica Tsai,"Are You Smarter than a Neuromarketer?"*Customer Relationship Management*(January 2010):19-20.
51. See Roger Dooley,"Is Starbucks Coffee Too Cheap?"*Forbes*,October 14,2013,http://www.forbes.com/sites/rogerdooley/2013/10/14/is-starbucks-coffee-too-cheap/.
52. "Neuroscience Study Offers New Insights about Hotel Advertising Effectiveness,"*Neuromarketing*,October 31,2016,http://www.gandrllc.com/neuromarketing/hotel-advertising-effectiveness/.
53. This and the other neuromarketing examples are adapted from Laurie Burkitt,"Neuromarketing: Companies Use Neuroscience for Consumer Insights,"*Forbes*,November 16,2009,www.forbes.com/forbes/2009/1116/marketing-hyundai-neurofocus-brain-waves-battle-for-the-brain.html.
54. Jack Honomichl,"Top Marketing/Ad/Opinion Research Firms Profiled,"*Marketing News*(June 2,1992):H2.
55. For these and other examples,see "From Tactical to Personal:Synovate's Tips for Conducting Marketing Research in Emerging Markets,"*Marketing News*(April 30,2011):20-22. Internet stats are from http://data.worldbank.org/indicator/IT.NET.USER.P2(accessed February 2014).
56. Subhash C. Jain,*International Marketing Management*,3rd ed.(Boston:PWS-Kent,1990),p. 338. For more discussion on international marketing research issues and solutions,see Warren J. Keegan and Mark C. Green,*Global Marketing*,8th ed.(Upper Saddle River,NJ:Prentice Hall,2015),pp. 170-201.

第 6 章

消费者市场与消费者购买行为

学习目标

- 解释消费者行为模型。
- 简述影响消费者行为的主要特征、列出影响消费者行为的各种文化、社会、个人和心理方面的因素。
- 解释购买者决策过程并讨论需求识别、信息搜寻、备选方案评估、购买决策和购后行为等阶段。

导入案例

多年前,塔可贝尔以其"59美分—79美分—99美分"的定价模式,首创了快餐的"超值菜单"。凭借"解决日常一餐""超越边界"等口号,塔可贝尔牢固地确立了其经济实惠的墨西哥风味快餐店形象,成为除麦当劳等经营汉堡和炸鸡的快餐店之外的一种"物美价廉"的选择。塔可贝尔迅速成长为一个年收入60亿美元的国际品牌。如今,它是美国第六大、全球第九大快餐连锁店。要保持其作为最受欢迎的快餐连锁店之一的地位并不容易。塔可贝尔必须重塑自己,以满足顾客不断变化的需求。事实上,塔可贝尔被《快速公司》(Fast Company)杂志评为最具创新性的公司之一。[1]

进入21世纪,廉价的快餐被很多人所摒弃。美国人开始追求更新鲜、更美味、更健康的饮食,以及更现代的快餐休闲氛围。因此,2012年年初,塔可贝尔将定位从"食物是生命燃料"转变为"食物是一种体验和生活方式",并发起了名为"活出无限"(Live Mas)的全新的充满创意的生活方式营销活动。在2.8亿美元的年度预算支持下,塔可贝尔针对目标顾客——年轻人宣传"活出无限"的生活方式,因为这一群体是快餐和休闲食品的主要消费者。

塔可贝尔雄心勃勃的"活出无限"口号是为了激励"千禧一代"尝试新事物和充分享受生活而精心设计的。第一个"活出无限"广告名为"口袋",展示了一个20多岁的男子在黎明时分走进一间昏暗的公寓,一边掏出口袋里的东西放在桌子上,一边回想着所经历的夜晚。他陆续掏出了一个款式普通的钱包、一串钥匙、一部智能手机、一张音乐会的票根、一盒火柴,以及一版他与一位年轻女子的大头贴。他最后掏出了一包塔可贝尔的辣椒酱,上面印着"活出无限"的全新标志和"你的选择很明智"的标语。看到这包辣椒酱,他的脸上露出了笑容。

为了更好地吸引"千禧一代",塔可贝尔全方位地采用在线营销、数字营销和移动营销等手段。为了适应"千禧一代"的生活方式,"活出无限"宣传预算的很大一部分都用在了社交媒体、数字设备及其他非传统渠道的推广上。除了常见的脸书、推特和 Pinterest 之外,塔可贝尔还利用 Vine、Pheed 和 Snapchat 等社交媒体投放宣传短片、开展限时促销及新产品发布活动。焕然一新的塔可贝尔还建立了自己的在线指挥中心 Fish-bowl,监控社交媒体及与消费者进行数字对话。例如,新口味多力多滋玉米卷在推出之前,仅在社交媒体上就获得 20 亿次点赞。

事实证明,塔可贝尔"活出无限"营销活动及新生活方式的定位是正确的。活动推出一年后,其销售额飙升了 8%,是行业领导者麦当劳的两倍多。《广告时代》(Advertising Age)将塔可贝尔评为"年度最佳营销者",因为它"进入了创新的快车道,推出了一系列热门的新产品,改变了游戏规则,并积极地将传统、社交和数字媒体结合起来,在'千禧一代'中打响了知名度。"此外,随着 YouTube 的普及,塔可贝尔创作了 Taco Tales。这是一系列关于塔可贝尔员工和顾客的幽默视频。其中一些视频的观看次数超过 100 万次。塔可贝尔在菜单上的变化包括重新加入了玉米片薯条,这是其曾推出的最成功的产品。它发挥了食物混搭的流行风潮,将多种流行的食物融合起来(如薯条和玉米片)。其他混搭食品包括甜甜圈汉堡包、汉堡包比萨(将汉堡夹在比萨中间),以及把鸡肉涂上奶酪后炸制的鸡肉玉米片。

除了菜单上的革新外,塔可贝尔还根据消费者行为的变化进行了其他革新。它开始用天然成分取代添加剂和人工防腐剂,并开通了送餐服务。随着"千禧一代"迁往城市,塔可贝尔也在迁往城市。它计划在未来 4 年内开设 300~350 家坎蒂纳风格的餐厅。其中大部分餐厅将开在城市,人们可以步行而不是开车到餐厅,因此不必设置免下车售餐窗口。这是一个重大的变化,因为在郊区,免下车售餐窗口的营业额占塔可贝尔营业额的一半以上。进入餐厅的人很可能会堂食,增加啤酒和葡萄酒的供应可以使人们的体验更加愉快。塔可贝尔还增加了一种名为 Twisted Freezes 的冷冻酒精饮料。为了服务不想外出就餐的顾客,塔可贝尔与 DoorDash 合作提供外卖服务。而面向在外出回家途中感到饥饿的人,塔可贝尔与 Lyft 专车公司合作,为在晚上 9 点至凌晨 2 点之间乘车的人提供在塔可贝尔免费经停的服务。

塔可贝尔提供了企业随着消费者行为和预期的变化而变化的范例。了解消费者行为是有效营销的一个重要组成部分。[2]

6.1 消费者行为模型

如今,酒店和餐厅的数量众多,竞争异常激烈。同时,近年来旅游接待业正经历着全球化的历程。总部设在德国、美国的酒店企业已经开始渗入新加坡和日本等市场,由此导致了国际间为争夺消费者份额展开的更为激烈的竞争。为了在竞争中获胜,它们斥资开展营销调研,试图弄清楚顾客想要购买什么产品、对地点有什么要求、何种设施和设备最为重要、他们如何购买,以及他们为何购买等问题。

核心问题是:消费者面对企业可能采取的各种各样的营销刺激会做何反应?掌握了消费者对不同产品功能、价格和广告宣传的反应的企业在竞争中将取得优势地位。因此,企业和高校的研究人员都热衷于研究营销刺激与消费者反应之间的关系。他们的出发点是如图 6-1 所示的消费者行为模型。该图表明,营销活动与其他刺激首先会进入消费者的"黑箱",然后产生某种反应。营销人员必须掌握消费者的"黑箱"中到底有什么。

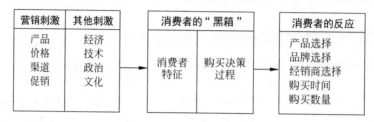

图 6-1　消费者行为模型

在图 6-1 的左边,营销刺激因素由 4 个 P 构成:产品(product)、价格(price)、渠道(place)和促销(promotion)。其他刺激包括消费者环境中一些经济的、技术的、政治的、文化的重要因素和事件。所有这些刺激都进入消费者的"黑箱",转变为一系列可以观察到的消费者的反应(见图 6-1 右边的方框):产品选择、品牌选择、经销商选择、购买时间和购买数量。

营销人员必须弄清楚这些刺激因素进入消费者的"黑箱"系统之后是如何转变为各种反应的。"黑箱"分为两个部分。首先,消费者本人的某些特征会影响他对刺激的理解和反应方式;其次,消费者的决策过程本身也影响消费者的行为结果。本章我们先讨论影响购买行为的消费者特征,然后再讨论消费者的决策过程。

6.2　影响消费者行为的各种特征

消费者的购买行为深受其文化、社会、个人和心理特征的影响,如图 6-2 所示。这些因素中很大一部分很难为营销人员所控制,但却必须予以重视。

6.2.1　文化因素

文化因素对消费者行为的影响最为广泛、深远。接下来我们将探讨文化、亚文化和社会阶层对消费者购买行为所起的作用。

文化(culture)是决定一个人的欲望与行为的最基本的要素,由一个人在社会中不断习得的基本的价值观、认知系统、欲望和行为所构成。今天,大多数社会都处在变革之中。孩童时代所承袭的文化上的决定因素在不同的社会也会不同。文化通过食物、建筑、服装和艺术品等有形的物品表现出来。文化是旅游接待业不可或缺的组成部分,决定了我们吃什么、如何旅行、去哪里旅行、在何处停留这样一些问题。文化是动态的,会随着环境的

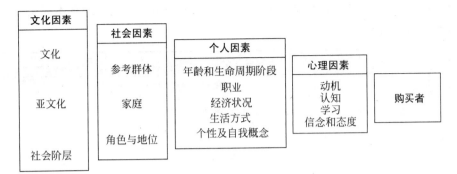

图 6-2　影响消费者购买行为的因素

改变而改变。

营销人员不断地努力识别文化的变化趋势,以期设计出能被市场接受的新的产品和服务。例如,当文化引导人们更加关注健康和健身时,很多酒店便增设了健身房或与当地的健身俱乐部合作,以满足客人的需求。人们对饮食清淡和天然食品的追求则使餐厅的菜单发生了很大的变化。新餐厅的设计也反映了素雅和简洁的装修风格这一流行趋势。

不过,仍有很多消费者更偏好味道好却不太健康的食物。这些消费者点了烤鱼和清淡沙拉,却用高脂肪的冰激凌作为餐后甜点。

1. 亚文化

每一种文化都包含更加细化的亚文化或是拥有共同价值观的群体,他们的共同价值观建立在共同的生活经历和环境基础之上。亚文化包括国家亚文化、宗教亚文化、种族亚文化和地域亚文化。很多亚文化群都是重要的细分市场,营销人员经常要根据不同亚文化群的需要设计相应的产品和营销方案。我们在探讨亚文化的同时还应注意到每一种亚文化都是由更小的文化群体构成的,它们也有着各自的偏好和行为方式。

2. 跨文化营销

很多营销人员还在进行**跨文化营销**(cross-cultural marketing)。这是在组织的主流营销中包含民族主题和跨文化观点的做法。跨文化营销关注不同亚文化中消费者的相似之处,而不是差异。

许多营销人员发现,对不同种族的消费者的了解可以影响更广泛的市场。例如,今天以年轻人为主导的生活方式深受西班牙裔和非洲裔艺人的影响。因此,消费者希望在消费产品的广告中看到许多不同的文化和种族的代表。例如,麦当劳从非裔美国人、西班牙裔美国人和亚裔美国人那里汲取开发新菜单和设计广告的灵感,希望鼓励主流消费者像消费嘻哈和摇滚乐一样热衷于购买奶昔、摩卡饮料和鸡肉卷。麦当劳的首席营销官说:"少数族裔消费者往往会引领潮流,所以有助于为我们定下进入市场的基调。"因此,麦当劳可能会采用主要面向非裔美国人的广告,并在大众媒体上投放。一位跨文化营销专家总结说:"现实是,新的主流是多元文化。"[10]

对于仅在一个国家开展营销的企业来说,了解消费者行为就已经很困难了;而对于跨国经营的企业来说,了解和满足消费者的需求更是难上加难。虽然不同国家的消费者可能存在一些共性,但其价值观、态度和行为往往差异很大。国际营销人员必须了解这些差异,并相应地调整产品和营销计划。表 6-14 展示了麦当劳为了适应来自不同文化的消费者的需要是如何调整菜单的。

表 6-1 麦当劳全球菜单的差异

国家	代表
美国	巨无霸、麦乐鸡块、麦香鱼、鸡蛋麦满分、薯条
印度	素食汉堡、鸡肉巨无霸、香辣奶酪卷
法国	法棍汉堡、法式经典火腿三明治、皇家芝士堡
埃及	黑胡椒牛排、阿拉伯烤肉卷饼、玉米饼夹炸豆丸子
以色列	烤肉堡、阿拉伯烤肉卷饼、纽约巨无霸、得州巨无霸
日本	滋味虾堡、照烧堡、培根蛋生菜卷、摇摇鸡排
中国	汉堡、芋头派、麦辣鸡翅、麦乐鸡块搭配蒜香辣酱
巴西	香蕉派、熏猪肉汉堡、切达芝士堡、美味巨无霸
墨西哥	巨无霸、麦香鸡、薯条等

3. 社会阶层

几乎每个社会都有某种形式的社会等级结构。**社会阶层**(social classes)是社会中相对稳定且有序的分层,每个阶层中的社会成员有相似的价值观、兴趣和行为。社会学家将美国社会分为 7 个阶层:上上层(1%)、次上层(2%)、中上层(12%)、中间层(32%)、劳动阶层(38%)、上底层(9%)和下底层(7%)。[12]

在美国、加拿大、澳大利亚和新西兰等历史比较短的国家,社会阶层并不是只用单一因素(如收入)来划分的,而是将职业、收入来源、受教育程度、财富及其他变量结合起来作为衡量标准。在许多历史悠久的国家,社会阶层却是从一出生就决定的。在这样的社会中,血统往往比收入和受教育程度更加重要。营销人员之所以对社会阶层感兴趣,是因为既定阶层内的人往往表现出类似的行为(包括购买行为)。在诸如食品、旅行和休闲活动中,不同的社会阶层对产品和品牌的偏好表现出明显的差异。在各个社会阶层之间也存在语言上的差异,这意味着广告商必须根据目标市场所处的社会阶层撰写适当的广告文本和对话。

6.2.2 社会因素

消费者行为也受一些社会因素的影响,如消费者群体、家庭、社会角色和地位等。

1. 群体和社交网络

一个人的行为受许多小**群体**(group)的影响。一个人所归属的、对其有直接影响的群体叫作成员群体。相对的,**参考群体**(reference group)是指在一个人的态度和行为形成过程中起直接(面对面)或间接的比照或参考作用的群体。人们也会受一些他们本不属于但渴望归属的参考群体的影响。例如,**榜样群体**(aspirational group)便是一个人期望加入的群体,例如,一名大学新生可能渴望成为凯悦酒店高级管理层的一员,虽然他还不是这个群体的成员,也可能对他们感到认同。

营销人员要努力识别目标市场的参考群体。这些参考群体至少会以三种方式影响消费者:①向人们展示新的行为和生活方式;②影响人们的态度和自我观念;③在人们选择产品、品牌和经销商时产生某种趋同的压力。

成员群体(membership group)包括主要群体,如家人、朋友、邻居和同事,群体里的成员间保持经常的、非正式的互动关系。而次要群体的成员间是一种更正式但不太经常的互动关系,如专业协会和工会。

群体影响的程度因产品和品牌而异。当产品会被购买者所尊崇的人看到时,群体的影响最大。相反,购买私人物品时通常不太受群体的影响。乡村俱乐部和城市俱乐部就经常吸纳一些志同道合的人作为会员。

2. 口碑影响和蜂鸣营销

口碑会对消费者的购买行为产生很大的影响。来自信任的亲友、同事及其他消费者的评价和推荐往往比商业来源(如广告和推销人员)的信息更可信。近期的一项研究发现,只有49%的消费者表示相信或信任广告;72%的消费者表示信任家人和朋友;72%的消费者表示相信在线评论。[13] 大多数口碑影响的发生是自然而然的:消费者们在聊天时会谈及他们正在使用的或带给他们强烈感受的品牌,无论这种感受是好是坏。不过营销人员可以有意识地引导人们积极地谈论自己服务的品牌。

如果品牌受群体的影响比较大,营销人员就必须找到**意见领袖**(opinion leader)。意见领袖是参考群体的一员,由于拥有特殊的技能、知识、人格或其他特征而能对其他人施加影响。一些学者将这些人称为影响者或领头羊。当意见领袖发表观点时,人们会认真倾听。营销人员试图找出意见领袖,针对他们进行营销。例如,餐厅隆重的开业典礼或酒店的周年庆典活动邀请的贵宾名单中就应该有意见领袖。

蜂鸣营销(buzz marketing)涉及招募甚至打造意见领袖来担任"品牌大使",推广企业的产品。很多企业建立了品牌大使项目,试图将日常消费者转变为品牌传播者。最近的一项研究发现,品牌大使项目可以将口碑营销的效果提高50%。[14] 香港一家专门从事食品和饮料在线营销的组织Foodie通过瞄准早期使用者并使用多种在线渠道(包括数字平台、美食俱乐部、社交媒体和屡获殊荣的美食杂志)在网上制造话题。[15]

捷蓝航空的"蓝色员工"项目招募顾客在大学校园内制造热点话题。[16] 在过去的几年中,捷蓝航空的"蓝色员工"项目征召的大学生大使的数量几乎赶上一支小型军队了——这些人都是捷蓝航空的忠实顾客。"蓝色员工"项目的大使们为捷蓝航空的校园营销献计献策,将其宣传给其他同学并帮助组织校园活动,如捷蓝航空的"蓝色日"(BlueDay)。这项每年秋天在21所大学举行的活动取得了空前的成功。在活动中捷蓝航空鼓励学生们身着各种稀奇古怪的蓝色服装(有时也包括蓝色的皮肤和头发)。获评最佳着装的学生将获得两张免费机票。捷蓝航空校园营销工作的成功离不开"蓝色员工"大使发挥的关键作用。[17]

3. 在线社交网络

近年来,一种新型的社交方式改变了人们的生活,那就是在线社交网络。**在线社交网络**(online social networks)是指人们进行社会交往或交换信息和观点的在线社区。社交网络社区包括博客（The Social Girl Traveler）、信息平台（Craigslist）、社交媒体网站（脸书、推特、YouTube、Ins、领英），甚至是商业购物网站（Amazon.com）。这些在线的 C2C 和 B2C 对话模式对营销人员产生了很大的影响。

营销人员尽可能利用这种新的社交网络及其他网络信息传播途径推销其产品并建立亲密的顾客关系。他们并不满足于对顾客进行单向的信息宣传，而是希望利用互联网和社交网络与顾客互动并成为他们对话和生活的一部分。

有时，日常顾客会成为品牌最好的传播者。例如，阿兰·克莱恩（Alan Klein）很喜欢麦当劳的烤汁猪排堡，可这种美食麦当劳每年只在有限的时间内出售。克莱恩专门开发了烤汁猪排堡定位应用程序，还建了一个网站，钟爱烤汁猪排堡的人可以随时在上面通报出售这一美食的餐厅地点。[18]

唐恩都乐利用 Vine 上的名人罗根·保罗（Logan Paul）在 Vine 及其他社交媒体上发帖子，宣传其应用程序和"DD 津贴"会员计划。事实证明，保罗是唐恩都乐的铁粉，所以唐恩都乐让他自己决定要对他的 870 万 Vine 粉丝、540 万脸书粉丝和 240 万 Ins 粉丝说些什么。[19]其他营销人员则努力挖掘在互联网上自带影响力的独立博主。关键是要找到那些拥有强大的相关读者网络、可信的声音，并且与品牌契合的博主。博客上最受欢迎的话题之一是美食，包括餐厅评论。拥有大量粉丝的博主可以对一家餐厅产生积极影响，因此很多餐厅经理会邀请那些拥有与目标市场相匹配的粉丝的人气博主到餐厅用餐。一些受欢迎的餐厅博客（如 Much Ado About Fooding）还提供菜谱、厨师访谈和餐厅评论。这些博主会根据对粉丝的了解，就他们感兴趣的话题写博客。一些网站专注于特定的城市，如拥有 30 万脸书粉丝和 40 万推特粉丝的 Grub Street 专注于纽约市；另一些网站，如 Road Food 则涵盖了美国和加拿大的餐厅，在其网站上可以按州查阅评论。[20]

然而，营销人员在进入在线社交网络时必须小心谨慎，因为其后果常常难以测量和控制。说到底，使用者才是真正的内容控制者，因此社交网络营销很可能事与愿违。我们将在第 15 章深入探讨在线社交网络这种营销工具。

4. 家庭

家庭成员对消费者购买行为的影响非常大。在美国社会，家庭仍然是最重要的消费者购买组织，并且得到了广泛研究。营销人员感兴趣的是在购买不同产品和服务时，丈夫、妻子和子女所扮演的不同角色及发挥的不同影响。随着产品类型及决策阶段的变化，丈夫和妻子的参与程度也发生着变化。购买决策还随着消费者生活方式的变化而变化。在美国，妻子传统上是家庭物品的主要采购者，特别是食品、日用品和衣服。但是，当 71％ 的女性外出工作，而越来越多的男性乐于为家庭进行采购时，这一切都发生了变化。例如，80％ 的购车决策会受到女性的影响，而 40％ 的食品采购会受到男性的影响。[21]

儿童对家庭的购买决策也会产生巨大的影响。美国的儿童和青少年影响了 80％ 的家庭购买，这项支出每年高达 1.2 万亿美元。在最近的一项调查中，家有十几岁子女的父母表示，他们的孩子对所有事情都有很大的发言权，从他们在哪里吃饭（95％）和度假（82％）到他们使用什么移动设备（63％）和购买什么样的汽车（45％）。[22]

在亚洲，儿童的影响力也日渐增强。最近的一项研究发现，有 66％ 的亚洲儿童受到电视广告的影响，20％ 受到网络的影响。全世界的孩子对于一家人外出时在哪里就餐都有发言权。美国的食品业针对儿童投入的广告费用就高达 140 亿美元。[23]

对于专业活动策划者来说,最复杂、最具挑战性的婚礼往往涉及来自两个家庭的多名成员。婚礼策划者需要确定新娘、新娘的母亲和新郎的家人在婚礼策划中扮演的角色。在某些情况下,新娘的母亲将发挥主导作用,为自己的女儿策划婚礼;在另一些情况下,新娘的母亲会让女儿自己策划婚礼。婚礼费用支付也可能很复杂,例如,新娘的家人支付婚宴费用,但酒水费用则由新郎的家人支付。会议策划者需要搞清楚婚礼的具体费用由谁承担,并要在两个家庭的成员之间保持平衡。

营销专栏 6-1

让社交媒体上的妈妈们成为品牌大使

美国的妈妈们构成了一个巨大的市场。女性占所有消费者购买的 85%。全国 8 500 万妈妈每年的消费支出达 3.2 万亿美元。妈妈们也是社交媒体的重度分享者和购物者。她们使用社交媒体的可能性比一般人群高 20%,而且 44% 的妈妈在过去一周内通过智能手机购过物。

此外,许多妈妈严重依赖社交媒体与其他妈妈分享经验,包括品牌和购买经验。例如,有多达 1 420 万美国妈妈写博客,一些妈妈博主有数百万粉丝。社交媒体上约有 55% 的妈妈经常根据在博客及其他社交媒体中找到的个人经历、推荐和产品评论做出购买决定。

鉴于这些惊人的数字,很多营销人员通过打造或利用网红妈妈并将其转变为品牌大使来利用妈妈对妈妈的影响力也就不足为奇了。下面举两个例子:麦当劳和迪士尼。

麦当劳的妈妈博主

麦当劳系统性地接触关键的"妈妈博主",她们影响着全美的家庭主妇,而家庭主妇又反过来影响其家庭的外出就餐选择。例如,麦当劳最近接待了 15 位有影响力的妈妈博主,请其免费参观麦当劳位于芝加哥的总部。博主们参观了整个公司(包括公司的测试厨房),见了麦当劳美国区总裁,并在附近的麦当劳之家与麦当劳大叔合影。这些妈妈博主有忠实的追随者,而且在博客中谈了很多关于麦当劳的话题。了解到这些信息,麦当劳通过为博主提供幕后视角将她们转变为信徒。麦当劳并没有试图告诉博主应该在帖子中就这次访问说什么,而只是要求她们为这次旅行写一篇诚实的回顾。然而,这些帖子(每个帖子都承认博主与麦当劳的联系)大多是非常积极的。通过诸如此类的活动,美国各地的妈妈博主对麦当劳有了更多的了解和联系。"我知道麦当劳有冰沙、有酸奶,还有我孩子们想要的其他东西,"一位知名博主说,"我真的无法告诉你汉堡王现在都在做什么,因为我不知道。"

迪士尼的社交媒体妈妈

迪士尼早就认识到妈妈在社交媒体中的力量及妈妈在计划家庭假期时所起的重要作用。5 年前,迪士尼组建了名为"迪士尼社交媒体妈妈"的团体,其中有约 1 300 名精心挑选的妈妈(也有一些爸爸)博主、旅游博主和关注迪士尼的活跃的社交媒体账号。

迪士尼正在寻找一些有影响力的妈妈,她们契合该品牌对家庭友好的重视、是社交媒体重度用户而且在线下和在线社区中都很活跃。雷切尔·皮泽尔（Rachel Pitzel）就是这样一位妈妈，她是两个孩子的母亲，也是 ClubMomMe 的首席执行官。ClubMomMe 是一个社会教育团体，为妈妈、准妈妈提供赞助并有一个活跃的博客。温迪·赖特（Wendy Wright）是另一位妈妈，她给两个孩子在家授课，也是一位多产的博主。温迪将自己描述为"迪士尼疯子"（她给自己的两只猫分别起名为米奇和米妮），其博客中有很多迪士尼乐园参观攻略、举办迪士尼主题派对的技巧及对迪士尼电影的评论。

迪士尼社交媒体妈妈们没有报酬，她们是出于对迪士尼的热爱参与其中的。不过，她们确实得到了迪士尼的指导和关注、内部信息及偶尔的额外优待。例如，迪士尼每年都会邀请175~200位妈妈及其家人参加在佛罗里达州举办的迪士尼社交媒体妈妈庆典。该活动包括公关活动、教育会议，以及为这些网红妈妈准备的充满迪士尼魔力的家庭度假。

对于很多受邀者来说，被邀请参加活动是一年中的亮点，而没有收到邀请的人则会感到非常失望。迪士尼并未透露其选择参与者的标准。收到邀请的人会向其他博主提供如何做有助于获得邀请的建议。这为活动提供了更多的曝光率，并鼓励其他希望次年被邀请的博主写关于迪士尼的文章。一位博主表示没有办法让自己受邀，只能等迪士尼找你。显然，迪士尼有一套标准可以帮助它发现对目标市场有影响力的妈妈们，即使她们可能并未写过关于迪士尼的文章。

迪士尼社交媒体妈妈们没有义务发布任何关于迪士尼的信息，而且迪士尼不会告诉她们该说什么。然而，最近的庆祝活动产生了 28 500 条推文、4 900 张 Ins 照片和 88 篇博客文章，内容中充满了对游乐设施的评论、家人们与迪士尼角色互动的视频，以及大量正面评论。迪士尼的一位高管说："对于来迪士尼的大多数家庭来说，做出旅行决定的是妈妈。"迪士尼的社交媒体妈妈项目用很低的花费，有效地利用了妈妈对妈妈的影响力，将迪士尼神奇的精灵尘撒向一个重要的买家群体。[24]

5. 角色与地位

一个人从属于多个群体，如家庭、俱乐部和组织。个人在每个群体中的位置可以根据其扮演的角色和所处的地位来界定。**角色**（role）是一个人周围的人期望其应做的各种行为。儿子或女儿、妻子或丈夫、经理或工人都是常见的角色。每一种角色都会影响购买行为。例如，大学生与父母一起用餐时的行为就不同于与同龄人一起用餐时。一个人的角色会影响他的购买行为。

我们的角色深受周围环境的影响。人们在高档餐厅用餐时的行为不同于在快餐厅用餐时。人们对在不同档次的餐厅工作的服务员所扮演的角色也有不同的期望。如果不能满足这些期望，消费者就会不满。[25] 例如，在高档餐厅用餐的顾客就期望在入座时服务员替他拉出椅子；但同一位用餐者在快餐店用餐时，如果擦桌子的服务员帮他拉椅子落座，他却可能感到惊讶甚至受到了冒犯。

每个角色都代表一定的社会地位，这一地位反映了社会总体上对该角色的尊重程度。人们通常会选择能显示自己社会地位的产品。例如，一个商务旅行者在预订不到头等舱的机票时会感觉很懊丧，因为要被迫乘坐经济舱。当被问及他为什么不愿乘坐经济舱时，他的回答是担心熟人看到自己蜷缩在经济舱里会有不好的猜想。他似乎并不介意经济舱所提供的服务水平稍差或是座位空间稍小。上面的例子说明了角色与地位是如何影响消费者行为的。很多专职从事营销和销售的人员对潜在顾客的角色和地位做出了严重的误判。

6.2.3 个人因素

购买决策也受个人特征的影响，如职业、年龄与所处的生命周期阶段、经济状况、生活方式、个性与自我观念等。

1. 职业

一个人的职业会影响他购买的产品和服务。例如，建筑工人经常从工地附近的餐车购买午餐。企业高管常从服务完善的餐厅订餐，而普通员工可能自带午餐或从附近的快餐店订餐。有些咨询机构不允许员工在快餐店用餐，因为管理层认为，让客户看到每小时咨询费高达300美元的顾问在快餐店用餐不利于企业的形象。营销人员要努力找出对本企业产品感兴趣的职业群体。

2. 年龄与所处生命周期阶段

人们在生命周期的不同阶段所购买的产品和服务的类型是不断变化的。人们对休闲活动、旅游目的地、食物和娱乐活动的喜好与年龄相关。营销人员常常会忽略一些与年龄相关的重要因素。这可能是因为制定营销战略的人与购买产品和服务的人之间存在很大的年龄差异。一份针对中老年旅游者的调查显示，这一细分市场非常重视浴缸边的把手、夜灯、走廊里清晰可见的标志、额外的毯子及大字号的菜单。尽管他们重视的这些因素合情合理，但调研人员发现，这些信息"往往都没有在广告和信息栏上体现出来"。[26]

对各年龄段市场的成功营销也许要靠制定目标明确的专门战略来实现。毫无疑问，这离不开对各种与目标市场相关的出版物和数据库的使用，也需要有一个由不同年龄和文化背景的人组成的营销团队和广告代理机构。

购买行为还受个人所处的**家庭生命周期**（family life-cycle）阶段的影响。未婚的青年人通常经济负担较轻，可支配收入大多花费在娱乐上。尚无子女的年轻夫妇可任意支配的收入较高，经常外出就餐。事实上，他们外出就餐的频率比其他任何群体都高。全美餐饮业协会进行的一项研究发现，与有孩子的夫妇相比，没有孩子的夫妇外出就餐的花费多出60%。而有了孩子之后，外出就餐就会转变为点外卖或是打包回家食用。当孩子长大离家后，夫妇的可任意支配收入会大幅增加，因此55~74岁的人外出就餐的花费也会相应增加。营销人员经常根据生命周期阶段来定义目标顾客，并制订适当的产品和营销计划。[27]

尼尔森PRIZM生命周期阶段群体系统是重要的生命周期阶段细分系统之一。PRIZM将美国家庭划分为66个不同的生命周期阶段，根据富裕程度、年龄和家庭特征划分为11个主要的生命周期阶段群体。这些分类考虑了年龄、受教育程度、收入、职业、家庭组成、种族和住房等一系列人口因素，以及购买、休闲活动和媒体偏好等行为与生活方式因素。[28]

处于不同生命周期阶段的群体表现出不同的购买行为。生命周期阶段的划分对所有行业的营销人员来说都是强大的营销工具，方便他们寻找、了解和吸引消费者。掌握了关于消费者生命周期阶段构成的数据,营销人员就可以根据人们的消费偏好和品牌互动偏好创建有针对性的、可操作的、个性化的活动。

3. 经济状况

一个人的经济状况会在很大程度上影响其产品选择及对特定产品的购买决策。在经济萧条时期,消费者会缩减餐饮、娱乐和度假等方面的开支。他们或是降低餐厅和菜品的档次或是减少外出就餐的次数,即便外出就餐也会关注优惠券和特价套餐。营销人员需要关注个人收入、储蓄和利率的变化。如果经济指标显示了经济衰退的迹象,则需要重新对产品进行设计、定位和定价。餐厅可能需要添加低价菜品,尽可能继续吸引目标市场的顾客。

相反,企业在经济繁荣时期会有很多机会。消费者更倾向于购买高档红酒和进口啤酒,菜品要上档次,航空旅行和休闲支出都会增加。企业必须在经济繁荣时抓住时机,在经济衰退时采取防范措施。管理人员有时对经济状况的变化反应太迟钝,他们必须时刻关注顾客所面临的宏观环境,应定期阅读《华尔街日报》、当地报纸的经济版及由当地银行编写的区域经济报告等出版物。

4. 生活方式

来自相同的亚文化、社会阶层和职业背景的人也可能有完全不同的生活方式。**生活方式**(lifestyle)是一个人在其活动、兴趣和观点中表现出来的模式。生活方式描绘了人作为一个整体与周围环境的互动。营销人员探寻所销售的产品与成就导向型消费者之间的关系。这样,餐厅主厨就可以更清晰地针对有成就者的生活方式选定餐厅的目标市场。一项针对购买跟团旅游产品的旅游者与自由行的旅游者的研究发现,这两种旅游者的生活方式特征是不同的。购买跟团旅游产品的人更热衷于社会交往,为人热情并把度假当作放松的方式,而喜欢自由行的人则往往更自信、更喜欢独处。[29]

与美国的许多棒球队一样,圣地亚哥教士队在工作日白天的比赛以及与弱队的比赛观众都很少。通过营销调研,教士队的管理者锁定了一个由退休夫妇组成的细分市场。他们的收入不高,但对教士队非常忠诚。他们喜欢看教士队比赛,不关心对手是谁,而且更喜欢白天的比赛。通过识别想看白天比赛的生活方式群体并针对他们进行营销,教士队得以将尽可能多的门票推销出去,保障了球队的收入。

5. 个性与自我观念

每个人的个性都会影响其购买行为。**个性**(personality)是指导致一个人对周围环境做出相对一致的持久反应的独特心理特征。

个性有助于分析消费者对某些产品或品牌的偏好。例如,一家啤酒公司可能发现,爱喝啤酒的人往往善于交际,具有进取精神。这个信息可用来打造啤酒的品牌形象,在广告中也可以考虑使用这类人作为形象代言人。

在芝加哥黄金海岸的德雷克酒店工作的72岁的调酒主管斯坦利·帕斯基(Stanley Paskie)说:"调酒师必须与人接触。然而,在一些调酒师培训学校,人际关系并非必修课。调酒师在那里学到的只是手艺。我一直与顾客们交流,只是不说话而已。我记得有位顾客在离开时对我说,'谢谢你听我唠叨,伙计'。"[30]帕斯基认为,一个好的调酒师是半个父亲、半个哲学家、半个倾听者和半个唱反调的人。这些素质在旅游接待业很多领域的营销中显然都很重要。

许多营销人员都使用一个与个性有关的概念,即一个人的**自我观念**(self-concept),也称自我形象。我们每个人都有一幅很复杂的自我心理图像,而我们的行为往往与这种自我形象一致。[31]那些自认为外向的活跃的人,倘若把邮轮旅游视为一种适合老年人躺在摇椅上消磨时光的方式,就不会购买邮轮度假这种旅游产品。他们更有可能选择潜水或滑雪度假产品。邮轮业已经成功地改变了其"老年人旅游产品"的形象,也能吸引那些外向的活跃的消费者了。例如,嘉年华(Carnival)等邮轮公司增加了夜总会和家庭活动,以吸引年轻消费者。

自我观念显然对休闲娱乐活动(如高尔夫、帆船、越野摩托车、垂钓和狩猎)的选择有重要意义。喜欢驾船的人都想尝试一下帆船与机动船之间的差别。帆船爱好者把驾驶机动船的人贬为"臭陶工",而"臭陶工"却认为帆船爱好者乏味、自命不凡。

6.2.4 心理因素

一个人的购买选择还受四个主要的心理因素的影响,即动机、知觉、学习、信念与态度。

1. 动机

一个人在任何时候都有很多需要。有些是属于生理性的,由饥饿、干渴和不适所引起。另一些是心理上的,由一些紧张状态所引起,如认可、尊重或归属感的需要。这些需要大部分在某个时点上都很弱,不足以激发一个人的行为。当刺激达到一定强度时,需要就会转化为**动机**(motive)。创造一种紧张状态会让人采取行动去缓解这种紧张。最著名的动机理论之一是由亚伯拉罕·马斯洛(Abraham Maslow)提出的。

马斯洛的动机理论。亚伯拉罕·马斯洛试图解释人们为什么会在特定时刻受特定需要的驱使。[32]为什么一个人会把大量时间和精力放在个人安全问题上,而另一个人却会将大量时间和精力用于谋求他人对自己的尊重?马斯洛的答案是,人的需要是按照一定层次排列的,从最迫切的需要到最不迫切的需要。马斯洛的需要层次按照重要性依次是生理需要、安全需要、社会需要、尊重需要和自我实现的需要。一个人首先要满足最重要的需要。当这个需要得到满足之后,它就不再是一种驱动力,人们会转而寻求对下一个最重要的需要的满足。例如,一个饥饿的人(生理需要)不会对艺术节最近发生了什么(自我实现的需要)感兴趣,也不会很在意别人对他的看法或是否尊重他(社会需要与尊重需要),甚至不会在乎他呼吸的空气是否洁净(安全需要)。但是当每一个重要的需要获得满足之后,下一个最重要的需要就开始发挥作用了。

通常,各种需要的满足是有先后次序的。例如,一个学期只有500美元用于零花和休闲消费的大学生,不大可能在春假期间花400美元去佛罗里达旅游。相反,这笔钱可能在整个学期被用来支付一些小额的娱乐消费。倘若这个学生意外得到了2 000美元,他就可能产生满足更高层次需要的强烈欲望。

2. 知觉

受动机驱使的人随时会有所行动。他怎样行动则会受到自身对情况的知觉的影响。在同样的情境下,具有相同动机的两个人会由于对情境的感知不同而采取完全不同的行动。一个人可能感觉星期五餐厅(T.G.I Friday's)的服务员太随意、不谙世故,而另一个人却可能感觉他们天性自然。星期五餐厅是把后者当作目标市场的。

为什么人们对同样的情境会有不同的知觉呢?我们所有人都是凭着五种感觉(视觉、听觉、嗅觉、触觉和味觉)来获取信息的。可是,我们每个人又都是以各自的方式接受、组织和解释所感受到的这些信息的。一个人每天都会接收到大量的信息。杂乱的数字环境每年会显示 5.3 万亿次的在线广告,每天有 4 亿条推特被发送、14.4 万小时的视频被上传、47.5 亿条信息被分享在脸书上。[33] 人们不可能注意到身边所有的刺激物。这意味着知觉是个人选择、组织和解释信息并勾画出一幅有意义的世界图示的过程。[34] 从营销的角度看,一个人的感知对他来说就是现实。如果有一家很好的餐厅,只是外观非常普通,那么许多本可能喜欢这家餐厅的人可能永远不会走进去,因为他们基于餐厅的外观形成了片面的知觉。

知觉定义中的一个关键词是"个人"。一个人可能感觉语速快的售货员具有攻击性且不真诚,也可能感觉他聪明且有能力。人们对同一事物有着不同的知觉是因为存在三个知觉过程:选择性注意、选择性曲解和选择性保留。

选择性注意。 人们每天都面对大量的刺激。由于人们不可能对接收到的所有信息都加以注意,因此大部分刺激都被过滤掉了,这就是"选择性注意"。选择性注意意味着营销人员必须在吸引消费者注意方面下功夫。而真正的挑战是探究人们会注意到哪些刺激。下面列出了一些研究成果:

(1) 人们更倾向于关注与当前需要相关的刺激。对于一个宣传当地餐厅特价晚餐的广告牌,如果人们在下班回家的路上而不是在早上上班的路上看到它,那么这则广告就会受到更多的关注。

(2) 人们更倾向于关注他们所预期的刺激。在酒店里,比起附近服装店的广告,你更可能留意到餐厅的宣传广告。

(3) 人们更倾向于关注那些幅度不同寻常的刺激。与打 9 折的水上乐园门票广告相比,你更有可能关注打 65 折的广告。

选择性曲解。 即使是被消费者注意到的刺激,也可能并非总是按预想的方式被接受。每个人都试图将接收到的信息放置到自己既有的思维定式中。选择性曲解说明人们具有按自己的想法来解释信息的倾向。通常情况下,相互竞争的球队的球迷会对比赛中的一个判罚有不同的看法。但不幸的是,对此营销人员几乎无能为力。

选择性保留。 人们会把所得到的很多信息都忘掉,但会记住那些能支持其态度和信念的信息。由于选择性保留,我们可能会记住所提到的竞争产品的优点。选择性保留解释了为什么营销人员在向目标市场传递信息时会使用戏剧化的手法并且需要不厌其烦地重复。

营销专栏 6-2

感官营销——旅游接待业的强大工具

感官营销是"吸引消费者的感官并影响其感知、判断和行为的营销"。换句话说,感官营销是将对感觉和知觉的理解应用于营销领域。所有五种感官都可以参与感官营销。在《消费心理学杂志》的一篇文章中,阿莱德哈娜·科瑞斯纳(Aradhna Krishna)对有关这一主题的迅速增长的学术研究进行了出色的回顾。

科瑞斯纳指出:"消费者每天都会接收到大量目的明确的营销信息,其中,在潜意识层面触发消费者的基本感官可能是最有效的营销方式。"换句话说,至少在某些情况下,消费者自己对产品属性的推断可能比广告更有说服力。

科瑞斯纳认为,感官营销的效果主要体现在两个方面。第一,感官营销可以在潜意识层面塑造消费者对产品或服务更抽象的品质的认知(例如,品牌个性的不同方面,如复杂性、粗犷性、温暖性、质量和现代性)。第二,感性营销也可以影响人们对特定产品或服务属性的认知,如颜色、味道、气味或形状。营销人员当然明白感官营销的重要性。例如,威斯汀酒店的白茶香氛广受好评,于是它就开始销售这款香氛供顾客在家使用。基于科瑞斯纳对心理学和市场营销学术研究的回顾,我们接下来将逐个探讨这五种感官的重要注意事项。

触觉

触觉是最先发展起来的感官,也是随着年龄增长而丧失的最后一个感官。人们对触觉的需求各不相同。一项研究发现,当服务员用手触碰顾客的肩膀2~3秒时,销量将比不触碰顾客有所增加。[35]

嗅觉

与其他感官信息相比,气味信息更持久,在记忆中持续的时间也更长。即使过了很长时间,人们仍然可以辨别出某种气味。因此,气味可以用作各种自传性记忆的触发器。大多数美国旅行者在经过机场的餐厅时都能辨别出Cinnabon肉桂卷的气味。有研究表明,令人愉悦的气味可以提高消费者对产品和商店的评价。此外,在令人愉悦的气味围绕下,消费者会花更多的时间购买种类更多的产品。

听觉

营销传播就其本质而言,往往是听觉性的。就连单词的发音也是有意义的。一项研究表明,Frosh牌冰激凌听起来比Frish牌冰激凌奶油含量更高、更细腻、更浓郁。语言也可以产生联想。在以英语为第二语言的双语文化(如日本、韩国、德国和印度)中,在广告中使用英语是现代、进步、成熟和国际化的象征。也有研究表明,商店里的背景音乐可以影响消费者的情绪、停留时间的长短、对停留时间的感知,以及消费金额的多少。

味觉

人类只能分辨五种基本的味道:甜、咸、酸、苦和鲜。鲜的概念是日本的食品研究人员提出的,代表"美味"或"可口",因为它与纯蛋白质或味精的味道相近。味觉感知本身有赖于其余的感官,如食物的外观、感觉、气味和吃的时候发出的声音。因此,研究表明,很多因素会影响味觉感知,包括物理属性、品牌名称、产品信息(成分、营养信息)、产品包装和广告。听起来像外国品牌的名称可以提高对酸奶的评价。如果在吃某种食品前,消费者知道产品中含有一些听起来令其不快的成分(香醋或酱油),他们的味觉感知将会受到影响。

视觉

从广告的角度,视觉效果已经得到了详尽的研究。在日常的消费者行为中存在许多视觉感知的偏差或错觉。例如,人们认为细长的容器比矮胖的容器装得多,但实际饮用两种容器中装的饮品后,人们感觉从矮胖的容器中喝掉的饮品比从细长的容器中喝掉的多,又会调整预期。就连广告中杯子的展现方式这种看似微不足道的事情也会影响产品的评价。研究表明,把手在右边的马克杯比把手在左边的马克杯更能刺激习惯用右手的消费者的购买意愿。[36]

3. 学习

人们在行动的时候也在学习。学习是指由经验引起的个人行为上的变化。人类的大多数行为都是习得的。学习理论认为,学习发生在动机、刺激、暗示、反应和巩固的互动过程中。

消费者在消费一件产品时也是在学习它。例如,会议选址委员会的成员通常会先对各竞标酒店的服务进行抽样调查。他们在餐厅用餐,观察员工的友好程度和服务技能,并考察酒店的特色。根据了解到的信息,最终选择一家酒店举办会议。在会议期间,他们再次体验酒店的服务。基于他们自己及与会者的体验,他们会对酒店做出满意或不满意的评价。

酒店应帮助顾客了解其设施和服务质量。有些豪华酒店会安排员工引导首次入住的顾客参观酒店,并介绍酒店可以提供的服务。而对于经常入住的顾客,酒店可以通过员工及信函让其了解酒店服务方面的最新信息。

4. 信念与态度

人们通过行动和学习形成信念和态度,这些信念和态度反过来又会影响其购买行为。**信念**(belief)是一个人对事物的描述性看法。一位顾客可能认为诺富特酒店(Novotel Hotel)在同等价位的酒店中设施最好、员工最专业。这些看法可能是基于真实的知识、观点和信仰,也可能掺杂了感情的成分。

营销人员感兴趣的是人们对特定产品和服务的信念。信念能强化产品和品牌形象。人们按信念行事。如果存在某种无端阻止人们购买的信念,营销人员就要采取措施改变这种信念。

消费者缺乏根据的信念会严重影响旅游接待企业的收入甚至生存,比如某家汉堡连锁店用的是袋鼠肉、某家航空公司的飞机维护做得很糟糕、某个国家的食品管理标准混乱。

人们几乎对任何事情(包括政治、衣着、音乐和食品等)都持有某种态度。**态度**(attitude)是指一个人对某种客观事物或观念相对一贯的评价、感觉和倾向。态度将人们置于一个对事物有好恶感和趋避心的思维框架中。企业若能研究人们对其产品的态度,就会从中受益。要想改变或巩固消费者的态度和信念,首先要理解它们。

态度很难改变。一个人的态度往往是模式化的,要改变这种态度可能要付出很大的代价。对于企业来说,开发符合消费者当前态度的产品要比改变消费者对现有产品的态度容易得多。当然,如果用于改变态度的成本可以得到补偿的话又另当别论。

在餐厅经营者中有一种说法，餐厅的好坏取决于顾客最后一次用餐时的体验。态度的概念在某种程度上能够解释这种说法。一位经常光顾某餐厅的顾客，如果某次就餐时吃得不顺心，他可能就会觉得以后在该餐厅也不会有很好的用餐体验。这位顾客对餐厅的态度开始发生变化。如果这位顾客再次来用餐时仍然吃得不顺心，那么这种消极的态度可能就会永久地固定下来，最终可能再也不会光顾了。对于初次来用餐的顾客来说，如果菜品或服务不佳，则会是灾难性的。顾客会马上形成对餐厅的消极态度，从此再也不会光顾。

儿童时期形成的态度往往会影响成年后的购买行为。儿童可能会对某些蔬菜、某些人，甚至是某些地方持负面的态度。同样，他们也可能对麦当劳和迪士尼乐园持非常积极的态度。迪士尼和麦当劳都把儿童看作是毕生的顾客。他们要让儿童在长成少年，成为父母、姑姑、舅舅、祖父母时还能回来光顾。

一旦形成了消极的态度，要想改变就难了。有些新开业餐厅的老板急于赚钱，忽视了在员工培训上的投入。某个新餐厅的老板抱怨说顾客反复无常。餐厅刚开业时，等座的人排起了长队。可几个月后，每天晚上都有很多空位。显然，他没有让首次光顾的顾客感到满意。尽管他后来可能已经纠正了早期的错误，但最初的那些顾客已经失望，不会再回来了，而且很可能正在社交媒体上讲餐厅的坏话呢。

我们现在已经了解了影响消费者行为的很多个人特征和因素。消费者选择是文化、社会、个性和心理因素之间复杂的相互作用的结果。这些因素中有很多是营销人员所无法左右的，但它们可以帮助营销人员更好地理解消费者的反应和行为。

6.3 购买决策过程

接下来，我们将探讨消费者是如何做出购买决策的。如图6-3所示，决策过程由5个阶段构成：需要识别、信息搜集、备选方案评估、购买决策和购后行为。该模型说明，购买过程在实际购买发生之前很早就开始了，而且持续到购买之后很久。这促使营销人员关注整个购买过程而不只是购买决策本身。

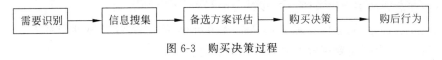

图6-3 购买决策过程

这个模型似乎暗示消费者在每次购买中都要经历5个阶段，但在一些日常性购买中，消费者实际上会省略或颠倒其中的一些阶段。一位顾客在酒吧总是喝用他最喜欢的品牌伏特加调制的马提尼。当酒保问她想喝哪种伏特加时，不用问酒吧有哪种，也不用酒保推荐，她就会说出最喜欢的品牌。她跳过了信息搜集和备选方案评估，直接进入购买阶段。这被称为自动反应环。[37] 每一位营销人员都梦想顾客会形成购买自己产品的自动反应，但这种情况很少发生。如图6-3所示的模型表明，消费者在面对新的复杂的购买情形时会认真权衡。

6.3.1 需要识别

当消费者意识到某种问题或需要时,购买过程就开始了。消费者感受到了实际状态与欲想状态之间的某种差异,从而产生了某种需要。这种需要可以由内部或外部刺激诱发。例如,一个人可能感到饥饿(内部),也可能看到了情人节晚餐的广告并意识到需要在情人节为自己的另一半做些什么(外部)。根据以往的经验,这个人知道如何应对这种需要,而且知道什么东西能够满足这种需要。

在这个阶段,营销人员必须找出影响消费者对需要进行识别的因素和情形。他们应该对消费者进行调研,弄清楚什么类型的需要或问题会促使他们购买某种产品,是什么引发了这些需要,这些需要如何引导消费者选择特定的产品。

通过搜集这些信息,营销人员就可以找出最能使人们对某种产品产生兴趣的刺激因素,并把这些因素纳入营销计划。营销人员也可以告诉消费者,他们的产品可以在多大程度上解决消费者的问题。例如,星期五餐厅在广告中宣传可以在圣诞节期间购物的礼品卡。星期五餐厅的食物和氛围吸引了各种人群,他们有了礼品卡,不必再到拥挤的购物中心去,而且愿意买多少就可以买多少。星期五餐厅将礼品卡作为人们圣诞节前会经历的一个共同需求的解决方案来推广,即为朋友和家人购买礼物。

在寻找酒店时,"商务旅行者希望在酒店能高效地工作,而且员工也要有能力。他们对这一点的需求已胜过个性化的服务和装饰豪华的环境"。[38] 为满足这些需要,酒店在客房开辟良好的工作空间、在酒店大堂设置电脑区、在餐饮区提供桌子和免费 Wi-Fi 营造适合工作的环境,人们可以边享受美食或小吃边查收电子邮件或工作。

美国旅游业协会发现,夫妇都外出工作的家庭很难腾出一周的空闲时间去度假。因此,这个细分市场需要在最后一刻也能预订 3~4 天的度假产品,因为这一群体中有 42% 的人在实际度假的两周内才会制订出行计划。[39] 这些例子表明,企业必须了解顾客的需要,以及这些需要可以如何转化为欲求。

6.3.2 信息搜集

意识到需要的消费者可能会寻找更多的信息,也可能并不需要这样做。如果消费者的动机很强烈,而且能够满足需要的产品唾手可得,那么消费者很可能马上就买了。否则,消费者可能会把需要搁置下来,先搜集相关信息。

消费者要搜集多少信息取决于动机的强度、原有信息的数量、获得更多信息的难易程度、额外信息的价值,以及信息搜集过程中可以得到的满意程度。

消费者获得信息的来源有很多,包括:个人来源(家人、朋友、邻居和熟人);商业来源(广告、推销员、经销商、包装和陈列);公共来源(餐厅评论、旅游版的社论、消费者评级组织);网络(公司网站和以往顾客的评价)。

对旅游接待业的产品而言,个人及公共来源的信息比广告更重要。这是因为消费者只有在实际消费之后才能知道将获得什么样的产品。人们经常向他人(如朋友、熟人、专业人员)征求有关产品和服务的建议。因此,企业非常关注口碑传播这一渠道。这类来源主要有两大优势。第一,可信度高。口碑传播是唯一一种为消费者所有、为消费者所制并为消费者所享的促销方式。[40]每个商家都梦想着能够得到忠诚的、满意的、愿意夸奖它们的产品或服务的顾客。满意的顾客不仅是回头客,他们还是移动的、会讲话的广告牌。第二,成本低。与满意的顾客保持联系并使之成为良好的口碑传播者所花费的成本相对很低。消费者在购买无形产品前无法试用。例如,人们可能通过广告知道一家餐厅,但在去餐厅就餐前他们还是会询问朋友这家餐厅究竟如何。来源于个人的反馈信息比广告更有影响力,因为这些信息让人感觉更可信。Yelp!和猫途鹰等网站上的评分和评论与个人来源信息具有相同的效果。

通过搜集信息,消费者也增加了对各种备选方案和产品特性的了解和认识。企业必须认真设计营销组合,让潜在顾客了解企业产品或品牌的特性和功能。如果做不到这一点,企业就会失去将产品出售给顾客的机会。企业还必须搜集有关竞争对手的信息,并制定差异化的形象定位策略。

营销人员应该仔细寻找消费者的信息来源,并判断每一种来源的重要性。可以询问消费者他们最开始是如何听说本产品的,他们都知道些什么信息,他们对各种不同信息来源的重要性如何估价,等等。这些信息有助于旅游接待企业制订有效的沟通计划,确保企业可以出现在消费者搜索的信息中且是以积极的方式呈现。

6.3.3 备选方案评估

我们已经知道消费者是如何运用各种信息选出几种备选的品牌。不过,消费者是如何在各种方案中进行选择的呢?消费者是如何在头脑中对信息进行分类和处理,选出最终的品牌呢?遗憾的是,还没有一种简单的评估过程可以适用于所有的消费者,甚至对同一个消费者来说,处于不同的购买情境时,评估过程也会有所不同。实际上存在多种评估过程。

一些基本的概念可用于解释消费者的评估过程。第一,我们假设每个消费者都把产品看作一系列产品属性的集合。对餐厅来说,这些属性包括食物质量、菜品种类、服务质量、就餐环境、餐厅位置和价格。对于这些属性哪些比较重要,不同消费者的看法会有所差异。他们会特别注意与自身需要相关的属性。第二,消费者对每一种属性的重视程度不同。也就是说,每个消费者都会根据自己的特殊需要和欲求来判断每一种属性的重要程度。第三,消费者很可能会形成一系列有关每一种品牌的各种属性的信念。这些信念就是所谓的**品牌形象**(brand image)。由于消费者的个人经验不同,加上选择性知觉、选择性曲解和选择性保留的影响,消费者的信念可能与产品的真正属性有所不同。第四,人们认为,消费者对每一种属性都有一个效用函数。效用函数描述消费者对产品的整体满意度的预期是如何随产品属性的变化而变化的。第五,消费者通过某种评估程序形成对不同品牌的态度。在评估过程中到底使用一种还是多种评估程序,取决于消费者及其购买决策。

与竞争对手进行比较时,很多消费者并不认为达美乐比萨最好吃,但却都承认其送货速度快。达美乐决心努力改变消费者认为其味道一般的负面评价,并开展了一系列宣传活动,重头戏是一段纪录片风格的广告。广告开头是达美乐的员工在总部查看顾客的书面反馈意见和焦点小组访谈录像。其中的一些反馈信息可谓尖酸刻薄,如"达美乐比萨的饼皮嚼起来像纸板""它的酱跟番茄酱一个味道"。然后,达美乐比萨的总裁帕特里克·多伊尔(Patrick Doyle)出现在镜头中,表示这个结果是不能接受的。接下来镜头转向达美乐的实验厨房,主厨和高管们宣布他们已经研发了全新的比萨,浓厚香醇的酱汁、健康的奶酪组合搭配香草或大蒜口味饼皮。达美乐在广告中主动承认自己的比萨只能排名第二的做法令许多批评家感到震惊。另一些人则认为,人们对达美乐的负面信念由来已久且传播很广,难以改变,如果不加改变会让品牌再难翻身,企业必须果断采取行动,而新的产品配方和别出心裁的广告有助于解决这个问题。多伊尔则将消费者的反应总结为"大多数人都很喜欢,一些人却并不喜欢。这很正常。"[41]

6.3.4 购买决策

在评估阶段,消费者对备选品牌进行排序并形成购买意向。一般来说,消费者会购买最喜欢的品牌,但在购买意向和购买决策之间还受两个因素的影响。第一个是他人的态度。如果某个对你很重要的人认为你在过去的一年中努力工作,理应去海滨度假放松一下,那么这将对你的决定产生积极的影响。他人的态度越是坚决,与决策者的关系越是密切,他对决策者的影响就越大。这种情况对于儿童更是如此。儿童不会掩饰自己的欲望,他们的父母和祖父母会深受其影响。

第二个是意外因素。消费者基于对家庭收入、价格和产品效用的预期形成购买意向。当消费者即将购买时,也许会出现一些意想不到的情形,使购买意向发生改变。例如,某人突然失业将会导致他取消度假计划。

因为消费者只有在购买之后才知道体验如何,所以管理者必须牢记第一次购买产品的消费者并不是真正意义上的顾客,他们只是在尝试产品。消费者处于购买过程中时,员工必须竭尽所能地保证他们获得良好的体验,并且购买后会给予好评。

6.3.5 购后行为

消费者购买了产品以后,营销人员的工作并没有结束。购买结束后,消费者可能感到满意,也可能不满意,于是就出现了营销人员特别感兴趣的购后行为问题。什么因素决定消费者购买之后满意还是不满意?答案在于消费者期望与对产品的感受之间的关系。[42]如果产品达到了期望,消费者就会感到满意;如果达不到期望,消费者就会不满意。

消费者将期望建立在过去的经验,以及从销售人员、朋友和其他渠道获得的信息的基础上。如果商家夸大产品的性能,消费者将会感到失望。期望与实际感受之间的差距越大,消费者就越会感到不满。这说明,商家必须诚实地描述产品性能,让消费者满意。例如,百慕大在淡季以低价吸引游客来岛上度假,称这个季节为"聚会的时光",并在广告中宣传,岛上所有的设施都可以使用。然而游客上岛后才发现很多设施和景点都关闭了,酒店的很多餐饮场所也停业了,这令他们感到非常失望。广告宣传最初确实带来了游客,但并没有满足游客对全方位服务度假村的期望,酒店入住率在 6 年的时间里下降了近 50%。[43]

几乎所有的重要购买行为都会产生**认知失调**(cognitive dissonance)或是由于购后冲突所引起的不适。每一次购买都会有遗憾。消费者会为买到的品牌有瑕疵和失去了未买

第6章 消费者市场与消费者购买行为

品牌的好处而不安。因此,消费者经常会感到某种购后失调。当然他们在购后也会采取一些措施来减少这种失调。[44]

顾客如果不满意,就会采取行动。他们可以退货,可以向企业投诉要求赔偿或调换。他们可以诉诸法律,可以向能够帮他们解决问题的机构或团体投诉。购买者也可以只是不再购买该产品,并说服家人和朋友不要购买。不管是怎样一种结果,商家都会有损失。

营销人员可以采取措施以减少消费者的购后不满,并帮助他们感受到购买所带来的好处。酒店可以给会议策划人写信,感激他们选择本酒店作为举办下一次会议的场所。他们可以在专业杂志上做广告,展示感到满意的会议策划人的推荐,也可以鼓励客户提出改进意见。

理解消费者的需要和购买过程是成功营销的基础。通过了解消费者如何经历需要识别、信息搜集、备选方案评估、购买决策和购后行为等阶段,营销人员可以得到很多有关如何更好地满足购买者需要的线索。通过理解购买决策过程中的各种参与者及各种影响购买行为的因素,营销人员可以制订更有效的营销计划。

营销专栏 6-2

旅游接待业消费者的特征

营销顾问瓦拉里·泽丝曼尔(Valarie Zeithaml)的一篇经典文章描述了消费者对产品与服务的不同评价过程。人们在购买旅游服务时,更多依靠个人来源的信息。人们往往会向当地的朋友或熟悉当地的人(如酒店的前台员工或礼宾人员)打听当地有哪些好的餐厅。餐厅应该有意识地影响这些潜在顾客可能接触的人。在一些大城市,有专门的礼宾协会组织,很多精明的餐厅经营者会找机会款待该组织,让其成员亲自体验餐厅的服务。

对服务的购后评价是相当重要的。服务的无形性使人们难以对其进行事前评价。消费者可能向朋友征求建议,但最后还是会用自己的亲身经历评价服务。初次到店的顾客基本上都是在尝试,如果酒店或餐厅让他们满意,他们就会再度光顾。

在购买旅游接待产品时,消费者经常用价格来衡量质量。假设一位日常工作压力较大的企业高级管理人员在项目完成后决定享受一个为期3天的假期。她想要豪华的居所、上乘的餐饮和服务。她愿意支付每晚275美元的价格。当她打电话给一家酒店时,听说其特价房每晚才99美元。也许这家酒店完全有能力满足她的需求,降价只是一种促销手段,是为了吸引她。然而,由于她从未入住过这家酒店,这样的低价反而让她怀疑酒店的服务达不到她所期望的水平。类似的例子是一个想吃新鲜海产品的人看到菜单上烤红鲷鱼的价格才7.99美元,他会认为这道菜是用质量较差的冷冻鱼做的,因为新鲜的红鲷鱼的价格至少是它的2~3倍。营销人员在用降价来刺激需求时,应注意不要引起消费者对产品质量的错误感知。

消费者在购买旅游接待产品时,经常会感到交易过程中存在风险。例如,如果消费者希望给自己的朋友和商业伙伴留下好印象,通常会带他们去自己光顾过的某家餐厅。消费者会对那些曾满足他们需要的餐厅和酒店保持忠诚。会议组织者不会轻易改变接待酒店,除非这家酒店的服务让他不满。

旅游接待产品的消费者在感到不满时经常会从自己身上找原因。一位点了挪威海蜇虾的客人虽然对这道菜感到失望,但他可能不会投诉,而只会怪自己没点对菜。他喜欢另一家餐厅烹饪海蜇虾的方法,但他本应知道这家餐厅的烹饪方法可能并不相同。当服务员问他的用餐感受时,他会回答"很好"。服务员应意识到不满意的顾客可能不会抱怨。他们应该试着找出顾客不满意的原因并加以解决。如果服务员注意到某个顾客没有享用他点的菜,就应该主动询问顾客是否需要换一道菜,并向他推荐一些即刻就能烹熟的菜品。[45]

课堂小组练习

＊带星号的练习题可以作为个人作业或线上作业。学生需要对答案给出解释。

1. ＊解释营销人员研究消费者行为的原因,讨论影响消费者行为的特征。当你要选一家餐厅庆祝生日或周年纪念时,哪些特征对你的决策影响最大?

2. ＊假设你要到国外开餐厅,你会选择怎样的经营理念? 图6-2中所列举的各种因素对你的餐厅的成功会起到积极的还是消极的影响?

3. ＊给出消费者市场的定义并描述影响消费者行为的四组主要因素。在决定就读学校时,哪些特征影响了你的选择? 在决定周六晚上做什么时,这些特征是否会有影响?

4. ＊讨论在选择餐厅时,家庭成员会有显著影响的情形。

5. ＊应用决策过程的5个阶段为你的下一次度假选择目的地。

6. ＊某广告公司的总裁说:"感知即事实。"这句话是什么意思? 感知对营销人员来说有何重要意义?

体验练习

与几个人讨论他们将如何在一个陌生的城市选择酒店,如何为特别的日子选择餐厅或度假地。从讨论中你获得了哪些与购买决策过程相关的知识?

参考文献

1. Fast Company,2015,Most innovative Companies Taco Bill,https://www.fastcompany.com/company/taco-bell.

2. Aamer Madhani,"Taco Bell Begins Testing Delivery Service at 200 Stores,"*USA TODAY*,July 8,2015,http://www.usatoday.com/story/money/2015/07/08/taco-bell-to-test-delivery-california-texas/29832469/(accessed July 10,2015); Chelsey Dulaney,"Taco Bell,Pizza Hut to Remove Artificial Flavors,Coloring,"*Wall Street Journal*,May 26,2015,http://www.wsj.com/articles/taco-bell-to-remove-artificial-flavors-coloring-1432638320(accessed July 10,2015); Maureen Morrison,"Sales Are

Going Loco at Taco Bell, Ad Age's Marketer of the Year," *Advertising Age* (September 2, 2013): 2; Shirley Brady, "Taco Bell Promotes New 'Live Mas' Tagline in New Campaign," *Brand Channel*, February 24, 2012, www.brandchannel.com/home/post/2012/02/24/Taco-Bell-Uve-Mas-Doritos-Locos-Tacos-Spots-022412.aspx; Maureen Morrison, "Taco Bell to Exchange 'Think Outside the Bun' for 'Live Mas,'" *Advertising Age*, February 21, 2012, adage.com/print/232849/; Mark Brandau, "Yum Plans to Double U.S. Taco Bell Sales," *Restaurant News*, May 22, 2013, nrn.corn/quick-service/analysts-yum-plans-double-us-taco-bell-sales; Mark Brandau, "Taco Bell NBA Sponsorship to Emphasize Digital, Social Media," *Restaurant News*, October 18, 2013, nm.corn/social-media/taco-bell-nba-sponsorship-emphasize-digital-social-media; and various pages at www.tacobell.com (accessed September 2014); Tristano, D. (2018), "Taco Bell Innovates Again with Nacho," Forbes, https://www.forbes.com/sites/darrentristano/2018/03/14/innovative-taco-bell-brand-does-it-again-with-new-nacho-fries-fora-buck/#3a0a07882b76 (accessed July 6, 2018); Morris, C. (2017), "Taco Bell Is Adding Booze to a Lot of Its Locations," *Fortune*, http://fortune.com/2017/09/22/taco-bell-cantina/ (accessed July 7, 2018); Wired (N.D.), "Taco Bell, The World's Most Innovative Companies 2017," https://www.fastcompany.com/company/taco-bell (accessed July 6, 2018); Walsh, D. (2017), "Taco Bell Is Ditching Drive-Thrus and Adding Booze," https://www.foodandwine.com/news/taco-bell-ditching-drive-thrus-and-adding-booze (accessed July 6, 2018).

3. "Advertising Age Hispanic Fact Pack," August 3, 2015, pp. 30-31; Claudia "Havi" Goffan, "Hispanic Market Trends Forecast," Target Latino, http://targetlatino.com/hispanic-market-trends-forecast/ (accessed September 2016); Population Projections, www.census.gov/population/projections/ (accessed September 2016).

4. Lee Vann, "5 Predictions for Hispanic Online Marketing in 2015," *MediaPost*, November 13, 2014, www.mediapost.com/publications/article/238136; and Goffan, "Hispanic Market Trends Forecast."

5. http://www.iahmp.org/ (accessed August 29, 2011).

6. Hernan Tagliani, "3 Ways to Keep Success on a Restaurant's Menu," *Orlando Business Journal*, April 20, 2015, http://www.bizjournals.com/orlando/blog/2015/04/3-ways-to-keep-success-on-a-restaurants-menu.html (accessed July 10, 2015).

7. See "Connecting through Culture: African Americans Favor Diverse Advertising," *Nielsen*, October 20, 2014, www.nielsen.com/us/en/insights/news/2014/connecting-through-culture-african-americans-favor-diverse-advertising.html; and U.S. Census Bureau, "U.S. Population Projections," www.census.gov/population/projections (accessed September 2016).

8. "U.S. Forest Service and Ad Council Launch New Multimedia Public Service Advertising Effort to Encourage African American Families to Discover Nature," June 7, 2012, www.multivu.com/mnr/62047-us-forest-service-ad-council-psa-african-american-families-discover-nature; "US Forest Service Discover the Forest," National Environmental Justice Conference and Training Program, April 4, 2013, www.scribd.com/doc/134213528/US-Forest-Service-Discover-The-Forest#scribd; "Discovering Nature (African-American Market)," www.adcouncil.org/Our-Campaigns/Family-Community/Discovering-Nature-African-American-Market (accessed February 2015); and www.discovertheforest.org (accessed September 2016).

9. See Agnes Constante (2018), "Asian-American buying power rising as population grows, Nielsen report finds," https://www.nbcnews.com/news/asian-america/asian-american-buying-power-rising-population-grows-nielsen-report-finds-n872046 (accessed May 6, 2019) and U.S. Census Bureau, "U.S.

Population Projections," www.census.gov/population/projections(accessed September 2016).

10. See Eleftheria Parpis, "Goodbye Color Codes," *Adweek* (September 27, 2010): 24-25; "Ethnic Marketing: McDonald's Is Lovin' It," *Bloomberg BusinessWeek* (July 18, 2010): 22-23; Alex Frias, "5 Tips to Refresh Your Multicultural Marketing Strategy in 2013," *Forbes*, February 8, 2013, www.forbes.com/sites/theyec/2013/02/08/5-tips-to-refresh-your-multicultural-marketing-strategy-in-2013/; Stuart Elliott, "New Ad Organization to Promote Cross-Cultural Marketing," *New York Times*, August 30, 2013, http://www.nytimes.com/2013/08/31/business/media/new-ad-organization-to-promote-cross-cultural-marketing.html; The Cross-Cultural Marketing and Communications Association, "Total Market," www.theccmca.org/?page_id=3631(accessed September 2014).

11. "Discover McDonald's Around the World," www.aboutmcdonalds.com/mcd/country/map.html (accessed May 20, 2014); David Griner, "McDonald's 60-Second Meals in Japan Aren't Going So Well," *Adweek*, January 7, 2013; Richard Vines and Caroline Connan, "McDonald's Wins Over French Chef with McBaguette Sandwich," www.bloomberg.com, January 15, 2013; Segolene Poirier, "McDonald's Brazil Has Big Plans," *We Rio Times*, April 8, 2012; Susan Postlewaite, "McDonald's McFalafel a Hit with Egyptians, Advertising Age," June 19, 2001.

12. See Richard P. Coleman, "The Continuing Significance of Social Class to Marketing," *Journal of Consumer Research* (December 1983): 264-280; Leon G. Shiffman and Leslie Lazar Kanuk, *Consumer Behavior*, 6th ed.(Upper Saddle River, NJ: Prentice Hall, 1997), p. 388.

13. Barry Levine, "New Marketing Survey, It's the Trust, Stupid," *Venture Beat*, September 29, 2015, http://venturebeat.com/2015/09/29/new-marketing-survey-its-the-trust-stupid/.

14. "Research Reveals Word-of-Mouth Campaigns on Customer Networks Double Marketing Results," *Business Wire* (October 27, 2009).

15. See https://www.afoodieworld.com/(accessed July 6, 2018).

16. See "JetBlue Lovers Unite to Share Brand Perks with Peers," *WOOMA Case*, www.womma.org/casestudy/examples/create-an-evangelism-program/jetblue-lovers-unite-to-share/(accessed March 2010); Joan Voigt, "The New Brand Ambassadors," *Adweek* (December 31, 2007): 18-19, 26; Rebecca Nelson, "A Citizen Marketer Talks," *Adweek* (December 31, 2007): 19; Holly Shaw, "Buzzing Influencers," *National Post* (March 13, 2009): FP 12; information from www.repnation.com(accessed October 2010).

17. Joan Voigt, "The New Brand Ambassadors," *Adweek* (December 31, 2007): 18-19.

18. Kate Taylor, "For McRib Fans, Search for the Sandwich Is Worth the Effort," *Entrepreneur*, November 21, 2013, www.entrepreneur.com//article/230063# and http://mcriblocator.com (accessed September 2016).

19. See "Dunkin' Donuts Taps Vine Star Logan Paul for Loyalty Program Jolt," *Advertising Age*, November 9, 2015, www.adage.com/print/310271.

20. See Hannah(2017). "Top Restaurant Review Blogs for 2017," https://www.gourmetmarketing.net/top-restaurant-review-blogs-2017/(accessed July 6, 2018); "Top 100 Restaurant Blogs and Websites to Follow in 2018," https://blog.feedspot.com/restaurant_blogs/(accessed July 6, 2018).

21. See Darla Dernovsek, "Marketing to Women," *Credit Union Magazine* (October 2000): 90-96; Sharon Goldman Edry, "No Longer Just Fun and Games," *American Demographics* (May 2001): 36-38. Chris Slocumb, "Women Outspend Men 3 to 2 on Technology Purchases," *ClarityQuest*, January 3, 2013, www.clarityqst.com/women-outspend-men-3-to-2-on-technology-pur-chases/; "More Men

Are Grocery Shopping, but They Do So Grudgingly, Reports NPD," November 12, 2014, www.npd.com/wps/portal/npd/us/news/press-releases/more-men-are-grocery-shopping-but-they-do-so-grudgingly/; Sarwant Singh, "Women in Cars: Overtaking Men on the Fast Lane," *Forbes*, May 23, 2014, www.forbes.com/sites/sarwantsingh/2014/05/23/women-in-cars-overtaking-men-on-the-fast-lane/; and "Women Make Up 85% of All Consumer Purchases," *BloombergBusiness*, June 22, 2015, www.bloomberg.com/news/videos/b/9e28517f-8del-4e59-bcda-ce536aa50bd6.

22. See "Kids Spending and Influencing Power: $1.2 Trillion Says Leading Ad Firm," Center for Digital Democracy, November 1, 2012, www.democraticmedia.org/kids-spending-and-influencing-power-12-trillion-says-leading-ad-firm; and "How Much Influence Do Teens Wield-over Their Parents' Purchase Decisions?" Marketing Charts, June 23, 2015, www.marketingcharts.com/traditional/how-much-influence-do-teens-wield-over-their-parents-purchase-dedsions-56068/.

23. Linda Abu-Shalback Zid, "What's for Dinner," *Marketing Management* (September/October 2004): 6; David Evans and Olivia Toth, "Parents Buy, But Kids Rule," *Media Asia* (November 14, 2003): 22+.

24. Sources: See Mindy Rasledvich, "Harnessing the Power of Mom-to-Mom Influence," *Dedicated Media*, May 19, 2015, www.dedicatedmedia.com/articles/harnessing-the-power-of-mom-to-mom-influence-2; Elizabeth Segran, "On Winning the Hearts—and Dollars—of Mommy Bloggers," *Fast Company*, August 14, 2015, www.fast-company.com/3049137; Keith O'Brien, "How McDonald's Came Back Bigger than Ever," *New York Times*, May 6, 2012, p. MM44; "Lisa Richwine, Disney's Powerful Marketing Force: Social Media Moms," Reuters, June 15, 2015, www.reuters.com/article/us-disney-moms-insight-idUSKBN0OV0DX20150615; and "Disney Parks Social Media Moms Celebration," http://disneysmmoms.com/(accessed September 2016); http://land.allears.net/blogs/kristin-ford/walt_disney_world/disney_social_media_moms_celeb/(accessed July 6, 2018); https://dixiedelightsonline.com/2018/02/disney-social-media-moms-celebration-2018.html(accessed July 6, 2018).

25. John E. G. Bateson, *Managing Services Marketing* (New York: Dryden, 1989), pp. 291-300.

26. Richard M. Howey, Ananth Mangala, Frederick J. De Micco, and Patrick J. Moreo, "Marketplace NeedsofMature Travelers," *Cornell Hotel and Restaurant Administration Quarterly*, 33, no. 4 (1992): 19-20.

27. Consumer Spending in Restaurants 2014, National Restaurant Association, Washington, D.C., 2015.

28. For more on the PRIZM lifestage segmentation, see "MyBestSegments: Nielsen PRIZM Lifestage Groups," www.claritas.com/MyBestSegments/Default.jsp?ID=7010&menuOption=learnmore&pageName=PRIZM2BLifestage2BGroups&segSystem=PRIZM(accessed September 2014).

29. Jihwan Yoon and Elwood L. Shafer, "An Analysis of Sun-Spot Destination Resort Market Segments: All Inclusive Package Versus Independent Travel Arrangements," *Journal of Hospitality and Tourism Research*, 21, no. 1(1997): 157-158.

30. Edmund O. Lawler, "50 Years Behind the Bar," *F&B Magazine*, 2, no. 1(1994): 44.

31. James U. McNeal, *Consumer Behavior: An Integrative Approach* (Boston, MA: Little, Brown, 1982), pp. 83-90.

32. Abraham H. Maslow, *Motivation and Personality*, 2nd ed. (New York: Harper & Row, 1970), pp. 80-106.

33. See "Air on the Side of Humanity," September 17, 2013, www.mullen.com/air-on-the-side-of-

humanity/;"The Newest Marketing Buzzword? Human,"*Advertising Age*, September 20, 2013, www.adage.com/prinV244261; www.jetblue.com/corporate-social-responsibility/(accessed September 2014).

34. M. Joseph Sirgy, "Self-Concept in Consumer Behavior: A Critical Review," *Journal of Consumer Research* (December 1982): 287-300.

35. Douglas Kaufman and John Mahoney, "The Effect of Waitresses' Touch on Alcohol Consumption in Dyads," *The Journal of Social Psychology*, 139, no. 3(1999): 261-267.

36. Aradhna Krishna, *Sensory Marketing: Research on the Sensuality of Products* (New York: Routledge, 2010); Aradhna Krishna, "An Integrative Review of Sensory Marketing: Engaging the Senses to Affect Perception, Judgment and Behavior," *Journal of Consumer Psychology*, 22 (July 2012): 332-351; Joann Peck and Terry L. Childers, "To Have and to Hold: The Influence of Haptic Information on Product Judgments," *Journal of Marketing*, 67(April 2003): 35-48; Joann Peck and Terry L. Childers, "Individual Differences in Haptic Information Processing: On the Development, Validation, and Use of the 'Need for Touch' Scale," *Journal of Consumer Research*, 30(December 2003): 43D-42; Joann Peck and Terry L. Childers, "Effects of Sensory Factors on Consumer Behaviors," Frank Kardes, Curtis Haugtvedt, and Paul Herr, eds., *Handbook of Consumer Psychology*(Mahwah, NJ: Erlbaum, 2008), pp. 193-220; Aradhna Krishna, May Lwin, and Maureen Morrin, "Product Scent and Memory," *Journal of Consumer Research*, 37(June 2010): 57-67; Eric Yorkston and Geeta Menon, "A Sound Idea: Phonetic Effects of Brand Names on Consumer Judgments," *Journal of Consumer Research*, 31(June 2004): 43-45; Aradhna Krishna and Rohini Ahluwalia, "Language Choice in Advertising to Bilinguals: Asymmetric Effects for Multinationals Versus Local Firms," *Journal of Consumer Research*, 35(December 2008): 692-705; Richard F. Yalch and Eric R. Spangenberg, "The Effects of Music in a Retail Setting on Real and Perceived Shopping Times," *Journal of Business Research*, 49(August 2000): 139-147; France Leclerc, Bernd H. Schmitt, and Laurette Dube, "Foreign Branding and Its Effect on Product Perceptions and Attitudes," *Journal of Marketing Research*, 31(May 1994): 263-270; Priya Raghubir and Aradhna Krishna, "Vital Dimensions: Antecedents and Consequences of Biases in Volume Perceptions," *Journal of Marketing Research*, 36(August 1994): 313-326; Ryan S. Elder and Aradhna Krishna, "The 'Visual Depiction Effect' in Advertising: Facilitating Embodied Mental Simulation through Product Orientation," *Journal of Consumer Research*, 38(April 2012): 988-1003.

37. McNeal, *Consumer Behavior*, p. 77.

38. Anna Mattila, "Consumers' Value Judgments," *Cornell Hotel and Restaurant Administration Quarterly*, 40, no. 1(1999): 40.

39. "TIA Study: Weekend Trips Increasing in Popularity," *Travel Weekly* (July 2, 2001): 4.

40. For more on word-of-mouth sources, see Philip Kotler, *Marketing Management*, 11th ed. (Upper Saddle River, NJ: Prentice Hall, 2003), pp. 574-575.

41. Seth Stevenson, "Like Cardboard," *Slate* (January 1, 2010); Ashley M. Heher, "Domino's Comes Clean Wit! New Pizza Ads," *Associated Press* (January 11, 2010); Bob Garfield, "Domino's Does Itself a Disservice by Coming Clean About Its Pizza," *Advertising Age* (January 11, 2010); Domino's Pizza, www.pizzaturnaround.com.

42. Priscilla A. LaBarbara and David Mazursky, "A Longitudinal Assessment of Consumer Satisfaction/Dissatisfaction: The Dynamic Aspect of the Cognitive Process," *Journal of Marketing Research*

(November 1983): 393-404.
43. Thomas Beggs and Robert C. Lewis,"Selling Bermuda in the Off Season,"in *The Complete Travel Marketing Handbook*(Lincolnwood,IL: NTC Business Books,1988).
44. Leon Festinger,*A Theory of Cognitive Dissonance*(Stanford,CA: Stanford University Press,1957); Leon G. Schiffman and Leslie Lazar Kanuk,*Consumer Behavior*(Upper Saddle River,NJ: Prentice Hall,1991),pp. 304-305.
45. Valarie Zeithaml,"How Consumer Evaluation Processes Differ Between Goods and Services,"in *Marketing of Services*,ed. James Donnelly and William R. George(Chicago: American Marketing Association,1981),pp. 186-190.

第 7 章

组织购买行为

学习目标

- □ 总结组织购买过程的关键组成部分。
- □ 识别并讨论参与者在组织购买过程中的重要性。
- □ 识别影响组织购买者的主要因素。
- □ 列出组织购买过程的8个步骤。
- □ 解释如何与会议策划者有效合作。

导入案例

想象以下场景：美国的一家休闲餐厅不断收到来自世界各地的企业的咨询，它们希望获得该餐厅品牌在当地的特许经营权。该餐厅最近将一位区域经理弗兰克·琼斯提拔为国际发展总监，并派他去欧洲、亚洲和非洲跟进来自这些地区的咨询。琼斯是从伦敦中转前往巴黎。在英国机场的商务休息室，他打电话联系了巴黎的客户。到巴黎后，他在顶级餐厅银塔（La Tour d'Argent）订了位，信心满满地向共进午餐的一家法国大型房地产开发公司的总裁表达了合作愿望。琼斯说：" 请叫我弗兰克，雅克。"在德国，琼斯意气风发地用酷炫的多媒体向潜在客户展示自己在推销餐厅方面的独到见解。接下来，琼斯去了沙特阿拉伯，他很潇洒地将放在别致的猪皮材质的活页夹里的计划书递给客户。在飞往莫斯科的途中，琼斯与坐在他旁边的一位日本商人聊了起来。琼斯不停地称赞对方的袖扣，因为他想恭维这位他认定的重要人物。两人告别时，日本商人将袖扣送给琼斯，并双手递上了自己的名片，弯腰鞠躬。琼斯把手紧紧地放在对方背上，表示诚挚的感谢，然后把自己的名片塞进对方的衬衫口袋里。

在俄罗斯，琼斯会见了一家意欲进军房地产开发业的能源公司的首席执行官（CEO）。因为感觉与这位俄罗斯高管的相处非常放松，琼斯脱下西装外套，身体后仰，跷起了二郎腿，还将手插在口袋里。在下一站中国北京，琼斯与几名高管共进午餐谈生意。吃完饭,他把筷子插在盛着米饭的碗里,给每位客人都送了一个精美的蒂芙尼钟,以示合作诚意。

回到美国后,琼斯期待着与上述客户开展国际合作,以为自己会忙得不可开交。但令他惊讶的是,没有一位潜在的合作对象跟他联系,即使他主动跟进,客户也没有回应。琼斯的这次长途旅行花了很多差旅费却一无所获。在他出发前,国际扩张的前景还一片大好。琼斯不明白这些人为什么失去了合作兴趣。

为了说明问题,这个例子有些夸张的成分。但专家表示,在国际贸易中,了解目标地区及其人民对于成功非常重要。非英语国家的商业领袖通过学习英语等方式,对美国已经很了解了。相比之下,美国人却总是假设其他国家的人会遵循自己的行事风格。美国人通常以自我为中心,旅行时希望事情是"美国式的",快速、方便、简单。

可怜的琼斯虽然也努力了,但却用错了方式。英国人通常不像美国人那样通过电话谈生意。这与其说是"文化"上的差异,不如说是做法上的不同。传统的法国人既不喜欢初次见面就表现得很热络,也不喜欢直呼陌生人的名字。一位法国商业习俗专家解释说:"可怜的雅克可能不会说什么,但他不会高兴的。"琼斯酷炫的多媒体演示在德国人那里并不管用,因为他们不喜欢夸大其词和炫耀。而对沙特阿拉伯人来说,使用猪皮夹子是极其恶劣的行为。曾有一位美国销售人员因为拿出了猪皮夹子而被毫不客气地赶出了沙特阿拉伯,他所在的公司也被列入了沙特阿拉伯企业的黑名单。琼斯与新结识的日本朋友交流时也很失礼。日本人会努力取悦他人,特别是当有人欣赏他们拥有的物品时,这位日本人很可能觉得有义务送出自己的袖扣,而非真心实意。琼斯把手搭在对方背上的做法会被认为无礼和放肆。与很多亚洲国家一样,日本奉行"不接触的文化",在这种文化中,连握手都让人觉得不舒服。琼斯对名片的漫不经心让情况变得更糟。日本人尊重名片,视其为自我的延伸和等级的标志。他们不会把名片随意递给别人,而是双手奉上。琼斯在俄罗斯的表现也不怎么样。俄罗斯商人通常穿着深色西装和正装鞋,衣着保守、职业。在谈判中脱掉外衣是软弱的表现,把手放在口袋里是不礼貌的,露出鞋底更是一种令人厌恶的举动。同样,在中国,琼斯随便放筷子也可能被误解为对他人的冒犯。在中国,把筷子插进饭碗里是给逝者上供时的做法。琼斯把钟表作为礼物送给对方更是证实了这种"不怀好意"。汉语里的"送钟"听上去和"送终"是一样的。因此,要想在全球市场上取得成功,或者在本国市场上与国际企业得体地打交道,企业必须帮助管理人员了解国际组织购买者的需求、风俗习惯和文化。有些智能手机应用程序可以为国际旅行者提供建议,帮助他们避免在国外犯下令人尴尬的错误。世界各地的文化差异很大,营销人员必须深入了解以确保能适应这些差异。"在异国他乡和异国文化中做生意时不要想当然,"一位国际商业专家说,"要刨根问底,注重细节。"[1]

旅游接待业已经发展成为一个全球性的行业。旅游接待企业派遣管理人员到世界各地寻找业务地点、销售会议服务和采购产品。本章的导入案例展示了在与国际商务代表进行业务往来时必须注意的一些文化差异。组织市场与消费者市场之间的差异很明显,不必通过出国旅行就能发现。两个市场实际上在很多方面都不同,包括市场结构和需求、购买单位的性质、决策类型,以及所涉及的决策过程。本章将帮助你了解如何更有效地向其他企业销售产品,并帮助你通过了解流程提升采购的能力。我们还将讨论为旅游接待业带来业务的集团市场。

7.1 组织购买过程

上一章介绍了最终的消费者购买行为及其影响因素。本章将介绍企业客户的购买行为及其影响因素。企业客户是指购买产品和服务用于自己的产品和服务或转售给他人的客户。当销售给最终买家时,企业营销必须吸引企业客户,并通过创造卓越的客户价值与其建立可盈利的关系。

大多数大企业都会向其他组织出售产品。例如,万豪酒店向企业、协会和非营利组织出售客房和会议场所。餐厅向企业出售在包间进行商业会晤的服务,餐饮服务供应公司向酒店和餐厅出售食品、设备和用品,科技公司向旅游接待企业销售软件和硬件。B2B销售职位为酒店专业的学生提供了就业机会。

企业购买行为是指企业购买产品和服务,用于生产其他产品和服务,并将其出售、出租或提供给他人的行为。企业购买行为还包括零售商和批发商的行为,这些企业通过收购商品转售或出租给他人获取利润。在企业购买过程中,企业购买者确定所在的组织需要购买哪些产品和服务,然后在供应商和品牌中寻找、评估和选择。B2B营销人员必须尽力了解企业市场和企业买家行为,从而吸引企业客户,并创造卓越的客户价值以建立可获利的关系。

7.1.1 企业市场

企业市场是巨大的。事实上,企业市场所涉及的金额和产品远远多于消费者市场。在某些方面,企业市场与消费者市场相似。两个市场的参与者都要承担购买角色并做出购买决策以满足需求。然而,企业市场在许多方面不同于消费者市场。主要区别在于市场结构与需求、购买单位的性质、决策类型和决策过程。

7.1.2 市场结构与需求

组织需求是**衍生需求**(derived demand),最终来自对消费品或服务的需求。这种需求为旅游接待企业提供了会议、特别活动及其他业务。在很多城市,某一类产业可能产生大量的经济活动。例如,波士顿是生物技术产业的中心之一,而能源工业在休斯敦的经济中占有很大的份额。一个地区经济中的支柱产业如果表现低迷,会对该地区的企业支出产生不利影响。

通过高质量的环境分析,酒店经理可以识别新兴行业、企业和协会,之后对这些组织进行筛选以寻找好的商业伙伴。如果发现某些行业的经济衰退即将来临,他们可以在该地区寻找势头较好的行业来弥补失去的业务。目的地营销人员要想给会议中心带来源源不断的生意,就需要了解衍生需求的重要性,并紧跟环境的变化。

7.1.3 购买单位的性质

与消费者购买相比,企业采购通常涉及更多的决策者和更专业的采购过程。经常使用酒店举办会议的企业可以聘请会议策划人。专业会议策划人都接受过专业的谈判技巧培训,通常隶属于某个协会,如国际会议规划师(MPI),而这些协会定期开展最新的谈判技巧培训。商务旅行社的工作是找到最优惠的机票、租车和酒店。因此,酒店必须派出训练有素的销售人员来接待高水平的买家,这为销售人员创造了数千个就业机会。此外,会议一旦售出,业务将交由会议服务商负责。会议服务商与会议策划人合作,确保会议按照策划人的期望进行。除酒店外,与会议相关的人员包括企业的会议策划人、协会的会议策划人、独立的会议策划人、会议和游客局销售人员。

7.1.4 决策类型和决策过程

组织购买者通常面临比消费者更复杂的购买决策。**组织购买过程**(organizational buying process)往往比消费者购买过程更正式,采购工作也更专业。购买越复杂,参与决策过程的人就越多。75人参加的为期一天的销售会议,总费用可达数万美元。如果一家企业在全国各地召开一系列销售会议,那么就需要花时间对几家连锁酒店的报价进行比较和分析。

在组织购买过程中,买卖双方往往相互依赖。销售是一个协商的过程。酒店员工可以开发有趣且富有创意的菜单、主题派对和茶歇,与会议策划人合作解决问题。他们与企业和协会的客户保持密切的工作关系,通过精准的解决方案满足对方的需求。此外,酒店和餐饮公司不仅要满足客户的当前需求,还要提前考虑以满足客户的未来需求,建立长久的合作。我们以农产品和食品巨头嘉吉公司(Cargill's Cocoa & Chocolate)为例。嘉吉公司向世界各地的企业客户销售可可和巧克力,其中包括玛氏(Marz)和亿滋(Mondelez)等巨头,但其成功不仅在于销售产品。嘉吉公司利用其在可可(包括巧克力生产)方面的专业知识,为客户提供咨询服务。它向客户展示如何更好地使用产品,以及如何降低生产成本。例如,嘉吉公司的研究人员为客户普及全球消费食品趋势,其研发团队为客户提供个性化的产品开发支持,技术服务专家为客户解决配方和实践方面的问题。此外,嘉吉公司的厨师和食品科学家还会帮助客户开发新产品以增加价值。因此,除了销售可可和巧克力,嘉吉公司还帮助客户更成功地使用这些产品。嘉吉公司意识到,自己的业务源于客户业务的成功。

7.2 组织购买过程的参与者

组织购买的决策单位,有时被称为**采购中心**(buying center),是指"参与购买决策过程、具有共同的目标并共同承担决策风险的个人和团体"。[2]

采购中心包括在购买决策过程中扮演以下6种角色中任何一种的组织成员:[3]

(1)使用者。他们是使用产品或服务的人,可能是领班、前台工作人员,或客户的顾客。虽然使用者不进行购买决策,但他们会对购买决策产生重大影响。明智的B2B营销人员在将产品推向市场前会与终端顾客进行产品测试,并确保终端顾客在使用产品时能得到足够的帮助。

(2) 影响者。他们直接影响购买决策,但不是最终的决策人。他们通常参与界定具体的需求,并提供评价各种备选方案的信息。已卸任的行业协会主席对会议选址可能有一定影响;行政秘书、配偶、地区经理等很多人对展销会、研讨会、大型会议及其他小组聚会的场所选择可以并且确实产生重大影响。优秀的销售人员会进行调查,找出能影响决策过程的人。

(3) 决策者。他们负责选定产品的供应商,决定对产品的各种具体要求。例如,某企业丹佛地区的销售经理负责选定在该地区召开展销会的酒店,并协商各种安排。

(4) 审批者。他们负责对决策者或购买者提出的活动方案进行审批。尽管会议是由丹佛地区的销售经理安排的,但需要将合同提交营销副总裁才能得到正式的批准。

(5) 购买者。他们有权选择供应商和确定具体购买条件。购买者可以帮助确定对产品的具体要求,在选择供应商和进行谈判时扮演重要角色。接下来,活动策划者可能会接管流程并计划会议。在某些情况下,最终协议将交给采购部门由其批准。

(6) 看门人。他们有权阻止推销员或各种信息到达采购中心的成员。例如,一位酒店推销员要拜访企业的会议策划人就必须先过秘书这一关。秘书可以轻而易举地阻止推销员见会议策划人,只要不转达信息、告诉推销员说会议策划人不在或者干脆说会议策划人不想见他就可以了。优秀的销售人员与客户组织中的所有人都保持良好关系,并努力获得看门人的信任。

采购中心不是购买组织的固定的正式单位,而是由不同的人为不同的购买而承担的一系列购买角色。在组织内,采购中心的规模和组成将因不同的产品和不同的购买情况而有所不同。对于一些日常采购,行政助理可能会安排一次小型会议,然后交由自己的上司批准。对于更复杂的采购,采购中心可能会将不同级别和部门的人员纳入其中。[4]

采购中心的概念意味着巨大的营销挑战。B2B营销人员必须了解谁参与决策、每个参与者的相对影响力,以及每个决策参与者使用的评估标准。这很困难,因为随着成员的晋升或离职,采购中心可能是动态的。当一个采购中心包括多个参与者时,供应商可能没有时间或资源联系所有人。较小的供应商专注于接触关键的购买影响者和决策者。重要的是,不要越级磋商。大多数决策者都喜欢控制采购决策;越过决策者直接接触老板会让决策者反感。在大多数情况下,老板会把决定权交给决策者,如果不想直接与决策者打交道,就很可能失去这笔生意。较大的供应商使用多层次的、深入的销售来吸引尽可能多的买家。他们的销售人员实际上生活在大客户群中。

7.3 组织购买者的主要影响因素

组织购买者在做出购买决策时会受到许多因素的影响。一些营销人员认为经济因素最为重要。他们认为购买者更青睐价格最低、产品最好或服务最多的供应商。这些供应商努力为购买者提供最高的经济效益。无疑,这些经济因素对大多数购买者来说都非常重要,尤其是在经济不景气的情况下。然而实际上,组织购买者除经济因素外也看重个人因素。购买者并非都是精于算计或不近人情的,他们也很有人情味、乐于与人交往,既讲道理也重感情。

图 7-1 列出了环境、组织、人际和个人等因素对组织购买者的影响。[5] 组织购买者在很大程度上受当前和预期经济环境因素的影响,如基本需求水平、经济形势和资金成本。组织购买者还受环境中技术、政治和竞争发展的影响。而且,文化和风俗习惯也会强烈影响组织购买者对营销者行为和策略的反应,特别是在跨国营销的环境中。因此,销售人员必须观察这些因素,确定它们将如何影响购买者,并努力将这些挑战转化为机遇。

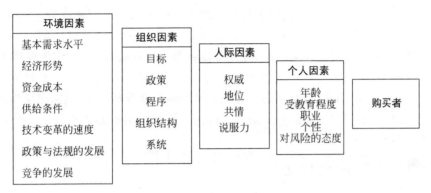

图 7-1 影响组织购买行为的主要因素

组织因素也很重要。每个采购组织都有自己的目标、策略、结构、系统和程序,而 B2B 营销人员必须很好地理解这些因素,并搞清楚下列问题:有多少人参与购买决策?他们是谁?他们的评价标准是什么?组织对购买者的政策和限制是什么?

采购中心通常包含许多相互影响的参与者,因此人际因素也会影响组织购买过程。不过,人际因素和群体动力的影响程度较难评估。采购中心的参与者并没有戴着"关键决策者"或"不具影响力"的标签,而且个人因素也会产生影响,如好感、关注度或规避风险。一项针对 10 家大公司的购买者的研究表明,情绪和情感在企业决策者的决策过程中起重要作用。他们很看重"形象",倾向于从知名公司购买产品,并青睐对他们表示尊重的供应商。他们对真实的或想象中的组织买家"反应过度",倾向于拒绝不投标或延迟投标的企业。[6]

参与者可能会影响购买决策,因为他们控制奖惩、受欢迎、具有特殊专长或与其他重要参与者有特殊关系。人际因素往往很微妙。只要有可能,B2B 营销人员必须设法理解这些因素,并在设计战略时予以考虑。

组织购买决策过程中的每个参与者都带有个人动机、看法和偏好。这些个体因素受年龄、收入、受教育程度、职业、个性和对风险的态度等个人特征的影响。此外,购买者有不同的购买风格。有些购买者是技术型的,在选择供应商之前会对各种方案进行深入分析。另一些购买者可能是天生的谈判者,他们善于让供应商相互竞争,以争取到最合算的条件。

7.4 组织购买决策

组织购买者购买产品和服务不是为了个人消费。它们购买旅游接待产品是为了开展培训、奖励员工和经销商,或为员工提供住宿。组织购买过程即采购阶段通常分为 8 个阶段。[7] 该模型被称为采购方格框架。下面依次介绍典型的新任务购买情境的 8 个阶段。

7.4.1 问题识别

当企业中有人意识到可以通过获得某一产品或服务来解决问题或满足需要时,购买过程就开始了。**问题识别**(problem recognition)可能源自内部或外部的刺激。从内部来看,为了向推销人员介绍一种新产品,可能需要召开一系列会议;人力资源经理发现需要对员工进行培训,因此提出召开培训会议;首席执行官觉得管理团队周末最好聚在一起修订企业战略。从外部来看,问题识别可能源于组织购买者看到一则广告,或接到酒店销售代表的电话,提出了一个优惠的产品组合。营销人员可以通过制作有效的广告和拜访潜在客户来激发对问题的识别。

7.4.2 需要的总体描述

需要一经识别,购买者就会进一步明确对产品的各种要求,并形成对需要的总体描述。办一次培训会议,包括对餐饮、会议室、视听设备、咖啡茶点和客房等的要求。企业的会议策划人员会与人力资源主管、培训经理及将要参加会议的人员合作,深入讨论会议的要求。大家一起商定价格、会议室、客房、餐饮等因素的重要程度。

在这一阶段,酒店营销人员可以给购买者提供协助。购买者通常并不了解每种产品的特征及其所能提供的利益。机敏的营销人员可以帮助购买者确定其需要,并说明酒店能在多大程度上满足这些需要。

7.4.3 产品的具体说明

对需要做出总体描述之后,就可以提出具体的会议要求了。例如,会议可能需要 20 间客房、一间能容纳 25 人并配有白板和投影仪的布置成教室风格的会议室,以及一间单独的餐厅。对于规模较大的,要求有展区的会议,所需提供的信息更为复杂,通常包括供水情况、会议室的举架高度、门的宽度、安全性,以及接待程序和会前材料的存放地点等信息。营销人员必须准备好回答潜在顾客提出的各种有关酒店能否满足其**产品具体要求**(product specification)的问题。如今,这方面的需求涉及各种技术细节,如计算机门户、最新的 AV 设备等。

7.4.4 寻找供应商

购买者接下来可以通过翻阅行业名录、利用计算机检索,或者给熟悉的酒店打电话来寻找供应商,确定最合适的酒店。会议策划人可能会亲自前往符合要求的酒店考察,最终列出几家合格的酒店。在寻找供应商的过程中,会议策划人员通常会认真考虑来自管理层成员、顾问、律师等的建议。

7.4.5 征求解决方案

会议策划人列出了供应商的名单后，就会请合格的酒店提交方案。因此，酒店营销人员必须善于调研、写作和说明方案。他们应该有营销意识，而不只是提供方案。他们应展现企业的能力和资源，在竞争者中脱颖而出。要实现这个目的，必须知道竞争对手的优劣势及自己的优劣势。销售人员还必须了解酒店的哪些功能会被会议策划人视为加分项。

7.4.6 选择供应商

在这个阶段，采购中心的成员要研究每家酒店的方案进而选择供应商。他们要对酒店进行分析，考虑酒店的硬件设施、服务能力及员工的专业技术水平。通常，采购中心要列出供应商应具备的各种条件，并确定这些条件的相对重要性。

科技的发展使会议策划人能够利用影像来了解会议地点。eMarketing 360等公司专门摄制会议场所的视频及图像并将其发布在网上供会议策划者浏览。Meeting Matrix公司建了一个提供会议信息的网站，包括房间效果图和会议地点视频等。这些都有助于会议规划人缩小选择范围，那些对某一品牌有信心的会议策划人甚至不用实地考察便可根据这些信息做出选择。不过，无论通信设备多先进，都不能代替实地考察，实地考察应该是甄选过程中不可或缺的组成部分。

在做出最终决策之前，组织购买者可能会尝试与选中的供应商就价格及其他供货条件再次进行谈判。最后，他们可能选择一个或几个供应商。大型餐厅可能会把大部分业务交给预先指定的食品供应商以获得最优惠的价格，但也会继续从另一个供应商那里购买产品作为后备。这种做法也使购买者能够比较几个供应商的价格和服务。

7.4.7 常规预定细则

在该阶段，购买者要向选中的酒店下订单，列出会议的**常规预定细则**（order-routine specification）。酒店则会向购买者提供一份正式的合同。合同明确规定所订客房的截止日期、酒店可以将客房出售给其他顾客的日期，以及最低订餐保证金。很多酒店和餐厅由于没有要求买方缴纳保证金而使本来可以盈利的酒宴变成了一次赔本的买卖。

营销专栏 7-1

企业采购部参与采购会议

随着企业越来越注重控制差旅费和会议费，企业购买会议和活动的过程也变得日益正式。大约10年前，大多数企业的活动策划人员只要不超过企业预算，即可自行预订会议、选择地点，并确定餐饮需求。如今，很多企业都让采购部门参与这个过程。过去，采购部门处理的是规格明确的有形产品。这意味着他们收到的投标都是同一种产品。在采购会议服务时，采购部门必须明白，当会议价格下调时，通常意味着服务的缩水。麦当劳的一位会议策划人邀请企业的采购团队参观年度全球大会的幕后活动。采购团队意识到有必要继续与公司合作过的供应商合作，因为这些供应商已经证明他们有能力举办符合公司目标的会议和活动。同时，会议策划人还必须认识到，采购部门有责任确保公司不会为商品和服务支付过高的费用。从酒店或活动场所的角度来看，这意味着销售人员不仅要向会议策划人推销产品，而且必须帮助他们向采购团队推销服务。

企业也可以将采购外包给商务旅行社。商务旅行社可以与企业的活动策划人员合作，也可以独立为企业管理和策划活动。商务旅行社通常负责为企业的员工安排商务旅行，但其业务范围还包括活动管理。[8]

7.4.8 绩效评估

购买者要对产品做购后的**绩效评估**（performance review）。在这个阶段，购买者要确定产品是否满足自己提出的各项要求，以及将来是否会再次从该企业购买。酒店则要与会议策划人进行日常会面，弄清楚他们对各种安排是否满意并及时纠正所犯的错误。这些措施可以改善购买者对某些服务的负面看法，避免购买者给出消极的购后评价。

7.5 通过数字和社交营销吸引组织购买者

与其他市场营销领域一样，信息技术及在线、移动和社交媒体的迅猛发展改变了 B2B 购买和营销过程。接下来我们将讨论两个重要的技术进步：电子采购和在线采购；B2B 数字和社交媒体营销。

7.5.1 电子采购和在线采购

信息技术的进步极大地影响了 B2B 购买过程。在线采购通常被称为电子采购，虽然在 20 年前还几乎不为人知，近年来却发展迅速，已经成为大多数企业的标准程序。B2B 营销人员可以与客户在线联系，分享营销信息，销售产品和服务，提供客户支持服务，并保持长久的客户关系。企业可以用多种方式进行电子采购。企业在需要举办会议或活动时，将征求建议书（RFP）放到网上，也就是把采购请求放在网上邀请供应商投标。大企业也可以通过建立自己的企业采购网站进行电子采购。

Sysco 是一家为食品服务企业供货的大型供应商，最近购买了在线分销系统"飞行中的供应品"。该分销系统提供超过 17 万种产品，为客户和 Sysco 的销售代表节省了时间，并能完全集成到它们的会计系统中。[9] B2B 在线采购有很多好处。首先，它可以节省交易成本，缩短从订货到交货的时间，使采购过程更加高效。此外，在线采购程序省去了与传统的申请和订购程序相关的文书工作，有助于组织更好地跟踪所有采购。最后，除了节省成本和时间外，电子采购还将采购人员从烦琐的文书工作中解脱出来，使其可以把重点放在战略问题上，如寻找更好的供应来源、与供应商合作降低成本、开发新产品。

Meetings Maker 是一个软件包，使组织者可以在线预订酒店会议，在线查看可预订的会议室和客房的价格、餐饮选择、视听套餐等详情并直接在线预订。会议计划和预订软件使希尔顿等酒店可以在网站上销售会议订单。会议策划人在网站上自行搭配小型会议,根据自己的要求设计会议,使酒店的销售团队可以专注于更大的订单。对于大型会议,企业可以向酒店提交在线提案请求。接着,酒店可以在网上提交投标书,然后由销售人员联系。网上采购创造了一个竞争环境,投标书需快速周转。大型组织通常有专职人员处理在线请求。

然而,电子采购的迅速扩张也带来了一些问题。例如,互联网使供应商和客户可以共享业务数据,甚至在产品设计上进行合作,但它也可能危及数十年的客户-供应商关系。很多购买者利用互联网的力量让供应商相互竞争,并在逐个采购的基础上寻找更好的交易、产品和周转时间。供应商需要向采购商展示牢固的长期合作关系的益处,并让其理解和认可这些益处。

7.5.2　B2B 数字和社交媒体营销

为了应对企业客户的网购潮流,B2B 营销人员也开始广泛使用数字和社交媒体营销方法,从网站、博客、移动应用程序、电子资讯和专有在线网络到主流社交媒体(如脸书、领英、YouTube 和推特),随时随地吸引企业客户并管理客户关系。

B2B 数字和社交媒体营销不仅在增长,而且在爆炸式增长。数字和社交媒体营销迅速成为吸引企业客户的新空间。与传统媒体和销售方式相比,数字和社交媒体可以创造更高的客户参与度和互动性。B2B 营销人员知道自己面对的并非企业而是影响企业购买决策的个人。如今的组织购买者通过个人电脑、平板电脑和智能手机等数字设备建立连接。

数字媒体和社交媒体在吸引组织购买者及保持客户关系方面发挥着重要作用,这是单靠个人销售无法做到的。与销售代表在工作中拜访企业客户或在贸易展上与他们会面的旧模式不同,新的数字化方法促进了销售部门和客户组织中众多人员的随时随地的联系,使买卖双方都能更好地控制和获取重要信息。B2B 营销一直是社交网络营销,但今天的数字环境提供了一系列令人兴奋的新的网络工具和应用程序。一些 B2B 公司错误地认为,今天的数字和社交媒体主要适用于消费品和服务公司,实际上,数字平台可以成为吸引广泛客户及其他重要公众的有力工具。

7.6　旅游接待业集团市场

集团业务是组织业务中最重要的类型之一。营销经理必须了解集团市场与消费者市场之间的差异。与消费者市场相比,集团市场往往更加复杂,需要更多的技术信息。很多集团市场要提前一年多预订,在这段时间里可能会出现认知失调。因此,营销人员必须与买家保持联系,确保他们在选择酒店的过程中做出正确的决定。

集团市场主要有 4 种类型:大型会议、协会会议、企业会议和 SMERF(社会、军事、教育、宗教和互助组织)会议。大型会议能吸引大量的参会者,不过协会会议和企业会议的举行比大型会议频繁。参加大型会议的人数可达数万,而协会举办的培训班可能只有 20 人参加。因此,会议中心和较小的酒店主要为协会提供服务。企业可能举办大型活动,如希尔顿的年度总经理会议或较小的区域会议。在选择酒店时,会议策划者的一个重要考虑因素是酒店能否容纳与会者。对于大多数酒店来说，集团业务是一个非常重要的部分。成功的酒店知道要吸引哪些团队，如何利用集团业务来提高入住率，以及如何凭借酒店能够提供的利益而不是低价格来抢夺集团市场。

会展业理事会（Events Industry Council）由33个代表会议与展览行业的个人和组织的成员组成。会展业理事会的《实践交换公约》（APEX）规定了会议创建和实施过程中各方应遵守的标准和最佳操作细则。APEX的活动规范为策划活动提供了可供参照的模板化清单，其术语表统一了会展业的用语。对于从事会议销售和策划的人员来说，APEX是一个非常好的工具。[10]

7.6.1 大型会议

大型会议（convention）是一个需要大量会议设施的专业市场，通常是协会的年度会议，包括全体大会、委员会会议和特定主题的小组会议。拥有一定规模的会议设施的酒店，如芝加哥凯悦酒店或亚特兰大万豪侯爵酒店，都能接纳中小规模的大型会议。使用大型会议设施（如纽约的雅各布·亚威茨会议中心）的大型会议通常有上万人参会。全市性的会议可以吸引成千上万的与会者，这些与会者的住处可能遍布全市的酒店。在美国，每年举行约200万次会议，与会人数达2.51亿，产生3 250亿美元的直接开支和8 450亿美元的商业销售，创造了590万个就业机会。[11]面对如此巨大的市场，这个行业能吸引开发商、城市规划师和各级政府的关注也就不足为奇了。

美国有252个会议中心。加利福尼亚州、佛罗里达州和内华达州各有20个，其次是得克萨斯州，有19个。美国最大的会议中心芝加哥的麦考密克广场占地24万平米。世界上最大的会议中心是汉诺威梅塞尔邦德，占地约46万平方米。[12]

各个协会通常提前2~5年选择会议地点，而有些超大型会议在10~15年前就开始规划了。10月是开会的黄金季节，其次是11月、9月和4月。[13]有些协会喜欢年复一年地在同一个城市举办会议，而另一些协会却喜欢每年换一个地方。

对于主办方来说，大型会议是一个重要的经济来源。注册费和展位费是主要的收入来源。展销会给供应商提供了向协会成员展示并销售产品的机会。Freemanh和GES等会展服务公司与协会和会议中心合作，提供电气连接、展台布置及其他服务，确保参展商在搭建展位时获得所需的资源。展位的价格受参会人数的影响。在选择会议地点时，协会需要考虑两个方面的因素：交通便利程度和对参会人员的吸引力。大型会议能否实现收支平衡取决于参会人数是否足够多。

许多酒店与独立的视听设备（AV）公司签订合同，由这些公司负责提供和维修设备。AV公司会将相关设备和人员安排在市内，以便某个团体需要特定的视听设备时，可以及时提供设备和人员。在大酒店，AV公司设有专门的办公室，用来存放设备并派驻技术人员。对于大型会议，AV公司在会议期间会安排现场技术人员，确保发生问题时能够及时解决，使会议发言按计划进行。在这种管理模式下，酒店会向客户收取AV设备的相关费用，然后按照商定的比例付款给AV公司，如60%归AV公司，酒店留下40%。

结账程序对酒店策划人员来说也很重要。如果酒店的财务部门不为顾客考虑，结账时很容易出问题。专业会议策划人需要酒店提供清晰、准确、及时的账单。对于会议策划人来说,除了硬件设施和价格外,食物质量、结账程序、酒店员工的专业技能和精神状态也很重要。

7.6.2 会务局

会务局是协助酒店签订会议合同的非营利性营销机构。这些机构由一些商业会所、旅游局或市县政府部门主办,通常依靠某一家酒店或依靠收取的营业税来维持运转。它们通常是会议策划人的信息源头之一。会议业务占比很高的酒店必须与会务局保持良好的工作关系,如成为该机构的积极会员。

7.6.3 协会会议

对协会会议策划人来说,会议地点最重要的条件是酒店及其设施的可用性、交通便利程度、与参会者的距离远近及交通费用等。气候、娱乐和文化活动不像对大型会议那样重要,因为协会会议本身就很有吸引力。在选择酒店时,会议策划人对食物质量、价格、会议室、结账程序等条件的关注程度与大型会议的策划人类似,只是在展览场地方面有所不同。[14]需要注意的是,对协会会议策划人来说,餐饮是选择酒店时最重要的考虑因素。

美国的 Convene 公司调查了一组成功且受人尊敬的会议策划人,了解他们在选择会议地点时关注哪些因素,发现排在前 10 位的因素依次是:①位置和可达性;②会议室容量;③空间的联通与布局;④AV 设备的质量和性能;⑤房间的灵活性;⑥装修;⑦销售人员和服务人员的工作能力;⑧价格灵活性;⑨食物质量;⑩参与者感受。[15]

最重要的是要找到一个能让与会者满意且方便到达的地点。接下来是合适的硬件设施(如 AV 设备)和工作人员,从而保证会议的顺利召开。虽然食物质量排在第九位,但如果哪家酒店有食物质量低劣的坏名声,也会被排除在考虑之外。上面提到的调查给出的是总体结果,但也要意识到会议策划人各有不同。优秀的销售人员应制定可满足会议策划人不同需求的组合方案。

对于美国的酒店来说,成为美国经理人协会(ASAE)的会员有助于获得团体业务,因为它不仅提供了与各协会的行政管理人员建立联系的机会,而且是有关全美和地方协会活动情况的信息来源。很多行业协会的会员也是酒店的重要团体客户。在行业协会召开的会议上,这些客户可以充当酒店的宣传大使。

协会所举办的会议是会员自愿参加的。因此,酒店应该与会议策划人合作,尽可能使酒店所在地看起来有吸引力,即确保会议策划人了解当地的景点,能为参会者提供参观游览方面的建议,协助其安排会后的各种活动。这将使酒店和会议策划人都受益。应该把酒店和会议所在地放在一起宣传。

7.6.4 企业会议

作为企业的员工,出席**企业会议**(corporate meeting)是必须履行的职责。员工遵从规定参加会议,没有其他选择。企业会议的一个特点就是准备时间很短。由于企业不必制订和实施吸引与会人员的营销计划,因此会议的策划仅需提前几周。企业会议的规模从10~12人参加的董事会议到上百人参加的销售会议不等。总体而言，35%的企业会议有10~24个参会者，39%的企业会议有25~49个参会者，18%的企业会议有50~99个参会者，余下的18%有超过100个参会者。[16]

很多企业会议是由美国运通（American Express）和嘉信力旅运（Carlson Wagonlit）等规模较大的代理机构承办的。这些机构为企业提供差旅管理服务。因此，在寻求来自企业的业务时，酒店管理人员必须弄清楚是谁负责企业会议的预定。[17]

企业所关心的主要是会议是否富有成效及能否实现企业的目标。企业会议的类型包括培训会议、管理会议和计划会议。还有一种类型的企业会议叫奖励会议，我们将在后面讨论。

企业会议策划人在选择会议地点时最看重的是酒店的可用性、交通的方便程度、交通费用和参会者的距离远近。

企业会议策划人都希望会议开得有成效，钱花得有价值。他们事业上的成功常取决于会议操办的情况。酒店想要获得企业的会议业务并保持良好的合作关系，就必须确保会议室的状况满足要求、设备调试完好。会议策划人希望与会者感到舒适，因此客房也很重要。此外，他们还关心食物质量、娱乐及现代化的室内运动设施。在一个连开数日的技术会议上，与会人员在正式会议之外的互动也很有价值。可以通过高尔夫或网球运动鼓励与会人员交流，以打破在屋子里分组讨论的单调气氛。类似地，晚上去一家当地餐厅用餐、进行体育运动或参加文化活动也是与会者非常喜欢的放松方式。

1. 小型团体会议

需求量不超过50间客房的小型企业会议日益得到连锁酒店的关注。尽管参加会议的人数比较少，但是每个月都会有数千个这样的小型会议。很多酒店已经开始针对小团体开展营销。销售人员向小团体传达的信息是：你们的业务对我们很重要，酒店不会让你们失望。金普顿酒店（Kimpton Hotels）等一些酒店成立了专门为规划小团体活动的客户提供帮助的小团体业务组。大酒店也开始开发小团体业务。拉斯维加斯有2 000多间客房的大型度假村也将小团体视为有价值的市场。

很多酒店为小团体提供按人数收费的固定单人价格，包括用餐、茶歇、会议室、AV设备和客房。固定的价格便于会议策划人计算成本。简化小型会议安排至关重要，因为策划小型会议的人往往不是专业的会议策划人。

2. 奖励旅游

奖励旅游（incentive travel）作为一种特殊的企业团体业务形式，是参与者由于达成或超额完成工作任务而获得的奖励。企业会给表现优异的个人和团队给予奖励。酒店销售人员要帮助客户意识到这项开支的合理性。

由于以旅游作为奖励，所以目的地和酒店一定要让被奖励者觉得与众不同。气候、娱乐设施和观光景点是奖励会议的策划人在选定会议地点时重视的因素。[18]加勒比海、夏威夷、欧洲和美洲大陆的一些度假地是常见的奖励旅游目的地。合适的地理位置和高质量的设施非常重要。摩根酒店集团高级副总裁布莱恩·琼斯（Brian Jones）说："最重要的是创造独特的体验，这种体验包含激励、庆祝及教育意义。我们越是在这些方面下功夫，我们就越是成功。"

奖励旅游通常持续 3～7 天，但如今的趋势是奖励旅游的时间不能太长，以便被奖励者重返工作状态。凯悦酒店负责与奖励旅游相关促销业务的斯科特·沃克（Scott Walker）说："经常有人说，'让我们把行程从 5 天缩短为 4 天，但是可以把每天的活动安排得丰富些。'这些活动包括美食、温泉疗养、打一轮高尔夫球赛或是凭凯悦保付支票任意消费。"[19]每个房间的平均支出都很高。企业有时会在奖励旅游的获奖者的酒店账户里存一笔钱，这笔钱可用于支付酒店房费和服务费（如租车）。例如，在露华浓公司主办的地区最佳销售者奖励旅游中，每个人的酒店账户中有 500 美元奖励金可随意支配。大家都愿意在酒店的餐厅和酒吧中尽情消费，即便有时要用自己的钱支付超额花费。因此，奖励旅游对于酒店来说有很大的盈利空间。

奖励旅游既可以由企业自己也可以由奖励旅游公司、旅行社、咨询公司等安排。当前的趋势是由企业内部规划转向委托奖励旅游公司、专业服务公司和旅行社运作。发生这种转变的一个原因是，专门从事奖励旅游的外部机构由于经常批量购买机票和预订酒店客房，因此可以拿到比内部策划人更优惠的价格，并将这项产品更有效地组合在一起。奖励旅游公司通常会为企业提供多个地点供企业选择。旅游目的地及其服务供应商（如度假村）必须与奖励旅游公司和企业内部的决策者合作。

在奖励旅游方面拥有丰富经验的马里兹旅游公司（Maritz Travel）开发了一个反映了 1 000 名有资格获得奖励旅游的美国员工的旅游偏好的国际认证指数。结果表明：

- 去那些看似遥不可及的新目的地是一个关键的激励因素。
- 人们喜欢有阳光沙滩的豪华旅游。
- 远距离目的地并不意味着激励价值较低，旅行时间也被视为一种奢享。
- 影响旅游奖励的负面因素包括对目的地缺乏兴趣、曾经去过、担心目的地不安全。

马里兹旅游公司的研究还表明，对于之前参加过奖励旅游的人，旅游的激励水平会提高。然而，70% 的人想去新奇有趣的地方。这意味着奖励旅游的策划人必须不断地为这一重要群体提供新的目的地，因为他们显然是企业或组织非常重要的员工或客户代表。[20]

7.6.5 SMERF

SMERF（social, military, educational, religious, fraternal）代表各种社会、军事、教育、宗教和互助组织。更宽泛地说，这种会议类型包括对价格比较敏感的规模较小的专业组织。这些组织主办的会议大多需要个人付费，有时会费还不能抵减税款。因此，参会者往往很在意价格。他们要低价房，而且常感觉酒店内的餐饮价格太高，因此更喜欢在酒店外找地方用餐，或是将食物买回酒店房间。由于参会者很在意价格，因此酒店需要其达到最低客房预订量。[21]酒店经常会提供一些优惠，如根据团体预留的房间夜数提供若干免费的客房，或是减免餐饮费用。如果最终未能达到最低预订量，会议策划人需要支付额外的费用。

从积极的方面看，SMERF 为了享受低房价，往往愿意灵活调整会议时间。它们愿意在淡季或周末开会。周末通常是首选，因为大多数参会者是利用业余时间来开会的。此外，不要轻视这个市场的规模。在美国，有团体旅游计划的宗教组织超过 5 万个。[22]因此，在淡季用 SMERF 市场来填补空缺还是非常合适的。如果你在毕业后决定从事酒店销售，那么你很有可能被分到 SMERF 市场，因为酒店新来的销售人员通常都是从这个市场入手的。

营销专栏 7-2

绿色会议：对环境和企业皆有利

会展产业委员会（The Events Industry Council）给绿色会议下了定义："绿色会议或绿色活动会最小化自身对环境的负面影响。"为了向成员推广绿色会议，会展产业委员会制定了环境可持续性会议的标准，并培训成员如何使用这些标准来减少会议的碳足迹。例如，委员会提倡的一项举措是食品救援计划。大型会议的餐饮承办人往往要处理大量的剩余食物，这些食物大多会被扔掉。会展产业委员会制订了一个循序渐进的计划。会议策划人可以按照这个计划，让餐饮承办人将未用过的食材赠给食物银行或有需要的人。在奥兰多举行的大会上，美国活动与餐饮协会（NACE）遵循这些指南向成员展示了如何制订和实施食品救援计划。会展产业委员会通过发放绿色活动专业证书，推广用一种完全整合的方法来举办绿色会议。

绿色会议的一个例子是取消盒饭。盒饭一直是低成本午餐的工业标准。人们用一次性的纸盒作为容器盛装各种食物。然而其中的薯条或饼干会被节食的人扔掉。因此，一种比较绿色的方式是搭配成三明治自助餐，里面有薯条、沙拉和甜点。这样既可以节省包装材料，也可以避免浪费，因为人们通常只会取自己想吃的东西。这种方式还可以节省劳动力，因为包装盒装午餐是劳动密集型的。酒店和餐厅可持续发展计划的另一个例子是安装净水系统，可以提供品质与瓶装水一样的自来水，而无须使用一次性玻璃瓶，也无须从遥远的地方将瓶装水运送到酒店。有些酒店免费提供饮用水，有些则向客人收取与瓶装水相仿的费用。其他降低会议成本的方法包括回收名牌，这样做不仅可以减少固体废物，而且每回收一个名牌可以省 75 美分。在茶歇时提供散装糖和奶油可以减少糖和奶油包装造成的固体废物，而且可以将这些食品的成本降低 50% 以上。尽管其中一些举措可以降低成本，不过美国旅游业协会（Travel Industry Association of America）发现，超过 80% 的受访客户愿意为环保企业提供的产品和服务多花 6.5% 的费用。绿色会议实践可以提高声誉，节省资金，增加收入，是为地球做的正确的事情。

除了将可持续发展计划纳入会议之外，还可以按照绿色标准建造会议设施。能源与环境设计（LEED）绿色建筑评级体系为环保建筑提供了设计指南。LEED 认证酒店遍布美国 40 多个州、31 个国家和四大洲（北美和南美、欧洲和亚洲），包含四个级别，从普通认证到白金级。美国的第一家 LEED 白金酒店是北卡罗来纳州格林斯博罗的普罗西米特酒店（Proximity Hotel）。在美国，白金酒店的数量还不到 10 家，有超过 400 家酒店获得了 LEED 普通认证。一个好的环境规划从建筑开始。可持续性的另一个领域是普通设施管理。即使是没有建立可持续发展体系的建筑物，仍然有办法使建筑更环保。具体措施包括将白炽灯换成 LED 灯、实施回收利用计划及有效管理室温，这些都是将会议场所对环境的负面影响降至最低的方法。

研究人员发现,在美国140家最大的企业中,90%的企业认为采取环保行为对其声誉很重要。[23]

7.6.6　根据会议目的对团体市场进行细分

除了将团体市场划分为大型会议、协会会议、企业会议和SMERF会议之外,还可以按照会议的目的进行划分。按目的划分的4种主要会议是:代表大会、大型会议、研讨会和展销会。表7-1给出了一个描述这些类型的会议的主要决策变量的矩阵。这个矩阵反映了团体会议市场销售决策变量的一般性质,不过现实中存在表中未列入的某些例外情况。

表 7-1　团体市场决策变量矩阵

销售决策变量	代表大会	大型会议	研讨会	展销会
决策者	很多,如委员会、分会主席、高级官员	会议组织者、会议策划人	研讨会组织者、老板、秘书	老板、秘书、地区经理、会议策划人
决策影响者	多	有限	有限	几乎没有
政治化程度	高	有一些	个人化的	非常个人化的
决策时间	数年	一年或更短	数月	很短,有时是一天
顾客的价格敏感度	非常敏感	有些敏感	有些敏感	不很敏感
个人服务敏感度	低	中等	高	很高
向上销售的机会	少	中等	中等	多
团队销售机会	肯定有	有时	可能没有	没有
特殊广告促销	肯定有	通常没有	没有	没有
是否国际化	肯定是	可能是	可能不是	通常不是,但存在机会(董事会)
重复销售机会	很少且间隔时间长	间隔适中	有	肯定有
是否需要人员上门推销(旅行)	可能需要	可能不需要	可能不需要	视情况而定

7.6.7　餐厅作为会议场地

餐厅如果设计合理,也可以用作会议场地。例如,将主宴会厅以外的小厅临时改为会议室,在周六晚上用作公共就餐区而在工作日则用作会议室。一家会议调查公司所做的研究表明,在700平方英尺[①](20英尺×35英尺)或更小的面积内所举办的会议在过去两年内增加了25%。少于50人的会议可以成为餐厅重要的业务来源。这些会议大多在餐

---

① 1英尺=0.304 8米。

厅的非高峰时间(如工作日)举行。波士顿的 Dante 餐厅在私人活动承办方面做得很好,其 70% 的业务来自小企业会议,并且有自己的营销和活动经理。很多餐厅正在增加私人房间并雇用销售人员,试图在会议市场上分得一杯羹。[24] 扶轮社(Rotary)、基瓦尼俱乐部(Kiwanis)和国际狮子会(Lion Clubs International)等民间组织也是餐厅重要的业务来源。

7.7　与会议策划人打交道

　　有关价格的谈判可能会使会议策划人与酒店销售人员的关系产生裂痕,但也可能使之更加密切。有助于与会议策划人成功洽谈的一个技巧是列明团体会议的详细要求,按照需要和预算制定整体价格方案。有些会议策划人喜欢从房价开始逐项进行磋商,如选择人均 65 美元的宴会标准后设法把价格谈到 45 美元。在这种情况下,每一个项目都成了会议策划人与酒店销售人员争论的焦点。

　　采取协商的方法或许更为有效。如果酒店知道会议策划人想要 50 美元价位的晚餐,主厨就可以在这个价格档次上设计出菜单,选出一些与会人员喜欢而且酒店也能在 50 美元的价位下盈利的菜品。这样一来,酒店可以盈利,会议花销也在策划人的预算之内。协会会议策划人黛布拉·考夫曼(Debra Kaufman)表示,如果与会人员在会议期间能够完成日常工作,他们还会多住些时间。[25] 倘若空间允许,酒店可以提供一间配备电脑、打印机及网络等办公条件的小会议室。如果酒店有这样的空间,这会成为酒店只需付出较低的成本即可让会议策划人获得高价值的项目。

　　大多数团体价格都是不包含佣金的。会议策划人有时会把会议交给旅行社代理。如果会议策划人不了解谈好的价格不含佣金这一情况,那么当旅行社要收取佣金时就会出现问题。如果价格包含佣金,那么应该在洽谈时明确说明。还有一个惯例,当团体订房达 50 间夜时,酒店会免费提供一间客房,这也是一个谈判点。套房通常按两间计,因此两间套房住 3 晚,就相当于客房 6 间夜。如果酒店有一间在拟定的会议期间销售不出去的小会议室,则在谈判时可以说服对方将这间会议室当作会议经理的办公室。酒店的销售人员必须寻找能为会议策划人创造价值而又不增加酒店成本或牺牲酒店收益的项目予以推销。

　　协会大都有一名由会员选举产生的主席,以及一名执行副主席。执行副主席通常负责召集会议。在规模较大的协会,可能会设有一名专职的执行董事、一名大型会议的经理及一名或几名会议管理人员负责协会的会议事务。在一些协会,有些当选人员也喜欢参与会议地点和酒店的选择过程。更为复杂的情况是,上一届的协会主席常会成为协会董事局主席,董事局主席在协会中拥有很大的权力。对于销售人员来说,重要的是能识别出谁参与决策过程,无论是正式参与还是非正式参与。

　　当酒店的销售副总裁让初级销售人员组织销售会议时,这位销售人员可能不清楚怎样完成这项不熟悉的新工作。不过,企业的会议管理人员通常很了解这项业务,销售人员应该认真听取并了解会议管理人员的各种要求。有时,会议管理人员可能清楚地知道自己想要什么,只需销售人员按照其具体要求提供一份报价单。如果是这种情况,试图对会议要求做出更改的销售人员会显得很不专业,甚至有可能失去这位会议管理人员的后续业务。例如,一位酒店销售人员修改了某家企业的会议主管制定的菜单并根据修改后的菜单提交了报价单。会议主管正策划在美国各地举办一系列的培训会议,而且制定了满足团体需要的菜单。酒店销售人员这一冒失的行为激怒了这名会议主管,他随后就把生意给了这家酒店的竞争对手。

大多数会议策划人会保存团体会议的历史资料(如会议的日期、地点和出席人数),以便将来策划会议时参考。他们也会保存对以往会议的评估材料。酒店销售人员可以通过询问以往会议的情况得到更多有价值的信息。这些信息有助于了解订房情况、宴会出席情况、酒店以往出现的问题,以及与会者对哪些项目感到满意等。除了从会议策划人那里得到他们愿意提供的信息之外,酒店销售人员还应对过去几年承办过该会议的酒店进行访谈。

现在我们看一下会议策划人的期望。[26] 会议策划人希望自己的电话或电子邮件能在当天得到回复;当他们询问酒店会议场地是否可预订时,他们期待当天能得到回应且在5天内收到详细的方案;他们要求办理入住和退房手续的时间不超过4分钟;大多数会议策划人都要求在会议结束后一周内拿到账单,有25%的人要求在会议后结束两天内拿到;会议策划人希望酒店的最高管理层授予会议服务经理解决问题的权力。总之,对于团体会议业务,酒店必须同时让会议策划人及其客户满意。会议策划人的客户包括与会人员、协会官员、企业总裁和高管。洛斯酒店(Loews Hotel)的总裁乔纳森·蒂施(Jonathan Tisch)说:"我们要做的是达到双赢的境界。如果高管们满意,那么会议策划人就会满意;如果会议策划人满意,我们的任务也就完成了。"[27]

酒店相关人员与会议策划人提前召开预备会议是成功举办会议最重要的一个方面。领班应该弄清服务员的小费是否已经包含在费用中。如果是的话,按照会议策划人蕾妮·戈茨(Renee Goetz)的说法,应该告知服务员当顾客给小费时要对顾客说"谢谢,已经付过了"。礼宾员应该知道会议期间有哪几晚不安排晚宴,这样他们就要在当地餐厅为参会人员预留座位。若是车库空间有限,则需要做出安排以确保留出会议团队的车位。顾客可能会向酒店的员工,如前台服务员和电话接线员询问会议日程及相关事宜,因此需要事先向这些员工通报情况。负责预订服务的部门应知道会议团队中VIP客人的姓名及谁享有登记入住的优先权。负责接收会议材料的员工应知道如何适当地存放这些材料。预备会议对会议的成功可以起到至关重要的作用。[28]

课堂小组练习

*带星号的练习题可以作为个人作业或线上作业。学生需要对答案给出解释。

1. *什么是衍生需求?举例说明你所在城市的某家酒店的衍生需求。
2. *采购中心由6种角色构成。为什么说营销人员理解这些角色非常重要?
3. *讨论影响IBM(或你选择的其他企业)选择举办销售会议的地点时考虑的主要环境因素有哪些。
4. 一位餐饮销售经理可能会接待为女儿操办婚宴的母亲,也可能会接待想要以优惠价格在酒店举办销售会议(该销售会议曾经在其他 5 个城市举办过)的某个大企业的会议策划人。在接待这两类客户时,有什么不同?

5. 在一家保险公司,酒店的销售代表怎样才能一下子就识别出谁是决定会议场所、宴会标准和客房预订的负责人?

6. *访问旅游组织(如酒店、邮轮公司、旅行社、大餐厅)的网站。它是否有单独的网页服务于团体或组织购买者?如果有,那么该部分的信息与其针对消费者的网页有何不同?如果该组织没有面向组织购买的单独网页,请访问其他组织的网站,直到找到符合要求的网站。

体验练习

与商务旅行者交谈。询问他们出差时是否可以自己选择酒店和航空公司,询问他们是否有限制或是要遵循相关准则。如果他们无法自己选择酒店和航空公司,询问他们在出差地点是否有任何支出。这些信息将如何帮助你将旅游产品推销给他们所在的组织?

参考文献

1. Julie Barker,"The State of the Industry Report,"*Successful Meetings*(January 1999):35-47. Portions adapted from Susan Harte,"When in Rome,You Should Learn to Do What the Romans Do,"*The Atlanta Journal-Constitution*(January 22,1990):1,6. Additional information and examples can be found in Susan Adams,"Business Etiquette Tips for International Travel,"*Forbes*,June 6,2012,www.forbes.com/sites/susanadams/2012/06/15/business-etiquette-tips-for-international-travel; Janette S. Martin and Lillian H. Cheney,*Global Business Etiquette*(Santa Barbara,CA:Praeger Publishers, 2013);"Learn Tips to Do Business in China,"*The News-Sentinel*,February 9,2012,www.news-sentinel.com; and www.cyborlink.com(accessed September 2014).

2. Frederick E. Webster,Jr.,and Yoram Wind,*Organizational Buying Behavior*(Upper Saddle River, NJ:Prentice Hall,1972),pp. 33-37.

3. Ibid.,pp. 78-80.

4. See Marco Link and John H. Fleming,"B2B Companies:Do You Know Who Your Customer Is?" *Business Journal*,November 11,2014,www.gallup.com/businessjournal/179309/b2b-companies-know-customer.aspx; and Karl Schmidt,Brent Adamson,and Anna Bird,"Making the Consensus Sale,"*Harvard Business Review*,March 2015,pp. 107-113.

5. Frederick Webster and Yoram Wind,*Organizational Buying Behavior*,Prentice Hall,1972.

6. See Edward G. Brierty,Robert W. Eckles,and Robert R. Reeder,*Business Marketing*(3rd ed.)(Upper Saddle River,NJ:Prentice Hall,1998),chap. 3;Murray Harding,"Who Really Makes the Purchasing Decision?"*Industrial Marketing*(September 1996):76. This point of view is further developed in Ernest Dichter,"Industrial Buying Is Based on Same 'Only Human' Emotional Factors That Motivate Consumer Market's Housewife,"*Industrial Marketing*(February 1973):14-16.

7. See Tom Reilly,"All Sales Decisions Are Emotional for the Buyer,"*Selling*(July 2003):13;Patrick J. Robinson,Charles W. Faris,and Yoram Wind,*Industrial Buying Behavior and Creative Marketing*

(Need-ham Heights, MA: Allyn & Bacon, 1967), p. 14.

8. Hirsch, C., "Rethinking How You Work With Procurement," 2018, http://www.pcmaconvene.org/features/rethinking-how-you-work-with-procurement/(accessed July 19, 2018).

9. "Sysco Acquisition Expands Online Ordering for Its Customers" (July 1, 2016), https://www.chron.com/business/article/Sysco-acquisition-expands-online-ordering-for-its-8337392.php(accessed July 19, 2018).

10. http://www.eventscouncil.org/APEX.aspx(accessed August 30, 2018); Lynn McCullough, "APEX: A Play-Book for the Meetings Industry," *Hotel Business Review* (September 19, 2007).

11. Loren Edelstein, "U.S. Meetings Industry Generated $845 Billion in Business Sales in 2016," http://www.meetings-conventions.com/News/Industry-Associations/U-S-Meetings-Industry-economic-statistics-$845-Billion-in-Business-Sales-in-2016/(accessed August 30, 2018).

12. Statista, "Exhibition, Convention and Meeting Industry Facts," https://www.statista.com/topics/1413/exhibitions-convention-and-meetings/(accessed August 30, 2018).

13. Sarah J. F. Braley, "The Big Picture," *Meetings and Conventions* (October 1998): 2-35; Sarah J. F. Braley, "Meetings Market Report 2008-Associations," *Meeting and Convention Magazine*, "2008 Meetings Report" (August 2008), www.ncmag.com(accessed August 17, 2008).

14. Julie Barker, "The State of the Industry Report," *Successful Meetings* (January 1999): 35-47.

15. Top 10 Factors to Consider When Selecting a Meeting Location (Meeting Planner Forum Session One Recap), Convene, February 3, 2014, http://convene.com/top-10-factors-to-consider-when-selecting-a-meeting-location-meeting-planner-forum-session-one-recap/(accessed July 20, 2015).

16. Sarah J. F. Bailey, "Corporate Meetings Market Report," Meetings and Conventions (December 1, 2010), http://www.meetings-conventions.com/articles/corporate-meeitngs-market-report/a37846/aspx-?page=3(accessed September 9, 2011).

17. HSMAI econnect, www.hsami.org(accessed October 24, 2001).

18. Sarah J. F. Braley, "The Big Picture," *Meetings and Conventions* (October 1998): 2-35.

19. Andrea Graham, "Companies Add Perks to Individual Travel Awards," *Corporate Meetings and Incentives* (October 1, 2004), www.cmi.meetingsnet.com(accessed October 24, 2004).

20. Travel White Paper, April 2013, Making Destination Choice Go the Distance, Maritz Travel, www.maritz-travel.com, 877-4-MARITZ.

21. Regina McGee, "Getting a Fix on SMERF," *Association Meetings* (April 1, 2004), www.meetingsnet.com(accessed June 18, 2004).

22. "Special Report on the Religious Group Travel Market," http://www.premiertourismmarketing.com/fyi/religious.html(accessed October 24, 2004).

23. "Green Meetings" Convention Industry Council, www.convention/industry.org/StandardsPractices/GreenMeetings.aspx(accessed September 8, 2011); Green Meetings, www.mpiweb.com(accessed September 8, 2011); Green Meeting, www.mpiweb.com(accessed Spetember 9, 2011); www.greenmeetings,info/goodforbusiness.htm(accessed August 23, 2008); "Green Meetings Policy," *The National Recycling Coalition* (accessed August 23, 2008); www.ceres.org(accessed August 23, 2008); http://www.eventscouncil.org/sustainability; "Green Meetings Policy," *The National Recycling Coalition* (accessed August 23, 2008); www.ceres.org(accessed August 23, 2008). "Where Can You Say in a LEED Hotel," https://readymag.com/usgbc/hospitality/where/(accessed August 30, 2018); "LEED Certified Hotels Gaining Momentum," https://www.smartmeetings.com/news/

98983/leed-certified-hotels-gaining-momentum(accessed August 30, 2018); "USGBC's New Report Reveals Hospitality Industry Poised for Tremendous Growth in Green Building," https://www.usgbc. org/articles/usgbcs-new-report-reveals-hospitality-industry-poised-tremendous-growth-green-building(accessed August 30, 2018).

24. Naomi Kooker, "Small Meetings Driving Big Hotel, Restaurant Business," *Boston Business Journal* (November 9, 2007).
25. Barker, "The State of the Industry Report," pp.35-47.
26. Howard Feiertag, "New Survey Reveals Meeting Planners' Priorities," *Hotel and Motel Management* (November 23, 1992).
27. James P. Abbey, *Hospitality Sales and Advertising* (East Lansing, MI: Educational Institute of the American Hotel and Motel Association, 1993), p. 569.
28. See Jonathan Vatner, "Inside Track," *Meetings and Conventions*, www. meetings-conventions. co/printarticles.aspx?pageid=4366(accessed June 7, 2004).

第 8 章

顾客驱动的营销策略：
为目标顾客创造价值

学习目标

- □ 明确设计顾客驱动的营销策略的主要步骤。
- □ 列举和讨论消费者市场细分的主要变量。
- □ 解释企业如何识别有吸引力的细分市场并确定选择目标市场的策略。
- □ 讨论企业为取得竞争优势对产品进行的差异化和定位。

导入案例

  CitizenM 酒店致以问候。走进任何一家 CitizenM 酒店，你都会觉得自己置身一间超大的客厅，而不是酒店大堂。客人到达时，不会看到前台或行李员来取行李。相反，CitizenM 提供自助分配钥匙的入住服务。酒店高管迈克尔·莱维（Michael Levie）和零售业大亨拉坦·查达（Rattan Chadha）2008 年在阿姆斯特丹史基浦机场（Schiphol Airport）开了第一家酒店，随后又于 2009 年在阿姆斯特丹市中心开了第二家酒店，并将其酒店品牌命名为 CitizenM。在两家酒店取得成功后，随后的几年二人又在格拉斯哥、伦敦和鹿特丹开了更多的酒店。2018 年，CitizenM 拥有 30 家酒店共 7 000 间客房，继续向巴黎、里昂、台北、纽约、上海和吉隆坡等世界级城市扩张。

  荷兰连锁酒店 CitizenM 瞄准的是一个被称为"移动公民"的细分市场，这些人使用移动技术，寻求冒险，看重价值、便利性和朴实无华的放松场所。新一代旅行者不喜欢浪费时间。他们希望事情简单、高效、友好。CitizenM 进一步将目标市场定义为商务旅行或周末休闲度假的常客及"探险家、专业人士和购物者的混合体"。CitizenM 定位于"千禧一代"，这代人看重的理念是：提供良好的自拍环境和可靠的互联网连接，与朋友、家人及其他移动公民分享经验。

对于移动旅行者和"千禧一代"来说，奢侈品的定义已经改变了。奢侈品曾经是豪华轿车、水晶吊灯和昂贵的香槟，但现在奢侈品可以是任何东西，从早上美美地洗个热水澡，到高速的Wi-Fi，或者一杯美味的卡布奇诺。了解顾客的需求永远是重要的。同样重要的是要搞清楚，在有效的产品设计、定价和经验方面，他们不需要哪些。CitizenM抓住了目标市场的重点，不仅考虑消费者会看重什么、愿意支付什么，还考虑了哪些东西可以在不影响其支付意愿的情况下被放弃。因此，大多数顾客很少使用的设施和设备，如酒店餐厅、水疗中心、礼宾和客房服务都被排除在外。房间里没有迷你吧，只有一个冰箱，里面有免费的水。CitizenM的房间虽小但很豪华，有一张连墙的特大号床、优质亚麻床上用品、淋浴、烘托环境的照明设备、免费Wi-Fi，还可以点播电影。你也可以直接将网飞从你的设备投射到大平板电视机。客人可以通过室内平板电脑控制电视、照明和音乐，也可以上网冲浪。在CitizenM没有房间升级，因为每个房间都是一样的。这让CitizenM的建筑成本和人员配置比其他四星级酒店节省了40%。

大堂被设计成一间公共客厅，用于工作、放松、休闲、上网和社交。书架、当代艺术、壁炉和大型等离子电视机的布置可以让客人走出房间，进入公共区域。CitizenM与瑞士设计公司Vitra合作，确保公共空间中的所有家具现代且时尚。

CitizenM的社交大堂还包括位于大堂中心区的开放式厨房CanteenM。这里供应咖啡、鸡尾酒和食物，满足了那些喜欢待在大堂而不是房间里的客人。CanteenM并非只供应简餐，而是无间断地提供丰盛的早餐、热食、鲜榨的饮料和零食，这些食物都是用从本地采购的食材现场制作的。CitizenM的创始人之一拉坦·查达说："酒店业认为我们疯了，因为我们没有餐厅。我的回答是，'我们出售的是整晚的好眠。'所以，不如到CanteenM点一杯你喜欢的卡布奇诺，在那里或回到你的房间享用。"CanteenM是一家早餐吧，供应现磨咖啡、新鲜的糕点和热腾腾的早餐。CanteenM也供应午餐和晚餐，有寿司、招牌三明治、热菜和饮料。晚上CanteenM又变成通宵营业的酒吧，供应啤酒、冰香槟和鸡尾酒。

CitizenM的目标顾客还包括商务旅客，很多酒店配备了SocietyM会议室，为"千禧一代"提供共享的工作空间，可服务各种目的，从培训和研讨会到新闻发布会、电影之夜和瑜伽。会议室提供无限量的茶和咖啡，备有浓缩咖啡机、迷你冰箱、智能电视机、视听设备和文具。

地理位置是决定酒店成功与否的重要因素。CitizenM酒店位于纽约、巴黎和伦敦等大城市的市中心，以享受城市的活力，并吸引当地人到酒吧与客人们交流。阿姆斯特丹和鹿特丹的酒店提供免费自行车，供客人使用。纽约时代广场店的健身房能俯瞰城市风光。

CitizenM并没有针对细分市场或企业客户提供特别房价。相反，酒店采用动态定价，根据预订时的供求情况实时调整所有房间的价格。

CitizenM制作了引人入胜的视频，突出了当地的氛围和当地人的个性，在推广酒店的同时也推广当地文化。其系列广告"CitizenM说"涵盖了传统、数字和社交媒体营销。例如,他们制作了户外和地铁的海报,上面写着"CitizenM 说:去不眠的城市,有我们的陪伴"或者"CitizenM 说:背叛你的老酒店,来和我们一起睡吧。""CitizenM 说:我会在枕头大战中获胜。"

CitizenM 的核心经营理念和定位是为现代旅行者提供一个实惠的奢侈品牌,以合理的价格提供服务,并将高度个性化和独特的体验与可持续性相结合。在 CitizenM,自助办理入住的设备和机场的自动值机设备相似;它豪华但面积较小的卧室类似于邮轮上的舱房;它的预订和定价系统仿照廉价航空公司的做法。楼下的空间被称为酒店的"客厅",以开放式厨房 CanteenM 为活动中心,其设计给人一种豪华且现代的家的感觉,客房只用于睡觉、洗漱,也许还可以观看免费电影。

就服务和个性化而言,CitizenM 没有将员工按礼宾部、入住登记处、餐饮部分类。相反,他们希望自己的员工是多面手,并将他们称为大使。CitizenM 的员工正是典型的移动公民,可以煮咖啡、调制鸡尾酒,也可以为客人办理入住或退房手续,提供客房服务。此外,他们非常了解酒店所在的城市,能为客人提供建议和帮助。客人的喜好存储在一个中央数据库中,无论在哪里登记入住,都可以对房间进行个性化设置。客人可以选择喜欢的电视内容、音乐、室温、照明等偏好,在自助服务设备办理登记入住后,所有这些都会自动调整。客人在入住期间所做的任何更改都会自动存储,下次客人入住时,房间将按照上次入住时的设置进行精确配置。

CitizenM 的成功得益于有效地利用市场细分、集中目标营销和定位。今天的旅行者更有价值意识,他们在乎质量和"奢华",但他们不想在不必要的东西上多花钱。CitizenM 为顾客创造了一种高质量、低成本的新型的高端酒店模式[1]。

8.1 市场

如今企业已经认识到不可能吸引市场上所有的消费者,或至少不能以同样的方式吸引所有的消费者。消费者的数量太多、太过分散,需要和购买过程各不相同。此外,企业为不同细分市场提供服务的能力也大相径庭。企业必须像 CitizenM 那样识别自己能为之提供最佳服务且能获得最大收益的细分市场,必须设计顾客驱动的营销策略,与适当的顾客建立良好的关系。

大多数企业已经从大众市场转向明确的目标市场——识别细分市场,选择其中的一个或多个,有针对性地开发产品和市场。企业已经不再将精力分散在整个市场(广撒网),而是聚焦对其创造的价值展现出巨大兴趣的消费者(精准营销)。

图 8-1 展示了目标市场营销的三个主要步骤。第一步是市场细分,将整个市场分割成不同的购买者群体,这些群体可能需要不同的产品和营销组合。企业发掘对市场进行细分的各种方法,并对所形成的各个细分市场的总体特征加以描述。第二步是目标市场选择,评价各细分市场的吸引力,从中选择一个或几个细分市场。第三步是市场定位,即对产品进行竞争性定位,并制定适当的营销组合战略。

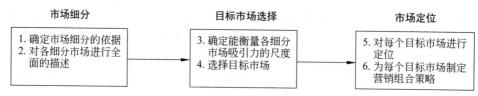

图 8-1　市场细分、目标市场选择和市场定位的步骤

8.2　市场细分

不同市场上的购买者在欲望、拥有的资源、所在地、购买态度和购买行为上有所不同。由于购买者的需要和欲望不一样,因此每个购买者都是一个潜在的单独市场。最理想的情况是,卖家能为每个购买者设计一个营销方案。例如,餐饮企业可以根据某个顾客的需要而改变菜单、娱乐活动和餐桌布置。

然而,大多数企业限于成本无法进行完全的市场细分。因此,企业便会寻找范围更宽的购买阶层,他们在产品需要或购买行为上有一定的差异。例如,已婚带小孩的成年人与年轻的单身成年人的度假需求不同。

餐饮业有很多通过各种变量进行市场细分的例子。服务类型从快速服务到高端用餐服务。有种位于零售店(如沃尔玛或加油站)内的餐厅,在美国,该市场的价值达 410 亿美元。[2] 这类餐厅的目标市场是逛商场或感到饥饿或者需要停下来休息或加油的旅行者,因此其提供的最重要利益是方便。餐饮业增长最快的细分市场之一是休闲快餐市场。这类餐厅提供优质的食物,但要求顾客自己到窗口点餐,然后由服务员将食物送到其座位上。这种方式不仅减少了餐厅的人工成本,也减少了顾客的餐费。按服务类型和位置对餐厅进行细分只是众多餐厅细分方法中的两种。

市场细分并没有单一的方法。营销人员必须使用不同的变量。表 8-1 概括了可用于细分消费者市场的主要变量,包括地理、人口统计特征、心理和行为变量。

表 8-1　消费者市场细分所依据的主要变量

细分变量	示　　例
地理变量	国家、地区、州、县、市、社区、人口密度(城市、郊区、农村)、气候
人口统计特征变量	年龄、生命周期阶段、性别、收入、职业、受教育程度、民族、世代
心理变量	社会阶层、生活方式、个性
行为变量	场合、利益、用户状态、使用频率、忠诚度

8.2.1　地理细分

地理细分(geographic segmentation)需要将市场划分为不同的地理单元,如国家、州、地区、郡县、城市或社区。企业可以决定在一个或几个地理区域经营,也可以决定在所有区域经营,但要注意消费者偏好在不同地区的差异。例如,中美洲的一些国家以豆类为主食,但有些国家偏爱红豆、有些国家偏爱黑豆。

酒店根据顾客的地理数据来确定自己的市场范围。对于快餐厅来说可能不过是3千米的范围,而特色餐厅的范围可能达80千米甚至更远。要了解顾客来自哪里只需询问他们的邮政编码,更为精确的调查则可以提供除了地理信息以外的更多的顾客数据。有关顾客来源地的信息可以用来说明距离、竞争和广告投放媒体对顾客基数的影响。[3]

连锁餐厅通常专注于一个地理区域及其中的熟客。地理位置的集中还为有效管理和晋升创造了机会。例如,内华达州的三明治餐厅Port of Sub已经发展成拥有140多家餐厅的连锁集团,其所有的餐厅都位于美国西部,大多在内华达州及与内华达州毗邻的亚利桑那州、加利福尼亚州和犹他州。

覆盖广泛地理区域的企业正努力将产品、服务、广告、促销和销售进行本地化,以满足各个地区、城市和社区的需求。例如,美国最大的比萨外送连锁店达美乐比萨(Domino's Pizza)始终明确地将其营销和顾客服务重点放在当地。美国任何地方的顾客都可以通过平板电脑或智能手机应用程序登录达美乐的在线平台,领取优惠券,用全球定位系统(GPS)找到最近的店铺下单,甚至可以用达美乐的比萨跟踪软件随时查看比萨的配送进程。[4]

与之类似的是万豪国际旗下的生活方式品牌之一万丽酒店(Renaissance Hotels)的领航者(Navigator)项目。该项目在全球155家万丽酒店中为顾客创造超凡的本地化体验。[5] 万丽酒店的领航者项目通过"微本地化"在每个目的地为顾客提供食物、购物、娱乐和文化体验方面的建议,让每个地区的万丽酒店都具有个性化和本地化特色。该项目由各地酒店的现场"领航员"主持。无论是纽约时代广场万丽酒店来自布鲁克林的餐饮达人奥马尔·本尼特(Omar Bennett),还是伦敦圣潘克拉斯万丽酒店的詹姆斯·埃利奥特(James Elliott),他们都是经过系统培训的当地人,对当地有着深厚的感情且通常与当地有着个人情感联系。他们既有个人经历,也进行专业钻研,帮助顾客通过最了解酒店的人的眼睛体验"每家酒店所在社区蕴藏的宝藏"。

此外,万丽酒店还邀请当地人通过社交媒体关注领航员,在系统中添加他们的偏好,创建每家酒店的Yelp版面。领航员会从中挑选出最好的建议,将其加入自己的建议,在酒店大堂、酒店官网和社交媒体频道上分享。自从两年前将本地化领航者项目作为万丽酒店"生活发现"活动的一部分推出以来,酒店官网的访问量增长了80%多,脸书粉丝量从4万激增到91.5万,推特的关注量从5 000激增到6.1万。

8.2.2 人口统计细分

人口统计细分(demographic segmentation)是指根据人口统计特征变量,如年龄、性别、家庭生命周期、收入、职业、受教育程度、民族和世代,把市场分割成不同的群体。人口统计特征是划分消费者群体最常用的依据。原因之一是消费者的需求和购买频率的变化往往与其人口统计特征密切相关。原因之二则是人口统计特征变量相对容易衡量。即使是先用其他变量(如个性或行为)作为划分市场的依据,也必须根据人口统计特征来评估目标市场的规模,以便有效地进入目标市场。下面我们介绍某些人口统计特征是如何用于市场细分的。

1. 年龄和生命周期阶段

消费者的偏好随着年龄的变化而变化。有些企业利用不同的产品或营销策略向各个年龄段和生命周期阶段的细分市场渗透。有些企业则定位于特定年龄段的消费者。例如,虽然所有年龄段的消费者都喜欢迪士尼邮轮,但迪士尼邮轮却重点关注有孩子的家庭。大多数目的地和船上活动都设计为适合家长和孩子共同参与的类型。在船上,迪士尼有经过培训的顾问帮助年龄较小的孩子参与手工实践活动,为年龄较大的孩子开辟活动专区,为家长或其已成年的子女提供家庭或个人活动选择。迪士尼邮轮的广告或网页上几乎所有画面都会展现绽放笑脸的家庭形象。相反,维京内河游船的定位则是游览世界著名河流的小型奢华游,目标市场是上了年纪的夫妇和单身人士。在维京游船的网页上有这样一则声明:"鉴于我们的行程,维京游船上没有面向儿童的设施和服务。"[6]

营销人员在使用年龄和生命周期阶段作为市场细分的依据时,要避免陷入刻板印象的误区。虽然一些 80 岁的老人确实符合步履蹒跚的刻板形象,但还有一些在打网球。同样,尽管一些 40 岁上下的夫妇的孩子都已经上了大学,但也有一些才结婚不久。因此,年龄通常并不是预测一个人所处生命周期阶段、健康、工作或家庭状况、需求及购买力的有效指标。瞄准老年消费者的企业通常使用积极的形象和口号。例如,迪士尼的"大冒险"注重宣传这里是祖父母带孙辈游玩的好地方。

2. 性别

性别营销绝非易事。并没有"典型的"男性或女性,然而许多企业在开发和营销产品时仍旧犯了简单二分法的错误。我们常想当然地根据我们自己的年龄、收入和生活方式去定义其他人,但这种做法是错误的。只有与生活方式和人口统计特征等信息结合起来时,性别营销才会奏效。

一家关注女性购买力的网站"口红经济"(Lipstick Economy)称,"大多数的探险旅行者并不是男性,而是 40 多岁的女性。"作者指出了这种增长的原因之一是年龄超过 30 岁,没有伴侣和孩子的女性人数的增多。品牌营销公司 Brandwise 的总裁杰米·邓纳姆(Jamie Dunham)指出,独身女性几乎占成年女性的 1/3,她们没有家庭开支,因此其可自由支配收入较多。[7]

营销专栏 8-1

以孩子为目标定位于家庭市场

友谊餐厅是一家休闲餐厅,其三明治和冰激凌很出名,但却未能吸引家庭前来就餐。餐厅的管理层想将餐厅重新定位,让它成为家庭享用午餐和晚餐的场所。研究表明,当一家人决定在哪里就餐时,孩子是主要的影响因素。过去一年中,美国超过 1 250 亿美元的餐厅消费是受孩子们影响的。外出就餐消费的 56% 来自有孩子的家庭。餐厅的管理层意识到家长们忙于工作,总是因为不能和孩子们长时间共处而感到愧疚。如果能和孩子们享受一顿美餐,一家人就会感到其乐融融,所有人都会从中受益。

为了找到让孩子们获得美好就餐体验的秘诀,餐厅组织了孩子们的焦点小组访谈。

访谈的一个发现是,孩子们想要的是"真正的"菜单,就像他们父母的菜单那样。他们不愿看到写在餐具垫上的菜单。孩子们还说出了自己喜爱的食物及其外观。除了和孩子们交谈,同家长们的交谈也是卓有成效的。在儿童营销会议上,家长们告诉餐厅经理舒适的座位很重要,因为孩子们在硬板凳上会动来动去。家长们还说他们不喜欢餐厅设置游乐区,他们希望和孩子们待在一起。他们还希望餐厅提供的食物比快餐店的再多一些营养。

友谊餐厅每一班次都安排一位儿童协助员来帮助满足孩子们的需要,因为家长们提到服务人员知道如何与孩子打交道也十分重要。重新定位实施前后的形象调查显示,友谊餐厅已成功地定位在家庭餐厅上,它作为"儿童乐园"的形象提升了 50 个百分点。请注意友谊餐厅是如何运用营销调研了解它想进入的目标市场的。它所收集的营销信息帮助它了解了家庭市场消费者的行为,那就是孩子对就餐地点有重要影响。知道这些之后,友谊餐厅设计了活动方案,使自己成为孩子们都想去的地方。[8]

3. 收入细分

长期以来,营销人员一直把收入作为某些产品和服务的市场细分依据。酒店业在利用收入进行市场细分方面卓有成效。高收入顾客和企业是乡村俱乐部、高级酒店和度假地瞄准的目标市场。迈阿密的四季酒店最近推出的五钻套餐包括两克拉的钻石手镯(或根据顾客喜好定制的其他钻石首饰)、一晚总统套房、一瓶 1990 年的唐·培里侬特酿香槟、两人份的鱼子酱及 80 分钟套房内使用含有钻石粉的乳液的双人按摩。该产品的标价是"5 万美元起"。[9]

海之梦游艇俱乐部(Seadream Yacht Club)是一家小型豪华游艇公司。在每次巡游之后会打电话给优质顾客,通知他们公司的首席执行官会飞往他们的居住地,请顾客夫妇的 12 位朋友共进早午餐或举办一场招待会。俱乐部宣传单上的巡游价格是平均每对夫妇每天超过 2 500 美元。一家游艇公司的首席执行官登门拜访顾客是一件令人印象深刻的事。顾客们很容易就能将一众朋友聚集在一起,其中很多人都是像来访的游艇公司首席执行官一样的企业高管。俱乐部会给顾客的朋友们提供一个有吸引力的价格,当时就能卖出几张船票,而通过朋友之间的宣传,日后还会实现更多的销售额。一次招待会可以带来 10 万美元或更多的短期销售额,新招募的顾客又能继续创造价值。海之梦游艇俱乐部因此大获成功,甚至放弃了很多传统广告。[10] 嘉年华邮轮公司(Cranival Cruise)的目标是规模更大的中等收入市场,其邮轮的起步价是每对夫妇每天 150 美元左右。两家公司都成功地瞄准了它们选定的目标市场。

产权共享显然是为高收入市场设计的产品。产权共享是指拥有财产的部分所有权。例如,凯悦酒店、丽思卡尔顿酒店、四季酒店和喜达屋酒店等会出售建在酒店附近的托管公寓 1/4、1/8 或 1/16 的产权。这使中产阶级的上层人士能够出入价值数百万美元的公寓。这种部分所有权(也称住宅俱乐部)的营销本质上是一种高端房地产营销,公寓的销售收入可以为企业提供各种用途的财务支持,其中也包括酒店经营。这一概念也扩展到了国外汽车、游艇和直升机的所有权上。[11]

我们不能完全凭借收入来预测哪些顾客会购买哪种产品和服务。有些高档的市内餐厅将分店开在中上层人士聚居的郊区。它们被郊区家庭的高收入所吸引,但最终有很多餐厅还是关门了。这是因为城里有大量的单身人士和年轻无子女的夫妇，他们收入的一大部分属于可自由支配收入，而且他们的生活方式就包括经常在外就餐。根据美国餐厅协会的资料可以看出，单身者在外就餐的费用超过其全部食品支出预算的一半以上，而已婚者在外就餐的花销比例只有37%。此外，郊区居民虽然收入通常很高，但他们大多将钱花在住房、汽车和孩子身上。单身者才是餐饮业的一个优质市场。[12]

8.2.3 心理细分

心理细分（psychographic segmentation）是将购买者按照社会阶层、生活方式和个性特征划分为不同的群体。具有相同人口统计特征的人，可能具有非常不同的心理特征。在第6章我们讨论了生活方式如何影响人们所购买的产品。正是因为这些影响，营销人员才常常会按照消费者的生活方式进行市场细分并根据生活方式来实施营销战略。例如，齐普卡公司（Zipcar）按照小时和天数出租汽车，但它并不认为自己是汽车租赁公司，而认为自己致力于提升顾客的城市生活方式并以此进行市场定位。"这与汽车无关，"齐普卡公司首席执行官说，"而是关乎城市生活。"在纽约，车位的出租价格几乎与其他城市的公寓租金一样高。纽约的公共交通非常完善，很多居住在曼哈顿的人并不买车，齐普卡就是他们的车。[13]

休闲快餐厅 Panera 的目标顾客不仅想吃美味的食物，还想吃对自己有益的食物。为了更好地满足这一健康生活方式的需求，Panera 最近宣布，它将在其食品中禁用150多种人工防腐剂、甜味剂、色素和香料。随后，Panera 发起了一场营销活动，标签上写着"食物应有的样子"，向快乐的顾客展示他们吃得更好。"吃得干净，"广告如是说，"因为干净的食物味道更好。"根据 Panera 的说法，食物不仅能填饱肚子，还应该味道好、感觉好，让你和你周围的世界更美好，这是食物应有的样子。"如果这种想法符合你的生活方式，"Panera 市场部负责人建议说，"那就来吧……我们就在这里。"[14]

1. 社会阶层

社会阶层在很大程度上影响人们对汽车、服装、家具、休闲活动、阅读习惯和零售商的偏好。丽思卡尔顿酒店的下午茶面向中上层人士，而位于工厂附近的小酒馆则以工薪阶层为目标市场。其中任何一家企业的顾客如果置身对方企业的环境中，他们就会觉得不舒服。

2. 生活方式

营销人员越来越注重用生活方式来细分市场。例如，酒吧的设计考虑到了几种顾客：想约会异性的单身青年；想与好友聚会的青年；想避免独处并享受彼此陪伴的夫妇。

营销专栏 8-2

W 酒店：生活方式酒店

走近伦敦那座闪闪发光的被半透明的玻璃幕墙包围着的10层楼高的奢华现代建筑，安装在屋顶上的摄像头捕捉周围的天际线，并将其投射到建筑表面，创造出建筑与背景的无缝融合。往里走，迎接你的是震耳欲聋的嘻哈音乐、巨大的镜面闪光球、篝火，以及一个环绕大堂的巨大的切斯特菲尔德沙发。你会以为自己置身夜总会或是最时髦的餐厅。不,你是在伦敦 W 酒店,这家酒店提供的不仅是过夜的房间。

你或许知道,喜达屋酒店集团经营着九个连锁酒店品牌。它的 W 酒店品牌在这些品牌中脱颖而出。事实上,W 酒店并不把自己当成一家连锁酒店,而是定位为"一个标志性的生活方式品牌"。除了客房住宿,W 酒店还"以当代酷炫的设计、时尚、音乐、夜生活和娱乐为手段,为顾客提供进入前所未有的'惊喜'世界的通道。"W 酒店展示了年轻、充满活力、引领潮流的生活方式,与其主要来自媒体、音乐、时尚、娱乐和咨询业的超时尚、引领潮流的顾客相契合。对于这些顾客来说,W 酒店提供了无与伦比的归属感。

W 酒店的生活方式定位始于独特的设计。尽管大多数连锁酒店都在寻找统一的品牌形象,但 W 酒店在全球的 54 家酒店看起来各不相同。W 酒店的顾客认为自己是独一无二的,所以他们要求所选的酒店也是独一无二的。每家 W 酒店都传递着共同的"精力充沛、充满活力、前瞻性思维的态度",以及符合其生活方式形象的时尚、艺术和音乐鉴赏力。但在设计方面,每一家 W 酒店都"以其目的地为灵感,融合了前沿设计和当地特色"。

例如,中国台北的 W 酒店位于台北最高的摩天大楼 101 附近,围绕"自然电气化"的主题设计,混搭了软木墙壁、几何形状的箱式货架与灵感来自中式灯笼的灯具。泰国苏美岛的 W 酒店是一个全别墅式海滩度假村,为顾客提供"白天与夜晚"的独特体验,即白天在游泳池旁放松,夜晚在有着红光闪烁的现代内饰、米白色水磨石地板和为私人泳池搭建的木质甲板的环境中开派对。巴厘岛 W 酒店则用草绿色枕头和由黄貂鱼皮制成的床头板将一丝户外气息带进房间,反映其"内外兼备"的主题。

然而,虽然每一家酒店的设计都很独特,W 酒店仍旧保持了一致的氛围,让顾客知道他们身处 W 酒店的生活方式之中。例如,巴黎 W 酒店将历史悠久、优美典雅的 19 世纪 70 年代建筑外观与巴黎"光之城"的主题融为一体,其设计理念完美地呈现在 W 酒店标志性的当代活力主题中。酒店的设计围绕一个巨大的背光数字波光墙展开,这面墙居于建筑的中心,用来分割公共空间和私人空间。酒店设计团队的负责人说:"我们的设计灵感来自巴黎的优雅、丰富和光彩与 W 酒店的活力四射。"真正的 W 酒店时尚让这座历史建筑焕发出勃勃生机。

在全球音乐总监的指导下,W 酒店长期举办的 Symmetry Live 系列音乐会让顾客可以欣赏席洛·格林(Cee Lo Green)、贾奈儿·梦内(Janelle Monae)、埃利·古尔丁(Ellie Goulding)和西奥菲勒斯·伦敦(Theophilus London)等全球知名艺人的独家表演。W 酒店还举办过由 Rock Paper Photo 策划、Vitaminwater 赞助的麦当娜摄影独家巡回展,通过展出流行歌星麦当娜 20 世纪 80 年代的照片颂扬音乐和时尚,这是 W 品牌的两个核心情感价值。

W 酒店的另一个特征是一流的服务,即 W 酒店宣扬的"随时随地"的服务。W 酒店的一位经理解释说:"我们的目标是在任何时候为顾客提供任何东西,只要它是合法的,这在整个 W 品牌中是非常一致的。"W 酒店没有服务员,相反,他们有更加专业的"内部人士"。他们不是等着顾客来寻求建议,而是积极主动地帮助每位顾客提升住宿体验。与品牌的生活方式定位相一致,内部人士随时准备回答顾客的问题,并介绍最新的景点供其参考。

住在W酒店不便宜。W酒店的普通客房每晚450美元,顶级套房每晚的房价可能上万。但是W酒店并不只是睡个好觉的地方。这里的设计、现代的氛围、墙上挂的饰品、播放的音乐、住在这里的其他顾客,所有这些都影响着W酒店的生活方式定位。W酒店吸引了时髦、高端的年轻顾客,它提供的不只是客房,更是整个时尚生活方式的一部分。[15]

3. 个性

营销人员在使用个性变量划分市场时会给产品赋予某种个性。营销人员也会使用个人变量进行市场细分。例如,邮轮公司的目标市场通常是爱冒险的人群。皇家加勒比邮轮公司推出攀岩和滑冰等上百项活动来吸引精力充沛的情侣和家庭群体。它的广告鼓动旅行者"宣告你的独立,成为皇家加勒比'有何不可'国度的一员。"而丽晶七海邮轮则定位于较为沉静和理性的探险者及寻找东方国度那样风景优美、充满异域风情的目的地的年长夫妇,在广告中邀请他们来一场"奢华的探索之旅"。[16]

营销专栏 8-3

唐恩都乐:瞄准普通人

若干年前,唐恩都乐开展了一项实验:在菲尼克斯、芝加哥、夏洛特和北卡罗来纳,每周给几十位唐恩都乐的忠实顾客100美元,让他们到星巴克购买咖啡。同时,每周给几十位星巴克的忠实顾客100美元,让他们来唐恩都乐购买咖啡。事后,唐恩都乐询问了两组顾客的感受。结果发现,这两组人呈现非常极端的态度。两个咖啡品牌的忠实顾客都很厌恶对方所钟爱的咖啡品牌。唐恩都乐的忠实顾客认为星巴克的顾客娇揉造作、盲目跟风,而星巴克的忠实顾客则认为唐恩都乐的顾客无趣且缺乏创造性。"我就是不明白,"一位唐恩都乐的常客在体验了星巴克后告诉研究者,"如果我喜欢坐在沙发上,那我就待在家里好了。"

唐恩都乐正在扩张成为美国的强势咖啡品牌,与全美最大的咖啡品牌星巴克并驾齐驱。然而,研究者陈述了一个简单的事实:唐恩都乐不是星巴克。事实上,它也并不想成为星巴克。要想成功,唐恩都乐必须清楚地知道自己想要服务的顾客群体及怎样为该群体服务。唐恩都乐和星巴克的目标顾客完全不同,他们想从自己偏爱的咖啡店得到的东西也截然不同。星巴克明确地定位为一种高端的家庭和办公室之外的"第三场所"——配有沙发、电子音乐、无线网络及充满艺术气息的墙壁。唐恩都乐的定位则更加大众化,是一种"普通人"的定位。

唐恩都乐向来致力于为工薪阶层的顾客提供价格合理的简单食物。然而最近,为了增强自身的吸引力并加速扩张,唐恩都乐开始向上层消费者靠拢——只是一小步而并非太多。它在34个城市的6 500家门店增加了拿铁咖啡等饮品和三明治等食物。它还制定了数十项大大小小的关于新的店面设计的决策,从意式浓缩咖啡机的摆放位置到徽标中的橙色和粉色比例,再到该在何处摆放现烤食品等问题都被考虑在内。然而,在逐渐接近高端顾客的过程中,唐恩都乐也时刻小心着不要让传统顾客感到疏远。它在重新设计的店面中没有摆放沙发。在顾客抱怨将一款三明治命名为"帕尼尼"太花哨之后,唐恩都乐便将其名字重新改为"夹心三明治";在顾客感到混乱时,它干脆直接放弃了该产品。"我们在寻找一种折中路线,"负责消费者研究的副经理说,"唐恩都乐忠诚顾客的特点在于,他们能一眼看穿这些表面的炒作。"

唐恩都乐的研究表明,虽然忠诚的顾客想要更好的店面,但是星巴克的氛围会令他们感到不知所措,进而让他们想要离开。他们埋怨那些使用手提电脑的顾客长时间占用座位。他们不喜欢星巴克将小杯、中杯、大杯称作 tall, grande 和 venti。他们也不明白为什么有人愿意在一杯咖啡上花这么多钱。"就好像火星人与地球人之间的谈话",唐恩都乐广告部的一位主管说。参与唐恩都乐实验的,在唐恩都乐购买咖啡的星巴克常客也感到非常不适。这位广告主管说:"喜欢星巴克的人无法忍受自己不再感到特殊。"

考虑到两家店的顾客群,这种截然相反的观点并不令人惊讶。唐恩都乐的顾客中包括更多中等收入的蓝领和白领工作者,他们来自各个年龄段,收入也参差不齐。相反,星巴克的目标市场则是高收入和更加专业化的人群。然而,唐恩都乐的研究人员说,两类顾客之间的区别更多地在于观念的差异,而非收入上的差距:唐恩都乐的常客希望融入人群中,而星巴克的常客则希望作为独立的个体显示出差别。在过去的几年中,随着美国人对咖啡需求的不断增长,唐恩都乐和星巴克分别定位于不同的市场且均实现了快速的扩张。如今,两家公司都在寻求增长,并试图吸引清晨"拿上就走"的顾客能在日间也来购买。虽然在规模上仍不如星巴克(星巴克占有33%的美国市场,而唐恩都乐占有16%的美国市场),但唐恩都乐是美国增长速度最快的咖啡和小吃连锁品牌。唐恩都乐最近进行了重新定位和升级,希望能保持增长的势头。

在调整定位的过程中,唐恩都乐也坚持无论如何都要照顾到唐恩都乐的忠实顾客的需求和喜好。到目前为止进展还不错。在7年的经营之后,唐恩都乐在顾客忠诚调查中已经排名第一位,领先排名第二的星巴克。根据这项调查,唐恩都乐在口味、份量及客服方面一直都能够满足甚至超越顾客的期望。

唐恩都乐的市场定位和价值主张可以用其口号来总结:"唐恩都乐支撑着美国的运转。"它不仅是清晨的充电站,它视自己为美国人最爱的全天候咖啡和烘焙站。不需要很花哨——这里全天候地满足唐恩都乐忠实顾客的日常需求。[17]

8.2.4 行为细分

行为细分(behavioral segmentation)是指根据购买者的知识、态度、产品使用情况及对产品的反应将其划分为若干群体。很多营销人员认为,行为细分是构建细分市场的最佳起点。

1. 时机

可以根据购买者购买或使用某一产品的时机将其分为不同的群体。按照时机对市场进行细分可以帮助企业提高产品使用率。例如,人们乘飞机旅行是出于商务活动、度假或家庭方面的原因。以商务旅行者为目标市场的航空公司的广告通常会重点宣传服务、方便和准时起飞方面的优势;而以度假旅游者为目标市场的航空公司的广告通常会重点宣传服务、有趣的目的地和组合度假产品的优势;至于以家庭为目标市场的航空公司的广告则经常会展示空乘人员关照独自去探访亲友的儿童的场景,这类信息尤其受单亲家庭市场的关注。

时机细分可以帮助企业提高产品的使用率。例如,母亲节一直是被当作一个陪母亲或妻子外出就餐的时机来促销的。蜜月市场是旅游接待业一个非常有潜力的时机细分市场。在很多文化中,蜜月旅行的费用是由父母或其他家庭成员支付的。作为礼物,蜜月包价旅行产品可能包含一些高档产品和服务,如酒店套房和头等舱机票。日本的蜜月市场对关岛、夏威夷、新西兰和澳大利亚的酒店业尤为重要。其中,几对新婚夫妇共同去一个或多个目的地旅行的蜜月旅行团被证明是一种很成功的方式。

2. 所追求的利益

市场细分的依据也可以是购买者所追求的产品利益。一位研究人员研究了三种类型的餐厅(受家庭喜爱的、注重氛围的和讲究美食的)后发现,吸引顾客的主要有五种因素。[18]他接着分析了食品质量、菜品丰富程度、价格、氛围和方便程度对不同群体的相对重要程度。研究表明,家庭顾客追求方便和菜品种类,注重氛围营造的顾客把食品质量和氛围视为最重要的品质,而讲究美食的顾客最看重的是食品质量。

了解顾客寻求什么利益有两个方面的用处。首先,管理人员可以开发满足顾客所追求利益的特色产品。其次,管理人员如果了解顾客所追求的利益,就可以与顾客进行更有效的沟通。

在W酒店,提前说明携带宠物出行的顾客在入住时会得到宠物玩具和零食。在客房里他们还会找到宠物食品、饮水碗和为宠物准备的小床。在开夜床服务时甚至会专门给宠物备上特别的零食。[19]带着宠物旅行的人很看重这项服务,而对于不带宠物旅行的人来说,这项服务则没有任何价值。

因此,收益是从产品特性中获得的积极结果。那些能为顾客带来积极结果的产品特性会创造价值,而不能为顾客带来积极结果的产品特性则毫无价值。

3. 使用者身份

很多市场可以划分为产品的非使用者、曾用者、潜在使用者、首次使用者和经常使用者几种类型。市场份额很高的企业(如大型航空公司)尤其注重维护经常使用者并吸引潜在使用者。对潜在使用者和经常使用者通常应采取不同的营销手段。

4. 使用频率

还可以把市场细分为偶尔使用者、一般使用者和经常使用者几个群体。经常使用者在人数上通常只占市场很小的比例,但购买量却占很大的比例。例如,研究人员发现4.1%的飞机乘客购买了70.4%的航空旅程,因此航空公司急切地希望抓住这部分利润丰厚的市场。[20]显然,营销人员希望能识别出经常使用者并确定某种营销组合以吸引他们。有太多的企业将资源均匀地分散于所有潜在顾客身上,而合格的营销人员则能识别出经常使用者并将营销策略的焦点对准他们。

5. 忠诚度

还可以根据顾客的忠诚度进行市场细分。旅游接待产品的消费者会形成品牌忠诚(如万豪旗下的万怡),或者会形成企业忠诚(如澳大利亚航空公司)。也有些人只是在一定程度上保持忠诚。他们可能会忠诚于两三个品牌,或者喜欢一种品牌却依然购买其他品牌。还有一些购买者根本没有品牌忠诚的概念,他们或者朝三暮四,或者图省事,或者图便宜。这些人既可以住在希尔顿旗下的花园酒店也可以下榻万豪旗下的万怡酒店,就看他们在驾车旅行的路途中寻找酒店时最先看到哪一家了。

顾客忠诚度增加的主要原因在于"与不断转换品牌的顾客相比,忠诚的顾客对价格并不敏感"。[21] 在旅游接待业,营销人员尝试通过关系营销培育品牌忠诚。制造业企业通常很少与顾客直接接触,而旅游接待业的营销人员却经常与顾客直接接触,他们可以开发顾客历史数据库,使用数据库中的信息为顾客定制产品并与他们沟通。

"千禧一代"不喜欢在入住 20 次之后才能得到特别的照顾。他们认为"重视我的能力"和"理解我的需求的能力"是产生忠诚最重要的因素。[22] 酒店和航空公司的营销人员面临的一个挑战是,将为"婴儿潮一代"开发的分级会员计划转变为让"千禧一代"能接受的计划。"千禧一代"希望从到达酒店的那一刻起就感到自己与众不同;他们希望获得为自己量身定制的体验。[23] 传统的基于层级的会员计划要求顾客的住宿天数达到一定数量才能升级会员并享有相应的优惠,这对他们来说毫无吸引力。[24] CitizenM 是一个以"千禧一代"为目标的酒店品牌,有一个名为"Citizen"的单级别会员计划。刚一加入,即可享受 15% 的房价优惠及更自由的取消预订政策。

8.2.5 使用多重市场细分基础

营销人员很少仅根据一个或少数几个变量进行市场细分。相反,他们常使用多重细分指标,以期识别更小的、更加明确的目标群体。尼尔森(Nielsen)、安客诚(Acxiom)和益百利(Experian)等商业信息服务商提供多变量的市场细分系统。这类系统融合了地理区域、人口统计特征、生活方式及行为方面的数据,帮助企业将市场细分至邮政编码、社区,甚至是家庭。

其中影响较大的一个消费者细分系统是益百利的 Mosaic 美国系统。该系统根据特定的消费者人口统计特征、兴趣、行为和爱好,将美国家庭分为 71 个生活方式类型和 19 个富裕水平。Mosaic 美国系统为每个细分市场起了非常有趣的名字,如勃肯鞋和宝马粉、波希米亚律动、运动型家庭、大学和咖啡馆、小镇浅口袋和真正有勇气的美国人。[25] 五花八门的名字让这些细分市场鲜活了起来。

例如,"勃肯鞋和宝马粉"群体属于美国的中等富裕阶层,包括已获得经济保障、远离喧嚣的大城市而生活在位于小城镇附近的质朴且富有艺术气息的社区的 40~65 岁的人。他们喜欢邮轮旅行和去气候温暖的地方度假。他们喜欢在家里做饭,也喜欢去休闲餐厅用餐。休闲餐厅的促销活动会吸引这个群体。[26]

作为单身群体一部分的"波西米亚律动"群体是居住在加利福尼亚州萨克拉门托和宾夕法尼亚州哈里斯堡等小城市的 45~65 岁的单身一族。他们往往生活悠闲,交友广泛,活跃在社区团体之中。他们喜欢音乐,爱好广泛,欣赏有创意的艺术。外出就餐时,他们会选择像 Macaroni Grill 或 RedRobin 这样的餐厅。

Mosaic 美国等系统可以帮助营销人员将人群和地点细分为志同道合的消费者市场群组。每个细分市场都有自己的好恶、生活方式和购买行为模式。使用 Mosaic 系统,营销人员可以描绘出一幅有关你是谁、你可能买什么的令人称奇的精确图像。如此丰富的市场细分为各类营销人员提供了强大的工具,可以帮助企业识别和深入了解关键的顾客细分群体,更有效地接触他们,并根据他们的具体需求提供定制的产品和信息。

8.2.6 有效市场细分的条件

尽管市场细分的方法很多,但并非都同样有效。例如,你可以把餐厅的顾客按照头发的颜色分成金发顾客和黑发顾客,但头发的颜色并不影响他们点什么菜。此外,如果餐厅的所有顾客每个月都购买同样数量的食物,相信餐厅的所有食物质量都一样,而且愿意支付相同的价格,那么餐厅根本没有进行市场细分的必要。

因此,有用的细分市场必须具备以下特点。

(1) 可测量性:细分市场的规模和购买力能够被衡量的程度。有些市场细分变量很难衡量,如出于反抗父母的目的而饮酒的青少年细分市场的规模。

(2) 可进入性:企业可以进入细分市场并为之服务的程度。本书的一位作者发现,有20%的大学餐厅顾客属于常客。但是,这些常客却没有任何共同的特征。他们中既有大学教职员,也有学生。全日制学生、半工半读学生,以及不同年级的学生中并没有就餐方面的明显差异。尽管该细分市场已经被识别出来,但企业却无法进入这个常客市场。

(3) 实质性:细分市场在规模和可盈利性方面值得作为目标市场的程度。一个细分市场应该是最大的潜在同质群体,并且从经济的角度来看值得为它制订专门的营销计划。例如,在大都市地区可以开各种民族风味的餐厅,而在小城镇,泰国餐厅、越南餐厅和摩洛哥餐厅就很难生存。

(4) 可行动性:能在多大程度上设计出吸引目标市场并为之服务的有效计划。例如,一家小航空公司识别出七个细分市场,但公司的人力和财力都不足以为每个细分市场分别制订营销计划。

8.3 目标市场选择

市场细分揭示了企业所面临的各种可供选择的细分市场。企业必须对各个细分市场进行评估,确定有多少市场及哪些细分市场可以作为目标市场。我们现在就来看看企业是如何评估和选择目标市场的。

8.3.1 评估细分市场

在评估不同的细分市场时,企业必须考虑三个因素:细分市场的规模和增长速度、细分市场的结构性吸引力,以及企业的目标和资源。

1. 细分市场的规模和增长速度

企业必须先收集和分析当前细分市场的销售额、增长率和预期获利能力。企业的兴趣是那些有适当的规模和增长率的细分市场。但"适当的规模和增长率"是一个相对的说法。有些企业可能想把销售额高、增长速度快、边际利润高的市场作为目标市场。然而,规模最大、增长最快的细分市场并非对所有企业都是最具吸引力的市场。一些小企业会发现自己没有为较大的细分市场服务所需的技能和资源,或者这些市场上的竞争太激烈了。这些企业可能会选择一些规模较小但对它们来说却更加有利可图的细分市场。

2. 细分市场的结构性吸引力

一个细分市场可能在规模和增长速度上都很理想,但在利润方面却缺乏吸引力。企业必须考察影响细分市场长期吸引力的几个重要的结构性因素。例如,如果一个细分市场已经有很多强大的且极具进攻性的竞争对手,那么这个细分市场就没有什么吸引力。如果存在许多现实的和潜在的替代品,那么产品的价格就会受到限制,从而影响能从该市场得到的利润。例如,有些超市正在进入外带食品市场,而这些外带食品势必对快餐市场产生影响。购买者的相对购买力也会影响细分市场的吸引力。如果一个细分市场上的购买者比卖家拥有更强的讨价还价能力,那么他们就会试图压低价格,要求更高的质量和更多的服务,并挑起卖家之间的竞争。大的买家(如在达拉斯拥有航空枢纽的航空公司每晚要为机组人员订50间客房)可以通过谈判得到很低的房价。如果一个细分市场中有几个能够控制价格或减少订购产品的数量或降低其质量的强大的供应商,这个市场可能就没有多少吸引力。当供应商规模大且很集中,同时又没有替代者或供应商所提供的产品是重要原料时,该供应商就很强大。在某些地区,专营海鲜的餐厅就会受到几家供应商的钳制。

3. 企业的目标和资源

所有企业都必须考虑自己的目标和资源与可能的细分市场是否匹配。一些颇有吸引力的细分市场因为不符合企业的长期目标可以被立即排除。尽管这些细分市场本身很有吸引力,但它们可能会分散企业的注意力和精力,使企业偏离主要目标。或者从环境、政治或社会责任等角度看选择这些细分市场并不明智。

如果一个细分市场符合企业的目标,企业接下来就必须确定自己是否拥有可在该市场获得成功的技能和资源。企业如果缺乏在该市场成功竞争的优势,而且无法轻易地获得这种优势,那么就不要进入这个细分市场。只有当企业在某个细分市场上拥有超过竞争对手的可持续优势时,它才应该进入该市场。在第3章我们提到美国餐饮巨头兰德里公司因为想专注于高档餐厅而决定出售Joe's Crab Shack餐厅以投资于高档连锁餐厅。此次出售让兰德里公司获得了1.92亿美元,远高于2017年收购当时濒临破产的Joe's Crab Shack餐厅时付出的5 500万美元。兰德里公司的例子表明,目标市场的选择会随着时间的推移而改变,但它们应该被仔细规划并与组织的战略计划相匹配。[27]

8.3.2 选择细分市场

在对不同的市场进行评估之后,企业需要决定选择哪些细分市场及要服务多少个细分市场。这就是目标市场的选择问题。目标市场由一些具有相同需要或特征的购买者构成,他们是企业决定为之服务的对象。如图8-2所示,企业可以采取三种市场覆盖策略中的一种:无差异营销策略、差异营销策略和集中性营销策略。

1. 无差异营销策略

采用无差异营销策略的企业不考虑细分市场的差异性,以一种营销组合满足整个市场的需要。这种营销策略关注的是消费者需要的共同点而不是差异,试图以一种营销计

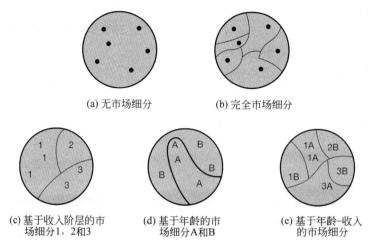

图 8-2　三种可选择的市场覆盖策略

划吸引最多的购买者。大规模分销和大众广告是在消费者心目中创造良好形象的最基本的营销工具。

无差异营销策略在成本上是经济划算的。单一的产品线降低了生产、库存和运输成本。无差异的广告计划能降低广告成本。由于不必进行市场细分,也减少了营销调研成本和产品开发成本。

公共自助餐厅有时认为这种策略很适合自己,但事实上,观察这些餐厅的顾客组合通常会发现,其吸引的大多为中老年顾客。

在当今竞争激烈的环境中,大多数营销人员都对这一策略表示怀疑。实际上,很难开发出使所有消费者都满意的产品和服务,甚至想满足大多数消费者的需要都难以做到。当几个企业都瞄准最大的细分市场时,不可避免的结果就是激烈的竞争。小企业往往发现不可能直接与那些巨头企业抗衡,于是被迫采取利基市场策略。由于营销成本很高,包括可能的降价和价格战,因此较大的细分市场也很难盈利。

2. 差异营销策略

采用差异营销策略的企业会选择几个细分市场作为目标市场并分别为每个目标市场设计营销方案。法国的雅高酒店集团旗下有 18 个酒店品牌,其中包括国际豪华酒店(索菲特)、三星级酒店(诺富特)、二星级酒店(宜必思)、经济型酒店(一级方程式)及公寓式酒店(诗铂)。这种细分策略使雅高酒店集团跻身全球一流酒店集团之列。

差异营销策略通常可以比无差异营销策略产生更高的总销售额。雅高酒店集团在一个城市的酒店客房市场上之所以占很高的份额,应该归功于它在该市拥有三个品牌的酒店,如果它只拥有一个品牌则是做不到这一点的。索菲特(Sofitel)吸引高端商务旅客,诺富特(Novotel)吸引中档旅客,而一级方程式(Formula One)则吸引家庭和经济型旅客。雅高酒店集团为每个目标市场提供不同的营销组合,同时也必须为每个品牌制订营销计划、开展营销调研、进行预测、做销售分析、制订促销计划和策划广告。雅高酒店集团还为"千禧一代"打造了两个与众不同的品牌:Mama Shelter 提供了一个现代设计的城市概念和生动的体验,而 JOE&JOE 则为节省开支的旅客提供了共享空间。

3. 集中性营销策略

集中性营销策略对资源有限的企业尤其有吸引力，这些企业不想占领一个大市场中的小份额，而是寻求在一个或几个小市场中占有大份额。

集中性营销策略的例子很多。四季酒店和瑰丽酒店（Rosewood Hotels）专注于高价位的酒店客房市场。通过采用集中性营销策略，企业在自己所服务的细分市场上取得了强大的市场地位，原因就在于它们更加了解这些细分市场的需要。如果细分市场选择得当，企业就能得到较高的投资回报率。

查克芝士（Chuck E.Cheese）是一家将带孩子的家庭作为目标顾客的餐厅。带小孩子去餐厅很难，因为他们很容易感到无聊。很多餐厅提供蜡笔和纸制餐垫供孩子们玩儿。奇利斯餐厅（Chili's）提供预装了游戏的平板电脑，能让孩子们玩得不亦乐乎。查克芝士已经形成了一个以有小孩的家庭为中心的整体餐厅理念。它有街机游戏，并提供儿童喜欢的食物，如比萨和三明治。有些套餐附带游戏代币，代币也单独出售。孩子们喜欢去查克芝士，它为有小孩的家庭提供了一个共度时光的温馨环境。[28]

不过，集中性营销策略所涉及的风险较高。特定的细分市场可能会萎缩。出于这个原因，很多企业更愿意在两个或两个以上的市场中开展业务。

4. 微观营销：本地营销和 SoLoMo（社交本地移动）

采用差异营销策略和集中性营销策略的营销人员根据不同的细分市场和利基市场的需求定制产品与营销方案。然而，他们并没有针对每个顾客进行定制。**微观营销**（micromarketing）是根据特定的个人和地点定制产品与营销计划的实践。微观营销人员不是在每个人身上看到一个顾客，而是在每个顾客身上看到了独特的个体。微观营销的一种形式就是本地营销。

本地营销包括根据当地顾客群体（取决于城市、社区、餐厅、酒店、商店的具体位置）的需求和需要定制品牌与促销活动。例如，Omni 酒店的餐厅就提供酒店所在社区的特色美食。

通信技术的进步催生了高科技版的基于位置的营销模式。得益于具有 GPS 功能的联网智能手机和基于位置的社交网络的爆炸式增长，企业现在可以密切跟踪消费者的足迹，并相应地提供服务。零售商可以使用基于位置的社交媒体签到服务（如 Foursquare）或 Groupon 等本地每日特价服务，让消费者了解本地的优惠信息。

基于位置的营销日益移动化，在关键的本地市场区域，营销人员会实时跟踪移动消费者的足迹以进行营销，这种方式被称为 SoLoMo（社交本地移动）。[29] 例如，一家本地餐厅可以利用 Foursquare、Yelp 和脸书等平台开展 SoLoMo 营销，只向位于所在社区或城市的消费者提供优惠。还有一些不断开发的新网站，包括 Kapture、Sidekad 和 LocalBox 等。[30] 比尔·卡罗尔（Bill Carroll）教授说，"纽约市的马克酒店（Mark Hotel）使用 Foursquare 的列表功能作为其礼宾服务的虚拟延伸。"寻找本地餐饮和游览建议的游客可以参考 Foursquare 的标签。酒店通过在推荐中推广自己的餐饮产品而受益。[31]

万豪旗下的万丽酒店推出了其领航者计划，通过对每个目的地的美食、购物、娱乐和文化体验的推荐，使顾客的体验超本地化。这有助于顾客在其全球 160 家生活方式酒店中找到最好的当地体验,并像当地人一样生活。[32]

采用本地营销的优惠促销时,必须保证因促销而产生的业务是有利可图的。餐厅的促销定价应保证餐厅在扣除了促销成本后还能赚钱。此外,只有当你有足够的接待能力时才能进行促销。例如,如果餐厅在周五和周六晚上顾客很多,就不要在这些时段促销。

8.3.3 选择市场覆盖策略

企业在选择市场覆盖策略时需要考虑很多因素。一个因素是企业资源。如果企业的资源有限,那么集中性营销策略是最适宜的。另一个因素是**产品同质程度**(degree of product homogeneity)。无差异营销策略更适合同质性产品。而在设计上有所不同的产品,如餐厅和酒店,更适合采取差异营销策略或集中性营销策略。还必须考虑产品所处的生命周期阶段。企业推出新产品时,比较可行的做法是只推出一个版本的产品,此时最适合采取无差异营销策略或集中性营销策略。例如,早期的麦当劳可供选择的食物品种与现在相比是非常有限的。在产品的成熟期,差异营销策略变得更加可行。还有一个因素是**市场的同质性**(market homogeneity)。如果购买者有相同的品位、购买相同数量的产品、对营销策略做出相同的反应,那么无差异营销策略就是适宜的。最后,竞争对手的策略也很重要。如果竞争对手采用市场细分策略,那么企业采用无差异营销策略就不啻自取灭亡。相反,如果竞争对手采用无差异营销策略,那么企业采用差异营销策略或集中性营销策略就能赢得优势。

社会责任目标营销

恰当的目标定位有助于企业专注于自己可以最好地满足其需求的最有利润的细分市场,从而使经营更有效率也更有效益。目标定位也有利于消费者,企业根据特定消费者群体的需要为其提供量身定制的服务。然而,目标营销有时会引发争议和担忧。最大的问题是涉及以弱势消费者群体为目标市场,为其提供有争议的产品或有潜在危害的产品。

例如,儿童被视为特别脆弱的受众。营销人员因针对儿童的营销努力而受到批评。批评人士担心,诱人的含赠品套餐和强大的广告吸引力会让儿童无力招架。例如,近年来,麦当劳一直受到很多健康倡导者和家长的批评,他们担心麦当劳广受欢迎的快乐套餐(随餐赠送一些儿童电影中出现的小玩具及其他物品)让儿童无法抵御这种高脂肪、高热量的快餐。麦当劳对此做出了回应,让快乐套餐更加健康,将总热量减少20%,每份套餐中都添加了水果,而且套餐中的饮品只能选择牛奶、水或果汁。[33]

如今营销人员也在使用复杂的分析技术来追踪消费者的数字活动,并建立包含高度个人化信息的详细顾客档案。这样的档案可以被用来精准地为消费者提供个性化的品牌信息和服务。精准目标营销可以将适当的品牌信息传递给适当的消费者,从而使营销人员和消费者都受益。然而,如果使用过度或不当,精准目标营销对消费者来说可能弊大于利。营销人员必须负责任地使用这些新的目标市场选择工具。

8.4 市场定位

企业选定了目标市场之后,就必须确定一个价值主张,即如何为目标市场提供差异化的价值及在这些细分市场中占据什么位置。**产品定位**(product position)是消费者根据产品的重要属性对产品进行界定的方式,即与竞争产品相比,产品在消费者心目中的地位。如今的消费者已经被各种产品和服务信息淹没,无法在每次做购买决策时都对产品进行重新评估。为了简化购买决策过程,消费者会对产品进行分类,即在头脑中给产品和企业"定一个位置"。

营销人员不希望在产品定位上无所作为。他们首先要选定一些能使产品在目标市场上取得最大优势的位置,然后设计相应的营销组合让产品占据这个位置。在汉堡快餐店中,温迪宣传自己从不使用冷冻肉,都是新鲜烤制,汉堡王以火烤食物而闻名。

酒店的品牌定位可以从管理者和顾客两个角度考虑。品牌的管理者必须对酒店试图占领的位置有个清晰的概念,各种促销措施不仅要清晰地阐明品牌所提供的利益,而且要表明这些利益与其他品牌所提供的到底有什么不同。不过归根结底,一种品牌的定位仍然取决于它的顾客。

8.4.1 定位策略

营销人员可以采取多种定位策略。他们可以根据产品的具体属性定位,不过这种定位存在风险。产品的属性必须为顾客创造利益。赛百味成功地将自己的三明治定位为替代油炸食品和汉堡的健康食品。它推出的八种特色三明治的脂肪含量都不超过6克。赛百味针对父母推出了"新鲜健康为孩子"计划。赛百味在不损害口感的情况下有效保证了营养,而营养对于许多人来说正是重要的食物特征。然而,并非所有的企业都能成功地选择有意义的产品属性。新加坡的斯坦福德酒店(Stamford Hotel)宣传说自己是世界上最高的酒店(现在改口说是东南亚最高的酒店了)。在选择酒店时,大多数人看重的是服务、地理位置等,高度则并不被很多人所看重。事实上,酒店客人通常更喜欢住在较低的楼层,因为他们认为在紧急情况下住在较低楼层的人更易于逃生。如果企业宣传的产品属性并不会被视为一种好处,那么企业就需要明确宣传这种好处。新加坡滨海湾金沙酒店(Marina Bay Sands)就成功地宣传了其游泳池和空中酒吧的高度所带来的好处:"想象一下,在全球最大的屋顶游泳池中畅游,从57层高空俯瞰这座城市的璀璨无垠。畅游之后,在游泳池边舒适的躺椅上享受日光浴,或者手拿一杯香槟在棕榈树下放松。在滨海湾金沙天空公园观景台欣赏美景,从这里可以俯瞰世界。你可以一边啜饮Spago调酒师调制的鸡尾酒,一边欣赏城市的全貌和新加坡海峡的美景。"[34]请注意滨海湾金沙酒店所传递的信息中的情感诉求,因为单纯地陈述酒店是最高的只是一个不带感情色彩的事实。在旅游接待业,情感诉求至关重要。

最后,企业还可以针对另一类产品来定位自己的产品。邮轮公司把自己定位为一种独特的、不同于旅游地度假的移动度假方式。顾客也已经把仅提供床位和早餐的B&B酒店定位成其他住宿形式的类似家一样的替代品。爱彼迎为个人提供了一个向旅行者出租房屋、公寓或房间的市场。爱彼迎的定位是通过产品的多样性提供独特的旅行体验,其产品包括克罗地亚的灯塔、城堡、地下室和约翰·斯坦贝克的作家工作室,以及某个普通家庭的一个房间。爱彼迎在很多城市提供了一些非常便宜的住宿之地,然而它并不想把自己定位成一个廉价的住宿地。爱彼迎宣传说,"爱彼迎将人们与独特的旅行体验联系起来"。[35]

8.4.2 选择和实施定位策略

有些企业认为选择差异化策略或定位策略很容易。例如,如果有足够多的购买者追求质量,那么在某些细分市场上以质量著称的企业将会再以这一定位进入新的细分市场。但在很多情况下,两个或多个企业会选择相同的定位。因此,每个企业都必须通过建立一个能吸引该细分市场的独特的利益组合,让自己与众不同。

最重要的是,品牌的定位必须满足目标市场的需求和偏好。例如,如前所述,虽然唐恩都乐和星巴克都经营咖啡和小吃,但它们的目标顾客大相径庭,这些顾客想要的东西也截然不同。星巴克的目标是更高端的专业人士,而唐恩都乐的目标是"普通人"。这两个品牌都很成功,因为它们都为自己独特的顾客群提供了合适的价值主张。

差异化和定位工作包括三个步骤:识别各种可作为定位依据的差异化竞争优势;选择合适的竞争优势;有效地向经过慎重选择的目标市场传达企业的定位意图。

8.4.3 差异化竞争优势

酒店或旅游目的地必须将自己的产品和服务与竞争对手的产品和服务区分开来。差异可以通过物理属性、服务、人员、位置或形象等来实现。

1. 物理属性差异

位于危地马拉安提瓜岛的五星级酒店卡萨圣多明各(Casa Santo Domingo)建在一座16世纪的修道院里。该修道院曾在一次地震中部分损毁。建筑师及室内设计师巧妙地将新建筑物与修道院的残垣断壁(包括地下室)融为一体。没有屋顶的圣殿遗迹被数千根蜡烛环绕,是举办婚礼夜宴的好去处。

不幸的是,很多酒店、餐厅和航空公司缺乏物理属性上的差异。特别是汽车旅馆,其标准化的建筑外观没有任何差别。在这种情况下,价格通常是体现差异的主要因素。

伯克利的帕尼斯(Chez Panisse)、堪萨斯城的莉迪雅(Lidia's)和Chipotle墨西哥烤肉连锁店等餐厅通过提供天然有机食品的方式实现差异化。这些餐厅组建了为其提供符合餐厅标准的新鲜食材的农场网络体系。[36]

差异化会令消费者感到兴奋,同时也提供了建立良好的公共关系、顾客忠诚度及获得丰厚利润回报的机会。

2. 服务差异

旅游接待企业通过服务实现差异化。例如,希尔顿在中国游客经常光顾的110家酒店中将"希尔顿欢迎"作为其服务差异化的一个切入点。希尔顿通过营销调研确定中国游客的偏好和需求。酒店提供的服务包括一封简体中文欢迎信、至少一个普通话电视频道、客房内配电水壶及供应中式早餐。[37]

如果企业总是提供糟糕的顾客服务,就会产生负面的差异化。要想挽回声誉需要管理人员或所有者有所改变。但令人惊奇的是,为数众多的服务企业却并未重视良好的顾客服务。良好的顾客服务的基础是"己所不欲,勿施于人"这条黄金定律。

成熟的消费者尤为注重友善的服务人员、熟记顾客的名字、帮助顾客挑选产品、为顾客提供交流的机会及不催促顾客离开等因素。这些简单的服务会使旅游接待企业获得丰厚的利润。[38] 由于很多企业忽视了优质服务的重要性,因此那些真正注重服务的企业将实现积极的差异化。

3. 人员差异

企业可以通过聘用和留住比竞争对手更好的人员来获得竞争优势。新加坡航空公司之所以享有良好的声誉,在很大程度上得益于其高水平的空乘人员。美国西南航空公司认为竞争对手可以复制其低成本体系,但永远无法创造自己的员工所拥有的那种精神状态。

人员差异要求企业必须精心挑选与顾客直接接触的员工,并善加培训。这些员工必须有能力、有技能、有知识。他们要谦虚、友善、懂礼貌,能为顾客提供始终如一且准确的服务。他们还要努力理解顾客,清楚地与他们交流,对顾客的问题和要求做出迅速的反应。我们将在第 10 章继续讨论如何创造人员差异。

4. 位置差异

在旅游接待业,位置可以提供强大的竞争优势。例如,纽约市中心公园对面的酒店就比一个街区之外的酒店有竞争优势。位于高速公路出口附近的汽车旅馆比起距出口一个街区的汽车旅馆在客房出租率上会有 10% 以上的优势。位于得克萨斯州圣安东尼奥河滨步道旁的餐厅远比远离河岸的餐厅拥有竞争优势。国际航空公司通常利用自己的地理位置作为国内市场上的差异点。例如,澳洲航空(Quantas)将自己塑造为澳大利亚航空公司,在国内市场上有了大批追随者。旅游接待企业应找出由其位置创造的价值,并记住这样的价值具有一定的随机性。旁边修建新的高速公路或附近有犯罪行为等因素都会很快让优势变成劣势。

Taco John 的 425 家快餐店遍布美国的 25 个州。然而,它们的优势在于 Taco John 所称的"美国中心地带"。Taco John 的第一家店开在怀俄明州夏延(Cheyenne),随后扩张至内布拉斯加州斯科茨布拉夫(Scottsbluff)和南达科他州拉皮德城(Rapid City)等地。Taco John 的大多数快餐店都位于美国中西部的中小城镇,并且大获成功。至于这种成功能否在圣安东尼奥、得克萨斯或洛杉矶复制,依旧是一个值得怀疑的问题。旅游接待企业得到的建议是,要在大规模扩张之前认真考虑哪些地理因素可能给它带来成功。也许酱汁或产品的其他方面对内布拉斯加州或明尼苏达州的人来说堪称完美,却不被其他地区的人所接受。[39]

5. 形象差异

即使竞争对手的产品很相似,企业或品牌的形象也会让购买者感知到差异。因此,旅游接待企业应注重形象的塑造,使自己区别于竞争对手。企业或旅游目的地的形象所传达的信息要简洁而有特色,集中表达产品的主要优点和定位。对于热带地区的旅游目的地,人们很难通过广告进行区分。它们多半都有沙滩、清澈的海水及其他相似的环境因素。要想塑造强烈且鲜明的形象，需要创造力和努力。良好的形象是靠辛勤工作挣得的。奇利斯餐厅已经形成了一种随意而轻松的社区餐厅形象。这一形象必须得到各种要素的支撑，包括企业的一言一行。

新物业的所有者和经营者经常犯的一个错误是在完全了解物业、社区和市场之前便开始实施新形象定位策略。特柳赖德（Telluride）滑雪及高尔夫度假村的新业主称他们不会犯类似的错误。新业主没有宣布进行任何大变革。他们说："我们要发扬这里的特色。我们希望保持特柳赖德真实、迷人又随意的氛围。"此外，他们还向当地社区征询意见以形成度假区的共同愿景。[40]

前不久被万豪国际收购的喜达屋酒店集团从情感和体验等方面为旗下的酒店塑造了差异化的形象。

喜来登：喜达屋旗下最大的品牌喜来登凭借"你不是短暂停留，而是属于这里"宣传口号，营造的是温暖、舒适和悠闲的形象。其核心价值是"连接"，这个形象的实现得益于与雅虎合作设立了 Yahoo! Link@Sheraton 大堂自助终端和网络咖啡吧。

福朋喜来登：面向背包客，努力营造真诚、简单和舒适的氛围。该品牌致力于提供高水平的舒适度和一些小优惠，如免费的高速上网和瓶装水。它的广告着重宣传"家的舒适"。

W 酒店：W 酒店的品牌个性被定义为充满风情，为客人们提供带有酷感的温暖之情的独特体验。

威斯汀：强调"个性化、本能和重新注入活力"，通过白茶的香气、标志性的音乐和灯光，以及随时更换的干净毛巾让客人感受充满感性色彩的欢迎之情。每间客房都有威斯汀自有的"天梦之床"。这些舒适的"天梦之床"由诺思通（Nordstrom）独家销售，进一步强化了该品牌的高端形象。[41]

8.4.4 选择适当的竞争优势

假设企业已经幸运地找出了几个潜在的竞争优势，那么接下来它必须对可作为定位策略依据的优势进行选择。

1. 选择多少种差异

很多营销人员认为，企业应针对目标市场大力宣传一个亮点。例如，广告人罗泽·瑞夫斯（Rosser Reeves）认为，企业应该为每个品牌确定一个独特的销售卖点（USP）并且不懈地坚持下去。每个品牌应该只强调一种属性，并宣传自己的产品是具备该属性的产品中的"老大"。购买者往往更容易记住第一名，尤其在当今信息泛滥的社会中。6 号汽车旅馆始终宣传自己是价格最低的全国性连锁店，而丽思卡尔顿则宣传自己是最有价值的。定位在第一名的企业应该宣传什么呢？主要是最优的质量、最佳的服务、最低的价格、最高的价值和最佳的位置。企业若能坚持定位于某个对其目标市场至关重要的特征，并一以贯之地提供这种优势，它就很有可能成为最有名、令人印象最深刻的企业品牌。

但也有营销人员认为，企业在定位时不应仅依赖一个优势因素。一家餐厅可能声称同时拥有最好的牛排和最佳的服务，一家酒店可能声称提供最高的价值和最佳的位置。如今，大众市场正分裂成为众多的小细分市场，在这种情况下，各企业都在设法拓宽其定位策略,以吸引更多的细分市场。例如,亚利桑那州的巨石度假酒店(Boulders)宣称自己是最好的高尔夫度假地和豪华度假酒店,能给客人提供观赏索诺拉沙漠动植物的机会。通过这样的宣传,巨石度假酒店既可以吸引高尔夫爱好者,也可以吸引非高尔夫爱好者。

不过,随着企业增加其品牌所含优势的数量,它们也会面临不被信任和定位不清晰的风险。总的来说,企业需要避免三种常见的定位错误。第一种是**定位过宽**(underpositioning),即未能把企业的定位凸显出来。有些企业发现,购买者对企业的了解非常模糊,或者根本不知道企业有什么独特之处。很多想要抓住国际市场的独立酒店就常常定位过宽。例如,韩国的首尔广场酒店在欧洲和北美鲜为人知。为了在远距离市场上进行定位,像首尔广场酒店这样的企业进行的宣传是"世界一流酒店"和"世界最受欢迎酒店"。第二种是**定位过窄**(overpositioning),即传达给购买者的企业形象过于狭窄。第三种是**定位错乱**(confused positioning),即让购买者对企业形象感到混乱。良好的定位有助于建立品牌忠诚度。就酒店而言,只是让顾客满意可能还不够。满意的顾客不一定会重复购买,除非他们在态度上对品牌忠诚。[42]

2. 选择哪些差异

并非所有的品牌差异都有意义或有价值,也不是每一种差异都能成为很好的区别因素。每一种差异在为顾客提供利益的同时也会增加企业的成本。因此,旅游接待企业或旅游目的地必须谨慎选择使自己区别于竞争对手的方法。满足下列标准的差异才是值得选择的。

(1) 重要性。该差异能给目标购买者带来高价值利益。对于旅游目的地来说,保证游客的个人安全是第一要务。

(2) 独特性。竞争对手并不具备或者本企业能以更加与众不同的方式提供该差异。

(3) 优越性。这种差异比其他可使顾客获得同样利益的办法优越。

(4) 可传播性。这种差异可以向购买者传达,使他们能够感知。

(5) 先发制人。竞争对手难以轻易地复制这种差异。

(6) 可负担。购买者对这种差异有支付能力。

(7) 获利性。企业能从这种差异中获利。

有些竞争优势因为比较弱、开发成本太高或者与企业整体特征不协调等原因而被排除。假设某企业正在设计定位策略,并将可能的竞争优势缩小为四种,则该企业就需要一个框架来选出最具发展前景的竞争优势。

8.4.5 选择整体定位策略

一个品牌的整体定位被称为品牌的**价值主张**(value proposition),是品牌的差异化和定位所依据的全部利益组合。价值主张回答了顾客提出的"我为什么要买你的品牌?"这一问题。超值酒店(Value Place)是一家价格低廉的酒店,厨房配备齐全,按周支付的租金较低。廉价酒店容易让人感觉不安全,因此超值酒店在其价值主张中除了可负担和干净整洁外,还强调安全性。费尔蒙酒店(Fairmont)是一家高档连锁酒店,其价值在于为顾客提供卓越的服务体验,为顾客创造美好的回忆。Firehouse Subs餐厅的口号是"热气腾腾,美食如山",红龙虾餐厅(Red Lobster)则主打"不一样的海鲜"。通过这些价值主张,这些企业力求影响潜在顾客对其品牌的认知。

8.4.6 沟通与传达所选择的定位

一旦选择好定位的特征并确定了定位的表达方式,企业就必须把这种定位传递给顾客。企业的所有营销组合都必须支持其定位策略。如果一个企业决定在服务上出类拔萃,它就必须根据服务的要求来雇用员工,制订培训计划,对那些提供良好服务的员工给予奖励,并策划销售和广告活动以宣传其服务的优异。

制定和维持一种始终如一的定位策略并非易事,有很多负面因素会产生影响。企业雇用的广告代理机构可能并不喜欢企业选定的定位策略,因此可能会在背后拆台。新的管理层如果并不理解原有的定位策略,可能削减一些关键的支持计划(如员工培训和促销)的预算。发展一种有效的定位需要管理层、员工和经销商长期的、持续的、一贯的支持。

橄榄园餐厅(Olive Garden)在意大利托斯卡纳开了一家名为 Olive Garden Riserva di Fizzano 的餐厅,并开办了托斯卡纳烹饪学院。除了在菜单上增加当地的菜肴、送厨师去托斯卡纳烹饪学院学习外,还将新餐厅按照托斯卡纳农舍风格进行设计。在橄榄园餐厅的网站上还有食谱和烹饪小窍门。在意大利托斯卡纳开设餐厅和烹饪学院有助于橄榄园餐厅宣传自己是正宗的意大利餐厅这一定位。它还用意大利家庭在橄榄园就餐的广告画面来强化这一定位。[43]

企业的定位决策最终也决定了谁将是竞争者。在选择定位策略时,企业应该评估其竞争优势和劣势,并占据比竞争对手更有利的位置。

创造令顾客难忘的体验可以强化和支持定位策略。旅游接待企业每天都会提供很多服务,其中大多数已成为常规工作,与竞争对手没有区别。创造难忘的且别具一格的顾客体验的关键不是仅提升服务,而是给顾客带来最高层级的愉悦的、难忘的体验。[44]

8.4.7 定位的测量:知觉图

在制定差异化和定位策略时,营销人员通常要制作知觉图,显示消费者对其品牌和竞争产品在重要维度上的感知。图 8-3 是根据价格和感知的服务水平这两个属性绘制的酒店的知觉图。从图中可以看出,服务水平与价格之间存在相关关系:当价格上升时,服务水平也上升。

有些酒店提供的价值似乎比其他酒店高。例如,伊塔利亚酒店的服务水平就比金阁酒店的服务水平高,但价格却要低一些。二维知觉图看起来容易,但为了获得对市场定位的全面感受,人们往往要研究多幅描绘不同属性的知觉图。知觉图也可以描述消费者对产品的多种属性的感知。在竞争日益激烈或定位策略无效的情况下,企业有必要进行重新定位。知觉图为是否需要重新定位提供了数据支持。

课堂小组练习

* 带星号的习题可以作为个人作业或线上作业。学生需要对答案给出解释。

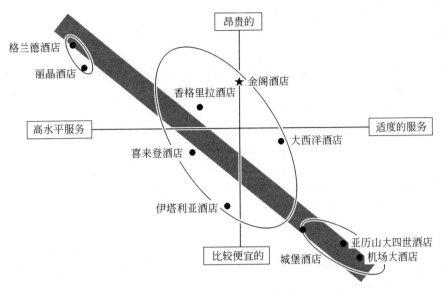

图 8-3 服务水平与价格定位图

资料来源：Lovelock，Christopher H；Wirtz，Jochen，Services Marketing：People，Technology，Strategy，7th Ed.，© 2011，p. 74.

1.* 访问一家大型酒店或旅游公司的网站，说明它是如何通过网站吸引不同细分市场的。请给出具体的例子。

2. 以小组形式，为一家新的餐厅或酒店提供业务方面的创意。使用本章中描述的步骤，制定顾客价值驱动的营销战略。描述你的战略，并对这项业务进行定位。

3.* 选择一家旅游接待企业，如酒店或餐厅，对其整体市场（酒店市场或餐厅市场）中的一些细分市场和它选择的其中一个目标市场进行分析，阐述它是怎样将自己与竞争对手区别开来，在该市场上进行定位的。

4.* 在你居住的社区中选择一家你认为可以锁定为一家餐厅或酒店的目标市场的细分市场，说明针对这个市场细分你会采取什么样的营销组合。

5.* 有些餐厅老板想开一家能满足所有人的需要的餐厅。为什么说这是一个危险的策略？

6. 产品属性和消费者对产品属性的感知在产品定位中扮演什么角色？与其他几个竞争品牌雷同的产品属性会有助于定位策略的成功吗？

7.* 提供一个旅游接待企业使用 SoLoMo 营销的例子（不能使用本章中给出的例子）。

体验练习

寻找一家旅游接待企业针对特定的细分市场（如儿童、年轻人、老年人、高收入人群等）做的广告，然后访问该企业的某个经营网点。在该网点，为吸引广告所针对的细分市场，企业的营销组合包括哪些促销工具（营业推广、标牌、产品组合、渠道和定价）？

参考文献

1. Dan Peltier, "Interview: CitizenM Hotels Co-Founder on Making a Stay an Extension of Guests' Lifestyles," *Skift*, April 18, 2016, https://skift.com/2016/04/18/interview-citizenm-hotels-cofounder-on-making-a-stay-an-extension-of-guests-lifestyles/; "This is a Brand for Millennials," https://www.sayhellocreative.com/this-is-a-brand-for-millennials (accessed April 9, 2018); Liz Welch, "Entrepreneur Designs Upscale Hotels for Budget Travelers," *Inc.*, May 22, 2014, https://www.inc.com/magazine201406/liz-welch/citizenm-low-cost-high-end-hotels.html; Freek Vermeulen, "3 Steps to Break Out in a Tired Industry," *Harvard Business Review*, May 01, 2015 https://hbr.org/2015/05/3-steps-to-break-out-in-a-tired-industry; Michael Levie, "CitizenM Hotels Revolutionizes Guest Personalization," *Hospitality Technology*, February 18, 2009, https://hospitalitytech.com/citizenm-hotels-revolutionizes-guest-personalization; "citizenM Celebrates Yet Another Year of Affordable Luxury," December 15, 2017, https://www.citizenm.com/news/citizenm-celebrates-yet-another-year-of-affordable.
2. "Forecast of Retail Sales in the Foodservice Industry in the United States in 2014, by Venue Segment," *Statista*, http://www.statista.com/statistics/288612/retail-sales-us-foodservice-industry-by-venue-category/ (accessed July 22, 2015).
3. Elisabeth A. Sullivan, "Customer Spotting," *Marketing News* (March 15, 2008): 10.
4. https://order.dominos.com/en/pages/content/content.jsp?page=apps&so=hpnf&panelnumber=3&panel-name=apps (accessed September 2014).
5. See Joan Voight, "Marriott Chain Adds Some Local Flavor," *Adweek* (January 7, 2013): 9; "Renaissance Hotels Launches New Navigator Program to Help Guests Discover 'Hidden Gems' of Various Cities around the World," January 8, 2013, www.adweek.com/prit/146321; http://renaissance-hotels.marriott.com/r-navigator (accessed September 2014).
6. Viking Cruises Web site, http://www.vikingcruises.com terms-conditions/index.html (accessed July 28, 2015).
7. Paula Froelich, "Advertising's Untapped Market: Single Women," *Newsweek*, February 26, 2014, http://www.newsweek.com/2014/02/28/advertisings-untapped-market-single-women-245588.html (accessed July 25, 2015); Jamie Dunham, "Marketing Travel to Women: Eight New Trends You Need to Know," *The Lipstick Economy*, July 16, 2013, https://jamiedunham.wordpress.com/2013/07/16/marketing-travel-to-women-eight-new-trends-you-need-to-know/ (accessed July 25, 2015).
8. "Young Family Travelers," http://www.youngfamily-travelers.com/europe/novotel/novotel.htm (accessed October 31, 2004); "Family Adventure Traveler," http://www.colorado.com/family/default.asp; "Family Friendly" (accessed October 31, 2004); *Restaurant Hospitality* (June 1998): 48; Katie Smith, "Kiddin' Around," *Restaurant Hospitality* (April 2001): 52-64.
9. Peter Coy, "Why Price Is Rarely Right," *Bloomberg BusinessWeek* (February 1 and 8, 2010): 77-78.
10. Richard Baker, "Retail Trends-Luxury Marketing: The End of a Mega-Trend," *Retail* (June/July 2009): 8-12.
11. Dennis Ducharme, Fractional Ownership Puts Second Home within Reach for a New Generation, *Lodging Magazine*, June 21, 2018, www.lodgingmagazine.com/fractional-ownership-puts-second-

home-within-reach-for-a-new-generation/; Milo Vanderbilt, Private Residence Clubs Make Luxury Vacation Homes Carefree and Affordable; Luxury Living International Predicts Growth for Fractional Ownership and Residence Clubs, *Luxury Living International*, October 7, 2015, www. luxurylivingmag. com/private-residence-clubs-make-luxury-affordable/; Les Christie, CNNMoney. com, June 23, 2006, www.money.cnn.com/2006/06/23/real_estate/fractionals_are_coming/.

12. Chris Reynolds, "Me, Myself and I," *American Demographics* (November 2003): 1; Gary M. Stern, "Solo Diners," *Restaurants USA*, 10, no. 3 (1990): 15-16; www. unmarriedamerica. org (accessed August 23, 2008).

13. See Kunur Patel, "Zipcar: An America's Hottest Brands Case Study," *Advertising Age* (November 16, 2009): 16; Paul Keegan, "Zipcar: The Best New Idea in Business," *Fortune* (August 27, 2009), accessed at www.fortune.com; Elizabeth Olson, "Car Sharing Reinvents the Company Wheels," *New York Times* (May 7, 2009): F2; Stephanie Clifford, "How Fast Can This Thing Go, Anyway?" *Inc* (March 2008), accessed at www.inc.com; and www.zipcar.com, (accessed October 2010).

14. Andrew McMains, "Ad of the Day: Panera Gets into Lifestyle Branding with Manifesto about Healthy Living," *Adweek*, June 15, 2015, www. adweek. com/print/165330; Lisa Brown, "Panera Debuts New Ad Campaign: Food as It Should Be," *St. Louis Post-Dispatch*, June 16, 2015, www. stltoday. com/business/local/panera-debuts-new-ad-campaign-food-as-it-should-be/article _ 28c506b9-1a71-508d-9166-b1da12850076. html; and www. panerabread. com/en-us/our-beliefs/food-as-it-should-be-nopt.html (accessed September 2016).

15. Janet Hanner, "W London-A Hotel That Dares to Be Different," *Caterer & Hotelkeeper* (March 4-10, 2011): 26-28; Nancy Keates, "The Home Front: His Hotel, His Hangout," *The Wall Street Journal* (June 3, 2011): D6; Christina Binkley, "Putting the Hot Back in Hotel," The Wall Street Journal (August 18, 2011), http://online. wsj. com/article/SB100014240531119035969045765142 93384502896.html; "W Hotels Unveils Innovative Design Concept of the Soon-to-Open W Paris-Opera by Acclaimed Rockwell Group Europe," Starwood Press Release, December 14, 2020 II, http:// development.Starwoodhotels.comlnews/7/336-w_hotels_unveils_innovative_design_concept_of_the_ soon-to-open_w_paris-opera_by_acclaimed_rockwell_group_europe; information and press releases from www. starwoodhotels.com/whotels/about/index.html (accessed September 2013).

16. www.smarttravel, www.rssc.com, and www.royalcaribbean.com (accessed November 2007).

17. Quotes and other information from "Strong Comparable Sales Growth in the U. S. Drives Q1 Revenues for Dunkin' Brands," *Forbes*, April 28, 2015, www. forbes. com/sites/greatspeculations/ 2015/04/28/strong-comparable-sales-growth-in-the-u-s-drivesql-revenues-for-dunkin-brands/; Christine Champagne and Teressa Iezzi, "Dunkin' Donuts and Starbucks: A Tale of Two Coffee Marketing Giants," *Fast Company*, August 21, 2014, https://www. fastcompany. com/3034572/ dunkin-donuts-and-starbucks-a-tale-of-two-coffee-marketing-giants; Janet Adamy, "Battle Brewing: Dunkin' Donuts Tries to Go Upscale, but Not Too Far," *The Wall Street Journal*, April 8, 2006, p. Al; "Dunkin' Donuts' Goes the Whole Nine Yards: Brand Keys Ranks Dunkin' Donuts Number One in Coffee Customer Loyalty for Ninth Straight Year," Dunkin' Donuts Newsroom, February 18, 2015, http://news. dunkindonuts. com; Khushbu Shah, "Starbucks or Dunkin Donuts? Where America's Coffee Loyalty Lies," *Eater*, January 15, 2015, www. eater. com/2015/1/15/7551497/ starbucks-dunkin-do-nuts-peets-coffee-spending-percent; and www. dunkin-donuts. com and www. dunkinbrands.com (accessed September 2016).

18. Robert C. Lewis, "Restaurant Advertising: Appeals and Consumers' Intensions," *Journal of Advertising Research*, 21, no. 5(1981): 69-75.
19. From Starwood Hotel and Resorts, www.starwood.com/promotion/promo_landing.html?category=pets(accessed October 24, 2004); Elaine Sciolino, "Versailles Hotel Treats Dog Royally," *Denver Post*(December 4, 2003): 31A.
20. Victor J. Cook, Jr., William Mindak, and Arch Woodside, "Profiling the Heavy Traveler Segment," *Journal of Travel Research*, 25, no. 4(1987).
21. Jiang Weizhong, Chekitan S. Dev, and Vithala R. Rao, "Brand Extension and Customer Loyalty," *Cornell Hotel and Restaurant Administration Quarterly*, 43, no.4(2002): 15.
22. A. Weissenberg, A. Katz, and A. Narula, "A Restoration in Hotel Loyalty—Developing a Blueprint for Reinventing Loyalty Programs," 2013, www.deloitte.com/view/en_US/us/Industries/travel-hospitality-leisure/72ce4f52478ab310VgnVCM1000003256f70aRCRD.htm(accessed July 23, 2014).
23. P. Mayock, "Personalization Equals Loyalty for Millennials," *Hotel News Now*, 2014, www.hotelnewsnow.com/article/13067/Personalization-equals-loyalty-for-millennials(accessed October 10, 2014).
24. John T Bowen and Shiang-Lih Chen McCain, "Transitioning Loyalty Programs," *International Journal of Contemporary Hospitality Management*, 27, no. 3(2015): 415-430.
25. For this and other information on Experian's Mosaic USA system, see www.experian.com/marketing-services/consumer-segmentation.html and http://classic.demographicsnow.com/Templates/static/mosaicPDF/K40%20Bohemian%20Groove.PDF(accessed September 2014).
26. Type H 27: Birkenstocks and Beemers, http://library.demographicsnow.com/custom/img/mosaicPDF/H27%20Birkenstocks%20and%20Beemers.pdf(accessed July 27, 2015).
27. "Landry's reaches deal to sell Joe's Crab Shack,"(2006)(accessed September 3, 2018) https://www.chron.com/business/article/Landry-s-reaches-deal-to-sell-Joe-s-Crab-Shack-1905117.php; Ron Ruggless(2017), "Fertitta wins Ignite bankruptcy auction; Judge set to rule on deal for Joe's Crab Shack, Brick House parent"(accessed September 3, 2018) https://www.nrn.com/mergers-acquisitions/fertitta-wins-ignite-bankruptcy-auction.
28. Eric Jackson, "Forget Kids, Investors Can Go for Chuck E. Cheese," *Breakout Performance*, Thursday, March 4, 2010, http://breakoutperformance.blogspot.com/2010/03/forget-kids-investors-can-go-for-chuck.html(accessed November 22, 2011).
29. Based on information found in Samantha Murphy, "SoLoMo Revolution Picks Up Where Hyperlocal Search Left Off," *Mashable*, January 12, 2012, http://mashable.com/2012/01/12/solomo-hyperlocal-search/; "Localeze/15miles Fifth Annual comScore Local Search Usage Study Reveals SoLoMo Revolution Has Taken Over: Business Wire," February 29, 2012; Joe Ruiz, "What Is So-Mole and Why Is It Important to Marketers?" *Business2Community*, February 1, 2013, www.business2-community.com/marketing/what-is-somolo-and-why-is-it-important-to-marketers-039528; www.shopkick.com(accessed April 2014). For examples of successful retailer and brand SoLoMo efforts; see Jennifer Unger-felt, "What Airlines and Hotels Can Learn from Starbucks, Coca-Cola and Sephora's Approach to SoLoMo," Joyalty360, May 18, 2013; http://loyalty360.org/loyalty-today/article/what-airlines-and-hotels-can-learn-from-starbucks-coca-cola-and-sephoras-ap.
30. Ashtyn Douglas, "Go SoLoMo: Connecting with Your Local Customers," business.com, January 6, 2014, http://www.business.com/online-marketing/solomo-important-marketing-technique-local-

businesses/(accessed July 27,2015).

31. BillCarroll,"SoLoMo:StillGoingStrong,"*eCornellBlog*,April 9,2013(accessed July 27,2015).
32. "Renaissance Hotels Launches New Navigator Program to Help Guests Discover 'Hidden Gems' of Various Cities around the World," January 8,2013,www.adweek.com/print/146,321; and www.renaissance-hotels.marriott.com/navigators(accessed September 2018).
33. See "McDonald's Introduces New Automatic Offerings of Fruit in Every Happy Meal," *PRNewswire*,January 20,2012; "Judge Dismisses Happy Meal Lawsuit,"*Advertising Age*,April 4,2012,http://adage.com/print/233946; Allison Aubrey,"McDonald's Says Bye-Bye to Sugary Sodas in Happy Meals,"NPR, September 26,2013,www.npr.org/blogs/the-salt/2013/09/26/226564560/mcdonalds-says-bye-bye-to-sugary-sodas-in-happy-meals.
34. http://www.marinabaysands.com/(accessed September 11,2011).
35. Airbnb,https://www.airbnb.com/about/about-us(accessed July 27,2015).
36. Dean Houghton,"Close to the Consumer,"*The Furrow*(September/October 2003): 12,John Deer Agricultural Marketing Center,1145 Thompson Avenue,Lenexa,KS 66,219-2302.
37. Hilton offers global program for Chinese travelers,Fact Sheet,Hilton Worldwide,undated,http://hiltonglobal-mediacenter.com/assets/HILT/docs/factsheets/HuanyingFactSheetEnglish.pdf(accessed July 27,2015).
38. George Moschis,Carolyn Folkman Curasi,and Danny Bellinger,"Restaurant Selection Preferences of Mature Consumers,"*Cornell Hotel and Restaurant Administration Quarterly*,44,no. 4(2003): 59-60.
39. "Taco Johns—the Fresh Taste of West-Mex,"www.TacoJohn.com.
40. Chris Walsh,"New Partners to Preserve Old Charm of Telluride Ski,"*Rocky Mountain News*(February 19,2004): 7B.
41. Christopher Hosford,"A Transformative Experience,"*Sales & Marketing Management*,158(June 2006): 32-36; Mike Beirne and Javier Benito,"Starwood Uses Personnel to Personalize Marketing," *Brandweek*(April 24,2006): 9.
42. Back Ki-Joon and Sara C. Parks,"A Brand Loyalty Model Involving Cognitive,Affective and Cognitive Brand Loyalty and Customer Satisfaction,"*Journal of Hospitality and Tourism Research*,27,no. 4 (2003): 431.
43. Nancy Brumback,"Room at the Table,"*Restaurant Business*(March 15,2001): 71-82.
44. James H. Gilmore and B. Joseph Pine,II,"Differentiating Hospitality Operations vis Experiences," *Cornell Hotel and Restaurant Administration Quarterly*,43,no. 3(2002): 88.

第3部分
设计顾客价值驱动的战略和组合

第9章　产品与品牌的设计和管理：创造顾客价值

第10章　内部营销

第11章　定价：理解并获取顾客价值

第12章　分销渠道：交付顾客价值

第13章　接洽顾客、传递顾客价值与广告

第14章　产品促销：公共关系和营业推广

第15章　专业销售

第16章　直接营销、在线营销、社交媒体营销和移动营销

旅游市场营销（第8版）
Marketing for Hospitality and Tourism, 8e

第 9 章

产品与品牌的设计和管理：
创造顾客价值

学习目标

- □ 给出产品的定义，解释在设计产品时应牢记的关键要素。
- □ 给出品牌的定义，解释企业在建立和管理品牌时采取的策略与制定的决策。
- □ 解释新产品开发过程及通过收购进行的产品开发。
- □ 描述产品生命周期及其在旅游接待业的应用。
- □ 识别国际产品和服务营销人员面临的挑战。

导入案例

最近，拉斯维加斯会议及旅游局（LVCVA）发起了若干全国性的广告攻势。旅游业是拉斯维加斯的支柱产业，而拉斯维加斯会议及旅游局则负责维护城市的品牌形象，吸引参观者来这座城市游玩。

拉斯维加斯开始将焦点放在价值和负担得起的拉斯维加斯度假之旅上。新的广告宣传攻势鼓励辛勤工作的美国人来拉斯维加斯放松一下，在归家面对艰难的经济状况之前让自己充满活力。一系列广告和网络微纪录片都展示了在高档酒吧、温泉和餐厅休闲的普通的美国大众，甚至有一位 81 岁的老太太在室内跳伞后微笑着竖起了大拇指。这次宣传并没有否定拉斯维加斯的魅力和奢华，而是将这些特征重新包装成"负担得起"和"你值得拥有"。然而，无论广告如何宣传，消费者都会对拉斯维加斯产生排斥。因为无论拉斯维加斯的品牌定位如何变化，它似乎永远也无法完全摆脱"罪恶之城"的标签。[1] 短短 5 个月后，拉斯维加斯会议及旅游局就中止了这次宣传。负责拉斯维加斯营销活动的广告公司 R&R Partners 通过调研发现，在经济困难时期，人们尤其希望知道自己所熟悉和喜爱的那个拉斯维加斯仍然存在。

米高梅国际酒店集团（MGM Resorts International）开发了拉斯维加斯最为宏大的地产项目。实际上，价值 85 亿美元的城市中心项目据称是美国历史上最大的私人投资建设项目。该项目是由4家豪华酒店、两座住宅公寓大楼、占地近5万平方米的高端购物和餐饮中心组成的开放式度假地。

这个项目给拉斯维加斯增加了6 000间客房和12 000个工作岗位,而人们的反应各异。有人推测这一改变游戏规则的新建筑会让拉斯维加斯的形象更让人叹为观止,并为经济危机时期的日子增添额外的魅力。[2] 2010—2014年,大型精品酒店和豪华生活方式酒店在拉斯维加斯如雨后春笋般兴建起来。2010年,拥有2 995间客房的拉斯维加斯大都会酒店向公众开放。2013年,凯撒娱乐(Caesars Entertainment)开设了181间客房的诺布酒店(Nobu Hotel),并与凯撒宫(Caesars Palace)进行品牌合作。2014年,拥有1 600间客房及夜总会、餐厅和豪华购物场所的高端酒店拉斯维加斯SLS酒店开业。

2010—2013年,拉斯维加斯的游客量从3 730万人次攀升至3 970万人次。2017年,这座城市吸引了4 220万人次的游客,增长了4%,其中16%是国际游客,约为700万人次。[3]

正如拉斯维加斯的例子所展示的,在建立顾客关系的过程中,营销人员必须建立与顾客相关联的产品和品牌并对其进行管理。这一变化始于一个看似简单的问题:什么是产品?

9.1 什么是产品

多伦多四季酒店的一间客房、一次夏威夷度假、麦当劳的炸薯条、巴厘岛的度假套餐、餐厅的午餐、乘大巴车前往历史遗迹的一次观光旅游、在现代会议中心召开并以团队价安排与会者入住附近酒店的大会,这些都是产品。

我们将产品定义为:提供给市场并引起人们注意、获取、使用或消费以满足某种欲望或需要的任何东西,包括有形物品、服务、场所、组织和想法。

这个定义所指的产品是企业计划提供的东西。除了计划中的内容外,产品还包括非计划的部分。旅游接待业的产品尤为如此,它们通常是异质性的。例如,一位消费者走进达拉斯的一家餐厅,女服务员上前招呼他并递上菜单。他打开菜单,却发现里面粘了一只死蟑螂。得到这份意想不到的"礼物"之后,消费者决定离开这家餐厅。该餐厅的计划中肯定没有在菜单里粘只死蟑螂这一项,所以顾客所得到的产品并不总是管理人员计划提供的。服务企业的管理者应尽量消除意想不到的负面事件,确保顾客获得他们所期待的产品。

如今,随着产品和服务日益商品化,很多企业为顾客创造的价值越来越高。为了使自己的产品与众不同,它们正通过自己的品牌和企业创造与管理顾客体验。很多酒店集团正在打造自己的品牌来传递环保、健康、真实及本地化体验等个性化生活方式体验,如万豪国际旗下的慕奇夕和艾迪逊品牌,喜达屋酒店集团旗下的W、雅乐轩和源宿品牌,洲际酒店集团旗下的英迪格品牌,凯悦酒店集团旗下的安达仕品牌等。

对于一些企业来说，体验一直是营销的重要组成部分。长期以来，迪士尼通过其主题公园创造了梦想和回忆。它希望主题公园的演员们为每位顾客带来上千个"小小的惊喜"。

9.2 产品的层次

旅游接待业的管理人员需要从四个层次研究产品：核心产品、辅助产品、支持性产品和扩展性产品（见图9-1）。在开发产品时，营销人员首先必须确定消费者从产品中寻求的核心利益。然后，他们必须设计实际的产品，并设法找到增强产品的方法，以创造顾客价值和令人满意的品牌体验。

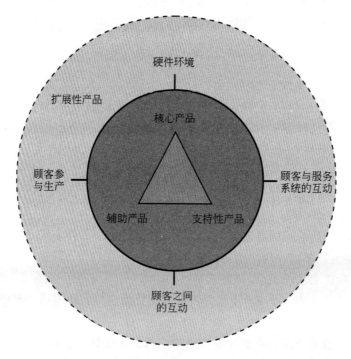

图9-1 产品的层次

资料来源：Adapted from C. Gonroos, "Developing the Service Offering—A Source of Competitive Advantage," in *Add Value to Your Service*, ed. C. Surprenant (Chicago, IL: American Marketing Association 1987), p. 83.

9.2.1 核心产品

最为基础的产品是**核心产品**（core product）。它要回答的问题是：顾客真正买到的是什么？

在爱尔兰都柏林的四天假期，并不只是一段航程、酒店客房、出租车和食物。对游客来说，这四天假期可能是一次文化教育之旅、一次寻根之旅、一次有安全保证的冒险之旅，甚至是一次浪漫之旅。

所有好的牛排店都知道,"牛排店出售的不仅是牛排,还有煎牛排的呲呲声"。营销人员必须将核心利益展现给消费者,他们所出售的应该是这种核心利益而非简单的产品特征,如高速公路旁的汽车旅馆销售的是"睡个好觉"。

9.2.2 辅助产品

辅助产品(facilitating product)是在顾客使用核心产品时必须存在的服务或物品。高端商务酒店必须提供入住和退房服务、商务中心、餐厅和洗衣服务。而在经济型酒店,辅助产品也许仅限于入住和退房服务。在设计产品时,了解目标市场及其对辅助服务的要求是十分必要的。

国家公园也许不必关注顾客服务,但是内布拉斯加州西部的查德隆国家公园(Chadron State Park)却在入口处建立了安全台为露营者和住木屋的游客提供安全保障。安全员会迎接在夜晚到达的游客,为其提供木屋的钥匙、地图并告诉他们如何确认自己所处的地点。这是因为查德隆国家公园的管理者深知远道而来的游客到达时通常已经是深夜了。

9.2.3 支持性产品

核心产品要有辅助产品与之匹配,而并不要求一定有支持性产品。**支持性产品**(supporting product)是为核心产品增值的额外产品,还可以起到与竞争产品相区别的作用。在商务酒店,客房内的 iPad 或配备全套服务的温泉疗养中心则是帮助吸引和留住顾客的支持性产品。不过,辅助产品与支持性产品之间的区别并非总是非常清晰。对于一个细分市场而言是辅助产品,对于另一个细分市场可能就是支持性产品。例如,入住酒店的家庭可能不需要餐厅和洗衣服务,但商务旅行者却离不开这些。凯悦酒店是最早提供包括洗发香波、护发素及各种香皂在内的全套洗浴用品的连锁酒店之一。酒店最初推出这些洗浴用品时,它们属于支持性产品,但如今它们却已经成了辅助产品。

希尔顿全球集团宣布开启全新的生活方式品牌嘉悦里(Canopy)。该决策是基于广泛的营销调研做出的。首家嘉悦里酒店于 2016 年在冰岛雷克雅未克开业。凭借日益增长的周边游市场,每家嘉悦里酒店都通过其独特的设计、餐饮和艺术品,反映了其社区文化和当地文化。酒店是专为休闲和商务旅客设计的,强调开放式的大堂和舒适的空间。希尔顿全球集团总裁兼首席执行官克里斯托弗·纳塞塔(Christopher J. Nassetta)称:"我们不仅发现了通过开发一个新品牌进入生活方式领域的契机,而且通过创建一个易于接近的生活方式品牌来重新定义这一类别。我们意识到,有必要将重点从资本密集型设计中转移出去,真正实现目标消费者所期望的:充满活力、舒适的住宿环境,而且具有更多的内含价值。"

更多内含价值包括免费 Wi-Fi、含在房价里的可以送到房间或堂食的各色早餐、具有当地特色的迎宾礼物,以及免费的当地啤酒、葡萄酒或白酒。嘉悦里酒店旨在营造一种服务文化,通过热忱的员工提供"积极的"卓越服务,以及为顾客提供上门服务。[4]

在雅乐轩酒店(Aloft Hotels),名为"Botlr"的机器人将客人所需的智能手机充电器、报纸或零食等物品从前台送到客房。酒店这么做是为了区别于竞争对手,创造价值定位。

日本的 Hennna 酒店几乎完全由机器人提供服务,如前台服务、搬运和清洁等。[5]

酒店应该选择不容易被模仿的支持性产品,还应该以专业的方式提供支持性服务。例如,一些中型酒店提供客房服务,因为它们认为这是吸引商务旅客的竞争优势。然而,不专业地提供支持性产品可能弊大于利。很多提供客房服务的中档酒店在厨房里没有指定的区域停放餐车,没有专门安排服务员接听电话和记录,也没有指定的送餐服务员。可以想见,临时调拨必要的设备和人员也可能带来灾难性的结果。接电话的人如果缺乏适当的培训,则无法提出正确的问题(如牛排要几分熟、想要哪种沙拉酱、土豆要如何烹饪等)。接单后,下一步是找人用餐车送餐到房间,可以找行李员、门童或餐厅服务员。前两类人员没有经过适当的培训,可能会忘记在餐车上放盐、胡椒、糖、叉子和餐巾等必需品。客人吃完饭后把托盘放在走廊上,如果直到第二天早上客房部才来取,则会进一步破坏酒店的形象。

慢跑是一种非常普遍的锻炼方式。有些酒店会在大堂为慢跑者提供地图和瓶装水。波士顿的瑞士酒店为乘坐早班机的顾客提供自助咖啡。顾客退房离开时,一些酒店的代客停车服务员在为已办好退房手续的顾客取车时会在车中放几瓶冰水和一张感谢卡。这些都是成本不高却能带来附加价值的支持性产品的例子。[6]

越来越多的品牌酒店为注重健康和养生的顾客提供便利设施。金普顿酒店(Kimpton)为想体验户外运动和健身的顾客提供多品牌的共享单车计划。瑜伽垫是金普顿酒店客房的标准配置,并提供免费的"舒展"服务,而且客房内会摆放健康饮品和新鲜水果。为了满足女性顾客的健康需求,欧姆尼酒店(Omni Hotels & Resorts)为高级会员提供包括健身器械和瑜伽或弹力垫的健身套装。JW 万豪酒店将健康生活和睡眠融入其夜床服务中,包括由知名营养师调制的香薰油和夜宵吧。[7]

总之,支持性产品只有在适当规划和实施后才能带来竞争优势。它们必须满足或超越顾客的期望才能产生积极的效果。

9.2.4 扩展性产品

扩展性产品(augmented product)包括可获得性、氛围、顾客与服务机构的互动、顾客参与、顾客之间的互动。这些要素与核心产品、辅助产品和支持性产品结合起来,形成了扩展性产品。

从管理的角度看,核心产品是企业关注的焦点,也是企业存在的基础。辅助产品是为目标市场提供核心产品时所必不可少的。支持性产品可以辅助产品定位。按照服务营销专家克里斯丁·格朗鲁斯(Christian Gronroos)的说法,核心产品、辅助产品和支持性产品决定了顾客能够得到什么,但不能决定顾客怎样得到它们。[8]服务交付过程影响着顾客对服务的感知,前面举的客房服务的例子就说明了这一点。扩展性服务将提供什么与如何提供结合在一起。

由于旅游接待服务中需要顾客参与服务生产过程,所以扩展性产品的概念十分重要。对于大多数酒店产品来说,顾客需要参与服务交付系统,并与服务交付系统进行互动。例如,顾客必须在前台办理登记入住手续,前往客房,了解电视和电话系统的使用方法。他们还必须与其他顾客和员工进行互动。因为顾客要参与服务交付系统,所以氛围也是酒店产品的重要组成部分。扩展性产品能够捕捉顾客在服务场所(如酒店、餐厅、乡村俱乐部、会议中心和游乐场等)必须加以控制和管理的关键要素。我们现在就来看看扩展性产品的一些要素。

1. 可获得性

如果产品无法获得,那么它就是没有价值的。可获得性的两个障碍是经营时间的限制和知识的缺乏。早上7点开门的酒店健身俱乐部或游泳池无法满足那些想在6点锻炼,然后吃早餐,在8点进行商务会晤的商务人士的需求。早上7点开始营业的餐厅也无法满足6点就要出门赶飞机的顾客的需要。经常接待正在倒时差的顾客的国际酒店发现餐厅早些开始营业既是一项重要的服务,也可以提供更多的收入。如果早上餐厅门外出现顾客排队等待开门的情景,则说明应调整餐厅的营业时间来提高产品的可获得性。

拉斯维加斯棕榈树度假村最近宣布,为所有顾客提供24小时退房服务,不收取额外费用。顾客在酒店网站上预订房间时可以直接选择退房时间。

2. 氛围:硬件环境

氛围是服务的关键要素,是顾客决定是否选择某个服务提供机构的重要原因。休斯敦的勃艮第餐厅(Burgundy's)由于没有像样的门面而歇业。该餐厅位于一家小型购物中心内,该购物中心的外墙嵌以这类商场常用的玻璃板。餐厅老板只是在水泥地面上铺了地毯、放置了桌椅,在门上装了招牌就开业了。或许他认为依靠食物质量和服务就能吸引消费者,然而结果却是门庭冷落。餐厅的外观缺乏特色,因此不足以吸引消费者。相反,BJ餐厅在氛围的营造上就非常成功。它精心打造每一家餐厅,而不是稍加收拾就搬进去营业。这不仅避免店铺看起来毫无特色,而且布局合理也保证了操作的效率。餐厅的外观设计富有现代感、极具吸引力,内部环境则轻松随意,营造出一种让人放松、愉快的氛围。

氛围要靠感官来感受。一些感觉性的词汇能描述出环境的某种独特氛围:氛围的主要视觉变量是色彩、亮度、尺寸和形状;氛围的主要听觉变量是音量和音调;氛围的主要嗅觉变量是气味和新鲜度;氛围的主要触觉变量是柔软度、光滑度和温度。

当这些感官营造出一种强烈的氛围时,就会激发对第五种感官(味觉)的期待。一位忠诚的顾客走进星巴克,环境氛围便会激发他对一杯最喜欢的星巴克饮品的味觉期待。当他品尝到与期望一致的饮品时,就不会感到失望。

氛围至少可以通过四种方式影响购买行为。首先,氛围可以充当唤起注意的媒介。例如,科罗拉多州丹佛的Casa Bonita墨西哥餐厅的外观是一座高约25米的钟楼,这吸引了人们对这座建筑物的关注。餐厅还强化了墨西哥主题,建造了人造火山和阿卡普尔科(Acapulco)潜水悬崖的复制品,晚餐期间还有潜水表演。餐厅利用氛围打造了体验型产品。前来餐厅就餐的顾客不只是为了食物,更是为了追求一种体验。

其次,氛围可以起到向潜在顾客提供信息的媒介作用。例如,从雅乐轩酒店的外观设计就可以看出其现代风格。顾客一走进大堂,便能感受到与酒店外观一致的都市阁楼环境。雅乐轩的网站将其公共空间描述为一个推倒墙之束缚的地方,一个个性交融、充满活力的开放空间。[9] 据雅乐轩的顾客介绍,雅乐轩的氛围达到了预期的效果,"当你走进大堂,你总能看到各式各样的活动。就好像是交通事故现场,让你忍不住驻足观看"。[10]

再次,氛围也可以作为一种创造效果的媒介。色彩、声音和质地直接引起某种能够刺激购买行为的心理反应。在迪士尼,当销量下滑时,卖爆米花的工作人员就会打开机器,让爆米花的香味弥漫开以吸引路过的游客。[11]

最后,氛围还可以是一种创造情绪的媒介。一位环境心理学家曾用高负荷与低负荷来描述环境。高与低表示人从环境中获取的信息量的多少。明快的色彩、耀眼的灯光、大声的喧哗、涌动的人流都是高负荷环境的典型元素,而这些元素的对立面则是低负荷环境的特征。[12]高负荷环境创造一种欢快的、冒险的情绪,而低负荷环境创造一种轻松愉悦的情绪。前往拉斯维加斯或密苏里州布兰森的度假者很可能偏好令人兴奋的高负荷环境。与之相反,万豪旗下的万怡酒店则为想在忙碌的一天后放松身心的商务旅客创造了一种类似家庭的轻松的低负荷环境。

艾美酒店(Le Méridien)召集了一批文化创新者和艺术家,让他们负责定义和丰富艾美酒店顾客的体验。[13]这些人中有来自世界各地的摄影师、音乐家、设计师、厨师、建筑师,他们共同为打造酒店的氛围出谋划策。这些人中的一员——Le Labo 香水的设计师法布里斯·佩诺特(Fabrice Penot)评论说,人们入住酒店时寻找的是像家一样的舒适感和安全感,但同时还希望体验新的环境,让他们知道自己并不是在家里。Le Labo 的 LM01 香味为客人提供的就是这种感觉。步入艾美 120 家酒店中的任何一家时,客人们首先感受到的就是这一独特的气味。[14]

设计旅游接待产品时必须考虑氛围。营销人员应该了解顾客想要从购买体验中获得什么,以及哪些氛围变量会强化购买者寻求或逃避的信念和唤起情感反应。营销人员需要考虑所营造的氛围在竞争激烈的市场中是否具有竞争力。[15]

3. 顾客与服务交付系统的互动

顾客参与大多数旅游接待产品的交付过程。这个过程包括三个阶段:加入、消费和离开。[16]在**加入阶段**(joining stage),顾客进行初步的询问性接触。在设计产品时,我们需要确保顾客可以很容易地理解产品信息,并通过专业的方式传递这一信息。

样品展示通常可以提升加入阶段的效果。参加出境游的游客通常并不愿意点一桌子的当地食物。为了向游客介绍本地菜肴,印度尼西亚雅加达市的洲际酒店在大堂附近的酒饮区用具有当地特色的手推车出售精挑细选的当地食物。这不仅通过营造极具特色的现场氛围引起了人们的兴趣,向顾客介绍了酒店餐厅能够提供的本地食品,还开拓了一个盈利项目。

不幸的是,一些旅游接待企业试图通过设定服务标准来控制服务差异。"通过限制或约束员工的服务行为来提高组织的效率可能会导致服务实绩达不到预期的效果。"[17]在加入阶段,知识丰富、训练有素的员工不必像个机器人般地照本宣科,即可为顾客提供很大的帮助。

在加入阶段,企业还需要考虑如何为顾客购买产品提供便利。Pei Wei 餐厅是一家很受欢迎的提供有限服务的亚洲餐厅。该餐厅为外卖订单设了一个独立的结算和取餐窗口,让在网上订餐的顾客可以避开店内排队点餐的顾客。

消费阶段(consumption stage)发生在服务被消费时。在餐厅,当顾客进餐时,消费就发生了。在酒店,顾客进入客房休息时,消费就发生了。旅游接待产品的设计者必须理解顾客是怎样与产品互动的。员工、顾客与硬件设施都是产品的组成部分。设有针对高端顾客的行政楼层的商务酒店必须对该楼层的服务员进行培训，以满足高端顾客的期望。除了员工与顾客的互动，旅游接待企业还需要考虑顾客在消费期间如何与其他顾客互动。一家位于大型游乐园附近的商务酒店为夏日家庭市场开发了一个组合产品。由于该组合产品过于受家庭市场的欢迎，以致将酒店原有的主要目标市场——商务旅行者赶跑了。走廊和大堂里孩子们嬉笑打闹的噪声让商务旅行者所钟爱的舒适氛围荡然无存。

外在特征、布局陈设和指示牌也可用来增进顾客与产品的互动。在很多酒店，顾客在寻找会议室时都会迷路，而这个问题只要注意设置适当的指示牌即可解决。指示牌也可以用来提示顾客酒店有哪些支持性产品。很多顾客在离店时可能都不知道酒店里还有健身房或商务中心。如果顾客不知道这些设施的存在，那么对这些支持性产品的投资将毫无价值。

有些时候，精心设置的指示牌仍无法被顾客注意或是理解。在奥兰多的皮博迪酒店（Peabody Hotel），迷路的顾客很快就会被酒店工作人员，甚至是总经理亲自护送到他们想去的地方。皮博迪酒店的培训及正面强化可以确保这类服务成为酒店整体产品的一部分。

离开阶段（detachment stage）发生在顾客使用产品之后离开时。例如，酒店顾客可能需要行李员帮自己拿行李。他们还需要结账、打车前往机场。国际旅行者可能还需要酒店在机场离境退税申请表上盖章。

住在路边的汽车旅馆的顾客可能需要知道自己的方位、前方的路况、旅馆的营业时间等信息。亚利桑那州本森市的一家速8汽车旅馆的经理就为自己可以提供这方面的信息而感到自豪。遗憾的是，许多前台员工都是兼职人员，看到排成长队的顾客会感到心烦，回答顾客的问题时难免给出诸如"我不知道，你为什么不上网查一下呢"这样的唐突回答。

研究上述三个阶段有助于管理人员理解顾客如何与服务交付系统互动，从而提供能够满足顾客需要的产品。例如，一些管理完善的国际酒店在顾客离店时会主动询问其是否带好护照和机票，是否检查过房间内的保险箱以免遗忘物品。管理者应认真思考并亲身体验顾客的加入、消费和离开阶段。

目的地营销人员对于认真规划并协助管理每一个阶段都负有特殊的责任。旅游营销组织有时认为自己的职责就是吸引游客，或者说就是增加游客的数量。这种过于简化的想法导致所在地与吸引来的游客并不匹配。这种想法还忽视了它们有责任投入部分资金用于预防犯罪、培训服务人员、设置指示牌、制定规范用语、美化环境及建设其他有助于提高游客满意度的支持性措施。

4. 顾客之间的互动

顾客之间的互动是一个正在引起研究人员兴趣的领域。某个周五下午从达拉斯飞往休斯敦的机票已经售罄，但仍有几个人急着买票。这些人中有几位是赶着回家的建筑工人，他们一周都在达拉斯工作，现在是直接从工地上赶来的。航空公司的地勤人员为了使收益最大化，将一位建筑工人安排到头等舱。然而，支付了高价的乘客却不愿意让穿着肮脏的工作服的人坐在自己旁边。可见，旅游接待企业必须对顾客之间的互动进行管理，确保一些顾客不会对另一些顾客的体验产生负面影响。

对于酒店和旅游景点而言,顾客间的互动是一个重要的问题。散客都不愿意遇到旅游团。当旅游团的成员来自不同文化、说外语或与散客属于不同年龄段时,问题会更加严重。

新加坡香格里拉酒店通过在同一地点建造了三座风格各异的翼楼成功地解决了这个问题:接待旅游团和低收入散客的现代化的高塔翼;接待更高档次的顾客的充满热带风情的花园翼;接待最高档次顾客的凸显尊贵的峡谷翼。三种顾客群体间的互动区域仅限于公用的露天泳池。

滑雪场也面临顾客互动问题。以往的滑雪者大多来自一些同质化程度较高的群体。尽管来自世界各地,他们都遵循相同的文化准则。来自德国、法国、日本、美国和墨西哥的滑雪者虽然语言不同,但往往具有社会共性。

滑雪板的出现改变了客源的高同质化状况。滑雪者开始抱怨自己不得不与一些穿着非主流文化服装、对滑雪礼仪毫不在意的人共用滑雪场。滑雪场的管理人员突然间要面对棘手的问题。陶斯(Taos)等滑雪场针对这一问题的解决方法是禁止使用滑雪板滑雪,并宣传说自己的滑雪场是"纯粹的滑雪场"。而其他滑雪场则将部分区域改造成"骑士"(单板滑雪者的自称)青睐的U形池及其他障碍物的山峰区域。

大使公寓酒店(Embassy Suites)等在晚间的特定时段免费提供红酒和奶酪。据酒店说,这么做可以把顾客聚到一起,产生附加收益,很多长久的友谊和业务合作都得益于这些免费的红酒和奶酪。

越来越多的酒店将大堂改造成可以工作、上网或与朋友相聚共饮的地方。喜达屋旗下的雅乐轩酒店通过"社交大堂"和XYZ酒吧营造更为年轻化的氛围,吸引"千禧一代"前来参加社交活动。在万豪旗下的慕奇夕酒店多区域大堂,顾客可以在安静区域与大堂吧附近的社交区域之间自由选择。万豪集团品牌咨询副总裁因迪·阿德纳(Indy Adenaw)说:"我们听到了'千禧一代'的各种诉求——走出去看看这座城市;走下楼,得到一次青春动感、充满活力的酒吧体验;接触不同的人,参与社交活动;希望独处的时候可以待在一个安静的地方,这个地方同时要处于一个活力四射、社交氛围浓厚的大环境中。"

洲际酒店集团旗下的英迪格酒店将自己定位为一个提供当地文化体验的品牌。英迪格酒店的品牌管理总监谈到酒店的目标顾客时说:"他们想坐在大堂里品尝当地的咖啡或手工啤酒,希望不用离开酒店就能体验当地的生活。"

一些酒店,如雅高旗下的诺富特酒店通过使用LobbyFriend应用程序,将社交大堂的概念向前推进了一步。LobbyFriend鼓励酒店的住客相互接触、相互问候,获取有关酒店或所在城市的相关信息。它还为顾客在入住期间与酒店的沟通提供便利,帮助顾客与酒店员工建立联系。[18]

5. 顾客也是员工

顾客经常参与旅游接待企业的产品或服务的生产过程。将顾客纳入服务提供过程,可以提高生产力和顾客满意度,并减少成本。早餐便是一个例子。顾客在自助服务时是不需要服务人员的。

拉斯维加斯的健身俱乐部以前由一名服务人员为会员发放钥匙和毛巾。后来俱乐部安装了一台设备,只要刷一下会员卡,设备就会发放一把储物柜钥匙。俱乐部后来又注意到,如果将毛巾整齐地摆放在架子上,会员就可以自己取毛巾。从那时起,俱乐部的更衣室就不再配备服务人员了。俱乐部重新调整了更衣室的布局,并新开了一间温泉疗养室。让顾客参与的方式不但大大节省了劳动力,新建的温泉疗养室还带来了额外的收益。会员也从这一举措中获得了便利,并能对更衣室的服务体验进行掌控。

自助服务技术(SSTs)由于提高了顾客就餐体验中参与生产的成分,因此得到了迅速的推广。例如,迪士尼的管理者注意到在一家迪士尼水上乐园里,顾客们排着长长的队伍等候填充饮料。这不仅耗费了顾客宝贵的时间,让更多的人排队等候,而且需要安排服务人员记录顾客所点的饮料并添加饮料。迪士尼的解决方案是采用既能节省顾客时间又能节省劳动力的自助服务技术。管理者开发了一个通过饮料杯上的条形码激活的饮料分发系统。顾客把手中的杯子放在扫描仪前,饮料分发系统就会识别杯子上的条码并续满饮料。为了防止系统错误,迪士尼每天都会更换杯子上的条形码。最近,迪士尼乐园开始提供快速灌装的杯子。餐饮区的饮料站由嵌入饮料杯的射频识别(RFID)芯片激活。芯片预先设定了顾客在乐园的停留天数。[19]

奇利斯餐厅安装了桌面电脑,可供顾客自助点单并用信用卡付款。餐厅管理者发现,使用这项服务的顾客的人均消费更多。部分原因是顾客会购买更多的甜点和咖啡。[20] 消费者也可以在手机中下载类似 WaitAway 这样的应用程序,在等待用餐时可以通过手机短信提示得知等候状态及排队等候所需的大致时间。[21]

9.3　品牌战略

9.3.1　打造强势品牌

品牌(brand)是用来识别销售者所出售的产品和服务,并使之与竞争对手的产品和服务区别开来的名称、术语、标志、符号、图案或上述元素的组合。一些分析人士将品牌视为企业最具持续性的资产,比企业的特有产品和设备都持久。麦当劳的一位前任 CEO 说:"如果在一场灾难中我们所有的资产、建筑物和设备都被毁坏了,我们也能凭借品牌价值很快筹措资金重建……品牌的价值超过了所有这些资产的总和。"[22]

品牌化(branding)是指赋予产品和服务品牌力量的过程。关键在于创造不同的产品。这一过程必须被谨慎地发展和经营。本节我们将探讨建立和经营品牌的关键策略(见表 9-1)。

9.3.2　品牌资产与价值

品牌不只是名称和标志,还是维系企业与顾客关系的关键元素。品牌代表了消费者对某个产品及其为消费者带来的所有价值的认知和感觉。归根结底,品牌存在于消费者的脑海中。正如一位受人尊敬的营销人员所说:"产品是在工厂里创造的,而品牌是在头脑中创造的。"[23]

表 9-1　强势品牌的营销优势

对产品性能有更好的感知
更高的忠诚度
不易受竞争对手的营销策略的影响
不易受营销危机的影响
更高的利润率
消费者对价格上涨更为缺乏弹性
消费者对价格下跌更为富有弹性
供应商更好的合作和支持
营销中介更多的支持
更高的营销传播效率
品牌延伸机会

一个强势的品牌具有很高的价值。**品牌资产**(brand equity)是产品与服务的附加价值。这可能反映在消费者对品牌的想法、感觉和行动中,也可能反映在品牌对价格、市场份额和盈利能力的影响上。它是衡量品牌获取消费者喜爱和忠诚的能力。对于同类产品,如果消费者对某个品牌产品比其他品牌或无品牌产品更为偏爱,那么该品牌的品牌资产就为正;反之其品牌资产就为负。

不同品牌在市场中所具有的影响力和价值是不同的。希尔顿和麦当劳等的品牌标志已经比产品的生命更为长久,其市场影响力可以长达数十年甚至持续数代人。雅乐轩、威斯汀、YouTube 和推特等其他一些品牌则通过为消费者带来新鲜感创造了忠诚。这些品牌的成功不仅是因为提供了独特的利益或可靠的服务,更是因为与消费者建立了深层次的联系。

扬雅广告公司(Yong & Rubicam)的品牌资产评估师从消费者感知的四个维度测量了品牌强度:差异性(使品牌与众不同的因素)、关联度(消费者对其满足自身需求的程度做何感想)、熟悉度(消费者对品牌了解多少)和美誉度(消费者对品牌的看法和尊重程度)。拥有较高品牌资产的品牌在这四个维度上的得分都很高。品牌必须独特,否则消费者就没有理由选择它而不是其他产品。然而即使品牌具有很高的差异性也并不意味着消费者一定会购买。品牌必须在与消费者需求相关的一些方面脱颖而出。但是有差异性的、满足消费者需求的品牌也不能确保得到所有消费者的认同。在消费者对品牌做出回应之前,他们必须对品牌有所了解。而这种熟悉感必须能形成消费者与品牌之间牢固、积极的联系。[24]因此,正的品牌资产源于消费者对品牌的感知及与品牌的联系。消费者有时会与某个品牌紧密地联系在一起。

品牌资产高的品牌非常宝贵。**品牌价值**(brand value)是品牌资产的总价值。测量这样的价值很难。据估计,麦当劳的品牌价值高达 1 260 亿美元,希尔顿的品牌价值为 63 亿美元,万豪的品牌价值为 55 亿美元。[25]

高品牌资产能为企业带来很多竞争优势。强势的品牌通常拥有较高的品牌认知度和顾客忠诚度。因为消费者忠于强势品牌,因此品牌在与消费者和分销渠道的成员进行价格谈判时更有话语权。由于品牌名称具有较高的可信度,因此企业可以更容易地研发新产品和拓展品牌。一个强势的品牌可以提高企业在激烈的价格竞争中的抵抗力。

然而,最重要的是,强势品牌是建立坚固且能够获利的顾客关系的基础。品牌资产的基础是顾客资产,即品牌所创造的顾客关系的价值。强势的品牌固然重要,但它真正代表的是能带来利润的忠实的顾客。营销的重点应该是积累顾客资产,而品牌管理则是一种重要的营销工具。企业应该将自己视为一系列顾客的组合,而非产品的组合。

9.3.3 品牌定位

营销人员需要在目标顾客的脑海中树立鲜明的品牌形象。他们可以在以下三个层次中选择一个进行定位。[26]最低的层次是通过产品属性进行定位。例如,一家汉堡餐厅可以宣传自己只使用安格斯高品质牛肉。一般来说,品牌属性是品牌定位的最低层次,因为竞争对手可以轻松地模仿产品属性。更重要的是,消费者对产品属性并不感兴趣,他们感兴趣的是这些属性能给自己带来什么价值。

将品牌名称与某种具有吸引力的利益相联系可以实现更高层次的定位。在旅游接待业,这些利益通常与顾客服务或体验有关。弗莱明顶级牛排馆定位于高端市场,这一市场的顾客喜欢高档的葡萄酒、食物和服务,并且有能力在高档餐厅用餐。它将餐厅定位为顾客可以享受顶级美食和葡萄酒的地方。

最高层次的品牌定位超越了产品属性或利益定位,强调的是坚定的信仰和价值观。即便是美国铁路客运公司(Amtrak)这样的大众品牌也可以通过这种方式进行定位。该公司的广告宣传说一趟列车之旅不只意味着从 A 地到达 B 地。从你踏上列车的那一刻起,旅程便开始了。你可以在旅程中享受全方位的身心放松,包括宽敞的座椅空间、沿途的美丽风景及独特的用餐体验,你的思维所进行的旅程如同你所经过的大地一样丰富多彩。

成功的品牌会与顾客进行深刻的、情感上的交流。用施腾格尔(Stengel)的话说:"营销启发了生活,而生活也启发着营销。"[27]弗莱明知道自己的主要顾客喜欢葡萄酒。为了让顾客品尝其酒单上所列出的 100 种葡萄酒,即"弗莱明 100",餐厅连续 5 周每周五下午 5:30 会举办 25 种葡萄酒的品酒会。每次品酒会仅象征性地收取 25 美元,并为需要小食配酒的顾客出售小盘的食物。

在进行品牌定位时,营销人员应该建立品牌使命并明确品牌应该是什么及应该做什么。**品牌承诺**(brand promise)是指营销人员认为品牌应该是怎样及应该为消费者做什么。品牌承诺必须简单且实际。例如,6 号汽车旅馆提供干净的房间、低廉的价格及优质的服务,但并不承诺提供豪华的家具或宽敞的浴室。相反,丽思卡尔顿酒店提供豪华的客房及令人难忘的体验,但并不承诺低廉的价格。

维珍美国航空(Virgin America)的品牌承诺是以独特的方式满足顾客的需求。在运营短短几年之后,维珍美国航空就成了深受顾客喜爱的屡获殊荣的航空公司。公司经常收到顾客的电子邮件,称他们希望飞行时间能更长一些。

维珍美国航空重新定义了顾客的整个旅行体验,其设计始于更友好的网站和登机办理程序。在飞行中,乘客们陶醉于 Wi-Fi、宽敞的真皮座椅、情绪照明及通过触控屏幕点餐。一些乘客评论说,维珍美国就像是"在 iPod 或夜总会里飞行"。维珍美国航空的定位是"为顾客提供低价、时尚且别具一格的旅途体验"。维珍美国航空没有开展全国性电视广告宣传，而是一直依靠公关、口碑、社交媒体及堪称典范的顾客服务来创造顾客体验，并建立品牌形象。为了让顾客更深入地了解品牌，维珍美国航空发起了一场数字营销活动，鼓励人们将乘坐航班时的照片上传到 Ins 上，而通过关注维珍美国航空的推特账号，乘客还可以将照片上传到维珍航空在美国时代广场的广告牌上，或者通过自己的社交媒体账户分享照片。[28]

9.3.4 品牌名称选择

一个好名字能极大地促进产品的成功。然而，找到最好的品牌名称是一项艰巨的任务。首先要仔细研究产品、产品价值、目标市场和营销策略。接下来，给品牌命名就成为一项科学、艺术和灵感相结合的工作了。

适当的品牌名称需要满足以下条件：①体现产品的价值和品质特点，如豪华精选、安睡旅馆和舒适套房；②易于发音、识别和记忆，如 6 号汽车旅馆、四季酒店和捷蓝航空；③品牌名称应该是独特的，如雅乐轩、慕奇夕和源宿；④应该是可延伸的，如万豪最初是一家酒店，但选择了一个可以延伸到其他领域（如度假产品）的名称；⑤易于翻译成外文；⑥可以注册并得到法律保护，品牌名称如果侵犯了现有的品牌名称，则不能注册。

很多酒店集团通常在特定的产品类别中拥有多个品牌。这种多品牌策略有助于建立不同的品牌、吸引不同的细分顾客群体，并占领更大的市场份额。如果一个酒店集团决定将其多个概念品牌化，那么它就必须选择恰当的品牌名称。连锁酒店通常会采用各种方法来命名其品牌。[29]

1. 个体名牌名称

酒店集团可能会为不同的名称选择不同的品牌。喜达屋和国际精选酒店使用个体品牌，名称中不包括家族或公司名称。独立家族品牌的一大优势是，如果某个产品失败或质量低劣，企业的声誉不会受其连累。[30]

2. 企业的伞状（家族）品牌或子品牌

酒店集团可能会将企业品牌作为所有产品的伞状品牌。创新、专业和可信赖的企业形象关联已被证明能直接影响消费者的评价。万豪国际过去在大多数品牌前冠上企业名称。还有一种子品牌命名策略是将两个或多个企业名称、主品牌名称或单个产品的品牌名称组合起来。例如，希尔顿与温德姆酒店集团（Hilton and Wyndham）同时使用了个体品牌和家族品牌。万豪国际现在同时使用伞状品牌（如万豪旗下的万怡酒店、AC 酒店）和个体品牌（如艾迪逊和万丽）。最近，万豪酒店针对价格敏感人群和"千禧一代"消费者打造了慕奇夕酒店。

9.3.5 利用品牌

企业可以利用联合品牌和成分品牌来充分利用现有品牌的影响。

联合品牌，或称双重品牌，可以利用两个品牌互补的优势。例如，蒂姆霍顿（Tim Hortons）咖啡连锁店创立了联合品牌蒂姆霍顿-酷圣石冰激凌店（Hortons Cold Stone Creamery Shops）。蒂姆霍顿在早晨和中午生意比较好，供应咖啡、烘焙食品、汤和三明治。酷圣石冰激凌店的小吃在下午和晚上生意最好,而此时正是蒂姆霍顿生意清淡之时。联合品牌店让消费者在早晨、中午和晚上都有光顾的理由。[31] 塔可贝尔和多力多滋(Doritos)合作推出了多力多滋本地玉米卷。塔可贝尔在这款新品上市后的短短10周内就卖出了超过1亿份玉米卷,并迅速增加了清新田园和热辣口味的玉米卷。[32] 凯撒宫殿酒店是一个拥有2 950间客房的大型度假村,与全球第一家基于著名厨师松下幸男(Nobu Matsuhisa)打造的豪华精品酒店诺布酒店(Nobu Hotel)创立了联合品牌,借助其他品牌的信誉来增加本酒店品牌的可信度。[33]

另一种形式的联合品牌是同一家公司或零售联合品牌,即两家零售企业利用同一地点优化空间和利润,如必胜客、肯德基与塔可贝尔联合经营的餐厅。2012年,精品国际酒店集团推出了Sleep Inn和MainStay Suites的双品牌联合酒店。双品牌联合酒店使用共享的前台、大堂、活动室、健身中心和洗衣设施。[34] 前不久,希尔顿酒店集团在华盛顿开了一家汉普顿和欣庭双品牌酒店,而万豪国际则在达拉斯开了一家雅乐轩和源宿双品牌酒店。[35] 联合品牌的主要优势是一个产品可以凭借多个品牌进行可靠的定位。联合品牌不仅可以增加现有市场上的销量,而且可以为品牌开拓新的渠道、吸引新的顾客。双品牌概念创造了更大的公共区域,如健身中心和游泳池,吸引了多个目标市场,如商务旅客和休闲旅客。

成分品牌是联合品牌的一个特例。成分品牌可以提供差异化和质量的重要标志。很多酒店使用知名品牌的护理产品、健康膳食和咖啡等客房内用品。成分品牌中也会包含企业的自主品牌甚至是自己的商标品牌。[36] 威斯汀酒店为自己的"天梦之床"做广告,这是顾客良好的住宿体验的重要组成部分。这个品牌元素非常成功,威斯汀如今在线销售床、枕头、床单和毯子,以及其他"天梦"系列礼品套装、沐浴用品,甚至宠物用品。"天梦之床"的成功也实现了品牌整体的晕轮效应。喜欢"天梦之床"的消费者对客房内的其他设施和用品同样有积极的评价。[37] 如果运营得当,使用自主品牌的要素是有意义的,因为企业对其有更大的控制权。

酒店通常在一个品牌中创造子品牌。Delos Living是一家健康产品设计公司,它观察到消费者在旅途中保持健康意识和以健康为导向的生活方式的需求,并设计了一个健康酒店客房概念——乐享客房。该公司与米高梅国际酒店集团合作,将位于拉斯维加斯的米高梅大酒店的42间客房改为乐享客房。在收到积极反馈后,米高梅大酒店将这一概念扩大到171间乐享套房,包括酒店主楼的整个14层。客房内包括大量的健康和养生元素,如富含维生素C的饮用水、空气净化系统、消除时差反应和调节褪黑激素水平的房间照明系统、芳香疗法、健康菜单选项及旨在改善睡眠的床边照明。[38]

9.3.6 品牌组合

一个品牌所能覆盖的范围是有限的,而且企业选择的所有细分市场对某一品牌的感受和喜爱程度并不相同。营销人员常常需要多个品牌去聚焦不同的细分市场。需要进行品牌组合的其他原因包括:[39]

(1) 吸引寻求多样化的顾客,否则这些顾客可能会转向其他品牌;
(2) 促进企业内部的竞争;

(3) 在广告、销售、推销及物流等方面获得规模经济。

品牌组合是所有品牌、特殊品牌类型或细分市场的组合。

最近,针对"千禧一代"及注重健康和养生的顾客,连锁酒店在品牌组合中增加了生活方式型或精品型酒店品牌,如万豪国际旗下的慕奇夕和艾迪逊;喜达屋旗下的 W 酒店、雅乐轩和源宿;洲际酒店集团旗下的英迪格和凯悦酒店旗下的安达仕。例如,源宿酒店是一家长住酒店,其定位是生态环保型酒店,为顾客提供"吃得好、睡得好、锻炼身体和放松休闲"的全方位平衡体验。[40]

洲际酒店集团不仅提供室内健身和养生设施,还专门针对注重健康和养生的游客创建了逸衡酒店(Even Hotels)这一独立的品牌。逸衡酒店的硬件设施都围绕满足下列四方面的需求而设置。

(1) 吃得好。菜单中的菜品都使用新鲜、有机的食材,食物成分标注清晰,持续免费供应口感纯净的过滤水。

(2) 休息好。客房使用天然桉木纤维、高密度亚麻布、天然的沐浴用品、抗菌湿巾和彩色 LED 氛围灯。

(3) 保持活力。客房内提供瑜伽垫等健身器材。

(4) 高效工作。为客人提供灵活的工作空间。[41]

万豪国际收购了喜达屋开发的 9 个生活方式品牌。各品牌按照情感或体验的路线区分,拥有不同的体验和定位,以建立与消费者的情感联系。消费者研究为这些品牌定位提供的一些建议可参见 8.4.3 小节。[42]

最佳品牌组合的特点是使组合中的每一个品牌都能与其他所有品牌相互配合,实现最大价值。营销人员通常需要在市场覆盖率、成本与收益之间进行权衡。如果可以通过减少品牌来获取更大的收益,则说明该品牌组合过于庞大;如果可以通过增加品牌来增加收益,则说明该品牌组合的规模还不够大。设计品牌组合时最基本的原则是最大化市场覆盖率以保证没有被忽略的潜在顾客,同时也要最小化品牌重叠以避免各品牌之间相互竞争。每一种品牌都应该被清晰地区别开来并且要有能力吸引足够规模的细分市场,以保证其营销和生产成本具有合理性。[43]

营销人员应该谨慎地对品牌组合进行长时间的监督以识别弱势品牌并剔除不盈利的品牌。[44]若某一品牌线中所包含的品牌之间差异性较弱,则需要进行品牌替换和精简。[45]

营销专栏 9-1

将品牌推广到中国该使用什么名称?

你被授权将品牌扩展到中国市场。你的品牌很有名,形象也很好。然而,在中国,你还会从品牌的强势形象中获益吗?你要在中国使用品牌的外文名称、翻译成中文还是起一个新的中文名称?下面是一些有助于回答这些问题的注意事项及其他品牌的一些实例。

有些名称没有对应的中文。哈根达斯就是一个例子。这个名称没有任何意义,但由于与丹麦的联系,它就代表了高质量和高价格。哈根达斯这个名称在中国的推广很成功。

事实上,这是一家美国公司,但很多中国人以为它来自丹麦。希尔顿也没有对应的中文,于是公司决定采取音译,希望其强大的全球声誉能在中国市场发挥影响。凯悦集团(Hyatt)意识到自己的名称没有对应的中文,决定用"悦"这个喜庆的字,将 Hyatt Regency 译成凯悦,将 Grand Hyatt 译成君悦,将 Park Hyatt 译成柏悦。

有些品牌的中文发音很讨喜。例如,可口可乐的意思是美味可口。Marriott Hotels 译成万豪酒店,意思是 1 万名富豪精英。这些品牌的中文名称不仅与英文名称发音近似,而且具有正面形象。

如今,对于希望吸引更广泛市场的产品来说,还有一个重要的问题是消费者是如何在网上搜索产品的。研究表明,消费者在网上搜索消费品时,大多会使用中文名称而不是英文名称。此外,消费者通常会使用简称而不是全称。这就使肯德基等公司受益匪浅。1991 年肯德基将名称从肯德基炸鸡改为肯德基(KFC)。在这个数字营销的时代,重要的是要知道你的名称将如何在网上使用,包括顾客将如何在网上找到你。

中国本土品牌从观察跨国公司的品牌名称在中国被接受的过程中吸取了经验。例如,巴黎贝甜和可颂坊深知法国以优质的烘焙食品而闻名,于是使用了与法国相关的名称。这些中国本土企业使用外国语言元素来显示与外国文化的联系。这些方式赋予了企业一定的可信度,并能够产生溢价。

资料来源:Philip Kotler, Kevin Keller, Swee Ang, Siew Leong, and Chin Tan, *Marketing Management: An Asian Perspective*,2013,Pearson,Singapore;Carly Chalmers,"12 Amazing Translations of Chinese Brand Names," *Today Translations*,September 27,2013,http://www.todaytranslations. com/blog/12-amazing-translations-of-chinese-brand-names/(accessed August 20,2015);Michael Winesnov,"Picking Brand Names in China Is a Business Itself," *New York Times*,November 12,2011,http://www.nytimes.com/2011/11/12/world/asia/picking-brand-names-in-china-is-a-business-itself.html? _r=3&partner=rss&emc=rss&page-wanted=all(accessed August 210,2015);Clarissa Ward,"China's Logo Ripoffs:KFG, Pizza Huh and McDnoalds," ABC News,July 22,2011,http://abcnews. go. com/Business/counterfeit-logos-hit-groupon-apple-pizza-hut-kfc/story? id = 14131984(accessed August 20,2015);"Understanding Chinese Brand Names Online," *Lab Brand*,http://www. labbrand. com/brand-source/understanding-chinese-brand-names-online(accessed August 20,2015)。

企业必须谨慎地经营自己的品牌。首先,企业必须将品牌定位持续地传递给消费者。专业的品牌营销人员通常要投入大量的广告费用,以期创造品牌认知、顾客喜爱和顾客忠诚。

品牌识别就是在消费者心目中定位一个品牌。品牌形象是消费者对品牌及其差异化的感知,包括特征和感受。品牌诚信就是履行承诺,实践广告中的宣传,将品牌识别与品牌形象联系起来。品牌信誉及消费者对它的信任建立在实际品牌体验的基础上。企业应言行一致,失去信誉的企业将会失去潜在买家(线上和线下)。[46]

广告宣传可以帮助企业提高知名度、品牌认知,甚至品牌偏好。然而,事实上品牌并非通过广告来维护的,而是来自顾客的品牌体验。如今,消费者通过广泛的联系和接触点来认识品牌,这其中包括广告、个人对品牌的体验、口碑及企业官网等。企业对经营这些接触点所投入的精力应该与打造广告不相上下。一位品牌专家说:"经营每个顾客的体验或许是建立品牌忠诚最重要的组成部分。每一段值得铭记的记忆……都必须是卓越的……都必须能够强化品牌的本质。"迪士尼的一位前高管对此表示认同:"品牌是一个有生命的整体,它会随着时间的推移而日益丰富或受损,它由成千上万个微小的行动积累而成。"[47]如果没有企业全体员工对品牌的认同,那么一个品牌的定位就很难扎根。因此,企业需要培养其员工以顾客为中心的理念。如果可以,企业应通过内部品牌塑造帮助员工理解并对品牌承诺充满热忱。很多企业甚至更进一步,通过培训和鼓励分销商及零售商来更好地服务于顾客。

最终,企业需要定期检视自己品牌的优势和劣势。[48]企业应该自问:我们的品牌是否精于提供顾客真正重视的价值?品牌定位是否合理?是否所有的顾客接触点都能支持品牌定位?品牌经理是否理解品牌对顾客的意义?品牌是否获得了合适的、持续的支持?品牌检验可以发现那些需要更多支持的品牌、应该被抛弃的品牌,或是由于顾客偏好的改变或新竞争对手的出现而必须被重塑或重新定位的品牌。

9.4　新产品开发

企业可以通过两种方式获得新产品。一种方式是通过收购整个企业或获得使用他人产品的许可。像麦当劳这样的大公司有时会购买像 Chipotle 这样的小型连锁餐厅,而不是自己开发新产品。它们可以看着这条羽翼未丰的链条成长,观察它的顾客群、单位销量及开新店的难易程度。当确信新的连锁店很有潜力,并且与自己的组织有很好的战略契合度时,大企业就会买下连锁店,正如百事可乐收购加州比萨厨房(California Pizza Kitchen)。这种产品开发方法大大降低了大企业的风险。这些企业先购买,然后再发展连锁店。这一收购策略产生了一批新的餐厅企业家。他们会努力发展一家连锁店,旨在将其出售给一家大型连锁企业。还有一种方法是购买破败的产业链。连锁经营管理不善及由此导致的业绩不佳,会使连锁店的市场价值下降。对于那些相信自己能扭转局面的企业来说,这些连锁店是颇具吸引力的目标。

另一种方式是开发企业自己的新产品。要想创造成功的新产品,企业必须了解顾客、市场和竞争对手,并开发能为顾客带来卓越价值的产品。企业必须制订强有力的新产品计划,建立系统的、顾客导向的新产品开发过程。图 9-2 展示了新产品开发过程的 8 个主要步骤。

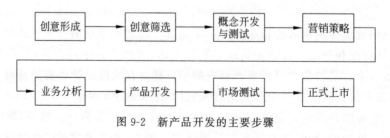

图 9-2　新产品开发的主要步骤

2004 年,熊猫餐厅与得克萨斯州的冷冻食品供应商欧文劳农场(Overall Farms)合作,开发了一条新的零售渠道。熊猫餐厅将芥蓝牛肉和飘香鸡肉两道速冻菜投放到好市多(Costco)和山姆会员店进行市场测试。商务策划副总裁大卫·兰斯伯格(David Landsberg)称:"消费者对我们新推出的冷冻食品跃跃欲试,因为他们对我们公司的产品比较熟悉。"[49]

尽管熊猫餐厅的新产品开发很顺利,但 El Chico 墨西哥快餐店等其他餐厅在采取这种形式进行产品推广时却遇到了严重的问题。如果消费者认为零售的产品与餐厅内提供的产品没什么区别的话,那为什么还要去餐厅呢?同样,消费者可能会认为餐厅提供的并不是新鲜的产品,而是冷冻的产品。在开发快餐线两年后,熊猫餐厅宣布快餐线停产。[50]

因此,企业面临一个问题:必须开发新产品,但失败的风险却很高。解决这个问题的方法是,认真制订新产品开发计划,并为寻找和培育新产品建立系统的新产品开发流程。

9.4.1 创意形成

新产品开发始于创意形成,即系统地捕捉新的创意。企业通常会产生成百上千个新创意,但好的创意却为数不多。新产品创意的主要来源可分为内部来源和外部来源,如顾客、竞争对手、分销商和供应商。

1. 留意外部环境

旅游接待业的所有人员都高度依赖外部环境。经济衰退、通货膨胀、经济增长、日益增长的人口及其他外部因素等都会对该产业产生直接的影响。要产生新产品创意,必须关注和熟悉外部环境。例如,酒店安保的重要性至关重要,对于单身女性等细分市场来说尤为如此。一项针对 930 名酒店顾客进行的研究发现,顾客对安保措施的认可度较高。年龄不足 40 岁的顾客表示愿意为额外的安全保障(如房间中的急救箱)支付更高的费用。[51]

2. 内部创意来源

使用内部资源,企业可以通过正式的研发部门来寻找新创意。然而,一项对来自世界各地的 750 名 CEO 的调查发现,只有 14% 的 CEO 表示他们从传统的研发部门获取创意,而 41% 的 CEO 从员工处获取创意,36% 的 CEO 则从顾客处获取创意。[52]因此,除了内部的研发过程,企业可以从企业高管、科研人员、工程师、制造人员和销售人员等员工处获得灵感。很多企业发起"内部企业家"计划,鼓励员工思考和提出新的产品创意。2012年,福来鸡成立了一个名为"Hatch"的大型创新中心,员工和合作伙伴在这里探索餐厅设计的新理念,培训团队成员,改善顾客体验。2014 年,福来鸡开设了试验厨房,这是一个致力于菜单改进的创新中心。2018 年,福来鸡在佐治亚理工大学开设了一个面积约 550 平方米的技术创新中心,以开发数字技术、机器学习、分析数据的解决方案。[53]越来越多的连锁餐厅在总部建立了配备厨师或厨师团队的正式的研发设施。例如,星期五餐厅和 Whataburger 餐厅都有这样的中心。Whataburger 餐厅的品牌发展副总裁说:"在菜单开发方面,拥有自己的设施既方便又能保密。"像 Whataburger 这样的快速服务连锁店每年增加 5 个新产品项目,而休闲餐厅则增加 15~60 个新产品项目。通常,新产品会作为特别促销推出,其中约 25% 的产品会进入永久菜单。[54]

在酒店业,新产品决策通常是在企业和酒店两个层面上进行的。企业层面的新产品决策者既有中层管理者,也有最高管理层。某些情况下,银行家、律师和咨询人员等不直接为企业工作但与其有密切联系的人也会参与决策过程。

如果酒店管理集团并不拥有酒店的所有权,那么酒店所有者也会参与酒店层面的新产品决策。某些情况下,所有者由某个人(如总裁)代表。参与决策过程的还有总经理、部门经理和各领域的总监。连锁企业的副总裁通常也会参加酒店层面的新产品决策过程。这种创意来源的缺点是经理和员工可能会对自己并不认同的创意表示赞同。

3. 外部创意来源

企业也可以从众多外部来源中获取新产品的创意。例如,分销商和供货商也可以成为创意的来源。分销商与市场联系紧密,能接触到有关消费者和开发新产品的可能性等方面的最新信息。供应商可以告诉企业一些可用于开发新产品的新概念、新技术和新材料。竞争对手也是一个重要的来源。企业可以观察竞争对手的广告来获取其新产品的线索。其他创意来源包括行业杂志、展会和研讨会、政府机构、广告代理机构、市场调研公司、大学和商业实验室、投资者。

餐厅和酒店的经理在旅行时也会光顾餐厅,并从中寻找值得借鉴的创意。无论从竞争的角度还是产品开发的角度看,拜访竞争对手都是非常重要的。

或许最重要的新产品创意来源是顾客本身。企业通过分析顾客的问题和投诉,可以发现能更好地解决顾客问题的新产品。或者企业也可以邀请顾客来分享建议和创意。例如,星巴克赞助了"我的星巴克创意"计划网站,邀请顾客分享、讨论及投票选出新的产品和服务创意。[55]

4. 众包

更广泛地看,很多企业正在发展**众包**(crowdsourcing)或开展新产品创意项目。众包这一概念的提出者杰夫·豪威(Jeff Howe)给出的定义是"将开源的原则应用于软件之外的某一领域"。[56]众包打开了创意之门,邀请广大的顾客、员工、独立科学家和研究人员甚至是大众参与新产品的创意过程。一位分析师说,这一理念在帮助企业提升其"产品、服务、网页或营销工作时,多人(2人、2 000人或2万人)的智慧远远好过一个人"。[57]

酒店企业进行众包或"共同创造"的趋势日益显著,认为该方式不但能在由社交媒体驱动的世界中吸引顾客,还能不断产生新的产品创意和创新设计。它们可以用很多不同的方式进行众包,如让顾客为酒吧设计菜单,对徽标和房间钥匙设计进行投票,为新的酒店空间和概念推荐名称,选择大堂游戏和娱乐项目等。[58]

2013年,万豪国际在马里兰州贝塞斯达总部附近新建了一个近1 000平方米的创新实验室。该实验室是员工、顾客和酒店业主集思广益,设计和完善未来酒店理念的地方。万豪国际邀请常客进入创新实验室,针对其创意和计划提供意见,并"共同创造"接下来的品牌创新。

社交媒体使顾客能够实时让酒店了解自己的喜好。万豪国际也转向了数字众包,并发起了一项针对"千禧一代"的"精彩旅行"活动。万豪国际在其网站(travel-brilliantly.marriott.com)上向游客征求有关设计、技术、餐饮等方面的意见。在700份投稿中,评审小组将大奖颁给了一款提供健康饮品的自动售货机。

万豪国际的战略和创新高级总监克里斯·贝尔(Chris Baer)表示:"只有共同创造才

是有效的创造途径。凭空产生的想法绝对没有依靠你的顾客和同事的洞察力可靠。"[59]

洲际酒店集团(IHG)与美国大通银行(Chase)合作推出了针对洲际酒店忠实顾客的优悦会精选会员卡。该项目请私人在线社区服务商 Communispace 收集了 300 名俱乐部会员有关会员卡所能提供的福利和功能的意见。根据这些意见,洲际酒店集团扩大了会员卡所能提供的福利,不仅在酒店消费可以获得积分,在其他某些地方的消费也可以获得积分。纽约 4Food 餐厅正在使用众包的方式开发新菜单。餐厅所售汉堡中间填充的馅料由顾客自行从 40 种配料(如胡姆斯、辣番茄酱和辣椒粉)中选取搭配以创造独特的汉堡,并给它们命名。如果有人在 4Food 点了某位顾客"发明的"汉堡,则每售出一个汉堡该顾客可以获得 20 美分的提成。4Food 的做法就是在使用众包方式来开发新菜品并对外宣传推广。[60]

密歇根州兰辛市的 REO Eats 餐厅通过众包方式来获取新的想法和概念。具体来说,REO Eats 餐厅希望顾客对包括徽标、室内设计、建筑外观设计、菜单设计、价格及促销策略在内的餐厅内的一切内容提供建议。餐厅还使用众包策略来寻找投资者和员工。[61] 众包可以带动一系列创意。事实上,对每一个人打开大门意味着每一个人都能为企业献计献策。"即使是小规模的'众包'也能产生上百个点子。如果我告诉你,明年你需要从顾客处收集 2 万个创意,你会怎么做?"[62]

真正有创新精神的企业不会仅从某个单一的来源获取新产品的创意。一位专家称,他们创造了"从每一个可能的来源捕捉灵感的广泛网络,如企业的每一位员工和顾客、其他创意人员和数不尽的外部来源"。[63]

9.4.2 创意筛选

创意形成阶段的目的在于激发创新性想法。筛选的目的则是尽快从中发现好的创意并剔除无用的想法。产品开发成本在后面几个阶段会大幅增加,因此企业只能留下可以盈利的产品创意。前面提到的万豪酒店提供健康饮品的自动售货机就是一个例子。大多数企业要求管理人员按照标准的格式书写各种新产品创意,以供新产品委员会审阅。管理者应分别阐述产品、目标市场和竞争,并估算市场规模、产品价格、开发时间和成本、制造成本及回报率。此外,他们还要回答下列问题:这个创意对企业有好处吗?它与企业的既定目标和战略吻合吗?我们有没有足够的人力、技术、设备和资金来确保实现该创意?很多企业都有用于评估和筛选新产品创意的精心设计的系统。

在创意或概念筛选阶段,应该仔细审视产品线的兼容性问题。在新产品开发过程中,一个常见的错误是引进了与企业发展理念不相容的产品。下面列出了几个有关产品兼容性的问题。产品是否有助于:完成我们的使命?实现企业的目标?实现酒店的目标?保护和促进我们的核心业务?保护和取悦我们的主要顾客?更好地利用现有资源?支持和加强现有产品线?

9.4.3 概念开发与测试

经过筛选保留下来的创意必须发展为具体的产品概念。区分产品创意、产品概念和产品形象三个概念非常重要:**产品创意**(product idea)是企业管理者对待开发产品的种种设想；**产品概念**（product concept）是将这种想法具体化，并用消费者可以理解的术语加以描述；**产品形象**（product image）是消费者描绘某个实际或潜在产品的方式。

大型餐厅连锁店不经过测试就在所有餐厅中推广某个菜单是行不通的。像其他企业一样，汉堡王也会选择在一些城市进行市场测试。北卡罗来纳州的皮埃蒙特地区就曾被用作美式薯条的测试市场。该产品的测试结果想必不佳，因为它并未出现在菜单上。酒店在引进新产品时，通常是先在个别楼层或营业区域进行测试，有时还会邀请顾客来参加下午的产品筛选。

1. 概念开发

20世纪70年代后期，万豪国际意识到其城市酒店产品市场已经趋于饱和，需要一种可在第二类地区和郊区开展经营的酒店概念。万豪国际决定开发一种新产品，将资源集中到公司的核心住宿业务上。

这是一种产品创意，但顾客购买的并非产品创意，而是产品。营销人员的任务是将产品创意发展成为产品概念，判断每个概念的吸引力，并从中选择最佳的一个。

万豪国际的新产品概念就是万怡酒店。万豪国际从各地选择人员参与新产品的开发，并针对竞争对手和市场环境进行深入的分析，得到了该项目的如下概念框架：[64]

（1）新酒店将聚焦短期居住市场。

（2）新酒店的客房不超过150间。

（3）新酒店应采用住宅式形象（万豪国际通过调查发现了一个重要的细分市场，该市场上的消费者不喜欢酒店，而是喜欢像家一样的居所）。

（4）新酒店不会与万豪国际旗下的其他酒店争夺市场。

（5）新酒店将设有提供有限服务的餐厅。

（6）新酒店的公共空间与会议空间有限。

（7）新酒店是一种标准化的产品，在每个地区建5～8个酒店。

（8）新酒店品牌将附着于万豪国际品牌下以产生晕轮效应。

2. 概念测试

概念测试通常在一群目标顾客中进行。新产品概念可以通过文字或图片描述的方式呈现。万豪国际运用一种名为联立分析的统计技术来测试"万怡汽车旅馆"这一产品概念。这项测试将不同的酒店配置呈现给目标顾客，让他们对这些配置按照喜好顺序进行排列。然后，对排列结果进行统计分析，从而确定汽车旅馆的最佳配置方案。[65]

然而，在大多数情况下，企业会使用更简单的方法了解消费者的态度。假如10%的消费者说他们"肯定"买，另外5%的消费者说"可能"买，那么企业会按照这些数据结合目标顾客群体的总体规模来估计总销量。但由于人们并非总是表达其真实的意图和想法，这种估计方法的准确性值得商榷。

不幸的是，像万豪国际这样的例子在旅游接待业极为罕见。一些大酒店、度假地和餐厅的公司总部确实做过专门的概念测试工作，但大多数小型连锁企业和独立的接待实体都省略了这一关键步骤，直接将产品创意付诸实施。

在某些情况下，直觉和运气也会发挥作用。产品得到市场认可，企业也就赢得了有力的竞争地位。不过，旅游接待业的发展历史也说明，在很多情况下，创意确实需要概念测试来加以验证,因为不少产品犯了灾难性的错误。对于酒店客房的布置或在客房送餐服务中更换一种新的饮料这类产品决策,即使决策失误,所造成的损失也比较轻微。如果所引入的新产品需要大量资金投入(如邮轮公司开辟一条新的航线或开发一处新的旅游目的地),情况会大不相同。这些决策涉及数百万美元的投入,一旦决策失误,所造成的灾难有可能使企业倒闭。从长远的角度看,多花几千美元和几个月的时间进行概念测试是很有必要的。

9.4.4 营销策略

下一步是制定营销策略,即为把产品引进市场而设计初步的营销策略。营销策略报告书包含三个部分。第一部分描述目标市场、既定产品的市场定位,以及前几年要达到的销售额、市场份额和利润目标。对于万豪国际而言,万怡酒店的目标市场是偏好中档价格、高质量客房的商务旅行者及要求安全与舒适的客房的度假旅行者。

第二部分概述产品的计划价格、分销渠道和第一年的营销预算。万豪国际使用统计软件建立了复杂的模型。这些模型可以提供定价信息,并能根据这些价格测算出预期的市场份额。市场细分信息为万豪国际提供了酒店营销所需的信息。

第三部分描述长期的预期销售额、盈利目标和相应的营销策略组合。

9.4.5 业务分析

管理层决定了产品概念和营销策略之后,就可以评估其商业吸引力了。业务分析涉及对销量、成本和利润前景的考察,旨在确定产品是否符合企业的各项目标。如果符合,即可进入产品开发阶段。

体育场馆和会议中心被许多地区看成是满足当地人需要及吸引外地游客必不可少的基础设施。但遗憾的是,很多地区都未进行过详细的业务分析,并因此承受着相应的后果。在项目开发的初期,大多是在政府和情感的压力下推动着项目的开展。"这个城镇需要一支棒球队。这意味着我们要投入上百万美元建设一个新的运动场。"类似这样的观点是十分普遍的。在影片《梦幻之地》(*Field of Dreams*)中有一句台词:"如果你建了,他们就会来。"但是很遗憾,事实证明对于很多体验场馆和会议中心来说这句话并不适用。

美国北卡罗来纳州格林斯博罗将军曲棍球队是东海岸曲棍球小联盟中的职业球队。为了防止球队解散影响体育场的收入,格林斯博罗市接管了球队,负责其日常经营管理。球队教练也因此变成了公务员。体育场的管理者对门票促销不利负有直接的责任,造成了约 30 万美元的亏损。[66] 体育场还可以向赞助商出售冠名权,如丹佛市的库尔斯球场(Coors Field)。但这并不是长久之计,因为部分赞助商已宣告破产,其中有些公司还卷入了严重的商业丑闻中。

在开发体育场馆、会议中心、博物馆和动物园等依靠税收支撑的旅游产品之前,必须慎重且客观公正地进行包括专业的营销计划在内的业务分析。

9.4.6 产品开发

如果产品概念通过了业务测试,就可以进入产品开发阶段了。在该阶段,产品概念被发展成为实体产品。在此之前,产品还只是一个口头描述、一幅图画或一件模型。企业将开发出产品概念的一个或数个实体模型。酒店可以开发菜单上菜品的原型并将其作为特别推荐菜品售卖。酒店也可以打造客房样板间。企业希望找到能满足下列标准的样品:

(1) 消费者能够感受到该产品具有概念描述中所包含的各种关键特征。
(2) 能安全地正常使用。
(3) 可以在预算的成本内生产出来。

要开发出一件成功的样品,可能需要几天、几周、几个月甚至几年。万豪国际用活动墙搭建了万怡的客房样板间,包括标准客房、短式客房和窄式客房三种类型。消费者对整体概念很欣赏,但不喜欢窄式客房,却接受了短式客房,万豪国际估计短式客房可以节省大量成本。

开发产品原型的一个问题是,原型通常限于核心产品。产品的许多无形成分,如员工的服务,则无法被包含在内。

9.4.7 市场测试

如果产品通过了性能和消费者测试,下一步就要进行市场测试了。在市场测试阶段,产品与营销方案被置于真实的市场环境中加以测试。

市场测试能使营销人员在企业投入大笔资金全面推广产品之前获得产品营销的实际经验,发现潜在问题,了解尽可能多的信息。市场测试要在真实的市场环境中对产品和整个营销计划进行评估。产品及其定位策略、广告、分销、定价、品牌、包装及预算水平等都要在市场测试过程中加以评估。市场测试的结果可以用来改善对销量和利润的预测。

市场测试的规模因产品而异。市场测试的成本可能很高,且要耗费时日,在这段时间,竞争对手可能抢占先机。如果产品开发和上市的成本较低,或者如果管理层对新产品的成功已经胸有成竹,那么企业就可以不做或少做一些市场测试。如果是对现有产品做一点小的变动,或者是仿制成功的竞争产品,则不需要进行市场测试。例如,为了利用数字和移动趋势,星巴克迅速推出了一款不太完美的移动支付应用程序,然后在发布后的 6 个月内予以完善。如今,星巴克应用程序每周完成 800 万笔交易。[67]

市场测试的成本可能很高,但是与产品正式上市后才发现存在严重错误的损失相比却不值一提。当引入的新产品需要巨额投资或者管理层对产品或营销计划没有信心时,企业就需要做大量的市场测试。例如,肯德基在推出新品之前会进行至少为期 3 年的产品测试和市场测试。肯德基一直以提供酥脆美味的炸鸡而著称,但其管理层希望通过开发新产品重新吸引那些因为注重健康而抛弃肯德基的消费者。前不久,肯德基发布消息称正在开发素食版炸鸡,这款新品将最先在英国上市。[68]

9.4.8 正式上市

市场测试能为管理层提供信息,帮助其决定是否推出新产品。产品一旦正式上市,企业将面临高昂的成本。在上市的第一年,光是广告和促销费用就可能高达数百万美元。例如,麦当劳在美国推广麦咖啡(McCafe)时,在广告宣传和促销上花费了 1 亿美元,所使用的媒体包括电视、印刷品、广播、户外宣传、网络、事件、公关及样品推广。[69]

1. 何时推出

首要决策是引入新产品的时机是否合适。在万豪国际的案例中,用来进行市场测试的酒店入住率曾达到90%。

2. 在何地推出

企业必须决定是在一个地区,还是在一个区域、多个区域、全国市场,甚至是国际市场上推出新产品。很少有企业拥有足够的信心、资金和能力将新产品向全国分销。因此,大多数企业会逐渐地、有计划地扩展市场。小企业通常会选择一个有吸引力的城市,采用闪电战术,迅速进入市场,站稳脚跟后再逐个进入其他城市。大企业可能在某个区域推出新产品,然后再扩展到另一区域。万豪国际就是在区域市场上推出万怡酒店的。

3. 向何人推出

在逐渐扩展的市场中,企业必须针对最有潜力的市场群体开展促销。管理层在此前的市场测试中已经明确了目标顾客群体。在正式推出产品时,他们要重新识别市场,找出早期使用者、重度使用者和意见领袖。

4. 以何种方式推出

企业必须制订将新产品引入目标市场的行动计划,并将营销预算用于营销组合中。

 ## 9.5 产品生命周期策略

新产品发布后,管理层都希望产品能长期盈利。尽管不能指望产品长盛不衰,但管理层还是希望能赚得足够的利润,以弥补各种投入和风险损失。为了使利润最大化,产品营销策略会经过多次调整。策略变化的动因往往是产品在不同生命周期面临的市场和环境条件的变化。

如图9-3所示,产品生命周期可分为五个阶段。

(1) 开发期始于企业找到并形成新的产品创意。在产品开发期,销量为零,而企业的投资成本却不断增加。

(2) 导入期是产品进入市场之后销量缓慢增长的时期。由于产品宣传费用高昂,此时还没有利润。

(3) 成长期是产品迅速为市场所接受并产生越来越多利润的时期。

(4) 成熟期是销量增长趋于缓和的时期,因为此时产品已经被大多数潜在顾客所接受。因为同类产品竞争激烈、营销费用增加,因此利润增长停滞,甚至开始下降。

(5) 衰退期是销量迅速减少、利润急剧下降的时期。

产品生命周期概念可用来描述产品大类(快餐厅)、产品形式(快餐汉堡)或品牌(派派思)。在不同的情况下,产品生命周期都有所不同。产品大类拥有很长的生命周期,其中成熟期所持续的时间也很长。而产品形式具有标准的生命周期。免下车餐厅和路边汽车旅馆等产品形式会经历常见的导入、快速成长、成熟和衰退的阶段。一个具体品牌的生命周期可能由于竞争对手的反应和攻击不断变化而快速调整。

产品生命周期的概念对于描述产品与市场如何运行是一个很有用的框架,但是用它预测产品的表现或作为制定营销策略的依据却可能遇到某些现实的问题。例如,管理层

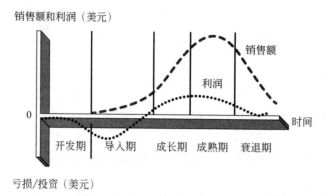

图 9-3　产品从产生到消亡的过程中的销售额和利润

可能无法识别产品所处的生命周期阶段,不能确定产品何时会进入下一阶段,也难以列举将影响产品生命周期的各种因素。在实践中,很难预测生命周期每个阶段的销量、时间跨度和产品生命周期曲线的形状。

大多数营销学教材都会谈到产品生命周期,但很少有管理者在制定营销策略时会关注它。这有两个原因。首先,管理人员在制定战略决策时,是以产品生命周期各个阶段的特征为依据的,而不是把产品生命周期本身当作一个工具。其次,要想预测产品生命周期的确切走向是不可能的,很多产品都不依循典型的曲线模型。

产品生命周期不是一个用来确定产品使用寿命长短的预测工具。相反,它是一个概念性的工具,用来对市场效应、环境和竞争做出概念性解释,帮助我们理解产品对各种刺激会做何反应。[70] 如果能识别出产品生命周期的具体阶段,对设法延长产品寿命将很有帮助。即使不对产品加以管理,产品也会沿着生命周期毫无阻碍地发展下去。但环境和竞争的变化会让产品生命周期发生变化,因此企业要想方设法让产品持续畅销。麦当劳就通过调整产品概念延长其生命周期。今天的麦当劳与 20 世纪 60 年代的麦当劳已经不可同日而语,菜单和店面设计都已发生了变化。麦当劳已经从当初不设座位的外卖小店发展到现在设有讲究的室内餐桌和儿童游乐场所的快餐厅。麦当劳的选址也发生了变化,除了传统的市郊地点外,还会选择国际市场、都市,以及医院和大学等机构附近的地点。当产品销量达到最高水平时,管理层往往会认为接踵而来的将是衰退期。衰退可能源于很多因素的影响:营销支持乏力、竞争、经济条件或缺乏市场开发。如果管理层戴上了"产品生命周期眼罩",而不调查其中的原因,那么他们就很可能把产品生命周期视为产品走下坡路的根源。[71]

用产品生命周期的概念来制定营销策略并不容易。战略既是产品生命周期的原因,也是其结果。了解产品所处的生命周期阶段,有助于制定最好的营销策略,并进一步影响产品在之后的生命周期阶段的表现。如果运用得当,产品生命周期概念可以帮助企业针对不同的生命周期阶段制定适当的营销策略。

前面介绍了产品生命周期中的产品开发阶段,接下来讨论其他阶段的策略。

9.5.1 导入期

导入期始于新产品首次进入市场时。产品导入需要时间,销量的增长往往比较缓慢。有些产品在进入快速增长阶段之前,会在导入期徘徊数年,公寓酒店就是这种情况。很多企业会看着其他企业以急先锋的角色抢先进入市场。当公寓酒店刚刚引入时,大多数企业都保持观望态度,直到产品在市场上得到认可后才会伺机进入。虽然市场先驱者会面临一定的风险,但如果产品大获成功,则还在观望的企业只能眼睁睁地看着市场先驱者迅速积累起可观的市场份额。此时,市场先驱者处于优势地位,可以抵御后来者对市场份额的蚕食。Taco Tote 和 Taco Palenque 这两家新开张的墨西哥玉米卷餐厅可能就是很好的例子。时间会证明一切。在导入期,由于销量低、成本高,因此利润很低,甚至可能亏本。企业需要投入大量资金进行促销,让消费者了解这种新产品并鼓励其购买。

在导入期,竞争者很少,它们只生产基本款式的产品,因为市场对产品的高端款式还没有完全接受。这些企业集中力量向有购买意向的收入通常较高的消费者群体推销,产品价格往往较高。

9.5.2 成长期

如果新产品满足市场的需要,它就会进入成长期,此时销量会迅速攀升。早期购买者还会继续购买,其他人在其带动下也会加入购买者行列,尤其是产品的口碑较好时。竞争者在利润的诱惑下开始进入市场,它们还可能推出产品的新用途,市场因此将会扩展。

价格水平可能保持不变或略有下降。企业的促销费用保持不变或略有提高,以满足应对竞争和继续培育市场的需要。由于促销费用可以分摊给大量产品,而且更有效的运行机制已经开发出来,所以利润会持续增加。

企业可以采取下列措施尽可能延长市场快速增长的时间:
(1) 提高产品质量,并增加新的产品特性和型号。
(2) 进入新的细分市场。
(3) 将广告的诉求目标从建立对产品的认知转向建立对产品的信任及培养购买意向。
(4) 在适当的时候降价以吸引更多的购买者。

在成长期,企业需要在高市场份额与高既得利润之间进行权衡。通过在产品改良和促销方面投入巨额资金,企业可以谋取控制地位,但这要牺牲当前利润,而寄希望于在下一阶段得到补偿。

9.5.3 成熟期

产品的销量增长在某一时点开始放缓时,该产品便进入了成熟期。这一阶段持续的时间通常比前两个阶段长,而且在该阶段营销管理者往往会面临巨大的挑战。大多数产品都处在生命周期的成熟阶段,因此大多数营销管理者的工作都围绕成熟期产品展开。

销量增长趋缓的结果是产品的供给超过需求。生产过剩将使竞争更趋激烈。竞争者开始降价,并展开更大规模的广告和促销攻势。"汉堡大战"和"比萨大战"就是产品处于成熟期时出现的结果。在成熟期,某种产品形式的实际销量增长与人口增长几乎同步。要想增加销量,唯一的办法显然是从竞争对手那里抢顾客。因此,价格战和巨额广告投入通常就成了企业在该阶段采用的基本策略,而二者都会导致利润减少。在这种情况下,弱小的竞争者逐渐被淘汰出局,行业内最终只剩下有实力的竞争者占据主要的细分市场,较为弱小的竞争者只能追求利基市场。

苹果蜂连锁餐厅便经历了产品的成熟期。2007年,苹果蜂的利润开始下降,股价下跌,投资者信心动摇。《华尔街日报》报道称:"当大量竞争者开始纷纷效仿时,苹果蜂的反应不够迅速。苹果蜂长久以来都固守传统,然而过去的传统却不一定适应今天的变化。"[72]

在苹果蜂一成不变时,美国消费者却开始更多地接触具有民族特色的食物和美食节目。他们也表现出对过度烹调的食物的担心及对苹果蜂店内装修风格的反感。为了应对这种转变,苹果蜂对产品做了一些调整,如采用了高低价策略:在菜单前面列出一道价值14.95美元的纽约客牛排,在菜单背面列出价值5.99美元的汤和沙拉。然而这些举措未能阻挡销量的下滑。2007年11月,苹果蜂被国际薄烤饼店(IHOP)收购。IHOP与苹果蜂共同组建了DineEquity。

2010年,DineEquity首次提高了自2005年以来就一直下滑的同店销售额,虽然增幅仅为0.3%。DineEquity开展了新的促销活动,如"热腾腾的主菜""低于550卡路里的美食""20美元双人餐",同时开展了主题为"远亲不如近邻"的广告促销。DineEquity通过菜单开发、效率提升及有效的广告策略迎来了积极的发展势头。苹果蜂的例子说明要在成熟的市场中取得成功并非易事。DineEquity用了3年的时间才扭转了苹果蜂的颓势。然而,DineEquity的战役并未结束;对于成熟市场来说,每一年都是一场维持产品地位,获取或保持市场份额的战役。[73]

除了陈旧的装修风格和菜单配置,缺乏特色也可能是失败的原因。特色菜是很多顾客前往就餐的动力。

1. 市场调整

在成熟期,具有进取心的产品经理会尝试增加人们对产品的消费、寻找新的使用者或新的细分市场及增加现有顾客使用量的方式。麦当劳为了吸引新的顾客并增加老顾客的消费量,增加了早餐、沙拉、甜点和鸡肉三明治等菜品。产品经理也可以重新定位品牌以吸引更大或增长更快的细分市场。当"反对酒后驾车"运动减少了酒精饮料的消费时,Bennigan餐厅开始重点向消费者推荐其美食。

2. 产品调整

产品经理也可以改变产品特征、产品质量、产品用途或产品风格,以吸引新的使用者并刺激人们购买更多的产品。质量改善战略旨在提高产品的性能,如耐用性、可靠性、速度和口味。当产品质量有改善空间、购买者对产品质量改善有信心,以及有足够的购买者希望有更好的质量时,这一战略将会奏效。

温迪餐厅进行了改造,使餐厅看起来既现代又休闲。外部采用配有落地窗的现代设计,室内则是开放、明亮的就餐区,有多种座位可供选择。餐厅还推出了新的菜品和新的顾客点单系统。温迪餐厅希望通过新的设计和改变来重振其作为高端快餐连锁店的形象。[74]

为了应对同店销量下滑,麦当劳试点测试和推广顾客定制汉堡计划,让顾客不必去柜台,而是直接使用触摸屏点单系统挑选面包、奶酪、配料和酱汁完成汉堡定制,并支付餐费。顾客可选的食材多达 22 种,包括焦糖洋葱、烤蘑菇、红洋葱、胡椒杰克奶酪、苹果木熏肉和墨西哥胡椒切片等。[75]

3. 营销组合调整

产品经理还可以通过改变一个或多个营销组合元素来增加销量。例如,通过降价吸引新的顾客,并抢夺竞争对手的顾客。企业还可以开展更好的广告宣传,或为顾客提供新的或更好的服务。

酒店可能会选择采用新的营销策略来重塑品牌,而不只是做一些形式方面的变化。2005 年,凯撒娱乐收购了已经营 33 年之久却是所在街区房价最低的帝国皇宫酒店(Imperial Palace)。在对该酒店进行了有限的翻新后,2012 年,凯撒娱乐将其更名为 Quad 酒店。两年后,凯撒娱乐投资 2.23 亿美元改造了拥有 2 256 间客房的 Quad 酒店,将其更名为 Linq 酒店,并增设了室外餐厅、夜生活项目和娱乐区。Linq 酒店如今营造了一个方便人们社交的氛围,充分利用餐厅、商场及摩天轮来吸引顾客。Linq 酒店提供新的便利设施(如水疗中心、游泳池、作为社交中心的大堂酒吧)来吸引年轻人,并提供自助登记入住以减少顾客等候时间。[76]

9.5.4 衰退期

大多数产品或品牌的销量最终都会下降。衰退的速度有快有慢,销量可能一下子跌落为零,也可能下降到某个低水平并持续数年之久。

销量下滑有很多原因,如技术进步、消费者口味改变及竞争加剧等。维持一种弱势产品对企业而言代价很大,不仅利润减少,而且有很多隐藏成本,如浪费管理人员和销售人员的时间,以及损害未来的品牌形象。

企业必须密切关注逐渐老化的产品。定期检查每一种产品的销售情况、市场份额、成本和利润趋势有助于发现产品是否处于衰退阶段。

管理层必须制定是维持、收缩还是舍弃弱势产品的决策。管理层可能决定收缩产品,这意味着减少各种成本。如果收缩策略成功,企业的利润在短期内会有所增加。或者,管理层也可能选择舍弃该产品。

旅游目的地和酒店的营销人员必须清楚产品处在生命周期的哪个阶段,因为这会对零售商产生影响。酒店通常坐落在购物中心附近。事实上,在加拿大阿尔伯塔省埃德蒙顿市,有一家酒店就坐落在大型购物中心内。餐厅也很喜欢选址在购物中心,但购物中心所处的生命周期也在发生着变化。

美国很多地方的购物中心都处于衰退阶段。[77]犯罪事件、无所事事的青少年、巨大的停车场、混乱的布局、恐怖主义的威胁及昂贵的租金都是导致衰退发生的原因。杰西潘尼(J.C.Penny)、西尔斯(Sears)和茂宜国际百货(May Company)等零售商以往都是购物中心的支柱,但如今却迁到了露天购物街或独立进行选址。这种现象的出现将使购物中心对餐厅的吸引力逐渐下降。

购物仍旧是游客的主要活动之一,特别是追求休闲的游客。此外,全球有无数游客以购物为主要目的,这其中还包括一些国际游客。很多国家的汽车观光业的很大一部分收入来自购物游。

表 9-2 总结了产品生命周期各阶段的关键特征,并列出了每个阶段的营销目标和策略。

表 9-2　产品生命周期各阶段的特征、目标和策略

	导入期	成长期	成熟期	衰退期
特征				
销量	销量低	销量快速增加	销量最高	销量降低
成本	高	一般	低	低
利润	亏损	利润上升	利润高	利润下降
顾客	创新者	早期使用者	主流使用者	滞后使用者
竞争者	很少	增多	数量稳定,开始下降	减少
营销目标	鼓励顾客参与和试用	获得最大的市场份额	获得最高利润,保护市场份额	减少开支,打造品牌
策略				
产品	提供基本产品	进行产品扩展、提供服务和质保	品牌和样式多样化	淘汰弱势产品
价格	成本加成定价	市场渗透定价	价格竞争与价格战	降价
分销	选择性分销	密集性分销	更密集的分销	做出选择:淘汰不盈利的分销渠道
广告	培养产品意识和销售商	在大众市场上培养参与和兴趣	强调品牌差异和优势	降低到只保持核心忠诚顾客的水平
促销	大力促销以吸引试用	减少促销,利用重度使用者的需求	增加促销,鼓励品牌转换	减少到最低水平

资料来源:Adapted from Philip Kotler and Kevin Lane Keller, *Marketing Management*, 14th ed. (Upper Saddle River, NJ: Prentice Hall, 2012), p. 317. © 2012.

9.5.5　产品淘汰

从前文有关产品生命周期的介绍可知,大多数产品都会过时,必须淘汰。因此,理解产品淘汰过程与理解产品开发一样重要。休斯敦的一家名为 Strawberry Patch 的热门餐厅有一道畅销 10 多年的菜(鸡胸肉炒蘑菇)。然而,近年来这道菜的销量开始下降,不再受餐厅顾客的青睐。当被问及这道菜如何时,顾客们回答说太油腻了,蘑菇和鸡胸肉几乎是泡在黄油中。这道菜刚推出时,黄油酱汁很受欢迎,但人们的喜好发生了变化,更加偏好清淡的饮食。针对这一情况,餐厅将鸡胸肉上面的黄油炒蘑菇换成新鲜的切片蘑菇。

餐厅管理层如果生硬地照搬产品生命周期,就会淘汰这道菜而不是进行改良了。

淘汰分析是系统地评估产品的预期销量和与该销量相对应的估计成本的过程。如果产品已经无利可图,则淘汰分析就要寻找优化产品的方法,以便恢复其盈利能力。如果分析表明应该淘汰该产品,那么有三种策略可供选择:逐步淘汰、卖完即止或立即淘汰。[78]

逐步淘汰(phase-out)是一种比较理想的方式,可以使产品以一种有序的方式撤出市场。例如,某种菜品可以在新菜单中用新品替代。**卖完即止**(run-out)策略适用于产品销量很低、成本超过收益时。例如,餐厅的蟹肉鸡尾酒每周只能售出一两份,如果餐厅决定淘汰该产品,则在现有存货消耗殆尽后就不再补货。**立即淘汰**(drop)是在产品有可能对顾客造成伤害或引起顾客反感时应该采取的策略。

对于酒店或连锁餐厅来说,淘汰产品所带来的问题尤为复杂。当某些分店的设施老化或周边环境变得恶劣时,集团的管理层通常非常清楚应淘汰这些分店。然而,在很多情况下,要想快速将分店关门或将其从集团中剔除既不现实也是不可能的。原因包括:合同禁止立即关闭;分店可能与所在社区或管理层存在某种情感联系;关闭分店可能对所在社区产生消极影响;一时之间找不到合适的买家;授权企业与加盟店间可能存在特殊的关系。

尽管将某个分店从集团中剔除或解除加盟关系困难重重,但最终难免会出现这一局面。正像前面提到的餐厅菜品的例子所示,面对困境应尽快做出决策。

9.6　国际产品与服务营销

国际产品与服务的营销人员面临特殊的挑战。首先,他们必须弄清楚要面向哪些国家推介什么样的产品与服务。其次,他们必须决定要在多大程度上使产品与服务标准化来适应全球市场。

一方面,企业希望产品标准化,认为这有助于树立全球一致的品牌形象。此外,产品标准化与提供多种产品相比,设计和营销成本低很多。另一方面,世界各地的市场和消费者差别很大,企业必须通过调整产品来应对这些差异。

在美国,肯德基炸鸡的特色是非常酥脆且配有百事可乐。中国的肯德基提供什么呢?当然,你也可以吃到传统的肯德基炸鸡,但更受欢迎的食物包括配有四川辣酱的鸡肉饭和鸡蛋汤,或者是老北京鸡肉卷配豆浆。菜单上还有蛋挞、油条、裹着当地调味汁的面包、鱼虾汉堡,还有一种广受欢迎的米粥,是肯德基早餐的头号卖点。中国的菜单约有50种菜品,远多于美国的29种,这是为了迎合中国人的饮食方式,即一群人分享几道菜。肯德基在美国的餐厅主要提供外卖,而中国肯德基餐厅的空间大约是美国同类店的两倍,为喜欢与亲友在店内聚餐的食客提供更宽敞的就餐空间。通过这些调整,肯德基及百胜集团在中国的其他品牌并未将自己定位成外国品牌,而是定位成当地社区的一部分。百胜集团在中国大获成功,在中国1 100多个城市的5 000家肯德基餐厅的收入超过了旗下(包括肯德基、必胜客和塔可贝尔)所有19 000家美国餐厅的收入总和。

万豪、喜达屋和洲际酒店集团等很多连锁酒店也已经实现了全球化。酒店企业的国际化发展趋势仍将持续。如今,酒店企业不再简单地追随制造企业的发展模式。相反,它们在国际扩张中处于领先地位。

课堂小组练习

*带星号的习题可以作为个人作业或线上作业。学生需要对答案给出解释。

1.*思考拉斯维加斯多年来实施过的品牌战略,对顾客来说,拉斯维加斯这一品牌所具有的含义是始终如一的吗?对于城市的发展更有益还是有害?

2.*用旅游接待业的一种产品为例来解释下列名词:辅助产品;支持性产品;扩展性产品。

3.*作为一家酒店或餐厅的经理,你将如何获得新产品的创意?

4. 如果你是某全国性快餐连锁集团的新产品开发经理,在选择一种新款三明治的市场营销试点城市时,你将考虑哪些因素?你所在的城市是一个合适的试点市场吗?为什么?

5.*举例说明酒店和餐饮业中的联合品牌和成分品牌。这些做法的优缺点是什么?

6.*解释为什么很多人愿意为品牌产品支付更高的价格。从这一现象看,产品品牌化的价值是什么?

7.*将产品生命周期的概念运用到某家酒店中。该酒店应该怎样做才能避免产品进入衰退期?

8. 沃尔特·迪斯尼最初创立迪士尼品牌是源于对绘画和动画的热爱。迪士尼如今已经成功地发展成为一个全球性的娱乐和媒体品牌。利用互联网研究迪士尼品牌的组成部分,并讨论迪士尼公司是如何运用品牌策略的。

9. 访问酒店或旅游企业的网站。思考该企业的目标市场及其应该塑造的品牌形象。该企业的网站是否强化了其品牌形象?为什么?你对提升网站所描绘的品牌形象有何建议?

体验练习

任选一道题完成:

1. 参观一家旅游接待企业。观察这家企业的设施和氛围,包括外观、整洁度、员工、氛围和标志。这些有形氛围是否支持了企业的形象或与潜在顾客及现有顾客的沟通?请详细解释。

2. 参观同一品牌的两家分店,如两家餐厅或酒店。每家都展示了同样的品牌形象吗?请详细解释。如果形象不统一,潜在顾客将受到怎样的影响?

3. 登录 http://www.brandme.jobs/en/,解释你将如何运用品牌原则在求职时树立自己的品牌。

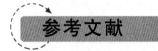

参考文献

1. Damon Hodge, "Tourism Chief Aims to Continue Vegas' Hot Streak," *Travel Weekly* (February 12, 2007): 64.
2. Jeff Delong, "After a Down Year, Vegas Hoping for a Rebound," *USA Today* (May 21, 2010): 2A; Nancy Trejos, "Las Vegas Bets the Future on a Game-Changing New Hotel Complex," *Washington Post* (January 31, 2010): F01; Tamara Audi, "Vegas Plans a New Rush to Attract More People," *Wall Street Journal* (January 7, 2008): B2; John King, "Luck Running Low in Las Vegas—Will It Turn Around," CNN.com (May 22, 2009), accessed at www.cnn.com; Tamara Audi, "Vegas Tries Luck with Old Slogan," *Wall Street Journal* (May 13, 2009): B5; Damon Hodge, "Tourism Chief Aims to Continue Vegas' Hot Streak," *Travel Weekly* (February 12, 2007): 64; and Tamara Audi, "Las Vegas Touts Its Affordability," *Wall Street Journal* (February 4, 2009): B5.
3. Adam Nagourney, "Crowd Returns to Las Vegas but Gamble Less," July 31, 2013, http://www.nytimes.com/2013/08/01/us/as-las-vegas-recovers-new-cause-for-concern.html?_r=0; AnnFriedman, "Latest Trend in Las Vegas Is Boutique Hotels," *Las Vegas Business Press* (November 24, 2014): 7; Alison Gregor, "As Las Vegas Evolves, Boutique Hotels Gain," *The New York Times* (April 17, 2013): B10; Steve Green, "New Nobu Hotel at Caesars Palace Could Help Define Las Vegas as a City for Boutique Hotels," July 6, 2012, http://www.vegasinc.com/business/real-estate/2012/jul/06/new-nobu-hotel-caesars-palace-could-help-define-la/; "The LINQ Hotel & Casino Now Open After Complete Renovation," July 8, 2015, http://www.multivu.com/players/English/7,570,151-the-linq-hotel-casino-reopening/; Laura Carrol, "Las Vegas Aims to Benefit from Surge in Foreign tourism," *Las Vegas Review Journal*, January 8, 2012, http://www.reviewjournal.com/business/tourism/las-vegas-Aims-Benefit-Surge-Foreign-Tourism; http://www.lvcva.com/stats-and-facts/visitor-statistics (accessed September 2018).
4. "Say Hello to Canopy by Hilton," October 15, 2014, http://news.hiltonworldwide.com/index.cfm/newsroom/detail/27,567; "Hilton Launches 'Canopy' Lifestyle Hotel Brand," *TravelAgent*, November 3, 2014: P11; "Hilton Lifts Lid on Its New Lifestyle Brand," boutiqedesign.com (accessed November 2014); "Hilton Opens World's First Canopy in Reykjavik, Iceland," July 5, 2016, *Hotel Management*, https://www.hotelmanagement.net/openings/hilton-opens-world-s-first-canopy-reykjavik; "Experience Canopy," https://canopy3.hilton.com/en/relax-to-revive/index.html (accessed on September 15, 2018).
5. Elliot Mest, "Robots Make Their Way into Hotels," June 17, 2015, http://www.hotelmanagement.net/technology/robots-make-their-way-into-hotels-31,575; Junvi Ola, "Hotels Engaging Social Media-Savvy Guests with Perks and Prizes," February 23, 2014, http://hospitality.event.com/blog/junviola/hotels-engaging-social-media-savvy-guests-with-perks-and-prizes.
6. Joseph A. Michelli, *The New Gold Standard* (New York: McGraw-Hill, 2008).
7. See "Creating a Balance: Help Guests Stay Healthy," April 9, 2014, Hotel Business, http://www.hotelbusiness.com/Amenities/Creating-a-Balance-Help-Guests-Stay-Healty-While-Travelling/47, 108; "Brands Focus on Health and Wellness Design," http://www.hotel-newsnow.com/Article/12,455/Brands-focus-on-health-and-wellness-in-design (accessed October 15, 2013).

8. Christian Gronroos, *Service Management Marketing* (New York: Lexington Books, 1990), p. 69.
9. http://www.starwoodhotels.com/alofthotels/about/index.html (accessed September 17, 2011).
10. Andrea Sachs, "Aloft Hotels: A Hip Addition to the Inn Crowd," *Washington Post*, July 15, 2009, http://www.washingtonpost.com/wpdyn/content/article/2009/07/14/AR2009071403194.html (accessed September 24, 2011).
11. Martin Lindstrom, *Brand Sense* (New York: Free Press, 2005).
12. Bernard Booms and Mary J. Bitner, "Marketing Services by Managing the Environment," *Cornell Restaurant and Hotel Administration Quarterly* (May 1992): 35-39.
13. See Le Méridien LM 100, http://www.starwoodhotels.com/lemeridien/lm100/index.html (accessed September 25, 2011).
14. Britt Aboutaleb, "Le Labo's Scent for Le Meridien Smells of Libraries and the Little Prince," Elle (September 23, 2011), http://fashion.elle.com/life-and-love/ (accessed September 24, 2011).
15. Philip Kotler, "Atmospherics as a Marketing Tool," *Journal of Retailing*, 49, no. 4 (1973-1974): 48-64.
16. Gronroos, *Service Management and Marketing* (New York: Lexington Books, 1990).
17. Karthik Namasivayam and Timothy R. Hinkin, "The Customer's Role in the Service Encounter," *Cornell Hotel and Restaurant Administration Quarterly*, 44, no. 3 (2003): 34.
18. See Scott Mayerowitz, "Making the Hotel Lobby a Place to See and Be Seen," September 4, 2013, http://news.yahoo.com/making-hotel-lobby-place-see-seen-070232759.html; Alissa Ponchione, "Millennial Mind," hospitalitydesign.com, May 2014, p. 132; Greg Oates, "Marriott Wants Moxy to Deliver the Millennial Customer, with Help from Ikea," February 3, 2014, http://skift.com/2014/02/03/marriott-wants-moxy-to-deliver-the-millennial-customer/#1; Nancy Trejos, "Marriott Debuts Hotel Brand for Millennials," *USA Today*, December 8, 2014, http://www.usatoday.com/story/travel/hotels/2014/12/08/marriott-ac-hotels-millennials-new-orleans/20,066,811/.
19. T. O'Brien, "Disney Looks to Fill Needs of Guests with Refill Soft Drink Mugs," *Amusement Business*, 114, no. 34 (2002): 7; Herb Leibacher, "Disney Puts RFID Technology in Cups at Walt Disney World," January 1, 2015, https://www.worldofwalt.com/disney-puts-rfid-technology-in-cups-at-walt-disney-world.html; Melissa Roden, "How Do Walt Disney World's Refillable Resort Mugs Work?" December 6, 2017, https://disneyaddicts.com/disney-world-refillable-resort-mugs-work-6806/.
20. Sarah Nassauer, "Chili's to Install Tabletop Computer Screens," *The Wall Street Journal*, September 15, 2013, http://www.wsj.com/articles/SB10001424127887323342404579077453886739272.
21. Sarah Turcotte, "The Wait Is Over," *Fast Company*, September 2012.
22. See "McAtlas Shrugged," *Foreign Policy* (May-June 2001): 26-37; Philip Kotler and Kevin Lane Keller, *Marketing Management*, 15th ed. (Upper Saddle River: Pearson Publishing, 2016), p. 316.
23. See "For Sale: Hessian, A Brand Without a Product," *Fast Company*, February 12, 2013, www.fastcodesign.com/1,671,819/for-sale-hessian-a-brand-without-a-product.
24. For more on Young & Rubicam's Brand Asset Valuator, see "Brand Asset Valuator," Value Based Management.net, www.valuebasedmanagement.net/methods_brand_asset_valuator.html (accessed May 2010); www.brandassetconsulting.com (accessed May 2010); W. Ronald Lane, Karen Whitehill King, and Tom Reichert, *Kleppner's Advertising Procedure*, 18th ed. (Upper Saddle River, NJ: Pearson Prentice Hall, 2011), pp. 83-84.

25. "Leading Companies Worldwide in 2018, by Brand Value(in Billion U.S. Dollars)," https://www.statista.com/statistics/269444/brand-value-of-the-most-valuable-companies-worldwide/(accessed September 2018); "The World's Most Valuable Brands of 2018," *Lodging*, February 23, 2018, http://lodgingmagazine.com/worlds-valuable-brands-2018/.
26. See Scott Davis, *Brand Asset Management*, 2nd ed. (San Francisco, CA: Jossey-Bass, 2002). For more on brand positioning, see Philip Kotler and Kevin Lane Keller, *Marketing Management*, Chapter10.
27. See www.jimstengel.com(accessed June 2010).
28. Lara O'Reilly, "Virgin America Bids to Banish Command Culture," *Marketing Week*, September 20, 2012; Joan Voight, "Where's the Party? At 30,000 Feet Virgin America Marketing Chief: 'What Would Richard Do?'" *Adweek*, February 5, 2013; Michael Bush, "Virgin America," *Advertising Age*, November 16, 2009, p. 12.
29. John W. O'Neill and Anna S. Matilla, "Hotel Brand Strategy," *Cornell Hospitality Quarterly*, 51 (February 2010), 27-34.
30. Jing Lei, Niraj Dawar, and Jos Lemmink. "Negative Spillover in Brand Portfolios: Exploring the Antecedents of Asymmetric Effects." *Journal of Marketing*, 72(May 2008): 111-123.
31. "Tim Hortons and Cold Stone: Co-Branding Strategies," *BusinessWeek* (July 10, 2009), www.businessweek.com/smallbiz/content/jul2009/sb20090710_574574.htm; Steve McKee, "The Pros and Cons of Co-Branding," *BusinessWeek* (July 10, 2009), www.businessweek.com/smallbiz/content/jul2009/sb20090710_255169.htm.
32. See Austin Carr, "The Hard Sell at Taco Bell," *Fast Company*, July/August 2013, pp. 36-38; www.tacobell.com/food/menuitem/Doritos-Locos-Tacos-Supreme(accessed September 2014).
33. Steve Green, "New Nobu Hotel at Caesars Palace Could Help Define Las Vegas as a City for Boutique Hotels," July 2012, VegasInc, http://www.vegasinc.com/business/real-estate/2012/jul/06/new-nobu-hotel-caesars-palace-could-help-define-la/.
34. http://www.smartbrief.com/05/17/12/choice-un-veils-new-fb-program-dual-brand-hotel-concept#.VRrqVnF_1Y; Mark Chesnut, "New Food, New Look at Choice Hotels Properties," June 7, 2012, http://www.orbitz.com/blog/2012/06/new-food-new-look-at-choice-hotels-properties/.
35. "Hilton Worldwide Opened Dual-Branded Property in Washington D.C.," *Hotel Management* (September 2, 2016), https://www.hotelmanagement.net/openings/hilton-opens-hampton-homewood-dual-brand-washington-dc; "Dual-Branded Aloft and Element Open in Dallas," *Hotel Management* (February 15, 2017), https://www.hotelmanagement.net/openings/dual-branded-aloft-and-element-open-dallas.
36. Philip Kotler and Waldermar Pfoertsch, *Ingredient Branding: Making the Invisible Visible* (Heidelberg, Germany: Springer-Verlag, 2011); Kalpesch Kaushik Desai and Kevin Lane Keller, "The Effects of Brand Expansions and Ingredient Branding Strategies on Host Brand Extendibility," *Journal of Marketing*, 66(January 2002): 73-93.
37. Martin Bishop, "Finding Your Nemo: How to Survive the Dangerous Waters of Ingredient Branding," *Chief Executive*, March 15, 2010.
38. See http://www.mgmgrand.com/hotel/stay-well.aspx for MGM Stay Well suites features; "MGM Grand Hotel & Casino to Expand Stay Well Program to 171 Guestrooms," http://newsroom.mgmgrand.com/(accessed September 17, 2013).
39. David A. Aaker, *Brand Portfolio Strategy: Creating Relevance, Differentiation, Energy,*

Leverage, and Clarity (New York: Free Press, 2004).
40. Maria-Pia Intini, "Boutique Evolved: 5 Key Trends," November 14, 2011, http://www.hotelnewsnow.com/Article/6945/Boutique-evolved-5-key-trends.
41. Alicia Hoisington, "Brands Focus on Health and Wellness in Design," October 15, 2013, http://www.hotelnewsnow.com/Article/12,455/Brands-focus-on-health-and-wellness-in-design; http://www.evenhotels.com/hotels/us/en/reservation.
42. Christopher Hosford, "A Transformative Experience," *Sales and Marketing Management*, 158 (June 2006): 32-36; Mike Beirne and Javier Benito, "Starwood Uses Personnel to Personalize Marketing," *Brandweek* (April 24, 2006): 9; Deanna Ting and Greg Oates, "Every One of Marriott's 30 Hotel Brands, Explained," *Skift*, September 21, 2016, https://skift.com/2016/09/21/every-one-of-marriotts-30-hotel-brands-explained/.
43. Jack Trout, *Differentiate or Die: Survival in Our Era of Killer Competition* (New York: Wiley, 2000); Kamalini Ramdas and Mohanbir Sawhney, "A Cross-Functional Approach to Evaluating Multiple Line Extensions for Assembled Products," *Management Science*, 47 (January 2001): 22-36.
44. Nirmalya Kumar, "Kill a Brand, Keep a Customer," *Harvard Business Review* (December 2003): 87-95.
45. For a methodological approach for assessing the extent and nature of cannibalization, see Charlotte H. Mason and George R. Milne, "An Approach for Identifying Cannibalization Within Product Line Extensions and Multibrand Strategies," *Journal of Business Research*, 31 (October-November 1994): 163-170.
46. Phillip Kotler, Hermawan Kartajaya, and Iwan Setiawan. *Marketing* 3.0 (New Jersey: John Wiley & Sons, Inc., 2010).
47. Stephen Cole, "Value of the Brand," *CA Magazine* (May 2005): 39-40. Also see "The Power of Customer Service," *Fortune*, December 3, 2012, www.timeinc-newsgroupcustompub.com/sections/121203_Disney.pdf; and "Community Engagement," https://aboutdisneyparks.com/citizenship/community (accessed September 2018).
48. See Kevin Lane Keller, *Strategic Brand Management* (Upper Saddle River, NJ: Prentice Hall, 2008), Chapter 10.
49. "Panda Restaurants Goes into Retail," *American City Business Journal* (February 2004).
50. Howard Riell, "High Expectations," *Kahiki*, July 12, 2006, http:kahiki.blogspot.com/2006/09/frozen-food-age-article.html (accessed September 19, 2011).
51. Julie Feickert, Rohit Verma, Gerhart Plaschka, and Cheikitan Dev, "Safeguarding Your Customers," *Cornell Hotel and Restaurant Administration Quarterly* (August 2006): 224.
52. John Peppers and Martha Rogers, "The Buzz on Customer-Driven Innovation," *Sales and Marketing Management* (June 2007): 13.
53. Urvaksh Karkaria, "Chick-fil-A puts 6,000-Square-Foot Innovation Center in Midtown," *Atlanta Business Chronicle*, March 8, 2017, https://www.bizjournals.com/atlanta/news/2017/03/08/chick-fil-a-puts-6-000-square-foot-innovation.html; Casey Miles, "Chick-fil-A Opens New Innovation Center," January 27, 2018, http://nique.net/news/2018/01/26/chick-fil-a-opens-new-innovation-center/.
54. Kate Leahy, "Discovery Zone," *Restaurants and Institutions* (July 15, 2007): 49.
55. http://mystarbucksidea.force.com/apex/idealist?lsi=1 (accessed December 16, 2015).

56. Joseph Mackenzie, "Can Hotels Use Crowdsourcing," February 5, 2009, http://www.hotelmarketingstrategies.com/can-hotels-use-crowdsourcing/(accessed September 19, 2011).

57. Elisabeth A. Sullivan, "A Group Effort: More Companies Are Turning to the Wisdom of the Crowd to Find Ways to Innovate," *Marketing News* (February 28, 2010): 22-29.

58. Kristin Boyd, "Crowdsourcing Is Changing Hotel Design and Marketing," *Lodging*, May 5, 2014, http://lodgingmagazine.com/crowdsourcing-is-changing-hotel-design-and-marketing/.

59. Nacy Trojos, "Guests Help Design the Hotel of the Future," *USA Today*, November 15, 2013, http://www.usatoday.com/story/travel/hotels/2013/11/14/hotel-guests-millennials-design-marriott-holiday-inn/3,538,573/; "Designs on the Future—Big Ideas Become Reality at Marriott Hotels' New 'Underground' Innovation Lab," May 30, 2013, http://news.marriott.com/2013/05/designs-on-the-future-big-ideas-become-reality-at-marriott-hotels-new-underground-innovation-lab.html; Kristin Boyd, "Crowdsourcing Is Changing Hotel Design and Marketing," *Lodging*, May 5, 2014, http://lodgingmagazine.com/crowdsourcing-is-changing-hotel-design-and-marketing/.

60. Lauren McKay, "300 Current Priority Club Visa Cardholders Willing to Share Their Opinions on What Card Benefits and Services Are Important," December 8, 2010, http://www.emarketer.com/blog/index.php/case-study-using-online-community-crowd-source-customer-loyalty-strategies/(accessed September 17, 2011); Amanda Kludt, "4Food, the Bonkers Techie Resto Coming Soon to Midtown," May 26, 2010, http://ny.eater.com/archives/2010/05/meet_4food_the_most_bonkers_restaurant_to_ever_hit_ midtown.php(accessed September 17, 2010).

61. "The REO Eats Project," http://www.reoeatsproject.com/about-the-project/(accessed September 17, 2010).

62. Guido Jouret, "Inside Cisco's Search for the Next Big Idea," *Harvard Business Review* (September 2009): 43-45.

63. Kevin O'Donnell, "Where Do the Best Ideas Come From? The Un-Likeliest Sources," *Advertising Age* (July 14, 2008): 15.

64. The Marriott example and this list were drawn from Christopher W. L. Hart, "Product Development: How Marriott Created Courtyard," *Cornell Hotel and Restaurant Administration Quarterly*, 27, no. 3(1986): 68-69; Jerry Wind, Paul E. Green, Douglas Shifflet, and Marsha Scarborough, "Courtyard by Marriott: Designing a Hotel Facility with Consumer Based Marketing," *Interfaces*, 19, no. 1 (1989): 25-47.

65. J. L. Heskett and R. Hallowell, "Courtyard by Marriott," *Harvard Case* 9-693-036 (Boston, MA: Harvard Business School Publishing, 1993).

66. Michael Lowrey, "Poor Attendance Plagues N. C. Arenas," *Carolina Journal*, 11, no. 3 (March 2004): 15.

67. Austin Carr, "Starbucks Leap of Faith," *Fast Company*, June 2013, pp 46-48; and "Starbucks' Mobile Transactions Top 8 Million Weekly," PYMNTS.COM, April 24, 2015, www.pymnts.com/news/2015/starbucks-mobile-transactions-top-8-million-weekly/.

68. Maria Malagna, "KFC is Right—People Are Gobbling up 'Meat Replacements'" *MarketWatch* June 17, 2018, https://www.marketwatch.com/story/kfc-is-right-peo-ple-are-gobbling-up-meat-replacements-2018-06-07.

69. See Emily Bryson York, "McD's Serves Up $100M McCafe Ad Blitz," *Cram's Chicago Business* (May 4, 2009), www.chicagobusiness.com; John Letzing, "Bing's Share Rises Again," *The Wall*

Street Journal (June 18, 2009), http://online.wsj.com; Rita Chang, "With $100M Saturation Campaign, Droid Will Be Impossible to Avoid," *Advertising Age* (November 9, 2009): 3.

70. Theodore Levitt, *The Marketing Imaginization* (New York: Free Press, 1986), p. 173.
71. Christopher W. Hart, Greg Casserly, and Mark J. Lawless, "The Product Life Cycle: How Useful?" *Cornell Hotel and Restaurant Administration Quarterly*, 25, no. 3 (November 1984): 54-63.
72. Janet Adamy, "A Shift in Dining Scene Nicks a Once-Hot Chain," *The Wall Street Journal* (June 29, 2007): A1 and A3.
73. *Momentum!*, Dine Equity Annual Report 2010.
74. Candice Choi, "Wendy's Outlines Airier, Modern Restaurant Look," *USA Today*, March 1, 2012, http://usatoday30.usatoday.com/money/companies/earnings/story/2012-03-01/wendys/53,315,420/1; Hank Hayes, "New-Look Wendy's Restaurant Opens on West Stone Drive," October 9, 2013, http://www.timesnews.net/article/9,068,456/new-look-wendys-restaurant-opens-on-west-stone-drive#ixzz3Ua3brTKg.
75. Bruce Horovitz, "McDonald's Expands Custom Sandwich Option," December 7, 2014, http://www.usatoday.com/story/money/business/2014/12/07/mcdonalds-fast-food-restaurants-create-your-taste-millennials/19,943,987/; Alexandria Fisher, "McDonald's Expands 'Build-Your-Own-Burger,'" September 11, 2014, http://www.nbcchicago.com/blogs/inc-well/McDonalds-Expands-Build-Your-Own-Burger-Test-274,815,801.html.
76. Richard N. Velotte, "Caesars to Spend $223 Million on Revamping Quad, Rebranding It as Linq Hotel," *Las Vegas Review-Journal*, July 1, 2014, http://www.reviewjournal.com/business/casinos-gaming/caesars-spend-223-million-revamping-quad-rebranding-it-linq-hotel; Leo Jakobson, "Outdoors Is In," *Successful Meetings*, January 15, 2015, pp. 56, 58.
77. Kortney Stringer, "Abandoning the Mall," *The Wall Street Journal* (March 24, 2001): B1.
78. William Pride and O. C. Ferrell, *Marketing* (Boston, MA: Houghton-Mifflin Publishing, 1995), pp. 312-313.

第 10 章

内部营销

学习目标

□ 理解为什么内部营销也是营销的重要组成部分。
□ 描述实施内部营销计划的四个步骤。

导入案例

尽管其他高档度假村也为顾客提供细心的服务,但是四季酒店已经形成了与顾客高度接触的细致入微的服务艺术。无论是在伦敦优美的"再回味"四季酒店、沙特阿拉伯豪华体贴的利雅得四季酒店、毛里求斯热带天堂岛屿四季度假胜地,还是在位于撒哈拉沙漠豪华营地的塞伦盖蒂四季狩猎酒店,每晚支付1 000多美元的顾客希望酒店知道自己的想法。四季酒店从未让顾客失望,其使命就是用高水平的酒店服务为顾客提供完美的旅游体验。

四季酒店拥有大批忠实的顾客,是世界上最受欢迎的豪华连锁酒店之一。正如毛伊岛四季酒店的顾客最近对酒店经理所说:"如果有天堂的话,我希望它是由四季酒店经营的。"

四季酒店为何如此特别呢?这不是秘密。只需要问一下在四季酒店工作的人,从总经理到门卫,每个人都会告诉你这是因为员工的素质。四季酒店的创始人伊萨多·夏普(Isadore Sharp)说:四季酒店的员工带来了酒店的成功。就像对待顾客一样,四季酒店尊重并呵护员工。它深知快乐、满意的员工会带来快乐、满意的顾客。

四季酒店服务顾客的传统深深根植于企业文化中,而企业文化又根植于"黄金法则"之中。在与顾客和员工打交道的整个过程中,四季酒店始终努力以自己希望被对待的方式对待他人。如果你希望你的员工善待你的顾客,你就必须善待他们。

最重要的是,只要有优秀的员工出色地胜任某一岗位,四季酒店就会把他们视为酒店最重要的顾客。与竞争企业相比,四季酒店的薪酬水平排在业内前10%~25%,且拥有慷慨的退休与利润分享计划。包括从打扫房间的保洁员到总经理在内的所有员工都在酒店的餐厅免费用餐。最受员工欢迎的一项福利或许是所有员工都可以在其他地方的四季酒店免费住宿。工作6个月以上的员工每年可以享受3晚的免费住宿待遇。工作满一年后,免费住宿时间将延长到每年6晚甚至更长。

免费住宿让员工感到自己与所服务的客人一样重要,从而可以激励员工在工作中达到更高的服务水平。毛伊岛四季酒店的游泳馆服务员卡诺·博朗(Kanoe Braun)在酒店工作10年间入住过多家其他四季酒店。他说:"我去过巴厘岛的四季酒店,它是迄今为止我最喜欢的。一走进酒店,就会听到工作人员的问候'您好,博朗先生'。这让我觉得,是的,我是位贵客。"四季酒店的另一位员工补充说:"你不会被像一名服务员去对待,你就是客人。旅行归来后,你会想为客人提供更多、更贴心的服务。"

因此,四季酒店的员工与顾客一样喜爱酒店。虽然顾客随时可以退房,但员工永远不想离开。四季酒店员工的离职率是18%,仅为行业平均水平的一半。四季酒店连续17年入选《财富》杂志"最适宜工作的100家公司"榜单。这就是四季酒店成功的最大秘诀。创造顾客满意和价值不只是制定具有竞争力的营销战略并层层下达。在四季酒店,为顾客创造价值是每个人的事业。这一切都始于照顾那些照顾顾客的人。[1]

 ## 10.1 内部营销概述

在旅游接待业,营销必须是全员性的,而不只是营销部或销售部的工作。营销应该是企业理念的一部分,营销的职能应该由所有员工共同完成。在制造业,营销职能通常是由营销部完成的,因为很多员工与顾客并没有直接接触。但在服务业,一线员工执行大部分营销职能(见图10-1)。**内部营销**(internal marketing)是指对企业内部顾客,即员工的营销。

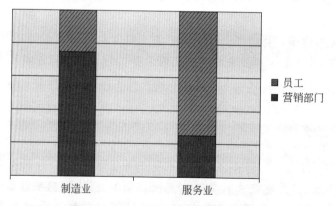

图10-1 营销职能与营销部门的关系

资料来源:Christian Gronroos, "Designing a Long Range Marketing Strategy for Services," *Long Range Planning*, 40(April 1980).

丹尼·迈耶（Danny Meyer）在《全心待客》（Setting the Table）一书中指出："事实上，在任何商业交易中，当事人的感觉如何才是至关重要的。服务是某些东西因你而生而不是在你的身上发生。因你和在你身上的区别就道出了服务的真谛。"[2]

美国质量管理协会的一项研究发现，当消费者被问及服务质量意味着什么时，大多数人的回答是员工的交往技巧，如礼貌、态度和乐于助人。[3]该研究是在豪华酒店进行的。研究发现，员工在顾客是否打算今后再次入住的决策中有很大的影响。无论酒店在硬件设施方面投入多少，都必须有一个温暖、友好和关爱的人文环境。因为员工是酒店产品的重要组成部分，因此必须让员工对酒店的产品感兴趣并且关心顾客。一项研究发现，内部营销是影响企业财务绩效的前三项决定性因素之一，这也肯定了员工和内部营销的重要性。[4]

北欧航空公司（SAS Airlines）前管理顾问理查德·诺曼（Richard Normann）表示，几乎所有的服务企业的关键要素都是一些旨在动员和集中人力资源的创新安排或模式。[5]诺曼与北欧航空公司的另一位战略顾问丹尼斯·鲍伊尔（Denis Boyle）一起提出了"真实瞬间"这一概念。**真实瞬间**（a moment of truth）是指员工与顾客接触的瞬间。诺曼说，此时企业已经无法直接控制所发生的一切。创造服务过程的是企业服务人员所拥有的技能、动机和工具，以及顾客的期望和行为，它们共同起作用。[6]诺曼是从斗牛士那里得到启发提出的这一概念。斗牛士用这个词描述斗牛士在场内直面公牛的那一刻。尽管做了充分的培训和准备，但斗牛士的一步之差或公牛的一个意外动作都可能导致灾难性的后果。类似地，当员工与顾客接触时，员工一不小心所犯的错误或者顾客出乎意料的要求，都有可能导致顾客不满。

洲际酒店集团（IHG）的管理层坚信自己需要创造真实瞬间来增强顾客与品牌的关系。集团提出的建立信任的行动之一是在与顾客互动的过程中，通过个性化的服务给顾客带来惊喜和快乐。[7]

建立面对面的顾客关系

当顾客付完账离开时，其满意感受并不会就此停止。真实瞬间的概念将延续到社交媒体评论中。

如今，对旅游接待业的成员来说，回顾所有以前的顾客发表的评论（无论是正面的还是负面的）是非常重要的。最近的一项研究表明，顾客的负面评论可以为企业提供很好的建议。

"（对给予差评的顾客）的回应应该是充满真情实感的，而且回应中应该包含酒店（或其他旅游接待业成员）正在阅读投诉的强烈信号，通常是对投诉进行解释，而不是敷衍地复制通用的回复。"[8]不幸的是，有些员工在收到顾客的投诉后，由于觉得自己没有能力纠正问题或是根本不在乎，会鼓励或支持顾客给出差评，如答复说"你可以在社交媒体上抱怨"。

从积极的方面来说，管理人员应该对给出好评价的顾客写一封私人信件作为鼓励。对于是否应该给顾客诸如免费饮料券之类的奖励，人们意见不一。

酒店业的独特之处在于员工是产品的一部分。酒店的员工必须能够在真实瞬间表现出色。提到营销,人们往往会想到针对外部市场所做的各种努力。但是,酒店或餐厅的营销努力首先应该是针对内部员工的。管理者必须确保员工了解产品并相信它们的价值。员工则必须对自己工作的企业及销售的产品怀有激情。否则,顾客也就不可能感兴趣。所有管理者都必须了解营销和顾客导向。外部营销将顾客带到酒店里来,但如果员工无法满足顾客的期望,则毫无益处。竞争企业间产品的有形部分并无明显的区别,同等价位的牛排和酒店客房往往是相似的。产品的差异化通常源于员工所提供的服务。把顾客吸引回来的力量来自员工的服务。这就解释了美国餐饮业协会的一项研究发现,即食品服务企业的管理者面对的最重要的问题是员工。[9] 正如豪斯马克酒店(Hostmark Hospitality)人力资源副总裁克里斯蒂娜·安德鲁斯(Christine Andrews)所说:"如果员工的表现不佳,那么酒店的表现也不会好。"[10]

营销专栏 10-1

松林度假村:做正确的事

美国松林度假村(Pinehurst Resort & Country Club)以其高尔夫球场和水疗中心而享有盛名。松林度假村的总经理斯科特·布鲁顿(Scott Bruton)将度假村取得的成功归于其忠诚和积极的员工。他说:"1 200名员工中有一半就出生在松林度假村附近,其他大部分员工也都因为高尔夫球场和松林度假村才搬到了这里。很多员工的父母和祖父母都曾在这里工作,所以我们的员工有着令人吃惊的忠诚和对高尔夫的热爱。"

松林度假村的董事长唐·帕吉特(Don Padgett)秉承一个简单的哲学,即"做正确的事"。面对1 200名员工,很多高管都会选择召开大会,发表正式讲话来介绍自己。而帕吉特在上任后举行了29次小型会议,与员工进行非正式的交谈。帕吉特和布鲁顿都认为,不能对员工进行"强行推销"。他们深信,在面对顾客时,员工就是松林度假村的代言人。布鲁顿说:"当事情进展顺利时,任何人都可以经营度假村,但'真实瞬间'发生在员工遇到心情不好的顾客或紧急情况(如顾客生病)时。"

松林度假村的员工不得以公司制度或自己不是高管为由推卸责任。员工都接受过培训,在出问题时亲自解决问题。员工的行为必须符合道德规范。只要员工真诚地为顾客解决问题,即便没有成功,也不会受到责罚。管理层会调查了解情况并对员工进行培训,指导他们今后如何更好地解决类似的问题,但绝不会责罚员工。

松林度假村相信员工的积极行为应迅速得到认可。对于员工的认可不必等到例会时,所有的管理人员都会随身携带"奖品",如沃尔玛或福来鸡的礼品券或当地的洗车券。如果一位经理注意到或被告知某位员工积极的对客行为,他会立即对该员工表示感谢并送上奖品。

员工新闻每5~7天更新一次,可以在酒店的400台电脑中的任何一台电脑上通过电子邮件查看。这可以防止毫无根据的谣言并快速地对员工予以认可。

松林度假村还有一项独特的员工帮助计划(EAP)。该计划由员工委员会而不是管理层来管理,为无力偿还按揭贷款、需要购买机票参加葬礼或有其他意想不到的财务需要的员工提供贷款。

松林度假村每年都会捐赠最负盛名的 2 号高尔夫球场一天的营业额来支持员工帮助计划。在该球场打球的人每人支付 200 美元,共可为员工帮助计划带来 2 万美元的资助。

员工的另一项福利是每餐只需 2 美元餐费的员工餐厅。对比这个价格与快餐厅的价格,员工就知道自己确实得到了很大的实惠。管理人员和厨师也在员工餐厅就餐,这么做的一个额外好处是增进了管理者和员工的交往。

布鲁顿认为,员工的满意度取决于所有的管理者。他说:"管理者如果不能激励员工,他就不能领导员工。具有高超的专业技能和良好的教育背景的管理者如果不能与员工很好地相处,那么他在松林度假村也不可能干太久。"

松林度假村坚信顾客终身价值的重要性。顾客记录显示,很多顾客第一次到松林度假村是在孩童时期随父母或祖父母来的。据夏季高尔夫儿童学校和 Kids U.S. Open 的观察,儿童是松林度假村非常重要的顾客。

所有的员工都知道松林度假村把儿童当作重要顾客的政策。把年纪最小的顾客照顾好的意识是松林度假村企业文化的一部分。员工之所以认同这一企业文化是因为他们很多都已为人父母或祖父母,他们觉得能够照顾儿童感受的雇主也会关心员工。

10.2 内部营销的过程

企业需要制定必要的技术和程序,以确保员工能够且乐于为顾客提供高质量的服务。内部营销的概念是随着营销人员对员工的营销在程序上逐步有了固定的形式而发展起来的。内部营销使企业的各级员工都能体验企业的业务,并在一种有意识地维护顾客利益的氛围中了解各种业务活动和运动。[11]内部营销的目标是使员工能够为顾客提供满意的产品。正如克里斯廷·格罗鲁斯(Christian Gronroos)所说:"内部营销的概念表明,由员工所构成的内部市场应通过积极的、类似于市场营销的方式激发其服务意识和顾客导向的行为。也就是说,在内部进行的各种活动都要以一种积极的、类似于营销的和协调的方式来完成。"[12]内部营销是用一种营销的视角管理企业的员工。[13]

内部营销是以内部员工为目标的营销活动。内部营销是一个过程,具体包括以下步骤:

(1) 打造服务文化。
(2) 开发一种进行人力资源管理的营销途径。
(3) 向员工传播营销信息。

10.2.1 打造服务文化

内部营销计划源自一种服务文化。如果企业文化不支持顾客服务的理念,那么内部营销计划注定会失败。据澳大利亚的全国性报纸《澳大利亚人》(The Australian)的一篇文章报道,有四家企业投入了 200 万美元用于顾客服务计划,但收效甚微。[14]这些顾客服务计划失败的原因之一是这些企业的文化并非服务导向的文化。这些企业之所以实施顾客服务计划,是因为它们自认为能培养满意的顾客,从而为企业带来更多的利润,但它们很快就发现,好的顾客服务计划不仅涉及一线员工,更需要管理层的大力支持。

对于大多数内部营销计划来说,主要的障碍在于中层管理者。他们所接受的培训是监督成本和增加利润。他们的奖励机制通常是建立在达到某种成本水平的基础上。想象一下,酒店的前台服务人员刚接受培训归来,满怀着帮助顾客的热望。他们可能会多花一点时间在顾客身上,或许还会让一位感到不满意的顾客去健身房免费健身。然而,没有接受类似培训的前台经理却认为,花费额外的时间是没有效率的,白送给顾客的服务项目是一种浪费。

如果管理层希望员工对顾客的态度好一些,那么管理层必须对顾客和员工持有良好的态度。司空见惯的情形是,企业从外面聘请一些培训人员,用一天的时间调动一线员工为顾客提供高质量服务的情绪。然而,这种培训的效果通常很短暂,因为这些企业对直接接触顾客的员工并没有提供什么支持。经理们告诫员工要友好、要助人为乐,但员工们却往往感到人手不足。原本真诚的问候语"早上好,这里是某某大酒店,我是伊丽莎白,我能帮您做点什么?"如果被压缩在3秒钟内说完且最后加一句"请别挂电话",那么再好的问候语也显得空洞。从顾客的角度来看,实际效果等于是要等电话铃响14声才有人接,听到的则是冷冰冰的、慌忙的问候。因此,管理层必须培育一种**服务文化**(service culture),即一种在政策、程序、奖励机制和行动等各方面都支持顾客服务的文化。

组织文化(organizational culture)是赋予组织成员意义的共同价值观和信念的模式,为组织成员提供行为准则。[15] 在管理有素的企业,组织内部的每个成员都信奉组织的文化。强大的文化对企业有两方面的帮助:首先,它对行为有指导作用。文化对服务型组织十分重要,因为每一位顾客的每一次体验都不尽相同。员工必须有一定的权限进行体验的创造与传递,以确保顾客的各种需要和期望得到满足。[16] 其次,拥有浓重文化色彩的企业让员工有奋斗的目标,让他们对企业有归属感。[17] 他们知道企业正在追求的目标是什么,也知道自己可以如何帮助企业实现这个目标。

金普顿酒店是这样描述其文化的:在金普顿,我们相信,当每个员工都时刻准备着,抓住每个机会与每一位顾客建立情感联系时,我们将建立一种关怀文化。当我们提供服务时,我们的顾客将获得舒适的体验。[18]

文化是将组织凝聚在一起的黏合剂。当一个组织拥有强大的文化时,组织及其员工将成为一个整体。但是拥有强大文化的组织不一定拥有服务文化。强大的服务文化会促使员工以顾客为导向的方式行事,这是发展以顾客为导向的组织的第一步。

标志性服务机构的领导者认为工作场所的乐趣是企业成功的关键。维珍航空、西南航空和布林克国际(Brinker International)倡导将工作场所的乐趣作为文化的重要组成部分。工作中的乐趣可以培养员工与内部和外部顾客的积极互动。需要指出的是,工作场所的乐趣并不等同于快乐。工作场所的乐趣是指工作环境的各个方面,而快乐则是指员工的内部体验——他们是否体验到趣味、享受和快乐。[19]

1. 企业的故事

职业商业作家科琳·莱因哈特(Coleen Reinhart)认为,让员工了解企业的历史非常重要。她说,书写企业的历史会让员工看起来像是某个大事业的一部分。重要的是要将企业创立时的价值观融入其中。创始人可以通过解释自己在创立企业时看到的定位机会,帮助员工了解组织及其文化的形成轨迹。[20]

打造顾客导向的企业需要管理者投入时间和财力。要转变为顾客导向的企业可能需要在招聘、培训、奖励机制、顾客投诉渠道及员工授权等方面做出改变。企业在向员工授权时,做决定的权力和责任就从主管转移给了员工。

最近的一项关于酒店业一线服务员工的研究得出结论,"一线服务员工(受访者)在服务顾客时经常感到不满意或有压力,这是因为他们在没有与主管事先协商的情况下无法独立做出决定。其主管认为独立行动可能会危及下属的职业生涯。"[21]

员工授权要求管理者花时间与顾客及与顾客接触的员工交谈。管理层必须努力实现这些变革。服务文化不是从首席执行官发出的备忘录里产生的,而是随着时间的推移通过最高管理层的行动发展起来的。例如,酒店经理在顾客下午入住及次日早晨退房结账时花些时间问候顾客并了解其体验如何可以显示酒店对顾客的关怀。[22]

在凯悦酒店、麦当劳和赫兹等公司,管理人员会花时间与接触顾客的一线员工共同为顾客服务。这一行动向员工表明,管理层不希望与运营脱节,管理者既关心员工也关心顾客。服务文化和内部营销计划的发展离不开管理层的支持。如果企业管理层没有提供明确的支持,企业就不能期望员工会形成以顾客为导向的态度。

2. 弱服务文化与强服务文化的比较

服务文化较弱的企业仅有很少的甚至根本没有共同的价值观和规范。员工往往被一些政策和规章所束缚,而这些政策和规章从顾客服务的角度看可能毫无意义。在这种情形下,员工如果需要超越这些原则和条款行事,就会感到没有安全感。[23]由于缺乏既定的价值标准,员工并不清楚该怎么做,需要花一定的时间去摸索。当他们终于有了结论时,他们在解决问题之前还需要得到主管的批准。相应地,这些主管也觉得有义务向上级汇报。在这种决策过程中,顾客要等上几分钟、几小时、几天甚至几个月,才能得到回复。相反,在服务文化较强的企业,员工知道该怎么做,在实践中也会直接执行。

在接触服务文化较强的企业时,你一下子就能识别出来。对顾客漠不关心的员工,与那种对顾客能发自内心去关怀和富有人情味地去沟通的员工相比,其间的差别顾客是能够感受到的。

总督酒店集团(Viceroy Hotel Group)的例子展示了一个酒店集团可以如何通过赞扬将集团的想法和行为告知员工、供应商与顾客。总督酒店集团的定位是为顾客提供独特的生活方式体验。[24]

总督酒店的特色之一是它享有盛誉的定位,旨在为顾客提供独一无二的体验。然而,仅靠地理位置和物理设施是不足以打造一家卓越的酒店的。总督酒店将卓越的物理设施与卓越的服务结合在一起,使酒店被公认为世界上最好的酒店之一。这种成就如果没有员工达到或超过顾客的期望,如果没有支持服务的企业文化,是不可能实现的。

3. 重整组织结构

传统的组织结构是金字塔形的。以酒店为例,首席执行官(CEO)和首席运营官(COO)位于金字塔的顶端。总经理位于下一层,接下来依次是部门经理、主管、一线员工和顾客(见图10-2)。《一分钟经理》(One Minute Manager)一书的作者肯·布兰查德(Ken Blanchard)指出,传统组织结构的问题在于,每个人都在为自己的老板工作,而员工希望在组织中表现出色。因此,一线员工关心的是主管如何看待自己的表现,部门主管关心的是总经理如何评价自己的工作,而总经理则希望董事会对自己表现的认可。这种组织结构的问题在于,每个人关心的都是如何满足上级的要求,而很少关注顾客。[25]

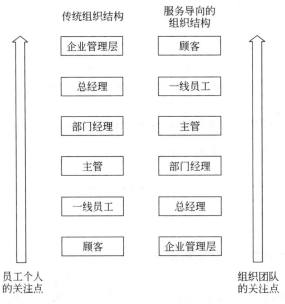

图 10-2　重整组织结构

企业形成了服务文化后,其组织结构就会翻转:顾客位于组织结构的顶端,企业管理层则处于组织结构的底部。在这种类型的组织中,每个人都是在为顾客服务。企业管理层协助总经理服务于顾客,总经理支持部门服务于顾客,部门经理会为主管更好地服务于顾客提供便利,主管则全力帮助一线员工服务于顾客。

丽思卡尔顿酒店的一名行李员因为工作失误在顾客登记入住约一小时后才将行李送到客房。他将这一失误报告给主管。主管向顾客道歉后在酒店的数据库中标注顾客遇到了问题,在他住宿期间应得到更为优异的服务。[26]这看起来只是处理这个问题的合理方法,不过在实践中其做法却堪称卓越。在具有传统组织结构的酒店,如果员工犯了错误,他们会希望自己的主管永远不会发现,甚至可能试图掩盖。他们知道如果错误被主管发现,自己可能会受到训斥。丽思卡尔顿酒店的服务文化使其组织结构是倒置的。行李员关注的是顾客的感受,知道主管会采取措施弥补自己的过错。主管也不怕把部门的失误告诉其他部门。当组织结构颠倒过来后,每个人都在为顾客服务。在传统的组织结构中,每个人都是为了取悦老板而工作。讽刺的是,当每个人都为老板工作时,整个企业会蒙受损失;当每个人都为顾客工作时,企业的财务业绩反而更出色。

4. 非常规业务

服务文化浓厚的一个优势是可以培养出善于处理非常规业务的员工。非常规业务是顾客提出的特殊要求,通常是员工第一次遇到的。可能发生的这类业务形形色色,服务手册和服务培训项目无法完全覆盖。服务文化的优势在于使员工具有处理非常规业务的正确态度、必要知识、沟通技巧和适当权限。从员工处理非常规业务的能力的高低,可以看出优秀的接待企业与平庸的接待企业之间的显著差异。

举一个非常规业务的例子。一位顾客要求晚些退房,因为他需要在房间里开个商务会议。然而酒店的房间已经订满了,他的房间在当日下午会有另一位顾客入住。根据服务手册,员工应该告诉顾客不能延期退房。然而根据服务文化的理念,酒店应努力为顾客服务。管理人员于是为顾客免费提供了一间会议室。顾客提出付费,但是酒店拒绝了。这间会议室在当时原本就没有租用出去,所以也就没有任何损失可言。但后来酒店不仅从这位职业是商务顾问的顾客处接到了业务,而且良好的口碑为酒店带来的影响和收益也远远超过当初本可以向顾客收取的会议室租金。[27] 获得授权并有创新精神的员工可以很好地处理非常规业务。

一组研究人员研究了员工授权对顾客感知服务质量的影响。他们发现,"归根结底,得到授权且高度满意的员工会显著影响顾客对餐厅服务质量的看法。因此,餐厅必须建立健全的人力资源管理制度,给员工授权并提高员工的满意度,员工们则会提供顾客期望的高质量服务。"[28]

管理层必须愿意授予员工在解决顾客问题时做决定的权力。管理层应该通过信任员工的决策能力来展示对其雇用和培训的员工的能力的信心。达美酒店集团(Delta Hotels and Resorts)前总裁西蒙·库珀(Simon Cooper)认为,让一些员工除了管理其他员工外什么都不做,只能给企业带来不良影响。他表示,客房部助理管家的工作是巡视并检查清洁工的工作。设置这个职位就等于承认我们没有雇用称职的清洁工。库珀说,达美酒店只有几名助理管家,而且他们目前都在培训岗位上。清洁工打扫完一个房间后,他们知道下一个进入房间的人将是顾客。库珀指出,对员工的信任会使他们成为更好的员工。[29] 当我们信任员工时,他们会更有效地解决顾客的问题,从而降低顾客投诉的可能。

酒店企业如果一味依赖刻板的政策和规章制度而不是积极的、训练有素的、得到授权的员工,则要获得较高的顾客满意度几乎毫无希望。

非常规业务的处理将变得越来越重要。酒店企业正在使用技术手段来处理常规业务。技术手段的使用将更加普遍。计算机化的入住登记、视频结账系统和机器人将更广泛地应用于酒店业,而员工将更多地负责处理非常规业务。自信的顾客会充分利用这些增强顾客体验的高科技,而不确定的或心存疑问的顾客更希望与员工打交道。随着工作场所越来越自动化,员工将在回答与解决顾客的问题方面扮演更重要的角色,同时还必须准备好处理非常规业务。

正如帕拉苏拉曼(Parsuraman)所说,"通过多次令顾客满意的常规业务积累的顾客满意度可能会因为一次非常规业务的不当处理而荡然无存。"除了为提高顾客满意度所做的竭诚努力外,任何书面的程序、指导方针或规范都不可能杜绝这些不当的行为。[30] 浓厚的服务文化可以指导员工在处理非常规业务时做出适当的决定。

10.2.2 开发人力资源管理的营销途径

1. 创造能吸引优秀人才的工作岗位

管理者应遵循营销原则来吸引和留住员工。他们必须像研究顾客的需求那样研究并理解员工的需求。员工的需求各有不同,一些人需要外快以填补其收入的不足,另一些人寻找全职工作。营销人员可以利用营销调研技术来细分劳动力市场,为企业选择最合适的细分市场,并设计一套营销组合来吸引这些细分市场。对于员工来说,营销组合包括工作、薪酬、福利、地点、交通、停车条件、工作时间及各种无形奖励(如体面与否和职业前景)。正如顾客在购买产品时会关注产品的不同属性,员工也关注不同的福利:有些人可能被弹性工作时间所吸引;有些人看重良好的医疗保险福利;有些人看重有幼儿园。办公或家政服务的弹性工作时间、员工可以定制的福利方案和幼儿园等都可以用来吸引某些类型的员工。在策划广告时也要把潜在的员工考虑进去,面向现有及未来的员工和顾客树立一种积极的企业形象。员工选择雇主和离开雇主的方式,与顾客选择一家酒店及转向另一家酒店的方式是一样的。失去员工与顾客的代价是巨大的。[31]运用营销手段开发一些岗位和企业福利方案有助于吸引和留住优秀的员工。降低离职率可以为企业节省数千美元。[32]

英国酒店业的离职率约为30%,在伦敦,这一比率甚至更高。招聘和培训的花费大约是每位员工1 500英镑,总成本约为8.86亿英镑。[33]

2. 招聘程序

服务产品至少在某种程度上可以看作员工为顾客服务时表现出的态度。服务企业不可能教授给员工与顾客接触时应表现出的所有态度。服务企业需要招聘服务态度好的员工,通过培训提升其服务技能。[34]"服务的特征,如无形性及与顾客接触,要求服务企业的员工比制造企业的员工更为主动地工作、更有效地应对压力、在人际关系上更敏锐与灵活并且更具合作精神。"[35]这一观点说明与教育背景、培训经历和经验相比,服务企业在招募、甄选和培训中更注重个性、活力和态度等因素。招募到能为顾客提供良好服务体验的员工是服务企业的重要目标及主要的聘用标准。

一些服务营销专家指出,酒店企业可以从戏剧中学到一些经验。挑选合适的人员来服务顾客类似于在戏剧作品中挑选合适的演员出演某个角色。正如戏服可以帮助演员进入角色,酒店的制服也可以发挥同样的作用。演员、舞台工作人员和剧院工作人员需要协同工作,而餐厅的迎宾员、厨师、服务员和杂工也需要配合。优秀的演员知道如何进入角色,摒除一切个人因素的影响,以便为观众呈现精彩的演出。最重要的是,他们了解观众,并努力取悦观众。正如我们在前面的章节提到的,戏剧创作还包括为戏剧作品设定背景。[36]对戏剧创作的学习与借鉴可以为服务营销人员提供有益的见解。

瑞士航空会对求职者的申请表进行严格的筛选,选出要面试的人。整个选拔过程长达5~6个小时。最后筛选出来的求职者将有3个月的试用期。瑞士航空在筛选求职者的过程中投入巨大,是因为它意识到,投入时间和精力选出合适的员工远比事后再想方设法纠正低素质的员工所犯的错误合算。瑞士航空很清楚聘用适当的员工的重要性。[37]

西南航空坚信人与生俱来的态度是无法改变的。为了了解求职者是否具有幽默感、合作能力和友好的态度等,西南航空的面试过程中包括小组面试,在该环节,求职者需要讲笑话及进行不同情境下的角色扮演来展示自己的团队合作能力和随机应变能力。西南航空之所以可以实施如此严格的筛选程序是因为它作为独一无二的良好工作场所的良好声誉,在很少做招聘广告的情况下也会收到大量的求职申请。

西南航空尤其重视培养员工的团队工作能力。它把员工培训看作一个持续的过程，而不是单一的事件。西南航空的员工在职业生涯中会在不同的岗位接受交叉培训来增加工作经验，这也为他们在必要时灵活胜任不同岗位做好了准备。此外，每位新员工还会被专门分配一名资深员工作为导师。导师负责向新员工展示西南航空的服务质量并解答他们的疑问。[38] 西南航空的名誉董事长科琳·巴雷特（Colleen Barrett）称，西南航空的真正业务是顾客服务，只不过产品恰好是航空运输服务。[37]

迪士尼让其最佳员工，也就是明星演员挑选未来的员工。迪士尼对这些明星演员进行为期3周的培训，然后让他们花45分钟进行面试，挑选有潜力的新员工。迪士尼的前任经理詹姆斯·鲍艾森特（James Poisant）解释说，员工会挑选出符合自己价值观的求职者，"在45分钟内，演员们就能洞悉谁是滑头，谁是老实人。"[40]

严格进行筛选对被聘用的员工也能产生积极的影响，因为这让他们觉得自己是特殊而优秀的。丽思卡尔顿酒店的锅炉工亚当·哈桑（Adam Hassan）说："当你花了很长时间被层层选拔出来的时候，你就会想要证明他们的选择是正确的。因此，一旦发现任何异常，我都会密切关注。"[41]

《全心待客》一书的作者丹尼·迈耶总结了在旅游接待业通过寻找高技能型人才的方式去聘用员工的这一本质，但是更重要的是他们还必须具备良好的情感技能。情感技能包括乐观热情、对新事物的求知欲、学习能力，以及对细节的观察力、同情心、自我认知能力和正直等。[42]

必须将以顾客为导向筛选候选人的甄选方式作为招聘程序的一部分。员工的态度、表现及处理顾客要求的意愿都有助于形成顾客对酒店或餐厅的第一印象。聘用与培训这些传统上的人力资源管理职责是内部营销计划必不可少的内容。人力资源管理中类似于营销的方法始于聘用合适的员工。

3. 团队协作

企业聘用了合适的员工，这些员工将会成为优秀的合作伙伴。在实行内部营销的企业，如果一个员工出了差错，其他员工会设法在顾客发现之前弥补。在这些企业，顾客不需要对酒店的组织结构和业务状况先调查一番才能确信自己的需要可以得到满足。前台可以处理顾客的大部分要求，将顾客的要求传达给相关部门。在实行内部营销以打造服务文化的餐厅，员工之间总是相互支持。看到顾客有什么需要，员工就会提供相应的服务，哪怕顾客并不在他服务的餐桌。

缺乏合作氛围的企业会营造让顾客感到很不舒服的环境。例如，一位入住某五星级酒店的顾客打电话给前台让多送几条毛巾。前台接电话的服务员感到很困惑，因为他认为顾客应该知道要毛巾应该找客房部。于是他回答说，这里是前台，不是客房部，请给客房部打电话要毛巾，随后就把电话挂了。顾客最先接触的员工应该重视其要求，并向相关人员传达该信息。这就是"问题归属"。顾客不需要了解酒店或餐厅的组织结构，也不需要将自己的服务请求再说给另一个员工听。企业在招聘时应找出善于团队协作的人。

岁数较大的员工是一个具有互助意识的群体，这一点让某些管理者感到意外。有些管理人员认为，岁数大的员工可能不愿意与年轻人共事，或者不情愿接受年轻主管的领导。事实证明这些想法并不正确。肯德基和麦当劳等企业最先证实了这一点。美国餐厅协会成员所做的一项调查显示,岁数较大的员工与"平均年龄"的员工相比,与顾客和同事相处得更好。[43]

4. 同事的支持

员工能否具有服务意识在一定程度上取决于是否得到同事的支持。没有得到同事支持的员工会产生不愉快的负面情绪,并将这一情绪传递给顾客。

一项关于同事重要性的研究得出结论:"企业应该培训一线员工,使其认识到同事支持的重要性。一线员工经常要与顾客面对面接触或是通电话,很可能面临各种棘手的问题,因此需要同事的支持。同事支持可以降低员工的离职意向,因此营造同事支持的氛围非常重要。"[44]

"为酒店业的员工营造充满乐趣的工作氛围虽然很有好处,但如果处理不当也可能存在一定的弊端。"提出这一观点的作者建议开展生产性的娱乐活动,如职业技能竞赛和社交活动。工作中的乐趣可以降低员工的离职率,大多数员工希望从工作中得到的东西远比货币收入多。[45]

5. 岗前培训的重要性

在一家酒店,一位顾客无意间听到餐厅服务员与另一位顾客的对话。那名顾客请服务员推荐一个在本地就餐的好去处。管理者都会希望服务员先推荐酒店的餐厅,然后提一提本地的其他餐厅。然而,这位服务员却说自己刚搬来这里,并不清楚哪些餐厅比较好。员工对自己工作的酒店、酒店的产品等竟然一无所知,这种现象并不少见。如果员工并不热爱自己工作的企业和所销售的产品,则很难培养出忠实的顾客。

与上面的例子正相反,一位顾客在周六的晚上入住科罗拉多州丹佛市南部科技中心时询问前台服务员最近的天主教堂在哪里,因为他第二天早上要做弥撒。前台服务员回答说,他不信天主教所以不知道,但会立即帮其打听。顾客进房间5分钟后,前台服务员就打去电话,告诉顾客说找到了三家天主教堂并了解各教堂做弥撒的时间。服务员还给自己信奉天主教的朋友打了电话了解哪家教堂比较好。说完这些信息后,前台服务员询问顾客是否吃过晚餐。当听到顾客回答说还没有吃晚餐时,服务马上说酒店的墨西哥风味餐厅很不错,并询问是否要为他预订座位。随后,顾客尽情享用了墨西哥餐。企业如果能聘用合适的员工,并进行良好的入职培训,就可以拥有热情的员工和忠实的顾客。

企业如果花费大量的时间和精力来招聘员工,就会希望长久地留住这些员工。顾问珍妮·德·奥尔良(Jeanne d'Orleans)就如何使员工在入职第一周感受到被欢迎,给出了以下几点建议:

第一天
- 请员工在指定时间到达,并安排人去迎接。
- 让团队成员知道将有新员工入职,让每个人做好迎接新员工的准备。
- 使用公告栏或大屏幕显示"欢迎××(新员工的名字)"。
- 带新员工参观企业,把他们介绍给尽可能多的人。

第一周
- 确保员工参加迎新会。
- 为新员工安排一个工作搭档或工作导师。

- 给新员工提供技能培训。
- 根据他们的专业技术水平进行定制化的培训。[46]

为保证员工的工作效率,必须让员工定期获得相关信息,如企业的历史、当前的业务类型、企业的使命和前景等。企业还需要让员工为新雇主感到自豪,并向其灌输为企业的成功而努力工作的意识。在迪士尼,所有的新员工都要上一门"传统课",通过这门课,新员工可以了解公司概况、公司的创始人,以及公司的价值观和理念。然后,员工再接受针对其岗位的特殊培训。迪士尼的检票员要接受4天的培训,因为公司要求他们不只做检票员的工作,还要成为演员。演员一词意味着他们是团队中的一员。像迪士尼的其他演员一样,他们也是在表演。他们在检票售票时,顾客可能会问很多问题。他们必须知道如何回答这些问题,或者能够很快找到问题的答案。迪士尼对这些真实瞬间的重要性有深刻的体会。迪士尼在真实瞬间发生之前对员工进行广泛的培训。[47] 迪士尼的培训和人力资源管理声名远播,甚至在为其他企业提供培训课程。

奥普瑞兰酒店(Opryland Hotel)的新员工培训计划旨在让员工为酒店历史、文化和发展感到自豪,营造一种令人鼓舞的工作氛围,建立一种实实在在的对工作的热爱,最终减少员工的流失。奥普瑞兰酒店培训总监马克·克拉克介绍说:"新员工培训计划及所有的员工规范都建立在真诚服务态度的基础上。不直接为顾客服务的员工,尤其是管理人员,都应该服务于一线员工。"[48]

在citizenM酒店,一线员工被称为大使。大使们会满足顾客提出的任何要求。大使需要接受6~10周的培训,首先是在酒店现场试镜。酒店寻找的是真诚的人,他们甚至可能成为顾客的朋友。在纽约,citizenM从戏剧学校聘请了很多大使。来自荷兰的高级管理团队进行文化培训。他们派大使去餐厅和零售商店,然后进行小组讨论,讨论他们的服务体验。接下来,大使们会参观其他酒店的大堂,四处闲逛,之后谈论参观感受。他们还会举办关于创造力和信任的研讨会。最后,他们会派大使到阿姆斯特丹的citizenM酒店接受为期10天的培训。[49]

6. 连续培训

伊萨多·夏普告诉酒店的经理们:"我们的竞争优势就是服务,我希望你们能够提升一线员工的服务。你们的角色是领头人,而不是老板。你们的工作是把所有人最好的一面发掘出来并把他们凝聚成一个成功的团队。"[50]

在顾客服务方面处于行业领先地位的企业有两个主要特征:这些企业重视交叉培训,并坚持让所有员工都有机会接受培训。大多数针对大学毕业生的酒店培训项目都会安排这些新员工在酒店的各个部门轮岗实习。这可以让新员工了解每个部门的重要性,以及各部门如何相互配合,为顾客提供服务。连锁快餐店詹姆斯·科尼岛(James Coney Island)对员工进行交叉培训,让他们了解餐厅的所有岗位。希尔顿尊胜酒店(Embassy Suites Hotels)则更进一步,为员工提供了一个根据他们所掌握的岗位技能的数量涨工资的机会。

企业必须确保员工熟悉他们所销售的所有产品。例如,餐厅的所有员工都应该准备好向顾客介绍周日早午餐提供的餐饮;酒店餐厅的服务员应该能给顾客指出酒店健身房的位置。然而大多数情况下,员工对自己服务范围内的产品一无所知,因为他们没有得到过试用的机会。如果服务员并不知道菜品的味道如何,就会让人觉得员工或管理层并不关心顾客。

7. 真实的培训

没有必要把这一警告写进教科书,但从尴尬和愤怒的员工的反馈中可以看到,在某些情况下,负责管理的人居然故意对员工撒谎。本书一位作者的女儿就有过这样的经历。她在一家高档餐厅找到了一份兼职服务员的工作。她被告知那天的特色烤猪肉是淡粉色的,因为它是取材于杜洛克猪,这种猪肉完全烤熟后,肉是淡粉色的。

她在给一位顾客上菜后,顾客抱怨说猪肉没有烤熟。当她用培训时获得的关于杜洛克猪的信息向顾客解释时,顾客生气地回答说:"我就是杜洛克猪的养殖户,你在说谎。杜洛克猪的肉在烤熟后应该是白色,而不是淡粉色。这份猪肉没有烤熟,我是不会吃的。"她把烤肉退给了厨师,并斥责他说谎。她感到很尴尬,不会继续在这家厨师说谎的餐厅工作了。

在管理完善的餐厅,所有的员工都很熟悉菜单。通过培训,员工学会了如何引导顾客点最适合其口味的菜,懂得如何推销菜单上的各种菜肴。每家餐厅都应该有专供员工品尝的样品。产品知识培训是一个员工不断学习的过程,应该是员工培训的一部分。

橄榄园(Olive Garden)的品牌承诺是:"以新鲜、简单、美味的意大利食物为特色的理想的意式家庭聚餐,把您当家人招待的服务人员还会递上一杯红酒,给人宾至如归的感觉。"为了实现这个品牌承诺,橄榄园派出1 100多名餐厅经理和员工赴意大利体验文化之旅,并在意大利托斯卡纳区成立烹饪学院研发新菜品,教给经理及员工正宗的意大利菜烹饪技术,为员工们开设葡萄酒培训班并为顾客提供免费品尝的餐厅葡萄酒样品,还重新设计餐厅的外观,看起来就像托斯卡纳农庄一样。店内陈设、员工及大众媒体传播的信息都强化了橄榄园的品牌承诺和广告宣传:"宾至如归"。[51]

产品培训有时必须诉诸视觉艺术。香港凯悦酒店称得上是酒店内的博物馆,因为其建筑可谓雕梁画栋,工艺精湛,而且陈列了大量的视觉艺术品。如果精美的艺术品是产品的一部分,那么它也应该成为培训的一部分,以便让顾客留下深刻的印象,而员工也会感到自豪。

这就会产生一种循环效应:造就满意且自豪的员工,而他们会造就满意的顾客。有关这种良性循环效应的研究表明:"随着员工的工作满意度、工作热情及工作安全感的提升,他们对顾客的关注也会提高。"[52]

几位保险经理在博卡拉顿(Boca Raton)的喜来登酒店退房后,发现车钥匙被锁在了车内。车子阻碍了交通,可这几位经理急着赶飞机没有时间解决这个难题。酒店的服务员立即给附近的锁匠打电话,告诉他车子的品牌和型号,其他酒店员工则将车子拖离了车道。15分钟后,锁匠带了钥匙赶来。[53]由于对类似的事情早有准备,酒店员工可以顺利解决这类问题。他们知道,车子堵在入口处会造成交通拥堵,所以酒店在附近备有一辆拖车,而且知道附近锁匠的电话号码。酒店员工还知道应及时让顾客了解情况以缓解其焦虑的情绪。在整个过程中,他们始终与保险经理们保持沟通,让他们知道事情的进展。离开喜来登时保险经理们觉得遇到了一场灾难,而结果却因为酒店员工展示的专业技能,使他们深感振奋,更加肯定自己选择喜来登酒店是多么明智。

澳大利亚神仙湾凯悦酒店调整了培训计划，由各个部门而不是人力资源部负责组织培训。各部门根据自己的培训需求制订相应的培训计划。酒店员工可以参与任何培训课程。所有培训课程安排都会贴在员工告示板上，以便每位员工都可以了解下个月酒店有哪些培训计划。本书的一位作者在凯悦酒店入住期间，看到财务部的一名员工正在指导一名餐饮服务员使用酒店的餐饮核算系统。从他们的谈话中显然能判断出来，他们在彼此学习对方部门的有关知识，研究部门间可以如何更好地相互支持。

完善的培训计划可以让企业处于螺旋式上升的通道上。研究发现，服务质量与员工离职率成反比。受过良好培训的员工可以提供优质的服务，这有助于提升企业的形象，吸引更多的顾客和员工。

在旅游接待业，员工离职率达到100%或更高是很常见的。例如，有限服务餐厅的离职率为123%，而提供全方位服务的餐厅的计时员工的离职率为88%。[54]离职率高的企业经常会问，如果员工打算离职，为什么还要花钱培训他们。对于持这种态度的企业来说，员工离职并不让人觉得奇怪。员工没有经过适当的培训，自然无法提供高质量的服务。无法提供良好的服务，员工在工作时感觉不舒服自然会想离职。不幸的是，这强化了雇主的上述观点，即不应该花钱培训员工，但不投资员工培训项目会进一步提高员工离职率和加深顾客的不满情绪。

重视员工培训的旅游接待企业应将这一理念通过语言和行动传达给每一名员工。加拿大百年酒店管理公司（Centennial Hotel Management Company）以书面形式宣传其人力资源管理理念，其中包括员工的入职培训和日常培训。这份书面报告是一个非常好的内部营销工具。

入职培训
- 百年酒店入职培训的宗旨是让新员工确信自己的择业决策是正确的，帮助他们建立对公司、团队乃至行业的强烈归属感。
- 入职培训在于让员工相信公司将为他们提供获得事业成功所需的支持。这也是使新员工了解百年酒店的价值观和酒店设施的好机会。

日常培训
百年酒店致力于在整个公司提供持续的基础培训及升级培训。培训是针对每一名员工的，必须是有计划、系统且全面的。培训的成功必须是可衡量的。

8. 季节性兼职员工

酒店可能犯的最糟糕的一个错误就是雇用兼职员工后不能让他们成为团队的一员或没有对他们进行适当的培训。

顾客期望兼职员工提供与全职员工相同水平的服务。如果酒店雇用大量的兼职和季节性员工，就有必要安排一个或多个负责人以确保这些员工得到明确的指导。如果可能，企业可以考虑实行工作伙伴制度，要求全职员工监督和协助兼职员工。企业应鼓励优秀的季节性员工签订长期雇用合同。企业应制订激励计划，对季节性员工的出色表现给予奖励，并给予他们奖金来鼓励他们签订整个季度的雇用合同。非金钱奖励通常很有效，如承诺给你一封满篇赞誉的推荐信、聚会、野餐、观看演出及其他有全职或兼职/季节性员工参加的社交聚会。

9. 情感性劳动的管理

企业既需要了解顾客的需求,也需要了解员工的需求。营销专家泽斯麦欧(Zeithaml)和比特纳(Bitner)认为,向顾客展示友好、礼貌、同情和积极的态度需要一线员工投入大量的情感性劳动。[56] **情感性劳动**(emotional labor)一词是由霍克希尔德(Hochschild)提出的,其定义是服务人员在提供服务的过程中情感的必要投入。[57] 情感的展示能强烈地影响顾客对服务质量的感知。要想对情感性劳动进行管理,管理人员必须雇用善于缓解因与顾客打交道而产生情绪压力的员工。情感性劳动的管理还必须成为日常管理的一部分。常用的管理措施包括控制加班时间和避免连续倒班,鼓励带薪休假以及同事和管理者的支持等。有时,管理者正是员工产生情绪压力的根源,如在换班前对一名员工大加训斥,然后让他去接待顾客。

情绪压力最主要的一个原因是长时间工作。很多员工发现,在持续工作10个小时之后很难控制自己的情绪。此时,员工非常疲惫,很难去关心顾客。我们都有过这种经历,或看到过服务员在长时间工作后变得粗鲁无礼。产生这种行为的原因是员工此时情绪低落。下面讲一个小故事:一位身心俱疲的女服务员被一位顾客拦住抱怨食物有问题。顾客大呼小叫地说他的烤土豆是坏的。女服务员拿起盘中的土豆,连拍了几下,大叫着"坏土豆,坏土豆",再把土豆放回顾客的盘子里,扬长而去。虽然这是一个幽默的故事,但顾客并不觉得好笑。当员工在情感上负荷过重时,服务质量就要受到影响。

10. 实施奖励与表彰制度

要保持一种服务文化,人力资源制度中必须包括针对为顾客提供优质服务的员工和管理者的奖励与表彰。斯特曼(Sturman)和韦(Way)教授称:"在旅游接待业,要想改进员工的服务表现,一定要保证员工准确理解企业所奖励、支持和期望的做法、程序和行为。"[58] 员工必须得到关于自己工作表现的反馈。内部营销计划包括服务标准,以及评估企业满足这些标准的程度的具体方法。任何服务评估的结果都应通知给员工。很多大酒店会调研顾客对酒店的满意度。研究发现,只要将从顾客处收集来的信息反馈给员工,就会改变员工的态度和表现。[59] 如果把顾客服务的评估结果反馈给员工,并对表现优异的员工给予表扬,那么顾客服务评估就会对员工的服务态度产生积极的影响。如果企业希望员工具有顾客服务意识,就要尽可能观察他们为顾客服务的过程,并对他们的努力给予奖励和表彰。[60]

在旅游接待业,大多数奖励机制曾经仅基于满足某种财务目标,如降低劳动力成本、食物成本或增加收入。如今,管理出色的企业已开始将奖励机制建立在顾客满意的基础上。如果企业想要拥有顾客导向的员工,就必须对员工给顾客提供的优质服务给予奖励。建立在顾客满意度基础上的奖励和奖金制度,是鼓励员工对顾客提供优质服务的一种方法。

除了极少数追求精神生活而不在乎贫富或本就非常富裕的人,社会上大多数人都很关心货币收入。因此,企业需要认真、持续地规划员工的薪酬体系,并适时予以调整。企业应聘请人力资源管理专业人员与管理层,特别是人力资源部门的负责人一起工作,以确保所有薪酬计划都能起到激励的效果。这是一个尚未被广泛理解的主题,但已经在酒店业及其他行业得到证明,可以持续地提供比传统财务计划更有效的财务激励。其目的是提高员工和经理的忠诚度及延长在职年限。员工持股计划(ESOP)和虚拟股票就是这类项目。

华夫饼屋(Waffle House)是成功实施员工持股计划的餐饮企业之一。华夫饼屋的很多员工在退休后发现 ESOP 可以成为退休金的保障。其他很多企业的管理人员有机会参与股票期权或其他计划,而柜员和烘焙师等普通员工却没有这种机会。与华夫饼屋已加入 ESOP 多年的柜员交谈得知,该计划让他们的退休金有了大幅增长。

ESOP 通常在未上市的私有企业使用。该计划的基本理念是鼓励管理者和员工努力工作以确保企业取得成功,这样他们的就业就有了保障,所持有的股票也会升值。

虚拟股票是股票在证券交易所进行交易的上市公司采用的股权激励计划。管理层希望为员工提供参与公司股票分红的机会,但不直接提供实际股权。虚拟股票是一个独立的股票项目,虚拟股价与公司股票的实际股价挂钩,以实际股价奖励拥有虚拟股票的参股员工。企业随时记录员工的虚拟股票数量和当前股价。

企业员工参与持股计划的条件包括:工作年限;职位等级;特殊的股权激励措施,如年度先进员工。

应组建专业团队来编制 ESOP 或虚拟股票计划。

11. 非歧视:性别差距

令人惊讶的是,在当今时代仍然存在明显的工资歧视。最近一项有关"工资性别差异"的研究发现:"在美国旅游接待业就职的女性仍然遭受严重的工资歧视。"研究人员总结说:"旅游接待业的女性员工的离职率可能更高,因为多项研究表明,公平的薪酬是影响旅游与酒店专业的学生和毕业生职业承诺的重要因素。"[61]

10.2.3 对员工传递营销信息

很多情况下,与顾客沟通最有效的媒介是与顾客打交道的员工。他们可以推荐其他产品,如酒店的健身房或商务中心。如果对顾客有好处,他们还可以推销更高档的房间。在顾客大发雷霆之前,员工往往有很多解决问题的机会。要做到这一点,他们需要信息。不幸的是,很多企业将与顾客打交道的一线员工排除在沟通的圈子之外。营销总监或许会将近期活动、广告宣传及新的促销计划通知给各部门的经理,但有些经理却觉得没有必要把这些信息传达给员工。

某餐饮行业杂志的编辑贝丝·洛伦兹尼(Beth Lorenzini)说:"如果在计划和执行过程中都没有员工的参与,那么促销活动很难达到预期的效果。"芝加哥的劳里牛排馆的销售协调员莫妮卡·卡斯(Monica Kass)认为,员工与制订促销计划的营销人员必须进行沟通。通过鼓励员工参与,劳里牛排馆在感恩节期间的销售额增加了48%。在感恩节一周以前,劳里牛排馆邀请所有服务员参加一个感恩节宴会,试吃餐厅在感恩节将为顾客提供的食物。宴会不仅让员工提前感受感恩节的节日氛围,而且是一种有效的培训手段,让员工了解感恩节提供的菜品和酒饮。劳里牛排馆的管理层还在宴会期间就如何做好促销工作征求员工的意见。在感恩节当天,每一位服务员都佩带胸花。有关促销的信息在任何企业都应该让全体员工知道。他们应该从管理层那里听到促销信息,而不是从以外部顾客为诉求对象的广告那里得到这些信息。[62]

管理层的行动是企业与员工进行沟通的一个途径。各级管理人员都必须意识到，员工会通过观察上级的一举一动来揣摩他们对自己行为的期望。如果总经理从地上捡起一张废纸，其他员工也会效仿。一位经常将团队合作的重要性挂在嘴边的管理者可以通过以身作则来强化团队合作的意愿。关心员工的工作，给予帮忙，能叫出员工的姓名，在员工餐厅就餐，这些都是能提高管理人员威信的做法。

旅游接待企业应将印刷品作为内部沟通的一部分。大多数大公司都有员工简报，比较大的酒店往往也有自己的内部简报。除了大众传媒外，人际沟通对于有效地传播新产品信息、广告宣传方面的信息同样重要。利奥纳多·贝瑞（Leonard Berry）建议发布两份年报，一份提供给股东，另一份提供给员工。很多企业都采纳了他的建议。[63]

营销专栏 10-2

内部营销范例：刘易斯酒店

科罗拉多州博尔德市的伯特（Burt）和安德里亚·刘易斯（Andria Lewis）夫妇收购了一家经营不善、濒临破产的高登酒店（Golden Hotel），并将其转变成一家拥有很高入住率和员工忠诚度的享有盛名的一流酒店。在短短两年半的时间里，酒店的入住率高到甚至连刘易斯夫妇的朋友都很难订到一间客房。该酒店荣获酒店业的多项殊荣，包括白金奖、最佳品牌奖和年度业内提名奖。

尽管伯特已经在酒店业打拼了40多年，但安德里亚在8年前加入公司的时候是没有任何酒店管理经验的。这对有着不同职业背景的夫妇是如何取得如此的成就呢？

他们运用健全的管理实践，选择地理位置优越的酒店，在这些地方新酒店是没有发展潜力的。例如，他们会选择高登酒店这样位于城市中心的酒店。这些酒店所在区域的地块稀缺和高地价阻碍了其他酒店的进入。

他们经营管理的特点之一就是内部营销。他们创建的优质服务产品是为顾客提供价值。不过他们也希望员工能够这样说："我为自己能在这家酒店工作而自豪。"同时，员工也遵守着这些内部营销原则。

雇用想要成功的优秀人才

很多员工是主动来求职的。他们知道刘易斯酒店，并希望在这里工作。这是为什么呢？每位员工都接受了全面的入职培训，了解个人和酒店成功是一切工作的首要目标，并有明确的指导准则。酒店会让员工参与工作的所有领域的成本分析，如银器和玻璃器皿的成本。酒店与员工分享费用和利润信息，让员工感受到自己在参与运营管理且愿意不断学习。

质量管理团队

刘易斯酒店将质量管理团队称为特种部队。安德里亚谈到质量管理团队时说："这是酒店最划算的一笔投资。"随着刘易斯酒店的不断扩张，该团队除了负责餐饮业务等关键领域外，还需要准备好参与新酒店开业的筹备工作。

餐饮总监康妮·拉斯洛（Connie Laslow）是质量管理团队的负责人。康妮会说五种语言，曾在包括高档餐厅和酒店在内的多家旅游接待企业工作过。康妮非常重视顾客，甚至能够回忆起顾客一年前的预订。康妮说:"你的成功取决于你的员工。"她与员工紧密合作,并鼓励他们发挥创造力。她告诉员工说:"你们可以参与刘易斯酒店很多激动人心的决策。"

员工授权

酒店给员工赋权,鼓励员工创造性地思考,而不受标准化规则的束缚。刘易斯夫妇认为,这对于麦当劳这样的公司来说可能是无法实现的,但对于刘易斯酒店,这是非常可能的,也是非常可取的,而且可以为顾客提供高质量的体验。

管理者创造一种服务文化,表明他们关注顾客满意度

如果顾客感到不满并离开了酒店,安德里亚会亲自给他打电话。顾客经常会因为业主亲自出面解决问题而感到惊讶。这种做法让很多怒气冲冲、准备选择其他酒店的顾客成为回头客。刘易斯夫妇知道外在环境、客用设施和全面的商业计划非常重要,但他们也意识到以顾客为中心的员工才能带来回头客。他们充分利用酒店的外在环境和员工创造的温馨氛围,为顾客和员工带来持续的惊喜体验。要做到这一点,酒店需要时刻努力超越顾客的期望。

西弗吉尼亚州雪鞋山(Snowshoe Mountain)滑雪场启动了一项营销计划,以承诺提供"真实、质朴、引人入胜的荒野体验"打造其滑雪胜地的品牌。在定义营销目标,阐明自己想向游客传递的雪鞋山品牌的意义时,滑雪场的营销人员从内部入手。他们将新的品牌承诺编制成了一本40页的品牌宣传书,书中包含滑雪场的历史及指导员工与顾客互动的7个表明态度的词汇。登山信息和标识也提醒员工履行品牌承诺。营销总监会亲自培训所有的新员工,帮助他们更好地了解品牌,成为品牌的宣传者。[64]

管理层与员工之间的持续沟通是至关重要的,不仅包括小组会议,而且包括员工与管理层之间定期的个人会谈。每一名一线员工都要与数百名顾客打交道。因此,管理者应该与一线员工当面交流,了解顾客需求,并明确企业如何帮助员工更好地为顾客服务。

每日简报。很多管理者和咨询顾问认为,每日简报应该在每个工作日刚上班时进行。顾名思义,这些简报必须简短,通常是用10~15分钟通知员工当日的注意事项,如特别来宾、新的菜品、白天可能停电、特别的接待活动,以及可能使员工和顾客产生积极或消极情绪的各类事件。

人们经常说,这种简报即使在最繁忙的日子也应进行,因为越忙越容易出错。

听不懂你说什么的员工。世界各地的酒店或多或少会招聘到一些与管理者言语不通的员工。如果员工不能完全理解管理者的意图,难免会出问题,影响顾客服务质量。雇用大量外国员工的企业必须采取措施促进有效沟通,如翻译服务和在职语言培训等。

研究表明,组织实践确实会影响管理者与下属的沟通效果,特别是对那些英语水平有限的人。[65]

前台员工是酒店的沟通中心,但他们往往并不知道酒店各种娱乐节目的表演者的名字,也不清楚节目的内容。他们可能对很多重大营销活动一无所知。酒店可以运用科技和培训手段帮助员工了解产品知识。酒店可以利用新的技术建立数据库,让员工可以随时通过数据库获取酒店产品和服务方面的信息。酒店可以鼓励员工尝试产品,让他们在餐厅用餐、在客房过夜,以及欣赏酒店的演出。如果前台员工能为潜在顾客提供第一手信息,而不是生硬地复述宣传手册上的文字,会更有说服力。

此外,酒店应及时告知员工有关新产品、产品变化、营销活动及服务流程优化的信息。营销计划中的所有行动步骤都应该包括内部营销。例如,企业在推出一项新的大众媒体宣传活动时,具体的实施计划应该包括通知员工有关营销活动的内容。大多数员工都是在刊登广告的媒体上第一次看到企业广告的。在广告出现在媒体上之前,企业就应该与员工分享广告。管理者还需要解释营销活动的目标和影响。

本书的一位作者曾经在餐厅工作。餐厅业主在没有与员工讨论的情况下决定安装电脑系统。该系统在繁忙的午餐时段首次使用,而餐厅却几乎没有对员工进行培训。这个系统表现不佳,员工们希望餐厅赶紧淘汰它。员工发现,该系统对账单上的油渍很敏感。如果账单上有油渍,顾客将被收取各种额外费用。一些员工故意在账单上涂抹油渍,让系统出错,多收顾客的费用。当顾客抱怨账单有问题时,员工就会向顾客解释问题出在新系统上,使顾客跟员工同样希望尽快淘汰这个系统。3个月后,业主被迫淘汰了电脑系统。如果管理者在安装系统前与员工沟通,员工可能会支持这个系统。管理者本可以向员工展示这个系统能通过自动添加账单并随时更新来帮助他们更好地为顾客服务,从而获得员工的支持。相反,由于没有得到适当的信息和培训,员工们从一开始就决定要摆脱这个系统。

员工参与制服设计。员工应该参与每天穿着的制服的设计。制服的选择往往是设计师和管理层的事,员工很少参与。制服的重要性源于一线员工的着装会极大地影响顾客与员工的互动。制服也是旅游接待企业服务氛围的一部分,能让人对经营环境产生某种优美的、时尚的和靓丽的印象。[66]身穿制服的员工可以一眼让顾客认出来。如果员工不穿制服,顾客在需要帮忙时由于认不出谁是员工会深感不满。制服还能反映员工的工作态度。身穿制服的员工都表示,一旦穿上制服,他们的感受和行为就都不一样了,这种说法也得到了研究的证实。人们发现,服装在角色扮演中起到一定的作用,它是一个鲜明的提示,能督促员工按照员工的角色行事。[67]穿上制服,等于要进入角色,同时也屏蔽了其他角色。制服能指导员工的行为,使之与组织的既定目标和标准相协调。一项有关度假酒店员工的研究发现,员工对制服的感知与他们的整个工作态度之间显著相关。员工对制服的感知度越高,他们的工作积极性就越高。[68]另一项在中国香港特别行政区和奥地利两个不同文化背景下进行的研究发现,员工制服在材料、适当性、风格和功能上的统一会影响员工的整体工作满意度。[69]

制服应该发挥一定的功能,还要为员工所接受。管理层经常会选择能体现企业特征的制服,将制服视为一种强化企业形象的营销工具。让员工参与制服设计对发挥制服的功能和获得预期的形象非常重要。例如,在一家海盗主题餐厅,服务员对制服衬衫和上衣的宽大衣袖颇有微词。这种制服虽然好看但会影响服务员的工作。服务员在收拾脏盘子或将盘子放进洗碗槽中时,衣袖会从盘子上拖泥带水地掠过。几个小时后,衣袖就满是食物的污渍。员工们称,这使他们在与顾客接触时感到很难为情,也变得缄默了许多。制服的其他功能性问题还包括没有设计口袋,或穿着不舒服。制服既会影响员工的态度,也会影响其服务顾客的能力。因此,管理者应充分考虑员工的意见,并让员工参与制服决策。

伊萨多·夏普表示,四季酒店的员工为顾客提供的服务是其品牌的特色。一些管理者回应说,所有的好酒店都可以提供优质的服务。他们说:"看一看好酒店的促销广告就会发现,全部都是微笑的员工和高品质的服务。"夏普则回答说:"每个酒店都有自己的服务标准,但我们的服务是要和它们区分开来的,做一些能让我们独树一帜的事情。"创建一个产出独特服务的内部营销计划需要长期的努力。一旦形成以员工服务为基础的竞争优势,那么即使竞争对手注意到这一优势,也需要花费若干年的时间才能赶上。

课堂小组练习

*带星号的练习题可以作为个人作业或线上作业。学生需要对答案给出解释。

1. *什么是服务文化?为什么它是对内部营销计划的要求?
2. *讨论人力资源经理可能使用的营销手段。
3. *在广告活动发布在媒体上之前向员工进行解释有什么好处?
4. *对非常规业务的处理能力可以将优秀的酒店与普通的酒店区分开来。什么是非常规业务?为什么正确处理它们如此重要?
5. 访问携程、途牛等在线旅行网站,或马蜂窝等社交媒体网站。找出10条员工表现导致的好评或差评,记录并分析这些员工表现。

体验练习

拜访一家旅游接待企业,询问一些有关其产品的问题。例如,在餐厅里你可以询问营业时间和菜单。你可以说自己正在寻找一家不错的牛排餐厅,然后了解其牛排如何。在酒店里可以询问客房或餐厅。尽可能与员工交谈,了解员工是否具有顾客导向的服务意识。写下你的发现,说明员工是如何展示他们的顾客导向服务意识的,以及你认为他们可以如何提高顾客导向的服务意识。

参考文献

1. Based on information from Jeffrey M. O'Brien, "A Perfect Season," *Fortune*, January 22, pp. 62-66; "The 100 Best Companies to Work For," *Fortune*, February 4, 2013, p. 85; Micah Solomon, "Four Seasons Hotels: Building Hospitality and Customer Service Culture," *Forbes*, September 1, 2013, www. forbes. com/sites/micahsolomon/201four-seasons-hotels-building-a-hospitality-service-cluture-without-starting-from-scratch/; http://jobs.fourseasons.com and www.fourseasons.com/about_four_seasons(accessed September 2018).
2. Danny Meyer, *Setting the Table* (New York: HarperCollins, 2006), p. 11.
3. Joseph W. Benoy, "Internal Marketing Builds Service Quality," *Journal of Health Care Marketing*, 16, no. 1(1996): 54-64.
4. Julia Chang, "From the Inside Out," *Sales and Marketing Management* (August 2005): 14.
5. Richard Normann, *Service Management: Strategy and Leadership in Service Businesses* (New York:

Wiley,1984),p. 33.

6. Ibid.,p. 9.

7. "Creating 'moments of trust': The key to building successful brand relationships in the Kinship Economy," *IHG Intercontinental Group*, January 21, 2014, https://www.ihgplc.com/-/media/949BED83794C-4C439156C28406C897F1.ashx.

8. Hyounae Min, Yumi Lin, and Vincent P. Magnini, "The Impact of Empathy, Professionalism and Speed, Factors Affecting Customer Satisfaction," *Cornell Hospitality Quarterly*, 58(May 2015).

9. Bill Heatly, "Operators Who Make Staff Satisfaction a Top Priority Will Get Results on Bottom Line," *Nation's Restaurant News* (May 17, 2004): 24.

10. John P. Walsh, "Employee Training Leads to Better Service, More Profits," *Hotel and Motel Management* (January 12, 2004): 14.

11. William R. George and Christian Gronroos, "Developing Customer-Conscious Employees at Every Level: Internal Marketing," in *The Handbook of Marketing for the Service Industries*, ed. Carole A. Congram (New York: American Management Association, 1991), pp. 85-100.

12. Christian Gronroos, *Strategic Management and Marketing in the Service Sector* (Cambridge, MA: Marketing Science Institute, 1983), as cited in C. Gronroos, Service Management and Marketing (Lexington, MA: Lexington Books, 1990), p. 223.

13. Ibid., p. 85.

14. *The Australian* (October 10, 1990).

15. S. M. Davis, *Managing Corporate Culture* (Cambridge, MA: Ballinger, 1985).

16. John Bowen and Robert C. Ford, "Managing Service Organizations: 'Does Having a 'Thing' Make a Difference?'" *Journal of Management*, 28, no. 3(2002): 447-469.

17. Terrence E. Deal and Allan A. Kennedy, *Corporate Cultures* (Reading, MA: Addison-Wesley, 1982), pp. 15-16.

18. http://www.kimptonhotels.com/hr/cul_moments.aspx (accessed September 21, 2011).

19. Brinker International, https://www.brinkerjobs.com/ (accessed October 2018); Branson, R., *The Virgin way: Everything I know about leadership* (New York: Portfolio/Penguin, 2014); Danny Meyer, Setting the Table: The Transforming Power of the Hospitality Business (New York: HarperCollins Publishing, 2008); Michael J. Tews, John W. Michel & Kathryn Stafford. "Does Fun Pay? The Impact of Workplace Fun on Employee Turnover and Performance," *Cornell Hospitality Quarterly* (November 2013), pp. 14-21.

20. Coleen Reinhart, "Organizational Culture in the Hospitality Industry," *Small Business Chronicle*, Houston Chronicle, http://smallbusiness.chron.com/organizational-culture-hospitality-industry-12969.html (accessed July 27, 2015).

21. Flora F. T. Chiang, Thomas A. Birtch, and Zhenyao Cai, "Front Line Service Employees Job Satisfaction in the Hospitality Industry," *Cornell Hospitality Quarterly*, 55, no. 4(November 2014).

22. A. Parasuraman, "Customer-Oriented Corporate Cultures Are Crucial to Services Marketing Success," *Journal of Services Marketing*, 1, no. 1(Summer 1987): 39-46.

23. Ibid.

24. Viceroy Hotel Group Web Site, http://www.viceroyhotelgroup.com/en/about_us (accessed July 27, 2015).

25. Ibid., p. 107; Nathan Tyler, *Service Excellence*, Tap. 2(videotape) (Boston, MA: Harvard Business

School Management Productions,1987).
26. James L. Heskett, W. Earl Sasser, and Leonard A. Schlesinger, *Saving Customers with Service Recovery* (videotape)(Boston,MA: Harvard Business School Management Productions,1994).
27. Karl Albrecht and Ron Zemke, *Service America! : Doing Business in the New Economy* (Homewood,IL: Dow Jones-Irwin,1985),pp. 127-128.
28. Gabriel Gazzoil, Murat Hancer, and Yumi Park, "The Role and Effect of Job Satisfaction and Empowerment on Customers' Perception of Service Quality: A Study in the Restaurant Industry," *Journal of Hospitality and Tourism Research*,34,no. 1(February 2010): 70.
29. Carla B. Furlong, *Marketing for Keeps* (New York: Wiley,1993),pp. 79-80.
30. A. Parasuraman, "Customer-Oriented Corporate Cultures,"pp. 33-40.
31. Leonard L. Berry, "The Employee as Customer," *Journal of Retail Banking*,3,no. 1(1981): 33-40.
32. John J. Hogan, "Turnover and What to Do About It," *Cornell Hotel and Restaurant Administration Quarterly*,33,no. 1(February 1992),p. 41.
33. Caroline Cooper and Lacy Whittington, *Hotel Success Handbook: How to Achieve Great Customer Service*, Part 2, August 27, 2012, www.hotelsuccesshandbook.com.
34. Bowen,John,and Robert C. Ford. "Managing Service Organizations: Does Having a 'Thing' Make a Difference?." *Journal of Management* 28,no. 3(2002): 447-469.
35. B. Schneider and D. Bowen, *Winning the Service Game* (Boston,MA: HBS Press,1995).
36. C. R. Bell and K. Anderson, "Selecting Super Service People," *HR Magazine*,37,no. 2(1992): 52-54; Stephen J. Grove,and Raymond P. Fisk, "The Dramaturgy of Services Exchanges: An Analytical Framework for Services Marketing" in *Emerging Perspectives on Services Marketing*, G. Lynn Shostack, Leonard L. Berry, and Gregory D. Upah, ed. (Chicago, IL: American Marketing Association,1983),pp. 45-49.
37. Miliand Lele, *The Customer Is Key* (New York: Wiley,1987),p. 252.
38. Andrew J. Czaplewski, Jeffery M. Ferguson, and John F. Milliman, "Southwest Airlines: How Internal Marketing Pilots Success," *Marketing Management* (September/October 2001): 14-17.
39. Steve Fisher, "Flying Off into the Sunset," *Costco Connection*,22,no. 9(2007): 17.
40. Tschohl, *Achieving Excellence Through Customer Service* (Englewood Cliffs, Prentice Hall,1991), p. 113.
41. Joseph A. Michelli, *The New Gold Standard* (New York: McGraw-Hill,2008),p. 77.
42. Danny Meyer, *Setting the Table* (New York: Harper Collins,2006),p. 143.
43. Ibid.,p. 58.
44. Osman M. Karatepe, "The Effects of Co-Worker and Perceived Organizational Support on Hotel Employee Outcomes," *Journal of Hospitality and Tourism Research*, 36, no. 4 (November 2012): 511.
45. Timothy R. Hinkin and J. Bruce Tracey, "What Makes it So Great," *Cornell Hospitality Quarterly*, 51,no. 2(May 2015): 158-170.
46. Jeanne d'Orleans, "It's Basic Customer Service," *Hotel & Motel Management*, December 6, 2007, www.hotelmotel.com(accessed June 8,2008).
47. N. W. Pope, "Mickey Mouse Marketing," *American Banker* (July 25,1979),as included in W. Earl Sasser,Jr.,Christopher W. L. Hart,and James L. Heskett, *The Service Management Course: Cases and Reading* (New York: Free Press,1991),pp. 649-654.

48. Marc Clark,"Training for Tradition,"*Cornell Hotel and Restaurant Administration Quarterly*,31, no. 4(1991): 51.
49. Liz Welch, "Entrepreneur Designs Upscale Hotels for Budget Travelers," *INC. Magazine* (June 2014), https://www.inc.com/magazine201406/liz-welch/citizenmlow-cost-high-end-hotels.html; citizenM news, https://www.citizenm.com/news/citizenm-celebrates-yet-another-year-of-affordable-luxury# (accessed March 18,2018).
50. Isadore Sharp,Four Seasons: *The Story of a Business Philosophy* (Canada: Toronto, Penguin), p. 110.
51. Drew Madsen,"Olive Garden: Creating Value Through an Integrated Brand Experience,"presentation at Marketing Science Institute Conference,*Brand Orchestration*,Orlando,Florida,December 4,2003.
52. John R. Dienhart and Mary B. Gregoire, "Job Satisfaction, Job Involvement, Job Security and Customer Focus of Quick Service Restaurant Employees," *Hospitality Research Journal*,16, no. 2 (1993): 41.
53. Christopher W. L. Hart,James L. Heskett, and W. Earl Sasser,Jr., *Service Breakthroughs* (New York: Free Press,1990),p. 109.
54. Bruce Grindy,"The Restaurant Industry: An Economic Powerhouse,"*Restaurants USA* (June/July 2000): 40-45.
55. Michael K. Haywood, "Effective Training: Toward a Strategic Approach," *Cornell Hotel and Restaurant Administration Quarterly*,33,no. 6(1992): 46.
56. Valarie A. Zeithaml and Mary Jo Bitner,*Services Marketing*(New York: McGraw-Hill,1996).
57. A. R. Hochschild, *The Managed Heart* (Berkeley, CA: University of California Press, 1983); definition from Gunther Berghofer, "Emotional Labor," Working Paper (Bond University, Robina, Queensland,Australia,1993).
58. Michael C. Sturman and Sean A. Way,"Questioning Conventional Wisdom: Is a Happy Employee a Good Employee, or Do Attitudes Matter More?" The Center for Hospitality Research, Cornell University,March 2008.
59. Albrecht,Karl and Ron Zemke. *Service America*! (Homewood,IL: Dow Jones-Irwin,1985).
60. Chip R. Bell and Ron Zemke,*Managing Knock Your Socks Off Service* (New York: American Management Association,1992),p. 169.
61. Susan S. Fleming,"Déjà Vu? An Updated Analysis of the Gender Wage Gap in the U.S. Hospitality Sector,"*Cornell Hospitality Quarterly*,56,no. 2(May 2015).
62. Beth Lorenzini, "Promotion Success Depends on Employee's Enthusiasm," *Restaurants and Institutions*(February 12,1992): 591.
63. Berry,Leonard L. "The employee as customer."*Journal of retail banking* 3,no. 1(1981): 33-40.
64. Paula Andruss,"Employee Ambassadors,"*Marketing News*(December 15,2008): 26-27.
65. Mary Dawson, Juan Madera, Jack Neal, and Jue Chen, "The Influence of Hotel Communication Practices on Manager's Satisfaction with Limited EnglishSpeaking Employees," *Journal of Hospitality and Tourism Research*,38,no. 4(November 2014): 558.
66. M. R. Solomon,"Dress for Effect,"*Psychology Today*,20,no. 4(1986): 20-28.
67. A. Rafaeli and M. G. Pratt,"Tailored Meanings: On the Meaning and Impact of Organizational Dress,"*Academy of Management Review*,18,no. 1(1993): 32-55.

68. Kathy Nelson and John Bowen,"The Effect of Employee Uniforms on Employee Satisfaction," *Cornell Hotel and Restaurant Administration Quarterly*,41,no. 2(2000): 86-95.
69. Guenther E. March and Mike Peters,"The Impact of Employee Uniforms on Job Satisfaction in the Hospitality Industry." *Journal of Hotel and Business Management* (February 9, 2017), p. 157. Retrieved from https://www.omicsonline.org/open-access/the-impact-of-employee-uniforms-on-job-satisfaction-in-the-hospitalityindustry-2169-0286-1000157.php?aid=86481.

第 11 章

定价：理解并获取顾客价值

学习目标

- □ 解释影响定价决策的内部因素和外部因素。
- □ 描述一般定价方法之间的差异。
- □ 解释新产品和现有产品的定价策略。
- □ 描述收益管理并解释收益经理使用的工具。
- □ 解释心理定价的考虑因素。
- □ 讨论与价格变动有关的关键问题。

导入案例

野生沙丘度假村（Wild Dunes Resort）的成功定价得益于合理的规划和策略。野生沙丘度假村位于南卡罗莱纳州查尔斯顿附近的棕榈岛，提供住宿、高尔夫、网球、餐饮及家庭宴会等服务。其产品与季节和特殊场合的需求相结合，因此在定价决策中必须考虑多种因素。确定和调整定价是营销总监的工作职责。

野生沙丘度假村有三处独立的住宿区。第一处是海滨大道旅馆，拥有93间客房，以及私人游泳池、台球室和海岛烤肉餐厅。该旅馆由度假村所有和经营。第二处是野生沙丘村舍，是最新建成的，有166间带家具的标准客房和套间，以及家庭式餐厅、康乐中心和水疗中心。其新建的三居室套房和四居室的顶层套房已经全部出售给了私人业主。这些业主与度假村签订租赁协议，将房间交由度假村代为出租。第三处是附近的私人住宅。野生沙丘度假村为这些住宅的业主管理房产。业主也可以接受其他来源的预订和物业管理服务。野生沙丘度假村的收益管理团队给这些住宅制定的租金价格必须在保证度假村及业主的收益的情况下，相对其他预订渠道具有竞争力。

野生沙丘度假村还有其他产品线，即战略业务单元（SBUs）：两个18洞的高尔夫球场，17个《网球杂志》排名第十的网球场及几个网球活动项目，包括专业诊所和各种展览；为青少年和成年人提供娱乐活动的冒险岛。针对不同的客人有不同的定价,如海盗冒险通行证和贵宾俱乐部通行证。乡村聚餐和蓝蟹探险等每周一次的娱乐活动也需要定价。团体瑜伽、有氧运动和水疗服务等康体项目也必须进行价格管理。

餐饮是所有度假村的一个重要经营项目。野生沙丘度假村的4间餐厅供应从熟食、比萨到海岛烤肉餐厅的高档餐饮等各种食品。餐饮部提供的送餐服务很受租用公寓和私人工作室的顾客的欢迎。各种套餐被准备好后送到顾客的房间,价位从145美元到220美元不等。这些同样要求精心定价,尤其是在竞争加剧、成本不断增长的时候。

组合定价是营销职责的关键。高尔夫对顾客很有吸引力,需要针对商业团队(如销售人员)及对高尔夫感兴趣的个人的需要开发不同的组合产品。产品组合通常包括住宿、高尔夫和早餐。特殊的产品组合还包括一些额外的项目,如面向女性的高尔夫组合产品中包含50分钟的按摩。组合产品的定价必须有竞争力,但能否成功还取决于产品组合的创新性。例如,顾客更喜欢吃完早餐后打高尔夫还是打完高尔夫后吃午餐?"沙丘上的伙计"就是为男性设计的一款创新的组合产品,在客房提供扑克牌、小吃和啤酒。"浪漫套餐"则是为庆祝纪念日或是再次相聚的顾客设计的。

产品组合为交叉销售和向上销售提供了极好的机会,这两种销售方式都是收益管理中非常重要的因素。员工参与产品组合的开发也非常重要,因为他们比管理层更了解顾客。

野生沙丘度假村聘用了三名全职的收益管理专业人士及一名收益优化总监进行收益预算和预测,帮助度假村正确地定位其品牌和产品线。

住宿收入是产品线中最重要的部分,也是最容易变化的。高尔夫和网球课的价格相对稳定,但客房的价格则取决于很多可变因素。因此,包括预订部经理在内的收益优化团队成员每周三都要开碰头会。

开会时,团队成员会认真核查所有价格段的客房库存,并比较两种竞争产品的价格,一种在查尔斯顿地区,另一种在一组豪华目的地度假区中。根据季节和期望需求,野生沙丘度假村有时会成为价格的领导者,其他时候也会跟从竞争对手的价格。

与大多数旅游度假村类似,野生沙丘度假村在经营过程中也会面临成长期、平稳期和低谷期。夏季的8周是成长期,此时的需求会增长15%。平时定价每晚295美元的客房在5月阵亡将士纪念日前夕可以卖到每晚495美元。

收益优化团队致力于让产品质量与价格相匹配。周日的住宿需求通常较低,因此优惠的产品组合往往包括周日的住宿以提升客房入住率。

预订销售团队也致力于提高自行车租用、水疗和短途旅行等产品的辅助收入,这意味着需要进行交叉销售、创新产品组合并开展促销。度假村会通过顾客资讯、度假村的电视频道和杂志等渠道让顾客了解度假村的日常活动和特殊项目。

野生沙丘度假村发现顾客渴望策划自己的假期,于是在野生沙丘度假村网站开辟了在线服务频道让顾客规划自己的假期。在线服务给出了各项活动的日程表，顾客可以自己安排日程，提交后预订中心将收到其行程安排。野生沙丘度假村负责在线服务的员工将对这些信息进行回应，确认顾客的各种可行的要求。使用在线服务的顾客还可以指出自己更喜欢收到电话还是邮件回复。这种在线服务不仅提高了顾客的满意度，而且增加了辅助消费。

鼓励顾客设计自己的组合产品，让顾客创造自己理想的度假体验的同时也大幅增加了向上销售。顾客在打造自己的组合产品时，通常会不断升级，就如买车的人想要增加更多的配置和在冰激凌店的小孩总想要点双份冰激凌一样。

每一家餐厅的菜单价格都要依据竞争对手的价格进行定期调整。

收益管理主管称，自己的职位很复杂。他认为，预订、集团销售和营销这三个部门必须合作，而且必须向他汇报。这些部门的主管都参与营销计划的制订。这些部门的新员工都必须接受一天半的入职培训和两周的岗位培训。在此期间，他们会被灌输团队合作、交叉销售、向上销售和收益优化等概念。

收益管理主管认为，收益管理相关人员必须了解度假村各部门的需求，以及价格和入住率对各部门的影响。为了做到这一点，收益管理相关人员必须在管理团队中发挥积极作用。

11.1 定价时应考虑的因素

价格是营销组合中唯一创造收入的因素，其他因素都代表着成本。一些专家认为定价和价格竞争是营销主管面临的首要问题。定价是最难了解的营销变量，但在不受监管的市场中，定价是可控的。企业对价格的调整往往较为草率，缺乏适当的分析。最常见的错误包括过于以成本为导向、没有针对市场变化进行调整、未考虑营销组合中的其他因素，以及未针对不同的产品和细分市场予以差异化。即使其他所有业务元素都是健全的，定价错误也可能导致业务失败。每一位管理人员都应该了解定价的基础知识。

简言之，价格是指针对一种商品或服务收取的费用。更广泛地说，价格是消费者为获得或使用产品或服务的利益而交换的价值的总和。

营销人员和管理者必须对价格有所了解。价格太高会吓跑潜在顾客，价格太低会让企业没有足够的收入来维持运营。如果没有足够的收入，设备老化、地毯污迹斑斑、墙壁漆面脱落等问题都将无法及时解决。企业如果没有维持运营的足够收入，终将倒闭。本章我们将研究酒店营销人员在定价时必须考虑的因素，包括定价的一般方法、新产品的定价策略、产品组合定价，以及为满足顾客需要和应付环境因素而进行的价格调整。

企业的内部因素和外部因素都会影响其定价决策，如图11-1所示。内部因素包括企业的营销目标、营销组合策略、成本、定价组织等。外部因素包括市场的性质与需求、竞争及其他环境因素。

图 11-1 影响定价决策的因素

11.1.1 影响定价决策的内部因素

1. 营销目标

在定价之前,企业必须做出产品决策。如果企业已经选定了目标市场,并且谨慎地进行了市场定位,那么其营销组合策略(包括价格)将更加准确。例如,四季酒店定位为豪华酒店,客房的价格高于大多数酒店。6号汽车旅馆和一级方程式酒店的定位是有限服务的汽车旅馆,面向经济型旅客,而这样的市场定位要求价格低廉。因此,市场定位决策对于价格有很大的影响。

生存。受到产能过剩、薪酬过高、消费者偏好不断变化等问题困扰的企业往往把生存作为目标。在短期内,生存比盈利更重要。在经济不景气时,酒店经常采用这种策略。生产企业可以通过减少产量来适应需求的下降。然而,在经济衰退期间,一家拥有300间客房的酒店每天晚上还是有300间客房待售,哪怕需求已经降至每晚只需要140间客房。酒店试图通过降价谋求现有条件下的现金收益最大化来平安渡过难关。生存策略无疑会直接影响相关的竞争者,甚至会影响整个行业。酒店业中的竞争者对价格通常非常敏感,一旦感受到威胁,便会立即做出反应。这会导致市场疲软:不仅入住率下降,房价和利润也会下降。

酒店业的观察人士有时会建议应仔细监测使用生存目标策略的竞争对手,但没有必要效仿。如果酒店位于某个小镇上,是当地仅有的两家酒店中的一家,那么降价的效果可能很明显。相反,如果酒店位于佛罗里达州的奥兰多,只是当地众多酒店中的一家,仅占整个客房供给总量的一小部分,则拥有强大的营销计划的竞争者可能更愿意运用营销技巧而不是降价去赢得顾客。此外,对于营销上有优势的酒店而言,采用生存策略的竞争对手降价会吸引对价格敏感的顾客,可以将更有价值的顾客留给自己,特别是当这个竞争对手的市场份额较小时。

当前利润最大化。很多企业的定价都旨在追求当前利润最大化。它们会估计不同价格水平下的需求和成本,选择使当前利润、现金流和投资回报率最大化的价格,追求的是当前的最大利益而不是长远的业绩。例如,某企业可能会低价收购一家濒临倒闭的酒店,其目标是让酒店起死回生,呈现一定的获利前景,然后再把它卖掉。如果该企业确实能让酒店起死回生,就会获得可观的资本收益。

一些企业家开发某个餐厅概念,其目的是将这个概念出售给某个大型连锁集团。他们意识到,这个概念的可行性需要用一家效益好的小型连锁店来证明。如果证明可行,他们可能会引起大公司的注意。在这种情况下,定价目标是当前利润最大化。史蒂夫·埃尔斯(Steve Ells)成功地打造了墨西哥烤肉餐厅Chipotle并将其出售给麦当劳就是一个很好的例子。

亚利桑那州一家餐厅的研究表明,通过仔细分析收入因素并做出适时调整可以使总收入提高5%。这项研究显示,应将每餐位单位时间平均收入(RevPASH)作为衡量收益的指标。收入的增加来自拼桌和服务效率的提升,"座位利用率和每餐位单位时间平均收入增加了,就餐时间延长、点的菜增多了,收益和利润率自然也就增加了"。[1]

市场份额领先。一些企业旨在获取占主导地位的市场份额。它们认为,拥有最大市场份额的企业最终将具有成本优势和较高的利润。因此,它们会尽量压低价格。万豪致力于成为同类市场的领导者。每当新酒店开业时,万豪都会尽快占领市场。例如,澳大利亚黄金海岸的万豪酒店开业时,房价远低于市场价格。低房价创造了需求。拥有优质服务的酒店能创造回头客和良好的口碑。开业6个月后,酒店将房价上调至市场价格。这种策略利用低价格和营销组合中其他元素让顾客意识到企业的产品比竞争对手的更有价值。

产品质量领先。丽思卡尔顿酒店每间客房的建造或购买成本可能超过100万美元。除了每个房间的高额投资,豪华连锁酒店每个房间的劳动力成本也很高。这些酒店需要高素质的员工和较高的员工与客人比例来提供优质服务。因此,豪华酒店的客房必须定高价。

食品服务设备制造商格罗恩(Groen)所生产的防蒸汽壶因质量优质而闻名遐迩。厨房设计人员常指定要使用格罗恩生产的设备。由于质量好,其价格相对较高。为了维持高质量,格罗恩必须拥有良好的工艺设计和优质的原材料,还必须有足够的预算来维持它作为质量领导者的市场地位。

像丽思卡尔顿和格罗恩这样的质量领先型企业,虽然定价较高,但必须持续地追加经营投资,才能维持质量领导者的地位。

其他目标。企业也可以利用价格来达到其他更具体的目标。餐厅可以通过制定低价格来阻止竞争对手进入市场,也可以通过将价格定在与竞争对手相同的水平来稳定市场。快餐店可能会暂时降价来促销新产品或吸引更多的顾客。总之,定价可以在很多层面上发挥重要作用,帮助实现企业的目标。

2. 营销组合策略

价格只是企业用来实现营销目标的诸多营销组合工具中的一种。价格必须与产品设计、分销及促销等手段相互协调,形成一致且有效的营销计划。对于其他一些营销变量的决策可能会影响定价决策。例如,计划通过批发商出租大多数客房的度假村必须在客房定价上留有足够的利润空间,才能给批发商提供较大的折扣。酒店业主通常每5~7年就要重新装修酒店,才能使酒店保持良好的状况。因此,价格中必须包含未来的装修成本。

企业的促销组合对价格也有影响。一家为会议主办者供餐的餐厅的回头客显然少于一家服务周边社区的餐厅,而且要在《城市指南》上做广告,瞄准的是会议市场。如果餐厅的管理者在定价时不考虑促销成本,就有可能入不敷出。

有些企业是先做定价决策,其他营销组合决策则根据定价策略来制定。例如,万豪看到了经济型酒店这一市场中潜藏的机会,于是开发了万枫酒店(Fairfield Inns),并利用定价策略将该产品定位为汽车旅馆。万枫酒店的目标价格决定了产品的市场、竞争、设计和特征。在制订营销计划时,企业必须全面考虑所有的营销组合决策。

3. 成本

成本为企业的产品定价设定了最低限度。企业希望产品的价格能够弥补生产、分销和促销的成本。除了这部分成本外,价格还应足够高,以便为投资者带来合理的回报。因此,企业的成本是定价策略的一个重要的组成部分。西南航空、6号汽车旅馆和麦当劳等企业都致力于成为所在行业的低成本生产商。麦当劳开发了高效生产快餐的系统。新的汉堡特许经营商很难在成本上与麦当劳竞争。有效的低成本生产商通过提高效率而不是降低质量来节省成本。低成本企业可以通过降价来获得较大的市场份额。然而,较低的成本并不总意味着要采用低价策略。一些低成本的企业将价格维持在与竞争者相同的水平,从而获得更高的投资回报。

成本有两种形式:固定成本与变动成本。固定成本又称间接费用,是指不随生产或销售水平的变化而变化的成本。例如,无论产出多少,企业每个月都要支付租金、利息及管理人员的工资等。固定成本与生产水平并没有直接的关系。变动成本是随着生产水平的变化而直接变化的成本。例如,旧金山凯悦酒店举办的宴会有很多变动成本:每餐可能包括沙拉、蛋卷、黄油、主菜、饮料和甜点。除了食物,酒店还要为每位客人提供餐巾。这些都属于变动成本,因为它们的数量随产出的数量而变化。总成本是指在给定生产水平上的固定成本与变动成本之和。在长期内,管理者制定的价格水平必须足以弥补给定销售水平上的总成本。

有时,管理者可能意识不到顾客并不关心企业的经营成本而只在意产品的价值。企业必须密切关注成本。如果企业生产或销售产品的成本高于竞争对手,那么就只有两种选择:制定较高的价格,或者获取较低的利润。

很多酒店正在开发复杂的模型或软件,以便更好地理解成本及其与价格的关系。大使公寓酒店(Embassy Suites)认识到了这种关系,认为最有价值的顾客未必是那些付费最高的顾客。大使公寓酒店开发了一个贡献模型,用来对顾客招徕和服务成本(如客房人工成本、广告费、特别促销费及其他相关成本)进行分析。

4. 成本补贴

科罗拉多州的汽船温泉和艾奥瓦州的太阳谷等滑雪胜地,距离较远的游客只能乘坐飞机。在很多情况下,这些滑雪胜地在非滑雪的季节通常只有一条航线。而到了滑雪季,一条航线显然是不够的。

大多数航空公司都不愿承担每年仅有几个月提供往来滑雪度假地的航班的财务风险,因此滑雪度假地及附近依靠游客赚取收入的小镇要向航空公司担保一个基础收入,以确保航空公司可以盈利。汽船温泉滑雪公司向航空公司提供一个滑雪季480万美元的保证金。[2]

5. 组织方面的因素

最高管理层必须决定由组织内的哪些人来设定价格。各个企业在对待定价问题上有着不同的方式。在一些小企业,设定价格的通常是最高管理层而不是市场部或销售部。而在大型酒店企业,价格通常由收益管理部门根据企业管理层的指导方针来设定。酒店会制订一项包含下年度月平均房价和入住率的营销计划。该计划可能需要由地区或企业管理层批准。

在旅游接待业,很多企业都设有收益管理部门来负责定价及与其他影响价格的部门的协调。很多航空公司、邮轮公司、汽车租赁公司及连锁酒店成立了收益管理部门。

在大型旅游接待企业,成立专门的收益管理部门可以带来巨大的回报。皇家加勒比邮轮公司收入计划与分析总监布莱恩·赖斯(Brian Rice)说:"如果皇家加勒比邮轮公司的平均收益每天增加1美元,那么总值将达550万美元,而且100%都是盈利。"根据他的保守估计,皇家加勒比邮轮公司每天"照顾婴儿"服务的收益超过2 000万美元。[3]

11.1.2 影响定价决策的外部因素

影响定价决策的外部因素包括市场和需求的性质、竞争及其他环境因素。

1. 市场和需求

成本决定了价格的下限,而市场和需求则决定了价格的上限。消费者和中间商(如旅游批发商)都会权衡产品的价格与其所能提供的利益。因此,在设定价格之前,营销人员必须了解产品的价格与需求之间的关系。

拉迪餐厅(Rudy's)是休斯敦的一家高档餐厅。在休斯敦经济繁荣时,该餐厅也十分火爆。但当休斯敦经济由于油价下降而衰退时,消费者对高档餐饮的需求减少,拉迪餐厅的经营惨淡,其午餐仅能维持收支平衡。餐厅的管理者认为提高价格是确保盈利的一种途径。这似乎是一个好主意:只需向每位顾客多收5美元,收入就会超过盈亏平衡点。但这个策略是基于市场没有价格弹性的假设。

由于越来越多的人支付不起拉迪餐厅的价格,因此餐厅的生意每况愈下。提价进一步减少了可以承受餐厅价格的消费者的人数。休斯敦的另一家餐厅 La Colomba d'Or 则顺应经济衰退形势调整了定价。餐厅推出了多款商务午宴,而商务午宴的主人通常不会让客人点菜单上最便宜的菜品,甚至会鼓励客人点利润率很高的葡萄酒。这样一来,La Colomba d'Or 餐厅不仅能以正常的价格出售餐点,而且能从商务午餐中获得更高的利润。

2. 交叉销售和向上销售

La Colomba d'Or 餐厅的经营者采用的就是交叉销售的方法,这是一种有效的收益管理基本方法。旅游接待业有很多交叉销售的机会。酒店可以交叉销售其餐饮产品、健身房服务和行政秘书服务,甚至可以销售手工巧克力、毛巾浴衣等零售产品。滑雪度假村可以交叉销售滑雪课程和雪橇驾驭技术。

向上销售也是有效收益管理的一部分,是指企业通过培训,让推销人员和预订人员不断向顾客推荐价格较高的产品,而不是价格最低的产品。一位向上销售的支持者认为,通过向上销售,任何一家酒店都能增加15%的餐饮收入。[4] 拉斯维加斯度假村对前台人员进行培训,鼓励他们向顾客推荐套房和豪华客房。

向上销售的机会很多,但企业需要识别这些机会,制订并实施各种计划,才能保证向上销售的成功。提供餐后咖啡时,只要将普通的咖啡壶变成具有独特视觉体验的高档咖啡展示,就有机会转化为向上销售。调整价格很容易,通常被视为快速解决复杂问题的一种方法。不过,虽然调整价格很容易做到,但改变人们对价格的成见却很难。

本节我们将探讨价格与需求的关系在不同的市场上如何变化,以及消费者对价格的认知如何影响定价决策。我们还将讨论衡量价格与需求之间关系的各种方法。

3. 消费者对价格和价值的认知

最终决定产品的价格是否适当的还是消费者。在设定价格时,管理者必须考虑消费者如何看待价格以及这种认知如何影响消费者的购买决策。与其他营销决策一样,定价决策也必须是顾客导向的。

"我们看不到产品的价值,"大使公寓酒店的高级副总裁卡罗斯·特劳瑟(Corlos Talosa)解释说,"我们只能设定价格。产品的市场价值是由顾客和我们的销售能力决定的。"特劳瑟认为,"即使在经济衰退时期,消费者也不一定会购买最便宜的物品,但他们会掂量其花费是否物有所值。如果你的产品质价不相称,就相当于你在放弃一些很宝贵的财产。"[5]

定价不仅需要技术专长,还需要对消费者动机做出判断。有效的定价需要对目标市场有深入了解:他们为什么会购买,以及如何做出购买决策。在定价时,认识消费者在这些方面所表现出的差异与有效地促销、分销或制定产品政策同样重要。

营销人员必须尝试分析消费者选择产品的原因,并根据消费者对产品价值的感知来设定价格。由于消费者赋予产品的价值不同,营销人员常常在不同的细分市场上采用不同的定价策略,以不同的价格提供不同的产品特征组合。例如,一个汉堡包在麦当劳可能卖6美元,在全方位服务餐厅可能卖12美元,而在高档的城市俱乐部可能卖20美元。

消费者导向定价意味着营销人员不能先制订营销计划,然后再设定价格。好的定价始于对消费者需要及其价格认知特点的分析。在定价之前,管理者必须考虑其他营销组合变量。大多数酒店与餐厅的产品概念都是通过先识别市场需求才开始设计的。产品概念通常要包含市场愿意支付的价格范围。提供有限服务的酒店通过观察全方位服务酒店的顾客,发现了一个细分市场,这些顾客并不进鸡尾酒廊和酒店餐厅消费,不宴请也不使用会议设施。删减了这些服务项目后,提供有限服务的酒店不仅节省了建筑成本,还降低了经营费用。这类酒店可以在比中档酒店低得多的价位上提供同样的客房。

消费者往往关注最终的价格,之后才会判断产品是否物有所值。例如,两位在餐厅就餐的客人接到账单并看到餐费是80美元。在消费之后他们就会评价自己到底是否满意。他们不是逐项地对照菜单并判断每一款菜肴的价值,而是针对所花费的总金额来判断整个就餐体验。如果一家餐厅提供了物有所值的菜肴但其葡萄酒却价格虚高,如一杯葡萄酒要价14美元,那么喝了4杯葡萄酒的夫妇就会因为增加了56美元的酒钱而感觉整体餐费太高了。

酒店营销顾问梅尔文·格林(Melvyn Greene)曾做过一项调查,在客人结账后即将离开酒店时立即与其面谈。结果,只有1/5的客人能够记起他们刚刚支付的账单中房费是多少。不过,他们能说出来其消费是否物有所值。大多数客人在酒店逗留了一天以上,使用了互联网并在酒店的餐厅用餐。房费只是他们的账单中的一部分。他们往往会接受这些收费并签单。[6] 客人对价值的感知建立在账单的总金额、他们享用的产品或服务及他们对这些产品或服务的满意程度之上。

不同的细分市场对产品的评价是不同的。管理者必须向目标市场提供他们需要的产品价值属性,剔除那些并不创造价值的功能。之后,管理者还必须制定一种让目标顾客感觉物有所值的价格。对某些市场来说,这意味着以低价提供适中的住宿;而对于另一些市场来说,则可能意味着以高价提供优质服务。感知价值是品牌形象、产品属性及价格的函数。

4. 分析价格与需求的关系

企业给产品设定不同价格,会引致不同的需求水平。需求曲线描述了某一价格水平与相应的需求之间的关系。它表明特定时期内,在不同价格水平下市场将会购买的产品数量。在通常情况下,需求与价格是负相关的,也就是说,价格越高,需求越低(见图11-2)。因此,如果企业将产品价格从 P_1 提高到 P_2,则产品的销量会减少。购买力有限的消费者在价格太高时通常会减少购买量。

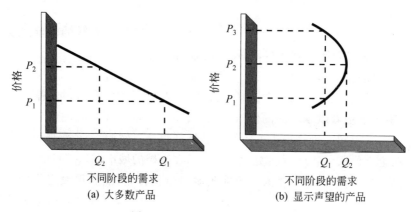

图 11-2 两种假定的需求曲线

无论是直线还是曲线,大多数需求曲线都是向下倾斜的。不过对于一些显示声望的产品,其需求曲线有时会向上倾斜。例如,一家豪华酒店可能会发现,将客房价格从 P_1 提高到 P_2,入住率不仅没有降低,反而提高了。在房价较低时,消费者并不将其视为豪华酒店。不过,如果定价过高(如 P_3),需求量将低于 P_2 的水平。

大多数企业的管理者都了解需求曲线的基础知识,但能够测量需求曲线的管理者却并不多。市场的类型决定了需求曲线的类型。在垄断市场上,需求曲线显示了不同价格下的市场总需求。然而,如果企业面临竞争,其在不同价格下的市场需求将取决于竞争对手的价格是保持不变还是随着企业的价格变化而变化。

估测需求曲线需要预测不同价格水平对应的市场需求。例如,经济情报所(Economic Intelligence Unit)进行的一项研究估测了欧洲度假旅游的需求曲线。其研究结果表明,度假产品的价格降低 20% 将使该产品的需求增加 35%,而价格降低 5% 将使需求增加 15%。[7] 经济情报所的研究使用的度假目的地是地中海,并假设其他变量保持不变。

研究人员可以开发假定其他变量保持不变的需求模型。对于管理人员来说,情况远非如此简单。在正常的业务情形中,竞争、经济形势、广告宣传及促销力度等其他变量也会影响价格与需求的关系。如果一家度假村在降价后进行了广告宣传,则很难区分增加的需求有多大比例来自降价、多大比例来自广告宣传。因此,价格并不是独立于其他变量的。

经济学家用需求曲线的移动而不是沿需求曲线的移动来显示非价格因素对需求的影响。假设初始需求曲线为 D_1(见图 11-3)。此时卖方的产品价格为 P,销量为 Q_1。现在假设经济突然好转或卖方的广告预算翻番,从而使需求增加。增加的需求通过需求曲线从 D_1 向 D_2 的移动反映出来。价格 P 虽然没有变化,需求却增加了。

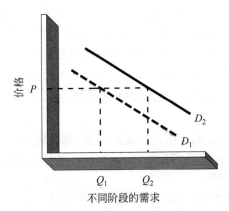

图 11-3　促销及其他非价格因素引起需求曲线的移动

5. 需求的价格弹性

营销人员还需要知道价格弹性的概念,即需求对价格变化的反应程度。以图 11-4 中的两条需求曲线为例。图 11-4(a)中,价格从 P_1 提高到 P_2 导致需求从 Q_1 到 Q_2 的小幅变动。而图 11-4(b)中,价格同样从 P_1 提高到 P_2 却导致需求从 Q_1' 到 Q_2' 的大幅变动。如果需求几乎不随价格变化而变化,则称需求是无弹性的。如果需求随价格变化而大幅变化,则称需求是有弹性的。

$$\frac{需求变化的百分比}{需求价格弹性} = 价格变化的百分比$$

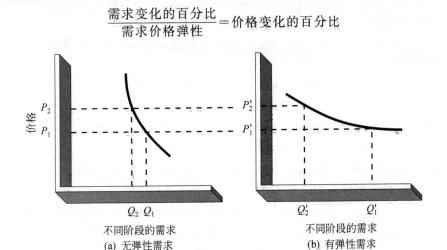

图 11-4　无弹性需求与有弹性需求

假设卖方提价2%时需求下降10%,则需求价格弹性为−5(负号表示价格与需求负相关),即需求是有弹性的。如果价格上升2%时需求下降2%,则需求价格弹性为1,在这种情况下,卖方的总收入保持不变(卖方的销量虽然下降,但价格提高了,恰好弥补了损失使总收入不变)。如果价格上升2%而需求下降1%,则需求价格弹性为0.5,此时需求无弹性。需求越是缺乏弹性,对于卖方而言,提价越有赚头。

是什么因素决定产品的需求价格弹性？当产品是独一无二的,或品质、声望、排他性较高时,买方对价格的敏感度较低。公务出行者对旅游接待产品的价格并不敏感。当很难找到替代产品时,消费者对价格也不太敏感。例如,在对四星级酒店有很高需求的地方,唯一一家四星级酒店就可以收取高房价,并获得较高的收入,直到有竞争对手到来。

如果需求是有弹性的,卖方通常会考虑采取降价的策略。较低的价格会带来更高的总收入。只要额外的生产和销售成本不超过额外的收入,这种策略就是可行的。

6. 影响价格敏感度的因素[8]

接下来,我们讨论一些影响价格敏感度的因素,包括独特价值效应、替代品知晓效应、商务支出效应、最终收益效应、总支出效应、共担成本效应和价格质量效应。

独特价值效应。在休斯敦,帕帕斯(Pappas)家族成功地将一些行将倒闭的餐厅变成了周末客人要花一个小时等座位的生意兴隆的餐厅。帕帕斯家族并没有使用优惠券或其他价格折扣手段促销,而是通过以适中的价格提供分量十足的食物,让客人感到物超所值。这一方法吸引了中下阶层的就餐者。

营造出自己的产品与竞争对手的产品不同的感知价值可以避免价格竞争。通过这种方式,企业可以让顾客知道,自己可以提供比竞争对手更多的利益和价值。这种利益和价值可以让企业有能力提高价格,或者以同样的价格吸引更多的顾客。

顾客可能不总是能够描述他们所说的"价值",但当看到或体验到时,他们可以立即分辨出来。价格是价值的反映,有时顾客会因为支付五星级酒店的价格却只得到三星级酒店的产品而感到不快。互联网上虽然有酒店甚至菜品的照片,但这些摆拍的照片也许并不能准确反映现实。

替代品知晓效应。购买者所不知晓的替代品即使存在也不会影响其购买行为。酒店的餐厅常常根据替代品知晓效应对食物设定较高的价格。在晚上到达的顾客由于不熟悉这个城市,通常会在酒店用早餐。顾客知道在其他地方会有更好的餐厅,但并不清楚具体在哪里。尽管在酒店吃早餐的费用可能比附近餐厅高一倍,但在外面就餐所要花费的搜寻成本(包括寻找餐厅所花的时间、到达餐厅的交通费等)却会高于节省下来的早餐费。

以会议或外地顾客为目标市场的餐厅也会利用替代品知晓效应来定价。这些餐厅在各家酒店都会展示的地方娱乐杂志上大做广告。这些餐厅因为价格较高,当地人通常不会光顾。但是,这些餐厅确实能吸引那些不了解其他替代餐厅的酒店顾客。

当消费者发现有更好的产品时,他们就会转而购买这些产品。很多酒店餐厅在晚餐时都冷冷清清,原因就在于当地人认为价格太高了。酒店的顾客在白天也找到了替代品。这些酒店往往把餐厅看作必备的便利设施,而不是与当地餐厅竞争的场所。更好的理念是把餐厅也作为吸引顾客的手段。这要求酒店具有独特的产品和理念,可以为顾客提供实际价值。

商务支出效应。当就餐的账单有其他人支付时,顾客的价格敏感度就会降低。这种人更喜欢住高档酒店,享受美味的早餐。在设定价格时,管理层需要知道市场愿意支付多少。如果一家酒店可以吸引那些差旅费报销标准很高且愿意支付高房费的商务人士,那么酒店提供折扣就毫无意义。

有些航空公司在乘客已全价购买了一张商务舱机票后再购买一张商务舱机票时会提供折扣。常旅客入住某些与航空公司有合作的酒店也可以累积里程。这两种促销方式都是在利用商务支出效应。航空公司知道,商务旅行者会支付全价机票,同时为同行的家人或朋友买一张折扣票。酒店知道,由于商务旅行者所在的公司会支付酒店房费,所以在房价上让一点利未必会吸引更多的顾客,但为商务旅行者提供常客奖励里程,供其日后度假时换取免费机票则是有吸引力的。商务支出效应在旅游接待业经常被使用。

最终收益效应。当产品的价格占最终收益的总成本很大比例时,顾客会对价格更为敏感。例如,一对日本夫妇花3 000美元飞往澳大利亚,他们会花每晚350美元的价格在滨海的豪华酒店入住。这350美元在本次度假的最终收益中只是一笔很小的费用。相反,很多驾车从悉尼前往金色海岸的家庭会寻找便宜的酒店。这些家庭通常预算有限,因此更愿意住在离海滨几个街区的较便宜的汽车旅馆。

当上面提到的日本夫妇前往梦幻世界主题公园时,他们会毫不迟疑地支付全额的门票。门票只占他们整个度假开支的一小部分。然而,来公园度周末的当地四口之家则会觉得门票太贵。对他们来说,门票价格占其娱乐总支出的比例很高。因此,为了吸引本地游客,梦幻世界会出售年票,价格仅为普通门票的两倍。梦幻世界知道,如果将价格提高20%,失去的本地顾客将比国际游客多。对于梦幻世界来说,弄清楚顾客结构至关重要。如果75%的顾客是本地居民,那么梦幻世界要提价的话必须十分谨慎。旅游景点通常会为当地居民提供特殊的价格。

高档酒店可以将最终收益效应作为说服潜在顾客为酒店客房多支付一点费用的工具。举办两天的销售会议的企业可能要为每位参会者花750美元买机票,每天支付500美元的薪水,还要付给发言者100美元。聪明的酒店销售人员会说服会议策划人员在房费上多付一点,理由是酒店费用仅占总费用的一小部分。酒店销售人员可以使用下面的说辞:

> 实际上,我们的豪华套房与您正在考虑的标准间的差价不过每晚75美元,或者说,是每人150美元,这只是每位与会者总费用的一小部分。您不觉得,花150美元就能让您的员工感到自豪,向他们表明您非常重视他们并安排他们住在全市最好的酒店是一件很划算的事吗?我敢说,升级客房带来的与会者态度上的变化,对会议的成功非常重要。趁我们还有空房间,赶快签了这次销售会议的合同吧。

在设定价格时,最终收益效应是一个值得重视的概念。当所要出售的产品仅是最终收益中的一小部分费用支出时,最终收益价格可以识别对价格敏感的市场,说服顾客克服定价障碍。要想充分利用这一效应的优势,必须记住很多消费都有非货币成本。例如,一位正为女儿筹办婚礼的母亲会要求诸事完美,不能有任何失误。这种高度的情感参与通常可以降低购买者对价格的敏感度。

总支出效应。一个人在一种产品上花费越多,他对该产品的价格就越敏感。例如,汉普顿旅馆(Hampton Inns)、红屋顶客栈(Red Roof Inns)、拉昆塔酒店(La Quinta)等提供有限服务的连锁酒店已经成功地吸引了一大批推销员。推销员的差旅费可能是很大一笔支出,尤其是那些每周平均有两三天不在家的推销员。一名推销员一晚上节省20美元,一年下来就能节省2 000多美元。这笔钱增加了拿直接佣金的推销员的利润。而支付推销员费用的企业能节省的总成本等于2 000美元乘以企业雇用的推销员人数。例如,企业雇用12名推销员,则能节省24 000美元。

总支出效应在销售低价产品或为大批消费者提供打折的产品时能发挥很大作用。上面提到的酒店为推销员提供了他们期望的价值:整洁舒适的客房、安全、免费电话及附近有小餐馆。

对于成千上万有旅行总支出预算限制的旅行者来说,总支出效应是一个重要的决策因素。很多卡车司机在出车时都有一个现金支出额度(如500美元),超过这个额度的支出无法报销。不是所有的汽车旅馆都愿意接卡车司机的生意,而愿意做这部分生意的汽车旅馆都十分清楚这个群体在开支上的限制。它们知道,宽敞的可供停放16或18轮卡车的停车场、有两张床的客房,以及合理的价位,对这些卡车司机很有吸引力。

为高端客人提供服务的酒店通常在客房内配备一张大床,因为没有支出限制的高消费群体中很少有人愿意与人合住。差旅费有限制的卡车司机或管线架设工则刚好相反,两个人合住一间70美元的客房显然可以使既定的预算宽松一些。

价格质量效应。消费者会将价格与质量相比照,尤其是当他们对产品没有经验的时候。例如,朋友可能建议你在休斯敦旅行时住在格兰德酒店。如果你打电话预订,预订人员告诉你周末的房价是69美元,你可能觉得这个价格就你所要求的酒店档次而言太低了,于是选择了另一家酒店。格兰德酒店或许能满足你所有的需要,但由于价格低,你就认为它无法提供期望的价值。

高价格还可以给产品带来很高的声望,因为并非什么人都能买得起。人均消费100美元的餐厅如果降低价格就会失去很多老顾客。在价格被视为质量或声望的体现的情况下,价格与需求之间的正相关关系可能存在于某些细分市场上。例如,英国纽卡斯尔的高档酒店戈斯福斯公园大酒店(Gosforth Park Hotel)发现,房价提高后,客房入住率也提高了。[9]

隐藏费用。酒店业会收取不包含在基本价格内的隐藏费用。度假村通常会加收一笔不低于30美元的度假费用。这笔费用通常包括上网和健身房等项目,而无论客人是否使用这些服务。很多航空公司收取25~100美元的行李费。廉价航空公司会对靠过道或靠窗的座位额外收费。有些邮轮公司的账单上会有每天20~30美元的小费。除了酒精饮料,一些碳酸软饮料也要收费,儿童一天5美元,成人一天7美元。收取这些费用使酒店、航空公司或邮轮公司可以公布较低的基本价格吸引对价格敏感的顾客,然后通过向顾客收取隐藏费用来盈利。这些费用不太可能从酒店业消失。不过,为了避免触怒顾客或出现尴尬的场面,在结账前不能隐瞒这些费用。当顾客询问有关额外费用的问题时,应明确而直接地给予答复。[10]

11.1.3 竞争对手的价格和产品

竞争对手的价格及其对本企业的价格变动的反应也是定价时需要考虑的一个外部因素。打算在芝加哥办会的会议策划者会对比相互竞争的几家酒店的价格和价值。

了解了竞争对手的价格和产品,就可以将这些信息作为制定自己产品价格的基点。例如,如果一位顾客认为新加坡的喜来登酒店与希尔顿酒店相似,那么喜来登酒店就必须将价格定在与希尔顿酒店差不多的水平上,否则就会失去这位顾客。Star Report 是 STR 提供的一个流行工具。酒店可以利用该软件与自己选择的一组竞争对手(通常是 4 个)进行比较。Star Report 可以比较酒店的价格、入住率和每间可供出租客房收入(RevPAR)。

11.1.4 价格紧缩

在需求疲软时,几乎没有几家竞争企业能不受市场惨淡的影响。只有那些拥有大量忠诚顾客的企业才能经受住市场的考验。很多时候,竞争企业大多是倾向于降价而非寻求其他策略。在这种情况下,有可能出现价格紧缩。

在三星级、四星级和五星级酒店的房价差异不显著的时候,就出现了价格紧缩。此时,高价位酒店为保持入住率而降低价格,成为低价位酒店的直接竞争对手。这让那些降价空间很小的经济型酒店很难盈利。

11.1.5 其他外部因素

在设定价格时,企业还必须考虑外部环境中的其他因素,如通货膨胀、经济繁荣或衰退、利率等经济因素。例如,当油价从每加仑 2.4 美元涨到 3.8 美元时,很多家庭每月需要多支付 50~100 美元的油费。这一额外的支出将减少他们可以自由支配的预算,使他们在餐厅的花费减少。很多餐厅为了保持顾客数量而不得不降价。大多数餐厅无法靠以较低的价格提供相同的产品维持经营。这些餐厅需要设计新的菜单,推出低价位的采用低成本原料的新菜品。

11.2 定价方法

企业设定的价格需要在过低与过高之间权衡,过低则没有利润可赚,过高将无法带来足够的需求。产品成本构成了价格的下限,而消费者对产品价值的认知构成了价格的上限。企业必须综合考虑竞争对手的价格及其他一些外部和内部因素,找出这两个极端情况之间的最佳价格。

企业通过选择包含上述一个或多个因素的定价方法来设定价格。接下来我们将介绍:以成本为基础的方法(成本加成定价、盈亏平衡分析和目标利润定价),以购买者为基础的定价(感知价值定价),以及以竞争为基础的定价(现行费率定价)。

11.2.1 以成本为基础的定价法

最简单的定价方法是成本加成定价法,即在产品的成本上加上标准加价百分比。餐饮部的经理经常用这种方法确定葡萄酒的价格。例如，一瓶进价14美元的葡萄酒可能定价42美元，即其成本的3倍。

在餐饮业，根据成本占售价的百分比确定价格是另一种常用的定价方法。一些餐厅经理根据某种食物的成本，相应地确定菜单上各种菜品的价格。例如，一位经理如果要求食物成本占菜品价格的40%，则各种菜品的价格就会被定为成本的2.5倍。这一倍数是用100除以期望的成本比例得到的。期望成本为30%的经理在定价时会将成本乘以3.33。使用这种方法定价的管理人员应该意识到餐厅的经营效率未必能达到100%。为了弥补因浪费、市场萎缩和失误造成的损失，管理人员往往要把价格确定在自己所期望的食物成本百分比以下3～4个百分点。也就是说，如果一位经理希望食物成本占40%，在为菜品定价时，就需要按照36%或37%的成本率来计算。食品成本率的调整数值以多大为宜，要视经营规模和效率来定。在规模较大、菜品有限的餐厅，数值可以低一些。

对于使用这种定价方法的管理人员来说，在确定菜单价格时，最好使用主要成本项目，即劳动力成本和食物成本。通常需要对劳动力成本和食物成本在产品成本中所占的比例进行权衡，使主要成本能更真实地反映菜品的生产成本。例如，如果餐厅自制各种甜点，那么各种配料的成本通常会比从面包房购买类似产品的成本低。不过，采购来的成品却不会发生制作过程中的劳动力成本，因此在定价时需要兼顾劳动力成本和食物成本。

使用标准加成法来定价是否合理呢？一般来说，答案是否定的。任何忽略当前需求和竞争情况的定价方法都不会得出最佳价格。一些高成本的菜品（如牛排）的利润相对较低，而一些甜品或开胃菜的利润则比较高。大多数将成本看作售价的一定百分比来给菜品定价的管理人员都是先利用这种方法确定一个目标价格，然后再根据市场的承受力、心理定价法和本章将讨论的其他方法对菜单上的每一种菜品的价格进行调整。

餐厅的葡萄酒价格大多是成本的3倍。越来越多的餐厅会随着价格的上涨降低加价幅度。例如，以3倍的加价计算，每瓶成本分别为8美元、25美元和75美元的葡萄酒的售价将分别是每瓶24美元、75美元和225美元。还有一种更合理的方法是以高于成本3～4倍的价格销售成本较低的葡萄酒，而将成本较高的葡萄酒的售价定为成本的1.5倍。采用这种方法，成本分别为8美元、25美元和75美元的葡萄酒的价格将变成28美元、65美元和150美元。这种定价还会吸引那些希望享用高品质酒水和菜品的顾客，提高平均消费水平。[11]对于上好的葡萄酒，一些餐厅更愿意留着这些酒，将其用在豪华晚宴上。这种晚宴的人均消费通常很容易就会超过200美元。位于俄勒冈州北部的汽船酒店就凭借这种宴席而享有盛名。

由于各种原因，成本加成定价法一直很流行。首先，卖家对成本的了解比对需求的了解多。将价格与成本挂钩，不仅使定价变得简单了，而且管理人员也不需要在需求变动时调整价格。其次，由于很多餐饮企业都使用这种方法，其价格很类似，可以减少价格竞争。

11.2.2　盈亏平衡分析法与目标利润定价法

另一种成本导向的定价方法是盈亏平衡分析法，即找到使企业盈亏平衡的价格水平。有些企业使用盈亏平衡分析法的变形——目标利润定价法，其目标是让企业实现一定的投资回报率。

目标利润定价法采用盈亏平衡图的概念(见图11-5)。例如,一家自助餐厅可能会希望获得20万美元的利润。其盈亏平衡图显示了不同销售水平下的总成本和总收入。假设固定成本是30万美元,变动成本是每份10美元。将变动成本与固定成本相加即可得到总成本。总成本随着销量的增加而增加。总收入自零开始,随着销量的增加而增加。总收入曲线的斜率反映了价格。如果餐厅以每份20美元的价格售出5万份,其收入就是100万美元。

在20美元的价格水平上,餐厅要想达到盈亏平衡,必须卖出至少3万份,也就是说,在这个销量水平上,总收入等于总成本,均为60万美元。如果餐厅的目标利润是20万美元,则必须卖出至少5万份,即每天137份。这一销量将带来100万美元的收入,扣除80万美元的成本后,还有20万美元的目标利润。而如果餐厅定一个比较高的价格,如每份25美元,则要获得目标利润,只需销售33 334份,即每天92份。价格越高,企业的盈亏平衡点就越低。售价减去变动成本即为毛利,或每一笔销售对补偿固定成本的贡献。盈亏平衡点(BE)的计算公式为

$$BE = 固定成本/毛利(售价-变动成本)$$

在上例中,

$$BE = 300\,000\text{美元}/10\text{美元}(售价20\text{美元}-变动成本10\text{美元}) = 30\,000(份)$$

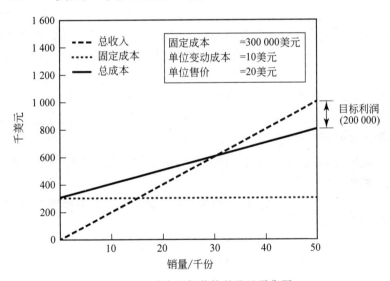

图11-5 确定目标价格的盈亏平衡图

当需求减少时,有些酒店会使用边际贡献的概念来确定房价。酒店可能会定很低的价格,理由是只要能补偿变动成本就行。如果这样做能增加需求,就是有效的。不过,有些酒店在旺季也试图通过降价抢生意。这种策略难以把控,因为在缺乏弹性的市场上,再大幅度的降价也难以刺激足以弥补降价所损失利润的需求。一家入住率约为60%的酒店房价为120美元,每间客房的固定成本为40美元,要将房价降到95美元,酒店需要将入住率提高到87%才能达到盈亏平衡。固定成本包括洗衣费、水电费和房间清洁费。[12]

很多时候企业都要考虑价格与需求之间的关系。例如,假设某企业经过计算发现,基

于目前的固定成本和变动成本,要获得目标利润,产品的价格必须定在 30 美元。但营销调研表明,愿意支付 25 美元以上价格的消费者寥寥无几。在这种情况下,该企业必须调低成本以降低盈亏平衡点,从而设定能为消费者所接受的较低的价格。

11.2.3 以产品价值为基础的定价法

越来越多的企业根据顾客对产品价值的感知来定价。感知价值定价法将购买者对产品价值的认知而不是将售卖方的成本作为定价的依据。产品价值定价法意味着营销人员不能先设计一个产品、制订营销计划再确定价格。在制订营销计划之前,就需要考虑价格及其他营销组合变量。企业利用营销组合中的非价格变量来构建购买者心目中的感知价值,再设定与这一感知价值相匹配的价格。

任何采用感知价值定价法的企业都必须了解购买者对不同的竞争产品的感知价值。有时候,调研人员会问消费者他们愿意为产品追加的使用价值支付多少费用。了解消费者支付意愿的方法之一是**权衡分析**(trade-off analysis)。调研人员询问购买者他们分别愿意为配备与不配备某些设施的酒店客房支付多少费用。这些信息有助于调研人员了解哪些功能让顾客感知的价值高于成本。如果企业的定价高于购买者的感知价值,就很难将产品卖出去。

越来越多的营销人员采用价值定价策略,力求以合理的价格提供相匹配的质量和服务。这可能意味着需要重新设计现有的品牌以提供更高的价值或以更低的价格提供相同的产品价值。例如,精神航空公司为乘客提供"裸票价",即虽然得到的服务很少,但不必为没有得到的东西付钱。购买精神航空的机票你只会得到飞往目的地的飞机上的座位。如果你想要更多,需要另外花钱。精神航空对所有东西都收取额外费用。一分钱一分货——一颗花生也不能多。了解产品在不同细分市场上的价值可以帮助营销人员在不同的细分市场中配置资源。对会议策划者的一项研究表明,会议策划者认为,200 美元的房间比 175 美元的房间价值更高。显然,会议策划者与大多数消费者一样,也是将更高的价格与更高的质量联系在一起。[13]

酒店客房的价格可能根据顾客的类型而有所不同。同样是商务客人,酒店针对 10 人及以上的团队提供团队价,针对在酒店举办大型会议的协会提供会议价。如果酒店的目标是在平均房价 180 美元的基础上维持 60% 的客房入住率,则需要确定顾客构成及每个细分群体的平均价格。例如,它可能会制定下面的组合策略来实现 180 美元的房价目标:

	业务比例/%	平均房价/美元
商务客人	30	200
公司团队	40	180
协会	30	160

为了实现 180 美元的房价目标,酒店在旺季的房价必须高于平均房价,以补偿淡季折扣价格。很重要的一点是,应制定目标价格,并稳步朝着实现这些目标前进。如果酒店以 150 美元的价格为一个团队提供 100 间客房,住 3 晚,则需要弥补 9 000 美元[(100 间客

房×3晚×180美元的目标房价)－(100间客房×3晚×150美元的实际房价)]的收入。要弥补这部分收入,酒店需要在其他细分市场上按高于180美元的目标价格销售客房、按照200美元的价格销售更多的商务客房,或者是提高目标客房入住率,出售更多的客房。要想制定成功的顾客价格组合策略,必须对主要细分市场上的顾客行为特征进行深入研究。对于大多数旅游接待企业来说,首先需要将顾客细分为休闲旅行者和商务旅行者。然后,再进一步细分这两种类型的市场,以获取有关这些顾客类别的详细信息。毫无疑问,这两类市场最重要的区别在于对价格的不同敏感程度。一般来说,商务旅行者对价格较不敏感,而休闲旅行者对价格则较为敏感。

11.2.4 以竞争为基础的定价

随行就市定价法(going-rate pricing)主要根据竞争对手的价格来定价,很少考虑成本和需求。有些企业的价格可能比竞争对手高一点或低一点,但高低价差保持不变。例如,一家提供有限服务的酒店可能比竞争对手6号汽车旅馆的定价高出25美元。这种定价方法很常见。

11.3 定价策略

11.3.1 新产品定价策略

定价策略通常随着产品生命周期的变化而变化。尤其在产品的导入阶段,定价具有挑战性。为新产品定价有几种选择:声望定价、市场撇脂定价和市场渗透定价。

1. 声望定价

期望定位为豪华和高档的酒店或餐厅在进入市场时采用高价策略有助于达成目标。一些夜总会为了吸引某一类型的顾客并创造一种排他性的形象,可能会收取一定的会员费。在这些场合下,降低价格会使定位发生改变,从而无法吸引目标市场上的顾客。

2. 市场撇脂定价

市场撇脂定价是当市场对价格不敏感时设定高价。如果降价会减少收入,采用市场撇脂定价对企业来说就比较合理。例如,在狩猎季节,如果客房供不应求,南达科他州一座小镇里唯一一家汽车旅馆的老板就可以将房价定得高一些。市场撇脂定价是一种有效的短期策略。不过,这种做法存在一个风险,即竞争者会注意到消费者愿意支付的高价位,从而也想进入该市场,使供给增加,最终导致价格回落。在旅游接待业,由于竞争者进入门槛低,尤其容易受到这方面的影响。

3. 市场渗透定价

在产品刚进入规模较小但利润丰厚的细分市场时,有些企业并不会设定高价,而是设定低价来迅速而深入地渗透到市场中,吸引更多的购买者,获取更大的市场份额。谢尔道·金克(Theodore Zinck's)鸡尾酒吧在开业时价格比竞争对手低20%左右。酒吧的租金较低,从而具有竞争优势。竞争对手的成本较高,因此无法降价。这一定价策略使酒吧很快吸引了大量的顾客。

在下列情况下，采用低价是合适的：①市场对价格高度敏感，因此低价会促使市场更快增长；②随着销量的增加，存在规模经济效应；③低价有助于阻止竞争。

11.3.2 现有产品定价策略

1. 产品捆绑定价

使用产品捆绑定价的企业将多种产品捆绑在一起，以低于这些产品的价格之和出售，如酒店出售的包括客房、餐饮和娱乐项目的周末特价套餐。产品捆绑定价有助于促销顾客本不想买的产品，但捆绑的价格必须低到能说服顾客购买这"捆"产品。追加到核心产品之上的项目必须让顾客觉得物超所值。

产品捆绑定价策略在邮轮公司和旅游批发商中得到了广泛的运用。邮轮公司通常会提供"飞机＋邮轮"或"飞机＋汽车＋邮轮"组合产品。这些组合产品通过将汽车出租公司、航空公司、邮轮公司及酒店联合到一起而使价格远低于单独购买几种产品的价格之和。互联网的发展使企业可以在网站上销售相关产品，如航空公司可以在其网站上出售客房、出租汽车和旅游度假产品。随着互联网越来越多地充当分销系统，产品捆绑销售将持续增长，越来越受欢迎。[14]

对于旅游接待企业而言，捆绑定价有两个好处。第一，不同消费者能接受的最高价格是有差异的，所以通过组合不同的产品可以将一个产品的消费者剩余转移给另一个产品。例如，顾客 A 意愿支付 280 美元的价格入住迪士尼附近的一家酒店，并以 350 美元的价格购买 3 日内有效的迪士尼门票。顾客 B 则愿意支付 325 美元的住宿费和 300 美元的门票。酒店想以 160 美元的价格出售客房，如果它能够拿到迪士尼的折扣门票并以 620 美元的价格提供迪士尼度假产品组合（两日的住宿和两张入场券），则两位顾客都会从中受益。尽管每日房价比顾客 A 愿意支付的房价高出了 20 美元，但是客房和门票捆绑后的价格比顾客 A 愿意支付的总价低 10 美元。顾客的意愿价格各不相同，通过捆绑销售可以在产品间转移消费者剩余，从而扩大市场。

第二，核心产品的价格可以被隐藏起来，以避免价格战或给顾客留下产品质量低劣的印象。例如，拉斯维加斯一家酒店的平均房价通常超过 120 美元，可能会以 55 美元的价格向航空公司出售房间，以填补酒店的客源。航空公司将酒店与机票捆绑在一起销售，以 299 美元的价格出售两晚住宿和从洛杉矶出发的机票。这与通过广告推销 55 美元的客房相比，可以为酒店塑造更好的形象。55 美元的房价让人觉得酒店迫切需要招揽顾客，一些不了解酒店的人甚至会认为其质量就是一晚 55 美元酒店的档次，而已经支付了 129 美元的顾客可能会要求退款。通过将客房出售给航空公司并形成捆绑产品，酒店可以避免低价对形象的损害。酒店也可以设计自己的套餐。例如，凤凰城的皇家棕榈酒店和水疗中心就推出了包括香槟酒、裹着巧克力的草莓、点缀玫瑰花瓣的开夜床服务、双人晚餐和一晚住宿的"皇家浪漫套餐"，售价 456 美元。而同一日期酒店客房的门市价是 439 美元。这家酒店并没有通过降价来吸引顾客，而是将很多希望享受一个惬意且放松的假期的夫妇很看重的产品捆绑起来出售。

动态捆绑是对产品捆绑这种传统做法的一个相对较新的术语，它主要是指在网站上对度假产品进行组合与捆绑，顾客可以自己设计套餐，将航班、住宿、租车、娱乐和旅游等组合在一起。

2. 价格调整策略

针对不同的顾客及环境的变化,企业通常要对基础价格进行调整。接下来讨论几种价格调整策略。

数量折扣。大多数酒店都会对那些可能大量购买酒店客房的顾客给予优惠的价格,有时是在一段时间内实行,也可能是全年。酒店通常会针对协会或公司会议的策划者提供特价或免费产品。例如,假设某个行业协会即将召开的会议的与会人员要自己负担房费,则该协会可能更希望每定 20 间房可获得一间免费房的优惠,而不是房价折扣。协会可以将这些免费客房提供给会议工作人员或特邀嘉宾来降低会议的总成本。除了团队价之外,一些酒店还向那些承诺每年入住一定天数的公司提供公司价。

季节性折扣。季节性折扣使酒店得以在一年中维持稳定的需求。酒店、汽车旅馆和航空公司都会在淡季提供季节性折扣。航空公司通常根据一天的某个时间段或一周的某一天的乘客数量提供淡季价格。国际航班会根据季节性需求调整价格。餐厅会给最早来就餐的人提供特殊的价格折扣,鼓励顾客在就餐高峰期之前来就餐。不幸的是,企业提供的不同类型的折扣可能相互影响,抵消了预期的积极效果。例如,为老人提供 10% 的折扣的餐厅很难鼓励老人们提前来就餐,因为在就餐高峰期也可以享受折扣的老人们往往觉得没必要提前就餐。

歧视性定价。歧视性定价一词常常会让人联想到基于种族、性别或年龄的歧视。经济学中的歧视性定价是指根据细分市场的价格弹性特征进行不同市场上的差异性定价。本章提到的价格歧视都是合法的,而且在很多人看来对顾客是很有好处的。

企业经常根据顾客、产品和地点的差异调整基础价格。运用歧视性定价,企业可以用两种或多种价格销售产品或服务,而价格差异并非基于成本差异。

例如,假设一份牛排的菜单价格是 40 美元,在这个价格水平上的需求是 100 份。如果餐厅将价格降低到 28 美元,需求将增加到 200 份。如果一份牛排的变动成本是 16 美元,则在两种情况下毛利都是 2 400 美元。价格歧视是一个微观经济学概念,从理论上说就是试图让每个顾客的支出最大化。从实际的角度来看,就是在盈亏平衡点之上用不同的价格吸引更多的顾客。

在上面的例子中,餐厅将针对愿意支付 40 美元的人设定 40 美元的价格,而对只愿意支付 28 美元的人则设定 28 美元的低价。具体要怎么做呢?我们不能直接问顾客"您是愿意付 40 美元还是 28 美元?"。显然,每个人都愿意付 28 美元。相反,我们给不同的细分市场设定不同的价格,给对价格不太敏感的市场设定最高的价格。例如,一顿饭的标准价格是 40 美元。我们可以给那些在下午 6 点前来就餐的顾客 28 美元的折扣价。下午 5 点才下班的人很可能不愿意急匆匆地赶回家后再赶到餐厅来享受这一折扣。这些人可能更愿意工作之后先在家里放松一下,再于 7 点左右到餐厅就餐。而退休的人可能对价格更敏感,对时间却不很在意,所以这种折扣对他们可能很有吸引力。餐厅也可以通过直邮的方式向潜在顾客发放优惠券。那些对价格敏感的顾客可能会留好这些优惠券,并在下次就餐时使用。很多收到优惠券的人可能随手将其丢掉。这些人不愿意填写烦人的表格,也不愿意在外出就餐时花时间去找提供优惠的餐厅。对于这些顾客来说,不值得为了省12美元而自找麻烦。价格歧视对于价格敏感的顾客是有利的。

航空公司提供的"超值票价"通常需要提前购买,而且有停留时间要求。这些限制条件旨在阻止商务旅行者购买。提前购买可以排除那些临时接到出差通知的商务旅行者。航空公司知道,商务旅行者对价格的敏感性较低,也就是说,他们表现出一种对价格缺乏弹性的行为。航空公司把休闲旅行者作为低价促销的对象。休闲旅行者利用个人可支配收入支付旅行费用,因此对价格比商务旅行者更敏感。降价在休闲旅游细分市场上常常可以产生大量的新增需求。

我们以往返底特律和洛杉矶的某个航班为例来说明航空公司的歧视性定价。该航班的经济舱票价从129美元到629美元不等,有11种票价,最便宜的是老年人特价票。与航空公司一样,很多酒店也区分了休闲旅游市场和商务旅游市场。位于商业中心区的商务酒店周末的入住率往往很低,很多酒店于是推出了价格较低的周末套餐来吸引休闲游客。

由于变动成本低,再加上需求的季节性波动大,大多数企业都将歧视性定价作为平衡需求、增加收入和利润的有用工具。这种定价方式是通过较低的价格吸引更多的顾客,而不是普遍降价。

航空公司、酒店、邮轮公司和铁路公司等旅游接待企业都受制于巨额的固定成本。这些企业面临要卖出所有座位或床位的问题。万豪等连锁酒店采用基于歧视性定价的定价体系来提高客房入住率,并利用围栏策略防止对价格不敏感的顾客享受专为价格敏感的顾客设定的价格,实现收益最大化。

万豪的围栏策略是通过建立某些限制(如提前预订及不予退款的预购)实现的,让顾客选择最适合他们的价格。围栏策略使对价格敏感的顾客可以享受较低的价格,而支付全价的对价格不敏感的顾客则可以不受任何限制。

要想成功地进行歧视性定价,必须满足以下标准:[16]

(1) 不同类型的消费者对价格有不同的反应,也就是说,他们对服务的价值有不同的看法。

(2) 不同的细分市场必须是可以识别的,并且存在某种能对它们进行歧视性定价的机制。

(3) 某个细分市场中以低价购买了产品的人没有机会将产品转卖给其他细分市场。

(4) 该细分市场的规模应该足够大,值得采用歧视性定价策略。

(5) 采用歧视性定价策略的成本应该低于由此增加的收入。

(6) 消费者不会因为歧视性定价而感到无所适从。

11.4 收益管理

歧视性定价的一种应用就是收益管理。收益管理包括向上销售、交叉销售、每条产品线的利润率和销量分析。收益管理系统的用途是实现酒店收益或边际利润最大化。就酒店而言,就是分析一定时间内酒店的价格水平与按照预计的入住率测算的每种价格水平上可供出租的客房数,帮助酒店在一定的客房需求的基础上实现边际利润最大化。收益管理所隐含的观念是,根据不同的细分市场的需求弹性,通过差别定价来有效地管理收入和存货。

酒店企业非常重视收益管理,因为任何额外收入都是纯利润。然而,在一次收益管理会议上,有一半的受访者表示所在企业的高层管理者并不了解收益管理。[17]如果你打算在酒店业就职,了解收益管理是非常必要的。

营销专栏 11-1

细分市场定价:在适当的时间以适当的价格向适当的顾客提供适当的产品

在大多数旅游接待企业,旅游和娱乐产品的供应是固定的,但需求是变化的。在这种情况下,统一的价格可能导致很多人在黄金时段无法使用产品,而在非高峰时段则会出现空位。因此,某些产品,如航空运输和体育比赛的座位不可能是一个价格。体育赛事、戏剧和音乐会等现场演出,视野好的座位价格较高,而远离舞台的座位价格较低。有些航空公司对靠过道和靠窗的座位收取更高的价格。有支付能力的顾客可以高价购买自己想要的座位。想看比赛或想去某个目的地但想少花钱的顾客可以购买价格较低的座位。苏珊·葛瑞可(Susan Greco)举了一个歌剧院的例子。这家歌剧院原本对所有座位设定一个价格,后来改为基于座位的位置设定不同的价格,提高了好座位的价格,降低了后排座位的价格,提高了周末的票价,降低了工作日的票价。顾客可以从多样化的价格中选择自己想支付的价格,歌剧院的总收入则增加了9%。一些原本买不起演出票的消费者如今可以购买工作日晚上位置较差的演出票。这家歌剧院采用的是一种简单的收益管理形式。收益管理使企业可以通过用合适的价格为合适的顾客提供合适的产品来吸引顾客。

市场细分定价和收益管理并不是什么新点子。例如,万豪在设置目前采用的复杂系统之前采用的就是收益管理方法。比尔·马里奥特(Bill Marriott)年轻时在家族的第一家酒店(位于华盛顿特区的双桥酒店)工作时,通过免下车窗口出售房间。比尔说,酒店对每个房间收取固定的费用,房间内每增加一个住客都要额外收费。某些晚上,当房间供不应求时,比尔会将身子探出窗口,查看排队等候的车辆。如果一些车里坐满了乘客,比尔就会把没有乘客只有司机的车拒之门外,把所剩不多的房间卖给排在后面有多名乘客的车。如果在高峰时段收取更高的房费,而不管房间里住几个人,也可以取得同样的结果。

了解产品的需求周期和顾客的动机是很重要的。例如,拉斯维加斯的很多度假酒店会按月显示每一天的价格。这提供了价格透明度,让在旅行日期上有灵活性的游客可以选择需求较少、价格较低的日期。例如,从洛杉矶开车去拉斯维加斯的一对退休夫妇选择价格较低的日期并不会降低从旅行中获得的好处。可以通过在需求高峰期提高房价来转移会议团队的需求,将高峰期的房间留给愿意支付高价的顾客。保持价格透明度很重要,让顾客知道什么时候所在城市要举办多个会议,因为参会人员需要住宿,会议期间的房价会更高。

葛瑞可举了波士顿某个餐厅的例子。这家餐厅在午餐时间总是要等位,但到了下午3点就没多少人了,直到关门。于是餐厅经理在中午之前和下午2点后的时段提供20%的折扣。这一措施将一些顾客的用餐需求从午餐时间移开,餐厅在午餐时仍然有很多顾客,而非高峰时段的顾客也增加了。即使在20%的折扣下餐厅仍然能够从增加的收入中获利,因此餐厅的总收入增加了。

上述例子表明,了解顾客与顾客看重的价值及产品需求后,企业就可以有针对性地制定价格,在为顾客创造价值的同时增加企业的收入和利润。[18]

收益管理需要根据需求预测来制定和实施不同的价格等级。这些价格旨在使收益最大化。收益的计算公式为

$$\frac{已出租客房夜数}{可供出租的客房夜数} \times \frac{实际平均房价}{可能的房价} = 收益$$

历史悠久的酒店可以根据当前的预订情况预测入住率。如果预测的入住率很低,酒店将维持低价位来提高入住率。较低的价格通常会按照歧视性定价的方法提供给休闲旅行者。例如,酒店对提前预订设定超低房价,以创造更多的需求,吸引酒店无法通过其他方式吸引的顾客。如果预测的入住率较高,酒店就可以取消较低的房价,只保留较高的房价。如今已经有多种计算机系统可以用来自动预测一定时期内的入住率,并提供每一天的房价建议。收益管理系统通常至少能增加5%的收益。凯悦酒店在实施收益管理后,行政楼层的预订率上升了20%。一家希尔顿酒店在实施收益管理系统后,第一个月里平均房价临时提高了7.5美元,入住率却没有降低。[19]

收益管理中的三个重要概念是RevPAR(可供出租客房收入)、GopPAR(每间客房的总营业利润)和RevPASH(每个座位每小时的收入)。RevPAR通过确定每间可供出租客房的平均价格考虑了入住率和平均房价这两个因素。一家拥有100间客房的酒店以均价200美元的房价租出60间客房,则其每间可供出租客房的收入就是120(60/100×200)美元。总营业利润等于总收入减去部门和经营费用总额。GopPAR虽然并不反映酒店的资产组合,但能够明确反映酒店的盈利潜力及管理效率。[20]

RevPASH以小时为基本单位,因为餐厅不会像酒店房间一样以天为单位来出售座位。例如,该指标可以识别需求高峰期和非高峰期,可以提供分析非高峰期促销效果的数据。对于很多餐厅来说,提高RevPASH和调整餐桌布局一样容易。如果四人位的餐桌只有两位顾客就餐,则意味着有两个座位的收入为零。将两个两人桌拼在一起安排四位顾客就餐是无须改变价格即可提高收入的一种方法。

连锁酒店County Inn and Suites使用RevPAR比较旗下刚翻新过的酒店和经营稳定的酒店。分析显示,翻新过的房间的RevPAR提高了5.7%,相当于有80间客房的酒店每年增加14万美元的收入。[21]该连锁酒店还把RevPAR作为评估业绩不佳的酒店的指标,RevPAR排名垫底的酒店会被关闭。County Inn and Suites对RevPAR的另一个应用是与竞争酒店进行比较。例如,如果自己的RevPAR提高了10%,而竞争酒店的RevPAR提高了13%,那么结论就是自己的经营状况不如竞争酒店。[22]

收益管理系统必须以健全的营销机制为基础,而且必须牢记顾客的长期价值。某个早期的收益管理系统如果预测某一时期酒店的入住率很高,就会取消旅行社的预订。这种做法虽然在短期内节省了付给旅行社的佣金,但从长远来看,酒店会丢掉大部分来自旅行社的生意。试想一下,一个人想住在奥兰多的丽豪酒店,并打算乘坐三角航空公司的班

机飞往奥兰多。旅行社通知这位客人，机票已经确认，但丽豪酒店没有客房，于是改订在盖特酒店(Gator Hotel)。客人自己给丽豪酒店打电话，却发现有客房。这时客人会想，旅行社是在推销盖特酒店，于是对旅行社很不满。而旅行社对丽豪酒店也很不满，此后再也不会与其合作了。丽豪酒店虽然短期内增加了收入，但失去了与旅行社的长期合作。收益管理计划应着眼于长期获利能力，而不是只看一朝一夕的利益。

凭借收益管理系统，酒店可以向住宿时间较长的顾客收取比只住几个晚上的顾客更高的房价。人们通常认为，住宿时间越长，应该享受越高的折扣。然而，住宿时间过长可能使顾客在入住高峰期仍占着客房。收益管理系统会计算顾客住宿期间的平均入住率。例如，根据如下所示的预测的入住率，5月8日入住、5月10日退房的顾客可以享受最低65美元的房价。5月8日入住、5月12日退房的顾客只能享受最低85美元的房价，因为酒店可以在5月10日和11日将客房卖到每晚105美元。采用这种收益管理系统的前提是，员工必须得到系统的培训，可以向顾客解释房价差异的原因。

日期	预测的入住率/%	日期	预测的入住率/%
5月8日	60	5月10日	85
5月9日	60	5月11日	90

收益管理在管理临时性客房需求数量时很有用。大多数酒店都有一个由支付高价的顾客构成的临时需求基础。这些临时顾客中有一些是一年中可能多次入住的商务顾客。团队顾客往往比临时顾客提前很久预订，当团队生意取代了临时性生意时，平均房价会下降，而且有些被回绝的临时顾客永远不会再光顾，宁愿住在别的酒店。收益管理系统通过预测给定日期的临时客房需用量来解决回绝临时顾客的问题。

收益管理系统如果运用得当可以增加收入。好的收益管理系统对酒店和顾客都有利。它既能使休闲旅行者在营业淡季享受低价，也能保证在旺季将客房留给愿意支付全价的商务旅行者。收益管理通过收益的最大化而不是降低成本的方法让企业获益。

收益管理系统要求有详尽的数据资料。这迫使很多旅游接待企业从头做起，开发高效的内部数据(如预订模式)信息检索系统，使用更好的预测方法。最终的结果是，即使没有应用收益管理系统，企业也能基于完善的情报制定管理决策。

有效的收益管理系统取决于多个变量，[23] 包括对市场进行细分的能力、产品的不可储存性、提前销售产品的能力、需求的波动性、低边际销售成本、高边际生产成本(能很容易地增加客房供给)、预订模式数据、通过细分市场获得的需求类型信息、超额预订政策、有关价格变动效应的知识、良好的内部和外部数据信息系统，以及为各顾客细分市场设置"围栏"的能力等。

在旅游接待业内部广为使用的收益管理目前正向其他部门扩展。位于苏格兰爱丁堡附近的达漠海高尔夫乡村俱乐部推行了一套对高尔夫球场的经营进行管理的收益管理计划。该计划将年度会员费与购买者使用高尔夫球场的时间长短和具体日期联系起来。[24]

酒店顾客通常都知道酒店的房间在不同的日期价格是不同的。为了消除顾客对这一做法的不公平感，一项研究表明，如果让顾客了解具体的定价机制，顾客感知的不公平感就会减弱。具体来说,当顾客被告知客房的价格是根据当天是星期几、住宿时间长短和提前多长时间预订而发生变动的,顾客会觉得更加公平。[25]

11.4.1 动态定价

收益经理常用的一个工具是动态定价。动态定价是指不断调整价格以满足不同的顾客及不同情境的特点和需求。当需求增加或产能因以往销量较低而下降时,价格就会上升,反之亦然。

航空公司、邮轮公司和酒店使用的就是动态定价。企业会根据需求、成本或竞争对手定价的变化,每天、每小时甚至持续地调整产品的价格。动态定价不同于价格歧视。采用动态定价的酒店不会设置"围栏"来限制某些顾客获得较低的价格,而是根据某一天、某趟航班或邮轮对酒店的需求来提高或降低价格。如果一个航班的需求持续增长且预计机票会售罄,航空公司会多次调整票价。如果预计航班将出现空座,航空公司会降低票价。虽然动态定价不同于价格歧视,但收益经理经常同时使用这两种方法,二者并不相互排斥。

在极端的情况下,一些企业会根据个别顾客的特征和行为提出定制的优惠价格。如今,网上的优惠和价格很可能是基于特定顾客搜索和购买的商品、为其他商品支付的金额,以及他们是否愿意且有能力花更多的钱。例如,最近在网上购买了飞往巴黎的头等舱机票的消费者在预订酒店房间时得到的报价可能会比较高。而他的一位在网上搜索和购买记录较少的朋友则可能得到同一间酒店房间的九折优惠。[26]

打车软件优步采用一种被称为峰时定价的动态定价方法,正常情况下用户支付的车费是合理的,但在需求激增的时段通过优步叫车的用户可能面临高得惊人的价格。例如,在一个下暴雨的周六晚上,在纽约通过优步叫车的价格是平时的 8 倍,因为优步知道,没有人想冒着暴雨步行,因此用车需求会很高。在优步的网站上,有一个关于峰时定价的解释:优步希望用户的用车需要可以随时得到满足。[27]也就是说,提价是为了激励更多的司机提供服务。然而,尽管优步在网站上给出了解释,而且优步的应用程序在为用户叫车之前会提示车费上涨,但很多用户仍然感到愤怒。他们发表评论、发送电子邮件、发推特,表达对优步哄抬价格的不满。一位用户在 Ins 上分享了一张 415 美元的出租车收据照片。尽管如此,优步在纽约的需求并没有减少。优步的定价策略正在发挥作用。一方面,更高的价格吸引了更多的司机,提高了运力;另一方面,更高的价格降低了出行需求,一些潜在乘客决定留在家里。最终的结果是运力和需求接近均衡。因此,动态定价可以帮助销售商优化销量和利润。[28]

11.4.2 最佳可用房价定价

最佳可用房价(BAR)定价是一项相对较新的定价方法,适用于住宿多日的顾客。最佳可用房价定价对住宿多日的顾客每天收取的房价不再是固定的(如每天 100 美元),可能某些天的房价低于 100 美元,而其他日子的房价高于 100 美元。每天的不同房价是通过收益管理确定的。

最佳可用房价(BAR)起源于 Hotel.com、Expedia、Priceline 和 Orbitz 等在线中间商。这种方法很快延伸到了酒店企业。为了确保顾客在任何日期都能享受最佳可用房价,酒店通常会提供一定的价格保证。不同企业的条款有所不同。[29] 最佳可用房价（BAR）有时被称为非混合定价。

11.4.3 酒店房价平价

酒店房价平价是一个有争议的策略，在法律上虽然有争议，但并未被禁止。不过，该策略仍面临反对的呼声。

从本质上讲，酒店房价平价是指连锁酒店同意在线旅行社展示和销售其产品（客房），但价格不得低于酒店的最佳可用房价。在线旅行社将这些酒店称为商家模式供应商。消费者不太可能找到低于酒店的最佳可用房价的价格。

为了有盈利，在线旅行社要求酒店保证房价平价，即酒店提供的房价不会低于在线旅行社所定的价格。酒店房价平价只适用于面向普通大众的价格，而不适用于面向国家机关或军队等特殊部门的特别价格。

酒店业的人都知道，很多旅行者会先在网上搜索酒店房间，看好价格后再拨打酒店的预订电话。酒店可以报出最佳可用房价。此时，酒店比在线旅行社更有优势，因为酒店可以提供特别的赠品，如餐食或饮料等。

在需求旺盛的市场上，酒店并不需要在线旅行社，而且可以告诉它们，酒店不会履行平价协议，也不会支付佣金。然而，当需求萎缩时，大多数酒店都需要在线旅行社。在低迷的市场上，如果没有来自 Expedia、Orbitz 和 Travelocity 及其子公司的稳定客源，很多酒店甚至无法实现收支平衡。[30]

11.4.4 不实行收益管理

旅游接待业的一些企业并未使用收益管理系统。不过，相关领域的研究人员称："等待是生活的一部分，尤其是餐厅体验的一部分。餐厅有很多人排队等候座位未必意味着存在问题。芝士蛋糕工厂、休斯敦餐厅、澳拜客牛排馆等餐厅大多数时间都有人在等位。"[31]

澳拜客牛排馆并未采用歧视性定价和围栏策略，而是按照菜单设定的价格，同时为不愿排队等候的顾客提供流水线式的外卖服务。

11.4.5 超额预订

收益管理持续为旅游接待业提供支持，但偶尔也会出现超额预订的问题，这有可能会引起顾客的不满。发生超额预订后，供应商有责任补偿顾客或为其寻找替代的航班、酒店等。

航空公司会对放弃座位并接受替代航班的乘客进行补偿。酒店的顾客通常不愿意延后几个小时甚至一天再入住。因此，酒店的管理人员只能"赶走"客人，即顾客将被迫去另一家酒店入住。很少有顾客愿意步行去另一家酒店，因此酒店通常会提供交通工具。除了在其他酒店代订同等房间，一些酒店还效仿航空公司的做法，提供额外的补偿。这种额外的补偿可以是优惠券也可以是现金，这两种形式都很受顾客的欢迎。[32]

11.5 心理定价

心理定价会考虑价格的心理作用,而不是简单的经济学问题。本章前面讨论了价格与质量的关系。企业可以通过出售高价的产品和服务建立声望。

心理定价的另一个方面是参照价格。参照价格是购买者在审视某个产品时头脑中既有的价格。购买者的参照价格可能通过关注目前的定价、回忆以往的价格,或评估购买情形而得出。畅销产品大多有参照价格。对于给定类型的餐厅,大多数消费者对某些产品(如一杯咖啡、一块牛排或一份汉堡)的价格或价格范围都有先入为主的想法。例如,一家比萨连锁店可能在广告中宣称,其中型比萨的价格比竞争对手低2美元,从而为顾客建立一个参照价格。不过,该餐厅的饮料及其他菜品的价格与竞争对手的价格并没有区别。参照品给顾客创造了一种物有所值的感觉,而降低其他产品的价格则没有什么好处。

11.5.1 尾数定价

一项关于酒店尾数定价策略的研究表明:"不取整数的定价策略可以显示物超所值,而尾数为0和5的整数定价常用来显示质量上乘。"[33] 虽然酒店常采用整数定价,但低档酒店大多采用最后一位是奇数的尾数定价。

消费者常常会因为忽略了价格的尾数而简化价格信息。例如,在0.69美元和0.71美元两个数字之间感知的差距要大于0.67美元和0.69美元之间的差距。消费者也常会将数字取整。一项针对餐厅的研究发现,消费者倾向于将0.86~1.39美元的数取整为1美元,将1.40~1.79美元的数取整为1.50美元,而将1.80~2.49美元的数取整为2美元。如果情况确实如此,那么将价格从1.45美元提高到1.75美元,涨价0.30美元几乎不会影响需求,但如果将价格从0.4美元提高到1.85美元,则需求可能大幅减少。[34]

数字所在的区间也会影响消费者的心理感受。价格从0.99美元提高到1美元,或从9.99美元提高到10美元,尽管实际变化只有0.01美元,但感觉上却提高了很多。塔可贝尔的菜品价格均低于1美元,因此只有两位小数。一些心理学家认为,每个数字都具有符号和视觉特性,在定价时需要注意。例如,由于数字8呈圆形,因此会产生一种平和的效果;而数字7是有棱角的,因此会产生尖刻的效果。

这项研究最有趣的发现来自一家提供全方位服务的高档酒店管理公司。该公司对所管理的所有酒店都加收了0.95美元的管理费。这些酒店并未报告说有顾客投诉,而是反馈说其息税前利润增加了很多。

11.5.2 促销定价

企业采用促销定价策略时,会将产品价格暂时定得低于市场价格有时甚至低于成本。促销定价有几种不同的形式。快餐店会对几种产品定低价,作为促销品吸引顾客来消费,希望顾客能购买其他正常价位的产品。一些甜甜圈店提供75美分一杯的咖啡,因为它们知道,顾客通常都会至少再买一份甜甜圈。Jack-in-the-Box快餐店的玉米饼会有特价,因为它知道顾客在买玉米饼时通常还会点一份软饮料。在营业淡季,很多酒店提供特殊的优惠价以提高入住率。管理有素的酒店不会只是在打折上做文章,还会举办一些特殊活动:情人节特价(包括一间客房、一瓶香槟酒、双人晚餐及早晨客房送餐服务)、赏剧套餐(包括一间客房、两张门票、双人晚餐及早餐)。这些促销活动可以吸引顾客,因为这种产品捆绑方式可以给顾客更多的利益。与直接打折容易产生负效应不同的是,这样的促销有助于企业树立积极的形象。

不透明定价是促销定价的一种形式,被 Priceline 和 Hotwire 等在线旅行社采用。不透明的价格优惠不会透露供应商的名称,但通常会给出酒店的大致位置和星级,如位于中央商务区的四星级酒店。一旦预订完成,就会将酒店的名称和确切位置告知顾客。顾客通常可以通过这种方式获得极大的优惠。

11.5.3　物超所值定价——低价策略

物超所值定价一词极易引起混淆。可以将其视为,无论何时以任何价格购买产品或服务,购买者要先从产品中感知价值。物超所值定价已经成了"天天低价"的同义词。在旅游接待业,物超所值定价被塔可贝尔和西南航空等企业当成了营销策略。

"物超所值定价可能是一种非常冒险的定价策略。但如果设计和执行得力,则能产生积极的效果。"[35] 从其最简单的形式来说,物超所值定价意味着价格始终低于竞争对手,这与暂时降价以实现促销目的的促销定价不同。

如果没有能力大幅降低成本,实施物超所值定价就非常危险。对于能够通过低价在长期内增加市场份额的企业(如塔可贝尔)或经营成本较低、市场面窄且希望通过价格使自己的产品与其他产品相区别的企业(如西南航空),这种定价策略通常比较适用。一项针对零售店的物超所值定价实施情况的研究表明,"零售商只有在成本很低时才能通过实施低价策略盈利。"[36]

在实施物超所值定价策略之前,管理者必须回答下面几个问题:

(1) 如果引发价格战,结果会怎样?
(2) 我们的公司能大幅降低成本或提高产量以弥补低价造成的损失吗?
(3) 我们的产品的价格弹性如何?
(4) 采用这个策略我们能明显地增加我们的市场份额或者使我们的市场定位更有针对性吗?
(5) 如果这个策略不起作用,我们能采用相反的策略吗?或者说,我们会不会是在制定一种难以维持的价格策略,而且此后再难将价格水平恢复上来?

国际定价

很多旅游接待企业在多个国家运营,需要设定产品在不同国家的价格。某些情况下,一家企业可以在全球范围内制定统一的价格。例如,波音公司以几乎相同的价格在世界各地销售其喷气式客机,无论买家是美国、欧洲国家还是第三世界国家。不过,大多数企业会根据当地的市场条件和成本调整价格。

企业在特定国家的定价取决于很多因素,如经济条件、竞争情况、法律法规、批发和零售体系的性质。消费者的看法和偏好也可能因国而异,从而要求不同的价格。在美国售价 4.2 美元的麦当劳巨无霸,在挪威可能卖 7.8 美元,在巴西可能卖 5.65 美元。

营销专栏 11-2

瑞安航空利用物超所值定价吸引顾客并从额外的销售中获利

得益于创新的商业模式,欧洲廉价航空公司瑞安航空的利润一直颇丰。这其中的秘密是什么呢?公司创始人迈克尔·奥利里(Michael O'Leary)像零售商一样思考,向乘客收取几乎所有费用——除了座位。瑞安航空 1/4 的座位是免费的,奥利里希望在 5 年内将这一比例翻一番,最终目标是让所有座位都免费。目前,乘客只需支付 10~24 美元的税费,平均单程票价约为 52 美元。其他项目均需额外付费:托运行李(每件 9.5 美元);小吃(热狗 5.5 美元、鸡汤 4.5 美元、水 3.5 美元);机场到市区的机场大巴车票(24 美元)。空乘人员出售各种商品,如数码相机(137.5 美元)和 iPocket MP3 播放器(165 美元)。机上娱乐和手机服务预计将成为新的收入来源。其他的策略是削减成本或创造外部收入。座椅不能倾斜,机窗挡板和座椅靠背口袋都已拆除,也没有娱乐设施。座椅靠背的小桌板上贴着广告,机身外是沃达丰、捷豹、赫兹等公司的巨幅海报。瑞安航空超过 99% 的机票是在线销售的,其网站还销售旅行保险、酒店房间、滑雪套餐及租车服务。为了减少维护费用,瑞安航空仅采用波音 737-800 飞机。机组人员需要自行购买制服。奥利里甚至考虑过机上卫生间需付费使用及设立 10 排带扶手的站立空间(可以多容纳 30 名乘客)的可能性,不过这两种设想都引起了公众的顾虑和质疑。尽管奥利里的想法有些惊世骇俗,但这一模式却为瑞安航空吸引了大量乘客。瑞安航空每年在 150 多个机场运送 5 800 万乘客。所有的非主营收入加起来占总收入的 20%。瑞安航空的净利润率为 25%,是西南航空(7%)的 3 倍多。一些业内专家甚至将瑞安航空称为"航空业的沃尔玛"。

11.6 价格调整

11.6.1 改变价格

在制定价格结构和策略之后,企业面临的情况就是何时做出降价或提价的决策。

1. 主动降价

有几种情况会促使企业考虑降价。一种情况是产能过剩。当无法通过加大促销力度、改良产品或其他措施增加销量时,企业只能主动降价。正如航空公司、酒店、租车公司和餐饮企业近年来的遭遇所显示的,在一个产能过剩的产业中发动降价往往会诱发价格战,因为竞争对手也想夺回失去的市场份额。

有些企业的降价也可能是为了通过较低的成本控制市场或增加市场份额。无论企业是凭借低于竞争对手的成本而主动降价,还是寄希望于通过降价夺取市场份额、增加销量而降低成本,采取降价的方式来提高收入都必须经过精心策划。有关美国和亚洲酒店的研究显示,在大多数稳定成熟的市场中,降价可以提高酒店入住率,但每间可供出租客房收入(RevPAR)却会降低。也就是说,提高的入住率并不能抵消降低的平均房价。对于一家酒店而言，最好的策略是把价格保持在比竞争对手略高的水平上。[37]

2. 主动提价

很多企业最终不得不提价。它们也知道这样做会导致顾客、经销商甚至企业销售人员的不满。不过，成功的提价能大幅增加利润。例如，如果企业的边际利润是销售额的3%，在销量不变的情况下，提价1%，利润将增加33%。

提价的主要原因是成本上涨。成本上涨榨干了有限的利润，迫使企业反复提价。有些企业由于预期未来成本还会上涨，因此提价的幅度通常高于成本的上涨幅度。有些企业正是因为担心成本上涨导致企业利润减少而不想与顾客达成长期的价格协议。例如，有些酒店不愿意提前3年向一个预订会议的机构报价。提价的另一个原因是需求过剩。企业在无法提供足够的产品来满足顾客的需要时，可以采取提价或限量购买的方法，或者是同时使用这两种方法。当一个城市要承办一次大型年会时，一些酒店会把房价定得高出平时房价的1倍。它们知道年会期间酒店客房的需求量很大，因此会利用这种需求。

在旅游接待业，提价要冒很大的风险，即使源于通货膨胀的提价也是如此。必须记住，除了商务旅行或参加葬礼等特殊的原因外，旅行需求通常是有弹性的。一对夫妇可能计划邀请亲朋好友到餐厅或度假村庆祝他们的结婚纪念日，但是如果价格大幅上涨，他们就会改在家中或附近的公园庆祝。旅游接待企业还知道，很多商务旅行可以延期或改为线上会议。需求的交叉替代性是旅游接待企业经常要面对的现实，如使用电子通信技术进行远程沟通，而不必乘飞机过去面谈。

在提价时，企业要避免给人以价格欺诈者的印象。最好的提价时机是顾客感觉应该提价的时候。当牛肉的价格上涨之后，餐厅再提价就顺理成章了，因为顾客在超市里已经注意到牛肉的价格上涨了。如果食材价格下降，而经营餐厅的其他成本上涨了，那么让顾客理解提价的必要性就很困难。餐厅经理应尽可能地选择适当的时机提价，让顾客感觉合情合理。这样的时机包括：在食材价格的上涨已经引起媒体关注的时候；在最低工资标准提高之后；在盛传要发生通货膨胀的时候。企业必须通过一定的沟通计划来支持提价，通过这种计划将提价的理由告知顾客和员工。

3. 购买者对价格变动的反应

无论是提价还是降价，都会影响购买者、竞争对手、分销商和供应商，还会引起政府部门的关注。顾客并非总是用一种直观的方法来解释价格变动。他们看待降价的方式有多种。例如，如果你看到一家餐厅打出的广告是"买一赠一特价餐"，你会做何感想？如果你了解这家餐厅，而且印象很好，你很可能会被吸引。而对这家餐厅不熟悉的人可能会以为这家餐厅是不是生意冷清，或者其食物和服务并不怎么样。你也可能猜想这家餐厅将菜量减少了，或者是改用了廉价的食材。记住，购买者在评价他们未曾亲身体验过的旅游接待产品时，通常会将价格与质量联系在一起。

同样，通常会引起销量下降的提价，对购买者而言却可能有一些积极的意义。一家夜总会将门票从5美元提高到10美元，很可能让人感觉那是一个值得一去的地方。

4. 竞争对手对价格变动的反应

打算对价格进行调整的企业必须考虑竞争对手的反应。当牵涉的企业数量较少、产品同质化程度较高而且消费者拥有充分的信息时，竞争对手最有可能对企业的价格变动做出反应。

试图利用价格作为竞争优势的一个问题是竞争对手可以通过降价使你的价格优势化为乌有。在一个供大于求的竞争市场上,常常会引发价格战,使整个行业受损。在美国,汉堡王和麦当劳为了争夺市场份额而竞争激烈。当这两个快餐巨头中的任何一个削减价格时,另一个都会立即跟进。

有些竞争者会采取在不同的市场上进行报复的策略。例如,当西南航空降低休斯敦至圣安东尼奥航线的机票价格时,它的一些竞争对手以降低休斯敦至达拉斯航线的机票价格予以回应。休斯敦至达拉斯的航线是西南航空的利润所在。击中竞争对手的要害,比直接与西南航空在休斯敦至圣安东尼奥航线竞争更加有效。有时,竞争对手的回应也可能是非价格竞争战术。当大陆航空推出一种"小额"折扣票价时,竞争对手的回应是不为乘客办理与大陆航空联程的中转航班预订业务。大陆航空被迫终止了降价计划。因此,在实施降价前,必须考虑竞争对手可能做出的反应。如前所述,价格是营销组合中的一个弹性很大的因素,竞争对手很容易效仿。企业降价后如果被竞争对手所仿效,则不但可能失去竞争优势,还可能血本无归。

11.6.2 企业对各种价格变动的反应

现在,我们要提一个相反的问题,即本企业对竞争对手的价格调整应做何反应。企业需要考虑几个问题:竞争对手为什么要调价?是为了争取更多的市场份额、利用过剩的产能、适应不断变化的成本条件,还是为了引发全行业的调价风潮?调价是暂时性的还是长期的?如果本企业不予回应,会对企业的市场份额和利润产生什么影响?其他企业是否会做出反应?如果本企业做出反应,竞争对手及其他企业分别会做出什么样的反应?

除了上述问题外,企业还必须进行更广泛的分析。企业必须考虑产品在生命周期中所处的阶段、在企业产品组合中的重要性、竞争对手的意图和资源,以及消费者对调价可能做出的反应。

万豪旗下的万枫快捷酒店刚开业时提供低于日常房价 40% 的特殊折扣价。考虑到万枫快捷酒店当时只有 30 家分店,竞争对手决定不予理会。速 8 酒店的副总裁琼·甘杰-费舍尔(Joan Ganje-Fischer)说,如果速 8 酒店或天天客栈(Days Inns)等大型连锁酒店提供类似的折扣,就会引起其他企业的注意,最终很可能引发价格战。而由于万枫快捷酒店只有 30 家分店,那些拥有 100 多家分店的快捷连锁酒店并不愿意全面降价。万枫快捷酒店充分利用了规模小的优势,因为它知道分店众多的快捷酒店不会放弃数百家酒店、上千间客房的收益去与一个只有 30 家分店的企业打价格战。[38]

上述例子充分说明了企业可以如何通过审慎的计划及调价策略来避免竞争对手过激的反应。

课堂小组练习

*带星号的练习题可以作为个人作业或线上作业。学生需要对答案给出解释。

1. 增加收入的一种方式是向上销售。举例说明旅游接待业通过向上销售使顾客更加满意的情况。

2.*你刚刚被聘为当地一家酒店的餐厅经理。总经理让你评估菜单的价格,看是否需要调整。你将如何完成这项任务?

3.*本章讨论了若干能影响价格敏感性的因素。举例说明这些因素在旅游接待业中的应用。

4.*举几个有效地使用歧视性定价的例子。说明这些例子是如何满足歧视性价格的标准及在需要时是如何提升销量的。

5.*酒店或餐厅在实施收益管理项目后可以增加或维护顾客满意度吗?请解释。

6.*航空公司和酒店为了吸引商务旅行者,常常为其提供常旅客飞行里程、赠品和同伴免费机票等奖励。这些促销方式通常都是另一种形式的价格折让。旅行者得到了实惠,而他们所在的公司却没有得到降价的好处。这符合道德规范吗?

7.你将到宾夕法尼亚州匹兹堡出差3天,每天的食宿开销上限为300美元。如果未花满限额,你将为公司省钱,而没花完的钱你是拿不到的。你将于10月18日入住,10月21日退房。选择你要住的酒店。你会通过什么网站选择酒店?你的搜索过程涉及哪些步骤?你用了多少个网站进行筛选比较?你选择这家酒店的标准是什么?(注意:查询酒店价格,但请不要实际预订)。

体验练习

比较同一档次的几家酒店和餐厅的价格。它们有没有什么差别?你认为要价高的企业是否通过提供额外的功能或是高质量产品而使其产品物有所值?

参考文献

1. Sheryl E. Kimes,"Restaurant Revenue Management at Chevys Arrowhead,"*Cornell Hotel and Restaurant Administration Quarterly*,45,no. 1(2004):52-56.

2. Tom Ross,"Steamboat Airline Program Still Pursuing Service for Cities like Phoenix,Charlotte,Detroit,"*Steamboat Today*,Friday,July 18,2014.

3. Ibid.,p. 6.

4. Howard Feiertag,"Up Your Property's Profits by Upselling Catering,"*Hotel and Motel Management*,206,no. 14 (1991):20.

5. "Embassy's Suite Deal,"*Scorecard*:*The Revenue Management Quarterly*(Second Quarter,1993),3.

6. Melvyn Greene,*Marketing Hotels and Restaurants into the 90s*(New York:Van Nostrand Reinhold,1987).

7. Anthony Edwards,"Changes in Real Air Fares and Their Impact on Travel,"*EIU Travel and Tourism Analyst*,2 (1990):76-85.

8. This section draws on Thomas T. Nagle,*The Strategy and Tactics of Pricing*(Upper Saddle River,NJ:Prentice Hall,1987).

9. Melvyn Greene,*Marketing Hotels and Restaurants into the 90s*,p. 47.

10. Sarah Schlicter, "Hidden Hotel Fees," *Independent Traveler*, May 6, 2015; Erica Silverstein, Senior Editor, and Carolyn Spencer, "The 10 Hidden Costs of Cruising and How to Fight Back."
11. Juliet Chung, "Cracking the Code of Restaurant Wine Pricing," *The Wall Street Journal*, 1-4, online. wsj.com (accessed August 15, 2008).
12. *The Horwath Accountant*, 47, no. 7 (1967): 8.
13. Leo M. Renaghan and Michael Z. Kay, "What Meeting Planners Want: The Conjoint Analysis Approach," *Cornell Hotel and Restaurant Administration Quarterly*, 28, no. 1 (1987): 73.
14. Sarah Tanford, Seyhmus Baloglu, and Mehmet Erdem, "Travel Packaging on the Internet: The Impact of Pricing Information and Perceived Value on Consumer Choice," *Journal of Travel Research*, 51, no.1 (2012): 68-80; William J. Carroll, Robert J. Kwortnik, and Norman L. Rose, "Cornell Hospitality Report: Travel Packaging: An Internet Frontier," *The Center for Hospitality Research*, 7, no. 17 (2007): 7.
15. Royal Palms Resort and Spa Web site, http://www.-royalpalmshotel.com (accessed January 23, 2009).
16. John E. G. Bateson, *Managing Services Marketing* (Fort Worth, TX: Dryden Press, 1992), p. 339.
17. "Survey Findings on Hotel Revenue Management," Hotelmarketing.com, September 16, 2008 (accessed September 25, 2008).
18. "Hospitality Revenue Management: Segmenting for Success," (January 27, 2016), https://www.hotelnewsresource.com/article87595.html; Susan Greco, "Are Your Prices Right?" *INC.* (January 1997): 88-89. Copyright 1997 by Goldhirsh Group, Inc., 38 Commercial Wharf, Boston, MA 02110; Robert G. Cross, *Revenue Management: Hard Core Tactics for Market Domination* (New York: Broadway Books, 1998); William J. Quain, Michael Sansbury, and Dennis Quinn, "Revenue Enhancement, Part 3: Picking Low-Hanging Fruit-A Simple Approach to Yield Management," *Cornell Hotel and Restaurant Administration Quarterly* (April 1999): 76-83. Also see Plumrao Desiraju and Steven M. Shugan, "Strategic Service Pricing and Yield Management," *Journal of Marketing* (January 1999): 44-56.
19. Eric B. Orkin, "Boosting Your Bottom Line with Yield Management," *Cornell Hotel and Restaurant Administration Quarterly*, 28, no. 4 (1988): 52-56.
20. Elie Younen and Russel Kett, GopPAR, A Derivative of RevPAR, March 2003, HVS International.
21. *Hotline: The Magazine of Carlson Hotels*, GBC, 2011, Vision in Action, pp. 38 and 41.
22. Gary M. Thompson and Heeju (Louise) Sohn, "Cornell Hospitality Report: Accurately Estimating Time-Based Restaurant Revenues Using Revenue per Available Seat-Hour," *The Center for Hospitality Research*, 8, no. 9 (2008).
23. Timothy Webb and Zvi Schwartz, "Revenue management analysis with competitive sets: Vulnerability and a challenge to strategic co-opetition among hotels," *Tourism Economics*, 23, no. 6 (2017): 1207; Zvi Schwartz and Eli Cohen, "Hotel Revenue Management Forecasting: Evidence of Expert-Judgment Bias," *Cornell Hotel and Restaurant Administration Quarterly*, 45, no. 1 (2004): 49.
24. Sheryl E. Kimes, "Applying Yield Management to the Golf-course Industry," *Cornell Hotel and Restaurant Administration Quarterly*, 41, no. 1 (2000): 127; William H. Kaven and Myrtle Allardyce, "Dalmahoy's Strategy for Success," *Cornell Hotel and Restaurant Administration Quarterly*, 35, no. 6 (1994): 87-88.

25. Sunmee Choi and Anna S. Mattila, "Impact of Information on Customer Fairness Perceptions of Hotel Revenue Management," *Cornell Hotel and Restaurant Administration Quarterly*, 46, no. 4 (2005): 444-445.
26. See Justin D. Martin, "Dynamic Pricing: Internet Retailers Are Treating Us Like Foreign Tourists in Egypt," *Christian Science Monitor*, January 7, 2011; and Mike Southon, "Time to Ensure the Price Is Right," *Financial Times*, January 21, 2012, p. 30.
27. "What Is Surge Pricing," Uber Web site, https://help.uber.com/h/6c8065cf-5535-4a8b-9940-d292ffdce119 (accessed August 3, 2015).
28. Jessi Hempel, "Why the Surge-Pricing Fiasco Is Great for Uber," Fortune.com, December 30, 2013, http://fortune.com/2013/12/30/why-the-surge-pricing-fiasco-is-great-for-uber/ (accessed August 3, 2015); Victor Fiorillo, "Will Everyone Please Shut Up About Uber Surge Pricing?" December 18, 2013. *Philadelphia Magazine*, http://www.phillymag.com/news/2013/12/18/uber-surge-pricing/#rhT8X23vORdjS8Jd.99 (accessed August 15, 2015); Alison Griswald, "Everybody Hates Surge Pricing, So Why Does the D.C. Taxicab Commission Want to Introduce It?" Slate, http://www.slate.com/articles/business/-moneybox/2014/04/uber_style_surge_-pricing_does_the_system_make_sense_for_d_c_cabs.html (accessed August 3, 2015).
29. Kristin V. Rohlfs and Sheryl E. Kimes, "Customers' Perceptions of Best Available Hotel Rates," *Cornell Hotel and Restaurant Administration Quarterly*, 46, no. 2 (2007): 151.
30. Hotel Revenue Tools, Rate Parity, Definition and Strategies, Hotel Revenue Tools.com, 1-702-703-May 6, 4511, 2015; Sean O'Neill, Marriott, Expedia, Priceline and Other Brands Escape Hotel Rate Parity Suit, TNooz, February 19, 2014.
31. Alex M. Susskind, Dennis Reynolds, and Eriko Tsuchiya, "An Evaluation of Guests' Preferred Incentives to Shift Time-Variable Demand in Restaurants," *Cornell Hotel and Restaurant Administration Quarterly*, 45, no. 1 (2004): 82.
32. Buffie Noone and Chung Hun Lee, "Hotel Overbooking: The Effect of Over-Compensation on Customers' Reactions to Denied Service," *Journal of Hospitality and Tourism Research*, 35, no. 3 (August 2011): 334.
33. Michael Collins and H.G. Paisa, "Pricing Strategies to Maximize Revenues in the Lodging Industry," *Hospitality Management*, 25 (2006): 91-107.
34. JoAnn Carmin and Gregory X. Norkus, "Pricing Strategies for Menus: Magic or Myth," *Cornell Hotel and Restaurant Administration Quarterly*, 31, no. 3 (1990): 50.
35. David K. Hayes and Lynn M. Huffman, "Value Pricing: How Long Can You Go?" *Cornell Hotel and Restaurant Administration Quarterly* (February 1995): 51-56.
36. Stephean J. Hoch, Xavier Dreze, and Mary E. Park, "EDLP, Hi-Low, and Margin Arithmetic," *Journal of Marketing*, 58 (1994): 27.
37. Linda Canina and Cathy Enz, "Pricing for Revenue Enhancement in Asian Pacific Region Hotels: A Study of Relative Pricing Strategies," *Cornell Hospitality Report*, 8, no. 3 (February 2008).
38. "Fairchild Cuts Rates to Gain Stronger Presence," *Hotel and Motel Management* (June 19, 1989): 11.

第 12 章

分销渠道：交付顾客价值

学习目标

- □ 解释企业为什么及如何与其他企业合作销售产品。
- □ 描述旅游接待业的分销渠道。
- □ 解释渠道的表现和组织。
- □ 描述旅游接待企业渠道管理的关键因素。

导入案例

在线旅行及相关服务领域的行业领军企业缤客（Booking Holdings）在220多个国家和地区开展经营。缤客旗下有6个知名品牌：Booking.com、Priceline、Agoda、KAYAK、Rentalcars.com 和 OpenTable。这些品牌有一个远大的目标："帮助人们体验世界。"[1] 缤客成立于1998年，当时名为 priceline.com。通过一系列成功的增长策略，在机票代订、酒店预订、元搜索、汽车租赁、餐厅预订等垂直领域取得了领先的市场地位。缤客巩固了其在整个旅行体验中的地位，为顾客提供航空旅行、酒店预订、餐厅预订等服务，进而创造了可持续的竞争优势。

缤客的成功得到了超过2 800万个住宿地点的支撑，仅2018年第三季度缤客的旅行总预订量就达243亿美元[2]，2019年年初，缤客的市值为771.15亿美元[3]。缤客通过多种分销策略吸引顾客，在几乎每个电子市场上都有强大的影响力。其从经典的代理商模式到"模糊搜索"（在购买之前不向顾客透露品牌名称）到元搜索（顾客可以在多个零售渠道搜索产品），再到餐厅预订和租车，使其能够引导顾客，通过提供无缝衔接的体验，减少顾客到陌生地方旅行的不确定性。此外，它还了解来自不同文化背景的顾客在预订模式方面的差异。[4] 例如，缤客的子品牌 Agoda 在亚太地区知名度很高。除了简化顾客的旅行体验外，缤客还为酒店提供了巨大的价值。例如，一项针对超过7 200万笔预订的研究表明，缤客是美国和加拿大旅游接待业表现最佳的渠道。[5]

缤客在新兴市场中看到了巨大的增长潜力,为了在这些市场中站稳脚跟进行了大量投资。例如,缤客对中国的多家企业进行了巨额投资,试图覆盖不同细分市场上的顾客,并提供无缝的旅行体验。此外,缤客看到了整合知名平台的价值,这些平台可以使顾客在旅行中,尤其是在国外旅行时获得更高的价值。具体来说,使用携程 App 的中国顾客可以通过 OpenTable 进行餐厅预订。[6] 因为非常了解旅行的动态及其与全球经济的关系,缤客可以在国内外市场上看到机遇。[7]

12.1 合作增加价值

12.1.1 供应链和价值交付网络

在当今竞争激烈且过度专业化的市场上,无法想象一家企业可以在没有其他企业帮助的情况下,从无到有地创造产品并将其出售给终端顾客。因此,对企业生产和销售产品的能力的现实看法是其中还包括其他合作企业对产品的生产和销售的贡献。在整个过程中,企业收集资源、原材料、信息等,并将其加工为产品。这一过程最合乎逻辑的表示是时序性的,反映了资源从原材料到最终顾客可以购买的最终产品的顺序的线性变化。这就是旅游接待业适用的供应链。例如,一家餐厅购买食材,制成菜品出售给顾客。这家餐厅位于供应链的中部。提供原材料等其他宝贵资源来帮助生产新产品的企业是其上游合作伙伴,而协助企业销售产品的企业则是其下游合作伙伴。大多数情况下,分销是指面向顾客的下游(营销或分销渠道)。

上游合作伙伴是提供企业生产产品所需资源的组织,包括供应商、咨询公司、金融机构、资源、原材料、零部件、服务(商务智能、信息、财务等)。下游合作伙伴则是通过在企业与顾客之间建立联系提供销售产品所需资源的组织,包括批发商、技术公司和零售商,资源方面包括库存管理、展示、销售等。

一家企业可以与多个组织形成供应链,而这些组织可以成为多个竞争企业的供应链的一部分。因此,设计最合理、最有价值的供应链对于企业而言是一项非常重要且困难的战略任务。从本质上说,供应链合作伙伴可以决定企业的成败。

"供应链"一词具有局限性,因为它假设企业仅从事生产和销售。更好的做法是考虑构建一个由企业、供应商、分销商(中间商)和顾客构成的价值交付网络,这些合作伙伴共同努力以提高整个网络的绩效。例如,红龙虾餐厅不仅提供餐饮服务,还经营着一个由海鲜生产商、供应商和交通运输系统构成的网络,确保产品准时、保质、安全地递送。在旅游接待业,有很多企业与位于其他大陆的组织建立合作伙伴关系的例子。例如,海鲜产品可能来自中美洲的某个农场、技术设备可能来自亚洲、企业的客服呼叫中心可能设在东欧。管理与这些合作伙伴的关系,为交付网络增加价值是一项重要且复杂的工作。

本章将重点介绍位于价值交付网络下游的分销渠道。不过,分销只是整个价值网络的一部分。为了创造和维持价值,企业要与供应商和分销渠道伙伴合作。除了下游活动外,企业对上游活动的影响也在日益增加。因此,企业将角色扩展到管理分销渠道之外,正在成为整个价值网络的管理者。

12.1.2 分销系统的本质和重要性

鉴于其零售功能（促进向最终顾客销售产品），分销可以提供稳定的顾客流。管理得当的分销系统可以决定企业的成败。很多旅游接待企业都会充分利用自己的营销渠道。例如，丽思卡尔顿酒店对旅行代理商这条分销渠道采取积极发展的策略，获得了较大的业务份额。航空公司在自己的网站上销售酒店客房和租车等产品，因为它们知道预订航班的顾客可能还需要预订酒店或租车。随着市场竞争越来越激烈，企业必须开发和管理越来越复杂的分销渠道。

有多个因素增加了分销的重要性。例如，不断出现的针对特定类型顾客的新品牌，使竞争愈加激烈。具体而言，CitizenM 酒店专注于年轻顾客，其大堂区域充满活力、客房更是高科技，顾客可以用平板电脑操控房间内的各种设备。随着新的精品酒店不断开业，酒店市场正变得越来越分散。全球化让酒店必须注重全球性。此外，酒店产品的无形性和易逝性使分销更具挑战性。具体来说，出现了允许顾客在最后一刻预订酒店房间的新网站，使酒店可以售出原本无法售出的库存。此外，分销网络的设计可以让企业接触到特定的顾客群，从而实现重要的战略目标。例如，希尔顿的高级别会员通过希尔顿专属 App 可以用手机轻松办理客房升级及查看房间，从而提升了整体住宿体验。

12.1.3 分销渠道的本质

分销渠道是将产品或服务提供给消费者和商业客户的过程中的各种独立组织的集合。分销渠道的建立始于渠道成员的选择。选择好渠道成员后，重点就转移为分销渠道的管理。旅游接待业的分销网络建立在这些独立的组织之间的协议和松散联盟之上。在旅游接待业，分销网络通常被用来将消费者向酒店、餐厅、飞机、邮轮或租车等产品移动。

我们先看一下传统的分销渠道，这些渠道为旅游接待业分销网络的发展奠定了基础。旅游接待企业使用的产品来自分销渠道，因此了解渠道的结构很重要。

酒店和旅游专业的毕业生可以在复杂的分销系统中找到很多就业机会。例如，在餐饮服务业，经纪人和代理商是两个重要的职位。食品经纪人是制造商的代理商，其目标是为制造商的特定产品创造需求。例如，阿尔法工业（Alpha Industries）研发出新的有机樱桃派后，其食品经纪人就会将有机樱桃派介绍给食品服务经理。这些只是分销领域职位的两个例子，说明了与分销有关的就业机会是多种多样的。

1. 为什么要利用销售中介机构

为什么企业销售产品需要通过中介机构？虽然通过中介机构销售会降低企业控制其定价的能力，但企业很难通过自己的力量覆盖所有的潜在顾客。例如，一家向餐厅销售银器的企业必须在所有的主要市场都设立销售办事处，并雇用大量的销售人员将产品销售给市场中的潜在买家。但这种方法是不可行的，因为企业将面临庞大的销售人员带来的巨额成本。相反，该企业可以与中介机构合作。中介机构的工作就是开展个人销售，展示和促销来自多个餐厅供应商的产品。利用中介机构向餐厅销售银器比企业自己销售效果更好。这种安排为企业和中介机构都创造了价值，因为这种中间分销形式比直销更有效。

具体来说,生产银器的企业可以减少在销售方面投入的精力,专注于制作更好的银器,而中介机构则专注于为企业寻找顾客。

这种安排对潜在的买家也有好处。如果餐厅经理想要购买不同的物品(如银器、啤酒杯和餐巾纸),他只需要给中介机构打一个电话,就能采购到所有东西。尽管他列出的购物清单中的产品可能是由不同的制造商生产的,但可以通过一个中介机构订购到。对于餐厅而言,这意味着不必订购大批量的产品,因为它们是大订单的一部分,从而可以减少库存、交货的数量和发票的数量。因此,餐厅可以获得很大的好处。如果没有中介机构,餐厅经理将不得不逐一联系每个制造商。相应地,制造商将会接到来自各个餐厅的电话,这显然会增加工作量和成本。图 12-1 给出了两种方式的工作量和成本。

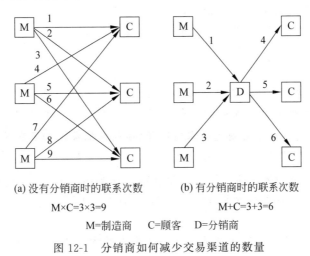

(a) 没有分销商时的联系次数　　(b) 有分销商时的联系次数
　　M×C=3×3=9　　　　　　　　　M+C=3+3=6
　　　　M=制造商　　C=顾客　　D=分销商

图 12-1　分销商如何减少交易渠道的数量

营销专栏 12-1

不断变化的市场动态

过去 15 年的市场动态使专业代理商(如实体旅行社)的分销举步维艰。其经营的艰难源于旅游接待产品的在线市场空间整合,以及顾客受便捷的在线购买方式的吸引。亿客行、好订网(Hotels)、旅程网(Orbitz)等大型在线旅行社,以及客涯(Kayak)、谷歌航班(Google Flights)、优栈网(Trivago)或谷歌酒店广告(Google Hotel Ads)等各种元搜索引擎占据了在线市场空间的主导地位。[8]此外,通过猫途鹰等混合型网站,顾客不仅可以预订,而且可以通过网上的评论获得相关信息,这让传统旅行社更加难以生存。同时,航空公司、酒店,以及越来越多的餐厅将精力集中在网站设计和移动应用程序(App)设计上,试图吸引顾客直接从企业购买商品。[9]

然而,考虑到当今的技术水平,随着移动设备的发展,特别是市场朝移动设备方向发展,未来中介机构的作用可能会越来越强。专家预测,旅行中介收入将超过 2.2 万亿美元,复合年均增长率(CAGR)将超过 5.5%。[10]预计这种增长将出现在旅游市场中具有吸引力的领域,如商务旅行。具体来说,2017—2023 年复合年增长率为 4.1%。预计 2023

年全球商务旅行市场将达 16 570 亿美元。同一份研究报告预测，2023 年，团体旅行者将是增长最快的细分市场，其复合年增长率为 4.8%。[11]

去中介化

这一新的动态是名为"去中介化—再中介化"的复杂现象的一部分。去中介化是从分销渠道中删除某种类型的中介。当一种类型的中介不再增加价值且出现了一种能提供更高价值的新型中介时，就会发生去中介化。传统旅行社一直是酒店、航空公司和汽车租赁产品最具代表性的中介。尽管它们在分销渠道中扮演多个角色，但其最重要的角色是零售商，即创造一个供顾客查找和购买产品的市场空间。传统旅行社虽然已在努力适应互联网时代，但在短短的几年内，在线旅行社创造了极高的价值，以及旅游接待产品方便快捷、全面而安全的市场空间。[12]换句话说，在线旅行社比传统旅行社更有效地完成了零售职能。在这种情况下，传统的旅行社不再被包含在分销渠道中。换句话说，分销渠道变得去中介化。

再中介化

从分销渠道中将中介去除会使渠道不完整，因为顾客将无法使用这些渠道查找和购买产品。因此，其重要的零售角色必须由其他可以更好地服务于零售功能的中介机构承担。新型的中介机构可以更好地完成零售职能，因此它们被纳入了新的分销渠道，这一过程就是再中介化。由此产生的分销渠道主要是基于在线零售商，从而提供了各种前所未有的优势。例如，顾客只需点击几下鼠标即可比较各家酒店的房价，找到最优惠的价格。而且，顾客可以在没有旅行社专业帮助的情况下，自行完成整个旅行规划过程，从而增加了保留的价值。

传统旅行社不得不在新的市场条件下寻找生存的方法，来应对被从分销渠道中移除的困境。传统旅行社很难与在线旅行社竞争，因此必须在竞争激烈且高度分散的旅游接待市场上重新定位。传统旅行社采用的策略之一是瞄准在线旅行社尚未覆盖的利基市场。例如，虽然在线旅行社可以为顾客预订日常旅行提供极大的便利，但预订探险游等专项旅行却相对困难。很多传统旅行社见缝插针，面向无法通过在线旅行社预订相关产品的顾客提供服务。传统旅行社可以利用其独特的技能——查找和捆绑定制旅行产品的能力，通过为顾客增加这方面的价值实现生存和发展。

应当将再中介化视为一个连续的过程。如果在线旅行业面临整合，则销售旅游接待产品的零售网站数量将减少。此外，谷歌等大公司已经进入旅游接待市场，为消费者提供了更多的选择。[13]这种市场动态对酒店而言越来越重要，因为这些企业可能对酒店、航空公司和租车公司的产品的整体分销环境产生巨大影响。

2. 分销渠道的功能

分销渠道促进了产品从生产商到顾客的转移，从而弥合产品与顾客之间在时间、地点和所有权上的缺口。分销渠道的成员需执行多种职能，具体如下。

（1）信息：收集和传播有关营销环境的营销调研和情报信息。

（2）促销：开发和传播有关优惠活动的具有说服力的沟通信息。

（3）联系：寻找潜在买家并与之沟通。

(4) 匹配：根据消费者的需求定制和调整报价，包括研发、生产、组装和包装等活动。
(5) 谈判：就产品的价格和其他条件达成最终协议，以实现所有权或持有权的转移。
(6) 物流：运输和储存产品。
(7) 融资：筹集和调动资金来支付分销渠道所需费用。
(8) 风险承担：承担某些财务风险（如不能以最大利润出售库存产品）。

尽管各种职能看似不同，但它们都可以优化企业的分销工作。这些职能可以在各中介机构之间转移。企业将职能转移给中介机构可以降低成本和价格，但必须为转移的职能向中介机构支付费用。为了优化分销，企业应将职能分配给可以最有效地执行这些职能的中介机构。

例如，蜜月旅行和健康之旅等专项旅行正变得越来越有吸引力。[14] 但这类旅行很复杂，涉及顾客的各种子决策。例如，顾客需要决定去哪个目的地，在该目的地预定哪些活动，而且他们可能对整个体验的某些组成部分有疑问。因此，顾客可能会通过旅行社预订这类服务，因为旅行社可以提供有关旅行细节的专业知识。至于大多数常规酒店住宿则可以直接在线预订，因为不涉及复杂的旅行细节决策，而且预订客房所需的信息大多可以在线获得。

3. 渠道级数

分销渠道可以用渠道级数来描述。每一个层级的作用都是使产品更接近终端顾客。默认情况下，每个渠道都有生产商和终端顾客。在生产商与终端顾客之间的中介机构的数量决定了渠道的长度，如图 12-2 所示。

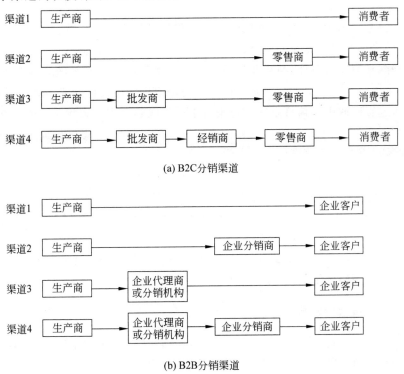

图 12-2　B2C 与 B2B 分销渠道

渠道1称为直销渠道。生产商直接将产品出售给消费者。渠道2包括一个中介机构。在大多数B2C市场中，这个机构通常是零售商。例如，一家酒店与在线旅行社直接签订合同，由在线旅行社向顾客销售客房。

渠道3包括两个中间机构，即一个批发商和一个零售商。例如，一家酒店与全球分销系统（批发商）和在线旅行社（零售商）签订了向顾客销售客房的协议。渠道4包括三个中间机构。除了批发商和零售商外，还包括一个经销商。经销商通常从批发商那里购买产品，然后转售给无法从批发商处拿货的小零售商。

通常，分销渠道运营成本的复杂性随着渠道级数的增加而增加。任何类型的分销渠道中涉及的企业都通过几种流程相连。这些流程包括信息流、实物流、促销流、所有权流和支付流。

这些流程连同分销产品的本质，增加了所有分销渠道的复杂性。

基于旅游接待业产品的复杂性，企业有多种分销渠道可供选择。接下来我们将介绍全球分销系统、旅游批发商、旅行代理商、旅行社等分销渠道的参与者。

12.2 旅游接待业分销渠道

很大比例的预订是顾客不经过中介机构，直接通过酒店官网或手机应用程序等信息技术向酒店预订的。在这种情况下，酒店、航空公司和租车公司无须通过任何批发商或零售商，即可直接利用网站和手机应用程序将产品出售给顾客。这类产品通过企业的官网（如 hilton.com、united.com 或 avis.com）销售。这类网站的通用名称是 brand.com，因为企业通常会将品牌名称用作官网的域名。这些网站是品牌向终端顾客销售产品的主要门户，因为它们只销售自己品牌的产品，而不销售竞争对手的产品。

除了官网和应用程序外，酒店及类似的企业还使用中央预订系统直接向顾客销售产品。不过，使用中央预订系统的单次预订成本要比使用网站预订的成本高。

直接通过官网或中央预订系统进行销售是假设顾客会主动查找企业的官网或拨打企业的预订电话，但实际上很难指望顾客会这么做。很多情况下，顾客倾向于比较各旅行社的报价，并通过查看竞争性报价来做出明智的购买选择。因此，在线旅行社通过为顾客提供可以比价的零售环境在市场上扮演了重要角色。此外，鉴于在线旅行社和品牌官网的数量众多，出现了一种新型的中介机构——元搜索引擎。这类企业让顾客可以优化搜索条件，找到划算的报价，而无论该报价最初是发布在哪个零售环境（如品牌官网或在线旅行社的网站）中。

管理这种复杂性是分销的重要任务，因为它与企业可创造的收入直接相关。因此，收益经理负责通过调整分销渠道的可用费率类型来管理企业可以使用的各种分销渠道。

12.2.1 直接渠道

直接渠道是指预订或购买直接在生产商（如酒店、航空公司、租车公司）与终端顾客之间进行的分销渠道。因为不涉及中介机构，所以交易成本较低。交易成本仅包括维护品牌官网和接听顾客电话的中央预订系统的成本。企业喜欢使用这种分销渠道的原因在于：①成本较低；②有助于在企业与顾客之间建立直接关系。

为了激励顾客直接预订或购买,酒店及类似的企业设计了用处巨大且有吸引力的网站和应用程序。这些网站中包括直接预订引擎。该引擎位于网站首页的醒目位置,同时列出的还有当前促销活动的有吸引力的信息,以及会员的登录界面。

很多餐厅也采用类似的方法。随着越来越多的餐厅将销售点系统与官网和移动应用程序整合在一起,餐厅的官网或应用程序成为顾客用来订位和下单的强大工具。

企业通常会将品牌官网和应用程序作为零售和客服的主要门户来宣传。品牌官网和应用程序具有重要的零售目标,如直接预订、让顾客可以查询已完成预订的订单,并创建个人资料以方便重复购买。这些渠道在获取顾客方面也发挥着重要作用,其目的是激励顾客注册会员。

表12-1给出了高档连锁酒店常用分销渠道的成本比较。

表 12-1 渠道成本比较

渠　　　道	房价/美元	佣金/%	总成本/美元	净房价/美元
品牌官网	200	5	10	190
客服中心或电话	200	5	10	190
在线旅行社或其他渠道	200	14	28	172

12.2.2 在线旅行社

在线旅行社(OTA)通过互联网开展业务,不需要实体经营场所和门店。在线旅行社很受消费者的欢迎,因为它们提供的便利让消费者可以通过比价做出购买决定。

在线旅行社凭借精心设计的网站和广泛的促销活动,不仅提高了品牌知名度,还获得了物美价廉的声誉,最终吸引了大量顾客。因此,尽管对于生产商而言该渠道成本较高,但仍必须依托在线旅行社进行分销,因为生产商很难通过直接渠道销售所有的产品。

分销模式

生产商和在线旅行社之间有多种安排,这种安排被称为模式。在线旅行社根据自己的经营战略应用这些模式的组合。其中最常见的分销模式之一是商家模式。根据商家模式,在线旅行社(称为销售商)向生产商支付商定的价格,然后根据自己的定价策略设定标价。亿客行(Expedia)等大型在线旅行社广泛使用商家模式。第二种常见的模式是代理模式,即酒店根据顾客的消费情况向在线旅行社支付佣金。缤客等企业一直使用代理模式。不过,大企业可能会根据所管理的OTA品牌使用这些模式的组合。[15]第三种模式是拍卖模式。在该模式下,顾客针对想要购买的产品出价,如果竞价成功,则可以按照出价购买产品。第四种分销模式是引荐模式(按点击付费)。在该模式下,在线旅行社会为通过其他网站或网络服务(如搜索引擎)访问自己网站的顾客支付推荐费。

使用上述模式的生产商担心的问题是品牌淡化。品牌淡化是指品牌价值逐渐模糊,消费者在购买产品时会忽略品牌质量而只关注产品价格的现象。酒店经营者担心消费者在OTA网站上主要根据价格比较客房,而忽略了品牌。在这一背景下出现了模糊模式等新的分销模式。在模糊模式下,在线旅行社不会提前向顾客透露酒店(或航空公司、租车公司)的品牌名称,而是根据顾客要求的位置使用通用的名称(如三星级酒店)报出符合要求的酒店。成功预订后,酒店的品牌名称才会显示给顾客。这种模式将品牌从顾客的决策过程中剥离。

根据酒店的经营战略,一些酒店可以利用使用模糊模式的在线旅行社在最后时刻售出空房间。尽管这种做法有助于带来额外的收入,但其弊端是可能会降低顾客对房间的感知价值。还有一个潜在的问题是价格,因为顾客在预订酒店房间后,有可能不会在餐饮等辅助产品上花额外的钱。

顾客通过在线旅行社预订的情况下,信息将由在线旅行社收集,最后再转给酒店。

为了在获得顾客方面拥有更多主动权并降低分销成本,酒店及其他旅游接待企业想方设法激励顾客直接预订。例如,通过酒店官网或应用程序直接预订的顾客可以获得奖励积分,而通过在线旅行社预订的顾客则没有积分。此外,直接通过应用程序预订的顾客可以获得额外的好处,如可以使用移动设备查看客房。[16]这些策略旨在激励顾客直接预订,以降低生产商的分销成本。为了应对这些策略,在线旅行社也制订了自己的奖励计划。例如,hotels.com 提供住十晚免一晚的活动,[17]亿客行的奖励积分可在日后预订时抵扣现金。

尽管认识到在线旅行社的作用很重要,但某些生产商仍将重点放在直接分销上。这种策略对拥有知名品牌的大企业很有效。例如,西南航空的分销战略重点是自己的直接渠道(如西南航空官网),但需要借助第三方渠道(如 Sabre 和 Apollo 订票系统)。[18]鉴于酒店业在品牌和所有权方面的碎片化程度较高,这种策略很少用在酒店业。品牌名气有限的小酒店除了通过在线旅行社进行分销外,可能别无选择,因为其品牌官网通常难以吸引足够的顾客。

我们迄今为止讨论的所有分销模式在很多在线旅行社都有应用,具体使用何种模式取决于在线旅行社的战略及其试图吸引的顾客的动机。随着越来越多的在线旅行社利用特定的模式实现专业化(如 Priceline 使用拍卖模式,Hotwire 使用不透明模式),出现了新的混合模式。

目前有两个重要进展:①将元搜索建立成顾客决策的重要组成部分;②消费者生成的评价在决策中的作用。元搜索引擎是一项使顾客可以一站式搜索来自大量零售网站的旅游接待产品的技术。这与通过在线旅行社进行的搜索有所不同:元搜索会返回来自品牌官网及所有零售网站的搜索结果,而通过在线旅行社的搜索只会返回它自己的库存。因此,元搜索引擎扩大了顾客搜索的范围,可以为顾客提供更多的机会。借助客涯网和天巡(SkyScanner)等元搜索引擎,消费者通常可以找到各航线的最划算机票。消费者生成的评论作用越来越显著。以前,评论都是在独立的网站而不是购物网站上提供的。如今,情况正在发生变化,消费者可以在预订的网站上参考产品评论做出预订决策。

在线旅行社采用的策略结合了多种模式的优势,在分销过程中发挥着越来越大的作用。例如,亿客行主要采用商家模式,同时提供了可为顾客购买提供参考的丰富的产品评价栏目。随着在线旅行社日益专业化、给分销过程带来的价值越来越多,其收费也越来越高。因此,为了降低分销成本,酒店及类似的企业正在尝试寻找新的方法来刺激顾客进行直接购买。[19]

12.2.3 全球分销系统

全球分销系统（GDS）是一种计算机化的预订系统，可看作旅行社及其他旅游接待产品分销商的产品目录，充当大规模交易的批发商。全球分销系统凭借其开发的有助于将旅游接待产品销售给零售商的界面，已成为很多酒店、航空公司和租车公司的分销渠道中不可或缺的部分。为了加快交易流程并减少错误，航空公司与信息技术公司合作开发了全球分销系统。[20] 全球分销系统通常会将生产商的中央预订系统（CRS）或个人财产管理系统与零售商等中介机构联系起来。除了一些大型的全球分销系统（Sabre、Amadeus 和 Travelport），近期也涌现出了一些较小的全球分销系统，如位于休斯敦的为大量独立酒店提供服务的 SHR。[21] 全球分销系统的传统角色是与零售商建立联系，但随着时间的推移，全球分销系统的角色也在不断发展。一些全球分销系统，基于它们可以访问的大量交易数据，正不断向零售商靠近。例如，Sabre 酒店解决方案为 32 000 多家酒店提供了一个软件即服务（Saas）平台。[22]

12.2.4 旅行代理商

旅行代理商的职能已不像以往那么明确（覆盖不同地区的市场），随着近年来在线旅行社数量激增，其作用已被削减。具体而言，过去由旅行社完成的大部分预订，现在顾客可以自己完成。不过，旅行社仍代表特定顾客群体的利益，同时肩负为酒店、航空公司和邮轮公司盈利的责任。例如，酒店通常向旅行社支付 10% 的佣金，邮轮公司通常向旅行社支付 15% 的佣金。

大多数酒店的分销策略中通常还包括旅行社。酒店向旅行社发送信息包，并邀请旅行社参观酒店，让其对所推广的服务有更好的了解。此外，酒店还会通过《旅行周刊》《旅行贸易》和《旅行社》等商业出版物直接向旅行代理商进行宣传推广。第 14 章将介绍以旅行代理商为目标的促销活动。

企业旅行代理是中介机构最重要的细分市场之一。美国的企业是这些代理商的主要客户。考虑到美国的企业通常有大量的差旅预算，其战略重点是在为员工提供灵活服务的同时减少企业的整体差旅支出。因此，美国的一些企业创建了自己的旅行社，专门负责企业的旅行业务。很多企业与旅行代理商签订了独家的旅行协议，要求所有员工通过该旅行代理商进行预订，而该旅行代理商则负责为员工找到最优惠的旅行产品。专门为特定的美国企业（如石油和天然气、医疗保健）提供特定类型的旅行服务的企业旅行代理商，其销售的主要产品虽然仍然是旅行，但会提供额外的服务。例如，美国运通全球商务旅行社的额外服务包括：在 140 多个国家设有办事处，在旅行中断或发生紧急情况时提供帮助等。[23]

12.2.5 旅游批发商和旅行社

旅游批发商会大批量预订面向特定人群（通常是休闲旅行者）的酒店客房和机票，然后通过旅行社或旅游经营商将这些产品出售给顾客。旅游经营商开发旅游产品套餐并将其出售给旅行社或直接出售给顾客。在开发旅游产品套餐时,旅游经营商与酒店或航空公司直接谈判,以折扣价预订大量的房间或机票。套餐中还包括其他服务,如交通、娱乐活动、物流等。旅游经营商通过旅行社将这些套餐出售给终端顾客,并向旅行社支付佣金。这类套餐的价值在于套餐的总价低于单独购买套餐内各产品的价格的总和。因为套餐的利润率较低,通常必须出售85%的存货才能实现收支平衡。

由于利润率较低,美国旅游批发商协会等组织要求每个会员交纳10万美元的保证金。如果某个会员出现财务问题,这笔保证金可用于退还顾客的预付款。

鉴于国际度假市场的高度分散性,旅游批发商在分销渠道中的重要性日益增加。旅行社不可能了解所有的度假区,因此需要参考批发商提供的目录。当顾客询问某个度假地或目的地时,可以为其提供该地区的度假地或目的地的目录。旅游批发商可以掌控提供给旅行社的信息以影响顾客的决策。这一点很重要,尤其是在高度分散、缺乏特定旅游地信息的国际市场上。

加勒比海度假村行业很依赖旅游批发商,因为很大一部分业务来自旅游批发商。因为这些批发商会影响购买决策,它们对价格和需求的影响很明显。例如,无论季节性需求如何,批发商都能获得很大的折扣。这不仅会影响酒店经理对房价的控制力,对现金流也有影响,因为顾客在行前3~6个月就会向旅游批发商付款,而酒店通常要在顾客旅行结束60天后才能收到批发商的付款。

大多数生产商通过官网销售自己的产品,它们有时也会发挥旅行社的作用。例如,美联航的官网上有一个版块是美联航假期,根据旅客的旅行类型或目的地提供定制化的度假套餐。[24]在线旅行社采取的策略与之类似,其有针对性的套餐可以简化顾客的产品检索和组合工作。此外,大多数品牌官网提供的旅行产品都是企业在官网销售的主要产品的补充。例如,西南航空提供并非其产品的酒店和租车预订服务。

12.2.6 专门机构:旅游经纪人和奖励协会

旅游经纪人(tour brokers)负责销售汽车旅游项目,这种旅游产品对很多市场都有吸引力。在新英格兰地区赏秋叶、参观大学校园、观看体育盛会及华盛顿特区定期游等活动都是汽车旅游的典型代表。一些汽车旅游项目是季节性的,一些是以某个事件为主题,还有一些是全年开展的。汽车旅行是位于其路线上的酒店的重要收入来源。消费者可以根据专家的建议或新闻热点预订各种类型的旅行,如豪华游、红叶游等。[25]

奖励协会(motivational house)为员工和分销商提供奖励旅游作为对其辛苦工作的奖励。企业经常将奖励旅游作为对完成了销售目标的员工的奖励。这类奖励通常包括前往热门目的地(如纽约、旧金山或波士顿)的度假区或豪华酒店的休闲之旅。

12.2.7 酒店销售代表

在某些情况下,酒店(或其他旅游接待企业)聘请熟悉市场的酒店销售代表销售产品比依靠自己的销售团队更有效率。这在生产商试图打入陌生的新市场时尤为常见。如果费城的一家酒店希望打入加拿大温哥华的企业市场,那么聘请一位熟悉该市场的当地酒店代表可能更有效。这些代表可能直接拿佣金,也可能拿薪水,或二者兼而有之。选择一位既了解所要销售产品的详细信息又对市场有全面了解的酒店销售代表至关重要。

12.2.8　全国性旅行社、州旅行社和地方旅行社

全国性旅行社、州旅行社和地方旅行社有推广其所代表的目的地的目标。目的地的出色推广将促进当地企业产品的预订,并提高旅游对当地整体经济的影响。

在主要的接驳市场(客源地)中具有代表性是重要的促销手段之一。某些目的地通常在海外设有实体办事处,这些办事处配备了熟悉目的地及其产品的销售人员,并且可以提供有关目的地的印刷材料和视频材料。

传统的促销工具以印刷广告为主。例如,打算前往特定城市的消费者可以拨打热线电话或访问目的地的网站,并索取旅行指南或小册子。旅游代理商通常会免费给潜在旅行者发放旅行指南或小册子。此外,很多城市都设有游客咨询中心,并配备了熟悉当地景点和接待业(如酒店和餐厅)的工作人员。他们的目标是说服旅行者参观该地区的景点,从而增加该地区的经济影响力。[26]

虽然很多目的地仍提供免费的印刷品,但很多促销材料已放了互联网上。因此,促销的主要工具是目的地的网站。尽管目的地网站的设计和布局因目的地而异,但某些要素是共通的,如重点景点、目的地的推荐活动,以及酒店、餐厅和娱乐场所等接待服务提供商的地图和行车路线。

12.2.9　行业协会和预订系统

行业协会是为了共同利益而成立的组织,成员间可以互惠互利。酒店业的行业协会包括全球酒店联盟(Global Hotel Alliance)和世界顶级酒店集团(Leading Hotels of the World)等。[27]酒店业的行业协会将单个酒店的预订服务扩展为中央预订系统(CRS)。鉴于市场的分散性,行业协会为小酒店提供了将有限的预算集中起来提高营销力量的机会。酒店业主可以在保持其首选的所有权形式(如独立酒店)的情况下,享受大型组织的营销力量。

某些地区的旅游接待企业也在努力发展地区性的行业协会。例如,英国巴斯地区的旅游接待企业成立了巴斯地区休闲企业协会(ABLE)。协会的成员将资源汇集起来,制作和分发营销材料。[28]一些旅行社也组成了行业协会,以便在与酒店、度假村和航空公司等的谈判中争取到更大的折扣。行业协会还可以利用垂直营销系统在与供应商的谈判中获得更好的价格。通过将一些相对较小的成员的营销力量整合起来,行业协会让其成员可以与规模更大、知名度更高的竞争对手抗衡。

12.2.10　餐厅的分销渠道

1. 快餐车

快餐车在美国已经存在了很多年。近年来,这种分销理念更加流行,尤其是将社交媒体的功能融合到了大多数快餐车业务模型中。快餐车的经营者可以使用Foursquare将其与其他社交媒体平台(如脸书和推特)共享,让顾客知道自己的位置。

作为一个配送平台,快餐车非常灵活,可以适应所服务市场的特定消费需求,不仅可

以将产品配送到指定地点，也可以告知顾客自己的具体位置。在农贸市场和音乐节等人流量大的活动现场经常可以见到很多快餐车。此外，快餐车还可以开发有趣的利基市场，如休斯敦广受欢迎的 Oh My Gogi 美食车提供的就是结合了韩国和墨西哥美食的食品。

2. 食品配送平台

食品配送平台是最近出现的一种食物配送服务方式。这类平台是基于技术的服务，消费者可以在某个区域内的不同餐厅下订单，所订购的食物将从餐厅直接配送到其住所。食品配送公司负责设计各家餐厅的食物展示页面，通过方便消费者比较不同餐厅的不同食物来刺激其消费。在某种程度上，这类平台就像旅行社一样，只不过其经营的是餐厅的食物。食品配送平台通常会收取配送费。DoorDash、Grubhub、Yelp Eat 24 和 FavorDelivery 等食品配送平台为消费者提供了一站式购买各家餐厅的食物，在家中坐等食物上门的便利。例如，DoorDash 为用户提供快捷下单、全程跟踪订单直到送达的服务。[29] 这类平台通常会开发移动应用程序，方便消费者随时随地利用移动设备下单。

3. 导引人员

在旅游接待业，有些直接面对顾客的员工对目的地的旅游接待产品有广泛的了解，如门卫、服务员或前台员工，他们是影响顾客的重要角色。这些角色因其公认的信誉和专业知识而具有一定影响力。他们既了解当地的餐饮企业和风景名胜，也了解顾客的情况。

餐厅一般会通过宴请导引人员来建立联系，即使在餐厅用餐高峰期也确保他们的预订。

12.3　渠道行为与组织

分销渠道并不只是由各种流程连结起来的企业的集合，而是复杂的行为系统，人与企业在其中相互作用来实现目标。一些渠道系统是松散的企业之间的合作，另一些系统则具有紧密的组织结构。渠道系统并不是静态的。新渠道不断发展以适应不断变化的市场条件、消费者行为和企业战略。接下来我们主要探讨渠道行为，看看渠道成员是如何组织起来完成渠道任务的。

一个分销系统是由不同性质的企业组成的，这些企业为了共同的利益而结合在一起。每一个渠道成员都要依赖其他成员，都在渠道中扮演一个角色并执行一种或多种专门的职能。

因为单个渠道成员的成功取决于整个渠道的成功，因此最理想的情况是，渠道中所有的成员通力合作。他们应当清楚并接受自己的角色，协调目标和行动，同心协力达到总体渠道目标。只有通过协作，他们才能更有效地理解并服务于目标市场。

12.3.1　渠道行为

大多数成员会受自身战略的驱动。这些战略反映了他们自己的短期目标，以及与在渠道内紧密合作的企业的交流。协作实现总体渠道目标有时意味着放弃单个企业的目标。因此，渠道成员必须在自己的短期目标和战略与整个渠道的宏观战略之间取得平衡。但这也可能导致渠道各成员的角色和目标存在分歧，从而引发渠道冲突。

根据企业在渠道中的位置,冲突可能出现在水平和垂直两个方面。

1. 水平冲突

水平冲突是指存在于渠道同一层次的成员之间的冲突。例如,一些比萨品牌的特许经销商可能会抱怨其他经销商在原料上作假,而且服务态度恶劣,破坏了整个比萨品牌的形象。

2. 垂直冲突

垂直冲突是指同一渠道中不同层次的成员间的冲突。这种冲突极为常见。近年来,很多企业因为对供应商提供的产品类型和质量及供应时间的不满与供应商发生了冲突。

其实如果管理得当,并非所有冲突都会对渠道产生不利的影响。实际上,一些小冲突对渠道成员是有益的,因为这有助于他们始终关注所扮演的角色和要实现的目标,并与渠道其他成员通力合作以实现目标。然而,严重的或长期的冲突可能会损害渠道各成员之间的关系,并影响整个渠道的效率。具体来说,渠道成员需要投入大量时间和资源来管理与解决冲突,他们关注的重点也会偏离渠道的目标。因此,将渠道冲突控制在可管理的水平是渠道所有成员的共同利益所在。

12.3.2 渠道组织

1. 传统营销系统

传统营销系统由一个或多个独立的生产商、批发商和零售商组成。每一个成员的目标都是最大限度地提高自己的利润,甚至以牺牲整个系统的利润为代价。

2. 垂直营销系统

当成员之间通力合作时,渠道的运作效果最好。因此,在管理任何潜在冲突的同时必须明确每个渠道成员的角色。但是这种角色和冲突并非存在于真空中。如果渠道中存在有领导力且有权分配角色和管理冲突的企业、代理或机制,则渠道的管理是最优的。

历史经验表明,传统的分销渠道缺乏这种领导力和权力,因此容易导致严重的冲突。这种冲突会影响整个渠道的表现。近年来,为了应对这些挑战,出现了垂直营销系统(VMS)这种赋予渠道领导力的新的渠道形式。图 12-3 对比了两种渠道结构。

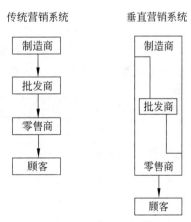

图 12-3 传统营销系统与垂直营销系统

典型的传统分销渠道由一个或多个独立的生产商、批发商和零售商组成。每一个成员都是独立的企业,其目标是使自己的利润最大化,而完全不考虑渠道其他成员的利益。没有一个渠道成员对其他成员具有实质性的控制权,也没有分配渠道角色或管理冲突的正式方法。与之不同的是,垂直营销系统是由生产商、批发商和零售商组成的统一系统。一个渠道成员或者拥有其他成员的产权,或者与其他成员签了合同,或者拥有让其他成员都必须与之合作的强大实力。生产商、批发商或零售商都可以主导垂直营销系统。

垂直营销系统的三个主要类型是统一式、管理式和合同式,每个类型建立渠道中的领导力和权力的方法都不同。具体来说,在统一式垂直营销系统中,协调和管理冲突是通过共同所有权在渠道中的不同级别实现的;在管理式垂直营销系统中,最重要的成员享有领导权;在合约式垂直营销系统中,领导力和权力由渠道成员之间的合约来规范。

企业的垂直营销系统含有单个所有权下的连续生产阶段。精酿啤酒厂大多会开设酒吧卖自己生产的啤酒。休斯敦的 St. Arnold 啤酒厂经营的啤酒园餐厅提供当地的啤酒和美食。[30]

管理式垂直营销系统通常根据成员的规模与权力来协调生产和分销的连续阶段。管理式垂直营销系统常用于国际航空市场上。具体来说,一个国家的大型航空公司(又称国家航空公司)的规模会越来越大,从而可以对所在国的预订系统、旅游经销商和旅行社行使很大的权力。

合同式垂直营销系统由处于不同生产和分销层次的独立的企业组成,这些企业通过订立合同来实现战略目标。例如,与酒店代表签订的合同让酒店可以在分销渠道中为自己及合作伙伴确立具体的角色。而且这些合同使酒店获得了独立经营无法获得的收益。合同式垂直营销系统的一个重要形式是特许经营。

特许经营。 特许经营是加盟商被授权在特许权人设计的营销模式下销售与分销商品或服务的一种经营方式。协议允许加盟商使用特许权人的商标、广告、会员计划及目前已取得成功的其他重要营销优势。

特许经营是酒店和餐厅常用的一种分销模式。特许经营品牌包括快捷假日酒店、希尔顿花园酒店、万豪旗下的万枫酒店、麦当劳和肯德基等。特许经营的发展使经营者的类型多样化,促进了旅游接待业的长足发展。具体来说,该行业从独立运营企业转向了多元化的企业,为各利益相关方创造了价值。

加盟商通常可以获得知名品牌经过检验的营销方法和成熟的经营模式等好处,为此需要向特许权人支付启动费、特许权使用费和营销费用。例如,加盟酒店需要支付中央预订系统和会员计划的费用。特许权使用费及其他基于收入的费用是根据总收入计算的。不过营销费用在特许经营中容易存在争议。营销费用由特许权人管理,却由加盟商支付。如果特许权人未就营销费用的使用与加盟商充分沟通,就有可能发生冲突。避免冲突的一种方法是鼓励加盟商成立加盟商协会,充分借助协会的力量。

启动费和特许权使用费的具体标准与特许经营的品牌资产有关。例如,希尔顿和麦当劳等知名品牌对推动全球消费具有重要作用,因为全球消费者都知道这些品牌。特许经营的品牌资产越高,给加盟商带来的价值也就越高。

特许经营可以给加盟商带来的好处包括:品牌知名度高;经营失败的风险较低;广告活动是全国性的,有成熟的广告和营销计划;业务增长率高;可以得到选址方面的帮助;现成的建筑平面及其他设计图;运营系统、软件及对运营系统的人力支持;与供应商签订全国性的合同;产品的改良和创新;咨询便利;融资便利。

然而,加盟商也要付出下列代价:需支付启动费和特许权使用费;经营的产品和使用的收据受限;必须保证一定的营业时间,而且必须提供确定的产品;特许权人的经营状况会影响整个连锁品牌的声誉;特许权人的经营状况会影响加盟商的盈利能力;各加盟商从全国性广告中获得的好处并不均衡,广告有时是冲突的源泉。

特许经营对某些企业的吸引力在于可以获得更多的分销机会。不过,特许经营也并不是对所有企业都有好处。特许权人必须能够提供坚实的商业理念、可行的运营系统、良好的管理支持和可扩展的技术。特别是对于新企业来说,提供完善的加盟商组合计划是一个挑战。

特许经营可以作为一种战略工具。例如,小的连锁店经常使用特许经营来留住管理人员。小型连锁企业很难为管理人员提供能与大型连锁企业相抗衡的薪酬和福利待遇,采用特许经营方式有助于企业挽留管理人员。对于特许权人来说,特许经营的好处包括:从总销售额中抽成;扩大品牌知名度;在全国性广告活动中获得支持;在与供应商签订全国性合同时,拥有更强的谈判实力。

对于特许权人来说,特许经营的缺点包括:在选择其他扩大分销渠道的方式时会受到限制,例如,如果发展战略联盟会违反与加盟商签订的边界协议,则建立战略联盟的能力将会很有限;必须监督加盟商,以保证产品的一致性;要求加盟商改变经营方式的能力有限,如在达美乐开发送餐服务市场时,必胜客为了让加盟商增加送餐服务费尽了心思;加盟商要求积极参与决策制定过程。

营销专栏 12-2

餐厅特许经营

如今,在城市街区漫步或在郊区街道上开车,几乎随处可见温迪、麦当劳、必胜客和星巴克。麦当劳是世界上最知名、最成功的特许经营品牌之一,在100多个国家和地区拥有37 000多家门店。赛百味是增长最快的特许经营品牌之一,在100多个国家和地区拥有49 000多家门店。

特许经营系统是如何运作的呢?独立的加盟商形成了一个紧密联系的企业集团,按照特许权人设计好的系统运营,并接受其指导和控制。加盟商要为此支付一定的费用,不过这笔启动费只占加盟商签署特许经营合同中投资总额的一小部分。启动费包括设备和设施的租赁费,有时还包括定期的特许权使用费。麦当劳的加盟商在初期启动成本上的投资高达100万~200万美元。赛百味成功的部分原因在于其启动成本较低,仅为10万~30万美元,低于大多数其他特许经营品牌。然而,赛百味的特许权使用费占总销售额的8%,这在食品行业中是最高的。加盟商还需要支付3.5%的广告费。

特许权人会为加盟商提供营销和经营方面的系统培训。麦当劳要求加盟商参加位于伊利诺伊州奥克布鲁克的"汉堡大学"开办的为期3周的课程,学习经营管理方法及采购原材料时所必须遵循的程序。

在最好的情况下,特许经营会让特许权人与加盟商双双受益。特许权人只需与加盟商签订合同即可开疆拓土,还可以获得巨大的采购优势。此外,加盟商熟悉当地社区和环境,作为创业者而不是雇员更加富有热情且拼搏进取,这会使特许权人受益。同样,加盟商也会受益:因为购买了一个受认可的知名品牌的经营权可以迅速站稳脚跟,而且可以在营销、广告、选址、人员配置及财务等领域获得持续的指导和支持。

由于近年来特许经营呈现爆炸式增长,导致一些快餐品牌的特许经营商面临严重的市场饱和,从美国联邦贸易委员会收到的加盟商对母公司投诉数量的增加不难看出这一点。最常见的投诉是特许权人让其他加盟商加入而"侵占"了现有加盟商的地盘。例如,麦当劳在加利福尼亚等州的加盟商最近投诉说公司决定在其所在地区开设新的分店。加盟商还有可能反对母公司制订的可能对自己的经营产生不利影响的营销计划。加盟商通常会强烈抵制低价促销,认为低价促销会损害连锁品牌的形象,而且会毫无必要地降低利润率。另一类投诉针对的是高于广告宣传的失败率。尤其是赛百味,它所做的广告误导加盟商说失败率只有2%,这跟实际情况完全不符。此外,一些加盟商认为自己被夸大的提供支持的说法所误导,结果在签订合同、投入资金之后才发现根本得不到支持。

国际扩张带来了开展特许经营的企业数量的增长和加盟商的收益。快餐连锁经营在全世界都很受欢迎。达美乐在日本的特许经营商比嘉(Ernest Higa)开设了180家门店,后来以6 700万美元的价格将门店卖给了贝恩资本(Bain Capital)。比嘉的成功部分归功于它根据日本市场对食物卖相的重视对达美乐的产品进行了改良。比嘉精心摆放比萨上面的盖头而且在切好片的比萨盒子上打了标志孔,确保比萨的切片大小完全一致。

特许经营这股热潮似乎不会在短期内立即退去。专家估计特许经营销售额占全美零售总额的一半。全球销售额最高的13个特许品牌中有10个是旅游接待企业,即麦当劳、肯德基、汉堡王、赛百味、达美乐、必胜客、万豪、温迪、塔可贝尔和希尔顿。

资料来源:Soloman, 2012, "Ernest Higa on leveraging US/Japanese biculturalism," Beacon Reports, http://beaconreports.net/en/higa-on-leveraging-usjapanese-biculturalism/(accessed January 23, 2019); Franchise Times Top 200 Franchises, 2018, http://www.franchisetimes.com/Top200(accessed January 21, 2019); Karin Shedd, 2018, "The Most Franchised Company in the World Isn't McDonald's or Starbucks,"(accessed January 22, 2019); https://www.cnbc.com/2018/08/14/subway-franchises-mcdonalds-starbucks-fast-food.html; www.subway.com(accessed December 5, 2004); "The Top 200," *Franchise Times* (October 2003); Norman D. Axelrad and Robert E. Weigand, "Franchising—A Marriage of System Members," in *Marketing Managers Handbook* (3rd ed.), ed. Sidney Levy, George Frerichs, and Howard Gordon (Chicago, IL: Dartnell, 2004), pp. 919-934; Andrew E. Sewer, "McDonald's Conquers the World," *Fortune* (October 17, 1994): 103-116; Roberta Maynard, "The Decision to Franchise," *Nation's Business* (January 1997): 49-53; Cliff Edwards, "Campaign '55 Flop Shows Power of Franchisees," *Marketing News* (July 7, 1997): 9; Richard Behar, "Why Subway Is the Biggest Problem in Franchising," *Fortune* (March 16, 1998): 126-134; Patrick J. Kaufman and Sevgin Eroglu, "Standardization and Adaptation in Business Format Franchising," *Journal of Business Venturing* (January 1999): 69-85.

联盟。联盟是另一种形式的契约协议。组成联盟使两个或两个以上的企业可以从彼此的优势中获益。具体来说,联盟可以让企业获得自己没有的资源,并获得只有通过联盟才能获得的新的发展机会。例如,美联航和德国汉莎航空都是星空联盟的成员。美联航可以通过自己的主要枢纽(如休斯敦、纽约-纽瓦克和芝加哥)与汉莎航空的主要枢纽(如慕尼黑和法兰克福)在美国与欧洲之间运送来自欧盟市场的乘客。由于同为星空联盟的成员,乘客可以在美联航的网站上预订汉莎航空的航班,反之亦然。这样的联盟能使所有的合作伙伴受益。星空联盟是由加拿大航空、南非航空、土耳其航空、长荣航空和全日空等28家航空公司组成的,为来自各大洲的企业和旅客提供便利。[31]

一种常见的联盟形式是酒店与餐厅之间的联盟。酒店与餐厅合作可以互惠互利。例如,餐厅受益于酒店的地理位置和客流,酒店则受益于餐厅的品牌价值及让顾客得以享受便利的餐饮服务。这样的联盟很常见,尤其是与知名品牌。例如,垂德维客餐厅(Trader Vic's)在多家希尔顿酒店内都设有分店。拉斯维加斯的度假村以聘请名厨开设餐厅而闻名。这种趋势已经扩展到拉斯维加斯以外,很多知名的高档餐厅在大城市的酒店开设了分店。[32]

3. 水平营销系统

水平营销系统(HMS)是由两个或两个以上处于同一水平为了抓住新的营销机会的企业组成的系统。通过这种方式,企业可以将各自的资本、生产能力、创新能力和营销资源等结合起来,实现单个企业无法实现的目标。随着数据分析等信息技术的发展,企业可以更好地了解市场细分和商业情报,从而更容易找到新的合作伙伴。

4. 多渠道营销系统

过去,很多企业采用传统营销系统,使用单一渠道向单一市场或细分市场销售产品。顾客细分技术和统计分析(如聚类分析、潜在类别分析)的发展使企业能够更好地洞察新细分市场的细节。与此同时,应用程序接口(API)的技术发展促进了有助于企业之间集成和数据交换的技术平台的开发。[34] 从总体上看,这样的发展为企业提供了采用多渠道营销系统来销售产品的机会。多渠道营销是指一家企业建立两个或更多的分销渠道,以接触一个或多个顾客群体。例如,希尔顿集团通过官网、移动应用程序、各种在线旅行社、评论网站、元搜索引擎和社交媒体网站来分销其产品。

尽管多渠道营销系统有很多好处,如企业可以扩大市场范围、服务更多的细分市场或巩固特定的利基市场,但它也增加了分销的风险。具体来说,现有渠道可能会认为开发新的渠道是不合理的,因此会造成冲突甚至可能诉诸法律。因此,企业必须在战略层面思考如何才能在不疏远普通成员或蚕食销量的情况下,利用多渠道合作来支持企业的主要战略。

12.4 渠道管理

12.4.1 选择渠道成员

渠道成员的选择是一个复杂的过程,要考虑很多因素,如顾客需求、企业吸引渠道成员的能力、所选渠道成员的经济可行性,以及为了获得渠道成员而放弃的控制权。例如,酒店必须决定允许多少在线旅行社在线上销售其商品。对于每一种新型的在线旅行社,酒店都必须判断通过在线旅行社分销所获得的价值是否足以覆盖相应的成本。

1. 顾客需求

进行战略构想时应先确定适合不同目标市场细分的服务类型。例如,如果没有在线旅行社,独立酒店将很难销售其产品。而通过好订网等在线旅行社,酒店可以获得国际知名度,虽然这种知名度是要付出代价的。

类似地,加勒比海地区的度假胜地可能会考虑与批发商合作。批发商负责将机票、客房、地面交通和活动等组合在一起,然后通过在线旅行社或专业旅行社分销。消费者可以通过在线旅行社找到这些组合产品,省却自己规划组合的麻烦。这些组合产品的风险通常低于消费者自己组合的产品,因为大多数消费者对要去度假的地方并不太了解。在设计渠道的过程中,企业必须了解目标市场的具体需求,然后在满足顾客需求的可行性与成本之间进行权衡。

2. 吸引渠道成员

企业吸引优质渠道成员的能力存在差异。例如,能及时支付佣金并准确按照旅行社预订提供服务的资源丰富的知名酒店可以很容易地找到合适的渠道成员。对渠道成员所掌握的资源进行认真调查是非常重要的,因为新加入的渠道成员最终将负责在其服务的顾客面前营造和维护企业的形象。

3. 评估主要的渠道方案

(1) 渠道成员的经济可行性。每个渠道都能带来一定的销量,但也会产生一定的成本。销售渠道带来的销售额必须足以抵消成本。这方面的成本可以分为两类:直接成本和机会成本。机会成本是指产品打折销售后发现这些产品定更高的价格仍然可以卖出去。例如,酒店可以关注不同渠道之间的价格差异,并采取行动减少这些差异(减少机会成本)。

企业应定期评估其他渠道成员(中介)的业绩。随着市场条件的变化,各渠道成员的价值也会发生变化。渠道成员的业绩可能会因自身的增长率、市场的增长率、出现了新的竞争对手、新的分销模式等多种因素而上升或下降。在这种情况下,企业需要与渠道成员合作,帮助其实现预期的业绩,或者在通过该渠道分销无法盈利时淘汰表现不佳的渠道成员。

(2) 控制标准。控制在渠道选择中是非常重要的。例如,酒店对销售代表的控制权要远低于对酒店销售人员的控制权。销售代表可能更愿意推销其他酒店的房间,因为那些酒店的房间更受欢迎。从零开始建立一支销售队伍需要付出很多努力,如招聘、培训和设计合适的技术平台。然而,这一切或许都是值得的,因为销售人员经过专门的培训,在销售酒店产品方面非常高效。虽然技术进步使酒店决策者可以比以往更准确地了解销售团队各个组成部分的效率,但要想评估这些努力通常并不容易。

控制在特许经营和选择多渠道成员时也很重要。企业开展特许经营时,为了获得更广泛的分销渠道而放弃了部分控制权。特许权人可能会发现很难说服加盟商增加某些新产品或参与某些促销活动。质量控制可能也是一个问题,因为由于物流方面的复杂性,很难规范加盟商的经营流程。

在多渠道分销系统中,要特别注意维护现有渠道成员的权利。当各渠道成员的利益不同时,现有渠道成员可能会限制与新渠道成员的活动。随着新渠道成员的加入,企业虽然可以获得长期合作,但同时会丧失一些灵活性。例如,一家酒店可能通过签订为期5年的合约聘请位于国外市场的销售代表。在这5年内,酒店可能与在线旅行社、航空公司或特定市场上的旅游经营商等其他合作伙伴建立了联盟,因此可能不再需要销售代表的服务。然而,在合约到期前酒店不能终止这一关系。企业必须了解并预测在选择渠道成员时可能发生的权衡。这需要良好的市场分析和可行的商业智能工具。[35]

12.4.2 明确渠道成员的责任

渠道成员必须就适用于每个成员的条款和责任达成一致。例如,酒店与在线旅行社的协议必须明确规定可收取的费率类型、佣金金额,以及支付佣金的时限。在餐饮业,特许权人与加盟商之间的协议必须包括推广支持、培训及经营管理系统开发条款。加盟商必须说明其将如何维持企业的实体设施标准及如何参与全国性促销活动。为了避免任何潜在的误解和冲突,应该以书面形式明确地说明条款。

持续地激励渠道成员尤为重要。企业必须向渠道成员进行自我推销。例如,在需求不旺时采取积极的激励政策,如增加佣金。此外,企业可以让渠道成员随时了解正在开发的新产品。在渠道成员之间建立一个健康的合作与沟通平台,是支持渠道成员的良好基础,可以提高渠道成员的业绩,促进渠道内的良好关系。

12.4.3 选址

对于旅游接待企业来说,选址是分销的一个重要方面。对于需要顾客到达服务交付地点才能提供服务的企业,拥有优越的地理位置尤为重要,正如"位置,位置,位置"这句名言所强调的。然而,并不存在一个公认的完美选址策略。例如,汉普顿酒店的理想位置可能就与四季酒店不同。类似的逻辑也适用于餐饮业。餐厅根据某个地理位置能带来的客流进行选址。选址取决于企业的具体情况、所拥有的资源,以及目标市场的顾客可以轻松获得这些资源的方式。最重要的是,选址取决于企业的营销策略,因为每个企业都有一套选址评估标准。一般来说,选址包括下面四个步骤。

1. 了解营销策略

第一步是清楚地了解目标市场及其与企业营销策略的匹配程度。例如,拉昆塔酒店(La Quinta)的目标顾客是出差的销售人员和驾车出行的人。因此,该酒店将地址选在高速公路沿线或城郊。与之相反,很多精品酒店吸引的顾客更喜欢住在繁华的市中心及有丰富娱乐活动的地方。因此,这两类酒店在选址上会有所不同。

2. 进行区域分析

第二步是进行区域分析,即地理市场区域的选择。例如,不断扩张的餐厅必须找到能够容纳特定数量的新餐厅的地区。向东欧扩张的商务酒店可能会以布达佩斯、索菲亚或布加勒斯特等城市为目标。这些商务酒店为主要在该地区出差的商务旅行者提供服务,现已占领了东欧很大一部分市场。

所选区域的一个重要特点是能够提供充足且稳定的需求。此外,还需要评估区域的增长潜力。要考虑区域整体经济驱动力等因素,因为某些行业在经济繁荣时期会推动经济发展,但在经济放缓时却无法提供充足的需求。还需要考虑其他一些因素,如天气、现有基础设施、附近的主要商业线路,以及人口增长等非经济因素。

3. 选择区域中的地区

第三步是选择所选区域中的地区。例如,一家连锁餐厅要在某个大都会区开设 5 个分店。在这一步,企业需要了解该区域的人口统计特征和人们的心理特征。可以利用商业智能深入了解该区域的竞争环境,最后选出五个最有潜力的地区。

4. 选定具体的位置

最后一步是选择具体的位置。在分析位置时,一个重要的考虑因素是该位置的业务兼容性。这些兼容业务可以带来需求。例如,酒店应选在主要的商业办公园区、机场、购物中心、住宅区附近。虽然兼容业务通常可以增加需求,但企业在选址时应评估位于所考虑的具体地点附近的人们的具体情况。例如,企业必须准确地了解自己的顾客,评估所考虑地点的潜在市场与企业在新址提供的产品的匹配程度。

企业还需要了解所考虑地点的潜在竞争对手。如果市场上有很多相互竞争的企业,则该地点很可能会被淘汰。因为企业如果选择这一地点,开业后市场可能变得过度饱和,从而损害所有竞争对手的利益。但是有时企业为了在某个城市拥有一席之地,仍会选择进入已经饱和的市场。餐厅常常聚集在一起,通过为潜在的顾客提供多种选择而吸引客流。

另一个潜在的考虑因素是可达性。所选地点的交通便利程度也很重要。考虑的因素包括是否位于主要公路附近、道路是否双向、是否有隔离带、车流的速度、地点是否显眼等。例如,位于有红绿灯的十字路口的餐厅就很容易引起等待信号灯的司机的注意。此外,周围环境也很重要。有吸引力吗?附近有热门场所吗?是否有便利的公交线路让顾客可以方便地到达该地点?

企业通常会规划出首选地址的大致情况。例如,一家名叫 Carl's Jr. 的汉堡快餐厅将其选址因素归纳为:购物中心内独立的位置;设有红绿灯的十字路口附近独立的位置;正门距街道距离不少于 40 米;位于室内购物中心内;半径 1 600 米内(理性的规划范围)人口不少于 12 000;交通便利;车流量、人流量大;该地区的房价和居民收入水平高于平均水平;距离办公区及其他需求来源近;3 000~5 000 平方米的地块;与现有分店距离不小于 3 500 米。[37]

通常情况下,企业利用检查列表和统计分析来确定店址的选择。清单包括具体的项目,比如上面列出的那些。在过去几年里,由于开发了易于使用和功能强大的统计软件,因此可以利用这些工具来选择店址。例如,可以进行回归分析,其中自变量通常是销量,而因变量有描述该地区的各种因素,如人口规模、家庭收入、竞争对手及其他地理位置属性。

企业可以建立自己的房地产部门负责选址、租赁合同谈判或购买所需的财产。例如,商业房地产机构可以帮助酒店公司在特定的市场中选择新的地点。预计这些企业将参与这一过程的多个阶段,从规划设计到购置物业。

课堂小组练习

*带星号的练习题可以作为个人作业或线上作业。学生需要对答案给出解释。
1. 你认为在未来 5 年科技会给旅游接待业的分销渠道带来哪些变化?
2. 阐明国际旅游使旅游接待业的分销渠道发生了哪些变化?
3. *生产有形产品的企业与生产服务和旅游产品的企业的营销渠道有哪些主要的不同?

4. *一个企业是否应该拥有大量的营销渠道成员?请说明原因。

5. 简述旅游批发商与旅行代理商的区别。

6. 为什么特许经营成为零售业快速发展的一种形式?

7. 据世界特许经营联合会统计,30%~50%的特许经营申请人都曾在大企业工作,后来因企业减员而失业。你认为这些企业中层行政人员将如何适应作为加盟商的生活?以往的工作经验对他们有何益处和害处?

体验练习

任选一道题做:

1. 参观一家提供外买的餐厅。餐厅采取了哪些措施推进外买服务?例如,有专门的点菜和取菜区域吗?有可以拿回家的菜单吗?可以通过电话、传真或网站订餐吗?有外卖专用包装吗?记录你的发现和建议。

2. 调查旅游接待业的特许经营业务。根据特许经营的产品及特许经营费,选择一家你认为投资眼光不错的特许经营商。写一篇2~3页的报告阐明理由。

参考文献

1. Booking Holdings. *Factsheet*. January 10, 2019, https://www.bookingholdings.com/about/factsheet/#page-head-full.

2. Nicholas Rossolillo, "Booking Holdings and Saudi Arabia Strike a Travel Deal," Nasdaq.com(2018).

3. Yahoo Finance Inc. *Booking Holdings Inc*., January 10, 2019, https://finance.yahoo.com/quote/BKNG?p=BKNG&.tsrc=fin-srch.

4. S. Y. Xie, "After a Comeback and a Name Change, Priceline Bets Big on China," *Wall Street Journal* (2018).

5. K. May, "Booking.com Leads the Way as Top Hotel Channel," *PhocusWire*(2018).

6. M. Cowen, Ctrip and Priceline Dine Out Together(2018).

7. S. Gharib, "Booking Holding CEO Is Upbeat About 2019: People Are Traveling a Lot," *Fortune* (2019).

8. M. Starkov, It's the End of the Hotel Metasearch Model as We Know It(2018).

9. R. Law et al., "Distribution Channel in Hospitality and Tourism," *International Journal of Contemporary Hospitality Management*, 27, no. 3(2015): 431-452.

10. N. Popova, *Disrupt or be Disrupted*. HospitalityNet.org(2018).

11. Allied Market Research Business Travel Market to Reach $1,657 Bn, Globally, by 2023 at 4.1% CAGR, Says Allied Market Research. HospitalityNet.org(2018).

12. C. Morosan and M. Jeong, "Users' Perceptions of Two Types of Hotel Reservation Web Sites," *International Journal of Hospitality Management*, 27, no. 2(2008): 284-292.

13. D. Schaal, Google's New Hotel Search Is a Greater Threat to Booking Rivals(2018).

14. L. Olmsted, "Why You Need a Travel Agent, Part 1," *Forbes*(2012).

15. D. Schaal, Booking Holdings Makes Major People Toward Prepaid Hotel Bookings(2018).

16. Hilton Hotels Worldwide Inc. Let Yourself in with Hilton Digital Key(2018).
17. Hotels.com(2018).
18. Southwest Airlines Corporate Travel(2018).
19. C. Estis Green and M. O. Lomano, *Distribution Channel Analysis: A Guide for Hotels* (HSMAI Foundation, 2012).
20. S. Andrew, <2018 about GDS.pdf>. Skift.com(2017).
21. SHR. *Distribution Platforms*(2016), http://shr.global/windsurfer/(accessed August 4, 2016).
22. Sabre Hospitality Solutions(2018).
23. A. Express, The Benefits of Using a Corporate Travel Agency(2018).
24. Airlines, U. *United Vacations*(2018).
25. V. B. Rail, *Vacations by Rail*(2018).
26. C. Morosan, "The Influence of DMO Advertising on Specific Destination Visitation Behaviors," *Journal of Hospitality Marketing & Management*, 24, no. 1(2015): 47-75.
27. Global Hotel Alliance(2018).
28. The Association of Bath Leisure Enterprises [A.B.L.E.]. Bath and Beyond(2018).
29. DoorDash(2018).
30. Saint Arnold Our Beer Garden & Restaurant Is Now Open(2018).
31. Star Alliance(2018).
32. Z. Quezada, "Celebrity Chefs Make Las Vegas Restaurants Shine," *Tripsavvy*(2018).
33. S. Okazaki et al., "A Latent Class Analysis of Spanish Travelers' Mobile Internet Usage in Travel Planning and Execution," *Cornell Hospitality Quarterly*, 56, no. 2(2014): 191-201.
34. J. Schaap, "How Technological AccountabilityCan Boost Guest Service," HospitalityNet.org(2018).
35. W. Höpken and M. Fuchs, "Introduction: Special Issue on Business Intelligence and Big Data in the Travel and Tourism Domain," *Information Technology & Tourism*, 16, no. 1(2016): 1-4.
36. A. Gosh, *Retail Management*(Fort Worth, TX: Dryden Press, 1990).
37. D. E. Lindberg, *The Restaurant from Concept to Operation*(New York, NY: Willey, 1985).

第 13 章

接洽顾客、传递顾客价值与广告

学习目标

- □ 对某企业促销组合中的构成要素进行描述。
- □ 讨论整合营销传播的过程，清楚整合营销传播在传递顾客价值方面的优势。
- □ 概括说明开展有效营销传播的步骤。
- □ 说明如何开展有效的营销传播。
- □ 描述确定促销预算和促销组合的过程。
- □ 给出广告的定义，说明广告的主要决策步骤有哪些。

导入案例

大约 20 年前，区域快餐连锁企业福乐鸡(Chick-fil-A)开始寻求与麦当劳、汉堡王和温迪这三大快餐竞争对手区分开来的促销策略。福乐鸡的招牌是鸡肉三明治，当时的菜单上也只有鸡肉三明治。然而，只是告诉消费者福乐鸡的鸡肉三明治很好吃是不够的，福乐鸡需要找到充满创意的好主意——能够传达品牌独特的价值主张，并令人难忘。

福乐鸡想出的创意是一群叛逆的花花奶牛。这些奶牛传递的信息是要吃更多的鸡肉(eat more chicken)，但广告中的奶牛没什么文化，把"more"错拼成了"mor"，而"chicken"错拼成了"chikin"。它们的目标是说服消费者不要吃牛肉汉堡包，改吃鸡肉。出于自身的利益考虑，这些无畏的母牛意识到，如果人们多吃鸡肉，就不会吃牛肉了。1995 年，第一头嘴里叼着画笔的淘气牛在广告牌上写下了"多吃鸡"这一口号。从这第一块广告牌开始，这项营销已经发展成为历史上最一致、最持久的整合营销传播活动之一，并彻底改变了汉堡快餐业的商业版图。

"多吃鸡"活动成功的关键在于它的一以贯之。行业出版物《广告时代》(Advertising Age)前不久将福乐鸡评为年度亚军，并指出，"通常，最聪明的营销是最有耐心的营销。"很少有促销活动比这一活动更有耐心。20 多年来，福乐鸡坚定不移地坚持其简单而有力的"多吃鸡"口号，该品牌的淘气牛现已成为流行文化符号。

福乐鸡以"多吃鸡"这一口号为基础，通过巧妙的信息传递方式和创新的媒体布局不断变化营销组合，使活动保持新鲜感。今天，从传统的电视、印刷品和广播广告，到富有想象力的促销和活动赞助，再到社交媒体和智能手机应用程序，这些奶牛几乎无处不在。

尽管"多吃鸡"活动充分利用了传统媒体，但非传统的促销手段让奶牛在福乐鸡的忠实顾客心中占据了特殊的位置。活动开始后不久，福乐鸡就开发了促销商品目录，其中就有以牛为主题的日历，几年前更是推出了数字日历。如今，福乐鸡的忠实拥护者抢购了大量以牛为主题的杯子、T恤、毛绒玩具、冰箱磁贴、笔记本电脑包等数十种物品。这些促销品不仅会带来收入，还有助于加强公司与顾客的互动，同时还能传播品牌"多吃鸡"的信息。

福乐鸡通过各种店内促销活动进一步吸引顾客。例如，每年7月，该公司都会发起"奶牛感恩日"活动，在这一天，任何打扮成奶牛出现在福乐鸡门店的顾客都可以获得免费餐点。近60万名打扮成奶牛形象的顾客参加了此项活动。当一家新的福乐鸡餐厅开业时，会发起"幸运前100"促销活动，即在开业前24小时在餐厅外露营等候的粉丝有机会成为赢得一年免费福乐鸡餐点的幸运前100中的一员。在等待的过程中，他们还有可能见到福乐鸡的首席执行官丹·凯西（Dan Cathy），他经常与顾客一起通宵露营，在他们的T恤上签名、与他们合影留念，并在最后为幸运儿发放福乐鸡一年的免费餐券。这一活动的独特之处在于，开业前一晚有数十人在停车场露营，必然会引起当地媒体的关注，从而让新店开张得到了很好的宣传。

最近，福乐鸡将"多吃鸡"的宣传活动拓展到了脸书、YouTube、Pinterest 和推特等社交媒体上。福乐鸡几年前首次制定社交媒体战略时，发现自己已经拥有了一个粉丝约2.5万名的强大的脸书页面。这个页面是由其顾客布兰迪·比泽尔（Brandy Bitzer）创建的，他是一位真正的福乐鸡品牌传播者。为了表达对他的感激之情，福乐鸡与比泽尔联手，由后者继续管理页面，而福乐鸡则提供资金支持，提升其对品牌的热情。该策略非常奏效。如今，福乐鸡的脸书页面有超过740万名粉丝，不仅提供丰富的信息，而且与顾客互动交流，还有大量的奶牛留言，如"吃鸡肉，否则我们断交"。如今，你永远不知道这些古怪的奶牛接下来会出现在哪里。但无论你在哪里看到它们——在电视上、运动场上、智能手机上，或者在当地的福乐鸡餐厅——长期以来它的品牌信息始终如一。多年来，"多吃鸡"活动获得了多项广告大奖和荣誉。更重要的是，该活动有助于吸引顾客并传达福乐鸡的个性和定位，使其成为美国最成功的快餐连锁品牌之一。

福乐鸡拥有2 300多家餐厅，销售额超过90亿美元。自第一家福乐鸡餐厅开业以来，该公司的收入已连续46年保持增长。自"多吃鸡"活动开始以来，福乐鸡的销售额增长了7.5倍以上。尽管每周只营业6天，但福乐鸡餐厅的平均年销售额仍高于麦当劳的平均水平（所有福乐鸡门店在周日都会关门歇业）。福乐鸡现在是美国排名第一的鸡肉连锁店，其惊人的增长使排名第二的肯德基在该类别中的市场份额大幅下降。

总而言之,用福乐鸡营销高级副总裁的话来说,福乐鸡经典而又现代的整合营销传播(IMC)活动"比我们想象的更加成功""这些奶牛原本只是我们广告活动的一部分,现在它们已成为我们的激情和品牌的一部分"。谁知道再过5年或10年,这些奶牛会带来什么惊喜。不管未来如何,福乐鸡的信息仍将是响亮而清晰的:多吃鸡![1]

建立良好的顾客关系需要的不仅是开发一个好的产品、具有吸引力的定价、将产品提供给目标顾客,企业还必须通过沟通向顾客传递自己的价值主张。价值主张的传递不能全凭运气,所有沟通都必须经过精心策划并融入精心整合的营销传播计划中。良好的沟通在建立和维护任何类型的关系方面都扮演着重要的角色,企业要想建立能够带来丰厚回报的顾客关系,良好的沟通是不可或缺的。

13.1 促销组合

企业的整个**促销组合**(promotion mix)又称营销传播组合,包括广告、销售推广、**人员推销**(personal selling)、公共关系、**直接营销**(direct marketing)和**数字营销**(digital marketing)等企业用来传递顾客价值和建立顾客关系的工具。以下是对这五种主要促销工具的界定:[2]

(1) 广告:由特定赞助者出资,对某种想法、产品或服务进行的任何形式的非个人的展示和宣传活动。

(2) 销售推广:以促进产品或服务的交易活动为目的的短期激励行为。

(3) 人员推销:为了达成销售及建立顾客关系,企业的销售人员所进行的个人展示。

(4) 公共关系:企业通过进行各种有利的公开展示,树立良好的企业形象,控制和阻止不利的谣言、传闻和事件等手段建立与公众之间的良好关系的活动。

(5) 直接营销和数字营销:与精心挑选的目标顾客进行直接的联系,以获得立即的回应或培养长期的顾客关系。

上述五种促销工具中的每一种都包含与顾客沟通的特定工具。例如,广告包括广播广告、印刷广告、互联网广告、户外广告及其他形式的广告。销售推广包括打折、赠券、展示和实物宣传。人员推销包括销售展示、行业展会和激励项目。公共关系包括媒体发布、赞助、特殊事件和网页。直接营销和数字营销包括直邮、目录展示、在线媒体和社交媒体,以及移动营销等。

与此同时,营销传播远非这些具体的促销工具这么简单。推销员的举止和着装、经营地点的装修、企业所使用的办公用品,所有这些都会向顾客传递某种内容。每当顾客与某一个品牌接触时,都会产生某种印象,而这种印象会强化或削弱顾客对企业的好感。因此,企业必须对整个营销组合进行整合,传递一致的信息和战略定位。

13.2 整合营销传播

在过去几十年里,营销人员已经掌握了大众营销的精髓:向大众顾客销售高度标准化的产品。在这个过程中,他们发展出了一套有效的大众媒体传播技术来支撑这些战略。大企业通常会在电视、杂志或其他大众媒体上花费上百万甚至上亿美元做广告,通过一个广告将信息传递给上百万的顾客。然而,今天的营销经理们面临一些新的营销传播问题。也许在营销的任何其他领域都没有像营销传播领域这样面临如此巨大的变化,这让营销传播者既兴奋又恐慌。

13.2.1 新的营销传播模式

有几个关键因素正在改变营销传播。首先,消费者正在发生变化。在今天这个数字化的无线世界里,消费者拥有了获取信息的更多渠道,除了营销人员提供的信息,还可以通过互联网、社交媒体及其他渠道查找信息。不仅如此,相比以前,他们还能更容易地联系到其他消费者,彼此交换与品牌相关的信息,甚至是创建自己的品牌信息和品牌体验。

其次,营销战略正在发生变化。大众市场正在不断分化,营销人员正在抛弃大众营销方式,越来越倾向于在更为微观的细分市场上与顾客建立更为密切的关系。

最后,数字技术的飞速发展使企业与顾客沟通的方式发生了巨大的变化。数字时代带来了一系列新的信息技术和沟通工具,从卫星电视和有线电视到智能手机和平板电脑,再到各种互联网工具(品牌官网、电子邮件、博客、社交媒体、网络社区等)。正如大众营销曾经引发了新的大众传媒一样,新的数字媒体将会带来新的营销传播模式。

虽然电视、杂志、报纸等大众传媒依然很重要,但是其主导地位正在不断下降。广告商正在不断提高更专业、更精准的新媒体在广告投放中的比例,将更为个性化的交互式信息传递给规模更小的细分顾客市场。新媒体包括专业有线电视频道、网络视频、电子邮件、博客、手机短信和无数的社交媒体。这些新媒体正在席卷营销领域。

广告行业的一些专家甚至预测,旧的大众传媒模式很快就会过时。大众媒体的成本不断攀升,观众人数不断减少,广告日益泛滥,观众正在借助流媒体或数字视频录像系统(DVRs)等技术跳过恼人的电视广告,获得对是否接受信息的控制权。因此,营销人员应该将营销预算中的很大一部分从传统媒体转移到在线媒体、社交媒体、移动媒体等新媒体上。

近年来,虽然电视依然是一种强有力的广告媒介,占广告总投入的1/3或更多,但其增速已经放缓甚至出现了下降。杂志、报纸和广播的广告投入也在下降。与此同时,数字媒体上的广告投入则急剧增长,年增长速度达15%。数字媒体估计占所有广告投入的45%,而电视媒体只占33%。

越来越多的大型广告商开始采用"数字化优先"的方式来打造自己的品牌。例如,世界上最大的广告商之一联合利华将其80亿美元的全球营销预算的1/4用于数字媒体。在美国和中国等国,数字媒体营销占其营销预算的近50%。[3] 一些营销人员现在几乎完全依赖数字媒体和社交媒体。

在线媒体、移动媒体和社交媒体营销的爆炸式增长带来了巨大的机遇，但也带来了巨大的挑战。它为营销人员提供了了解和吸引顾客的丰富的新工具，但也使营销传播变得更加复杂和分散。营销人员面临的挑战是如何以有组织的方式将它们整合在一起。今天，越来越多的企业正在采用**整合营销传播**（integrated marketing communications，IMC）的概念。如图 13-1 所示，在这一概念框架下，企业精心将众多传播渠道整合起来，传递关于企业及其品牌的清晰、一致、具有说服力的信息。

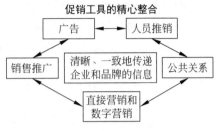

图 13-1 整合营销传播

整合营销传播模型要求明确消费者与企业及其品牌接触的所有可能的接触点。品牌与消费者的每一次接触都会传递一个信息，可能是好的，可能是糟糕的，也可能是让人不感兴趣的。企业的目标应该是在每一次接触中传递一致且积极的信息。整合营销传播将企业所有的信息和形象联系起来，让电视广告和印刷广告与电子邮件营销和人员推销传递的信息是一样的，其公关材料与企业网站或社交网络所展示的形象是一致的。

整合营销传播的一个很好的例子是可口可乐的"海市蜃楼"活动。该活动围绕两个超级碗广告构建，将传统的花费巨大的电视广告的影响力与社交媒体的互动力量整合在一起，实现了顾客与可口可乐品牌的实时互动。[4]

可口可乐的"海市蜃楼"活动讲述了三支在沙漠探险的队伍（牛仔、歌舞女郎和超凡先锋）在炎炎烈日下跋涉穿越沙漠，追寻像海市蜃楼一样难以找寻的冰冰凉的可口可乐的故事。"海市蜃楼"活动在超级碗前两周开始，在《美国偶像》节目中插播了 30 秒的广告花絮，并在 YouTube 等网站上发布信息，邀请粉丝访问 CokeChase.com，了解具体的故事和三支队伍。接下来，在超级碗比赛期间播出了 60 秒的"海市蜃楼"广告，广告中激动人心的追逐和扣人心弦的结尾吸引观众登录 CokeChase.com 为自己喜欢的队伍投票并向另外两支队伍投掷障碍以帮助自己选出的队伍获胜。在比赛剩下的时间里，可口可乐的团队实时监控主要社交媒体上的相关活动，并在脸书、YouTube 和推特上发布三支队伍实时追逐的最新战况，在 Tumblr 和 Ins 上晒出追逐的照片，让粉丝始终参与到活动中。比赛结束后，第二支"海市蜃楼"广告宣布了获得最多观众票数的队伍——身穿迷人的粉红色和银色服装的歌舞女郎队，她们最终赢得了可乐。但真正的赢家是可口可乐。"海市蜃楼"活动超出了所有人的预期。除了超级碗带来的庞大观众人数外，比赛期间，该活动获得了高达 820 万在线和社交媒体互动以及 91 万张选票，远远超过了可口可乐定下的 160 万次互动和 40 万张选票的目标。促成这些互动的是该广告在 YouTube 上有 450 万次点击量。人们非但没有快进"海市蜃楼"广告，而是专门在 YouTube 上观看它。

在过去，没有专人或专门的部门负责整合并协调各种促销工具。为了帮助实施整合营销传播，一些企业任命了营销传播总监来全面负责这方面的工作。这有助于实现营销的一致性，并产生更大的销售冲击。企业指定专人负责，确保企业众多的宣传活动能够塑造统一的企业形象，这一举措是前所未有的。

在新的营销传播世界中，新媒体不再使用干扰消费者并强行向他们提供大量信息的传统方法，而是让营销人员以更具吸引力的方式接触较小的消费者社群。例如，消费者现在几乎可以在任何带有屏幕的设备上观看自己喜欢的节目。在电视上，也可以是笔记本电脑、智能手机或平板电脑上，他们可以随时随地观看节目，而且通常是不带广告的。越来越多的节目、广告和视频仅供在线观看。

然而，尽管在向数字媒体转变，传统的大众媒体仍然占据了大多数营销企业的促销预算的很大份额，而且这一事实可能不会很快改变。因此，大多数营销人员预测，未来传统媒体模式并不会完全崩塌，而是会与在线媒体、移动媒体和社交媒体融合，以更加个性化的方式吸引更有针对性的消费者社群。最后，无论什么样的传播渠道，关键是要以最能吸引消费者、传达品牌信息并增强消费者品牌体验的方式整合所有这些媒体。

随着营销传播环境的变化，营销传播人员的角色也将发生变化。很多营销人员现在更倾向于把自己看作**内容营销**(content marketing)经理，而不只是负责创作和投放电视广告、平面广告或 Snapchat 品牌故事广告。因此，他们借助付费渠道、自有渠道、免费渠道和共享渠道的组合，与顾客以及在顾客之间创建、激发和分享品牌信息及对话。这些渠道既包括传统媒体也包括新媒体，既有受控制的媒体，也有不受控制的媒体。这就不仅仅是广告了，而是要了解顾客的心路历程、他们获取信息的方式和时间，在这个过程中与他们开始对话，从而激发他们的参与、购买和宣传(参见营销专栏 13-1)。[5]

营销专栏 13-1

谢谢，不要再把这看作是广告了：它是内容营销

在美好的旧日时光里，广告商的生活似乎非常简单。当一个品牌需要进行广告宣传时，每个人都知道这意味着什么。品牌团队和广告公司提出创意策略，制订媒体计划，制作并投放一组电视广告、杂志或报纸广告，还可能发布新闻稿来炒作一些新闻。但是在数字时代，过去那种精心制定一个"广告活动"整体框架，在此框架指导下将"广告"投放在定义明确的"媒体"中的做法已经不再适用了。

相反，传统广告和新数字内容之间的界限正在迅速模糊。为了吸引受众，当今的品牌信息必须具有社交性、移动性、互动性和多平台性。一位业内人士表示："当今的媒体环境越来越多样化：广播、有线电视和流媒体；网络、平板电脑和智能手机；视频、富媒体、社交媒体、品牌内容、横幅、应用程序、应用程序内广告和交互式技术产品。"

新的数字环境对广告的定义提出了质疑。"究竟什么是广告？"一个新闻标题发出了挑衅性的质疑。随便你怎么称呼它都成，但是要告诫其他人，"不要称之为广告。"

相反，根据当今许多营销人员的说法，它是"内容营销"，即创建和分发引人入胜的各种内容组合，以吸引消费者，与他们建立关系，在他们之间建立社群，促使他们采取行动并向他人宣传品牌。为了满足当今的数字和社交媒体的需要，并维持"永远在线"的消费者对话，品牌需要在各类传统平台和数字平台上持续供应新鲜内容。

如今很多广告商和营销人员将自己视为内容营销经理，他们创建、启发、分享和策划营销内容——既有他们自己的内容，也有消费者和其他人创建的内容。他们没有遵循传

统的媒体细分标准,而是遵循一个新的细分框架,在该框架下,营销内容得以创建、控制和分发。新的分类确定了四种主要的媒体类型:付费、自有、免费和共享(POES)。

付费媒体是营销人员付费的促销渠道,包括传统媒体(如电视、广播、印刷或户外)及网络和数字媒体(付费搜索广告、网络和社交媒体展示广告、移动广告或电子邮件营销)。

自有媒体是企业拥有和控制的促销渠道,包括官网、企业博客、自有社交媒体页面、专有品牌社区、销售队伍和事件活动。

免费媒体是公关媒体渠道,如电视、报纸、博客、视频网站及其他渠道,营销人员没有直接付费或直接控制,但含有观众、读者或用户感兴趣的内容。

共享媒体是消费者与其他消费者共享的媒体,如社交媒体、博客、移动媒体和病毒式传播渠道,以及传统的口碑传播。

过去,广告商专注于传统的付费(广播、印刷)或免费(公共关系)媒体,而现在内容营销人员迅速增加了自有(网站、博客、品牌社区)和共享(在线社交、移动、电子邮件)媒体这些新的数字媒体。过去,成功的付费广告本身就是目的,而现在营销人员正在开发整合的营销内容,以利用所有POES渠道形成合力。因此,很多电视广告往往不再只是电视广告,而是你可能在任何地方看到的"视频内容"——在电视屏幕上以及平板电脑或手机上。其他一些视频内容看起来很像电视广告,但从未在电视上播放,如发布在网站或社交媒体上的视频。同样,品牌信息和图片不再只出现在精心制作的杂志广告或产品宣传册中,这些由各种来源创建的内容会出现在各种媒体上,从正式广告、在线品牌页面,到移动和社交媒体,再到独立博客。

新的"内容营销"活动看起来与传统的"广告"活动有很大不同。我们以喜力啤酒墨西哥公司旗下的啤酒品牌特卡特(Tecate)为例。在墨西哥,特卡特代表男性的阳刚之气,包括墨西哥人最喜欢的足球运动。但在最近的世界杯足球赛期间,特卡特面临严峻的创意挑战。它想利用比赛带来的球迷热潮,但不能直接提及世界杯或墨西哥国家队,因为二者都由其竞争对手科罗纳赞助。最终,特卡特没有将大量的广告预算投放在充斥着陈词滥调的电视广告上,而是推出了一个新颖的内容丰富的"足球绅士"活动,效果远超传统媒体。

特卡特的"足球绅士"活动提出,在世界杯期间,一个真正的特卡特男士必须平衡好他生命中的两个真爱:女性和足球。也就是说,该活动旨在帮助男性成功地兼顾爱情生活和观看足球比赛,从而成为"完美的绅士"。该活动围绕一封写得很漂亮的185页情书展开,阅读这封情书差不多需要90分钟(恰好是一场足球比赛的时间)。

在一场重要比赛前一分钟的电视广告中,一位男士深情地将长信交给他的爱人,并恳求她立即阅读。这位女士被他浪漫的行为迷住了,开始坐下来阅读他发自肺腑的甜言蜜语,她沉醉其中,没有注意到他跑出去和朋友们一起观看世界杯比赛。在世界杯比赛期间,另外五个电视广告、一个活动网站和47个脸书帖子实时跟踪这封信的阅读情况,并提供诸如"她现在已经读完了你90分钟信件的一半"之类的更新。后续广告显示,当她从狂喜中清醒过来时,比赛也刚好结束了,该男士及时赶回家并拥她入怀。男人们可以下载完整信件供下一场比赛时用,将收信女士的名字改一下就行了。有1.6万人这样做了,有了阅读实际信件的体验。

在宣传活动的另一则广告中,一名特卡特男士在第一次约会后拒绝了他的新女友去其家中的邀请,通过无视"硬汉文化",抵制一夜情诱惑的方式,表达了对她的深厚感情和成为一名完美绅士的伟大梦想。当她感动到昏倒时,他则跑去看下一场比赛。"看世界杯足球赛并因此获得真爱?"特卡特男士总结说,"生活没有比这更美好的了。"

"足球绅士"内容营销活动巧妙地整合了 POES 渠道,取得了惊人的效果。世界杯期间,特卡特啤酒的销售额增长了 11%。在为期 4 个月的活动中,该品牌的 YouTube 粉丝增加了 228%、脸书粉丝增加了 120 万,并引发媒体争相报道,成为社交媒体上的热门话题。该活动的广告和视频在 YouTube 上的点击量达 1 700 万次,在世界杯期间 YouTube 观看次数最多的 10 个广告中占了两个。"足球绅士"被《广告时代》评为年度最佳整合营销传播案例。"足球绅士"已经"成为墨西哥的一种文化现象"。特卡特的一位营销人员说:"这个词汇已经成为流行文化的一部分,有很多模仿行为,还有专门的视频和 T 恤。你在餐厅和出租车上也会听到人们在谈论。在世界杯期间,我们虽然有很多内容不能宣传,但我们得到了一切!"

因此,我们不能再把它仅仅称为"广告"了。在当今瞬息万变有时又充满混沌的营销传播环境下,营销人员需要的不只是在定义清晰、自己可以控制的媒体空间中制作和投放广告。相反,今天的营销传播者必须是营销内容战略家、创作者、连接者和催化剂,他们管理与消费者之间的品牌对话,并促使这些对话在多种渠道组合中火起来。这是一项艰巨的任务,但借助今天的新思维,任何事情都是有可能的。[6]

13.2.2 对整合营销传播的需要

更为丰富多样的媒体和内容方式给营销人员带来了挑战。今天的消费者处在各种来源的品牌信息的轰炸之中。经常出现的情况是,企业未能成功整合不同的传播渠道。大众媒体上说的是一回事,企业官网、电子邮件、社交媒体页面或 YouTube 上的视频说的则是另一回事。

问题的根源在于这些营销内容往往来自企业的不同部门。广告信息是由广告部或广告代理商设计和实施的,企业的其他部门或代理商负责公共关系、销售推广、事件策划、在线媒体营销或社交媒体营销。然而,消费者却不会这么划分。消费者的大脑会将来自不同渠道的品牌信息——不管是超级碗比赛中插播的广告、店内的展示、手机 App,还是朋友的社交媒体内容——合并成关于品牌或企业的单一信息。来自不同渠道的沟通内容如果互相矛盾,就会带来混乱的企业形象、品牌定位和顾客关系。

一般来说,不同的媒体在吸引、告知和游说消费者方面发挥的作用是不同的。例如,最近的一项研究表明,超过 2/3 的广告商及其广告代理公司正在筹划发起跨越多个观看平台(如传统的电视,以及数字、移动和社交媒体)的视频广告活动。这种视频融合结合了电视的核心优势(广阔的覆盖面)与数字媒体的优势(更好的定位、互动和参与)。[7] 这些不同的媒体和角色必须在整合营销传播的整体框架下做好协调。

13.3　打造有效的营销传播

　　整合营销传播需要确定目标顾客,并制订协调一致的促销计划,以获得目标顾客的回应。营销传播总是寄希望于在目标市场上获得直接的关注、印象或偏好,但这种传播方式太过短视。如今,越来越多的营销人员将营销传播视为管理顾客与企业及其品牌的互动和关系的一个持续的过程。

　　由于顾客千差万别,因此应针对具体的细分市场、利基市场甚至是个体确定营销传播方式。而且随着新的交互式通信技术的出现,企业不仅要问"我们要如何接触顾客",还要问"如何让顾客接触到我们"。

　　因此,传播过程应从审视目标顾客与企业及其品牌的所有潜在接触点开始。例如,要想找一家好的餐厅,可能需要询问当地居民或酒店的前台服务员,或者是上网查看附近餐厅的点评。营销人员需要评估各种传播方式在后续购买过程的不同阶段将产生什么影响。弄清楚这一点有助于营销人员更高效地分配预算资金。

　　要想进行高效的传播,营销人员需要知道传播是如何进行的。如图13-2所示,传播涉及九个要素。其中有两个要素涉及传播的当事人,即信息发送者和接收者。有两个要素涉及传播工具,即信息和媒介。还有四个涉及传播的功能——编码、解码、反应和反馈。最后一个要素是传播系统中的噪声。下边介绍这些要素的定义,并以麦当劳的"我就喜欢"(i'm lovin' it)电视广告为例进行分析。

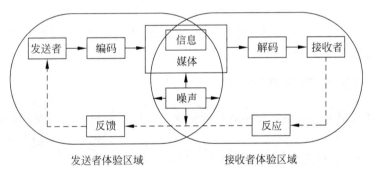

图 13-2　传播过程中的要素

　　(1) 发送者:将信息发送给另一方的实体——在广告中是麦当劳。

　　(2) 编码:将想法以符号形式表达出来的过程——麦当劳的广告代理商将文字、声音和图案组合成了一个电视广告,从而传递想要传递的信息。

　　(3) 信息:发送者要传递的一系列符号——麦当劳的广告。

　　(4) 媒体:信息从发送者传递给接收者所借用的传播渠道——麦当劳选择的是大众化的和特定的电视节目。

　　(5) 解码:接收者对发送者编码的符号进行解读的过程——消费者观看了麦当劳的广告,对广告中的文字和图案进行解读。

　　(6) 接收者:接收另一方传递的信息的实体——观看麦当劳广告的消费者。

(7) 反应：接收者收到信息后的反应——可能有成千上万种反应，比如，消费者更喜欢麦当劳了，更有可能下次还去麦当劳，哼唱"我就喜欢"的旋律，或者什么反应也没有。

(8) 反馈：接收者返回给发送者的那部分反应——麦当劳的调研表明，消费者被广告打动且记住了广告，或者写信、打电话给麦当劳，赞扬或批评其广告或产品。

(9) 噪声：传播过程中未曾预料到的干扰因素，导致接收者得到的信息与发送者传递的不同——消费者在看广告时分心，错过了关键点。

要想使信息得到有效传播，发送者的编码过程必须与接收者的解码过程相匹配。最好的信息应当由接收者所熟悉的文字和符号构成。发送者的生活经验与接收者的生活经验重合得越多，信息就越有可能得到有效传播。营销传播的实施者有时候可能并没有消费者的生活经验。例如，工薪阶层的广告撰稿人可能需要创作针对另外一个社会阶层的消费者（如富有的企业主）的广告。然而，为了实现有效的营销传播，实施者必须尽力去理解目标顾客的生活经验，并搞清楚什么样的体验对这些人是有价值的。

这一模式指出了有效传播的几个关键因素。发送者需要知道自己想将信息传递给谁，想获得什么样的反应。他们必须善于编码，将目标消费者的解码过程考虑在内。他们还必须通过适当的媒介将信息传递给消费者，并且建立反馈渠道，使企业能够评估受众对信息的反应。

13.4　进行有效营销传播的步骤

我们接下来看一下开展有效的整合营销和推广计划的步骤。营销人员必须做好以下几件事：①识别目标受众；②确定传播目标；③设计传播信息；④选择传播渠道；⑤选择信息源；⑥收集反馈信息。

13.4.1　识别目标受众

营销传播人员从一开始就要明确目标受众。目标受众可以是潜在的顾客，也可以是常客，他们或者是购买行为的决定者，或者是这一行为的影响者。目标受众可以是个人、团体、特定公众或一般公众。目标受众会深刻地影响传播人员的各项决定：应该表达什么？怎样表达？何时表达？在哪儿表达？由谁来表达？为了使传播富有成效，营销人员必须了解目标受众，并在目标受众所能接受的媒介中创造他们可以理解的信息。管理人员在与目标受众进行沟通之前，需要先了解他们。

13.4.2　确定传播目标

目标受众一旦确定，营销传播人员必须明确自己所期望的反应。当然，在多数情况下，他们所期望的最终反应就是产生购买行为。但购买只是消费者决策这个长期过程的结果。营销传播人员需要明确目标受众对产品采取的是一种什么样的态度，还需要做哪方面的鼓动。

南达科他州的印第安部落希望到保留地旅游的人会明显增加。他们的目标是：为客人提供住宿和餐饮服务；扩大印第安产品的市场；分享其他旅游相关收入；改变人们对印第安人的错误认识,特别是要让人们认识到拉科他(Lakota)、达科他(Dakota)和那科他(Nakota)人代表活的文化。

经济与文化教育的双重目标推动了作为沟通桥梁的部落旅游拥护者联盟(ATTA)的发展。印第安人不再依靠南达科他州旅游局或其他旅游组织,而是凭借自身力量推销自己。"要了解印第安人,你最好去和印第安人聊聊。"ATTA 的代理主任同时也是茉莉花蕾苏族(Rosebud Sioux)部落议会成员的罗纳德·内斯(Ronald L. Neiss)如是说。[8]

目标受众可能处于购买者准备阶段(知晓、了解、喜爱、偏好、信赖和购买)中的任何一个,如图 13-3 所示。

图 13-3　消费者准备阶段

1. 知晓

首先,沟通者必须能够评估目标受众对产品和组织的认识程度。目标受众可能对产品一无所知,可能只知道名称,也可能知道的多一点。如果目标受众中的大多数人对产品一无所知,沟通者就要努力让其知晓,或许可以通过构建简单的名称信息。这一过程可以从重复名称的简单信息开始。即便这样,知晓也需要时间。假设有一家位于休斯敦北郊的名为饥饿猎人的餐厅,在其半径 5 千米的范围内约有 5 万人口。起初,这家餐厅几乎无人知晓,其目标可能就是先让这 5 万人中的 40%知道餐厅的名称。

2. 了解

目标受众可能知晓企业或产品,却对其知之甚少。例如,饥饿猎人餐厅主营野味,但知道的人很少,从而可能将让消费者了解产品作为首要的传播目标。

露丝·克蕾丝牛排连锁店(Ruth's Chris Steak House)使用简单的口号,在航空公司的机上杂志中刊登 1/4 页的广告。广告信息瞄准的是经常坐飞机的人,他们值得犒劳自己一份"滋滋作响的牛排"。广告中有一幅厚切牛排的彩色照片、餐厅各家分店的地址,以及餐厅提供高品质牛排的信息。这个简单的信息可以让受众很快了解餐厅的位置、牛排的大小和这家牛排餐厅的真诚。

3. 喜爱

倘若目标受众知道产品,那么他们对产品的感觉如何?我们可以用李克特量表确定他们的喜爱程度,如非常不喜欢、不喜欢、一般、比较喜欢、非常喜欢。如果市场表现出对饥饿猎人餐厅不喜欢,那么沟通者就必须找出原因,并通过营销传播来培养市场对产品的积极反应。如果市场对产品的不良印象是基于某种实际问题,如服务迟缓,那么仅凭营销传播是无济于事的。饥饿猎人餐厅必须先解决餐厅存在的问题,然后把改正后的服务质量展示出来。

4. 偏好

目标受众可能喜欢产品但没有将其列为首选。在这种情况下,沟通者必须通过宣传产品的质量、价值、带来的效果及其他特征,培养消费者对产品的偏好。沟通者也可以通过衡量促销活动之后目标受众对产品的偏好来评估广告的效果。比如,饥饿猎人餐厅发现消费者喜欢餐厅的名字和经营理念,但却到其他餐厅用餐,那么就必须明确自家餐厅相对于竞争餐厅的优势,通过推广优势,培养潜在顾客对自家餐厅的偏好。

5. 信赖

目标受众可能对产品形成了偏好,但并没有确定购买产品的信念。营销人员需要将消费者的偏好变成信赖,从而促使其最终购买。饥饿猎人餐厅的宣传目标就是让目标市场相信,它们的牛排是这一市场区域同等价位中最好的。

6. 购买

最后,目标受众中的一部分人可能已经确定了产品,但对是否购买仍犹豫不决。他们可能会等待更多的信息或是计划以后再买。沟通者要引导消费者采取最后的行动。这些引导可以是以低价位提供产品,给予奖励或是让消费者有条件地试用产品。饥饿猎人餐厅可以推出周二晚餐特价菜,以 29.95 美元的价位提供通常要 34.95 美元才能享用的肋排或者海鲜。

13.4.3　设计传播信息

在明确了所期望的传播反应之后,沟通者应开始设计有效的信息。理想的情况下,信息应该能够唤起注意、引发兴趣、激发欲望和促成行动(所谓的 AIDA 模型)。实践中很少有哪种信息能够引导消费者从知晓直到实施购买行为的全部过程,而 AIDA 模型说明了好的信息所应具备的条件。

在整合信息的过程中,沟通者必须解决三个问题:究竟要表达什么(信息的内容);怎样合乎逻辑地表达(信息的结构);如何形象化地表达(信息的形式)。

1. 信息的内容

沟通者必须明确能够得到预期应答的信息的诉求点或主题。存在三种诉求形式:理性诉求、情感诉求和道义诉求。

理性诉求与受众的自身利益相关,表现为产品能带来预期的价值。有时,这种理性诉求会被忽略。

情感诉求试图通过情感共鸣来激发购买行为。例如,恐惧、罪恶和羞耻的诉求会促使人们做他们应该做的事(如刷牙、买新领带)或是停止做他们不该做的事(如吸烟、嗜酒、饮食无节制等)。

情感诉求在旅游度假区和酒店广为使用,用以激发人们的交叉购买行为。室内电视、海报和帐篷上的商业广告在宣传康体中心的同时也在唤起人们放松身心和减掉"在酒店增加的体重"的需要;从美味的巧克力到毛绒玩具,"为家中的爱人和孩子带些礼物"的主题也被酒店广泛地用来促销产品。这一诉求会引导商务旅游者与家人在某家连锁度假酒店共度假期。

道义诉求针对的是受众对是非的评判。这种诉求通常被用来倡导人们支持环保事业和帮助贫困人群。

2. 信息的结构

沟通者必须决定如何解决三种信息结构问题。第一个问题是在信息中给出结论还是让受众自己得出结论。早期的研究表明,在信息中给出结论的做法比较有效。然而,近年来的研究显示,在很多情况下,在广告中提出问题而让消费者自己得出结论会更有利。

第二个问题是摆出单方面的观点还是列举双方的观点。通常,除非接收者有良好的知识背景且对沟通者所提的观点完全否定,否则在促销中提出单方面的观点是更有效的。

第三个问题是将最有力的论据放在开头还是结尾。把最精彩的部分放在开头可以引起受众的关注,但也可能有"虎头蛇尾"之嫌。[9]

"世界上最大的户外游泳池"是智利的圣阿方索德尔玛度假村优先传递的信息。相对于这个美丽而壮观的海水游泳池,度假村的住宿和食物是排在第二位的。

3. 信息的形式

沟通者还需要采用富有感染力的信息形式。在印刷品广告中,沟通者必须确定标题、副本、插图和颜色。为了引起注意,广告中可以使用新奇的事物,对比鲜明、醒目的图片和标题,以及独特的形式、信息尺寸、位置、颜色、形状和动作。如果信息是通过广播传递的,沟通者需要确定文字、配乐和声音。

如果信息是通过电视或人员传递的,那么除了上述所有因素外,还要充分考虑肢体语言。要为形象代言人设计面部表情、手势、服装、姿态和发型。如果信息是通过产品和包装传递的,沟通者需要关注质地、气味、颜色、尺寸和外形。例如,对食品来说,颜色是重要的沟通因素。一项实验让消费者对盛在棕色、蓝色、红色和黄色4种颜色的杯子中的咖啡做出判断(咖啡是一样的,但消费者不知道这一点),75%的人认为棕色杯子中的咖啡味道更浓,近85%的人认为红色杯子中的咖啡最爽口,几乎所有的人都认为蓝色杯子中的咖啡口味温和,而黄色杯子中的咖啡被认为淡而无味。

13.4.4 选择传播渠道

沟通者必须选择传播渠道,而传播渠道分为人员传播渠道与非人员传播渠道两大类。

1. 人员传播渠道

在人员传播渠道中,有两个或更多的人进行直接的交流。这种交流可以是面对面,也可以通过电话、信件或电子邮件,甚至采取网络聊天等方式。人员传播渠道让人们可以表达自己的意见并获得反馈,因而很有效。

企业可以直接控制某些人员传播渠道,如企业的销售人员与目标市场顾客的接触。然而有些关于产品的人员传播渠道却并非由企业直接控制,这其中可能包括消费者保护团体或博主等独立的专家给目标市场提出的建议,如面向消费者的购买咨询和指导;也可能包括邻居、家人、朋友和同事亲自或通过社交媒体的交流。最后一种渠道就是"口碑",在很多产品领域都有很大的影响。

对于一些昂贵、风险高或非常显眼的产品来说,人员传播的影响是巨大的。旅游接待业的产品因为不能事先尝试,通常被视为高风险产品。因此,在购买旅游组合产品、选择餐厅或入住酒店之前,人们通常要收集来自其他人的信息。

在线评价已经成为影响消费者决策的重要因素。一项研究发现,在世界各地,朋友和家人的看法对消费者的影响都是排在首位的。50%的消费者认为,朋友和家人是影响他们对产品是否产生关注和购买的首要因素。另一项研究发现,90%的消费者信任熟人的评价,70%的人信任其他消费者发表在网上的评价,而信任广告的人所占比例则介于

24%和62%之间,具体取决于发布广告的媒介。[10]

在线评价的巨大影响力意味着企业应该提供优质服务来避免负面评价,而且需要时刻关注在线评价(不管是正面的还是负面的)并及时回应。对于负面评价,企业最好在线下与消费者取得联系。具体做法可以是:在线道歉,并请遇到问题的评论者发电子邮件直接与企业的负责人联系。

企业可以采取措施,让人员传播渠道服务于企业的目标。可以为品牌创造一些意见领袖,这些人的意见会受到其他人的追捧,企业可以让意见领袖用富有吸引力的词汇推荐产品,或者对他们进行培训,让他们将信息传递给其他人。**口碑营销**(buzz marketing)包括培养意见领袖,让他们将有关产品或服务的信息传递给他们圈子里的其他人。

一家名叫口碑经纪(BzzAgent)的社交媒体公司采用与众不同的方法来创造口碑,为客户的品牌培养顾客,然后将他们变成有影响力的品牌宣传者。[11]口碑经纪公司组建了一支由来自世界各地的数百万购物者组成的天生的意见领袖构成的志愿者队伍,这些人在社交媒体上非常活跃,热衷于谈论和推荐产品。签下客户后,口碑经纪公司就会在自己的数据库中进行搜索,选择符合客户产品的目标顾客特征的"代言人"。选定的志愿者会收到产品样品,并创建个人对品牌的体验信息。然后,口碑经纪公司会请这些"代言人"通过面对面交流,以及推特、脸书等社交媒体上的帖子、照片和视频共享、博客分享自己对于产品的真实看法。如果产品确实很好,那么正面的口碑就会得到快速传播。如果产品不是很好,那么企业也可以及时发现问题。口碑经纪公司的这种模式已经成功地为包括迪士尼和唐恩都乐在内的数百家顶级公司进行了品牌宣传。口碑经纪公司的吸引力在于其真实性。它不会为"代言人"编写评价脚本,而是告诉他们:"请畅所欲言,毕竟,分享我们喜欢的产品是再自然不过的事情。"[12]

营销专栏 13-2

"谢谢":一种很好的人员传播方式

在很多语言中,"谢谢"都是最有感染力的词语之一。正是由于这个缘故,印第安纳州印第安纳波利斯一家提供有限服务的酒店的销售经理决定启动一项"谢谢您,顾客"计划。

这位经理的目标是增加酒店的生意,让顾客知道酒店感谢他们的惠顾,并希望他们再次光临。她认为,在这个充斥着互联网与电子邮件和语音邮件的高科技时代,手写的信件更有诚意。

顾客的地址和姓名来自顾客留下的名片(这些名片被放在一个大鱼缸中,每个月抽取一次)。抽出名片后,三位前台员工中的一位将会在空闲时写一封感谢信。每位前台员工在寄信时都会将自己的名片随信寄出。

这位经理与很多顾客交谈过。他们对酒店的手写感谢信都感觉很惊奇。一位顾客说,他很喜欢收到前台员工寄来的名片,这比收到总经理或销售经理的名片感觉更好。因为负责预订的是前台员工,顾客当然希望将来再打电话预订时可以找熟悉的人接待。

感谢信的确帮助酒店与顾客建立了良好的关系。这一举动让顾客知道酒店重视他们并关注每一位顾客。这位经理对这个项目的支持也让员工们感受到酒店与顾客维持良好关系的重要性。

2. 非人员传播渠道

非人员传播渠道是那些没有人际交流和反馈的信息媒介,包括媒介、氛围和事件。主要的**媒介**(media)包括印刷品(报纸、杂志、直邮)、广播(收音机和电视机)、展示媒介(广告牌、标志和海报)和在线媒体(电子邮件、网站、在线社交和分享媒体)。**氛围**(atmosphere)是人为设计的用来诱发和驱动消费者购买倾向的环境。五星级酒店的大堂里摆放鲜花、艺术品和昂贵的设施来强化消费者对五星级酒店的感知。**事件**(event)是为了给目标受众传递信息而专门组织的活动。公关部一般会通过组织记者招待会、盛大的开幕式、公众游览等事件与特定的受众进行交流。

Scanticon Princeton 会议中心将大堂布置成普林斯顿艺术家协会成员原创作品的展厅,收到了较好的宣传效果,费城的一家主流报纸在周末版上用整个版面刊登了一篇配有该会议中心图片和地址的报道。

非人员传播渠道会直接影响消费者。除此之外,使用大众媒体还可以引发更多的人际交流,从而间接地影响消费者。大众传播对消费者的态度和行为的影响分为两个环节:信息首先从电视、杂志等大众媒体流向意见领袖,然后通过意见领袖流向其他人。因此,意见领袖可以连接大众媒体与它们的目标受众,并将信息传递给大众媒体相对难以接触的消费者。

13.4.5 选择信息源

受众对信息发送者的看法也会影响信息的效果。声誉好的信息源发出的信息比较有说服力。哪些因素决定了信息源是可信的呢?一般来说,专业性、可信度和亲近感是三个最主要的因素。专业性是信息源用以支持其观点所应具备的权威。可信度与信息源的客观程度和诚实程度相关。例如,朋友比推销人员更可信。亲近感是信息源对目标受众的吸引力。人们喜欢开放、幽默、自然的信息源。无疑,声誉好的信息源是在专业性、可信度和亲近感三个方面都突出的人。

孟菲斯市选出了一些有名望的人宣传该市适合作为会议举办地。该市制作了一个视频,其中的会议组织者、旅游批发商和协会的工作人员都宣传该市是理想的会议举办地点。有吸引力的信息源发布的信息可以获得更多的关注和回想,因此广告商经常用名人来代言。例如,麦当劳请迈克尔·乔丹代言。当名人的个人特质与产品的一种关键属性相贴合时,往往会取得比较好的效果。不过同样重要的是代言人必须具有可信度。

选择健在的名人为企业或产品代言也存在一些潜在的问题:

(1) 名人往往难以打交道,可能会拒绝参加某个重要的媒体活动,或者在某些情景下不愿意配合拍照。

(2) 只要这个人活着,就难免做出一些让其代言品牌受到伤害或感到尴尬的事情。例如,加拉德·福吉尔(Jared Fogel)曾为赛百味代言,称自己通过食用赛百味的健康三明治而成功减肥。然而,在为赛百味代言期间,福吉尔被控与未成年人发生性关系且最终控罪成立。[13] 一位专家指出:"99%的名人都为他们代言的商家做出了巨大的贡献。"[14] 对于品牌来说，选对代言人非常重要。

（3）与请健在的名人代言相比，品牌利用自己拥有的符号、卡通动物形象及其他一些标志进行促销可能是更为安全的方式。澳大利亚航空公司就成功地将袋鼠和考拉熊用作标志。数十年来，麦当劳让麦当劳大叔的形象深入人心。卡通人物和动物相对可靠，不会带来消极的公众感受。

13.4.6 收集反馈信息

在发出信息后，沟通者必须评价信息对目标受众的影响，包括询问他们是否记住了信息、看到信息的频率、能回忆起的信息内容、对信息的感受，以及过去和现在对企业及产品的看法。沟通者还应该了解信息所引致的行为：有多少人购买了产品，有多少人向他人谈起了产品或是光顾了商店。

喜来登酒店集团持续 7 年未在电视上做广告，之后发起了覆盖电视、广播和印刷媒体的大规模的媒体宣传活动。广告的目的是向游客展示喜来登高端的服务和设施。为了重塑喜来登的形象，广告中对喜来登的标志"S"进行了突出强化。调查显示，喜来登的"S"标志获得了 93% 的无提示回想。无提示回想是指不给出任何有关广告或广告元素的提示而能唤起的回忆。而如果有提示，则称为辅助回想。[15] 宣传活动结束后，喜来登的网络预订量增长了 20%。[16]

图 13-4 给出了测量信息反馈的示例。通过观察，我们发现全部市场上有 80% 的人知道 A 酒店，其中 60% 的人入住过 A 酒店，而入住过 A 酒店的顾客中只有 20% 的人是满意的。这一结果表明，虽然 A 酒店成功地提高了酒店的知名度，却没能给予消费者预期的满意。A 酒店应该在进行成功促销的同时提高服务质量。B 酒店的情况则刚好相反：市场上仅有 40% 的人知道 B 酒店，其中仅有 30% 的人入住过 B 酒店。而入住过 B 酒店

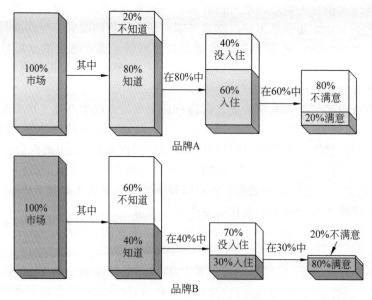

图 13-4　两个品牌酒店的反馈信息量度

的顾客中有80%的人感到满意。因此，B酒店应该利用其创造顾客满意度的强大能力对酒店进行促销。

13.5 制定促销总预算和促销组合

我们已经探讨了针对目标受众的信息的计划和传递步骤。但企业应当如何决定促销总预算并将其分配给主要的促销工具来确定促销组合呢？企业需要经过哪些过程才能综合利用促销工具以实现整合营销传播？我们接下来就谈谈这些问题。

13.5.1 制定促销总预算

企业面临的最困难的决策是在促销方面要投入多少。百货公司大王约翰·瓦纳梅克（John Wanamaker）曾经说："我知道我有一半的广告投入是无用的，但我不知道是哪一半。我用200万美元做广告，但这笔投入是多是少，我也不知道。"

企业是如何确定促销预算的呢？有四种常用的方法：量力而为法、销售百分比法、竞争均势法和目标任务法。[17]

1. 量力而为法

很多企业都使用量力而为法，即设定一个能负担得起的促销预算。一位管理人员解释说："这种方法很简单。我先去找主管预算的人了解今年可以负担多少钱。他说150万美元。然后，如果老板问我应该投入多少钱，我就会说，大约150万美元。"[18]

不过，这种决定促销预算的方法完全忽略了促销对销售业绩的影响，使年度促销预算有很高的不确定性，难以制订长期营销计划。虽然量力而为法也有可能会造成广告预算过高，但更常见的却是广告预算不足。

2. 销售百分比法

很多企业采用销售百分比法，将促销预算设定为目前销售额或预期销售额的一定百分比，或是将其设定为销售价格的一定百分比。一些企业使用这种方法的原因是它简便易行。例如，一些餐厅老板知道餐饮业的促销支出的平均水平大致是销售额的4%，所以他们也把促销预算设定为销售额的4%。

销售百分比法有很多优点。首先，使用这种方法意味着企业的促销预算可以随着企业"负担得起"的数额的变化而变化。其次，这种方法有助于管理者考虑促销支出与售价和单位利润的关系。最后，这种方法有助于营造相对稳定的竞争环境，因为竞争对手往往也会将相同百分比的销售额用于促销支出。

尽管销售百分比法具有上述优点，但却并不合理，因为它错误地把销售视为促销的原因而不是结果。促销预算是以可提供的资金而不是外在机会为依据的。在需要增加促销投入以扭转销售颓势的时候，这一方法可能会成为阻碍。销售百分比法以每年的销售额为依据进行调整，从而增加了长期规划的难度。此外，除了参考企业过去的做法和竞争对手的做法，百分比的确定并没有其他依据。

3. 竞争均势法

一些企业采用竞争均势法,让自身的促销预算与竞争对手保持相当。它们观看竞争对手的广告,或是从出版物和商业协会那里得到整个行业的促销支出的大致水平,然后根据行业平均水平制定预算。例如,酒店业的平均广告支出约占销售额的1%,营销预算约占5%。不过,一些有限服务的酒店的广告支出约占销售额的2%。[19]

支持这一方法的理由有两个。第一,竞争对手的预算可能代表了行业的集体智慧。第二,与竞争对手持平的投入有助于避免促销战。然而,这两个理由都不充分。没有证据表明竞争对手能比企业自身对促销预算的制定有更好的见解。企业间存在较大的差异,各自有不同的促销需要。更重要的是,没有证据表明这一方法能够阻止促销战的发生。

4. 目标任务法

这是最合乎逻辑的预算编制方法。采用这种方法,营销人员通过确定具体目标、明确为实现这一目标必须完成的任务、估算完成任务的成本,来确定促销预算。这些成本的总和就是初步拟定的促销总预算。

目标任务法迫使管理者说明他们对促销费用与促销结果的预期。由于企业很难确定哪些任务可以实现特定的目标,这种方法也是最难实施的。但即使很困难,管理者也必须考虑这些问题。采用目标任务法,企业是依据所要实现的目标来确定促销预算的。

13.5.2 打造整体促销组合

整合营销传播的概念意味着,企业必须将各种促销工具融合成一个协调的促销组合。但企业应当如何决定使用哪些促销工具呢?同一行业的不同企业在设计促销组合时可谓千差万别。很多因素影响着营销人员对促销工具的选择,接下来我们逐一分析。

1. 各种促销工具的性质

每一种促销工具都有其特点和成本。营销人员在制定促销组合时必须清楚地了解这些特点才能选择合适的促销工具。经常出现的情形是,必须使用一种促销工具来确保另一种促销工具发挥作用。因此,麦当劳决定在其快餐店开展100万美元的抽奖活动(促销活动)时,必须通过广告向公众宣传这一活动。

(1) 广告。由于广告的形式和用途多种多样,将其作为促销组合的一部分来加以总结是比较困难的。但它的一些特征还是值得关注。广告的公共性要求广告所宣传的产品应该是标准的、合法的。由于很多人都会看到产品的广告,所以购买者认为购买该产品会得到公众的理解和接受。销售者可以通过广告多次重复产品信息,而且大范围的广告也证明了企业的规模、影响力和成就。

广告可以塑造产品的长期形象(如四季酒店和麦当劳的广告)和刺激短期的销售(如凤凰城的大使公寓酒店为7月4日假期所做的广告宣传)。广告可以低成本覆盖地理上较分散的消费者。

但是,广告也有不足。虽然它能迅速地向消费者传递信息,却不能像人员推销那样人格化和具有说服力。广告只能与消费者进行单向的沟通,消费者并不一定总是对它予以关注,也不需要给予答复。另外,广告的成本可能比较高。虽然报纸和电台的广告花费较少,但电视广告的投入却很高。

对于为自驾出行的游客提供服务的酒店、餐厅等旅游接待企业来说,广告(牌)的使用是其广告预算中最大的开支。

小美洲酒店集团曾做过一个主题广告,家长们在长途旅行中不时地听到疲惫且无聊的孩子们问"我们到了吗?"。在某些情景下,广告牌上还会宣传下一个高速路出口的小美洲酒店出售的非常便宜的冰激凌。

酒店营销人员面临的一个关键挑战是迅速创造品牌知名度,使酒店能够进入游客考虑住宿时的名单。一项针对经常出行的游客的研究调查了品牌偏好、相关广告和之前是否入住过对住宿决策的影响。结果显示,知名度较高的连锁酒店是游客的首选。之前有过入住经历但是没有看过广告,对于能否回忆起品牌名称没有影响,反之亦然。看过广告加上之前有过入住经历则会对品牌选择产生重要影响。[20]

(2)人员推销。人员推销对于购买过程中的某些阶段特别有效,尤其是在培育消费者偏好、信赖和促成其购买方面更是如此。与广告相比,人员推销有其独特之处。首先,它是两人或多人之间的互动,使每个人都能观察对方的特征和需要,迅速做出调整。其次,人员推销可以形成种种关系,从事实上的销售关系到情谊深厚的朋友关系。优秀的推销人员将消费者的利益放在心上,从而与其建立长期的关系。最后,人员推销还可以让消费者觉得需要认真倾听并给出反应,哪怕只是一句"不,谢谢"。

当然,这些独特之处是需要成本的。与广告相比,推销队伍的建设在企业是一项长期工作;广告可以随时投放和停止,而推销人员的规模却很难改变;人员推销是企业成本最高的促销工具,工业企业每笔交易的推销成本约为225美元。[21]美国的企业在人员推销上的支出相当于广告支出的3倍。

旅游接待企业在面对大客户、旅游中介、会议策划者及其他负责团队销售的人时才会用到人员推销。

(3)销售推广。销售推广有一整套工具,如优惠券、竞赛、打折、赠品等。这些工具有很多独特之处,能吸引消费者的注意力,提供可以促使消费者购买产品的信息。销售推广通过提供能给消费者额外利益的诱因来刺激购买,可以快速地起到促销的作用。广告告诉消费者"购买我们的产品",而销售推广则会说"现在就买"。

企业用销售推广的方法可以获得更强烈、更迅速的反应。销售推广可以使产品销售更富戏剧性,提高降价产品的销量。然而,销售推广的效果通常很短暂,对建立长期的品牌偏好并无助益。

(4)公共关系。公共关系的优点也不少。首先是可信度较高。新闻故事、专题和新闻事件对于读者来说比广告更真实、可信。其次,公共关系可以接触到很多避开广告和推销人员的潜在顾客。类似新闻性的信息比营销传播信息更容易让人接受。最后,像广告一样,公共关系也可以用戏剧化的方式展示企业及其产品。

促销组合的一个新成员是商业信息片,它是广告和公共关系的结合。企业为电视台提供一些有趣的故事片供其在收视率较低的时段(如清晨)播出。商业信息片可以提供充足的信息来吸引观众的注意,并用"柔和"的方式宣传产品和品牌。

旅游接待企业的营销人员并没有充分利用公共关系,有的只是把它作为事后的补救措施。实际上,精心策划的公关活动与其他促销工具的结合使用可能非常经济有效。

(5) 直接营销和数字营销。直接营销和数字营销是指与精心挑选的个人消费者联系,以获得即时的反馈并培养长期的顾客关系,即通过直邮、电话、电视购物栏目、电子邮件、在线媒体、移动媒体和社交媒体等工具直接与特定的消费者群体进行沟通。虽然直接营销的形式很多,但它们有三个共同特征。第一,直接营销是非公开的,信息通常只传递给特定的人。航空公司和酒店并不会做广告宣传特价票或特价房,而是直接向其最佳顾客发送促销信息。第二,直接营销是即时的、定制化的,信息可以很快就准备好,为了吸引特定的消费者还可以对信息进行加工。第三,直接营销是互动的,它让营销团队可以与顾客进行对话,而且对话内容可以根据顾客的反应进行调整。因此,直接营销非常适合高度精准化的营销活动,可以建立一对一的顾客关系。在线、移动和社交媒体营销覆盖从非公开信息到脸书网站的广泛范围,是增长最快的营销领域之一。

2. 促销组合策略

在设计促销组合时企业要考虑很多因素,包括产品和市场的类型、推或拉的策略、消费者准备阶段和产品生命周期阶段。

(1) 产品和市场的类型。不同促销工具的重要性在消费者市场和企业团体市场上是不同的。旅游接待企业针对消费者市场营销时往往在广告和销售推广方面投入较多,而在人员推销方面投入较少。以企业团体为目标市场的旅游接待企业则在人员推销方面投入较多。总的来说,人员推销更多地用于价格和风险较高的产品或只有几家大供应商的市场。会议市场就是这样一个市场,它需要资深的推销人员协调运用各种因素,以适当的价格满足客户需要的同时,帮助企业获得丰厚的利润。

(2) 推或拉的策略。企业是选择推还是拉的策略,对促销组合有很大的影响。两种策略的对比见图13-5。推的策略是指"推着"产品沿分销渠道最终到达消费者。生产者用这一思维指导其对渠道成员的营销活动(主要是人员推销和销售推广),促使它们订购产品并将产品推销给最终消费者。例如,美国一元租车公司(Dollar Rent-A-Car)给旅游代理商提供了15%而不是该行业惯常的10%的佣金,来说服它们为顾客预订自己的车。洲际广场酒店集团(Continental Plaza Hotels and Resorts)曾推出过一项促销计划,除了正常的预订佣金之外,还额外付给旅行社10美元作为奖励。推的策略可以激励渠道成员向顾客宣传产品,或者说是将产品沿着分销渠道向前推进。

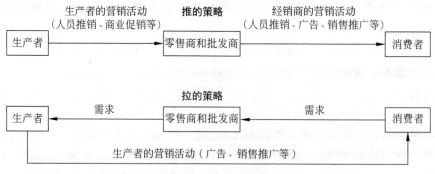

图13-5 推或拉的促销策略

采用拉的策略时,企业直接面向最终消费者开展营销活动(主要是广告和对消费者的促销),引导他们购买产品。例如,喜来登在亚利桑那州凤凰城的报纸上为它在夏威夷的酒店进行广告宣传,感兴趣的读者会打电话给旅游代理或喜来登酒店。如果这一策略有效,消费者就会向渠道成员下单,而这些渠道成员则会从生产者处购买产品。因此,在拉的策略下,消费者需求会通过渠道"拉动"产品的销售。

(3) 消费者准备阶段。在不同的消费者准备阶段,促销工具的效果是不同的。广告与公共关系一起在知晓和了解阶段发挥重要的作用,而在这一阶段,推销人员打给消费者的毫无铺垫的电话沟通则作用不大。在消费者的喜爱、偏好和信赖阶段,以广告相辅助的人员推销效果显著。最后,消费者决定购买主要归功于推销人员的沟通和销售推广。然而,因为成本较高,人员推销应集中安排在消费者购买过程的后期。

(4) 产品生命周期阶段。各种促销工具的效果在产品生命周期的不同阶段也会有所变化。在产品的导入阶段,广告和公共关系有助于提高消费者对产品的认知,而销售推广对于促进消费者尝试产品往往非常有效。必须利用人员推销才能让产品进入成长阶段,在这一阶段,广告和公共关系将持续发挥效力,而销售推广可以适当减少,因为已经不需要太多诱因来刺激购买。在产品的成熟阶段,与广告相比,销售推广的重要性再度提高。消费者已经认识了品牌,这一阶段的广告只是用来保持消费者对产品的记忆。当产品进入衰退阶段后,广告可以维持在唤醒消费者记忆的水平,公共关系的作用降低,人员推销的力度也有所下降。销售推广却可以一如既往地发挥作用。[22]

(5) 整合促销组合。确定促销总预算和促销组合后,企业必须采取措施确保促销组合中的每个元素都能无缝对接。在企业整体沟通策略的指导下,各种促销元素应协同配合,传播企业独特的品牌信息和卖点。整合促销组合从消费者开始。无论是广告、人员推销、销售推广、公共关系还是直接营销和数字营销,每个消费者接触点的沟通都必须提供一致的营销内容和定位。整合促销组合可以确保传播在消费者需要的时间、地点,以他们接受的方式进行。

为了整合促销组合,企业所有的职能部门必须紧密合作,共同规划传播工作。很多企业甚至将顾客、供应商及其他利益相关者纳入营销传播规划的各个阶段。如果企业的促销活动是分散或脱节的,则可能会导致营销传播影响减弱和定位混乱。相比之下,整合良好的促销组合可以最大限度地发挥企业所有促销活动的综合效果。

13.6 广告

本章接下来将更详细地讨论有关广告的内容,而人员推销、销售推广、直接营销和数字营销将在后面各章介绍。我们将广告定义为由赞助商付费的对创意、产品或服务进行非个人的展示和推广的任何形式的活动。

美国的快餐业已经步入成熟阶段,各快餐企业都在争夺市场份额。麦当劳、百胜、汉堡王和温迪等正在激烈争夺彼此的市场份额。像汉堡大战和比萨大战这样的营销战都是花钱做广告。营销战通常会在增长缓慢的成熟市场上爆发。为了增加销售额,企业必须想办法从竞争对手那里抢夺市场份额。

无论是在世界各地销售希尔顿酒店的客房，还是将马来西亚首都吉隆坡的居民吸引到附近的兰卡威岛去度假，广告都是很好的宣传手段和说服方式。各种组织都有不同的广告管理办法。独立餐厅的业主或总经理通常会亲自负责广告业务。大多数连锁酒店将地区范围内的广告管理权限下放给当地的酒店，而集团总部的管理人员只负责全国性和国际性的广告业务。在一些企业，营销总监负责处理广告业务。还有些企业单独设立广告部，负责编制预算、与外部广告代理商合作并处理直邮广告等。大企业通常会聘请外部的广告代理商，因为这有很多好处。

13.6.1 广告决策过程

如图 13-6 所示，在制订广告计划时，营销管理人员必须做出五个重要的决策。

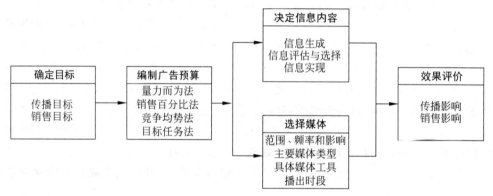

图 13-6　广告中的主要决策

1. 确定目标

制订广告计划的第一步是确定广告目标。各种目标应该以目标市场、市场定位和营销组合的有关信息为基础加以确定。营销定位和组合策略决定了广告在整个营销计划中应该扮演的角色。

广告目标是在特定的时间段内需要完成的与特定受众的具体沟通任务。根据广告的目的，可以将广告目标分为三种：告知、说服和提示。**告知性广告**（informative advertising）常用于新产品刚上市时及目标是构建基本的需求市场时。航空公司开通一条新航线时，其管理层通常会用整页的篇幅打广告，向市场传递有关这条新航线的信息。位于洛杉矶威斯特伍德区的朱尼亚·代利餐厅（Junior's Deli）利用直邮广告来开发新顾客。刚搬到附近的居民都能得到一份代利套餐礼券，可到店免费兑换一大根意大利牛肉香肠、两块奶酪、一块新鲜的黑麦面包和一份家常甜点。每年都会有 1 000 多新邻居来餐厅领取赠品。通过发放礼券，潜在的顾客不仅知道了餐厅，他们还以顾客的身份光顾餐厅，品尝了餐厅的食物。[23]

随着竞争的加剧，企业如果想培育特殊的目标市场，说服性广告的作用就越来越大了。有些说服性广告采取对比的方式，将自己的品牌直接或间接地与另一种或几种品牌进行比较。例如，唐恩都乐的电视和网络广告将自己的咖啡与星巴克的咖啡进行比较。广告宣传说："在最近的一次全美口味盲测中，与星巴克的咖啡相比，更多的人喜欢唐恩都乐的咖啡。这说明，咖啡（而不是沙发或音乐）好才是真的好。"广告最后以"尝尝获胜的咖啡的味道吧"作为结束语。

对于质量低劣的产品，广告也是无济于事的。因为一场声势浩大的广告促销活动要想创造长期销售业绩，就离不开产品给顾客提供的满足。新餐厅的老板经常犯同一个错误，那就是餐厅还没有度过开业后的磨合期便开始大做广告。老板渴望尽快收回投资，而这时尚未培训好员工，餐厅的运作系统也未经受过大量需求的考验。由于大多数人愿意尝试新餐厅，所以广告通常会很奏效，带来的结果是人们要在用餐高峰期等位子。但是，如果餐厅的产品和服务的质量低劣，那么繁荣就只能是暂时的。

一家接待业营销、广告、公关公司的总裁认为：一个平庸的企业要想快速地关门大吉，最好的办法就是大做广告。你必须先保证你的产品的价值无愧于广告中的承诺。如果你的产品、服务与宣传的不一致，那么你在广告及其他附加项目上花的钱将一点作用也不起，只会增加不满意顾客的数量。[24]

即使是非常满意的顾客也需要经常性的提醒。滑雪和潜水度假地都面临一个问题：满意的顾客很少再次光顾，因为他们想体验新的斜坡和新的潜水区。他们往往要在几年后才会再次光顾，而提示性广告可以缩短这个时间。

广告的目标是帮助消费者完成购买过程。一些广告旨在促使人们立即采取行动。例如，来自邮轮公司的直邮促销品可能包含几周后到期的特价商品。不过，更多的广告专注于建立或巩固长期顾客关系。例如，一家航空公司的广告展示了其升级后的机场休息室，让老顾客们找到了继续乘坐该航空公司航班的新理由。表 13-1 列出了各种可能的广告目标及示例。

表 13-1 可能的广告目标

告知性广告	
传递顾客价值	建议顾客尝试某种新产品
树立品牌和企业形象	把产品价格的变化告知市场
向市场推介新产品	描述顾客能够得到的服务和支持
介绍产品的功效	纠正对产品的不良印象
说服性广告	
建立品牌偏好	劝说顾客立即购买
鼓励改换品牌	建立顾客互动
改变顾客对产品价值的感知	建立品牌社区
提示性广告	
强化顾客关系	提醒顾客在哪里可以买到产品
提醒顾客在不久的将来可能会需要该产品	在淡季依然让消费者记得该品牌

2. 编制广告预算

广告目标确定之后,企业应该为每一种产品编制广告预算。广告的作用在于影响产品需求。企业需要支付的广告费取决于要达到的销量目标。本章前面讨论了编制促销预算的四种常用方法。这些方法(量力而为法、销售百分比法、竞争均势法和目标任务法)通常也用于广告预算的编制。在编制广告预算时,还需要特别考虑下面几个因素。

(1) 产品所处的生命周期阶段。新产品通常需要大量的广告预算来唤起消费者的注意和购买。成熟产品的广告预算通常在销售额中只占很小的比例。例如,某个当地的休闲餐厅开业的第一年可能需要较多的广告费,而一年后每月的广告预算则很低。一年过去了,餐厅已经有了很多熟客。此时,它应努力维系现有的顾客并争取新的顾客(不过新顾客的增长速度要低于第一年),而餐厅忠诚的现有顾客会积极地进行口头宣传。

(2) 竞争与干扰。在一个竞争者如林、广告如海的市场上,要想让产品在嘈杂的市场上脱颖而出,必须更频繁地打广告。

(3) 产品差异。如果一种产品在所属产品类别(如比萨、有限服务酒店、航空旅行)中与其他产品非常接近,就需要靠大量做广告来突出自己;而当一种产品与竞争产品差异很大时,就可以用广告向消费者传达这些差异。

无论使用什么方法,编制广告预算都不是一件容易的事。企业如何知道支出是适当的?较大的企业建立了复杂的统计模型来确定促销支出与品牌销量之间的关系,并帮助确定在各种媒体上的"最佳投入"。尽管如此,由于影响广告效果的因素太多,有些是可控的,有些则不是,因此衡量广告支出的结果仍然是一门不精确的科学。在大多数情况下,管理者在设定广告预算时除了多做定量分析,还必须依靠大量的经验判断。

由于这种想法,当经济形势变得艰难时,广告是最容易被削减的预算项目。品牌建设广告的削减在短期似乎不会影响销量。然而,从长远来看,大幅削减广告支出可能会对品牌形象和市场份额造成长期损害。事实上,能够在竞争对手减少广告支出时保持甚至增加广告支出的企业将会获得竞争优势。

3. 制定广告策略

广告策略主要包括两部分:创建广告信息和选择广告媒体。在过去,企业通常认为媒体计划的重要性不如信息创建过程。创意部门首先制做出精美的广告,然后媒体部门选择、购买最合适的媒体,将这些广告传递给目标受众。这种做法常常导致创意部门和媒体部门的冲突。

然而,如今不断上涨的媒体费用,更有针对性的营销策略,以及新的在线媒体、移动媒体和社交媒体的大量出现,提升了媒体计划的重要性。有时候,选择什么媒体(电视、报纸、杂志、视频、网站、社交媒体、移动设备还是电子邮件)投放广告的重要性甚至超过了广告的创意。此外,品牌内容通常是通过与消费者的互动及消费者之间的互动共同创造出来的。因此,越来越多的广告商开始协调其广告信息与传递这些信息的媒体之间的关系。正如上一章所讨论的,目标是在付费媒体、自有媒体、免费媒体和共享媒体等各种媒体上创建和管理品牌内容。

4. 创建广告信息

今天,平均每户可以观看的频道超过 190 个,可以阅读的杂志超过 7 200 种。[25]再加上数不清的广播频道、产品目录、直邮、户外媒体、电子邮件以及在线、移动和社交媒体广告，消费者在家里、工作场所及上下班途中的任何地方都被淹没在广告之中。例如，美国人每年累计接触5.3万亿次在线广告展示，每天会生成5亿条推文、40亿个YouTube视频、5 800万张在Ins上共享的照片、500万篇Pinterest上的文章和47.5亿条脸书分享内容。[26]

(1) 从嘈杂的信息中脱颖而出。嘈杂的广告信息不仅让消费者不胜其烦，也让广告商大为头疼。就拿电视广告商来举例。制作一个30秒的商业广告平均需要342 000美元。在黄金时段的热门节目中插播广告，每30秒需要花费112 000美元。如果节目的收视率特别高，要支付的广告费就更高了，如《周日橄榄球直播》(803 000美元)、《嘻哈帝国》(49 700美元)、《生活大爆炸》(348 000美元)，而像超级碗这样的大热门每30秒的广告费接近500万美元。[27]

然而，花费不菲的广告要夹杂在一堆乱哄哄的电视广告、公告及电视促销节目中，每小时的节目中广告时间加起来达20分钟，平均每6分钟就会插播广告。电视及其他广告媒体上广告的泛滥使广告环境越来越糟糕。最近的一项调查显示，超过70%的美国人认为电视广告过多，62%的全国性的广告商认为电视广告的效果不佳，而广告泛滥被认为是主因。[28]

曾几何时，电视观众在广告商看来很容易俘获。但是数字技术的发展让消费者拥有了获取信息和娱乐的海量选择（网络、流媒体、社交媒体和移动媒体、智能手机，以及其他选项）。数字技术还让消费者可以选择想看或不想看的内容。随着视频点播和数字流媒体的迅速普及，越来越多的消费者可以选择不看广告。

因此，广告商再也无法通过传统媒体强行向消费者推送千篇一律的广告。为了获得和保持消费者的关注，如今的广告信息必须经过更好的策划，需要更有想象力、更有趣，更能让人产生情感共鸣。简单粗暴地强加于消费者的广告已不再起效了，除非广告提供的信息非常有趣、有用或很有娱乐性，否则很多消费者会直接跳过它们。

(2) 融合广告与娱乐。为了从嘈杂的信息中脱颖而出，很多营销人员正在尝试把广告与娱乐融合起来，通过更具吸引力的信息吸引消费者。广告与娱乐的融合有两种形式：广告娱乐和品牌娱乐。广告娱乐的目的是让广告变得有趣或有用，让人们想要观看。你说你不可能主动观看广告？真的吗？超级碗已经成为一年一度的广告娱乐展示台。每年有数以千万计的人收看超级碗，观看有趣的广告的人数与观看比赛的人数一样多。

如今，在电视上看到有趣的广告或其他品牌内容之前，你可能已经在YouTube上看过了。你很可能是在朋友的建议下而不是广告商的强迫下主动去观看的。此外，除了让常规广告看起来更具吸引力外，广告商还会创作看起来更像短片或娱乐节目的新形式的广告。从网剧和博客到在线视频和应用程序等一系列新的品牌信息平台，已经模糊了广告与娱乐之间的界限。

例如，棕榈餐厅制作了一系列网剧，在官网、脸书页面和YouTube上推广。棕榈餐厅还在其837会员俱乐部的10万名会员中推广这些网剧。网剧的主人公是布鲁斯主厨，由餐厅联合创始人的曾孙，现任餐厅执行副总裁布鲁斯·波济(Bruce Bozzi)亲自出镜，进行各种烹饪展示。[29]用网剧进行营销最成功的案例是麦当劳的"我们的食物，你的问题"系列。网剧的主演今原真申(Grant Imahara)饰演一名调查记者,询问有关麦当劳食品质量的问题并前往食品生产车间调查。网剧很好地宣传了麦当劳先进的生产设施及高品质的食品原料。消费者可以在麦当劳的官网和 YouTube 上观看这些网剧,很多网剧获得了超过 100 万次的点击量,有些网剧更是获得了近 1 000 万次的点击量。

唐恩都乐与非常火爆的电视节目《美国达人秀》合作制订了一个整合营销计划,包括通过脸书和 Snapchat 进行宣传,在节目中植入产品,如在评委桌上显眼的地方摆放唐恩都乐的杯子、将对参赛者进行采访的休息室冠名唐恩都乐,以及设置唐恩都乐复活环节,让观众为最喜欢的选手投票,让他们避免被淘汰的命运。[30]

融合广告与娱乐的目的是让品牌信息和内容成为娱乐的一部分。正如智威汤逊广告公司(JWT)所说:"我们认为广告不应沿袭打断人们感兴趣的东西的旧模式,而应成为人们感兴趣的东西。不过,广告商必须小心,不能让这一新的融合物变得泛滥。随着新的广告形式和产品植入的增多,广告与娱乐的融合有可能带来更多的混乱和嘈杂,而这有违其初衷。到那时,消费者可能会再次弃广告而去。"

(3) 广告信息战略。创建有效的广告信息的第一步是制定信息战略,即明确要传递给消费者的总体信息是什么。广告的目的是让消费者以某种方式对产品或企业产生思考或回应。人们只有在认为这么做能给自己带来好处的情况下才会有所回应。因此,制定有效的广告信息战略首先要确定在广告中应凸显消费者可以获得哪些好处。

在理想的情况下,信息战略直接依从企业更为广阔的定位战略和顾客价值战略。信息战略的声明要朴实,直接勾画出消费者所能获得的好处,并找准广告商想强调的重点。广告商接下来要提出一个富有创意的概念,或者说是一个伟大的想法,即以一种独特的、让人难忘的方式将战略信息具体化。在这一阶段,简单的概念变成了出色的广告活动。通常,广告文案和艺术总监将携手提出很多有创意的概念,并希望其中的一个概念最终将成为伟大的想法。

有创意的概念可以是一段视频、一段文字,也可以是二者的结合。这种概念将指引广告活动中使用的具体诉求。广告诉求有三个特征。首先,广告诉求应该是有意义的,能够向消费者说明产品提供的利益是他们所期待和感兴趣的。其次,广告诉求应该是可信的。顾客必须相信企业的产品和服务确实具有广告中宣传的好处。再次,最有意义、最可信的特性可能并不是最适合进行展示的。最后,广告诉求要有特色,能反映产品比竞争产品强在哪里。

(4) 广告信息的实现。广告的效果取决于信息的内容及表达的方式,也就是广告信息的实现。广告商的最终目的是通过某种方式赢得目标市场的关注和兴趣。广告商通常都会先提出预期的广告目标和方法。

广告公司的策划人员必须寻找一种可以适当地展现广告信息的风格、音调、文字和形式。任何信息都可以通过下列不同的风格予以呈现。

- 生活片段。展现一个或几个人在日常生活中使用产品的场景。餐厅的广告可以展示朋友或家人在餐厅一起享用晚餐的场景。
- 生活方式。展现产品是如何匹配某种生活方式的。例如,某航空公司在宣传其商务舱的广告中,让一位商务客人坐在起居室中的一把软垫座椅上,一边喝着饮料,一边读着报纸。广告的另一边,还是这位客人,依然是一边喝着饮料一边读报的悠然姿态,只不过是坐在航空公司商务客舱的座位上。
- 幻境。围绕产品或产品的用途创造一个奇幻的世界。例如,库纳公司(Cunard's)为其海神号邮轮所做的广告展示的画面是蔚蓝的大海中一位女士正躺在气垫上,一位身着礼服的服务生踏浪而来给她送鸡尾酒,远处则停泊着一艘豪华邮轮。
- 形象代言人。塑造一个代表产品的人物形象。这个形象可以是企业创造的,如美国快餐连锁企业 Jack in The Box 用戴着小丑帽的商人杰克这一卡通人物作为形象代言人。
- 技术专长。广告重在展示企业在产品方面的专业知识。例如,酒店搜索服务平台 Trivago 宣称能帮助消费者找到最优惠的酒店价格。

广告商还必须为广告选择一种适当的基调。凯悦酒店在广告中总是用一种正面的基调,描述产品所具有的好处,而不会使用容易转移人们注意力或有可能被外国客人误解的幽默风格。相反,塔可贝尔的广告却大多采用诙谐的风格。为了推广早餐新品,塔可贝尔找了20位名叫罗纳德·麦当劳的人,让这些与麦当劳的吉祥物同名的人在电视广告和YouTube视频中露面。塔可贝尔在广告中附加了免责声明,说这些名叫罗纳德·麦当劳的人与麦当劳没有任何关系,但补充说:"但是,朋友们,他们确实喜欢我们的早餐。"[31]

广告的格式对广告的效果和成本会有不同的影响。在设计上的微小变动可能造成很大的广告效果差异。图片是读者最先会注意的,应该有足够的视觉冲击力。接下来,标题必须能有效地引导人们阅读广告文字。最后,广告的行文,也就是广告的主体内容必须简明、有力、令人信服。这三个因素还必须有效地融合为一体。即便如此,一个真正出色的广告也只会吸引不到50%的目标受众的注意,而这些人中只有大约30%的人可以回想起标题中的要点,约25%的人可能会记住广告商的名字,而读过大部分广告正文的人还不到10%。至于那些平庸的广告甚至连这个效果也达不到。

(5)顾客生成的信息。利用当今的互动技术,很多企业正在试图从顾客那里挖掘广告创意或是形成真实的广告。它们在现有的视频网站上搜索,开发自己的网站,赞助广告创意大赛及其他营销活动。有时候结果很好,但有时候结果很糟糕。如果做得好,顾客生成的信息可以具体化为品牌信息中顾客的声音,提升顾客的品牌参与度。

很多品牌建了品牌网站或邀请顾客参与广告创意和广告视频比赛。然而,并不是所有顾客生成的广告都是成功的。正如很多大企业在尝试中发现的那样,由业余爱好者制作的广告可能是相当外行的。尽管如此,那些真正体验过产品的顾客所制作的广告可以带来新的创意,以及关于品牌的新鲜视角。这样的活动可以提升顾客的品牌参与度,让顾客谈论品牌,思考品牌对自己的价值。[32]

5. 选择媒体

选择媒体的主要步骤是:①确定广告的覆盖面、频率和效应;②在主要的媒体类型中进行选择;③选择具体的媒介工具;④确定媒体发布的时间。

(1)确定广告的覆盖面、频率和效应。在选择媒体前,广告商必须决定实现广告目标所需的广告覆盖面和频率。覆盖面是指在给定时间内目标市场人口中接触广告宣传的人所占的百分比。例如,在第一年,广告商也许会设法让目标市场上70%的人口接触到广告。频率用来衡量目标市场中的普通人接触到广告信息的次数。例如,广告商也许期望平均接触频率是3次。广告商还必须对广告的预期效应做出决策,这是指一种媒体所传播的信息在质量方面具有的价值。对于那些必须加以有形展示的产品,利用视听感官的电视信息更为有效。同样的信息,刊登在《新闻周刊》这样的杂志上可能就比刊登在其他杂志(如《国民咨询》)上更可信。

假设广告商的产品能吸引的潜在市场是100万名消费者。广告的目标是覆盖70万(100万的70%)名消费者。由于普通消费者平均有3次接触广告的机会,因此需要购买的展示次数是210万人次(70万人×3次)。如果广告商希望广告的展示效应是1.5(假设大多数广告的展示效应是1.0),则需要购买的展示次数是315万人次(210万人次×效应系数1.5)。如果以这样的效应系数计算,1 000人次展示的成本是10美元,那么广告预算就是31 500美元(3 150×10美元)。一般来说,广告商寻求的覆盖面越广、频率越高、效应越大,广告预算也就越高。

总诉求百分点(gross rating points,GRP)描述了一则广告宣传的总覆盖面或重复覆盖面。总诉求百分点的计算是用覆盖面乘以频率。在上面的例子中,如果潜在市场是100万名消费者,那么覆盖面为70万人、展示频率为3次的广告,总诉求百分点为210。每个诉求百分点等于1%的市场人数。

那些不在企业目标市场之内的媒体受众即使接触到该广告也是一种浪费。[33]俄亥俄州沃星顿(位于哥伦布市的北部)一家餐厅的经营者发现,《哥伦布快报》的读者中只有大约20%的人住在其市场范围内。因此,她很可能会选择其他媒体做广告。一家旅行社可能会在面向老年人的报纸上做广告,而且知道该报的读者中只有50%的人每年的旅行开支超过1 000美元。该旅行社在选择广告媒体时已经考虑了这一因素。尽管有浪费,但该报仍然是一种比较好的媒体。在选择媒体时,媒体在目标市场中的发行量(而不是总发行量)是一个很重要的考虑因素。

(2)在主要的媒体类型中进行选择。媒体策划人员必须了解每一种主要广告媒体的覆盖面、频率和效应。表13-2概括了一些主要的广告媒体的特征。根据广告量的大小排列,主要的广告媒体是报纸、电视、直邮、广播、杂志和户外广告。每一种媒体都有其优缺点。例如,智选假日酒店(Holiday Inn Express)超过75%的顾客是乘车前来的。酒店的营销总监詹妮弗·齐格勒(Jennifer Ziegler)说:"户外广告起到了强化作用,在人们最终决定去那里住宿时,会在其头脑中浮现出来。"[34]

表13-2 各种主要媒体的特征

媒体	优　点	缺　点
报纸	灵活、及时,本地市场覆盖面大,能广泛地被接受,可信性强	保存性差,复制率低,传阅者少
电视	综合视觉、听觉和动作,富有感染力,能引起高度重视,覆盖面大	成本高,干扰多,瞬间即逝,观众选择少
直邮	接收者有选择,灵活,在同一媒体内没有广告竞争,富有人情味	成本相对较高,容易给人留下"垃圾邮件"的印象

续表

媒体	优点	缺点
广播	大众化宣传,地理和人口方面的选择性较强,成本低	只有声音,听众的注意力容易分散,碎片式听众,音乐台多为个人试听设备所取代
杂志	地理、人口方面的选择性较强,可信并有一定的权威性,复制率高,保存期长,传阅者多	需要提前购买,有些发行数是无用的,版面没有保证
户外广告	灵活,广告展示时间长,费用低,竞争少	观众没有选择,缺少创意
数字和社交媒体	能够选择受众,成本低,个性化,即时性和互动性强,用户生成的内容具有高度可信性	影响力较低,受众可以决定是否观看广告

媒体策划人员在选择媒体时会考虑很多因素,包括目标消费者使用媒体的习惯。产品的性质也会影响媒体的选择。度假地酒店用彩色图片在杂志中做广告效果最好,而以少年儿童为目标市场的快餐广告最好是在电视上做。不同类型的信息需要通过不同的媒体来传达。一条有关母亲节自助餐的广告信息通过广播或报纸发布可能会很有效。一条包含很多技术数据(如解释组合旅游产品的细节)的信息,通过杂志或直邮的渠道发布可能更有效。在选择媒体的过程中,成本也是一个重要的考虑因素。电视广告很昂贵,报纸广告则相对便宜。媒体策划人员既要考虑利用某种媒体的总费用,又要考虑每1 000人次展示的成本,以及广告每覆盖1 000人次的成本。

必须经常性地对媒体效应和成本进行评估。多年来,美国的广告商一直以电视与杂志媒体为主,忽略了其他媒体。最近,电视媒体的成本上升,信息干扰(来自不同竞争者的相互竞争的信息)激化,而观众的人数却在下降。结果导致很多营销人员开始调整战略,将目标市场限定在更窄的范围上,电视和杂志广告收入由此趋于平缓甚至有所下降。广告商越来越关注有线电视广告、户外广告、专业广告和网络广告等其他各种广告媒体。了解各种媒体的优缺点后,媒体策划人员必须决定花多少钱购买每一种媒体。

(3)选择具体的媒体工具。媒体策划人员还需要在每类一般性的广告媒体中选择具体的最佳媒介工具。一项针对美国年轻人(18~34岁)和中年人(35~54岁)最喜欢的电视节目的调查发现,在所列出的最受喜爱的前10种节目中,没有一种节目是两个群体都喜欢的。每一个群体都有自己特别喜欢的节目,因此做广告时要了解目标市场喜欢的媒体。杂志媒介有《新闻周刊》《旅游与休闲》《纽约客》和《城乡》等。如果在杂志上做广告,广告策划人必须注意杂志的发行量,以及不同版面、色彩、位置的广告的价格,还要注意各种杂志的发行周期。接下来,广告策划人员再根据杂志的信誉度、地位、制作质量、编辑重点和广告截稿期限等因素进行评估,确定哪一种广告工具在覆盖面、频率和效应方面最合算。

媒体策划人员还需要计算广告载体每覆盖1 000人的成本。如果是在《福布斯》杂志上做整版的四色广告,费用是163 000美元,而《福布斯》的读者量为90万人,由此计算出的每覆盖1 000人的成本是181美元。同样一条广告如果在《彭博商业周刊》上做,可能只需要48 100美元,但覆盖面是15.5万人,每覆盖1 000人的成本大约是310美元。[35]媒体策划人往往会选择覆盖目标市场的每千人成本比较低的媒介工具。除了广告成本,媒体策划人员还必须考虑为不同的广告媒体制作广告的成本。报纸的广告成本很低,而精心制作的电视广告却可能耗费数百万美元。

因此,媒体策划人必须在媒介费用与各种媒介工具所能产生的效应之间谋求平衡。首先,要在成本与受众质量之间谋求平衡。对于商务酒店的广告来说,《商务周刊》的展示价值是很高的,而《人民》的展示价值就比较低。其次,媒体策划人员要考虑受众的注意程度。例如,《时尚》的读者对广告的注意程度通常低于《新闻周刊》的读者。最后,媒体策划人员要对载体的编辑质量做出评价。《时代》和《华尔街日报》比《国民咨询》更可信、更有威望。

越来越多的媒体策划人员开始使用更加复杂而有效的媒体测量手段,并使用数学模型来评估媒体组合的效果。很多广告公司使用计算机程序对媒体进行初筛,然后根据模型中没有考虑到的一些主观因素对媒体安排做进一步的改进。[36]

(4) 确定媒体发布的时间。媒体策划人员还需要决定如何安排一年中的广告时间。对于酒店或度假村来说,广告的效果取决于对顾客所在地和顾客提前多长时间预订的了解程度。如果住在康涅狄格州的顾客在11月就会预订次年1月的加勒比度假,那么度假目的地的酒店如果在12月消费者已经预订了度假产品的情况下才开始做广告,就不会有什么效果。毛里求斯在10月就会面向英国市场开展针对12月度假的消费者的广告活动。[37]主要以本地需求为主的餐厅在做广告时会有意识地采取顺季节变化而动、逆季节变化而动或全年不变的策略。大多数企业的广告都是季节性的。

最后,广告策划人员还必须选择广告的播出模式:是在一段时间内均衡地安排广告播出的持续播出,还是在一段时间内不均衡地安排广告播出的脉冲播出。也就是说,52次广告可以在一年中每周播出一次,也可以集中几次播完。支持采用脉冲播出模式的人认为,这样播出可以使受众更全面地掌握广告信息,也比较省钱。然而,一些广告策划人员认为,虽然脉冲播出可以增加关注度,但在广告传播的深度方面存在欠缺。

6. 评估广告效果和广告投资回报

衡量广告的传播效果可以揭示广告是否发挥了作用。这个被称为**拷贝测试**(copy testing)的过程可以在广告印制或播出之前或之后进行。在播出之前测试的方法主要有三种。第一种方法是**直接评分法**(direct rating):广告商向若干消费者提供几种广告方案,让消费者给予评价。这种方法能揭示广告的吸引力及其对消费者的影响。虽然该方法在测定广告的实际效果方面还不完善,但如果获得的评价很好,也能预示广告的潜在效果是好的。第二种方法是**综合测试法**(portfolio test):让消费者在充裕的时间里观看或聆听一组广告,然后测试者请其回忆所看到或听到的所有广告及其内容。这种回忆既可以得到测试者的协助,也可以独立完成。回忆的水平就表明广告的信息被理解和被识别的程度。第三种方法是**实验室测试法**(laboratory tests):用仪器来测定消费者对广告的生理反应,如脉搏、血压、瞳孔变化及排汗情况等。这种测试能衡量广告所引起的注意程度,但很难测量广告对信念、态度和意图的影响。

在广告播出之后进行测试的方法主要有两种。一种是**回忆测试法**(recall test):广告商请一些看过某些杂志或电视节目的人尽可能回忆他们所看到的任何与广告和产品有关的信息。回忆的分值就表明广告和产品引起注意与让人记住的程度。另一种是**认知测试**

(recognition test)：研究人员请受众（如某期杂志的读者）指出他们所看到的东西，用认知的分值来评估广告在不同的细分市场上的影响，并比较本企业的广告与竞争对手的广告。

（1）衡量销售效果。如果广告使消费者对品牌的知晓程度提高了20%、对品牌的偏好程度提高了10%，那么由此引起的销量的增加是多少呢？通常，衡量广告的销售效果要比衡量传播效果更困难。除了广告之外，销量还受很多其他因素的影响，如产品的特征、价格和可得性等。衡量销售效果的一种方法是比较过去的销量与过去的广告支出，另一种方法是通过实验进行测试。

（2）衡量关注度。如果广告的目标是告知信息，那么衡量广告的效果时通常会就目标市场对产品或品牌的关注度进行前测和后测。例如，在图13-4中，我们可以看到60%的顾客不知道B品牌。B品牌做广告的目的是将品牌关注度提升到50%，将关注B品牌并进行尝试的顾客比例从30%增加到50%。通过对比最终实际数据与图13-4中的数据，即可知道广告是否实现了目标。

为了将大笔的广告预算用在"刀刃"上，广告商必须先界定其广告目标，制定切实可行的预算方案，设计出色的广告信息，做好媒体决策，并善于对广告效果进行评估。

13.6.2　国际广告决策

国际广告商面临国内广告商不会遇到的大量复杂问题。最基本的问题是，全球广告应在多大程度上适应不同国家市场的独特特征。一些广告商试图通过高度标准化的全球广告来打造全球品牌，这些广告在曼谷和巴尔的摩一样有效。例如，麦当劳在全球100多个市场中将其创意元素和品牌展示统一在熟悉的"我就喜欢"主题下。近年来，在线营销和社交媒体分享的日益流行推动了全球品牌对广告标准化的需求。大多数大型营销和广告活动都有规模浩大的网络展现。消费者可以通过互联网和社交媒体轻松跨越国界，从而使广告商很难用可控、有序的方式推出针对当地加以调整的营销活动。由此带来的结果是，至少大多数全球性的消费品牌的数字网站在各个国家是协调一致的。例如，世界各地的可口可乐网站和社交媒体网站，从澳大利亚和阿根廷到法国、罗马尼亚和俄罗斯，都惊人的一致。所有这些都以熟悉的可乐红色、标志性的可乐瓶形状、可口可乐的音乐和"品味感觉"（Taste the Feeling）主题为特色。

标准化带来了很多好处——更低的广告成本、更好的全球广告协同和更一致的全球形象。但它也有缺点。最重要的是，它忽略了一个事实，即不同国家的市场在文化、人口统计特征和经济条件方面差异很大。因此，大多数国际广告商采用的策略都是"立足本地，放眼全球"。他们制定全球广告战略，让全球范围内的广告活动更加高效和一致。接下来他们调整自己的广告计划，使其能够更好地响应当地市场的消费者需求和期望。

全球广告商面临几个特殊问题。例如，广告媒体成本和可获得性因国家和地区而异。各国对广告行为的监管程度也不同。许多国家和地区都有完善的法律体系，针对企业的广告预算、使用的媒体、广告声明的性质等各方面做出了限制。针对这些限制，广告商往往需要在不同国家和地区调整其广告活动。因此，虽然广告商可能会制定全球广告战略来指导整体广告工作，但特定的广告计划通常必须适应当地的文化和习俗、媒体特征和法规。

课堂小组练习

＊带有星号的练习题可以作为个人作业或线上作业。学生需要对答案给出解释。

1.＊解释整合营销传播的概念,并举例说明。

2.＊最近,很多餐厅都削减广告预算,增加公共关系支出。公共关系能给餐厅带来什么好处?

3.＊销售额百分比法是编制促销预算的常用方法。这种方法的优缺点是什么?

4.＊将营销传播组合中的五种主要工具应用于旅游接待企业的实践以了解企业是如何应用这些工具的。

5.＊广告专家斯图尔特·亨德森·布里特(Stuart Henderson Britt)认为,好的广告目标应该包括目标受众、广告信息、预期效果及评价目标是否达成的标准(例如,不是增加关注度,而是将关注度增加20%)。为什么广告目标应该包含这些要素?广告商希望一场广告活动达到哪些效果?

6. 在YouTube上搜索三个旅游接待企业的广告,分析每个广告的风格,以及所瞄准的目标受众。你认为这三个广告是否有效?为什么?

体验练习

任选一道题做:

1. 给出旅游接待企业中对特定细分市场进行有效传播的例子。传播的形式不限,可以是广告、促销或宣传推广。

2. 找一个旅游接待企业运用推的策略进行促销的例子。说明该企业是如何运用这一策略的。

3. 通过指出一家旅游接待企业使用的具有相同的信息、外观和感知的两种传播方式,说明该企业应用的是整合营销传播。

参考文献

1. Based on information from "The Cow Campaign: A Brief History," www.chick-fil-a.com/Cows/Campaign-History(accessed June 2014); "Company Fact Sheet," www.chick-fil-a.com/Company/Highlights-Fact-Sheets(accessed June 2014); Thomas Pardee, "Armed with a Beloved Product and a Strong Commitment to Customer Service, Fast Feeder Continues to Grow," *Advertising Age*, October 18, 2010, http://adage.com/prinV146491/; Brian Morrissey, "Chick-fil-A's Strategy: Give Your Fans Something to Do," *Adweek*, October 3, 2009, www.adweek.com/prinV106477; Information from various other pages and press releases at www.chick-fil-a.com and www.chick-fil-a.com/Pressroom/Press-Releases(accessed September 2014); Joe Mcgauley, "Chick-Fil-A Is about to Overtake Taco Bell, Wendy's, And Burger King," April 2, 2018 https://www.thrillist.com/news/nation/chick-fil-a-third-largest-fast-food-chain-us#(accessed September 10, 2018).

2. These definitions, except for sales promotion, are from *Marketing Definitions: A Glossary of Marketing Terms* (Chicago, IL: American Marketing Association, 1995). Other definitions can be found on www.marketingpower.com/live/mg-dictionary.php.

3. "Digital Ad Spending to Surpass TV Next Year," *e'Marketer*, March 8, 2016, www.emarketer.com/Article/Digital-Ad-Spending-Surpass-TV-NextYear/1013671; Avi Dan, "Why P&G Is Quickly Shifting to a Digital-First Approach to Building Brands," *Forbes*, March 8, 2015, www.forbes.com/sites/avidan/2015/03/12/why-pg-is-quickly-shifting-to-a-digital-first-approach-to-building-brands/2/#552e75a03b68; Lara O'Reilly, "Almost a Quarter of Unilever's $8 Billion Ad Budget Is Now Spent on Digital," *Business Insider*, January 28, 2016, www.businessinsider.com/unilever-digital-advertising-budget-up-to-24-2016-1.

4. See "Thrill of the Chase: Coca-Cola Invites Fans to Shape Story-line of Big Game Ad," *Coca Cola Journey*, January 25, 2013, www.Coca-colacompany.com/-stories/thrill-of-the-chase-coca-cola-invitesfans-to-shape-storyline-of-big-game-ad; Dale Buss, "Super Bowl Ad Watch: Crowdsourcing Peaks with Coke's 'Mirage' Campaign," *BrandChannel*, January 22, 2013, www.brandchannel.com/home/posV2013/01/22/SuperBowi-Coke-012213.aspx; Natalie Zmuda, "Watching the Super Bowl from Coca-Cola's War Room (s)," *Advertising Age*, February 4, 2013, http://adage.com/prinV239582/.

5. Lesley Bielby, "The 'A' Word—Does Advertising Still Exist?" *Advertising Age*, April 22, 2016, www.adage.com/print/303678.

6. "How PESO Makes Sense in Influencer Marketing," *PR Week*, June 8, 2015, www.prweek.com/article/1350303/peso-makes-sense-influencer-marketing; Randall Rothenberg, "What Is Advertising Anyway?" *Adweek*, September 16, 2013, p. 15; Paul Nolan, "The C Word: What Is Content Marketing," *Sales & Marketing Management*, January/February 2014; Peter Himler, "Paid, Earned & Owned: Revisited," *The Rack*, June 21, 2011, http://flatironcomm.com/2011/06/paid-earned-owned-revisited/; Laurel Wentz, "Integrated Campaign of the Year: 'Soccer Gentleman' for Tecate," *Advertising Age*, August 3, 2015, http://adage.com/article/print/299755/; "Soccer Gentlemen," *Facebook Studio*, www.facebook-studio.com/gallery/submission/soccer-gentlemen-4 (accessed October 2016).

7. See "Advertisers Blend Digital and TV for WellRounded Campaigns," *eMarketer*, March 12, 2014, www.emarketer.com/Article/Ad-vertisers-Blend-DigitalTV-Well-Rounded-Campaigns/1010670.

8. Konnie Le May, "South Dakota Tribes Beating Tomtoms to Drum Up Increased Tourist Trade," *Star-Ledger* (May 8, 1994): Sec. 8, 6.

9. Michael Carey, Laurie Garnier & Robin Schwarz for Lyrics and Music.

10. For more on message content and structure, see Leon G. Schiffman and Leslie Lazar Kanuk, *Consumer Behavior*, 4th ed. (Upper Saddle River, NJ: Prentice Hall, 1991), Chapter 10; Frank R. Kardes, "Spontaneous Inference Processes in Advertising: The Effects of Conclusion Omission and Involvement on Persuasion," *Journal of Consumer Research* (September 1988): 225-233.

11. Jonah Bloom, "The Truth Is: Consumers Trust Fellow Buyers Before Marketers," *Advertising Age*, February 13, 2006, p. 25; "Jack Morton Publishes New Realities 2012 Research," press release, January 26, 2012, www.jackmorton.com/news/article.aspx?itemiD=106.

12. www.bzzagent.com and http://about.bzzagent.com/ (accessed September 2014).

13. https://www.bzzagent.com/how-it-works (accessed May 2019).

14. Bill Chappell,"Jared Fogle Sentenced to 15 Years in Prison for Sex with Minors,Child Pornography," November 19, 2015, https://www.npr.org/sections/thetwo-way/2015/11/19/456622271/jared-fogle-to-learn-sentence-for-sex-with-minors-child-pornography(accessed September 10,2018).
15. See T. L. Stanley, "Dancing with the Stars," *Brandweek*, March 8, 2010, pp. 10-12; and Chris Isidore,"Lance Armstrong: How He'll Make Money Now,"*CNNMoney*,January 18,2013,http://money.cnn.com/2013/01/16/news/companies/armstrong-endorsements/. Also see "Topic: Celebrity Endorsements,"*Adweek*,www.adweek.com/topic/celebrity-endorsements(accessed October 2016).
16. *Marketing Glossary Dictionary*, American Marketing Association, http://www.marketingpower.com/mgdictionary.php?Searched=1&SearchFor=recall%20test(accessed December 12,2004).
17. "Sheraton Wakes Up,"*Hotels*(January 2004):20.
18. For a more comprehensive discussion on setting promotion budgets, see Michael L. Rothschild, *Advertising* (Lexington,MA: D.C. Heath,1987),Chapter 20.
19. Quoted in Daniel Seligman,"How Much for Advertising?"*Fortune*(December 1956):123.
20. The Hospitality Research Group of PKF Consulting, as cited in *Hotel and Motel Management* (May 15,2000):44.
21. Michael S. Morgan,"Traveler's Choice: The Effects of Advertising and Prior Stay,"*Cornell Hotel and Restaurant Administration Quarterly*,32,no. 4(1991):40-49.
22. "The Rise(and Fall) of Cost per Call,"*Sales and Marketing Management*(April 1990):26.
23. For more on advertising and the product life cycle, see John E. Swan and David R. Rink,"Fitting Market Strategy to Product Life Cycles,"*Business Horizons*(January/February 1982):60-67.
24. Leslie Ann Hogg,*50 More Promotions That Work for Restaurants*(New York: Walter Mathews Associates,1989),p. 11.
25. "Number of Magazines in the United States from 2002 to 2014," *Statista*, www.statista.com/statistics/238589/number-of-magazines-in-the-united-states/(accessed June 2016); Andrew Burger, "Nielsen: Despite Hundreds of Choices, Average Number of TV Channels Watched Is 17," *Telecompetitor*, May 9, 2014, www.telecompetitor.com/nielsen-average-number-of-tvchannels-watched-is-17/.
26. Peter C. Yesawich, "Execution and Measurement of Programs," *Cornell Hotel and Restaurant Administration Quarterly*,29,no. 4(1989):89.
27. Kelsey Libert and Kristen Tynski,"Research: The Emotions That Make Marketing Campaigns Go Viral," *HBR Blog Network*, October 24, 2013, http://blogs.hbr.org/2013/10/research-the-emotions-that-make-marketing-campaigns-go-viral/; and data from YouTube, Facebook, Instagram, and Twitter(accessed October 2016).
28. "Results of 4A's 2011 Television Production Cost Survey,"January 22,2013,www.aaaa.org/news/bulletins/pages/tvprod_01222013.aspx; Sam Thielman, "The New Hour Is 43 Minutes Long," *Adweek*,June 24,2013,p. 12; Jeanine Poggi,"TV Ad Prices,"*Advertising Age*,October 20,2013, http://adage.com/prinV244832; "Who Bought What in Super Bowl XLVIII,"*Advertising Age*, February 3,2014,http://adage.com/prinV244024.
29. "How Much Does Television Advertising Really Cost," *Houston Chronicle*, http://smallbusiness.chron.com/much-television-advertising-really-cost-58718.html(accessed October 2016); "AOL Says There Are More Ads on TV than Ever,"*Wall Street Journal*,July 28,2015,http://blogs.wsj.com/cmo/2015/07/28/aol-says-there-are-more-ads-ontv-than-ever/; and "Cost for a 30-Second

Commercial," *Marketing Fact Pack 2016*, *Advertising Age*, December 21, 2015, p. 18.

30. Amanda Baltazar, "The Palm Connects Through Webisodes," *Full Service Restaurant Magazine*, July 23, 2012, http://www.fsrmagazine.com/content/palmconnects-through-webisodes (accessed August 14, 2015).

31. Jon Lafayette, "Dunkin' Donuts Returns as Sponsor of NBC's 'America's Got Talent,'" May 23, 2017, https://www.broadcastingcable.com/news/dunkin-donutsreturns-sponsor-nbc-s-america-s-got-talent-166022(accessed September 26, 2018).

32. David Griner, "Real Ronald McDonalds to Launch Its New Breakfast Errol Morris Finds 25 Subversive Spokesmen," Adweek.com, March 27, 2014, http://www.adweek.com/news/advertising-branding/ad-day-taco-bell-recruits-real-ronald-mcdonalds-launch-its-new-breakfast-156571 (accessed August 14, 2015).

33. For more on consumer-generated advertising, see Emma Hall, "Most Winning Creative Work Involves Consumer Participation," *Advertising Age*, January 6, 2010, http://adage.com/print? article_id=141329; Stuart Elliott, "Do-It-Yourself Super Ads," *New York Times*, February 8, 2010, www.nytimes.com; Michael Learmonth, "Brands Team Up for User-Generated-Ad Contests," *Advertising Age*(March 23, 2009): 8; Rich Thomaselli, "If Consumer Is Your Agency, It's Time for Review," *Advertising Age*(May 17, 2010): 2.

34. Joel R. Evans and Barry Berman, *Principles of Marketing* (Upper Saddle River, NJ: Prentice Hall, 1995), p. 432.

35. Jeff Higley, "Hoteliers Emphasize Importance of Billboard Marketing," *Hotel and Motel Management*(November 3, 2003): 76.

36. See Roland T. Rust, *Advertising Media Models: A Practical Guide* (Lexington, MA: Lexington Books, 1986).

37. "Mauritius Launches 1 m ad Campaign," *Travel Trade Gazette*(October 29, 2004): 60.

第 14 章

产品促销：公共关系和营业推广

学习目标

☐ 给出公共关系的定义，理解不同的公关活动。
☐ 描述公关活动的过程。
☐ 知道如何在旅游接待企业中开展公关活动。

导入案例

距离2013年卡尔加里牛仔节（Calgary Stampede）开幕仅剩两周时，加拿大阿尔伯塔省卡尔加里市经历了史上最严重的洪灾，牛仔竞技公园的大部分区域都被淹没了。

每年7月，在为期10天的牛仔节期间卡尔加里都会接待上百万名游客。这个非营利性活动是加拿大西部文化不可或缺的一部分。节庆期间最主要的活动是世界级的牛仔竞技表演，与此同时还有精彩的音乐活动、展览，以及经营汉堡、比萨等商品的琳琅满目的食品摊位。

牛仔节期间，游客在酒店、餐厅及其他当地店铺的消费超过3亿美元。此外，牛仔节还是激发民众团结意识的重大活动。

阿尔伯塔省的洪灾引起了全球媒体的关注，也引发了人们对2013年牛仔节何去何从问题的思考。然而，接下来发生的一个意想不到的事件，促使当地展开了一场戏剧性的营销活动。

以下内容经卡尔加里牛仔节官方机构的书面许可后转载。

社交媒体倡议："赴汤蹈火，在所不辞"

6月22日星期六的下午，推特上出现了一张图片，上面印有卡尔加里牛仔节和"赴汤蹈火，在所不辞"的字样。很快，这张图片就在社交媒体上传播开来。这张图片虽然来源不详，"赴汤蹈火，在所不辞"这一口号却迅速流行起来，并成为代表当地民众乐观、力量和复原力的标签，鼓励人们无论面临什么障碍，都要完成这项工作。不幸的是，当时牛仔竞技公园仍处于紧急状态，作为一个组织，我们不能冒险。

虽然我们不知道牛仔节能否举办,但我们知道我们可以展示我们对社区和邻里的支持。我们采纳了这句话及其背后代表的团结精神,并在当天夜里决定为已经建立的牛仔节品牌设计一款T恤。它将用一种有形的方式表达人们对卡尔加里的支持,并告诉世界这次洪灾不会破坏我们社区的精神。

6月23日星期天,这款T恤开始在牛仔节的网店销售,收益将捐赠给加拿大红十字会阿尔伯塔洪灾基金会。

目标受众

"赴汤蹈火,在所不辞"是一场真正意义上的社交活动。它由社交媒体社群发起,之后迅速被牛仔节官方机构所接受,并通过我们的社交媒体和数字渠道进行独家推广,因此活动的主要目标受众实际上是我们的社交媒体社群。虽然我们起初预想到这款T恤会在卡尔加里市、阿尔伯塔省和加拿大各地引起共鸣,但我们没想到其影响范围会如此之广,这真正展示了社交媒体的力量。

实施

由于时间和成本方面的原因,这款T恤仅通过社交媒体和数字设备进行促销,以方便消费者更快地通过链接直达网店购买。我们使用脸书、推特、Ins及我们的官网直接链接到网店。由于大众对T恤的需求超出了我们的预期,我们通过这些渠道发布每日库存更新,维持顾客对T恤的热情,从而推动销售。当我们的顾客询问是否可以提供儿童尺码时,我们开发了儿童版T恤。

在物流方面,几位合作伙伴及众多志愿者协助我们包装和分发T恤,让我们能在牛仔节将T恤送到人们手中。为了让大家对该项目的规模有一些了解,下面展示了我们满足消费者订购的大量"赴汤蹈火"T恤时的一些数据:1架货运飞机;2处仓库;2家T恤经销商;3个志愿者注册网站;4台丝印机24小时开足马力;5位数据专家;5位分销经理;6家劳务公司;9家快递公司;10名仓库和客服人员;25名西捷航空公司的员工;40名志愿者,每天两班倒,每周工作7天;80个加拿大邮政巨型集装箱;100卷打包带;35 000多个标签、包装袋和包装盒;160 000多件黑色T恤。

结果

除了个人顾客外,很多企业也注意到了这一信息,纷纷购买。加拿大的西捷航空公司为其全国各地的员工购买了数千件T恤。贝内特琼斯(Bennett Jones)律师事务所向其位于世界各地的办事处的员工发放了T恤。随着旅游合作伙伴对该事业的支持力度不断增加,其需求持续增长,加拿大旅游委员会下了两个订单来满足这一需求。

卡尔加里市擅长与媒体打交道的市长拉希德·南什(Naheed Nenshi)抓住一切机会赞扬这项活动及其所代表的精神。该活动还获得了地方媒体和国家媒体的关注,得到了众多媒体的报道。T恤的销量飙升,仅一天就卖出了19 000多件。T恤被运往世界各地,包括澳大利亚、瑞士、丹麦、爱尔兰、日本、挪威、瑞典、新西兰、俄罗斯和美国。这一销售活动持续了21天,于7月14日结束。卡尔加里牛仔节向加拿大红十字会阿尔伯塔洪灾基金会捐献了210万美元。这是该基金收到的最大的单笔捐款,比排名其后的捐款多出100万美元。

"赴汤蹈火,在所不辞"活动取得了巨大的成功,更大的成就是7月5日第101届牛仔节顺利开幕。我们的期望并不高,毕竟仍有1万多人流离失所,这座城市的大部分地区数周或数月后才能恢复正常。尽管举办开幕式的那个周末大多数时间天气都很恶劣,仍有超过110万人来到牛仔竞技公园。

与2012年和2011年相比,出席人数略有下降,但牛仔竞技公园仍然聚集了大量的人流。社交媒体上的评论非常积极,许多人发帖称他们要到牛仔竞技公园炫耀自己的T恤。在公园里穿着T恤的游客随处可见,当场还卖出了数万件T恤。"赴汤蹈火,在所不辞"这句话几乎在公园的每个角落都能听到。

2013年游客体验的调查结果显示,洪灾对牛仔竞技公园的游客体验没有产生实际的影响,但确实提升了人们对活动的支持。46%的人称参加这项活动主要是为了表示对社区的支持,32%的人称参加这项活动是为了表达对牛仔节公园赶在7月5日开园的重建工作的支持。93%的客人称会回来,65%的客人称肯定会回来。

当地旅游业明显受到了洪灾的影响。卡尔加里的酒店6月的入住率略有下降,但在7月出现反弹,高于2012年牛仔节百年庆典时的入住率。洪灾过后不久,卡尔加里旅游局发起了营销活动,向所有人保证卡尔加里已经恢复,欢迎大家前来,并且"赴汤蹈火"的精神将会在这座城市一直传承下去。[1]

14.1 公共关系

"公共关系也许是营销传播中被误解最深的一个领域,但它也是最有效的工具。"[2] 公共关系的定义千差万别。我们认为希尔顿酒店的定义最适合旅游接待业:"公共关系是指通过第三方背书来树立企业的正面形象并培育顾客偏好的过程。"[3]

公共关系,简称公关,是一种重要的营销工具,但直到最近才得到重视。公共关系正进入爆炸式的发展阶段。企业开始意识到大众营销已经不能满足它们的某些沟通需要。广告费用持续上升,然而广告能覆盖的群体却在不断减少。铺天盖地的广告削弱了单个广告的影响。由于渠道中间商要求更低的价格、更高的提成和更优惠的交易条件,营销成本也有所上升。人员推销的成本可能已经超过每次500美元。在这一背景下,公共关系成了一种成本效益很高的营销工具。对新闻事件、出版物、社会活动、社区关系及其他公关手段的创造性运用,为企业提供了一条将自己及自己的产品区别于竞争对手的途径。[4]

邮轮公司、连锁餐厅、航空公司和酒店的公关部门通常设在公司总部。公关部门的员工忙于与形形色色的公众(股东、员工、立法者和社区领袖)打交道,往往忽视了对产品营销目标的公关支持。很多四星级和五星级连锁酒店为弥补这一不足,在当地聘用公关经理。

过去,企业的营销职能和公关职能通常分属两个部门负责。如今这两项职能日益合二为一。营销与公关的这种整合缘于多种原因。首先,企业需要开展更多的以营销为导向的公关活动。它们希望公关部门开展有助于企业营销和提升盈利能力的公关活动。其次,企业正在组建直接支持企业/产品推广和品牌形象塑造的营销公关小组。因此,营销公关也服务于营销部门。

14.1.1 公关部门的主要活动

公关部门所从事的活动主要有以下五种,但它们并不都直接为产品提供支持。

1. 媒体关系

与媒体打交道的目的是让新闻媒体报道有价值的信息,吸引公众对某个人、某种产品或服务的关注。旅游接待业对媒体关系非常重视,其中一个原因就是它的可信度,这种宣传通常会被消费者视为来自第三方的客观信息。例如,当地报纸美食栏目的编辑写的关于一家餐厅的充满溢美之词的文章就比餐厅自己做的广告更有影响力。

2. 产品宣传

产品宣传是为宣传具体产品而进行的各种活动。特别活动事项(如美食节)、重新设计的产品(如新装修的酒店),以及由于当前潮流而流行起来的产品(如不含油脂的甜食),都是很好的宣传素材。

为了宣传2020年夏季奥运会,东京成田国际机场对3号航站楼的通道进行了改造。这次改造还将步行道变成了实用的跑道,方便行程紧张的乘客赶上航班。跑道的外观和在上面奔跑的感觉就像奥运会使用的减震跑道。建筑师没有安装传统的电动步道,而是进行大胆的尝试,从而有效地宣传奥运会、增进乘客的身体健康并帮助迟到的乘客赶上航班。

3. 新产品

新产品是任何行业的命脉,对于旅游接待业来说也是如此。宣传新产品是公共关系的一项主要职能。公共关系可用于介绍新菜品或新餐厅。旅游接待业的产品具有不可储存性,因此新的餐厅、航线、邮轮或酒店需要尽可能地将座位或房间销售出去。皇家加勒比公司旗下的海洋交响乐邮轮可容纳6 600多名客人,因此需要在邮轮首航开始就创造需求。作为当时世界上最大的邮轮,大众新闻媒体和旅游媒体都对其首航做了报道。816纽约发起了一项活动,为其在马萨诸塞州沃特敦开设的菰米素食餐厅(Wild Rice Vegan Café)进行宣传。816纽约根据在线研究选定了美食博主和媒体联系人。他们在社交媒体上搜索对素食餐厅感兴趣的美食团体。找出了可以影响潜在顾客的个人和组织后,他们发起了一系列活动,包括促销电子邮件和社交媒体外展活动,以最大限度地提高曝光率。他们还安排了印刷媒体和广播媒体对主厨进行采访。[6] 成功的公关活动有助于确保旅游接待业新产品的成功推出。

4. 企业沟通

企业沟通涵盖企业内部和外部的沟通,能促进公众对企业的了解。企业沟通所具有的一个重要的市场营销特征是对员工的宣传,如发行企业简报。此外,企业还需要与股东沟通,让他们了解企业的经营目的和发展目标。

5. 游说

游说涉及与立法者和政府官员打交道以促进或阻止某种立法及其他法规的制定。通常,大企业会雇用自己的说客,而较小的企业则可以通过本地的行业协会进行游说。

6. 咨询

咨询是就公共事务、企业定位及形象等问题向管理层提出建议。[7] 当经营中遇到敏感问题时专家的建议非常重要。例如,在拉斯维加斯,水是稀缺品。一些有喷泉的大型酒店的经理们会就水资源保护工作征询专家的建议,如把酒店的废水回收作为喷泉用水。

营销专栏 14-1

极限运动吸引了宣传和游客

以前只限于专业特技人员或专业选手的极限运动(如冰冻瀑布攀登或在极其危险的地点滑雪)如今拥有大批追随者。

在某些情况下,开展这些运动可以带来宣传和推广的机会,从而可以促进当地旅游接待业的发展。一个例子是葡萄牙的海滨小镇纳扎雷(Nazare)和北普拉亚海滩(Praia do Norte)。

美国摩托艇冲浪比赛冠军加雷特·麦克纳马拉(Garret McNamara)引起了葡萄牙冲浪运动员迪诺·卡西米罗(Dino Casimiro)的注意。迪诺知道纳扎雷镇和北普拉亚海滩,便邀请加雷特去那里亲身体验壮观的海浪,并说服该镇的开发团队积极推广海浪以吸引游客和冲浪爱好者。

加雷特对此很感兴趣并访问了纳扎雷。他很快就迷上了这里,尤其是这里的海浪。2011年,加雷特在超过23米高的海浪上冲浪成功,打破了世界纪录。整个欧洲的媒体都报道了这一事件。法国《巴黎人报》(*Le Parisien*)的标题是"他在世界最高的海浪上冲浪",宣告了加雷特的这一伟大成就。加雷特成了世界名人,也成了纳扎雷的一个标志。

如今,纳扎雷吸引了来自世界各地的众多冲浪者冲击巨浪。有几个人据说曾经成功冲上了30米高的海浪,不过这些成绩都没有得到官方认可。该镇吸引了成千上万的游客,他们因为新闻媒体对冲浪者冲击巨浪的宣传而知晓这里。这些游客游览海滩、欣赏海滩上方悬崖的美景、品尝海鲜餐厅的美食、观赏镇上的其他景点。游客们希望在游览期间能看到摩托艇冲浪者在高达36米的海浪上冲锋的英姿。与此同时,葡萄牙和纳扎雷镇均因人们对这项极限运动的兴趣而获益。在YouTube上搜索纳扎雷,你可以看到其中一些冲浪者的视频。[8]

14.1.2 宣传

宣传是公关的一项直接功能。在出版物和广播媒体上推销产品和服务时,宣传出现在新闻版面而不是需要付费的广告版面。宣传是公关活动经常使用的手段。

要想使宣传大获成功,所提供的新闻稿应该聚焦企业的目标受众感兴趣的内容。例如，美食媒体的编辑会对读者关注的食谱及烹调史之类的内容感兴趣；旅游媒体的编辑不仅对酒店的特色感兴趣，对目的地的独特风光可能更感兴趣；商业编辑可能对企业的财务业绩感兴趣。新闻稿应该针对目标受众撰写，要对这些受众有价值。下面我们就讨论企业如何利用宣传来改善企业形象。

旅游目的地很容易受到负面宣传的影响。当灾难袭击一个地区或城市时，游客很快就会得到消息，并迅速将出行规划调整到其他旅游目的地，而受灾地区旅游业的复苏则要靠旅游目的地的再次推介。这种再次推介必须克服灾害造成的负面影响。可能需要几年的时间，该地的旅游业才能恢复到灾难发生前的水平。恢复的速度取决于下列因素：[9]

（1）灾难造成的破坏程度；

（2）旅游目的地相关各方恢复各种设施运行的效率；

（3）能否提供有效的营销信息，说明目的地将再次开业（或仍在运营），做好了接待游客的一切准备。

宣传有助于建立符合企业沟通战略的企业形象。橄榄花园餐厅（Olive Garden）发起了一项慈善活动，赞助了一支车队参加美国的勒芒汽车拉力赛。橄榄花园与美国第二次收获（Second Harvest）组织合作，通过"对抗饥饿"（Drive Against Hunger）项目向该组织的食品银行捐赠食品。通过在举办勒芒汽车拉力赛的8个城市捐赠8卡车食物，橄榄花园将"对抗饥饿"项目与汽车拉力赛联系起来，从而能够在公关活动中创造跨事件的协同效应。这个例子说明了制订营销传播计划和实施整合营销传播的好处。[10]

14.2 公关过程

有效的公关是一个过程的结果，这一过程必须与企业的营销策略相结合。关于公关和宣传的一个常见误解是数量比质量更重要。一些公关公司以媒体采发的相关文章数量来衡量成功与否。与其他营销活动一样，公关对目标市场应该是有意义的。

公关过程包括以下步骤：调研、确定营销目标、选定目标受众、选择公关信息和工具、实施公关计划及评估公关效果。

厨师及美食专栏作家帕梅拉·帕塞吉安（Pamela Parseghian）举了一个想在一家主流报纸上开专栏的厨师的例子来说明公关过程的重要性。她称这位厨师之前跟这家报纸并没有任何联系，这家报纸甚至没有评价过他的餐厅。显然，这家报纸是不可能给"陌生人"开专栏的。帕梅拉说，要想在某家媒体上刊发文章，你首先要研究和阅读这个媒体。她说自己甚至接到过询问《国家餐厅新闻》（Nation's Restaurant News）是否刊登餐厅方面文章的电话。这些人显然从未看过这本杂志就准备投稿。对一家媒体有了清晰的了解后，你就知道自己的目标受众与该媒体的目标受众是否契合。然后，选择一些它们愿意发表的新闻故事，如新菜肴的食谱、独一无二的餐饮环境及主题宴会等。她还指出，独家报道的新闻价值更高。这一过程不管是借助印刷媒体还是数字媒体都是一样的。在媒体上发表了一些文章后，你就可以根据这些文章对你的事业所起的宣传效果决定是否开专栏。[11]

14.2.1　调研

企业在制定公关方案之前，必须清晰地了解本企业的使命、目标、战略和文化，并知道哪些工具能有效地把信息传递给目标受众。一份完善的营销计划应该包括公关经理所需的大量信息，如果可以，最好让公关经理参与营销计划的制订过程。

企业的环境分析系统是公关经理的另一个重要信息来源。对这些信息进行分析后应该能看出发展趋势，并对企业如何应对这一发展趋势提出建议。例如，很多酒店和餐厅都展示了自己在拯救和保护自然环境方面所付出的努力。

14.2.2　确立营销目标

公关经理一旦通过产品试验和调研发现公关活动的机会，就可以列出优先考虑的事项并设定目标。营销性公关活动可以促成以下目标：

（1）培育知名度。公关活动可以通过媒体的新闻报道引起人们对产品、服务、个人、组织或创意的关注。

（2）增加信誉。公关可以通过媒体报道传递信息的方式增加企业的信誉。通过与受人尊敬的机构、企业和个人建立正面的联系，企业的信誉可以得到增强。卡贝拉（Cabela）是一家知名度很高的户外运动用品企业，在美国的很多州都开设了商店。这些州的狩猎、垂钓和划艇爱好者很熟悉卡贝拉，也很信任它的产品和服务。位于南达科他州克拉克市的橡树客栈（Oak Tree Lodge）提供打野鸡、野鸭和大雁的狩猎套餐，狩猎场的面积达32平方千米，狩猎价格为每人每天750～1 000美元。其狩猎套餐包括高档住宿和餐饮，以及真正的狩猎体验。橡树客栈是由卡贝拉认证的狩猎场所。这一认证起到了很好的宣传作用，强化了客栈专业狩猎场所的形象，拓展了分销渠道。为了获得这一认证，橡树客栈的老板和员工必须与卡贝拉密切合作，证明客栈确实配得上这一认证，而且将一如既往地保持高水平的服务。

三叉餐厅（Ⅲ Forks）得到了牛肉零售商协会（Retail Cattlemen's Association）与查格餐饮指南（Zagat）的好评。三叉餐厅将这些好评整合进了一则广告中，用其作为例证，说明餐厅对上品牛肉的精挑细选是其获得这些好评的原因。

（3）激励销售队伍和渠道中间商。公关活动有助于提高销售队伍和加盟商的积极性。有关新菜品的积极报道可以给顾客、员工、连锁餐厅的加盟商留下深刻的印象。丽思卡尔顿酒店赢得鲍德里奇奖后，其营销人员在电话推销时也信心十足。

（4）降低促销成本。公关活动的成本低于直邮和媒体广告。企业的促销预算越少，就越需要利用公关活动来赢得人们的关注。

每项公关活动都应确立具体的目标

加州葡萄种植及酿酒者协会（Wine Growers of California）聘请爱德曼公关公司开展宣传活动，让美国人相信喝葡萄酒是享受美好生活的一部分，同时树立加州葡萄酒的品牌形象，提高市场份额。协会制定了以下宣传目标：①撰写有关葡萄酒的文章，并刊发在顶级报纸和杂志的美食专栏或特别栏目中；②撰写有关葡萄酒诸多健康价值的报道，并寻求医学根据；③针对中青年市场、高校市场、政府机构等开展宣传。上述目标经过完善后形成具体的目标,以便对最后的宣传效果进行评价。

弗吉尼亚州的温泉之家酒店(Homestead of Hot Springs)策划了几次特别的周末度假活动,这也是酒店营销组合的一部分。这些活动吸引了众多的媒体人员,他们不仅报道酒店的娱乐设施,也会报道活动。酒店将周末度假活动安排在与马丁·路德·金纪念日或总统纪念日等假期连在一起的长周末。酒店还策划了一些专门为女性举办的活动,如"女士专享"活动包括为女性顾客开办的有关营养、财务建议及家居方面的课程和研讨会,以及豪华的美容护肤套餐及周五晚上的时装秀。此外,葡萄酒专家在周六晚召开葡萄酒研讨会,并提供美食大餐。[12]

很多城市的餐厅协会都会举办"美食节"活动。美食节上汇集了当地各餐厅的食物,餐厅也有机会在一个晚上向众多潜在顾客展示自己。协会通常会收取门票,这是为了确保参加者的兴趣是了解各餐厅的特色美食,而不是想蹭一顿免费晚餐。美国规模最大的美食节是被称为"全美首屈一指的美食节"的芝加哥美食节。芝加哥美食节的参与者超过300万人,其中很多人来自其他城市。芝加哥美食节除了有很多美食车和弹出式摊位提供数百种美食,还有音乐会、当地艺术家的表演及摩天轮等游乐设施。[13]

14.2.3 选定目标受众

利用合适的工具把相关信息传递给目标受众,对于公共关系的成功非常关键。优秀的公关人员会认真识别希望影响的群体,然后研究这一群体,并找到可以用来传播信息的媒体。他们会找出该群体关注的问题,形成相关的公关主题,并使这一主题在目标受众看来自然且符合逻辑。

14.2.4 选择公关信息和工具

如今,公关人员随时都准备撰写有关产品或服务的有趣报道。如果文章报道不足,公关人员就要制造出有新闻价值的话题。公关人员此时面临的挑战不是发现新闻而是制造新闻。公关创意包括举办学术会议、邀请名人演讲、组织新闻发布会等。每项活动都是撰写面向不同受众的新闻的机会。

1. 出版物

印刷出版物正在被在线出版物取代。媒体工具包和图片通常可以在线获得,并且允许即时访问故事和图片。在线出版的生产成本更低,允许即时访问,而且可以快速且廉价地更新。

A Design Partnership 的首席执行官纳特列·诺克罗斯(Natalie Norcross)表示,在线媒体中只有28%的文字可能会被阅读。为了获得和保持关注,应该压缩在线宣传册的文字比例,增强有吸引力的图片和视频等内容。聪明的营销人员会针对印刷出版物和在线出版物分别开发宣传册。

2. 事件

旅游接待企业可以通过策划一些特别的事件来吸引人们对新产品及企业其他活动的关注,如前面提到的温泉之家酒店和美食节。事件通常是指新闻发布会、研讨会、户外活动、展览会、比赛和竞赛、周年庆典、体育运动及文化活动等可以帮助企业将信息传递到目标市场的活动。

位于奥兰多的盖洛德棕榈度假村为了提高12月的客房销量,举办了"棕榈树下的圣诞"活动。这一节庆事件为顾客留在盖洛德棕榈度假村提供了一个理由,使之变成了一个旅游目的地,并引起了媒体的关注,因为这一事件给了媒体谈论度假村的理由。盖洛德棕榈度假村最终吸引了135 000名顾客,极大地提升了入住率。[14]

一个比较简单的事件是小伍德罗(Little Woodrow)的乌龟赛跑活动。每个周末,背后标有号码的乌龟从比赛场地的高处往下爬。这个事件让顾客们兴奋不已,帮助公司建立了口碑。在YouTube上进行相关搜索,你会看到关于这个事件的不少视频,其中几个视频的点击量过千。

纽约的威斯塔酒店(Vista Hotel)想举办一次卡津口味(Cajun)的晚宴,但需要一只大"钓钩"来使活动显得更真实而且有新闻价值。他们找到的"钓钩"是卡津菜肴厨师保罗·布拉德赫米(Paul Prudhomme)。晚宴期间威斯塔酒店为保罗·布拉德赫米举办了新书发布会,庆祝他撰写的卡津食谱出版。这一创意将一次可能有趣但不是特别有新闻价值的事件变成了一次成功的公关活动。[15]

3. 新闻

公关专家的一个主要任务就是发现与制造对企业、产品和员工有利的新闻。新闻的产生需要公关人员具有构思新闻主题、调研并撰写新闻稿的能力。公关人员的必备技能不只是准备新闻稿,还包括让媒体采纳新闻稿并出席记者招待会所需的市场营销和人际关系技能。一位优秀的公关媒体主管应该清楚媒体需要的是有趣而及时的新闻故事和文笔出色、吸引人的稿件。公关媒体主管需要获得编辑和记者的帮助。建立并保持与媒体的良好关系,可以争取到媒体对企业更有利的报道。

4. 社交媒体

事实证明,社交媒体是接触成千上万的顾客和潜在顾客的好地方。今天,大多数公关活动都会借助互联网:网站、博客和社交网络(如YouTube、脸书和推特)正在提供一些新颖而又吸引人的与更多顾客互动的方式。一位公关专家说:"公共关系的核心优势——讲述故事和引发对话的能力——与这些社交媒体的本质非常契合。"

社交媒体日益成为主流媒体,尤其是正在成为旅游接待业的年轻消费者的首选。选择芝加哥公司(Choose Chicago)的公关总监表示,国际记者如今可以通过WhatsApp和微信等社交媒体进行采访。她补充说,社交媒体可以让更多的人成为媒体合作伙伴。社交媒体可以为公关活动提供的另一个好处是,你试图接触的影响者会使用社交媒体快速传播信息。影响者营销已成为推广酒店产品的常用方式。这些影响者在博客、Ins或YouTube等社交媒体上拥有追随者。他们培养了一批有相似兴趣的追随者,这些追随者渴望拥有他们发布的体验。影响者知道自己的追随者对哪些内容感兴趣,并希望创造真实的体验。酒店或旅游组织需要确认影响者的追随者群体足够大而且属于自己的目标受众,这样追随者才会对自己的产品感兴趣,从而为企业和影响者带来价值。影响者拍摄专业照片并发布在自己的社交媒体页面上,向自己的追随者宣传酒店。例如,达拉斯CVB的公关总监表示,在媒体熟悉之旅中,记者会实时通过社交媒体与观众分享他们的经历。[16]

5. 企业社会责任活动

在我们对营销的定义中,我们将营销看作企业为顾客和社会创造价值的过程。研究发现,企业社会责任(CSR)与顾客对企业的信任和忠诚度正相关。Cone Communications最近的一项研究发现,"千禧一代"更容易受 CSR 的影响,不过大多数消费者都更青睐注重企业社会责任的企业。[17] "千禧一代"不仅更喜欢购买注重企业社会责任的企业的产品,而且愿意在这些企业工作。很多企业都会支持一项公益事业,不仅会出钱支持,还会鼓励员工担任志愿者。很多企业意识到,可以通过公益活动向社区和员工传递善意。精品国际酒店(Choice Hotel)等企业为参加公益活动的员工提供带薪休假。[18] 很多连锁餐厅和酒店将一段时期内的部分销售额捐赠给慈善事业。例如,一家快餐厅会在某一天每卖出去一个三明治就向肌肉萎缩症协会(Muscular Dystrophy Association)捐赠 5 美分。企业在开展这类公关活动时需要让公众了解自己是如何回馈社会和帮助当地社区的。

汉堡王在 YouTube 上发布视频,就与社会公正相关的问题对公众进行教育,并投身社交媒体对话中。例如,女装和女童产品的售价往往高于男装或男童产品。这种差异被称为粉红税。在汉堡王制作的视频中,定价 1.69 美元的霸王鸡条(chicken fries)装在粉红色的盒子里卖给女性,价格就变成了 3.09 美元。视频是与真实的顾客一起完成的,以展示他们对不合理的价格差异的反应,从而激发顾客对这一问题的关注。这个例子说明了做正确的事情是如何使社会和企业都受益的。[19]

14.2.5 实施公关计划

实施宣传活动需要小心谨慎。我们以通过媒体传播信息为例。激动人心的信息很容易得到报道。然而,大多数新闻稿都可能缺乏吸引力,难以引起忙碌的编辑的关注。公关人员与媒体编辑的私人交情就成为他们的一个重要财富。公关人员大多曾经当过记者,认识很多媒体编辑并了解他们想要的内容。公关人员把媒体编辑看作一个必须满足其需要的市场,好让他们不断地采用企业的新闻稿。

在宣传纪念晚宴、记者招待会和全国性比赛等特别的活动时,公关人员需要格外注意。公关人员需要善于捕捉细节并在出错时迅速找到解决办法。大多数酒店的公关计划中都包括危机应对方面的内容。计划中会明确指出谁可以对媒体发言,谁不能。这类计划通常规定普通工作人员不能回答媒体的提问,而应请示公关部门的主管。

14.2.6 评估公关效果

由于公关活动是与其他促销工具配合使用的,所以很难评估它的绩效。但如果公关活动是在使用其他工具之前进行的,则其绩效相对容易评估。

1. 曝光率

衡量公关活动效果最简单的标准是在媒体上的曝光次数。公关人员会向客户提供一份简报,展示所有的媒体报道并给出总结,例如:共有 350 家报刊报道过该产品,新闻与图片栏目加起来约有 90 米,这些出版物的发行量共为 7 940 万份;290 家广播电台的报道时间总计 2 500 分钟,听众人数估计为 6 500 万;160 家电视台的报道时间为 660 分钟,观众人数估计为 9 100 万。如果这些报道时间和空间是按广告价位购买的,则要花费 104.7

万美元。[20]

这种曝光率的衡量方法不太令人满意。它没有表明实际上有多少人看过、听过并且记住公关信息,也无法知道他们事后的想法。因为各报刊的读者群有部分是重合的,所以无法知道所覆盖人群的净人数。由于宣传活动的目标是广度而非频率,因此有必要知道非重复的曝光率。宣传要覆盖目标受众,这也很重要。宣传的一个通病是其覆盖的一些人群并非企业目标市场的组成部分。

2. 知晓度、理解度、态度的变化

一种更好的衡量方法是公关活动所引起的产品知晓度、理解度、态度的变化(在考虑其他促销手段的作用之后)。比如,有多少人记得新闻内容?有多少人把它告知别人(口碑传播测量)?有多少人在听到新闻后改变了想法?例如,土豆委员会获悉,同意"土豆富含维生素和矿物质"这一说法的人数所占比例由宣传前的 36% 上升到宣传后的 67%,这是非常显著的改善。

3. 销售和利润贡献

如果能衡量公关活动对销量和利润的影响程度,则是最理想的评估方法。精心策划的公关活动通常是综合营销活动的一部分,因此很难将公关活动的影响区分出来。

14.3　旅游接待业的公关机会

14.3.1　个体企业的公关机会

迄今为止,公关活动是个体餐厅、旅游景点、提供床位和早餐的简易旅馆、旅游经营商或酒店等初创企业和个体企业最重要的促销工具。这些企业往往无法负担昂贵的广告费用。个体经营者成功的公关方案已经展示了其可以被其他人效仿使用的制胜策略。

要对员工进行专门的培训,使他们善于捕捉公关机会。例如,门童留意到有位名人要在宴会厅做主题发言,客房服务员发现酒店的一位客人已经 104 岁了。所有这些信息通过经理汇总给酒店的公关公司,为员工所在的酒店制造正面的曝光机会。[21]

14.3.2　通过讲故事进行公关

讲故事是与目标市场建立联系的有效方式。讲故事如此有效的原因之一是人类的大脑是基于故事的,并且以故事的形式存储和检索信息。故事含有诸如地点、决定、态度和行为等要素,可以产生意识和情感联系。[22]哥斯达黎加某垂钓度假旅馆的业主兼经营者曾经是一名马戏团空中飞人,每年美国和加拿大电视台的脱口秀节目都要对他和他的度假旅馆做特别报道。这位业主知道媒体会对杰出人物的趣闻趋之若鹜。许多餐厅都会讲述创始人的故事。这些故事通常会讲述创始人的激情、食谱来源,以及对正宗食物和客户服务的追求如何创造了一家受欢迎的餐厅。例如,塞科龙·阿纳亚(Cyclone Anaya)墨西哥餐厅讲述了塞科龙·阿纳亚的摔跤生涯,并在官网上贴出了他的比赛视频。故事讲述了他如何遇到妻子卡罗琳娜,在他的摔跤生涯结束后,他们决定凭借卡罗琳娜的食谱进入餐饮业。50 年后,他的家人仍在经营这家餐厅,并且欢迎你和你的家人光临。[23]

位于一个常住人口不足1 000人的小镇的沃尔百货店（Wall Drug Store）是南达科他州的主要旅游景点，在旅游旺季每天能吸引超过1.5万名游客。沃尔百货店的声誉来自提供免费的冰水。在空调车出现之前，百货店的店主泰德·胡斯戴德（Ted Hustead）和妻子发现，途经百货店前往黑山（Black Hill）的游客看起来非常干渴。于是，泰德用油漆写了几个"免费冰水——沃尔百货店"的牌子，放在公路边。在泰德放好牌子回来之前，游客们已经找到沃尔百货店了，此后百货店的顾客便络绎不绝。如今，路边的广告牌已经不见了，但沃尔百货店的故事依然在流传，依然吸引着游客到店里来。

新加坡莱佛士酒店（Raffles Hotel）有着悠久的历史，但大多数游客之所以知道它，是因为它是新加坡司令鸡尾酒的发源地。如今，莱佛士酒店是新加坡司令鸡尾酒缔造者的故事已成为酒店公关活动的一部分。酒店在客房的酒水吧放置盛装在精美的玻璃瓶中的新加坡司令鸡尾酒供顾客留作纪念，收费非常合理，每年能售出上万瓶。酒店的礼品店还出售新加坡司令酒杯、海报、摆件和冰箱磁吸。当顾客在世界各地的家中展示这些物品时，这些物品就成了酒店的公关工具。世界各地有很多酒店都围绕饮料、甜点、特色菜、客房的壁炉，甚至鸭子建立了牢固而持久的形象。20世纪初，孟菲斯皮博迪酒店（Peabody Hotel Memphis）的一位总经理狩猎归来，在酒店的喷泉中放了5只鸭子。皮博迪鸭子的故事到今天依然为人们所熟记，因为皮博迪酒店至今还养有鸭子。每天早上，成群的鸭子摇摇摆摆地从屋顶乘电梯到达大堂的喷泉，下午，它们嘎嘎叫着返回屋顶的家。鸭子在上午和下午的游行吸引了大量顾客和游客。皮博迪在奥兰多开设新的酒店时，皮博迪鸭子成了酒店的特色之一，为新酒店带来很好的宣传。迪士尼在YouTube上推出了祖父母感言活动，讲述他们与孙子孙女们去迪士尼旅行的故事。迪士尼还制作了电视广告，展示祖父母与孙辈一起享受迪士尼世界之旅。这是整合营销传播的一个例子，公关传播中使用的信息同样也出现在付费广告中。

营销专栏 14-2

英国柴郡保存最完好的火车站

在这个乘坐喷气式飞机旅行，以及主题公园吸引了上百万游客的时代，乘坐火车前往英国众多乡村中一个被绿色田野和奶牛包围的村庄旅游，似乎没有什么宣传价值。然而，自学成才的宣传专家约翰·赫尔姆（John Hulme）却强烈反对这一观点。

虽然距甲壳虫乐队的发源地利物浦仅20分钟路程，距世界著名的曼联足球俱乐部仅半小时路程，但柴郡却是另一番景象。这里有郁郁葱葱的乡村、河流、公园和各类遗迹，代表一种令人向往的生活方式，是一个让人放松身心的地方，游客可以在这里发现美食和生活中的其他美好事物，并为之沉迷。柴郡也是约翰·赫尔姆的故乡。赫尔姆在某次商务度假期间参加了一场头脑风暴会议后，将自己的培训公司重新定位为酒店和旅游项目公司，并成功地通过公关建立了自己的品牌。他的重新定位策略之一是将业务搬到一个经过修复的乡村火车站，以铁路纪念品为主题，并为学员提供各种美食，从而立即拥有了可以通过积极公关销售的品牌。

赫尔姆的品牌在顾客心目中如此与众不同，以至于他能够将业务出售给一家全国性的竞争对手。这使他可以从公司抽身，将精力放在柴郡及其火车站上。

参观柴郡时，火车站给很多游客留下了第一印象和最后印象。在英国，很多铁路线的运营商与当地社区都有合作关系，它们会组织音乐列车等活动，并在车站成立维护小组负责养护花坛并保持车站整洁。

为了进一步促进修复后的车站的发展，赫尔姆创建了一个品牌"柴郡保存最完好的火车站"，鼓励志愿者改善车站，并举办享有盛誉的年度颁奖晚会，以表彰铁路运营商和社区的工作。嘉宾名单包括柴郡市长、市政厅官员、铁路高管和当地商界人士。每年颁发16个年度奖项，最终会有16个故事刊登在16家报纸上，这些报道均附有受邀嘉宾的照片和评论。该活动也成为一笔宝贵的公关财富。

在回顾年度颁奖晚会的成功时，赫尔姆说："颁奖典礼的机会是无穷无尽的。可以将小型私人活动转变为盛大的公共事务，从而带来公关盛宴。"在某年的颁奖晚会上，赫尔姆邀请英国女王委任的柴郡治安长官作为晚会的演讲嘉宾。为了纪念这一事件，还特意制作了一款明信片。这使出席者可以将当天晚上的盛况与其他人分享，从而打造出连锁信件型公关活动。

赫尔姆还确保全年都向报纸和杂志发送各种正面故事。在休闲杂志上的文章是彩印的，这些杂志会长年出现在医生和牙医的候诊室里。

赫尔姆拥有一艘近20米长的比尔博·巴金斯号运河驳船。他在船上招待过许多人，包括当地报纸的编辑。在这一社交活动中，他说服编辑每周开设一个"巴金斯人"专栏，讲述风景如画的柴郡乡村，而故事总是从火车站开始。

当地旅游局在他的游说下同意在当地36页的彩色宣传册中使用该专栏的内容。这一活动如此成功，以至于赫尔姆编写了三本不同的小册子，在英国发行了3万册。

在赫尔姆尚未大规模宣传柴郡和火车站的10年前，运行于该地区的旅客列车有很多空座，而且该线路因乘客较少面临被撤销的威胁。通过多年的积极公关，如今这趟列车经常满员，英国政府部门正在考虑增加班次。

柴郡的旅游业不仅在发展，而且大大超过了预期。

赫尔姆坚信，对于旅游接待业而言，包括精心策划及管理的活动在内的公关和宣传可以为企业及所在社区带来丰厚的回报。

14.3.3 危机管理

公共关系的一个重要工作是进行危机管理。并非所有的公关宣传都是成功的。试想，酒店每天24小时营业，大航空公司每天有几千个航班，快餐连锁店每天要为数百万的顾客服务，难免出现失误：有些是管理层的决策失误，有些是超出管理层控制的。管理人员必须意识到事情随时有可能出错：人们可能因为吃了餐厅受污染或变质的食物而中毒，小偷可能盗走顾客的财物，飞机可能失事，有些地方每当春天来临可能发洪水。制订危机管理计划有助于减轻这些事件的负面影响。

危机管理的第一步是采取各种预防措施阻止负面事件的发生。正如沟通顾问艾里克·伯格曼（Eric Bergman）所指出的，在危机管理中，我们应该更多地关注管理和沟通而不是危机本身。[24] 罗伯特·欧文（Robert Irvine）将危机分为两大类：突发性危机和隐患性危机。[25] 突发性危机是毫无警示而突然降临的危机，如地震与洪水等自然灾害、经营场所内的暴力事件、群体性食物中毒及火灾等。隐患性危机包括上司的性骚扰，可能导致罚款或法律诉讼的违反安全规定、健康法规或防火条例等的行为。

对于突发性危机，企业应该有所预测。危机管理是对可能给企业造成重大问题的各种危机的一系列持续、相互关联的评估或检查活动。[26] 企业及其管理层需要确认那些可能发生的危机并制订防范计划。酒店应该有消防预案，遇到火灾时员工需要知道应该采取什么措施。地震频发地区的酒店应该有地震应急计划。例如，松石塔国际酒店（Sonsesta International Hotel）的公关总监黛博拉·洛克（Deborah Roker）为旗下的18家连锁酒店都制订了"危机沟通"计划。她每年都到各家分店教授为期半天的训练课程，与部门负责人一起检查危机管理计划的落实情况，训练的部分内容是让经理们回答顾客或媒体可能会提出的一些问题。[27]

隐患性危机通常可以通过良好的管理来消除。这类危机在发生前会有预警，可能是企业的健康调查报告等级下降、指责主管正在进行性骚扰的非正式声明、老旧的管道正在漏油或出入酒店的举止可疑的人物。良好的卫生措施可以降低食物中毒的风险；针对性骚扰行为的严格措施能营造对性骚扰行为零容忍的氛围；对厨房管道的定期清理及对员工的培训能消除厨房内漏油引发的火灾；培训所有员工留意可疑人物及行为并及时向安保部门报告，能降低顾客受到不法行为侵害的风险。一家管理良好的酒店就是最好的危机管理形式。

互联网是一个潜藏重大危机的地方。对有关企业的破坏性信息（无论真假）会通过互联网传播给成千上万人。这对管理层有两个重要启示：①危机管理更加重要了。降低危机事件发生的风险非常重要。②管理者应该监控网上的讨论组，查看他们有关本企业的言论。例如，地处迈阿密的酒店应该监控有关迈阿密旅游的讨论组。

"在网络时代，对于任何规模的企业来说，制订社交媒体危机管理计划都至关重要，更好的是，制订危机预防计划，预防事情变得糟糕，这实际上是'何时发生'与'如果发生'的区别。"[28] 如今，顾客可能会在给紧急救援人员拨打电话之前，就将危机发布到网上，而且通常会在网上发图片。曾经出现过集团总部比酒店经理先知道这家酒店出现危机的情况。

当危机确实发生时，制订危机管理计划有助于企业保持声誉。首先，为可能发生的事件制订应急计划，如火灾、突发恶劣天气、断水、断电、抢劫及出现恐怖分子或持枪匪徒。其次，按照这些计划对员工进行培训。编制一个联系人列表，以便在发生危机时通知相应的员工。要想进行有效的危机管理，企业应指定一名发言人，其他员工也应该知道要把媒体人员引领到发言人那里。这可以确保企业发布基于事实的、前后一致的事件通告。最后，发言人必须收集事实并且仅陈述事实。发言人必须及时发表声明，让媒体掌握最新的消息。发言人不要说"无可奉告"之类的话，这些话容易引人怀疑，使用"我目前还不清楚"之类的说法相对更好。

关于事件的信息应该实事求是、公开透明，这样可以降低负面宣传的影响。例如，一起没有导致任何伤亡的客房火灾可能带来消极的宣传也可能带来积极的宣传。如果酒店不向媒体透露任何消息,报纸上的大标题可能就是"富豪酒店(Regal Hotel)发生火灾,360名房客紧急疏散"。如果酒店主动向媒体提供消息,就可以将事实真相告知他们。此时,酒店可以说确实起了一场火:"烟雾报警器在下午12:33响起,酒店的消防预案马上启动。我们打电话叫来了消防队,工作人员为安全起见帮助客人井然有序地撤离酒店。火灾没有造成人员伤亡,所有客人都在30分钟内返回了自己的房间。富豪酒店的总经理罗伯塔·多米凯丝(Roberta Dominquez)对员工的快速反应表示赞许。她表示,所有的员工都清楚应该怎么做,这是酒店每月都进行消防演习的结果。"这样一来,报道的标题可能就会变成"训练有素的员工迅速将客人转移到安全区域"。

如果酒店有签约的公关公司,则应联系该公司。出现重大危机后,寻求公关公司的帮助是一个好办法。每个企业都应该有危机管理计划,并将指导员工进行危机管理作为员工入职培训的一部分。

14.3.4　营业推广

营业推广包括各种鼓励购买或销售产品和服务的短期激励措施。人们设计了各种旨在刺激市场做出快速或强烈反应的促销工具,其中包括面向消费者的推广(试用、优惠券、折让、降价、奖励、竞赛和演示等),面向中间商的贸易推广(免费商品、合作广告和推销佣金),以及面向销售人员的推广(奖金和推销竞赛)等。精心策划的营业推广通常能起到很好的宣传作用。例如,奥米圣安东尼奥酒店(Omni San Antonio Hotel)为教师提供特惠价,感谢他们为教育工作所做的贡献。这项营业推广措施在教师和社区内产生了很好的影响,为酒店做了很好的宣传,还提高了酒店在营业淡季的客房出租率。苹果蜂餐厅(Applebee's)为得A的学生提供一顿免费餐。这一举措给成绩优异的学生以很大的奖励,让学校不需要花费什么成本就能对这些学生的努力予以肯定。除了公关方面的好处之外,成绩优异的学生在到餐厅吃免费餐时往往会带着父母和兄弟姐妹,使餐厅从这种营业推广中获得了收益。Lennys餐厅会在周五早上向会员发送一张数字优惠券,会员在周五、周六或周日购买总汇三明治搭配2杯饮料的套餐时,可以凭券免费领一个总汇三明治。这张优惠券让Lennys餐厅周末的生意异常红火,而购买两杯饮料(高利润商品)可确保Lennys餐厅不会因促销而亏本。一家杂货店优惠券的背面印有汉堡王优惠券,这是后者为最近在杂货店门前开张的汉堡王新店提供买二送一的皇堡促销。汉堡王认为这是让居住在附近的人知道这家新店的好办法。营业推广可以使用各种各样的促销手段,旨在刺激更早或更强烈的市场反应。

营业推广这种促销工具为大多数组织所使用。据估计,美国企业每年用于营业推广的费用高达1000亿美元。最近几年,这方面的支出(尤其是在消费市场)增长迅速的原因主要有下面几个。首先,在企业内部,产品经理面临增加当期销售额的压力,他们将营业推广视为一种有效的短期销售工具。其次,企业面临更多的外部竞争,竞争品牌差异化程度较低。竞争者越来越多地利用营业推广实现产品或服务的差异化。再次,由于成本上升、媒体噪声和法律限制,广告的效果下降。最后,消费者变得更加以交易为导向。在当前的经济中,消费者要求更低的价格和更划算的交易。营业推广有助于吸引当今更加节俭的消费者。

营业推广的使用越来越多,这会导致与广告噪声类似的噪声。如今,有如此多的产品在打折促销,一项营业推广活动很可能被淹没在其他营业推广活动的海洋中,从而削弱了其触发立即购买的能力。制造商正在寻找摆脱噪声的方法,如提供更高的优惠券面额,创建更引人注目的购买点展示,或通过新的数字媒体(如互联网或手机)进行促销。一项研究显示,前100家零售商中有90%使用数字促销活动,如数字优惠券。数字促销有助于推动店内和在线销售。[29] 在制订营业推广计划时,企业必须先设定推广目标,然后选择实现这些目标的最佳工具。

1. 制定营业推广目标

具体情况不同,营业推广的目标存在很大差异。针对消费者的营业推广可能是为了增加短期销量,也可能是为了培育长期的市场份额。目标可能是吸引消费者尝试新产品、从竞争对手那里拉拢消费者,也可能是维持和酬谢忠诚的老顾客。针对销售人员的营业推广目标则可能是建立牢固的顾客关系,并赢得新的顾客。

营业推广应该有助于培养顾客的品牌忠诚度,换言之,营业推广应该重视对产品定位的推广,并提供一定的销售信息。理想的情况是,营业推广的目标是培育顾客的长期需求而不是加速顾客的品牌转换。经过精心设计的每一种营业推广工具都具有培养顾客品牌忠诚度的潜力。

当经济不景气、产品滞销时,企业很容易想到大幅降价以刺激消费者购买。然而,总的来说,营业推广应有助于巩固产品的地位并建立长期的顾客关系,而不只是创造短期销量或暂时的品牌转换。如果设计得当,每种促销工具都既能刺激短期的销量也能长期吸引消费者并建立关系。营销人员应避免"快速修复"式的仅在价格上做文章的促销活动,而应采用旨在建立品牌资产的促销活动。这样的例子包括各种频率营销计划和会员卡。大多数酒店和航空公司都有常客计划,为常客提供奖励,以保持他们的回头率。很多餐厅也开始效仿,推出自己的顾客忠诚计划。这类促销计划可以通过增值而不是降价来培养忠诚度。

2. 选择营业推广工具

有很多工具可以用来实现营业推广的目标。营业推广的策划人员应该根据市场的类型、营业推广的目标、竞争状况及每种工具的成本与效果进行选择。面向消费者的营业推广工具主要有样品、捆绑销售、优惠券、赠品、顾客酬谢、现场促销、竞赛、抽奖和游戏等。

(1) 样品。样品是提供给顾客试用的商品。例如,在过去的37年里,本杰瑞(Ben & Jerry's)每年都会选定一天作为免费冰激凌日。在这一天,光顾本杰瑞门店的顾客可以免费品尝其经典冰激凌口味中的任何一种。在美国各地,本杰瑞独特的样品促销活动取得了巨大成功,大多数门店的门口和街区周围都排起了长队。虽然本杰瑞宣称推出免费冰激凌日是为了表达对顾客的感激之情,但样品促销活动也引起了大量关注并吸引了新顾客光顾门店。本杰瑞希望这些新顾客也会养成到店消费的习惯。

让旅游接待企业(如酒店、餐厅或滑雪度假地)的员工试用产品是一个很有意义的培训项目,也是一种有效的推广方式。对产品的全面了解有助于高价品的推销。销售人员如果不知道波尔多或加州墨劳特葡萄酒的味道究竟如何,将很难向顾客推荐这些价格昂贵的葡萄酒。酒店或度假地的推销与预订人员如果对产品有亲身体验,在推销湖畔别墅或套房这类高价品时会更有说服力。

员工如何才能亲身体验企业的产品或服务呢？下面是一些成功的做法：

① 提供持续的培训。请供应商（如葡萄酒商、奶酪生产商和咖啡分销商）提供样品并进行产品培训；

② 提供企业内部销售和业绩奖励，如奖励有五道菜的正餐、一个月的健身俱乐部会员或一次周末豪华套房住宿。

③ 设立员工日，在这一天，员工可以使用各种设施。乡村俱乐部常选定一个特殊的日子，让员工（有时连同他们的家属）可以独享游泳池、高尔夫球场、餐厅甚至在舞厅开夜间舞会。

④ 通过各种内部简报或产品宣传册与员工交流有关产品的信息。通常，产品宣传册只放在采购部、餐饮部或其他行政办公室。

⑤ 始终以积极而自信的方式谈论企业的产品。人们往往无视每天围绕身边的各种设施和服务的很多优点。

S-K-I公司的董事长兼首席执行官普雷斯顿·史密斯(Preston L. Smith)定期向公司的经理们发送备忘录，督促他们去滑雪。史密斯本人每个季节都要滑雪60次以上。"人人都在这里滑雪。这是体会顾客感受的一种方式。这也是实现个人成长的方式，因为滑雪本来就是一件令人愉快和兴奋的事情。"[30]

（2）捆绑销售。捆绑销售既可以是将企业的一些产品捆绑在一起销售，也可以是将度假村的产品与当地的景点打包在一起。理想情况下，捆绑销售可以为顾客创造绝佳的体验，并为酒店或旅行社带来业务。在拉斯维加斯的淡季，两个声誉相同的度假村采取了两种不同的方法来刺激销售。一家度假村提供客房折扣，提高了预计入住率。另一个度假村推出了一个包括房间、餐厅和演出门票的套餐。和第一个度假村一样，套餐中单个产品的价格大大降低，但总体价格与度假村在旺季的房费相仿。套餐卖得很好，度假村的入住率也高于预期。两个度假村之间的区别在于，销售套餐的度假村获得了更高的其他消费项目的收入。套餐的较高价格吸引的是更富有的客户，他们知道购买套餐节省了开支，愿意将省下来的钱花在其他地方。

位于美国华盛顿特区泰森斯角的丽思卡尔顿酒店推出了周末美食节活动。[31]每个周末，酒店都会提供搭配有适当的葡萄酒的美食。酒店围绕餐食、饮品与展示开发了产品套餐。顾客可以拥有一间客房，参加美酒品鉴会并享用酒店大厨主理的早午餐。旅游接待企业也可以围绕一些本地活动开发套餐。位于佛罗里达的最佳西部棕榈海滩酒店推出了包括三晚住宿、两张棒球赛门票（有几支球队在酒店附近进行春季集训）和一份欧陆式早餐的套餐。[32]这类营业推广活动可以增加企业淡季的销量，并为顾客创造难忘的体验。

（3）优惠券。优惠券是提供给购买某种特殊产品的顾客的一种优惠凭证。在美国，优惠券兑换在2011年达到35亿次的峰值，2014年兑换了27.5亿次。[33]数字优惠券可以推动销量继续增长，因为2015年兑换了1亿张数字优惠券。40%的智能手机用户将使用手机至少兑换一张优惠券。[34]总体而言，手机和在线优惠券兑换超过了传统的报纸优惠券兑换。优惠券可以邮寄、通过互联网获得、包含在其他产品中或放置在广告中。优惠券在餐饮业最流行；但是，酒店、租车公司、旅游景点和邮轮公司也使用优惠券。

但是,也有些餐厅因为过度使用优惠券而蒙受损失。在"比萨大战"中,一些大连锁店为了争夺市场份额,每周至少要发放一次优惠券。有些比萨店甚至声称它们也接受竞争对手的优惠券,以此削弱竞争对手广告的影响。在"比萨大战"中,大多数顾客购买的比萨的价格都跌到使用优惠券后的水平。这些顾客感到,没有优惠券时购买比萨很不划算。因此,应该避免滥用优惠券,因为它会使消费者愿意支付的整体价格水平下降。

除了刺激成熟产品的销量外,优惠券还可以促进新产品的试用和推广。例如,一家快餐连锁店开发出一种新产品后,往往会用印有优惠券的广告来推介该产品。优惠券成了一种激励因素,也降低了顾客尝试新产品的风险。

Cellfire(cellfire.com)向美国各地使用其免费服务的消费者发送数字优惠券。[35] 委托Cellfire 发放优惠券的餐厅包括达美乐比萨、星期五餐厅(TGI Friday)、哈迪餐厅(Hardee)等。Cellfire 向消费者的手机发送实时分类数字优惠券。要使用优惠券时,消费者只需调出优惠券列表,找到所需的优惠券,点击"现在使用"按钮,将数字优惠券展示给收银员即可。达美乐比萨的顾客点击优惠券链接,即可拨通位置最近的达美乐比萨餐厅的电话订餐。

通过 Cellfire 发送优惠券对消费者和商家来说都有很大的好处。消费者不再需要四处寻找并剪下纸质优惠券或打印网上的优惠券,而且他们在消费时也不用携带这些纸质优惠券。这些数字优惠券就存在他们的手机里。对于商家来说,数字优惠券可以实现更精准的定位,而且可以节约印制和分发纸质优惠券的成本。

很多专业的营销顾问、营销和销售实践的观察员都感到,过度的营业推广反倒会使产品失去特色。他们认为,一些企业年复一年地花数百万美元打造了独特的形象,并在顾客心目中形成了高度差异化的产品特色,但可能因为营业推广活动而前功尽弃。

旅游接待业的一个特点是不同时间段的需求差异很大,因此应限制优惠券的使用时段。例如,餐厅在周五和周六通常客人都很多,因此想用优惠券吸引新顾客的新开张的餐厅应该把优惠券使用时段限定在周日到周四。优惠券是企业沟通计划的一个重要组成部分,但是使用优惠券时应将其作为整合沟通计划的一部分。

(4)赠品。赠品是免费或以较低的价格提供的产品,目的是刺激人们购买产品。例如,有些快餐厅常将免费的玻璃杯而不是通常的纸杯作为营业推广的工具。有偿赠品是指将赠品出售给有需要的顾客。例如,在澳大利亚的麦当劳餐厅,凡购买汉堡的顾客都可以再加 95 美分买几个蝙蝠侠玩偶。

很多餐厅(如硬石餐厅)发现,销售帽子、T 恤和运动衫等推广品都有可观的利润,从而可以为餐厅开辟一个新的财源。还有些餐厅提供装在特殊的杯子或盘子里的高价饮料或甜点。顾客多支付的实际上是杯子或盘子的价格,而且将这些"礼物"带回家,以后每当看见这些杯盘,就会回忆起在餐厅就餐时的美好体验。新奥尔良法语区的帕特·奥布莱恩餐厅(Pat O'Brien's)出售一种装在有纪念价值的玻璃杯中的"飓风"鸡尾酒。现在这些杯子在世界各地的一些家庭中都可以见到。这些飓风酒杯所产生的品牌认知让帕特·奥布莱恩餐厅成了法语区的一个重要的旅游打卡地。

马可波罗邮轮公司(Marco Polo Cruises)针对从悉尼出发乘坐其地中海线路邮轮的乘客免费提供悉尼飞欧洲的机票,但要想获得这一优惠,乘客需要提前一年预订,而且仅限于悉尼地区,因为马可波罗邮轮公司正在悉尼开辟新的业务。[36]

(5) 顾客酬谢。顾客酬谢是指对经常购买企业产品或服务的顾客给予现金或其他形式的酬谢。例如,大多数航空公司都提供常客计划,根据乘客的乘机里程给予积分奖励。大多数连锁酒店和餐厅也实施常客计划。这些措施不仅能够答谢常客,而且能收集信息,并对顾客的购买行为产生积极的影响。

酒店经常面临的困境是:顾客觉得酒店常客计划的价值不如航空公司常客计划的价值。即便如此,没有常客计划的酒店可能面临失去顾客的风险。不过,大多数酒店常客计划的积分从未被兑换。喜达屋酒店制定了一项政策,宣布顾客用积分兑换免费住宿、即时在线兑换及将酒店积分转换为航空里程的权益永不过期。事实证明,这项举措非常受欢迎,让喜达屋新增了500万名新会员,平均每周增加5万名。[37]我们将在第16章讨论会员计划。

另一种类型的顾客酬谢方式是对回头客给予特价优惠。马萨诸塞州大象漫步餐厅(Elephant Walk Restaurants)总是要寻找优质葡萄酒,因此发现高档葡萄酒的数量很有限。每个月餐厅都会列出本月的六种特价酒,而这些酒通常都是数量很有限的酒。餐厅通过电子邮件告知老顾客葡萄酒的信息,并表示可以为其预留一瓶酒佐餐。餐厅以普通零售价销售这些酒,而这个价格大约相当于餐厅正常售价的一半。这种促销方式赢得了老顾客的好感,使他们更愿意在餐厅就餐。同时,这项促销措施也为餐厅做了很好的宣传。[38]

(6) 现场促销。现场促销是指在销售现场进行的各种陈列和演示。例如,里奇满葡萄酒业公司(Richmond Estate Wines)的销售代表就可以在罗宾纳客栈(Robina Tavern)的商店中设点让顾客品尝他们的葡萄酒。

现场促销的价值在零售业很早就被人们注意到了,如今被越来越多的餐厅、酒店、汽车租赁公司及其他旅游接待企业所采纳。旅游接待企业发现,现场促销可以用来:①宣传企业的产品或服务信息;②销售其他的产品和服务,从而增加总收入。

有些酒店在大堂中设置展架来推广连锁酒店中的其他酒店及各种额外的服务(如代客停车和乘雪橇项目)。百金斯(Perkins)、乡村客栈(Village Inn)和丹尼酒店(Denny's)等酒店利用结账柜台附近的空间设置一些非常醒目的展架,展示各种烘焙食品和甜点,顾客可以买回家。

(7) 比赛、抽奖和游戏。比赛、抽奖和游戏给消费者提供一个赢得某种奖励(现金或旅行)的机会。维京内河游轮公司会从在线填写信息的消费者中抽取幸运儿,奖励是免费乘坐维京游轮。而维京内河游轮公司获得的好处是能够建立潜在顾客名单。比赛一般是要求消费者提供一份参赛作品(如顺口溜、灯谜答案或建议),然后由评审组评判。抽奖是将消费者的名字写在纸条上,然后抓阄。游戏是在消费者每次购买商品时都赠送给他们某种东西(如填字游戏卡),这些有可能中奖,也可能不中。对表现最佳者给予奖励的销售竞赛可以激励经销商和销售人员加倍努力。

唐恩都乐曾推出一项综合性活动来提醒人们,它当年是靠出售甜甜圈起家的,并不只是一个咖啡品牌。唐恩都乐的消费者互动副总裁说,从电视广告、网络广告,再到店内陈设,"你进店后难免会考虑购买甜甜圈"。这场"甜甜圈主导"的活动的核心是一场名为"创造唐恩都乐的下一个甜甜圈"竞赛。人们可以登录活动网站,设计自己的甜甜圈。这项活动号召人们"系上围裙,尽情发挥你的创造力"。参赛者要在网站给出的材料列表中选择材料,制作一款新的甜甜圈,为之命名并用200字左右说明自己做的甜甜圈的亮点。通过网络投票,12名进入半决赛的选手在位于马萨诸塞州布伦特里的唐恩都乐大学的实验厨房内烘焙出了他们的甜甜圈。最终的赢家获得了12 000美元的大奖,他制作的甜甜圈"搭配咖啡的太妃糖"被添加到唐恩都乐的日常菜单中。参赛者共提交了近130 000件在线作品。唐恩都乐的营销总监感叹说:"我们对有如此多人参赛感到非常惊讶。"[39]

餐厅营销顾问汤姆·凡尔坦斯坦(Tom Feltenstain)建议向忠诚的顾客发放20美元的礼品券。顾客在使用礼品券时,可以将其中10美元用于购买食物,而剩下的10美元用作小费,奖给他们认为服务最好的员工。这样一来,员工要多赚钱自然会提供优异的服务。[40]

(8)事件。营销人员可以通过事件营销(或事件赞助)来推广品牌。他们可以创建自己的品牌营销活动,也可以作为其他人创建的活动的独家或联合赞助商。这些活动涵盖从移动品牌之旅,到节日、聚会、马拉松、音乐会或其他各种聚会活动。事件营销的威力巨大,可能是增长最快的一种促销工具。有效的事件营销将事件与赞助品牌的价值主张联系起来。借助当今数字媒体的社交分享能力,即使是本地事件也能产生深远的影响。旅游目的地利用事件可以让游客多一个访问目的地的理由。例如,加尔维斯顿历史基金会(Galveston Historical Foundation)将大文豪狄更斯整合到斯特兰德音乐节(Strand festival)中,将加尔维斯顿的维多利亚风格建筑与查尔斯·狄更斯作品的景象和声音相结合,打造了一个吸引成千上万游客的节日。[41]餐厅和酒店可以举办葡萄酒或精酿啤酒品尝会来吸引顾客。

3. 寻找创意

互联网使企业可以了解其他企业正在开展的营业推广活动。如果它们和你分属不同的市场,那么你可以基于自己的需求参考它们的创意。例如,在靠近华盛顿特区的马里兰州盖瑟斯堡(Gaithersburg)希尔顿酒店,主厨烹制了马里兰风味的蟹肉饼,并将它放在小小的软面包上,以突出香料和酱料的融合。与这一当地美食相伴的是一系列螃蟹美食外卖,包括螃蟹杂碎、老海湾经典口味螃蟹饼、戈登氏切萨皮克湾经典马里兰风格红螃蟹汤及香辣切萨皮克花生。

位于爱尔兰宝尔斯考特庄园附近的丽思卡尔顿酒店将它提供的一些常见的产品打包推出了一款产品套餐。通过打包销售这些常见产品,酒店为顾客创造了价值,也获得了额外的收益。这一套餐包括:两晚豪华客房;餐厅的早餐;一顿在宝尔斯考特的戈登拉姆齐餐厅(Gordon Ramsay)的两人份晚餐;一小时的精油按摩。[42]

英国的星期五餐厅通过餐厅生日俱乐部将自己与顾客建立起了联系。它不是告诉顾客在他们庆生的时候可以得到什么,而是当他们加入俱乐部时,可以登记他们想要的礼物。会员可以为自己的生日聚会挑选免费的鸡尾酒、香槟或甜点。很多人都会选择外出就餐的方式来庆祝生日,因此精心设计的生日俱乐部可以为顾客提供一个很好的理由,在你的餐厅举办生日聚会。[43]

另一个值得庆祝的理由是在父亲节外出就餐。对美国的餐厅来说,母亲节是一年中最为忙碌的一天。那么为什么不鼓励顾客在父亲节也外出就餐呢？澳拜客餐厅（Outback）就是这么做的。在父亲节这天,任何带着丈夫或父亲到澳拜客餐厅就餐的顾客都会获赠一张价值10美元的下次就餐优惠券。这类优惠券被称为返券,因为它鼓励顾客再次到餐厅用餐。然而,澳拜客并未止步于此,它还会收集在父亲节这一天就餐的顾客信息——登录http://outback.com/在线激活优惠券的父亲们。这张优惠券的有效期为5周,最低消费25美元时才能使用。这样一来,澳拜客就可以鼓励顾客在短期内再次光顾,而最低消费则可以确保澳拜客在这些回头客来店消费时不会赔本。[44]

福乐鸡也是促销高手。它的一个促销策略是在新店开张时,向前100名顾客赠送52张福乐鸡餐券。福乐鸡的总裁丹·凯西表示,他不敢相信,第一次推出这项促销活动时,粉丝们竟然在开业前18小时就在店门口排队。[45]这家店的开张成了当地的一个新闻事件,报纸、广播和电视都报道了这一别具一格的活动,它们还对为了获得免费餐券而睡在停车场的消费者进行了采访。这一事件的宣传效果所带来的收益远远超过免费餐券的成本。

咨询公司有时也会通过在线咨询来吸引潜在客户。一家咨询公司就提出了适合餐厅的10种促销策略。其中一种是与企业或社会组织合作,向潜在顾客展示餐厅。这家咨询公司指出,如果你选择了合适的组织作为合作伙伴,那么你不仅可以借助该组织的资源来宣传餐厅,还可以针对你的核心顾客进行营销。与企业或社会组织在多个层面上开展合作可以帮助你充分利用营销预算,同时获得高于传统广告的投资收益。[46]企业可以采取的营销类型是无穷无尽的,但管理人员必须牢记,促销活动应适合企业的实际运营。

4. 制订营业推广计划

除了选择使用哪种促销类型,营销人员在设计完整的促销计划时还必须做出其他决策。首先,他们必须确定激励的力度。要想使推广获得成功,必须设定一个最低的激励力度。激励力度越大,反响越大。营销人员还要确定参与的条件和门槛,有些激励人人可以参加,而有些却只限受邀群体参加。

其次,营销人员必须确定如何实施推广计划。餐厅价值2美元的优惠券可以通过广告发放,也可以在店内发放,还可以通过互联网或移动端下载。每一种发放方式的效果和费用都不一样。越来越多的营销人员在一个完整的活动概念中将多种媒体融合在一起共同发挥作用。此外,推广持续时间的长短也很重要。如果推广的持续时间很短,无法在这段时间购买产品的潜在顾客将不能享受其中的实惠;如果推广的持续时间太久,则可能削弱推广所产生的使顾客"现在就买"的效果。

最后,营销人员必须制定营业推广的预算。这可以通过两种方式来实现。营销人员可以先选择推广的方式再估计推广成本。不过,更常见的方式是确定营业推广占整个营销预算的百分比。一项研究发现,企业在制定营业推广预算时常犯三种错误。第一,它们不计成本。第二,开支不是根据具体目标来定,而只是在上一年的基础上将预期的销售额按照一定百分比做简单的追加,或按照"支付得起"的原则做决定。第三,广告预算通常是与营业推广预算分开制定的。[47]

采取合作推广的方式可以节省促销预算。棕榈树牛排餐厅（Palm Steakhouse）是全国性的高档连锁餐厅,曾与芝加哥一家汽车经销商携手推广其芝加哥餐厅。[48]该汽车经销商向所有试驾豪华轿车的人提供一张棕榈树餐厅的50美元代金券。代金券的成本由两家企业均摊。合作方式也可用在抽奖活动中。有些企业经常使用打折或提供赠品的方式换取媒体宣传。

(1) 营业推广计划的测试与实施。在可能的情况下,企业应该对营业推广的各种工具进行测试,以便弄清楚它们是否合适。面向消费者的营业推广很容易进行测试,因为这种测试简单易行,但事实上企业却很少做这种预测试。70%的企业在启动营业推广计划之前是不进行测试的。要测试营业推广计划的效果,研究人员可以请消费者对各种营业推广方式进行打分或排序。营业推广也可以在某个较小的地理范围内进行测试。

同时,企业应该为每项营业推广计划制定实施方案,所涉及的时间要涵盖前置时间和出清时间。前置时间是指实施计划之前的必要准备时间,出清时间是指从计划实施开始到推广结束所持续的时间。

(2) 评估营业推广的效果。很多企业都未能真正评估营业推广的效果。评估的方法有很多,最常见的是比较推广前、推广过程中和推广后的销售额。假设某企业在推广前的市场份额为6%,在推广过程中跃升为10%,到推广之后很快降低到5%,后来又爬升到7%。这项推广看似吸引了一些新顾客,并促成了当前顾客的更多购买,然而在推广之后,销售额随着消费者使用了产品或提前购买而有所降低。例如,一个计划在6月前往纽约探亲的人可能会提前在4月出行,原因是航空公司的营业推广活动只持续到4月30日。推广所产生的7%的长期增长意味着航空公司赢得了一些新顾客,但如果其市场份额回落到推广前的水平,则意味着推广只是改变了需求的时间模式,而并没有改变总需求的大小。

调查可以提供诸如有多少消费者对推广有所反应、他们有何想法、有多少人接受了这种推广,以及营业推广对他们的购买行为模式有什么影响等信息。

显然,营业推广在整个促销组合中扮演着重要的角色。为了用好这种工具,营销人员必须清晰地界定营业推广的目标,选择最适当的工具,制订营业推广计划,提前进行测试,有效地予以实施,并对结果进行评估。

14.3.5 本地营销

本地营销(社区营销)是指利用所有机会在营业区域内开展宣传和促销活动,其特点是成本低、可操作性强。[49]尽管在本地营销过程中各种宣传手段都会用到,但公关活动仍是本地营销计划的核心。大大小小的企业都会采用本地营销。独立产权的企业(如一些餐厅和旅行代理机构)比大企业更具优势,因为它们的业主已成为社区永久固定的一员,而大企业每隔两三年就要更换地区主管。一项研究发现,餐厅的顾客中,有75%来自10分钟车程之内的地方,而快餐厅的顾客往往来自3~5分钟的车程范围内。[50]

本地营销中的公关活动的一个典型的例子是组织人们参观企业。很多小学都在寻找带领学生去郊游的地方,某家餐厅或酒店可能会是这些学校感兴趣的场所。这一短途旅行,加上餐厅提供的风味餐及给每个学生发一张代金券(这样他们就可以向家长展示他们去了什么地方)都是开拓业务、树立声誉的好途径。许多郊区都办有周报,每周或每月刊发一篇有关旅游、美食或美酒的文章。如果文章写得很出色,报社会很感激这位免费供稿的作者,而作者也能在当地小有知名度和声誉。在俱乐部集会等本地社交场合担任发言人也是一个获得宣传的好途径。在节日期间,企业可以成为那些为残疾儿童收集玩具的慈善机构的仓库。但不要被动地接受这项任务。例如,如果本地的消防队请你帮他们的活动收集玩具,你就应该向他们建议活动可以安排在周六在你们的停车场举办,并办一个开着消防车、鸣着警笛、消防队员统一着装的开幕式。如果他们同意,你就可以联系当地的新闻媒体进行报道。[51]

诸如学校乐队、女童子军及当地小联盟球队这样一些当地社团总是在寻找资金上的支持。只要这些组织能够带来业务,很多餐厅都会将自己收入的一部分捐赠给它们。例如,甜番茄餐厅的做法是,这些当地社团可以散发传单,邀请人们在餐厅为该社团安排的某个晚上到餐厅用餐,而餐厅会将当晚收入的15％捐给这家社团。甜番茄餐厅还提供另外一种方式,当地社团按照面值出售可在餐厅使用的代金券,而这些代金券餐厅是以九折出售给社团的。包括餐厅在内的很多商家经常会收到当地社团希望他们捐赠商品或餐点来帮助筹款的请求。一些餐厅的政策是只捐赠带有餐厅标志或名称的咖啡杯、T恤等物品。

善因促销是另一种本地营销手段。这类促销能给酒店和餐厅带来生意,也有助于当地社区。Rock Bottom 餐厅经常开展一些与慈善事业相关的促销活动。例如,该餐厅酿造了一种名为"火厨淡爽"(Firechief Ale)的啤酒,并为这款啤酒搭配了一系列味道浓烈的开胃菜,开展旨在帮助本地消防队的促销活动。该餐厅通过手作基金会(CraftWorks Foundation)发展并维系与当地慈善组织的合作伙伴关系。[52]

加利福尼亚的 EL Torito 连锁餐厅开展了一次电视广告促销活动。这次推广几乎完全局限在洛杉矶,因为该连锁餐厅无力在各个市场上都进行广告宣传。结果,洛杉矶以外的餐厅并没有从广告中获得多大好处。餐厅经理乔·埃雷拉(Joe Herrera)决定放弃电视广告,转而开展本地营销活动,将用于电视广告的预算改在各地报纸上做广告和开展社区宣传。如今,该连锁餐厅在各地的连锁店的知名度都得到了提升。埃雷拉称,各餐厅的经理们都对本地营销的效果感到很满意。[53]

成功的本地营销活动有助于建立酒店在当地的声誉,可以取得良好的宣传效果,这些最后都会转化为顾客的忠诚和可观的利润。成功的本地营销人员不会白白把钱财送人,他们会评估每一个机遇,确保自己的付出有所回报。借助创造性的思维,经理们可以保证自己的本地营销活动得到公众的关注。

课堂小组练习

*带星号的练习可以作为个人作业或线上作业。学生需要对答案给出解释。

1. *"公众"一词的含义是什么?一家企业可以有不止一类公众吗?
2. 以一家旅游接待企业为例,说明它是如何获得宣传的。
3. *比较宣传与广告。它们各自的优缺点是什么?
4. *承担社会责任可以如何提高企业在社区中的地位?
5. *利用网络、社交媒体和移动营销为你所在地区的一家酒店或餐厅设计促销活动。

6. *找出两家提供公关支持的旅游接待企业的网站。这种公关支持可以是企业声明、"媒体接待室"或是照片库,浏览者可以出于宣传的目的下载这些内容。谈谈你在网站上都发现了什么,以及网站为那些想撰写有关该企业的报道的人提供了哪些帮助。

体验练习

找出一个与脸书这样的社交媒体有关联的印刷媒体宣传的成功案例。解释印刷媒体与数字媒体是如何互补的。

参考文献

1. Reprinted with permission of The Calgary Stampede, Calgary, Alberta, Canada. Original—Social Media Initiative. Hell or High Water, Division 4.0, Inspiring Collaboration, Calgary Stampede.
2. Jessica Miller, "Marketing Communications," *Cornell Hotel and Restaurant Administration Quarterly*, 34, no. 5(1993):49.
3. Ibid.
4. Philip Kotler, "Public Relations Versus Marketing: Dividing the Conceptual Domain and Operational Turf" (paper presented at *the Public Relations Colloquium 1989*, San Diego, CA, January 24, 1989).
5. Shandrow Kim Lachance, "Tokyo Airport Terminal 3 Walkways Transformed into Racetrack Lanes," Fortune.com, April 13, 2015.
6. See "Wild Rice Vegan Café," https://816nyc.com/portfolio/wild-rice-vegan-cafe/#.W57gX0VKiu4 (accessed September 16, 2018).
7. Adapted from Scott M. Cutlip, Allen H. Center, and Glen M. Brown, *Effective Public Relations*, 6th ed. (Upper Saddle River, NJ: Prentice-Hall, 1985), pp. 7-17.
8. Eric Benson and Gotz Goppert, "A Good Break," *United Hemispheres*, January 2015, pp. 62-67, 98, 103; Damien Fletcher, "Surf's up to 100ft: Daredevil Breaks World Record for Largest Wave Ever Ridden," *Mirror*, January 30, 2013, http://www.mirror.co.uk/news/world-news/garrett-mcnamara-rides-100ftwave-1563121 (accessed August 10, 2015); Chris Chase, "Watch: Surfer Nails Massive 100-Foot Wave," USA Today.com, October 29, 2013, http://www.usatoday.com/story/sports/2013/10/29/surfbig-wave-portugal/3296883/ (accessed August 10, 2015).
9. Joe Durocher, "Recovery Marketing: What to Do After a Natural Disaster," *Cornell Hotel and Restaurant Administration Quarterly*, 35, no. 2(1994):66.
10. "Olive Garden's Drive Against Hunger Raises More Than $1M," *Nation's Restaurant News* (June 25, 2001):30.
11. Pamela Parseghian, "Chefs Looking for New Recipe to Drum Up Publicity Should Serve Up Side of Smarts," *Nation's Restaurant News* (September 6, 2004):42.
12. The Homestead Resort Web site, http://www.-thehomestead.com/welcome/calendar.asp (accessed December 18, 2004); Karen Weiner Escalera, "How to Get News Out of Nothing," *Lodging* (March 1992):25-26.
13. http://www.choosechicago.com/event/tasteofChicago18479.
14. Christine Blank, "Driving Revenue," *Hotel and Motel Management* (October 4, 2004):3.

15. Arthur M. Merims, "Marketing's Stepchild: Product Publicity," *Harvard Business Review* (November/December 1972): 111-112; see also Katharine D. Paine, "There Is a Method for Measuring PR,"*Marketing News*(November 7,1987): 5.
16. Angharad Miller—Swayy, August 30, 2018, "The Impact of Influencer Marketing on the Booking Journey," https://www. phocuswire. com/influencer-marketing-bookingjourney (accessed November 14,2018); "Tourism PR Professionals Say How Social Media Changed Their Jobs,"http://skift.com/2014/10/23,p. 3.
17. See A. J. S. Stanaland, M. O. Lwin, & P. E. Murphy (2011), "Consumer Perceptions of the Antecedents and Consequences of Corporate Social Responsibility," *Journal of Business Ethics* (2011),102: 47-55; "2015 Cone Communications Millennial CSR Study."(accessed September 18, 2018) http://www. conecomm.com/research-blog/2015-conecommunications-millennial-csr-study.
18. Choice Hotels Web site,http://careers. choicehotels. com/benefits/paid-leave. html (accessed August 20,2015).
19. See https://www.youtube.com/watch?v=7rtHmSfYDbs(accessed September 25,2018).
20. Arthur M. Merims, "Marketing's Stepchild: Product Publicity," *Harvard Business Review* (November-December 1972): 111-112. For more on evaluating public relations effectiveness, see Katharine D. Paine,"There Is a Method for Measuring PR,"*Marketing News*(November 6,1987): 5; Eric Stoltz and Jack Torobin, "Public Relations by the Numbers," *American Demographics* (January 1991): 42-46.
21. Tom McCarthy,"Add Publicity in the Mix,"*Lodging Hospitality*(October 1999): 17.
22. See: A. G. Woodside, "Brand-Consumer Storytelling Theory and Research: Introduction to a Psychology & Marketing (special issue)," *Psychology & Marketing* (2010), 27: 531-540. doi: 10. 1002/mar.20342; A. Lundqvist, V. Liljander, J. Gummerus, and A. van Riel, "The Impact of Storytelling on the Consumer Brand Experience: The Case of a Firm-Originated Story,"*Journal of Brand Management*(February/March,2013),20: 283-297; R. C. Schank(1999),*Dynamic Memory Revisited*(Cambridge,U.K.: Cambridge University Press,1999).
23. See https://cycloneanaya.com/(accessed September 25,2018).
24. Eric Bergman,"Crisis? What Crisis?"*Communications World*,11,no. 4(1994): 19-23.
25. Robert Irvine,"What's a Crisis Anyway?"*Communications World*,14,no. 7(1997): 36-41.
26. Ian Mitroff,"Crisis Management and Environmentalism: A Natural Fit,"*California Management Review*,36,no. 2(1994): 101-114.
27. Julie Miller,"Crisis to Calm,"*Hotel and Motel Management*(August 11,1997): 261.
28. Ekaterina Walter,"10 Tips for Reputation and Crisis Management in the Digital World,"*Forbes*, www.forbes.com/sites/ekaterinawalter/2013/11/12/10.
29. Jonathan Treiber,"Why Digital Promotions Are More Important Than Ever,"*Retailing Today*,June 14, 2015, www. Retailingtoday. Com/Article/WhyDigital-Promotions-Are-More-Important-Ever; "Survey: The Vast Majority(87%) Of Retail Marketers Plan To Invest More In Mobile Marketing In 2016,"*Pr Newswire*, March 3, 2016, www. Pmewswire. Com/News-Releases/Survey-The-Vast-Majority-87-OfRetail-Marketers-Plan-To-Invest-More-In-MobileMarket-Ing-In-2016-300230162.Html.
30. David H. Freeman,"An Unusual Way to Run a Ski Business,"*Forbes*(December 7,1992): 28.
31. Jennifer Coleman,"The Fine Art of Fine Dining,"*Travel Agent*(September 18,2000): 96.
32. David Cogswell and Sara Perez Webber,"Spring Flings,"*Travel Agent*(February 21,2000): 108.

33. Statista, "Total Number of Redeemed Consumer Packaged Goods(CPG) Coupons in the United States from 2007 to 2014," 2015, www.statista.com/statistics/247546/total-number-of-redeemed-consumer-packaged-goods-coupons-in-the-us/(accessed August 10,2015).

34. Trueship, "One-Click Savings: A Quick Look at 2015 Mobile Coupon Statistics," March 24, 2015, http://www.trueship.com/blog/2015/03/24/one-click-savings-a-quick-look-at-2015-mobile-coupon-statistics/#. VckNAVy-XA4(accessed August 10,2015).

35. Cellfire, www.google.com/cellfirecoupons.2015, Cellfire, Inc.

36. "Free-Flying Offer to Join Marco Polo Cruises," Travel-trade(October 20,2004).

37. Ibid.

38. Mary Ewing-Mulligan and Ed McCarthy, "Wine Lists Used Creatively Are Vintage Opportunity to Attract New Customers," *Nation's Restaurant News*(July 23,2001): 43-46.

39. Based on information found in "Dunkin' Donuts Returns to Its Roots—Doughnuts—in $10 Million Campaign," Promo(March 18,2009), http://promomagazine.com/contests/dunkindonutscampaign/; "Time to Judge the Donuts," *PR Newswire*, May 18, 2009; Steve Adams, "Dunkin Donuts Contest Finalists Cook Their Unique Creations in Bake-Off," *Patriot Ledger*, May 29, 2009, http://www.patriotledger.com/businessx1594716181/doughnut-design-101; www.dunkindonuts.com/donut/ (accessed August 2010).

40. Tom Feltenstein, "Slay the Neighborhood Goliath," *Restaurant Hospitality*(October 1999): 38.

41. See http://www.galvestonhistory.org/events/dickenson-the-strand/dickens-on-the-strand-3(accessed September 28,2018).

42. http://www.hilton.com/en/hi/promotions(accessed October 4,2008).

43. https://www.tgigreattimes.co.uk/(accessed October 5,2008).

44. https://outback.com; http://www.thefashionablehouse-wife.com/?p=3907(accessed October 5, 2008).

45. https://www.reuters.com/article/pressRelease/idUS80974_06-Aug-2008+MW20080806(accessed October 5,2008).

46. https://www.quantifiedmarketing.com/learning-center/restaurant-promotions.php(accessed October 5, 2008).

47. Roger A. Strang, "Sales Promotion-Fast Growth, Faulty Management," *Harvard Business Review* (July/August 1976): 98.

48. Steve Weiss, "Promotions Trend: Get Yourself a Partner," *Restaurants and Institutions*, 103, no. 26 (1993): 78-93.

49. National Restaurant Association, *Promoting the Neighborhood Restaurant: A Local Store Marketing Manual*(Chicago, IL: National Restaurant Association, 1988).

50. Tom Feltenstein, "Wily Underdogs with Fewer Resources Still Have Bite in Competitive Foodservice Industry," *Nation's Restaurant News*(May 7,2001): 40.

51. Tom Felterstein, *Restaurant Profits Through Advertising and Promotion*(New York: Van Nostrand Reinhold,1983).

52. CraftWorks Foundation Web site, http://www.-craftworksfoundation.org/signature-programs/ (accessed August 11, 2015); Theresa Howard, "Charitable Promos Can Be Profitable Market Strategy," *Nation's Restaurant News*(June 9,1997): 18.

53. Scott Hume, "Taking It to the Streets," *Restaurants and Institutions*(October 15,1999): 101-108.

第 15 章

专业销售

学习目标

- □ 解释个人销售的本质及销售团队的作用。
- □ 描述销售团队的结构与组织。
- □ 了解销售人员招聘、培训方面的关键问题。
- □ 解释销售过程中的各个步骤。
- □ 讨论对销售人员的监督,包括激励和绩效考评。
- □ 讨论社交销售的趋势。

导入案例

得克萨斯州的葡萄藤市(Grapevine)虽然没有海滩、高山或大峡谷,却成了一个重要的旅游目的地,这得益于其销售计划和团队销售工作。葡萄藤市拥有大量可开发的土地,七条主要的高速公路贯穿全境,达拉斯-沃尔斯堡机场就在旁边。由市长、市议会和城市管理办公室组成的销售团队负责将葡萄藤市推销给各旅游接待企业。

葡萄藤市位于达拉斯-沃尔斯堡大都会区和机场的北边,市政府决定将旅游接待业作为未来发展的重点。虽然得克萨斯州的很多地区仍致力于发展制造业,但葡萄藤市认为旅游、酒店、餐饮和购物将会创造成千上万的就业机会,不仅能吸引本地区的日常购物者和就餐者,还能吸引区域之外的游客。人们认为发展旅游接待业是对当地历史底蕴的宣传,而且有助于保护小镇的文化。

市长、市议会和城市管理办公室都对旅游接待业所能带来的价值很有信心。市长助理托米·哈迪(Tommy Hardy)负责葡萄藤市的目的地推广和旅游经济发展。哈迪认为,要想干好这份工作,自己需要充分了解旅游接待业。这意味着需要知道旅游接待业的主要参与者及其专业术语,如 ADR(已出租客房平均房价)和 RevPAR(平均每间可供出租客房收入)都是什么意思。这也意味着葡萄藤市要制订一份营销计划,首先确定希望让哪些旅游接待企业成为葡萄藤市的一员,然后用专业的营销和销售策略吸引这些企业。

哈迪和助手们参加了旅游接待业的各种会议，以及在拉斯维加斯举办的国际购物中心理事会的大型展览会。这使他们能够建立一个数据库，了解最新趋势，并与可能会到葡萄藤市建新酒店的企业高管建立联系。

葡萄藤市与开发商、建筑师和金融界密切合作。哈迪和助手们针对目标企业进行了电话拜访。他们还四处奔波，举办招商说明会，会见想要引进的企业，最重要的是他们持续跟进客户直到"完成销售"。哈迪说，他和助手们从不畏惧去寻求私人部门在计划和营销方面的帮助。"我们总是大步前进，"他说，"私人部门也很支持我们。我们的责任是让潜在的企业、代理商和开发商合作，一旦这一目的达成了，我们的任务也就完成了。"

葡萄藤市的市长是土生土长的当地人，很受葡萄藤市人民的拥戴。与一些喜欢案牍工作的市长不同，他与哈迪及其助手积极配合，为当地引进优质的旅游接待企业。他还是一名伟大的"成交者"，亲自达成了很多交易。

开发建设旅游基础设施是非常重要的，但所有这些都需要有广告和促销的支持。营业税和床位税为葡萄藤市会议与游客管理局提供资金支持，使其可以组织旅游活动，如美国排名前100位的节庆活动葡萄节，以及印制各种宣传材料，组织旅游考察团，与其他组织合作开展各种活动。这些活动很受当地居民的欢迎，也吸引了来自大都会区的游客，极大地增加了当地的旅游收入。

结果

位于葡萄藤市东北部的一个地区被规划用来进行旅游接待业的商业开发。最早进入该地区的一家公司建起了盖洛德得克萨斯度假酒店及会议中心。该中心有1 511间客房及占地3.8万平方米的会议中心。还有9家酒店也进驻了这一地区，其中的大狼屋酒店拥有402间客房、占地4 600平方米的室内水上乐园和一个会议中心。大狼屋酒店后来又增建了203间客房，并扩大了会议中心的面积。

葡萄藤市除了客房数量不断增加外，与大都会地区的其他地方相比，各项旅游指标也都表现喜人，具体可见下表。在这一时期，餐饮业的销售额每年增加300万～500万美元。

吸　引　物	每年的游客人数
葡萄藤市米尔斯购物中心	13 000 000
巴斯户外用品大世界	2 000 000
葡萄藤湖	1 500 000
节庆、事件、历史遗址	1 150 000
酒店客人	532 000
葡萄藤市葡萄酒旅游节	235 000
传统文化/信息中心	150 000
葡萄藤市复古铁路	80 000

资料来源：葡萄藤市会议与游客管理局。

旅游开发规划人员很清楚零售的重要性，因此开发了一个巨大的零售购物区，葡萄藤市米尔斯购物中心就位于该区域。这是一个占地面积近 20 万平方米的室内购物中心，每年吸引来自美国 5 个州的 1 500 万名购物者。位于该购物中心附近的巴斯户外用品大世界占地近 2 万平方米，每年能吸引 200 万名游客。该地区其他成功吸引游客的景点还包括占地 2 400 平方米的娱乐中心玻璃仙人掌（Glass Cactus）和占地约 1.1 万平方米的购物中心十字孤星（Lone Star Crossing）。

旅游开发也发生在葡萄藤市充满历史底蕴的中心区等旅游目的地。葡萄藤市复古铁路（Vintage Railroad）连通了该市与翻新后的沃尔斯堡牧场。一家名为震点（Epicenter）的高端餐饮综合体已经在葡萄藤市的南大街建成。这一综合体与中心区的其他零售店、餐厅和艺术长廊形成了极佳的互补。

葡萄藤市每年的游客多达 1 300 万人。旅游接待业直接提供了数千个工作岗位。葡萄藤市的中心区日趋繁荣，而得克萨斯州其他很多城市的中心区正在不断萎缩。旅游接待业的发展还促进了人们对当地历史的保护，以及艺术文化的繁荣。葡萄藤市每间可供出租客房产生的平均实际营业收入增加了 22%，是其竞争对手的 2 倍多。

如果没有私人部门与公共部门的团队协作，以上结果都不可能实现。如果没有一支由市长、市议会、市政人员组成的具有献身精神的团队为了让葡萄藤市繁荣发展而倾力制订销售计划和策略，以上结果同样无法实现。本章介绍的销售技巧既适用于销售部门，也适用于其他部门。得克萨斯州葡萄藤市需要向私营部门推销其愿景；如果没有有效的销售策略和计划，他们就无法打造一个旅游目的地。要成为一名卓有成效的旅游接待业的管理者，你需要知道如何进行销售。

15.1 专业的销售管理

旅游接待业的成败最终取决于销售能力。人们或许会认为，一家位于公路干线十字路口附近的汽车旅馆或一家总有顾客排队等位的受欢迎的餐厅已经不需要"销售"了。然而，从长远的角度来看，任何旅游接待企业都离不开销售。

所有直接面对公众的员工既能赶跑顾客也能留住顾客。在最理想的情况下，可以通过建议性的促销（如积极地推销甜点、特价饮料甚至礼品券等招徕品）增加销售额，并实现对高价品的推销。这样一来就可以将高利润的套房而不是价格最低的房间卖出去。

成功的业主和管理人员都知道推销必须持之以恒。各级政府的官员、计划委员会、新闻界、银行家和本地游客活动中心等都是酒店的推销对象。导入案例中提到的得克萨斯州葡萄藤市的例子就清楚地说明了推销和营销调研的必要性。

有些辅助人员错误地认为推销不是自己的责任，他们对顾客的粗鲁回应或令人生厌的态度导致丢掉生意或与顾客的关系破裂，这样的事例不胜枚举。

每个人都必须承担销售工作，但有些人是专职负责这一工作，他们为此领取工资、可以报销发票，其投资也能得到公平的回报。他们就是专业的销售人员。

15.2 旅游接待业销售的本质

销售人员是联系企业与顾客的纽带。销售人员是企业面对众多顾客的代表,相应地,他们将带回企业急需的顾客信息。人员销售是企业所使用的最昂贵的顾客接触与沟通方式。如果管理得当,将会带来巨大的回报。

众所周知,酒店有销售人员。不过,旅游接待业的其他部门也有销售人员。越来越多的新设计的餐厅规划了可以封闭起来进行私人聚会的区域,这为销售人员提供了销售会议空间和宴会的机会。由于销售人员在旅游接待业中举足轻重且拥有大量的销售机会,很多旅游专业的毕业生发现自己从事的正是与人员销售相关的职业。

人员销售的成本估算尽管因行业和企业的情况不同而存在差异,但有一点是肯定的:无论如何衡量,成本都很高。除此之外,订单很少在第一次销售拜访时就能定下来,特别是一些大订单,经常需要5次以上的销售拜访。因此,获得新顾客的成本是很高的。尽管成本很高,但对于旅游接待企业而言,人员销售常常是最有效的手段。销售人员为企业完成下列一项或多项任务:

(1) 寻找潜在顾客。销售人员发现并培育新顾客。

(2) 确定目标。销售人员决定如何在顾客与潜在顾客中分配自己有限的时间。

(3) 进行沟通。销售人员传播有关企业产品和服务的信息。

(4) 销售。销售人员理解销售的艺术:接触顾客,展示产品与服务,答疑解惑,达成交易。

(5) 服务。销售人员为顾客提供各种各样的服务,如回答顾客咨询的问题、提供技术支持、安排信贷服务及送货上门。

(6) 收集信息。销售人员进行营销调研和情报收集工作,并填写销售拜访报告。

(7) 分配产品。在产品短缺时,销售人员决定将产品优先分配给哪些顾客。

(8) 保持与战略合作伙伴的关系。包括销售经理在内的高级销售人员为顾客提供有价值的规划方面的帮助。

随着经济状况的变化,销售人员的任务组合也会发生变化。在产品短缺的情况下,如重要会议期间酒店客房出现暂时性短缺,销售人员会发现自己没有东西可以销售。此时,有些企业草率地得出需要裁减销售人员的结论。这种想法忽视了销售人员的其他作用——分配产品、安抚不满的顾客及推销企业其他并未短缺的产品。此外,这种想法还忽视了酒店业销售的长期性。

很多会议和集会都是提前几年就做好计划的,酒店的销售人员必须在会议召开前的2~4年就与会议策划人接触。美国的度假胜地将大部分销售努力都集中在会议与集会上,这一细分市场占其接待顾客的35%甚至更多。[1]仅将专业销售看作短期措施是不可能取得如此业绩的。加拿大旅游局的一位高级分析师表示,加拿大度假胜地的销售人员在开发海外市场方面是富有成效的。加拿大度假胜地的游客中60%是加拿大人、40%是外国游客。相比之下,美国度假胜地的游客中91%是美国人,外国游客只占9%。[2]

随着企业日益以市场为导向,其销售团队也需要更加专注于市场并以顾客为导向。

传统的观点认为,销售人员应该关注销量,要不停地推销、推销、再推销,营销策略和获利能力是营销部门需要考虑的事情。新的观点则认为,销售人员也应该知道如何提升顾客的满意度并为企业带来利润,他们需要了解如何分析销售数据、衡量市场潜力、收集市场情报、制订营销策略和计划,并能熟练应用销售策略。

随着微观营销(包括数据库营销、在线分销、社交媒体、营销仪表盘)在酒店业的广泛开展及竞争对手的信息越来越容易获得,这一趋势已经非常明显,销售人员也需要了解如何分析并有效地使用信息。

一位为《酒店与汽车旅馆管理》杂志撰稿的旅游接待业作家在考察了营销信息对于销售的重要性后得出以下结论:[3]

(1)交易的达成与职业技能关系最大。

(2)搞清楚谁是真正的潜在顾客有助于提高销售效率。

(3)拥有潜在顾客群体的资料可以节省销售人员的时间。

(4)了解哪些群体在同类别的酒店订过房间至关重要。

竞争分析与竞争对手选择

旅游接待企业通常会通过与竞争对手的比较来评估销售经理的表现。因此,选择恰当的竞争对手,是进行有意义的销售对比分析的关键。

住宿加早餐式的小旅馆通常在定义竞争对手时不会遇到什么困难。然而,餐厅可能会发现这并不是一项简单的任务。例如,一家家族经营的鲶鱼餐厅是否应该与红龙虾餐厅这样的海鲜餐厅进行比较?也许它应该与家族餐厅归为一类,但如果它是一家意大利餐厅或希腊餐厅,这样的分类对比有意义吗?

在酒店业,通常使用下面三种方法来确定谁是合适的竞争对手或聚类。

(1)日均房价(ADR):日均房价聚类是指在一个竞争市场上以相似的价格销售产品的企业。

(2)产品类型:酒店可以划分为豪华型、度假村型,或者是依据3A钻石评级系统等进行分类。无论选择何种方式进行分类,都会存在一些不合理的地方。[4]

(3)管理公司聚类:专业的酒店管理公司可能会与多家不同品牌的酒店签约,因此将这些酒店看成是竞争对手是一个很有诱惑力的想法,但这种做法很容易受到诟病。

由一家独立的管理公司运营的酒店可能没有什么竞争特点,因此这些酒店之间的比较很容易造成误导。

专注于竞争对手的行动和结果的销售经理可能会搞错关注的重点。一项针对管理层的顾客导向与竞争者导向的研究表明,"相对于竞争者导向来说,顾客导向能够给餐厅带来更好的绩效。""顾客导向关注的是获得顾客,使之满意,并留住他们,而竞争者导向关注的是对竞争对手的监视、管控和围追堵截,前者远胜过后者。"[5]

 ## 15.3 销售团队的目标

旅游接待企业通常会给销售团队设定目标。销售目标之所以重要,原因有下面两个。

(1)确定销售目标可以确保企业目标的实现。企业目标可能包括收入、市场份额及提高企业形象等。

（2）确定销售目标可以帮助销售人员制定和执行他们的个人销售计划。销售目标还有助于确保销售人员有效利用时间及企业的支持性资源（如个人电脑）。

每个企业每年都必须调整销售团队目标。设定个人销售目标可以支持企业目标及营销和销售目标。年度营销和销售目标通常要分解成季度目标和月度目标。销售人员还要按日或周将其进一步分解成个人目标。

销售经理负责设定和分配个人销售目标，不过通常会先与销售人员协商。有经验的销售人员更清楚市场上正在发生什么，可以协助销售经理制定切实可行的目标。

有时，企业必须在年底前调整年度目标，但这一般是由于发生了战争或自然灾害等重大事件。

尽管具体的销售目标因人而异，但旅游接待业销售人员的目标存在很大的共性。

15.3.1　销量

旅游接待业通常使用入住率、客运里程及总费用等指标来衡量销量。它们所反映的意思是一样的：尽可能多地获得顾客。然而，片面地强调销量势必导致打折、吸引不合适的细分市场和削减成本。

1. 不同细分市场的销量

为少数富人服务的度假村、提供包机服务的航空公司和面向高端人群的邮轮公司往往秉承这样一种经营理念：企业只要设定了销售目标，并瞄准经过严格挑选的细分市场，就不必担心价格和利润了。这种经营理念仅适用于少数以利基市场为目标的企业，而并不适用于大多数旅游接待企业。不管怎么说，给特定的细分市场设定销售目标这一观点是可行的，也是有效销售的基础。企业必须基于量化的销售结果不断地分析和调整人员销售策略。

2. 销量与价格/利润组合

收益管理的基础就是给不同种类的产品设立销量目标以确保期望的总利润。销售人员经常抱怨说这一体系限制得太死，不切实际。但事实上它很管用。英国航空公司、赫兹租车公司、喜来登酒店及皇家加勒比邮轮公司等使用的都是这一体系。无论是否采取收益管理体系，根据销量与价格/利润设立目标都有助于收入的增加。

15.3.2　向上销售与跟进式销售

酒店和度假村等旅游接待企业可以通过向上销售套房等高价位产品来提高产品价格和利润水平，从而获得丰厚的利润。与此相关的一个概念是跟进式销售，如销售部门联系已经预订了两天的会议场地的顾客，找机会向其销售机场接送机、客房升级或将餐食从鸡肉升级为肋排等追加服务。跟进式销售可以促进部门（如宴会部、餐饮部和销售部）之间的合作。

15.3.3　市场份额或市场渗透率

航空公司、邮轮公司、大的快餐连锁店及租车公司都高度关注市场份额与市场渗透率。不过,这些概念对很多餐厅、酒店、度假地等其他旅游接待企业的意义却不大。

大多数酒店的管理层主要关注客房入住率、平均房价、收益率及顾客组合等指标。然而,连锁企业的营销部门却很可能会关心市场份额,特别是当它属于在诸如夏威夷这样的市场上占主导地位的连锁企业时。在夏威夷,希尔顿、喜来登和万豪等酒店都在积极地争夺市场份额。

有证据表明,越来越多的酒店管理公司面临明确界定的业绩标准的考核,其中之一就是市场渗透率。这跟过去有明显的不同,那时候业主与酒店管理公司签订合同时,对业绩标准的定义很模糊。[6]

因此,酒店和度假村的销售部门很有可能会越来越多地被要求衡量市场潜力,并保持一定的市场渗透率。诸如美国田纳西州史密斯旅游调研公司开展的 STAR(Smith Travel Research)等独立的市场渗透率衡量标准,无疑将在酒店销量的衡量中发挥越来越大的作用。STAR 为客户提供竞争对手的市场信息,如平均价格水平、入住率和平均每间可供出租客房收入(RevPAR)等。

15.3.4　特定产品的目标

有时候,销售团队会肩负提高特定产品销量的特殊任务。这些任务可能与向上销售和跟进式销售有关,但也可能是销售团队常规销售任务的一部分。销售团队可能被要求卖出更多的套房、高利润的茶歇产品、假日旅游套餐、蜜月旅游套餐等产品。

除了客房销售以外,很多酒店与度假村还存在大量可以提高收入的机会。例如,可以将提供儿童项目的休闲俱乐部会员资格卖给当地居民。设计得当的会员资格可以给企业带来大量的会员费、会费及餐饮收入。博卡拉顿度假村发起了一个俱乐部首席会员计划,头三年的会员资格费收入就超过 4 000 万美元。取得俱乐部首席会员资格的当地居民可以享用其海滩、香薰、高尔夫课程、网球课程、儿童活动项目及礼宾服务。此外,俱乐部还会面向会员中的职场人士举办一些特殊活动。[7]

15.4　销售团队的结构与规模

旅游接待业的多样性意味着销售团队的结构与规模必然不同。航空业的销售团队结构就与酒店和邮轮业的不同。一般来说,大多数餐厅都没有销售团队,而是依靠营销组合的其他部分,如广告和促销。

酒店业在传统上采用的是一种职能型的层级结构。在这种结构下,酒店的各个部门是围绕特定的功能(如客房管理或销售)构建的。包括销售经理在内的部门经理向总经理汇报。在路边汽车旅馆等小酒店,总经理通常也担任销售经理的角色,因为组织机构没有大到需要设立各职能部门的程度。在大型的酒店和度假村,销售部门内可能有专门的销售主管,如会议销售主管或企业客户主管。

酒店销售部门的结构取决于酒店的组织文化、资产规模、市场特性及酒店的类型。例如,度假村的销售主管可能要负责与旅行社、旅游批发商等联系。接下来我们将介绍旅游接待业中常见的销售团队结构。

15.4.1 区域结构的销售团队

在最简单的销售组织中,每一名销售人员负责在一个指定区域销售企业的所有产品。这种销售结构有很多优点。第一,它使销售人员的职责有了明确的界定。作为所负责区域内唯一的销售人员,他对该区域销售的好坏负有责任,其个人努力与业绩挂钩。第二,销售区域职责增加了销售人员拓展本地业务和培养顾客关系的积极性。这些关系有助于提升销售人员的销售效率,改善个人生活。第三,旅行支出相对很少,因为每个销售人员仅需要在一个较小的区域内活动。

区域结构的销售组织通常需要多个层级的销售管理部门提供支持。每位高级销售经理的营销和管理工作都会相应增加。实际上,销售经理是依靠管理技能而非销售技能获得薪酬的。实习期的销售人员的职业生涯规划依次是销售人员、地区经理、区域经理,如果能力出众且志向远大,还有可能在销售领域晋升到更高的职位,甚至进入高级管理层。

1. 销售区域规模

划分销售区域时可以遵循具有相同的销售潜力或需要付出相同的工作量两种方法。两种方式各有优点。具有相同销售潜力的区域为销售人员提供了相同的收入机会,并为企业提供了一种评估绩效的手段。如果区域间的销量始终存在差异,则视为销售人员在个人能力或努力方面存在差异。各区域的顾客密度不同,相同销售潜力的区域面积也存在差异。在芝加哥销售邮轮的潜力比在洛基山脉附近销售大,洛基山脉西部地区的销售人员要比芝加哥的销售人员付出更多的努力。被派往顾客稀少的面积更大的区域的销售人员付出同样的努力只能得到较少的销量和收入,要想获得同等的销量,就必须付出很大的努力。常用的一种解决方法是承认不同的区域在吸引力方面存在差异,并将更好或级别更高的销售人员派往更好的区域。

也可以根据需要付出相同工作量的标准来设置销售区域,使每个销售人员都能充分地开发所负责的区域。按照这一标准分配的销售区域通常具有不同的销售潜力。在固定工资制度下,这种划分方式不会影响销售人员的收入,但如果销售人员的收入有一部分来自提成,尽管工作量相等,各区域对销售人员的吸引力却大不相同。

2. 销售区域结构

具有给定销售潜力或工作量的销售区域是由较小单位(如郡、县或州等)组成的。销售区域的设置必须考虑天然屏障的位置、交通的便利性等。很多企业之所以倾向于采取某种区域结构,是因为该结构可以影响成本、所覆盖市场的便易性及销售人员的工作满意度。

区域结构的销售团队普遍地应用于航空公司、邮轮公司、租车公司及连锁酒店的企业层面上。独立的酒店和度假村则很少应用这一结构,而是根据职能分工或顾客类别来组织销售部门。

15.4.2 细分市场结构的销售团队

企业通常根据细分市场的产品类型构建销售团队。可以针对会议市场、奖励旅游市场等细分市场设立销售团队。这在酒店业中是最常见的销售人员结构类型。例如,协会的需求与企业的需求不同,因此可以将一名销售人员分派到协会相关市场,将另一名销售人员分派到企业市场。

15.4.3　营销渠道结构的销售团队

批发商、旅游经营者、旅行社等营销中间商对于旅游接待业的重要性促使一些企业形成了为这些营销渠道服务的销售团队结构。

从历史上看,邮轮公司的大多数顾客来自旅行社。美国克拉瑞塔斯市场研究公司(Claritas)开展的一项研究表明,96%的邮轮乘客是通过旅行社购买船票的。该公司绘制的专题地图标出了邮轮公司潜在顾客集中的地区。邮轮公司的销售人员可以将这些地图展示给旅行社。[8]

货船是邮轮行业的一个细分市场,其主营业务是在世界各地运送货物,但也会为旅行者提供一些铺位。货船虽然缺少邮轮特有的魅力与服务,但是也会吸引一些着急赶路的旅行者。一些高度专业化的旅行社会销售货船铺位,具体信息可见 www.freightword.com 或 www.traveltips.com。

某些位于历史名胜附近的酒店从汽车旅游经纪人那里获得了大量的订单。旅游接待企业的地理位置、规模和类型决定了其在旅游中间商中的相对重要性。这反过来又会影响该企业是否会根据旅游中间商的需求设计销售团队结构。[9]

15.4.4　顾客结构的销售团队

顾客结构的销售团队知道哪类顾客对于所在组织最重要,通常会构造一个关键的或全国性的销售团队结构来服务这些顾客。

大客户(也称重点顾客、主要顾客或全国性客户)通常会得到特别关注和对待。如果某个客户是一个在全国很多地区都设有营业分部的大企业,那么它就很可能被当作全国性客户对待,并由特定的销售人员或销售团队负责。如果企业有数个这样的客户,则可能会组建一个全国性客户管理部(NAM)。

很多因素促进了全国性客户管理部的发展。第一,随着兼并和收购使买家的集中度提高,数量越来越少的买家占据了企业销售额的大部分。第二,很多买家实行集中采购,而不是让当地分支机构自行购买,从而增加了买家讨价还价的能力。第三,随着产品变得越来越复杂,买家组织内参与购买过程的团队越来越多,单个销售人员可能没有足够的技能、权限或情报来向这些大买家进行富有成效的推销。

在组建面向全国性客户的分销系统时,企业面临一系列的问题:如何选择全国性客户;如何管理全国性客户;如何培育、管理和评价全国性客户经理;如何搭建面向全国性客户的组织结构;在组织中如何对全国性客户管理部进行定位。

15.4.5　混合结构销售团队

一些酒店和度假村构建了基于产品、细分市场、市场渠道和顾客的销售团队。规模较大的酒店可能有餐饮/宴会销售团队(产品)、会议销售团队(细分市场)、旅游批发销售团队(营销中间商)和全国性客户销售团队(顾客)。混合结构销售团队的支持者认为这种团队结构可以鼓励销售人员尽可能地服务所有潜在顾客。他们认为,单个销售人员不可能了解酒店的所有产品,并有效地通过所有营销渠道将产品出售给所有细分市场上的顾客。专业销售可以熟悉所负责的主要顾客,了解影响他们的主要趋势,并制定适当的销售战略与策略。

混合结构销售团队的反对者则认为在很多情况下这种销售团队结构表明该酒店试图向所有人提供无所不包的东西,缺乏长远的目标与战略。他们认为这种结构难以管理,给销售团队与顾客造成困扰,因为同一个顾客会被归类到不同的领域而要跟多名销售人员打交道。

无论酒店或度假村采用哪种结构,很多北美酒店的经营者都忽视了一个特别的细分市场——当地市场。很多当地市场对酒店的餐饮和客房等存在需求。尽管位于弗吉尼亚州偏远乡村的格林布莱尔度假村在当地市场可能没有多少需求,不过这样的酒店或度假村只是少数。日本人似乎特别擅长开发当地市场,日本酒店营业额的 40%~50% 来自当地企业举办的宴会和节事活动。[10] 销售经理必须关注本地市场并构建一个适合向该市场渗透的销售团队结构。

苏格兰爱丁堡附近的戴玛荷高尔夫乡村俱乐部度假村开张 7 个月后,意识到需要加大在当地市场上的推销力度,因此要组建混合结构的销售团队。戴玛荷度假村当时的入住率较低、会员增长率也低于预期。这是由很多因素造成的,如经济不景气、度假村在爱丁堡地区的高尔夫运动员中知名度不高等。作为英国乡村俱乐部酒店集团的成员,戴玛荷得到了集团全国性销售团队的帮助。戴玛荷的管理层深知还需要加大人员配置,于是雇用了两名销售人员专门负责当地市场,外加一名旅游业务经理负责与中间商打交道以吸引海外顾客。

15.4.6　销售团队的规模

企业明确了销售团队的战略和结构后,就可以考虑销售团队的规模了。在确定了目标顾客的类型和数量后,可以使用工作量方法来确定销售团队的规模。该方法包括以下步骤:

(1) 根据年销量把顾客分成不同规模的类别。
(2) 确定每类顾客的理想访问频率(每年对每位顾客的推销访问次数)
(3) 每年销售访问总的工作量=每类顾客数量×相应的访问频率。
(4) 确定一名销售人员每年平均的访问次数。
(5) 所需的销售人员人数=年度总访问次数÷每个销售人员的平均访问次数。

假设企业估计其在国内共有 1 000 个 A 类顾客和 2 000 个 B 类顾客。A 类顾客每年需要访问 9 次,B 类顾客每年需要访问 6 次。这意味着该企业的销售团队每年需要进行 21 000 次销售访问。假设每名销售人员每年平均可以进行 1 000 次销售访问,则该企业需要 21 名全职的销售人员。

销售团队的规模随着市场、竞争、企业战略与策略等的变化而变化。销售流程也会直接影响有关销售团队规模的决策。接下来介绍几个影响酒店销售团队的因素。

(1) 企业/连锁店的销售支持。几家主要的连锁酒店组建集团层面的销售团队开拓展销会、年会和会议市场。采取这种方式的逻辑在于单个的酒店可能无法找到并追踪这个重要的市场,代表整个连锁酒店的销售团队可以推介并销售连锁酒店内合适的酒店,而不只是某家酒店。近年来,一些连锁酒店开始对这种销售团队的价值提出质疑,而且可能放弃这一市场。如果发生这种情况,单个的酒店可能就需要专门雇用至少一名销售人员来服务这一重要的细分市场。

(2)独立的海外销售代表的使用。酒店与度假村以往主要是利用海外销售代表服务海外市场。随着海外市场的重要性日益凸显,很多企业开始重新考虑对独立的销售代表的使用问题,并可能在海外市场上使用领薪水的自家销售人员替代销售代表。

(3)团队销售。团队销售已经被证明是取得并保持重要顾客的行之有效的方法。旅游接待业刚开始意识到团队销售的优势与不足。

(4)企业销售。旅游行业的一些企业有时会联合起来开展销售和营销以覆盖特定的细分市场。例如,美联航精英俱乐部会员信用卡的一项覆盖了85个国家和地区的750家豪华酒店的计划为持卡顾客提供自助早餐和客房升级等特权。该计划被印制成精美的彩色小册子发放给会员。从计划涉及的酒店与度假村的位置和房价来看,其目标顾客显然是收入水平高于平均水平的旅游者。旅游行业这种合作销售的机会仅限于两个或多个企业或组织具有为了共同利益而共同努力的创造力和意愿。

(5)电子销售和电话销售。电子销售被越来越多的旅游接待企业视为一种重要的销售工具。就连地方性的餐厅也会用网站来发布信息、进行销售推广。这种工具在国际销售领域尤为有效,如仅提供住宿加早餐的旅馆可以很快与顾客建立起联系。大多数旅游接待企业并不完全依赖这一种工具,但是它们发现,将数据库销售、电话销售、人员销售及精心挑选的媒体组合起来进行促销时,电子销售是最为有效的销售工具。

(6)**搜索引擎营销**(search engine marketing,SEM)。搜索引擎营销专注于有效地利用互联网来推销酒店、餐厅或旅游产品。随着越来越多的旅行者在线预订,搜索引擎营销的重要性持续增加。酒店企业正向搜索引擎营销投入更多的资源,以节省向在线旅行社支付的佣金。搜索引擎营销中使用的一些策略包括在线广告和搜索引擎优化(SEO)。搜索引擎优化是一种技术,通过优化设计网络上的消息使之更容易被搜索引擎抓取,比如当用户输入"温哥华地区酒店"时,温哥华的某家酒店因为进行了搜索引擎优化将出现在搜索结果的首页。出色的搜索引擎营销不仅可以增加个人预订量,还可以增加团体预订量,并有助于培养潜在顾客。[12]

(7)专门的网站。有效的搜索引擎营销需要精心的计划,其中就包括专门网站的建设。

利用专门网站有效地进行销售的策略包括:①基于从常客数据库或顾客登记资料中收集的信息,对潜在顾客的资料进行数据挖掘;②给老顾客发邮件,邀请他们再次购买或登录企业的网站,对网站提供补充和支持;③提供最优惠价格保证,确保网站提供的价格与在线旅行社提供的价格是一致的;④在谷歌等搜索引擎上通过按点击量付费的方式做广告,使企业的网页在谷歌或其他搜索引擎的搜索结果中有比较高的排名;⑤寻求网站专业顾问的帮助,优化关键词,提高企业网页的搜索排名;⑥通过提供免费停车、早餐、视频和无线网络等赠品,吸引顾客联系企业的呼叫中心或拨打热线电话;⑦业内专家认为,虽然开设热线电话或呼叫中心需要耗费不少人力,但人工成本远低于付给在线旅行社的佣金。

为了支持新的营销策略,销售团队的规模可能需要扩大。这时销售经理就有责任去说服高级管理层,因为扩大销售团队的规模势必需要增加预算。同样,专业的销售经理必须关注销售趋势和新技术的变化。销售经理必须在恰当的时候做好削减规模或寻找替代方案的准备,而不是顽固地维持一支规模过大的销售团队。

15.5 组建销售部门

如前所述,传统上旅游接待企业是根据职能设置部门。酒店普遍拥有数个与营销职能相关的部门,如销售部、顾客联络部、广告与公共关系部,但就是没有营销部。近年来,一些酒店将以往的销售部改为销售与营销部,但针对销售经理的营销培训却并不多。

今天的销售经理在其部门内可能有两类销售人员:内部销售人员和现场销售人员。内部销售可能会令人误解,因为很多现场销售人员也会花费大量时间在酒店里给委托客户及潜在顾客打电话,与他们会面,与其他部门共同做出某些安排,回复邮件及履行完成销售报告等其他很多职责。

15.5.1 内部销售团队

内部销售人员可以分为三种类型:①负责提供技术信息并解答顾客疑问的技术支持人员;②负责为现场销售人员提供支持(如事先打电话确认会面事宜、进行信用查询、跟进交货安排及当顾客无法联系到外部销售人员时回答他们的问题)的销售助理;③使用电话、互联网和社交媒体寻找潜在顾客,对其进行认证,了解他们的业务需求,并将产品或服务销售给他们的电话销售人员。

一些内部销售专家会寻找潜在顾客和认证,为销售人员提供有关潜在顾客的背景信息。当地商会、互联网、当地新闻都是很好的信息来源。过去,这些专家会去竞争对手的酒店,通过查看这些酒店的告示栏上列出的正在酒店开会的团体的名称来获取该酒店的团体顾客的信息。如今这方面的信息不需要离开办公室就能通过网络获得。有了这些信息,销售人员就可以优先排与这些潜在顾客联系的时间,并根据这些顾客的需求有的放矢地与其交流。

电话销售人员每天可以联系多达 50 个顾客,而现场销售人员每天只能联系 4~5 个顾客。随着越来越多的信息可以很容易地通过互联网获取,以及过去对电话营销的过度使用,电话营销的效果大不如前。电话营销正在被网络营销和网上需求建议书(RFP)所取代。

很多会议和旅游部门及酒店品牌都创建了网站,会议策划人员可以在其上发布 RFP。会议策划人员只需制作一份 RFP 就可以获得来自一个地区的很多相互竞争的酒店的投标。酒店销售人员则可以了解有哪些组织打算在当地举办会议,从而掌握高质量的销售线索,而不必盲目地拨打电话来碰运气。对于 RFP,酒店销售人员最好在 24 小时内给出回复。编写复杂的方案需要较长的时间,但应在 24 小时内回复说你的酒店有意接下这笔生意,并说明预计给出完整方案的时间。如果你的酒店不打算接这笔生意,也要尽快回复并说明原因。例如,我们在您要求的日期没有空房间,但是如果您能改到下列日期,我们很愿意与您合作。较大的酒店通常会指定一名专职内部销售人员负责 RFP 业务。一些酒店开发了 RFP 回复模板。使用模板时,要确保删除任何与以前客户有关的信息。此外,对 RFP 进行个性化定制,从而为客户创造价值,也是一个很好的思路。这表明你了解客户、参会者,以及你将如何为他们创造独特的体验。[13]

1. 销售人员需要的信息

最起码,销售人员需要顾客数据库。这有助于他们为销售拜访做好准备,以及在与顾客交谈时更好地回答顾客的问题。

顾客数据库最基本的信息包括:按照字母顺序排列的顾客名单,以及按照重要程度排列的顾客名单;顾客的成交历史;顾客的成交量;顾客成交的季节性;顾客购买的产品或服务;顾客的盈利潜力(很多企业不会让销售人员看到这方面的信息);顾客联系信息(姓名、头衔、通信地址和家庭住址、电子邮件);顾客的特殊需求;顾客遇到过的问题及引起的问题。

上面列出的只是需要提供给销售人员的部分信息。通过基于云的系统,这些信息可以提供给各连锁酒店,并使用从网上抓取的信息进行更新。

2. 预订部门

对于很多旅游接待企业来说,预订部门是一个非常重要的内部销售领域,因为负责预订的人员可能会与企业 80% 的顾客交流。预订部门有时并不被视为销售团队的一部分,而是被当作一个独立的部门。然而,酒店的预订部门与销售部门可能很少沟通。在最糟糕的情况下,这两个部门甚至会发生冲突。但在凯悦酒店则不会发生这种情况,其预订部门是设在销售和营销部门内的。

一项关于酒店、航空公司和邮轮公司的预订部门的研究显示,企业可以通过很多措施来提高这个重要的内部销售团队的效率。[14] 研究结果表明,预订业务培训至关重要。针对预订部门的培训项目与其他销售岗位的培训很相似。凯悦酒店的培训重点是技术,包括如何推销等。凯悦酒店的理念是:优秀的销售人员所必需的技能是可以学到的。

美国航空公司根据销售能力筛选预订人员。天天客栈会优先雇用老年人及行动不便的人,将他们培训成预订人员。将预订人员培训成优秀的企业代表,并教他们如何推销可以为企业带来长期的收益。[15]

15.5.2 现场销售团队

如今,销售经理面对越来越复杂的市场,因此需要经常重新审视现场销售团队的组织设计。接下来我们将讨论旅游接待企业目前使用的各种现场销售团队。

在那些市场潜力不足以雇用一名领取企业薪水的销售人员的偏远市场上,酒店和度假村通常会聘请委托销售代表。洛杉矶的一家酒店可能会与纽约和迈阿密的委托销售代表签约,由他们向当地的企业和社团推销酒店的产品。委托销售代表通常会与多家酒店或度假村签约,但会尽量避免代表存在竞争关系的客户。如果一家连锁酒店在同一地点有相互竞争的分店,则选择委托销售代表时将比较有难度。

在选择委托销售代表时应遵循下列简单的原则。

(1) 谨慎地选择市场。偏远市场的选择应与企业目标和营销目标相匹配,而不只是为了在该地区设置一个销售代表。

(2) 亲自走访市场。与潜在的销售代表会面,考察他们的办公场所,查阅他们的证明文件,观察他们的个人形象,查看其当前客户名单及资信状况报告,通过警察局、工商局等机构调查销售代表的背景。一般来说,在雇用偏远市场的委托销售代表时应像雇用领薪水的销售人员一样谨慎甚至更加谨慎。在一些发展中国家,委托销售代表被视为依靠委托企业谋生的企业员工。当地法院经常会做出有利于委托销售代表的判决,在委托销售代表因为没有完成业绩指标而遭解雇的纠纷中,法院很可能会做出委托销售代表获得大量赔偿的判决。

(3) 将委托销售代表视为酒店销售团队的一员。应定期访问偏远市场委托销售代表的办公场所,但这需要不菲的差旅费,而且可能需要花力气说服总经理这样的时间和金钱支出是值得的。

15.5.3 领薪销售团队

大多数旅游接待企业为销售团队成员发工资和提供各种福利,有时还会通过佣金、津贴、利润共享或其他财务报酬形式给予一些额外的补偿。一些国家的法律规定在圣诞节或新年时要额外向销售团队支付一个月的工资,还可能规定了一些北美企业不了解的福利,如每年一个月的带薪假期。

15.5.4 团队销售

团队销售在包括旅游接待业在内的很多行业已成为标配。团队销售是指两个或更多的人为了实现共同的销售目标而通力合作。这些人不一定来自同一家公司。团队销售的目的是通过两个或更多人的合作实现仅靠个人销售无法实现或代价过高的目标。

除了提高酒店的入住率等传统的目标外,销售团队有时还要完成其他无法量化的目标,如提高企业形象和信誉。酒店有时会将来自不同部门的员工组织起来以提高士气、促进团队合作和进行交叉培训。

旅游接待业内的团队传统上被用于完成销售突击行动、公事旅游、慈善促销活动和社区改善计划等特殊任务。

虽然销售团队可完成各种任务,不过其基本任务还是通过销售提高企业的竞争地位。当顾客或潜在顾客的需求非常复杂,需要投入专业人员时,使用销售团队的效果是最好的,例如,需要航空公司、高尔夫度假俱乐部和地面运输公司的专业知识与配合的大型会议。

今天,团队销售的概念已不仅限于偶尔用于某次销售突击活动,而是已经发展到关系营销和战略联盟。

15.6　关系营销与战略联盟

传统上，个人销售的目标被看作是跟某位顾客进行专门的接触。但在很多情况下，企业追求的并不只是一次性销售，而是找到可以长期服务的重要顾客。企业希望向这些顾客证明自己有能力为其提供高质量的服务。旨在建立长期合作关系的销售方式比短期、一次性的销售方法更为复杂。获得长期顾客涉及比达成一次性交易复杂得多的协议。[16]

越来越多的企业正在将重点从交易营销转移到关系营销。今天的顾客往往是大客户而且经常是国际性的。它们更愿意选择那些销售多样化的产品与服务并可以将其运送到很多地点的供应商，以及那些与客户的团队密切配合以改善产品和流程的供应商。

麦当劳是一个与供应商建立信任关系的特例，也很好地说明了信任的价值。与其他大多数连锁餐厅不同，麦当劳的供应链是100％外包的，而不是垂直整合的供应商。麦当劳与供应商的合作不靠协议约束，而是完全建立在信任的基础上。

麦当劳进军海外市场时，大部分成本被麦凯恩食品（McCain Foods）、辛普劳（J. R. Simplot）和康尼格拉（ConAgra）等供应商消化掉了。随着麦当劳的扩张，其供应商也会扩展到同一个市场。麦当劳表示要进入印度等市场后，这些供应商就会进行数亿美元的投资。以印度为例，总部位于加拿大多伦多的麦凯恩食品购买了超过3万平方米的土地来种植土豆，以确保麦当劳的炸薯条原料供应充足。[17]

很多企业意识到销售团队日益成为获取和留住顾客的关键。他们明白要求员工进行团队合作不能实现真正的团队合作。他们需要修订薪酬体系以激励团队合作方面的努力，为销售团队制定更高的目标和衡量标准，在承认个人主动性的同时强调团队合作的重要性。

关系营销以重视并持续关注重要顾客为前提。在关系营销中，与顾客打交道的销售人员觉察到顾客可能准备下订单时，必须做更多的工作而不只是打个电话。他们应该关注重要顾客，了解他们的问题，时刻准备以多种方式为他们提供服务，并努力成为顾客团队的一员。

关系管理计划如果实施得当，组织将开始像关注和管理产品一样关注和管理顾客。同时，企业还应当认识到，虽然关系营销取得了很大的进展，但它并不是在所有的情况下都有效。旅游接待企业必须判断哪些细分市场和哪些特定顾客在关系营销中将是有利可图的。

伯卡拉顿度假村是一个从关系营销中获益的例子。该度假村不再局限于销售房间、会议室和宴会，而是专注于与客户合作以帮助其实现会议目标。[18]为了获得竞争优势，度假村聘请销售咨询代表来帮助客户，使自己的产品与众不同。

战略联盟是关系营销的最高形态，常见于供应商与买家之间。联盟是同意合作但仍保持独立身份的相互独立的各方之间的关系。[19]战略联盟可能涉及共享以下任何一种及一种以上的资源：商业机密、数据库、市场知识、计划资源、风险、安全和技术。

由于全球化、顾客需求的复杂化、大客户的分散化、技术需求迫切化、供应商与买家关系高度依赖化、激烈的竞争和旅游接待业的低盈利能力等原因，战略联盟已变得很有必要。

战略联盟直接影响旅游接待企业专业销售职能的性质,使得对职业销售的需要大大提高。

大客户可能需要协助制订计划、扩大融资和参股等服务。反过来,这些需要也会影响供应商的政策和程序。如果买家要求通过电子数据交换系统(EDI)发送和处理所有的结算单据,那么供应商可能就需要进行硬件和软件方面的投资。

销售人员必须了解越来越复杂的顾客需要并将其传递给管理层。在很多情况下,对销售人员能力的真正考验是说服管理层改变政策与程序。

本章余下的部分将探讨销售管理的过程,实际上,其中涉及的问题对所有旅游接待企业的销售管理来说都很常见。这些概念主要用于由领取企业薪酬的员工组成的传统销售团队的管理,但也可以应用到内部销售团队、销售代理团队和团队销售等的管理中。本章接下来提到的大多数例子指的都是这种传统的销售团队。

15.7 招聘与培训专业销售团队

15.7.1 仔细选择的重要性

成功的销售团队运营的核心是选择优秀的销售人员。普通的销售人员与优秀的销售人员之间的业绩差距是相当大的。一项调查显示,27%的优秀销售人员带来了超过52%的销售额。除了销售效率的差距外,雇用错误的销售人员会造成巨大的浪费。销售人员离职后,寻找和培训新的销售人员的成本加上销售业务丢失的成本将是巨大的。此外,一支有很多新人的销售团队的效率通常较低。[20]

优秀的销售人员的特征

如果知道要寻找哪些品质特征,那么选择销售人员将很简单。大多数顾客表示,他们希望销售人员诚实、可靠、知识渊博且乐于助人。

可以寻找企业中最成功的销售人员具备的共同特征。一项对超额完成任务的销售人员的研究发现,他们普遍具有下列特征:勇于承担风险、有强烈的使命感、有能力解决问题、关心顾客、做事有规划。[21] 优秀的销售人员有两个基本素质:同理心,能设身处地为顾客着想;工作积极主动,有追求自我成就的强烈欲望。[22]

15.7.2 明确哪些特征符合企业文化

每个旅游接待企业的管理层都有责任明确理想的销售人员应具有哪些品质特征。总经理、销售或营销副总裁等高管可以帮助确定销售人员应具有的品质特征。

最应当符合这些期望的人是销售经理。管理层选择销售经理,然后授权他招聘、培训、激励和管理销售人员。

大多数旅游接待企业描述理想的销售团队时使用的词汇基本相同,但在实践中做法却各不相同。这是因为管理者有时忽视了企业文化的重要性,而只是笼统地描述品质特征。各家酒店、各个邮轮公司都是不同的,不同旅游接待企业的成员也是不同的。

一些组织的企业文化是正式的、有权威的,而西南航空等其他组织则鼓励娱乐性。不同的旅游接待企业在企业文化方面存在巨大的差异。雇主和销售人员都需要充分地认识到,如果双方不相容,是不可能成功的。在洲际酒店和四季酒店很成功的销售人员却可能无法适应华美达(Ramada)或诺富特酒店的文化。

在服务过程中,顾客与员工扮演着不同的角色。当顾客与服务提供者的行为符合各自的角色期望时,双方的满意度将比较高。丽思卡尔顿酒店意识到其顾客希望得到专业的且较为正式的招待,并将这一观点灌输给了员工。[23]

15.7.3 将职业发展与企业目标相匹配

销售人员必须先搞清楚自己的期望,然后明确地将其传递给潜在的雇主。旅游接待业的销售职位的薪酬和提成通常无法让人变得富有,希望得到巨额财富的销售人员应当去房地产企业或证券机构求职。尽管如此,旅游接待业仍然可以为销售人员提供很多好处,例如:

(1) 这个行业很有趣。与卖坟地或癌症保险不同,旅游接待业的产品本质上很有趣甚至令人兴奋。

(2) 顾客大多彬彬有礼且愿意倾听,不像某些行业的顾客几乎没时间聊天或表现得咄咄逼人。

(3) 共事的销售人员和其他人通常比较外向、善于交际且令人愉快。

(4) 有机会公费旅游,尤其是航空公司、邮轮公司和旅行批发商的销售人员。

(5) 有机会在旅游接待业内转换职业。旅游接待业内转换职业的现象很普遍。销售人员可以在旅游接待业内不同类型的企业中换工作,如从酒店或度假地跳槽到邮轮公司或租车公司。

(6) 有机会进入管理层。晋升到销售经理、销售或营销副总裁也是很有可能的。

在酒店与度假村,从销售职位晋升到总经理的情况过去并不多见,但现在却越来越多了。这些职位通常需要求职者在餐饮、前台及其他业务领域有从业经历和接受过专业培训。

15.7.4 销售团队培训

销售培训对于成功至关重要,然而旅游接待企业对这方面的重视明显不足。对于几乎没有工作经验的毕业生来说,缺少销售培训会让其举步维艰。幸运的是,这种情况正在得到改善,很多旅游接待企业都制订了销售培训计划。

销售培训不是一次性的,而应该贯穿销售人员的职业生涯。持续培训是新加坡航空公司企业文化的一部分。该公司认为,所有员工都必须不断接受培训和再培训。

1. 必要的培训类型

销售人员需要接受下面三种培训。

(1) 产品和服务培训。新技术的应用不断引起旅游接待业的变化。预订系统、飞机或邮轮等设备,以及整个运营系统都在不断变化。服务交付系统、菜单、分支机构的分布及其他变化都要求旅游接待企业进行定期的、经常性的培训。

(2) 政策、程序和计划培训。随着组织机构的规模和复杂性的增加,对正规化系统和程序的需要也在增加。培训是确保员工理解所有政策和办事程序的必要保障。

销售人员为了满足顾客需要和迅速达成交易偶尔会对某些政策和程序视而不见。不幸的是,不按企业规章办事的风气最终会产生问题。

旅游接待业的销售人员因为不重视文书工作中的细节而受到很多批评。没有正确、准时、详细地完成文书工作会导致代价巨大的错误,不仅会让顾客不满,对其他部门也会造成恶劣影响。

(3) 销售技能培训。关于销售技能能否传授的争论由来已久。一方坚信销售人员的技能是由遗传、个性和动机决定的。另一方虽然同意只有一小部分人能成为优秀的销售人员,但他们认为销售人员的技能可以通过学习一些销售基础知识来提高,其中包括:

① 调查。

② 获得第一次销售访问的机会(安排会面)。

③ 进行销售对话:与对方建立联系;提问和了解对方的需求;倾听对方,注意其说了什么,没有说什么;展示产品或服务的功能的好处,指出可以满足对方的需要;打消对方的顾虑;如果有必要,进一步了解对方的需求;达成交易。

④ 售后服务:如果对方没有购买,则继续进行销售对话;如果对方下订单,则向其表示感谢;让对方相信这是正确的选择;寻找机会进行向上销售和交叉销售;请其提供其他销售线索和推荐新顾客;要求再次会面,或当顾客准备再购买时,请其再次惠顾。

虽然有针对性的销售培训效果最好,但有一些普遍的因素会决定销售人员的成败,在制订销售培训计划时,应考虑这些因素。

下面 6 个因素会导致销售失败,其中每一个都与旅游接待业的销售人员有关:[24]

(1) 缺乏倾听技巧;[25]

(2) 未能将注意力集中于应最优先考虑的事项;

(3) 缺乏足够的努力;

(4) 缺乏确定顾客需求的能力;

(5) 对销售展示活动缺乏规划;

(6) 缺乏对产品或服务的了解。

销售培训是销售经理的基本职责,但并不是唯一的职责。有人建议酒店销售经理应将 50% 的时间用于销售,30% 的时间用于管理和培训员工,剩余的 20% 的时间用于文书工作、开会和检查营销计划。[26]

高层管理者通常会在员工培训时介绍企业概况、历史、文化和规范等,这可以向销售人员传递一种管理层重视培训的明确信息,有助于员工端正学习态度。

销售经理经常邀请其他部门的人(如厨师长或预订部门的经理)参加销售会议,共同讨论如何改进产品。让销售人员体验企业的服务也很重要。邮轮公司的销售人员如果从未离开过干燥的陆地,则不可能有效地推销令人兴奋的邮轮之旅。

旅游接待企业一直有为旅行社和旅游批发商提供免费或低价的"踩点游"的传统。这可以看作是对销售中间商的培训。免费机票、在企业休息室或餐厅招待客人可记账等其他优惠措施都有助于增加销售人员对产品的了解。其他部门的员工和经理往往对这些优惠措施有所质疑,因此应明智且审慎地使用这些优惠措施。

2. 培训材料和外部培训帮助

正式培训有时是必要的,可以帮助销售人员掌握很多必须熟记的技术细节。实践证明,在正式培训中使用交互式视频效果很好。很多快餐连锁店使用这种方法培训操作员工。

如今,很多企业在销售培训计划中增加了数字化学习的形式。在线培训包括简单的基于文本和视频的产品培训、构建销售技能的基于互联网的销售练习、模拟现实中的电话销售的销售练习等。最基本的一种形式是虚拟讲师指导培训(VILT)。使用这种方法,销售人员远程登录在线会议站点,销售讲师在该站点利用在线视频和交互式学习工具主持培训课程。

与现场培训相比,在线培训可以减少差旅费及其他培训费用,而且占用销售人员的时间较少。在线培训还可以让销售人员随时随地接受按需培训。虽然大多数电子学习是基于互联网的,但现在很多企业几乎可以通过任何移动数字设备从任何地方提供按需培训。

很多企业正在使用富有想象力的复杂的电子学习技术来提高销售培训的效果,甚至可以使培训更加有趣。例如,一些企业正在制作角色扮演模拟视频游戏来培训销售人员。[27] 所有的培训最终都会在工作中变得完善。一些管理者仍然认为,有效的培训仅来自销售人员在实践中得到的经验教训,但这种培训的代价太高。对于很多人来说,这种自己去闯的方式会造成不必要的人员流失而且会影响员工士气。

当新的销售人员在实践中摸索时,销售经理应密切监控其进度并提供鼓励和建议帮助其改进弱点。优秀的销售经理就是优秀的教师,不喜欢教学或辅导的人在管理职位上的发展空间有限。

所有的教师都害怕面对真相的一刻,即必须给学生打分的时候。给学生打高分是令人愉悦的,但在学生的成绩单上写上不合格则很艰难。销售经理也会面临这一时刻。他们最终必须得出结论:"无论进行多少次培训,某人都不可能为一名专业的销售人员。"

经过认真的研究和思考后,一旦得出这样的结论,销售经理只能立即解雇不合格的销售人员。那些在面对再给一次机会的苦苦哀求时撤回了这一结论的经理只不过是推迟了这一不可避免的解雇决定。

15.8 管理销售团队

关于管理职业销售团队的调查和研究清楚地表明,成功的销售管理并不是遵照某一程式行事的结果。

成功的销售经理不是三言两语就可以描述出来的,他们的身材、外表、肤色和背景各不相同。如果存在一种普遍的真理,那或许就是成功的销售经理对下属极具吸引力,愿意不断学习,而且相当聪明。然而有时候这些结论是有争议的,因为人们发现有些销售经理并不具备成功的销售经理应具备的技能与才能,但却能成功完成目标任务并使高层管理者满意。

事实上,市场条件对销售经理的成败往往有重要影响。酒店客房供不应求的市场条件与存在大量过剩客房的持续3年的经济衰退期,销售的结果显然大不相同。

旅游接待业的销售管理既不是一门精确的科学,也不是公式化的工作程序,但某些指南和方法长期以来都被应用于专业销售团队的管理。

15.8.1 选择销售策略

旅游接待业的销售成功并不是"一锤子买卖"式销售思路的结果,而是与顾客及伙伴发展长期的良好关系的结果。"二八定律"在旅游接待业普遍存在。只提供早餐和住宿的小旅馆、公路边的汽车旅馆或廉价航空公司也许觉得"二八定律"对自己并不适用,但大酒店与航空公司却很熟悉该定律。这一概念是指,一家企业的大部分业务来自少数顾客。这些顾客通常被称为大客户、全国性客户或重要顾客。某些企业顾客和旅游中间商(如在线旅行社)通常是该企业的重要顾客,可以带来大量的客源。

根据重要顾客的概念,旅游接待企业必须了解下面6种通用的销售策略:

(1) 避免失去重要顾客。如果失去重要顾客,那么即便吸引到新顾客也无法弥补。一味追求吸引新顾客而不重视留住重要顾客的企业不可避免地会面临销售人员的离职率高于行业平均水平及员工士气低落等问题。企业必须找出重要顾客离开的原因,并着手制定改进措施,建立并谨慎地管理将重要顾客当作贵宾的工作方案,指派销售人员或客服人员专门负责数量有限的几个重要顾客。如果不能为重要顾客提供高质量的私人服务,它们被竞争对手抢走的可能性是很高的。

据报道,一家大型连锁酒店的首席执行官曾在一次会议上对加盟商说,他们应当把他们的酒店看作底部有洞的水桶,大量的顾客会从洞中流走。这句话的意思是,加盟商必须在销售方面花更大的力气去吸引新顾客。参加这次会议的一些人称这一要求令人感到沮丧,让他们觉得像在一个不断加速的跑步机上下不来。毫无疑问,这并不是该首席执行官想达到的效果,他应该换个说法,如"我们每个企业在各自的业务中都有让顾客感到不满意的地方,我们的任务就是去纠正或减少这些不满,以便留住更多的顾客"。

(2) 增加与重要顾客的交易量。重要顾客的销售潜力通常超过已实现的销售。重要顾客可能将业务分配给数个供应商。一家酒店通常无法获得某一企业的全部或大部分业务。越来越多的迹象表明,如果酒店能够满足企业的服务和价格要求,那么该企业将愿意减少酒店供应商的数量,将更多的业务交给少数几家酒店。

有时候,酒店的销售团队会沉迷于看似巨大的销售机会。不幸的是,他们这么做的时候,那些一直为企业带来业务的老顾客与传统的营销渠道就被忽视了。"栅栏另一边的草总是更绿",说的就是这种长久以来就很常见的现象。

很多美国酒店的销售部门以为找到了可以把酒店客房填满的大客户。世界杯足球赛的组织者说服各酒店为预期到来的大批球迷预留大量客房。一些豪华酒店预留了1 000个房间夜数的接待能力,但这些需求并没有成为现实,这些酒店被迫将预留客房的50%～80%推向市场。

凯悦酒店销售副总裁格雷格·帕森斯(Graig Parsons)事后称先前的需求预测是荒唐可笑的。他指出,当他们被告知来自世界杯足球赛观众的预订量不足时,已经没有足够的时间将房间出售给夏季游客了,大多数夏季游客已经预订了房间或因为找不到合适价位的房间而选择了其他目的地。[28]

除了失去很可能实现的销售机会外,酒店预留房间的做法可能激怒无法预订到客房而被迫选择其他酒店的顾客。有些顾客很可能一去不返,尤其是当他们喜欢上竞争对手的酒店时。

(3)增加选定的边缘顾客的业务量。如果获得充分的时间和始终如一的服务水平,选定的边缘顾客有可能成为重要顾客。他们目前是边缘顾客的原因可能包括:①体验或试用你的产品和服务。他们如果喜欢你的产品和服务,则可能带来更多的业务。②有过糟糕的服务体验,因此只在迫不得已时才使用你的产品和服务。③客户经理的人员变动导致业务在多家旅游接待企业中分配。④尽管对服务感到满意,但竞争对手通过更好的售后服务获得了他们的大部分业务。

(4)排除选定的边缘顾客。不幸的是,有些顾客给旅游接待企业带来的是净亏损。应尽可能找出并剔除这些带来负收益的顾客。排除这些顾客也许并不容易,因为在其下订单时可能还无法识别。专业的销售人员有责任将这样的顾客从潜在顾客和活跃顾客名单中删除,并且在未来避免对他们进行电话推销或开展促销活动。

(5)保留选定的边缘顾客,但仅提供低成本的销售支持。很多顾客不经常购买或只进行小额购买。对于这些顾客,企业不值得派销售人员专门拜访或采取高成本的促销方式。与这些顾客打交道的常用方法是把他们分派给内部销售团队。这些销售人员不会登门拜访,而是通过打电话、邮寄产品目录和发传真等方式与这些顾客联系。

(6)从选定的潜在顾客中获得新业务。获得新顾客的过程往往需要花费大量时间和金钱。经验丰富的销售人员知道要获得潜在顾客的业务通常需要至少5次登门拜访。如果考虑差旅费、工资和销售人员补贴等所有的费用,一次登门拜访的成本可能就高达几百美元。获得新顾客的高成本决定了该顾客必须能够带来大量的利润。花费如此高的成本获取对企业来说利润很低的潜在顾客并不划算,只会浪费人力、物力。

15.8.2 销售团队策略:个人销售的原则

接下来探讨销售团队的目的——销售。个人销售是一门古老的艺术。优秀的销售人员不仅要有天赋,而且要接受系统的销售技能培训。如今,要从事销售,需要掌握和运用一套原则。

企业每年投入大量资金培训销售人员。所有的销售培训方法都试图将销售人员从被动的订单接受者转变为主动的订单获取者。

有两种基本的方法可以把销售人员培训成为订单获取者,即销售导向法和顾客导向法。第一种方法是培训销售人员高压销售技巧,如销售汽车时常用的技巧。这些技巧包括夸大产品的优点、批评竞争对手的产品、使用巧妙的演示、自我宣传,以及在价格上做出让步以当场达成交易。这种销售方法假设:顾客除非受到压力否则不大可能购买;他们可能受到巧妙的演示和逢迎的态度的影响;他们签下订单后不会后悔,或者即使他们后悔也没有关系。

第二种方法是培训销售人员解决顾客的问题。销售人员学习如何倾听和询问以便识别顾客的需求并找到最佳的产品解决方案。相对于顾客需求分析技能,演示技能是次要的。这种销售方法假设：顾客具有购买企业产品的潜在需求；他们需要建设性的意见；他们忠实于那些把他们的长期利益放在心上的销售人员。在市场营销观念下，销售人员更像是一个问题解决者而不是一名刻薄的售货员或订单接受者。

接下来，我们简要介绍个人销售的八个主要方面。

1. 寻找和确认潜在顾客

销售过程的第一步是识别潜在顾客，尽管企业将提供线索，但销售人员需要具有自己寻找线索的技能。线索可以通过以下方式找到：从顾客的电话咨询中获得信息；在合适的旅游或行业展览会上设立展台；参加国际旅游代表团；请现有的顾客推介其他可能的顾客；努力获得其他参考来源，如供应商、经销商、非竞争性的销售代表、银行家和行会管理者；来自连锁企业的线索；参加潜在顾客所属的组织；参加可以引起关注的演讲和写作活动；通过检索数据来源（报纸、名录）来寻找；使用电话和邮件来发现线索；偶尔顺道拜访各种各样的办事处（低调游说）；组织一次销售突击行动。

不要忽视来自内部的线索。例如，与应付账款部门合作，销售人员可以找到可能成为业务来源的供应商。应对预订部门的员工进行培训，让他们留意那些代表企业预订的顾客，了解是否可以与他们的企业开展更多业务。前台员工应与来自新成立企业的代表交谈，并将这些线索反馈给销售部门。在企业内外寻找新业务应作为日常工作。一旦找到潜在顾客，应尽快对其资质进行确认。[29]

销售人员需要具备筛除无用的线索的能力。潜在顾客的确认可以通过考察其财务能力、业务量、特殊需要、所在地点及连续交易的可能性等进行。销售人员在决定是否登门拜访前应该先给潜在顾客打电话或写信。

2. 前期调查

销售人员需要尽可能多地了解潜在顾客（该企业需要什么、谁参与购买决策）及其购买者（他们的个性和购买风格）。销售人员应设置访问目标，是确认顾客的资质、收集信息还是立即达成交易等。销售人员还需要选择最佳的接触方式，是登门拜访、打电话还是写信。不要只靠发电子邮件，因为很多电子邮件会被人们直接删除。同时，应认真考虑最佳的接触时机，因为很多潜在顾客在某些时候很忙。

3. 接触

销售人员应该知道如何与购买者寒暄以取得一个良好的开端。这涉及销售人员的外表、开场白及接下来的言论。开场白应该积极主动，如"史密斯先生，我是 ABC 酒店公司的爱丽丝·琼斯。很感谢您愿意接见我，我将尽最大努力使您和您的公司感到这次见面是有益的和值得的。"接下来销售人员可能需要记录一些关键问题并积极地倾听以理解对方的话及其需要。

4. 展示和证明

在这一步，销售人员将遵循获取注意力的"AIDA 模式"向购买者讲述产品的"故事"，即获得关注、抓住兴趣点、激发购买欲望和获得购买行为。在展示过程中，销售人员应始终强调顾客的利益，将产品的特性作为这些利益的证据。产品的任何优点都是顾客的利益，如降低成本、节省劳动力或提高利润率。产品的重量和大小等特性都是展示的内容。销售中一个常见的错误是专注于介绍产品的特性（产品导向）而忽略了顾客的利益（市场导向)。

一种致力于满足需要的方法是通过鼓励顾客多说话来了解其真正的需要。这种方法要求销售人员具有出色的倾听和解决问题的能力。销售人员所扮演的角色是一位知识渊博的业务顾问,其目的是帮助顾客节省资金或赚更多的钱。

5. 谈判

很多B2B的销售涉及谈判技巧。双方需要在价格和其他交易条件上达成一致。销售人员要有在不损害利益的前提下获得订单的能力。

虽然价格是最常见的谈判议题,但所提供的商品和服务的质量、采购量、融资、风险承担和促销责任等其他问题也应得到重视。实际上,需要谈判的问题是非常多的。

然而,很多酒店销售人员几乎只将价格作为自己的谈判工具。更糟糕的是,他们经常在谈判开始时就报出了打完折的价格,而不是先报原价。谈判应从原价开始,只在确有必要时才做出价格让步。有大量可供讨价还价的手段,如升级客房、赠送滑雪场缆车票、茶歇时提供高质量的茶点而不是只提供速溶咖啡和饮料、接机服务、免费使用酒店的健身房等设施。酒店销售人员可以将这些设施服务包装成套餐,如总统套餐、专家套餐和高管套餐等。

企业应指导销售人员使用服务或服务套餐而不是价格作为基本谈判工具。表15-1列出了用服务套餐作为手段和用价格作为手段开展谈判的差异。如表所示,除了10%的价格折扣外,用服务套餐作为谈判手段可以让酒店获得更多利益。在进行谈判前,销售人员必须清楚这些交易的经济价值。

表15-1　酒店谈判成本比较：提供服务套餐与提供价格折扣
假定50位客人住3晚,共150间夜。300美元/晚×150间夜的价格等于45 000美元

	50个客人,每人住3晚	
	人均成本/美元	总成本/美元
特别服务套餐		
接送机服务	50	2 500
使用会议室	500/天	1 500
合　　计		4 000
价格折扣/%	收入损失/美元	
10	4 500	
20	9 000	
30	13 500	

发现自己处于讨价还价境地的销售人员需要具有某些特质和技能才能占据上风。最重要的技能是提前准备和计划、对谈判问题的了解、在压力和不确定情况下清醒且快速思考的能力、口头表达能力、倾听技巧、判断力和综合理解力、诚实、说服他人的能力,以及忍耐力等。这些特质和技能有助于销售人员知道何时进行谈判及如何谈判。[30]

何时进行谈判。在旅游接待业,下面两种情况下适宜进行谈判以达成交易:[31]

(1) 当很多因素不仅影响价格而且影响质量和接待服务时;
(2) 当业务风险事先不能被精确地确定时。

无论何时,只要存在可达成协议的空间,就可以进行谈判。[32] 可达成协议的空间是指存在各方均可接受的结果。

制定谈判策略。在谈判开始前需要制订策略性计划,在谈判中则需要做出出色的战术决定。谈判策略可以被定义为忠实地执行有可能达到谈判者目标的总体方法。例如,一些谈判者会采取强硬的策略,而另一些谈判者则认为温和的策略会产生更令人满意的结果。

酒店和度假村的销售人员几乎每天都要使用谈判技能。他们的谈判水平可以通过了解如表 15-2 所示的顾客的谈判优劣势得到提高。

表 15-2 酒店顾客的谈判优劣势举例

优　势	劣　势
带来很多的顾客	带来很少的顾客
在淡季入住	在旺季入住
在入住率较低的晚上住宿	在入住率较高的晚上住宿
带来优质顾客	带来不受欢迎的顾客
具有交叉购买潜力	不具有交叉购买潜力
购买高档客房	购买最便宜的客房

谈判过程中的策略。谈判时,谈判者需要使用各种各样的策略。谈判策略是指在谈判过程中的特定时刻采用的技巧,如威胁、虚张声势、"最后的机会"式报价、强硬的初始报价等。

谈判专家提出了与谈判策略原则相一致的建议。第一个建议是如果对方更有实力,无法达成协议,则选择替代方案。任何提议都需要基于这一标准进行衡量。这可以防止本方被迫接受更强有力的谈判对手提出的不利条款。[33]

第二个建议适用于对方坚持主张他的立场而不是利益并攻击本方的提议或个人的情况。虽然人们对此的本能反应是以牙还牙,但其实有更好的战术,那就是改变这种对个人的攻击,将讨论的焦点拉回问题上。思考是什么因素让对方坚持这种立场,提出可以满足双方利益的替代方案。征求对方的批评和建议("如果你处在我的位置上,你会怎么做?")。

第三个建议适用于对方采取欺骗、歪曲事实等方法影响谈判的情况。当对方使用威胁或"不接受协议就终止谈判"的战术,或是让本方坐在有烈日曝晒的谈判桌一边时,本方谈判者应能意识到其采取的战术,明确地指出其伎俩,质疑对方采取这一战术是否合理与明智,即就对方的战术进行谈判。这种谈判遵循同样的谈判程序原则:质疑对方的战术,询问为什么会使用这种战术,或者提议采取其他谈判方式。如果上述做法不奏效,则最好选择替代方案并终止谈判,直到对方停止采用这一战术。使用防御性策略来应对这些战术比使用复杂的战术予以反击更有效。

6. 说服反对的意见

在展示的过程中或被要求下单时,顾客几乎总是会提出反对的意见。他们的抵触可能是心理上的也可能是合乎逻辑的。心理上的抵触包括对干扰的抵抗、对某家酒店或航空公司的偏爱、冷漠的心理、不愿意放弃某些东西、关于另一个人的不愉快联想、预先确定的打算、不愿意做决定、葛朗台般的心态。逻辑上的抵触可能包括对价格或某一产品或企业特性的异议。为了说服这些反对意见,销售人员要坚持立场,请购买者明确说明其反对的理由,指出其抵触或反对并无根据,或把抵触转化为购买的理由。销售人员需要接受包括说服反对意见在内的更为广泛的谈判技能培训。

7. 达成交易

接下来,销售人员应试图与对方达成交易。有些销售人员并没有到达这一阶段,或在这一阶段前功尽弃。这些销售人员缺乏自信,在要求顾客下单时忐忑不安或是无法把握达成交易的恰当时机。销售人员需要了解如何辨识来自购买者的交易信号,包括肢体语言、陈述或意见,以及问题等。销售人员可以使用的成交技巧有很多种。他们可以直接要求下单、简明扼要地重述协议要点、提出帮助其完成起草订单的文书工作、询问购买者想要购买 A 产品还是 B 产品、让购买者在一些次要问题上做选择,或指出现在不下订单购买者会有什么损失。销售人员也可以向购买者提供特殊的刺激来达成交易。

8. 售后服务/顾客维护

如果销售人员希望确保顾客满意并再次购买,这一最后的步骤是必需的。交易达成后,销售人员应立即敲定送货时间、购买条款等具体的细节。"要么跟进,要么搞砸"是大多数成功销售人员的座右铭。销售人员应制订顾客维护计划,以确保该顾客不会被遗忘或流失。

15.8.3 激励专业的销售团队

有些销售人员不需要来自管理层的任何专门培训就能在工作中尽最大的努力。他们认为销售是世界上最吸引人的工作。他们雄心勃勃,工作积极主动。但大多数销售人员需要鼓励和专门的激励措施才能以最好的状态工作。由于下列原因,现场销售尤其如此。

(1) 工作性质。销售是容易受到挫折的工作之一。销售人员通常单独工作,工作时间没有规律,且经常出差。他们要面对野心勃勃、相互竞争的销售人员;他们在面对购买者时处于劣势;他们通常无权去做那些为赢得顾客所必需的事情;他们也可能失去努力争取的大订单。

(2) 人的本性。大多数人在没有特殊激励(如财务报酬和社会认可)的情况下不会全力以赴。

(3) 个人问题。销售人员偶尔要忙于个人问题,如家里有人生病、婚姻不美满或债主追债。

以下是一个基本的销售人员激励模型:[35]

动机→努力→绩效→报酬→满意。

该模型包含以下意思:

(1) 销售经理必须让销售人员相信,他们可以通过更努力地工作或接受培训销售更多的产品。

(2) 销售经理必须让销售人员相信,付出更多的努力会获得丰厚的奖励。

1. 销售团队的薪酬

为了吸引和留住销售人员,企业必须制定有吸引力的薪酬方案。销售人员希望有固定的收入、高于行业平均水平的奖金,以及丰厚的年资奖励和退休金。管理层追求的是可控、节约及简化的管理目标。管理层目标(如节约)与销售人员目标(如收入固定)无疑是冲突的。

薪酬水平必须与该类销售工作及所需能力的现行市场行情相符。如果销售人员的市场行情很明确,单个企业几乎就只能按现行行情支付薪酬。然而,销售人员的市场行情很难确定。竞争对手的销售人员的实得薪酬资料可能存在误导,因为竞争对手的销售人员的平均资历和能力水平可能与本企业的销售人员有很大的不同。

接下来,企业要确定薪酬的构成:基本工资、浮动报酬、费用津贴及额外福利。基本工资的目的是满足销售人员对收入稳定的需要;浮动报酬可能是佣金、津贴或利润分成,目的是刺激和奖励更大的努力。费用津贴供销售人员支付交通、住宿、餐饮和娱乐等费用。额外福利包括带薪假期、疾病或事故补助、养老金及人寿保险等,目的是为员工提供安全感和工作满意度。基本工资和浮动报酬可以组成三种基本的销售人员薪酬方案:直接工资、直接佣金,以及工资与佣金相结合。

很多旅游接待企业的销售人员离职率较高。对于这种情况有很多种解释,如倦怠。一项针对准备进入旅游接待业的大学毕业生的调查显示,工资在他们想从工作中获得的东西的相关变量中排第 10 位。[35]另外一份针对从旅游接待企业离职的年轻经理的调查却得到了大相径庭的结果,受访对象普遍表示金钱因素非常重要。此外,工作时间长且缺乏弹性也是导致他们离职的主要原因,仅排在薪酬问题之后。一位受访者表示:"我的工资少得可怜,压力却很大,很少得到表扬和认可,每周工作 75~80 小时。如此辛苦也只是为了奋斗 10~15 年后得到争取总经理这个工作性质实际上没什么差别的职位的机会。"[36]

不能低估货币薪酬对于旅游接待企业销售人员的重要性。这些人需要购买很多得体的衣服,要长时间工作、承受压力,而且经常为了事业而放弃天伦之乐。在这些情况下,货币薪酬显得非常重要。

2. 补充性的激励因素

很多企业利用额外的激励手段激励销售团队努力工作。销售例会可以提供一个社交场合、一个日复一日工作中的插曲、一个与企业高层近距离接触与交谈的机会,以及一个发表感想和融入更大的团体的机会。销售会议是一个重要的沟通和激励手段,[37]它们也可以被用在某些主题培训中,比如何进行有效的产品展示。[38]因此,销售会议对于销售人员而言不可或缺。

企业还可以通过资助销售竞赛激励销售人员更加努力地工作。竞赛应为销售人员提供合理的成功机会。赢得竞赛的人数过多过少,竞赛的激励效果都会大打折扣。销售竞赛的期限不应提前公布,否则有些销售人员会把一些订单推迟到竞赛开始后再签。有些销售人员还可能把竞赛期间顾客答应签单但竞赛结束时尚未实现的销量也算进来。

酒店与度假村的销售经理有时会为销售竞赛优胜者提供到合作酒店度假的机会。优胜者在合作酒店度假期间可以参观销售部，学习新的销售方法。优胜者们返回并在下一次销售会议上做报告时，他们就可以将这些信息传播给其他人。

15.8.4 对专业销售团队的评价与控制

1. 销售配额

很多企业设定销售配额，规定销售人员在一年中应销售多少产品。销售人员的薪酬通常与配额完成的程度相关。销售配额是根据年度营销计划设定的。企业首先设定销售预测值。该值是企业规划产量、工人规模及资金需求的基础。管理层接下来会为各地区设定销售配额，这些销售配额加起来一般高于销售预测值，以督促销售经理和销售团队超水平发挥。

每一个销售经理将自己负责区域的配额分配给手下的销售人员。有关配额确定有三种方法。高配额方法设置的配额高于大多数销售人员所能完成的配额但仍有些人可以完成。这一方法的支持者相信高配额会激发销售人员的潜力。适度配额方法设置的配额是大多数销售人员可以完成的。这一方法的支持者认为销售人员更愿意接受他们觉得合理的配额，而且完成配额会让他们获得自信。可变配额方法的支持者认为销售人员之间存在差别，因此给一些人设定高配额而给另一些人设定适度配额才是恰当的做法。

2. 为销售人员制定规范

刚入行的销售人员需要的不只是销售的区域、薪酬和培训，他们还需要监督指导。

在监督指导销售人员的力度方面，各企业的做法是不同的。主要以佣金形式获得报酬的销售人员受到的监督指导通常较少，而领取工资且必须争取固定数量客户的销售人员则可能受到更多的监督指导。

大多数销售人员每天进行的拜访数量一直在减少，这是因为技术应用的增加。此外，登门拜访潜在顾客也存在困难，如交通拥堵、对方日程繁忙及当今业务的复杂性等。

企业通常会规定特别顾客的销售访问次数。大多数企业根据顾客的总销量、利润潜力和增长潜力将顾客分为 A、B 和 C 三类。例如，A 类顾客一年的销售访问次数为 9 次，B 类顾客为 6 次，C 类顾客为 3 次。具体的销售访问次数取决于顾客的预期盈利能力。

无论销售团队是如何组织的，单个销售人员必须对自己的顾客进行分类。某个负责中间商渠道（如旅游经销商和旅行社）的销售人员很快就会发现并非所有的顾客都能带来同样的销量或利润。负责会议细分市场的销售人员及负责全国性客户的销售人员也会有同样的发现。

欧姆尼国际酒店向销售团队强调顾客规划的重要性。其前任董事长乔恩·坎纳斯（Jon Canas）在一次录音采访中告诉哈佛大学的一位教授，在个别年份并不会对某些潜在顾客进行销售访问，因为他们并不具备成为最佳目标顾客的条件。然而，必须了解"第二、第三梯队"的潜在顾客，在第一梯队的顾客群业务下滑时可以跟他们接触。[39]

对于销售团队应花多少时间用于获取新顾客，企业通常也有明确的标准。设置这些标准是出于很多原因。如果不加干预，很多销售人员会将大部分时间花在现有顾客身上。由于对现有顾客更为了解，销售人员可以依赖他们完成一些业务量，而某些潜在顾客可能永远带不来业务。除非销售人员获取新顾客可以得到奖励,否则他们可能不会花精力去开发新顾客。

3. 有效地利用销售时间

销售人员需要了解如何有效地利用自己的时间。其中一个工具是年度访问计划表,可以明确在哪些月份访问哪些顾客及需要完成哪些活动。

实际的面对面销售时间可能仅占全部工作时间的25%。[40]企业一直在寻找提高销售团队效率的途径。它们采取的办法包括:培训销售人员充分利用电话;简化各种表格;用计算机制订访问计划和规划路线;提供有关顾客和竞争对手的信息。

4. 管理行业展销会

行业展销会通常是发现销售线索、与企业客户保持联系及达成交易的一种手段。旅游接待企业可以参加很多行业展销会,如由旅游景点、旅行协会、政府旅游部门等举办的地区性和国际性行业展销会等。

不幸的是,由于缺乏计划和控制,行业展销会的成本收益率往往不理想或是被忽视。一项有关旅游接待行业展销会参展者的研究发现:"行业展销会真正的营销潜力可能仍未被意识到,努力加强对行业展销会的规划有助于提高大多数企业参加行业展销会的效率。"[41]

建议采取以下6个步骤改进参加行业展销会的效率:

(1) 建立潜在顾客的邮件列表。
(2) 识别潜在顾客,在参加行业展销会前与他们联系。
(3) 以能反映企业的主题、产品和服务的激励措施来推广行业展销会。
(4) 给有意向的购买者写信,邀请他们在展会上或在其他地点单独会面。
(5) 详细记录展会期间与参观者接触的情况。
(6) 展销会结束后,对符合资格的潜在顾客采取进一步促销行动。

为了确保成功,还需要对销售团队进行控制与培训。在展销会前,销售经理应事先落实以下措施:

(1) 展销会前,与销售团队一起重新明确参展目标。
(2) 指派一名展销会负责人管理销售活动。
(3) 明确每一名销售人员在展位的值班时间。
(4) 禁止在展位吸烟、饮酒、吃东西和勾肩搭背等。
(5) 培训销售团队成员如何:与投诉或难以对付的参观者打交道;欢迎顾客和潜在顾客,特别是重要顾客;发现潜在顾客;识别非潜在顾客;整理和利用在展销会上获得的线索、名片、竞争对手的资料,以及顾客和潜在顾客的资料。

5. 其他控制方法

管理层可以从多方面了解销售人员的表现。一个重要的来源是销售报告,其他的信息则来自亲身观察、顾客来信和投诉、顾客调查及与其他销售人员的谈话。

销售报告包括销售活动计划与销售活动结果记录。销售活动计划是销售人员提前一周或一个月提交的工作计划。该计划涉及预期的访问与路线,可以督促销售人员计划与安排他们的活动,让管理层了解他们的工作进展,并提供一个比较销售人员的计划与成就的依据。管理层可以根据销售人员"为工作制订计划并按计划开展工作"的能力对其进行评价。

很多旅游接待企业要求销售人员制订所负责区域的年度营销计划,阐述其开发新顾客和增加现有顾客业务的计划。在做这项工作时,销售人员扮演的是市场经理和利润中心的角色。销售人员在销售访问报告中需详细记录自己完成的活动。销售访问报告可以帮助销售经理了解销售人员的活动及顾客状态,并为后续的销售访问提供有用的信息。销售人员还需要提交费用报告、新业务报告、业务流失报告,以及有关本地业务和经济状况的报告。

销售经理可以从这些报告提供的未经加工的资料中提炼有关销售业绩的重要指标,包括:①每个销售人员平均每天的访问次数;②每次接触顾客的平均时间;③每次销售访问的平均收入;④每次销售访问的平均成本;⑤每次销售访问的招待成本;⑥每100次销售访问获得订单的百分比;⑦每个阶段的新顾客数量;⑧每个阶段的顾客流失量;⑨销售团队成本占总成本的百分比。这些指标有助于回答很多问题,如:销售人员每天进行的销售访问是否太少了?他们每次访问花费的时间是否太长?他们在招待上的花费是否太多?他们每100次销售访问是否获得了足够多的订单?他们是否开发了足够多的新顾客并留住了老顾客?

6. 正式的绩效评估

销售人员的报告与其他观察结果都是评估销售人员的原始材料。正式的评估程序至少有三个好处:①管理层必须告知销售人员评估其销售业绩的标准;②管理层需要收集关于每个销售人员的所有信息;③销售人员知道自己需要与销售经理坐在一起,解释自己完成或未完成业绩的原因。

(1) 销售人员相互间的比较。一种绩效评估方法是对企业销售人员的业绩进行比较和排序。不过,这种比较存在一定的问题。只有当各销售地区的市场潜力、工作量、竞争情况、企业促销力度等都没有差别时,比较销售业绩才有意义,而且当前的销量并不是衡量是否成功的唯一标准。管理层还应关注销售人员对企业净利润的贡献。

(2) 顾客满意度评价。销售人员也许能为企业带来销量,但不一定能得到顾客的好评。越来越多的企业不仅开始衡量顾客对产品和服务的满意度,还开始衡量顾客对销售人员的满意度。获得顾客好评的销售人员将获得特别表彰、奖品或额外津贴。

(3) 对销售人员的定性评价。销售人员对企业、产品、顾客、竞争对手、所负责的销售区域和职责等方面的知识也可以纳入评估中。销售经理还需要关注销售人员是否有动机或服从方面的问题,应留意销售人员是否了解和遵守企业的规章制度。企业必须制定自己的评估体系。无论选择哪种评估体系,对销售人员和企业都必须是公正的。如果销售人员感觉评估标准有失公允,他们很可能感到不满而辞职。

销售在旅游接待业是一种职业,必须予以重视。建立专业的、忠诚的和满意的销售团队对任何旅游接待企业都大有裨益。对销售人员的价值与贡献的评价标准不能到迫不得已时才建立,也不能使用不恰当的标准和尺度。销售管理中,制定并使用合适的专业销售人员评估体系是最重要的。

无论使用哪种评估体系,都必须与业绩挂钩。销售业绩与企业业绩在本质上是密切相关的。比尔·奎因（Bill Quain）教授曾经说："我认为，有强烈的动力销售、创造利润并通过不断改进产品和服务满足顾客的需求从而让顾客满意的员工越来越难雇到了。"[42]

15.8.5 点对点（P2P）销售

旅游接待业中共享经济或点对点销售的兴起，在某种程度上是由于难以找到如奎因教授所描述的优秀销售人员。允许他人有偿暂时使用自己的汽车、住宅、公寓、船只或房车的P2P销售并不是一个新概念，但智能手机和社交媒体等技术无疑促进了这一销售模式。

其他促进因素包括：①购买和维护汽车或第二套房等资产的成本很高；②城市化进程不断加快，居民可选择的存放固定设备的地方并不多；③酒店、出租车等替代选择的成本高；④对社交的渴望推动了通过爱彼迎等提供的私人住宅租赁及通过优步等提供的地面交通服务。

据统计，这个仍在不断扩张的行业已经达到数十亿美元的规模。有一件事是肯定的：这个行业的大多数企业家都很年轻，有很强的技术能力且熟悉社交媒体。虽然目前这个行业还无法取代传统的酒店、火车、公共交通服务等，但很明显，P2P公司已经发现了一个利润颇丰的利基市场。

15.8.6 关系网络

世界上最有效的销售工具之一是关系网络。对于只提供早餐和住宿的小旅馆、乡村民宿等小型旅游接待企业来说尤其如此。

关系网络的打造很简单。不断联系社区成员，告诉他们你的企业提供什么，并热情欢迎他们到店参观和体验。

关系网络的建立有时需要（特别是新开业的酒店）业主、经理或销售人员在没有预约的情况下登门拜访。这些拜访通常是面向可能有住宿需要的企业。有时酒店会假设某些企业不值得拜访，但这种假设通常是错误的。本书的作者之一曾陪着一家新开张的住宿加早餐式酒店的业主进行了这种没有预约的拜访。这位业主认为林务局等政府机构不值得拜访，因为这些机构的差旅费标准很低。

尽管如此，他们还是拜访了林务局。与林务局办公室人员交谈后他发现，林务局每年都会接待一些顾问、记者、户外运动爱好者等，这些人需要过夜而且不是必须住低价位的酒店。此外，他还发现林务局的差旅费标准有所提高，而且每年召开区域会议的时间刚好是该酒店入住率低的时间段。

接下来，他们看到了与酒店存在竞争关系的一家住宿加早餐式酒店和一家小汽车旅馆。该业主还是觉得没有必要去拜访。当然，最后他们还是去了。两个竞争对手都很欢迎他们的到来，并说很高兴能够了解这家新开张酒店的情况，因为他们偶尔会出现超额预订的情况，需要将客人介绍到一家可靠的酒店。因此，永远不要去假设。

加入俱乐部等组织，参加学校活动、社区聚会，可以建立良好的关系网络。关系网络带来的积极效果是难以想象的。当然，我们的目标是销量，但关系网络也可能带来其他好处，如接受广播或电视采访或在社区聚会上发言可以获得宣传。领英是一个很棒的社交网站，因为你的联系人在调任新职位时会更新状态，即使他换了工作，你也可以联系上他。

请记住，你销售的最重要的产品就是你自己。绝不能依靠简历或电子邮件来销售如此重要的产品。关系网络将让你终身受益。

15.9 社交销售：在线工具、移动工具和社交媒体工具

增长最快的销售趋势是社交销售的爆炸式增长，即利用网络、移动设备和社交媒体吸引顾客、建立更牢固的顾客关系并提高销售业绩。在数字时代和社交媒体时代，数字销售技术创造了更好地与顾客建立联系和互动的令人兴奋的新途径。销售人员正在使用网站、社交媒体、移动应用程序、视频和会议技术等可以直接联系顾客的工具。一位销售专家说："面对面的销售可能会减少。但卖方总是需要有人负责（与顾客）互动。这仍将是销售人员的职责。"因此，网络和社交媒体技术不太可能取代销售人员。而且，如果使用得当，它们可以大幅提升销售人员的工作效率。

新的数字技术为销售人员提供了强大的工具，帮助他们识别和了解潜在顾客、吸引顾客、为顾客创造价值、达成交易及培养与顾客的关系。社交销售技术可以为销售团队带来巨大的好处，如有助于节约销售人员的宝贵时间、节省差旅费用，以及为销售人员提供用于销售和服务顾客的新工具。

社交销售并没有真正改变销售的根本内容。销售人员的主要职责始终是接触和吸引顾客，以及管理顾客关系。只不过这些职责现在更多是通过数字方式完成的。不过，网络和社交媒体正在极大地改变消费者的购买过程。因此，新技术也在改变销售流程。在当今的数字世界中，很多消费者不再像以前那样依赖销售人员提供的信息和帮助。相反，他们会独立完成购买过程的很多阶段，尤其是早期阶段。越来越多的消费者在与销售人员交谈之前使用网络和社交媒体资源来分析自己的问题、研究解决方案、从亲朋好友那里获得建议及对购买选项进行排序。[43]

因此，与只能从销售人员那里获得宣传册、定价和产品建议的时代相比，如今的顾客对销售过程拥有更多的控制权。他们现在可以浏览酒店网站和社交媒体来确定酒店的资格，还可以通过领英、推特或脸书等社交媒体与酒店的其他企业客户联系，了解其他企业对酒店的体验。因此，顾客在联系酒店时对酒店产品的了解几乎与销售人员一样多。

为了应对这种新的数字购买环境，卖方正在围绕顾客新的购买过程调整销售流程。酒店正在为会议策划人开发网站，小型会议的策划人可以直接在网上进行预订。酒店的网站会公布不同日期的会议室预订情况、菜单、视听系统和客房情况。会议策划人可以在线预订，立即就能收到酒店关于活动和活动价格的确认。这可以节省会议策划人的时间，并可以让酒店的销售人员专注于大型活动。

课堂小组练习

*带星号的练习可以作为个人作业或线上作业。学生需要对答案给出解释。

1. *组建销售团队最常用的方法有哪些?
2. *讨论旅游接待企业设定销售目标的重要性,以及常见的销售团队目标有哪些。
3. *为什么所有的管理人员都需要具备销售技能?
4. 讨论谈判的过程以及销售团队成员如何在谈判过程中发挥作用。
5. 优秀的销售人员熟悉自己的产品和竞争对手的产品。如果你所在的企业希望你推销一种你认为比竞争对手差的产品,你会怎么做?为什么?
6. *有人说每一次销售都分为两部分——销售人员从事的工作和销售人员的组织为他所做的工作。企业应当为销售人员提供哪些东西以帮助他提高销量?销售经理的工作与销售人员的工作有何不同?
7. *列出销售过程中的各个步骤,并详细说明。
8. 找出一个有针对会议规划者的版块的酒店网站。这家网站是会取代销售人员的职能还是会给销售人员提供便利?在你的答案中附上你浏览过的网站的网址。

体验练习

开展一次对旅游接待企业销售人员的访谈,询问一些工作上的问题。例如,他们有代表性的一天的工作内容、他们在工作中的喜怒哀乐、他们如何看待技术将给销售部门带来的影响,以及其他你感兴趣的问题。在访谈报告中记录你的所见所闻。

参考文献

1. Donna J. Owens, "To Offset Their Seasonality, Canada's Resorts Should Stretch Their Seasons by Appealing to Multiple Market Segments," *Cornell Hotel and Restaurant Administration Quarterly*, 35, no. 5(1994): 29.
2. Ibid., p. 30.
3. Howard Feiertag, "Database Marketing Proves Helpful in Group Sales," *Hotel and Motel Management* (March 8, 1993): 14.
4. Jin-Young Kim and Linda Canina, "Competitive Sets for Lodging Properties," *Cornell Hospitality Quarterly*, 52, no. 1(February 2011): 20-32.
5. Chekitan Dev, Kevin Zheng Zhou, Jim Brown, and Sanjeev Agarwal; "Customer Orientation or Competitor Orientation," *Cornell Hospitality Quarterly*, 50, no. 1(February 2009): 25.
6. Peter Rainsford, "Selecting and Monitoring Hotel Management Companies," *Cornell Hotel and Restaurant Administration Quarterly*, 35, no. 3(1994): 34.
7. Boca Raton Resort, http://www.bocaresort.com/PremierClub/PremierClubFeatures.aspx (accessed December 20, 2004); Michael P. Sim and Burritt M. Chase, "Enhancing Resort Profitability with

Membership Programs," *Cornell Hotel and Restaurant Administration Quarterly*, 34, no. 8(1993): 59-62.

8. "Cruise Lines, Boosting Bookings with Segmentation, Case Studies and Clients," www.claritas.com (August 2004).

9. Christopher Schulz, "Hotel and Travel Agents: The New Partnership," *Cornell Hotel and Restaurant Administration Quarterly*, 35, no. 2(1994): 45.

10. Taketosh Yamazaki, "Tokyo Hotel Construction Push Roger On," *Tokyo Business Today*, 59, no. 3 (1991): 50-51.

11. William A. Kaven and Myrtle Allardyce, "Dalmahoy's Strategy for Success," *Cornell Hotel and Restaurant Administration Quarterly*, 35, no. 6(1994): 86-89.

12. Alexandra Paraskevar, Ioannis Katsogridakis, Rob Law, and Dimitros Buhalis, "Search Engine Marketing: Transforming Search Engines into Hotel Distribution Channels," *Cornell Hospitality Quarterly*, 52, no. 2(May 2011): 200.

13. See: Jaimie Seaton, December 6, 2017, "Electronic Requests for Proposals Have Created a Mess for Many Events," https://skift.com/2017/12/06/electronicrequests-for-proposals-have-created-a-mess-for-many/(accessed on November 12, 2018); Betsy Bondurant, March 9, 2017, "How to Elevate the e-RFP Process: 10 Best Practices," https://www.meetingsnet.com/strategic-meetings-management/how-elevate-erfp-process-10-best-practices(accessed on November 12, 2018); Ann Ransom; "Hotel RFP Management Software: 5 Ways to Win More Bids," https://www.amadeus-hospitality.com/insight/win-more-rfp-bids/(accessed on November 12, 2018).

14. Barbara Jean Ross, "Training: Key to Effective Reservations," *Cornell Hotel and Restaurant Administration Quarterly*, 31, no. 3(1990): 71-79.

15. Ibid., p. 79.

16. See Neil Rackham, *SPIN Selling* (New York: McGraw-Hill, 1988); Frank V. Cespedes, Stephen X. Doyle, and Robert J. Freedman, "Teamwork for Today's Selling," *Harvard Business Review* (March/April 1989): 44-54, 58.

17. Shanna Asti, "2 Stealth Drivers of McDonald's Global Margins," *The Motley Food*, June 24, 2013.

18. Fred Conner, "Resorts Makeup Means Sweet Smell of Success for Long-Term Client," *Cornell Hotel and Restaurant Administration Quarterly*, 35, no. 3(1994): 9.

19. S. Dev Chekitan and Saul Klein, "Strategic Alliances in the Hotel Industry," *Cornell Hotel and Restaurant Administration Quarterly*, 34, no. 1(1993): 43.

20. George H. Lucas, Jr., A. Parasuraman, Robert A. Davis, and Ben M. Enis, "An Empirical Study of Salesforce Turnover," *Journal of Marketing* (July 1987): 34-59.

21. See Charles Garfield, *Peak Performers: The New Heroes of American Business* (New York: Avon Books, 1986; "What Makes a Supersalesperson?" *Sales and Marketing Management* (August 23, 1984): 86; "What Makes a Top Performer?" *Sales and Marketing Management* (May 1989); Timothy J. Trow, "The Secret of a Good Hire: Profiling," *Sales and Marketing Management* (May 1990): 44-55.

22. David Moyer and Herbert A. Greenberg, "What Makes a Good Salesman?" *Harvard Business Review* (July/August 1964): 119-125.

23. K. Douglas Hoffman and John E. G. Bateson, *Essentials of Services Marketing* (Fort Worth, TX: Dryden Press, 1997), pp. 92-93.

24. Thomas N. Ingram, Charles H. J. Sobuepher, and Don Hutson, "Why Salespeople Fail," *Industrial Marketing Management*, 21, no. 3(1992): 225-230.
25. Judi Brownell, "Listening: The Toughest Management Skills," *Cornell Hotel and Restaurant Administration Quarterly*, 27, no. 4(1987): 64-71.
26. Howard Feiertag, "Sales Directors Build Productivity and Profitability," *Hotel and Motel Management*, 207, no. 19(1992): 14.
27. Based on information found in Sara Donnelly, "Staying in the Game," *Pharmaceutical Executive* (May 2008): 158-159; Bayer Health-care Pharmaceuticals, Inc., "Improving Sales Force Effectiveness: Bayer's Experiment with New Technology," 2008, www.icmrindia.org/casestudies/catalogue/Marketing/MKTG200.htm; Tanya Lewis, "Concentric," *Medical Marketing and Media*, July 2008, p. 59, www.hydraframe.com/mobile/project_reprace.htm (accessed July 2012); Andrew Tolve, "Pharma Sales: How Simulation Can Help Reps Sell," *Eye for Pharma*, March 28, 2012, http://social.eyeforpharma.com/sales/pharma-sales-how-simulation-can-help-reps-sell; Krishna Depura, "Online Sales Training for Busy Sales Representatives," *MindTickle*, www.mindtickle.com/blog/online-sales-training-for-busy-sales-representative/#more-1474 (accessed June 2014).
28. "U.S. Hoteliers Fail to Net Enough World Cup Trade," *Travel Trade Gazette*, U.S. and Ireland (June 1, 1994): 32.
29. Howard Feiertag, "Different People Should Perform Sales and Marketing Jobs," *Hotel and Motel Management* (February 4, 2002): 24.
30. For additional reading, see Howard Raiffa, *The Art and Science of Negotiation* (Cambridge, MA: Harvard University Press, 1982); Samuel B. Bacharach and Edward J. Lawler, *Bargaining Power, Tactics, and Outcome* (San Francisco, CA: Jossey-Bass, 1981); Herb Cohen, *You Can Negotiate Anything* (New York: Bantam Books, 1980); Gerald I. Nierenberg, *The Art of Negotiating* (New York: Pocket Books, 1984).
31. Lamar Lee and Donald W. Dobler, *Purchasing and Materials Management* (New York: McGraw-Hill, 1977), pp. 146-147.
32. This discussion of zone of agreement is fully developed in Raiffa, *Art and Science of Negotiation*.
33. Roger Fisher and William Ury, *Getting to Yes: Negotiating Agreement Without Giving In* (Boston, MA: Houghton Mifflin, 1981).
34. See Gilbert A. Churchill, Jr., Neil A. Ford, and Orville C. Walker, Jr., *Sales Force Management: Planning, Implementation, and Control* (Homewood, IL: Richard D. Irwin, 1985).
35. See Ken W. McCleary and Pamela A. Weaver, "The Job Offer: What Today's Graduates Want," *Cornell Hotel and Restaurant Administration Quarterly*, 28, no. 4(1988): 28-31.
36. David V. Pavesic and Robert A. Brymer, "Job Satisfaction: What's Happening to Young Managers," *Cornell Hotel and Restaurant Administration Quarterly*, 30, no. 4(1990): 90-96.
37. Richard Cavalier, *Sales Meetings That Work* (Homewood, IL: Dow Jones-Irwin, 1983).
38. See Joyce I. Nies and Richard F. Tas, "How to Add Visual Impact to Your Presentations," *Cornell Hotel and Restaurant Administration Quarterly*, 32, no. 1(1991): 46-51.
39. Dunfey Hotels Corporation, "An Interview with Jon Canas, President," video case number 9-833-502 (Boston, MA: Harvard Business School, 1996).
40. "Are Salespeople Gaining More Selling Time?" *Sales and Marketing Management* (July 1986): 29.
41. Ali A. Poorani, "Trade-Show Management: Budgeting and Planning for a Successful Event," *Cornell

Hotel and Restaurant Administration Quarterly, 37, no. 4(1996): 77-84.
42. Bill Quain, "No One Ever Made Money by Discouraging Their Customers from Spending It," *Cornell Hotel and Restaurant Administration Quarterly*, 4, no. 5/6(2003): 172.
43. See Scott Gillum, "The Disappearing Sales Process,"-Forbes, January 7, 2013, www.forbes.com/sites/gyro/2013/01/07/the-disappearing-sales-process/; and Paul Nolan, "Mapping the Buyer's Journey," *Sales & Marketing Management*, March/April 2015, pp. 32-34.

第 16 章

直接营销、在线营销、社交媒体营销和移动营销

学习目标

- ☐ 描述直接营销与数字营销并讨论它们给顾客和企业带来的好处。
- ☐ 解释企业如何借助互联网及其他强大的新技术开展数字营销与社交媒体营销。
- ☐ 描述如何利用数据库开展直接营销。
- ☐ 解释关系营销及忠诚计划。
- ☐ 列出旅游接待业采用的传统的直接营销方式。
- ☐ 解释营销人员保护顾客隐私及数据安全的职责。

导入案例

希尔顿多渠道数字营销战略——以创新方式整合传统媒体与当代媒体

希尔顿酒店集团(以下简称希尔顿)是最具创新性的酒店企业之一。自成立以来,希尔顿一直致力于创新,并充分利用所有可融入其最佳服务模式的技术。如今,希尔顿持续创新并寻求创新理念,其新开放的创新研发中心就是一个突出的例子,表明创新方向是希尔顿战略的重中之重。这种创新在其营销方式上是显而易见的。多年来,希尔顿通过包括电子媒体在内的营销战略巩固了其在酒店领域的领先地位。我们的讨论将集中展示电子营销的各要素是如何整合成一个统一且无缝的平台为希尔顿提供支持的。接下来介绍电子营销战略的一些要素及其如何相互协作来维持希尔顿的这种领导地位。

官网

与所有知名品牌一样,希尔顿用品牌名称作为官网的域名(hilton.com)。使用该域名是为了便于消费者找到作为公司主要门户的官网。希尔顿的官网是根据公司的营销战略设计的。简单、整洁、切中要害的设计以清晰的方式呈现信息,通过位

于显著位置的搜索和预订引擎促成购买行为。主页的主要空间专门用于宣传特殊事件或重要日期(如寒假)的促销。公司官网还突出显示了希尔顿荣誉客会会员专用的按钮,如"我的预订",以及登录和加入荣誉客会。主页上还会展示特别推荐的产品,并提醒用户加入希尔顿荣誉客会及申请希尔顿荣誉客会的联名信用卡。

官网与社交媒体之间的链接

希尔顿很重视使用社交媒体进行推广,其官网也支持这一战略。

官网主页底部给出了社交媒体链接,用户可以通过点击这些链接跳转到希尔顿的脸书、推特、Ins、YouTube、Pinterest 和 Google＋账户。值得一提的是,单击官网上的@HiltonSuggests 的链接,用户将跳转到希尔顿的博客,阅读潜在游客都很可能感兴趣的关于各个目的地的故事,而且可以通过点击希尔顿的推特链接发推文,最新发表的推文以滚动方式显示在页面底部。将社交媒体与公司官网链接起来的做法表明希尔顿致力于吸引年轻游客。

移动营销

除了官网外,希尔顿还广泛应用移动技术产品为战略提供支持。例如,希尔顿有一个成熟的移动应用程序,被移动技术吸引且希望随时与希尔顿保持联系的各类顾客可以利用该应用程序订票、办理入住和退房手续、控制客房的各种智能设备等。此外,该应用程序无缝集成了数字钥匙功能。该应用程序在设计上与官网类似,强化了希尔顿营销战略中注重细节、关注忠诚度、提供广泛的产品,以及为顾客决策提供强大的信息支持等主要特点。该应用程序的最佳功能之一是专门为会员设计的,显示了会员所处等级及相关权益。该应用程序的另一个创新功能是保持联络。这项功能将移动设备的使用与希尔顿营销战略的其他接触点整合在一起。借助安装了希尔顿应用程序的移动设备,顾客可以与希尔顿顺畅地联系,顾客更换移动设备也不会造成服务瓶颈。

社交媒体

希尔顿注意到了社交媒体的好处,因此在所有主要的社交媒体上都能看到希尔顿的身影。例如,希尔顿的脸书页面内容全面,既有各种信息内容区,也有专门用来刺激购买的区域。除了希尔顿品牌的一般信息外,其脸书页面上还有希尔顿旗下各酒店的链接,在方便顾客与特定酒店直接接触的同时,可以确保希尔顿整体营销战略所倡导的主要价值观能够得到一致传达。在推特、Ins 和 Pinterest 上,希尔顿也采取了类似的方法,根据媒体的特殊性、通信类型及这些平台的目标受众推广其核心价值观。

电视媒体

除了网络媒体,希尔顿还推出了安娜·肯德里克(Anna Kendrick)出演的电视广告。希尔顿的电视广告遵循了同样的战略:通过强调顾客能够获得的好处来促进直接预订。例如,名为"行动"的电视广告向观众呈现了直接通过希尔顿的渠道而不是在线旅行社预订客房的好处,以及公司正在推行的价格匹配保证策略。在名为"挑选"的电视广告中,安娜·肯德里克向朋友解释直接通过希尔顿预订房间的好处

(如根据楼层平面图挑选房间及使用数字钥匙)。最重要的是,广告清晰地展现了利用希尔顿的移动应用程序直接预订的好处。这是一个将传统媒体渠道与当代媒体渠道联系起来开展整合营销传播战略的好方法。此外,名为"泳池边"的广告展示了希尔顿旗下各品牌的定位,强调了整个品牌组合的多样性。

总体来说,希尔顿的战略展现了将各种传统媒体与当代媒体结合在一起开展营销传播,充分利用各种媒体的独特性并将它们融合在数字空间中的方式。通过整合这些信息,企业可以根据自己的市场细分策略接触到众多类型的受众,但不会降低这些信息的有效性,因为在各种媒体渠道中信息是一致的。本章将介绍数字营销的各个方面,重点是数字营销会给打算利用一种或多种媒体的企业带来哪些具体的好处。

16.1 直接营销与数字营销

直接营销和数字营销都是与精心挑选的个体消费者直接接触,以获得快速反馈并培育长久的顾客关系。直接营销针对规模很小的细分市场或个体消费者的特定需求提供定制信息。通过这种方式,企业可以鼓励顾客参与、促进品牌社区发展,最终实现收益目标。

例如,直接营销最关键的要素之一是移动应用程序。所有主要的酒店品牌都有移动应用程序。例如,希尔顿的移动应用程序为用户提供预订、管理用户信息、办理入住和退房手续、控制客房的各种智能设备等便利。[1]作为交换,用户与酒店共享信息,允许酒店利用这些信息设计并提供符合顾客需求的个性化产品。这种方法也被餐厅、俱乐部和航空公司等其他旅游接待企业广为应用。例如,达美乐比萨的顾客可以使用移动应用程序下单并查看订单配送进度。[2]而且,达美乐的应用程序不仅可用于苹果系统和安卓系统,还可通过智能手表等可穿戴产品使用,方便顾客用更灵活的方式与达美乐互动。[3]这些只是直接营销工具的几个例子,这些工具可以显著影响顾客与旅游接待企业的互动方式。

16.1.1 直接营销的新模式

直接营销正在不断发生改变。促成这些变化的因素包括新的互联网及网络协议[4],强大的、可定制的、用户友好的新型计算机设备(智能手机、平板电脑、可穿戴设备)[5],社交媒体工具及在线社区[6],以及消费者行为的相应改变。[7]

在前面的章节中,我们介绍过直接营销不包含中间渠道,而且直接营销与数字营销是促销组合中的要素,旨在与顾客直接接触并围绕品牌建立关系。现实中,直接营销的作用远不止此。很多企业将直接营销作为一种补充渠道或媒介。

很多企业已经改变了对数字营销和直接营销的看法。这些企业识别出顾客参与的机会,建立了以数字营销和直接营销为基础的完整的商业模式。例如,在线旅行社设计了以数字营销为坚实基础的商业模式。它们使用专门的数字渠道直接面向顾客进行销售。随着这些数字渠道的效率越来越高,它们最终成为在线分销的主导模式,让很多传统的旅行社退出市场。

16.1.2 直接营销与数字营销对买卖双方的益处

直接营销与数字营销对购买者来说有几个显著的好处。购买者可以更方便、更容易、更私密地获得产品及相关信息。他们可以不受限制地浏览各种产品及关于这些产品的丰富信息。最重要的是,数字营销为购买者提供了充分的信息,在一定程度上消除了信息的不对称性,帮助顾客在充分了解信息的前提下做出决策。此外,顾客可以在自己偏爱的在线零售环境中查找并购买产品,根据自己的喜好选择最终购买和消费产品的方式。

有关旅游接待业产品的信息不断增加。猫途鹰和亿客行等网站上有大量的评论,可以帮助消费者改进决策,购买附加值高的产品。[8] 在餐饮行业也有类似的网站(如 Zomato 和 Yelp),消费者可以查看餐厅的评论并在信息充分的前提下做出决策。[9]

更重要的是,这些工具与在线零售平台日益融合。消费者在餐厅评论网站上找到中意的餐厅后可以直接进行预订。例如,消费者在 Yelp 上找到想去就餐的餐厅后,即可点击链接跳转到餐厅预订服务平台 OpenTable。如果消费者选择外卖到家,则会跳转到 DoorDash 等餐饮配送平台。[10]

此外,旅游接待企业在社交媒体上开账号,可以方便顾客在社交媒体空间与其进行直接沟通。这种互动让用户有一种社区感,更愿意与其他用户分享品牌信息和消费体验。

直接营销与数字营销对卖家来说也有很多好处。直接营销为卖家提供了低成本、高效率且快速地接触目标市场的方式。借助分析和细分的力量,营销人员可以锁定规模较小的细分市场,并根据特定细分市场的具体需求对宽泛的产品加以定制。这种方法要以顾客与企业之间交换的信息为基础,而智能手机、应用程序、网站及其他数字通信工具则起到了推动的作用。通过这种方法,卖家可以很好地了解产品的哪些属性更被顾客看重,删除不被顾客在意的产品属性,从而为顾客提供更合其心意的产品。[11]

此外,直接数字营销在适应产品营销策略方面给卖家提供了极大的灵活性。例如,企业可以对价格、产品详细信息或捆绑销售项目进行持续调整,创建对顾客有价值的各种个性化选项。随着顾客展露出来的消费习惯信息越来越多,企业可以利用实时营销,将品牌与顾客的重要时刻联系起来。例如,酒店知道顾客的出生日期后通常会在其生日那天发信息,某些节日也会如此。这种直接营销和数字营销工具如果能与出色的服务模式结合起来会非常有价值。这些方法可以引导潜在顾客完成购买的各个阶段,使其获得可以明显提高其生活质量的产品,可以进一步促使顾客形成积极态度及忠诚意愿。[12]

16.1.3 直接营销与数字营销的方式

图 16-1 展示了直接营销与数字营销的主要方式。一方面,企业仍采用传统的直销工具,如面对面销售、直邮营销、产品目录营销、电话营销、电视直销及订购终端营销;在线营销(网站、在线广告、电子邮件、在线视频、博客)、社交媒体营销和移动营销等数字与社交媒体营销工具也已经取得了一席之地。虽然上述工具都可以供企业使用,但必须认识到,这些工具(无论是传统的还是数字的)都必须融入一个完全整合的营销传播计划中。

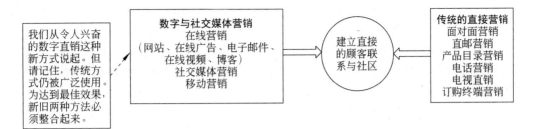

图 16-1　直接营销与数字营销的方式

资料来源：Philip T. Kotler and Gary Armstrong，*Principles of Marketing*，16th ed.，© 2016，p. 515.

 ## 16.2　数字与社交媒体营销

数字与社交媒体营销是增长最快的直接营销形式。企业运用网站、电子邮件、短信、博客、社交媒体、移动广告和应用程序等数字营销工具，随时随地通过电脑、智能手机、平板电脑、可穿戴设备、智能电视及其他数字设备与消费者取得联系。这类工具的广泛运用对现今的营销传播实践产生了重大影响，特别是消费者面对这类沟通时的反应。

16.2.1　营销、互联网与数字时代

互联网及相应的通信网络协议的发展为营销人员与顾客进行数字互动创造了惊人的机会。企业发现可以轻而易举地在网上推广自己的品牌及传播有关产品和服务的信息。消费者发现通过网络可以轻而易举地获得信息，了解产品和服务，并对品牌产生依恋。最重要的是，互联网和数字工具为企业直接向顾客销售创造了机会。这种销售，虽然在一开始是大众化的，但随着时间的推移，变得更加个性化，顾客可以对企业的产品进行个性化调整，以获得最高的价值。

这些好处使数字的使用及数字环境的影响不断加强。此外，新的趋势还颠覆了产品展示、促销、销售及顾客的评价方式。例如，响应式设计等网站设计新技术让网站的外观可以根据访问网站的设备的大小而改变，掀起了新一轮的电子商务浪潮。这一技术充分考虑了当今各种尺寸的移动设备，从非常小的智能手表屏幕等可穿戴设备，到某些平板电脑（iPad Pro）或智能手机（三星 Galaxy）等分辨率较高的屏幕。此外，这种设计方法能够让顾客在单一的购买体验中实现多种设备的无缝融合，从而优化其购买体验。

数字营销得到发展的另一个重要原因是它具备在顾客常用的多个设备上同步内容的能力。无论使用什么设备，内容都可以同步，消除了使用不同设备访问同一内容可能存在的冗余，从而促进了购买及个性化。例如，顾客最开始可能在手机上搜索了酒店，几天后，他通过电脑浏览酒店的网站并最终完成了预订。这样，整个流程得到了优化，为顾客提供了极大的便利，并确保顾客可以通过多种方式与企业联系。

应该认识到并非所有顾客都以相同的方式看待数字营销工具。年轻顾客似乎更喜欢使用这些技术，而且他们也钟情于使用这些技术的企业。这源于年轻人对新奇事物天然的亲切感，而且他们在生活中也经常使用各种新技术。[13] 年长的顾客对于新技术的接纳与

使用则差一些。为避免疏远任何一个顾客群体,很多企业将数字营销工具作为传统营销工具的补充,但采用这种战略的企业会面临很多问题。例如,不是所有的年长顾客都排斥数字营销工具,也不是所有的年轻顾客都喜欢数字营销工具。很多研究试图分析不同的顾客群体如何使用数字营销工具,以确定顾客个性、偏好和消费环境如何影响数字营销工具的效果。[14] 不过,很多企业都试图鼓励顾客使用数字营销工具。例如,美联航和凯悦酒店等企业都大力推广自己的官网和移动应用程序。

由于数字营销工具在数字媒体消费者中大受欢迎及其对企业的有效性,几乎所有企业都会依仗这些工具。最常用的一个工具是品牌官网,企业通常在网站上宣传自己的品牌、价值观、服务方式,并销售产品和服务。就连以往不怎么触网的企业也创建了网站。例如,为了与目标市场联系,很多餐厅都建立了综合性网站,并成为社交媒体的活跃用户。然而,企业应利用战略洞察力来决定使用哪些数字营销工具及每种工具在整个数字营销战略中所占的比重。这些工具包括在线营销、社交媒体营销及移动营销。

16.2.2 在线营销

在线营销是指通过网站、在线广告、电子邮件、在线视频和博客等开展营销活动。尽管社交媒体营销和移动营销也是在网上进行的,但由于其特殊性且发展迅速,我们将单独讨论这两种营销方式。

1. 网站及品牌网络社区

实施在线营销策略的第一步是创建网站。虽然所有企业都有网站,但这些网站的规模和范围却并不相同。例如,有些网站主要是营销网站,其设计意图是吸引顾客并引导他们购买产品或达到其他预期营销结果(如告知、再次惠顾意向、口碑传播)。网站上的信息在本质上是有说服力的,并且提供支持顾客购买的信息。关于产品和服务的信息必须清晰明了,而且购买顺序应该是直观的。信息必须以顾客容易找到的方式提供,换句话说,信息应该能够在顾客期望的地方找到。除了支持购买功能外,网站提供的信息还应该能够吸引顾客、使他们再次登录网站并与网站进行互动以创建在线社区。这种新的网站设计方式包含品牌信息、视频、博客链接、可能举办的活动,以及激发顾客参与的各种功能。

根据谷歌搜索中有关布法罗辣鸡翅餐厅(Buffalo Wild Wings)的1 133条评论给出的分数,该餐厅在五星评论中获得了4.7分。布法罗辣鸡翅餐厅在美国各地有1 100多家门店,在网上的曝光率也极高。餐厅的官网(buffalowildwings.com)导航清晰,用户可以方便地找到所需的信息。例如,主页左侧是主要信息区,依次是食物、促销、粉丝区(奖励)和门店地址。主页的中部是促销菜品的高清晰度照片。网站的上部是在线订购区,有搜索在线订购门店地址的按钮及登录按钮。单击左侧标题打开子菜单,用户可以通过特定的菜单选项进行浏览。每次单击菜单或子菜单时,主屏幕都会弹出正在促销的菜品。单击弹出框后会看到这些菜品的详细介绍及菜品照片。粉丝区是一个吸引顾客并推广餐厅新活动的区域,如餐厅新增了精酿啤酒。网站的一个重要特色是它的在线订餐区。点击订餐按钮后,系统会询问用户所处的地理位置,然后根据具体位置,提示可以订餐的门店。订餐界面简单明了,展现各菜品的高清晰度照片。网站还有一个定制功能。如果选择该功能,则用户订购菜品时可以看到所选菜品的总卡路里数。餐厅的网站说明其力图吸引更广泛的顾客群体,该群体主要通过网站和移动设备获取菜单信息并订餐。[15]

虽然几乎所有的企业都有网站,但吸引人们访问自己的网站并不容易。网站是为所有促销和零售活动提供支持的综合平台,因此企业会竭力提升网站的访问量。例如,凯悦酒店和达美航空等企业在印刷材料、直销活动、电视广告中大力推广自己的官网,鼓励潜在顾客访问网站。

网站的另一个重要特征是它的黏性。[16]黏性反映了一个网站使用户留在网站而不离开的能力。为了使用户访问网站的时间更长,网站必须设计精良而且用户界面友好。然而,这些特点只是一个好网站的设计基础。除了这些特点外,好的网站必须赏心悦目且颇具趣味,也就是说,让用户可以自发地与网站互动,并从互动中获得满足感。好网站的另一个重要特征是在网站上构建信息的方式。很多网站的设计风格类似,以便于导航。例如,品牌标识位于主页的左上角,而主页的右上角通常是会员登录区。主页的中心区域展示促销信息,并在显眼的地方放置搜索和购买引擎。这种设计风格可以促进购买。最后,为了留住顾客,企业的网站、移动应用程序及其他所有营销材料都要遵循统一的视觉设计风格。例如,美联航的网站和移动应用程序上都有一张蓝色背景下的波音737飞机照片。

如今的网站设计不仅要服务于零售功能,还要推动其他重要营销成果的完成。其中一个成果就是品牌知名度。这一点对大企业来说尤为重要,因为其主品牌网站在设计上可能与其他系列品牌网站或附属网站略有不同。例如,希尔顿的官网 Hilton.com 在大力推广产品和促进零售的同时,也注重提高品牌知名度,帮助潜在顾客了解公司旗下更多的品牌。此外,该网站作为希尔顿在数字空间的主要门户网站,也为参与奖励计划的会员登录自己的账户提供了便利。通过这种方式,网站实现了维系重要顾客关系的功能。顾客想预订希尔顿旗下的某家酒店时,可能会被重定向到该酒店的网站。例如,如果顾客希望预订位于休斯敦大学校区的希尔顿酒店的客房,那么他将被重定向到这家酒店的网站。[17]

由于网站的目的不同,其设计也不同。例如,品牌网站主要负责为企业向顾客销售产品提供便利。具体来说,希尔顿或万豪的品牌网站负责推广产品,并完成为主要顾客提供服务的职能。网站的设计要符合其所代表的企业或组织的目的。例如,Expedia.com 或 Priceline.com 的主要职能是零售,由于其竞争优势在于方便用户比较不同酒店的房价,因此其搜索和预订引擎放置在网站最显眼的位置上。会展与旅游局等目的地营销组织(DMO)的主要职能是推广整个目的地,其网站设计也是基于这一职能的。

如今的网站综合性越来越强,但一些平台的出现使网站设计变得更加容易,让小企业也可以自己设计网站。例如,Google Sites 或 Wix.com 提供的平台就很实用,单体餐厅、酒店、快餐车、旅行社和活动策划公司等小企业可以利用这些平台创建、发布和维护自己的网站。例如,餐厅可以根据自己的具体情况选择平台提供的特定模板。餐厅网站的设计师只需专注于餐厅的营销,而不必过多考虑网站设计的技术层面(编码、主机)。

2. 在线广告

由于消费者花费大量的时间上网,很多企业将精力和资金投向了在线广告。企业这么做的目的是提高品牌销量,增加企业网站、移动应用程序及社交平台的流量。在线广告已经成为一种主要的宣传媒介。在线广告的主要形式是展示广告和搜索关联广告。

展示广告可能出现在互联网用户屏幕上的任何位置,而且通常与屏幕上显示的信息相关。例如,浏览 Expedia.com 网站的潜在顾客可能会看到美联航的广告。展示广告包含两个要素:①利用动画、声音、视频和交互等丰富的媒体元素实现的说服力;②为企业提供分析的能力。营销人员可以利用点击流分析等很多方法评估在线广告促进销售或提升知名度的能力。

搜索关联广告(或上下文广告)是覆盖面最广的广告形式之一。人们使用谷歌或雅虎等搜索引擎进行搜索时,广告便会以图像、文本或链接的形式出现在页面顶部或搜索结果页面的侧边。例如,在谷歌上搜索得克萨斯州奥斯汀市的餐厅,除了会看到结果列表,还会看到一堆与搜索关键词有关联的广告。搜索关联广告是谷歌等搜索引擎的重要收入来源。搜索算法在不断发展,评估这类广告效果的方法也在不断发展。点击流分析法等方法让营销人员可以测定广告在多大程度上引发了购买行为。[18]为了使广告能够出现在搜索结果页面的侧边,企业需要向搜索引擎公司购买搜索词条,在用户点击企业的广告后付费。

3. 电子邮件营销

尽管短信和社交媒体帖子等网络沟通方式日益普及,电子邮件仍然是网络沟通的主要形式之一。这是因为电子邮件常用于工作情境,是一种较为正式的沟通方式。电子邮件营销是最早的电子营销方式之一,源自 1978 年面向 400 位收件人开展的电子邮件营销活动。2018 年,电子邮件日均发送量约为 2 810 亿封。[19]如今,电子邮件营销可以对内容进行调整,提升了与潜在顾客的相关性,而且可以依托移动设备接触目标受众。[20]

电子邮件是一种非常有效的直接营销媒介。营销人员可以借助电子邮件向顾客发送高度个性化的、针对性很强的信息。这些信息与企业的劝说性战略保持一致时,可以成为刺激购买或取得与品牌相关的其他成果的强大工具。网络技术的发展提升了电子邮件的个性化程度,电子邮件中可以包含高分辨率的图片、动画及网址链接。然而,尽管电子邮件十分普及,特别是作为企业内部的正式沟通手段,但电子邮件也存在很多滥用。例如,电子邮件类工具使用起来非常方便,营销人员很容易就能获得潜在顾客的电子邮件地址,因此很容易忘乎所以地发送不受人们欢迎的营销信息类电子邮件。当这类电子邮件塞满个人收件箱时,人们难免为垃圾邮件感到困扰。垃圾邮件是指未经请求的、不受欢迎的塞满收件箱的商业邮件。此外,形形色色的网络攻击都使用电子邮件作为媒介。例如,网络钓鱼攻击近年来变得花样繁多,它会诱骗收件人点击邮件中的链接,提取其登录凭据或账户信息或是自动下载恶意软件,攻击收件人的电脑或移动设备。[21]由于垃圾邮件和网络钓鱼攻击的存在,技术开发人员及众多企业都会选择使用各种过滤器以限制人们收到过多不受欢迎的邮件。而过滤器的使用会降低电子邮件营销的效果。

为了应对这些挑战,很多企业开始采用许可式电子邮件营销,只向同意接收商业邮件的潜在顾客发送电子邮件。例如,餐厅会请求顾客同意接收其发送的营销推广类电子邮件。由于整合营销传播将各种在线渠道整合在一起,所以具有零售功能的网站通常会请求顾客允许企业通过电子邮件进行更深入的营销沟通。这可以确保人们接收的都是其感兴趣的营销信息,也更有可能进一步跟进。

过去 10 年,电子邮件营销直接反映了企业的营销战略。例如,酒店会捕获顾客的电子邮件地址,然后使用该地址与顾客进一步沟通。酒店非常重视老顾客,在他们入住酒店后向他们发送电子邮件。这类电子邮件对特定酒店或产品进行促销,通常发送的都是打折广告。[22]不过,如今的系统可以根据顾客的所有行为(如电子邮件和社交媒体的使用及热衷的网络应用)进行调整。因此,新的电子邮件营销系统会考虑顾客的其他相关信息,如他们的访问频率、社交媒体活动和消费水平,从而使电子邮件营销与其他顾客关系管理(CRM)系统无缝整合在一起,形成一个集成的、更高效的顾客沟通平台。例如,Clairvoyix 技术公司开发了一个可专注于市场细分及个性化的为直接营销服务的云平台。2018 年,Clarivoyix 被 Hotel Tech Report 评为旅游接待业顶级电子邮件营销与顾客关系管理平台。[23]

在数字营销中,潜在顾客的电子邮件地址是十分宝贵的工具。因此,Digital Alchemy 等公司推出了一款软件,可以捕获用户在第三方平台预订时使用的电子邮件地址。这类系统被用于收集潜在顾客的入住信息及反馈。由于这种通信具有即时性,管理者可以迅速采取行动,防止服务失误或减小现有服务失误的影响。电子邮件无处不在,也就是说,几乎每个人都会在智能手机或电脑上设置电子邮件地址。鉴于此,电子邮件营销在酒店营销人员使用的诸多工具中可谓前景光明。只要邮件内容与接收者相关,并且能够为推广的产品或服务提供价值,电子邮件营销就可以成为一个为顾客和企业双方增加价值的强大工具。

4. 在线视频

在线视频是在网站或社交媒体平台(如脸书或 YouTube)上发布的数字内容。在线视频的类型很多,如强调产品的某些属性、推广整个品牌或作为公关战略一部分的视频。有些视频则是转换为易于在网站上播放的格式的电视广告。

随着视频吸引的受众不断增多,在线视频很可能产生巨大的影响。例如,据估计,到 2020 年,在线视频消费每年大约增加 9 分钟。[24]这类视频很可能像病毒一样迅速传播开。病毒式营销是口碑营销的数字版本,涉及制作视频、广告及其他具有强大感染力的营销内容,人们会主动寻找这类视频并将其转发给朋友。因为消费者承担了分享这类视频的工作,视频的推广成本很低。此外,这类视频更容易引起消费者的兴趣,因为他们通常是从朋友或信任的人那里收到的视频。

企业还需要知道并非所有线上视频都会展现企业的正面形象,有些视频会给企业带来负面影响。此外,企业有时会使用视频为产品出现的问题辩护或解决特定的问题。这样的视频可能非常有影响力,因为它们往往代表着企业对所发生事件的真实看法。虽然病毒式营销是可取的,正面信息可以"病毒式传播",但当一段视频发布到网上时,人们很难预估其未来病毒式传播的情况。况且在线视频鱼龙混杂,要想预估视频的效果也是相当困难的。由于在线视频的浏览量可以为发布该视频的个人或企业带来广告收入,因此有很多人在网上发布视频,尤其是在 YouTube 等平台上。考虑到这一点,企业发布的信息必须清晰而且选取的目标受众必须得当。

5. 博客及其他在线论坛

一些企业发现,某些主要为方便消费者之间的沟通而设计的数字工具在企业与消费者沟通中效果甚佳。博客就是其中之一。博客(或网络日志)是个人或企业发表想法的在线媒体,通常是关于某些特定的主题。从所讨论信息的性质来看,如今的博客可谓种类繁多。由于旅游是最激动人心的活动之一,所以旅游博客不计其数。这些博客讨论了旅游的方方面面,从针对特定目的而寻找旅游目的地到如何最好地利用企业的奖励计划。很多博客与其他在线内容关联在一起,因为博主要借助社交媒体推广自己的作品。在所有博客中,有一点很常见,那就是博客拥有大量忠实的追随者,而且能够对人们的决策产生重大影响。

很多企业设计了自己的博客,用来推广品牌相关信息。例如,迪士尼乐园的博客旨在让人们了解迪士尼,其中设置了一个幕后花絮版块,介绍新剧目的舞蹈排练、员工专访等。[25]

很多企业深知博客的影响力,希望确保博主获得最准确的产品相关信息,保证博客空间提供的产品形象清晰且真实。因此,为了让博主获得最准确的信息,旅游接待企业通常会邀请博主入住酒店或在餐厅用餐。诚实是非常重要的,企业努力为博主提供充足的信息,使其博客能够如实反映企业的情况。

企业的领导者拥有自己的博客也是很常见的。例如,维珍集团的创始人理查德·布兰森爵士(Sir Richard Branson)就拥有一个综合性的博客,内容涉及企业家精神、太空旅行和企业价值等话题。[26]专家们认为,将博客纳入官网也很重要。博客是定期更新的,这有助于提高企业产品和品牌在搜索引擎的搜索算法中的排名。虽然越来越多的企业在使用博客,但它在很大程度上仍然是由消费者控制的在线媒体。企业应密切监控讨论其产品的博客,时刻了解人们对产品的看法。

16.2.3　社交媒体营销

在线工具的快速、广泛发展催生了各种社交媒体平台并推动了平台之间的整合。社交媒体平台吸引顾客,使他们聚集在网上,相互联络并交换意见和信息。脸书、Google＋、推特、Ins、YouTube等平台或是领英等职场社区可以极大地推动潜在顾客之间的在线互动。由于这类平台会根据人口统计特征、偏好等方面的相似性进行分组,因此对营销人员来说也很有价值。此外,社交媒体的用户根据自身对特定群体的归属感,将自己划分到范围较窄的某个细分市场。很多企业因此努力了解社交媒体的影响,在社交媒体上保持有效曝光。

考虑到社交媒体上广泛而深入的信息内容以及人们生产和消费社交媒体信息的速度,也许社交媒体正是应对酒店产品和服务无形性的一种可行的方案。因此,我们会在网上看到大量关于酒店和旅游产品的信息,以及企业为利用这些内容所付出的努力。最重要的是,社交媒体改变了营销沟通影响顾客的方式。例如,虽然大多数直接营销工具源于企业并以消费者为目标,但社交媒体允许消费者自己创建和传播信息。因此,营销的重点从一对多转向多对多。

此外,口碑传播的可见性是社交媒体的一个重要方面。过去,口碑传播无法超出消费者紧密且直接的社交网络。如今,由于社交媒体的存在,沟通越出了即时的社交网络,变得公开且颇具影响力。这种公开的信息会产生影响,因为它不仅可能会影响消费者(买什么、什么时候买、从谁那里买),也可能会影响企业。信息对消费者会产生影响,是因为人们认为信息来自朋友,不存在任何不可告人的营销目的。此外,信息可能来自专业人士,他们的意见很重要,因此信息对消费者有价值。[27]企业密切监控社交媒体内容,并可能根据从社交媒体中获得的洞察调整产品和服务模式。

1. 利用社交媒体

企业可以通过两种方式利用社交媒体:利用现有的社交媒体和设计自己的在线社区。利用现有的社交媒体是最简单的方式,因为现有的社交媒体已经积累了大量的线上内容而且聚集了一定数量的潜在顾客。如今,几乎所有企业都在YouTube、脸书、推特、Pinterest和Ins等平台上开通了账号。运用这些标准化工具,潜在顾客可以将从朋友那里获得的信息与从企业那里获得的营销信息进行比对。在这一过程中,企业需要解决沟通问题,并按照各大平台的规则设计营销信息。

社交媒体的一个重要用途是解决客户服务问题。通常,客户服务是通过直拨电话(通常是800开头的号码)、品牌官网或应用程序完成的。想要与企业互动的顾客通常需要登录企业官网、使用应用程序或拨打800电话。然而,由于社交媒体的用户数量庞大,而且企业相对于其他渠道会对社交媒体做出更快的响应,因此利用社交媒体为顾客提供服务的做法已非常普遍。例如,美联航会针对推特上发布的有关服务的问题做出迅速回应,使需要得到企业快速回复的顾客受益,而且可以帮助其他有类似问题却尚未有机会提问的顾客。这些响应对顾客具有很大的价值,在非正常运营期间(天气延误、改签机票)或是大量顾客拨打客服热线时尤为如此。

社交媒体的另一个重要用途是企业可以安排员工在社交媒体上参与有关企业产品的信息交流。在很多情况下,来自酒店或航空公司的代表都是在线论坛的参与者,他们可以在论坛上专业地回答某些问题。通过这种方式,消费者可以得到某些特定问题的精确答案,从而更好地做出决策。同时,人们也会认为企业响应迅速、对顾客关怀备至,从而为品牌带来口碑。

设计自己的在线社区这种方式虽然看起来更加困难,但已经改变了某些品牌的经营方式。例如,亿客行设计了一个在线社区,请顾客提供有关其购买的产品的反馈。鉴于评论只能由购买过产品的人发布,有关这些产品质量的评论可信度很高,影响其他潜在顾客决策的能力也很高。然而必须认识到,并非所有企业都有能力在网站上创建大型在线社区。

社交媒体除了能够让主要顾客群体受益之外,还可以为更狭窄的利基市场上的顾客群体在网上开辟出一席之地。尽管市场细分和目标市场识别工具更先进了,但寻找这样的利基市场依旧困难重重。社交媒体可以打开进入这些利基市场的通道,降低企业的成本,这对初创企业而言尤为有利。

2. 社交媒体营销的优点与挑战

利用社交媒体开展营销活动有很多优点,但也面临很多挑战。社交媒体营销的优点包括个性化、精准定位、交互性、实时沟通、时效性、成本效益、参与度、社会共享能力及创建品牌社区的可能性。

社交媒体能够精准地识别目标市场并提供个性化服务。针对企业锁定的具有特定人口统计特征或心理学特征的消费者,营销人员在准备营销材料时可以选取适合他们的沟通方式和内容。因为提供的信息与潜在顾客具有高度的相关性,可以极大地提高沟通的效果。

社交媒体的互动性也很强,企业可以与潜在顾客实时交流。如前所述,这类方法有助于弥补服务失误,可以提高顾客的满意度。此外,基于共同创造价值的原则,企业可以倾听并立即根据顾客偏好进行调整,为顾客和企业获得更高的价值提供机会。

社交媒体沟通可以实时进行。因此,企业可以随时随地与顾客取得联系,设计与当前事件相关的营销沟通活动。企业可能需要改变自己的愿景,从针对预期事件设计营销材料转向依据当前正在发生的事件设计营销材料并对产品进行调整。这样一来,企业可以更好地应对动态变化,巩固在市场上的地位。

由于通信是以数字方式进行的,因此社交媒体的成本效益较高。虽然企业创建和传播内容并不完全免费,但消费者参与社交媒体是免费的。具有特定爱好、兴趣或喜好的消费者聚集起来形成细分市场,依赖这一市场,企业可以降低获客成本。此外,消费者可以使用特定社交媒体之外的其他渠道进一步传播提供给他们的信息。例如,一家企业制作了一则搞笑的广告视频,经常访问企业脸书主页的目标顾客看到广告后如果觉得有趣,就会通过其他平台分享给朋友们。这种方法可以节约企业的营销成本。

社交媒体是发展品牌社区的绝佳工具。当忠诚顾客在网上聚集并吸引其他忠诚顾客时,这样的社区就会出现并得以巩固。人们在社区中分享经验、想法,最终提供足够的信息展现出企业良好的形象,进而影响其他潜在顾客。一旦这些社区得到发展和巩固,它们就会成为强大的品牌倡导者。[28]它们会说服原本对品牌持怀疑态度的消费者,把他们转变为忠诚顾客,甚至可以在企业出现服务失误时捍卫品牌。

社交媒体也带来了一些挑战。例如,很多企业仍在尝试寻找可以提高引导顾客从知晓到购买再到购后评估的效果的方法。此外,社交网络主要是用户主导的,很难渗透到传统的人与人之间的沟通网络中。其他挑战还包括不断生成与企业产品推广无关的内容,或是一些顾客只是获取关于某个品牌的信息、了解该品牌的产品,但最终并未购买该品牌的产品。

3. 管理用户生成的社交媒体内容

用户生成内容(UGC)在企业的总体营销策略中发挥着独特的作用。正面评价有助于企业品牌社区的发展,鼓励人们使用产品。负面评价有助于企业找出改进的方法,发现顾客不喜欢的产品性能。企业必须重视用户生成内容。对大多数消费者来说,因为用户生成内容来自同伴所以是可信的。这些内容可以影响成千上万人。消费者打算更换品牌、产品或产品性能时会受到这些内容的影响。

理解人们为什么发布信息也很重要。研究表明,消费者在社交媒体上发布信息是出于利他主义,也就是说,他们喜欢帮助他人。[29]不幸的是,某些消费者发布评论就是为了抹黑那些让他们感觉很差劲的产品。了解消费者是出于何种目的发布评论对于回复这类评论非常重要。无论是正面的还是负面的评论都应该得到企业的回应。这一点很重要,因为这样做会给消费者留下企业重视其意见的印象。

企业对用户生成内容的回应存在一个普遍倾向。例如,旅游接待企业对负面评价给出的回应往往是解释某些服务失误的原因及会采取哪些措施以确保未来不再发生此类问题。企业在给出这类回应时,应针对具体的问题给出有针对性的回复,没有哪个消费者喜欢收到没有针对性的程序化回复。

为了应对日益增多的社交媒体内容,从分析和管理的角度来看,企业已经投入了大量资源,聘请具有良好沟通技能的人担任社交媒体代表。这些人的职责是监控社交媒体上与企业有关的内容,并在需要时给出适当的回应。这是旅游接待业增长最快的职位之一。

4. 在社交媒体上倾听顾客的声音

倾听顾客在社交媒体上的反馈对企业来说至关重要,因为企业可以收集到有价值的信息。这些信息不仅与其产品和服务有关,也与其竞争对手有关。社交媒体的反馈通常包括企业产品与竞争对手产品的对比测评。tripadvisor.com、hotelchatter.com、localyahoo.com、citysearch.com、yelp.com、expedia.com、opentable.com、flyertalk.com 等很多平台都可供人们发布评论。随着社交媒体内容网站的出现和发展,试图了解并总结顾客反馈的研究也在增加。有些企业专门面向旅游接待企业提供服务,帮助其准确理解顾客的话语。这种分析被称为社交媒体分析、商业分析或情绪分析。[30]本书第 5 章讨论了建立适当的沟通渠道的重要性——使顾客的反馈能够准确地传递给管理层。

听了消费者的话语之后,接下来要做的自然就是对话。对话必须根据交流的方式以及受众与产品的具体情况进行调整。例如,万豪酒店的脸书页面内容丰富,其中就包括万豪与广大顾客进行沟通的各种方式。

旅游接待企业的一个常见做法是尝试脱离社交媒体进行交流。这样会让潜在问题得到降级,并阻止顾客群体中形成潜在的负面态度。许多提供内容的顾客都希望企业能迅速做出回应。在很多情况下,企业在脸书或推特页面上使用实时聊天工具,以便对顾客的担忧和投诉做出适当回应。这样的回应是非常个性化的,有助于提高顾客对于解决特定问题的满意度。因此,使用社交媒体与顾客进行对话为企业提供了很多机遇。

有些企业将猫途鹰等网站上的评论嵌入自己的官网。这既有助于顾客从其他顾客的评论中了解企业,也可以让员工了解企业在顾客心目中的最新形象是怎样的。

5. 国际化的社交媒体

互联网最重要的好处之一便是它的国际性。社交媒体同样具有国际性。随着旅游接待业务日益全球化,了解各种社交媒体如何影响世界各地的消费者至关重要。此外,世界各地有很多充分考虑了当地人习惯的社交媒体。例如,一些在美国流行的社交媒体在中国无人使用,中国的消费者在微信、微博和优酷等社交平台上发布内容。人们使用社交媒体进行交流的流行程度和方式在不同国家存在差异。因此,跨国经营的企业必须了解不同国家的特殊沟通方式,以及特定国家使用社交媒体的具体方式。

6. 整合社交媒体营销

在社交媒体上亮相既包括在脸书发帖子、更新推特,也包括利用社交媒体的互动打造整个宣传活动。大多数企业对社交媒体都有一个明确的战略,利用其顾客间互动的特点设计与社交媒体相关的内容,并与整体营销策略的其他部分进行整合。通过这种方式,企业可以利用顾客在社交媒体上特有的互动类型及其他沟通媒体的有效性,向顾客呈现统一的信息并在顾客心目中巩固这一印象。因此,制定恰当的社交媒体营销策略并将其纳入企业的整体营销战略是至关重要的。

企业的最终目的不仅是在网上塑造一个理想的形象,还要推动顾客购买其产品。星巴克等企业积极参与社交媒体并设计内容以鼓励顾客去门店消费。万豪等提供重新定向链接及其他工具以推动顾客在线购买。例如，万豪的脸书页面上设有"立即预订"按钮，可以将顾客重新链接到其官网下单。总体而言，很多旅游接待企业都巧妙地运用社交媒体，充分利用消费者在线分享信息及与企业互动的意愿。

16.2.4 移动营销

移动营销的特点是通过移动设备向顾客发送营销信息、促销活动及其他营销内容。移动营销之所以获得重视，是因为消费者会随身携带可以联网的移动设备，企业可以随时随地与其联系。由于消费者的移动设备是高度个性化的，因此使用这类设备与企业进行的互动的个性化程度也很高，随着时间的推移可以建立持久的关系。移动设备在硬件、软件、服务模式和顾客行为方面的突飞猛进为企业与顾客进行沟通提供了重要机会。这些方式决定了企业整体的移动营销策略，而沟通的移动性又增加了策略制定的复杂性。

移动设备的功能不断发展，为企业与顾客实时接触创造了更多的机会。例如，Alice App 提供了一个非常有用的平台，可以在顾客住店后与他们进行沟通。要求客房提供额外毛巾的顾客可以使用手机实时查询请求的状态，从而可以知道毛巾什么时候会被送到房间。[31]这种方法可以让顾客形成现实的预期，即使员工花很长时间才送来毛巾也不会感到不满。

移动设备的一个重要用途是在顾客抵达前通过平台进行沟通。旅游接待业的独特之处在于，从产品预订到实际消费之间会经历相当长的时间。酒店、航空公司、大多数节事活动和汽车租赁公司都是如此。传统上，一旦顾客预订了房间，酒店和顾客之间便没有什么交流了。最多也就是顾客收到一封确认预订的电子邮件。然而，新的移动沟通平台可以向顾客提供额外的信息，特别是在他们即将抵达目的地时。Zingle[32]和 Whistle[33]等平台会向顾客的移动设备发送鼓励他们进行沟通的短信。顾客抵达酒店时，已经知道接下来该怎么做，从而减少了服务的无形性，消除了对额外信息的需要，可以防止服务瓶颈的出现。

移动设备的另一个重要特点是基本都处于联网状态。互联网提供了各种各样的信息，包括社交媒体上针对各种旅游接待产品的评论。例如，抵达酒店的顾客可以有不同的用餐选择，他可以在途中做出在某家餐厅用餐的决定。这是因为他借助手机可以获得各种评论和营销信息，这些都有助于决策。这一切得益于可靠的、可以与顾客进行无缝对接的蜂窝数据网络及移动运营商服务模式的发展。[34]

随着移动设备的普及，很多工作已经转移到移动环境中。例如，酒店为顾客提供使用移动设备办理入住的选择，可以将其手机用作解锁客房及其他受限空间的设备。[35]例如，希尔顿为顾客提供了一把数字钥匙，已注册会员的老顾客可以轻松进入客房。OpenKey 等企业专门为酒店创建了平台，使其他酒店也可以为顾客提供类似的服务。[36]在航空业，移动应用程序常被用来方便顾客完成某些流程。例如，西南航空的移动应用程序提供了办理登机手续、托运行李、预订和管理预订等功能。将某些流程从面对面交互转移到顾客使用移动设备进行移动交互，方便顾客使用自己熟悉的设备按照自己的节奏完成这些流程。

企业还可以使用移动设备来刺激购买。近期有一项研究[37]列出了影响乘客购买航空附加服务的因素。研究发现,感知到的实用性、移动设备的易用性及对企业的信任会影响顾客在旅途中是否会使用移动设备购买航空附加服务,如互联网接入和餐饮。[37]此外,企业通过在移动设备上提供独家促销来刺激购买。为了刺激购买,有时只让顾客使用智能手机是不够的,企业还需要打造适当的基础设施,以充分利用顾客对智能手机的使用。无线电信标技术就是技术方面的一个实例。无线电信标是安装在整个设施(主要是酒店)重要位置的硬件设备。信标可以检测附近是否有智能手机,并推送营销信息。[38]通过这种方式,酒店可以利用顾客智能手机的定位信息,并提供顾客可能需要的个性化服务,使顾客在逗留期间获得增值服务。

移动技术的一个有趣的特点是其娱乐性。智能手机和平板电脑的设计不仅有助于完成工作,而且为人们提供了娱乐途径。因此,企业设计移动应用程序或针对智能手机的市场营销活动,让顾客可以主动与应用程序进行互动。

智能手机和平板电脑的尖端功能使互动性很强的应用程序得以被设计出来。例如,hotels.com 应用程序整合了苹果智能语音助手 Siri 的快捷功能,顾客打开应用程序后可以运用语音识别技术检索重要信息。[39]

除了刺激购买,营销人员还设计了移动插件,鼓励顾客在特定任务之外与企业建立长期的关系。例如,星巴克设计了一个应用程序,允许顾客管理自己的账户,还可以收到有关其消费的分析。美联航的移动应用程序具有一个功能,允许注册会员的顾客随时知道自己的会员等级状态。这类功能激发了顾客参与,并促使他们持续使用应用程序。这些应用程序是传播营销信息的理想工具,可以引导顾客消费高价值的产品。

最后,移动设备的配置为完成购买过程提供了机会。此前,想去旅行的消费者会模拟一次预订,阅读有关目的地或酒店的评论,但却不能使用移动设备预订。直到最近,基于网络和设备的支付系统才变得安全方便,使人们愿意利用移动设备完成整个购买流程。其中一个例子就是移动支付。从 iPhone5 和三星 S5 开始,移动设备具有了近场通信(NFC)等可以确保安全支付的标准配置。有了这些配置,移动设备可以在没有现金或信用卡等其他支付方式的情况下使用,并使顾客在住店期间不必随身携带钱包。智能手机的这些功能还可以用来解锁客房,或方便顾客访问其他仅限客人出入的区域。

总的来说,包括在线营销、社交媒体营销和移动营销在内的数字直接营销成为越来越多的旅游接待企业营销战略的组成部分。虽然有时很容易想象旅游接待业的所有一切都变成数字化的世界,但更务实的观点是营销战略应以数字化和传统工具为基础。这对于创建一个统一的营销沟通平台及制定支持企业战略的营销组合是十分必要的。

16.3　顾客数据库与传统的直接营销

有效的直接营销离不开顾客数据库的支持。顾客数据库是顾客或潜在顾客综合信息的有组织的集合,包括地理位置、人口统计特征、心理和行为方面的信息。可以根据顾客数据库开发各种营销项目,其长期目标是建立关系。由于信息超载,企业迫切需要充分了解顾客,这一点可以通过分析顾客数据库中的数据来实现。

存储在顾客数据库中的数据主要包括人口统计特征（如年龄、收入、家庭成员姓名、生日）、心理特征（如活动、兴趣、观点、信念），以及购买行为（如购买偏好、最近一次购买的时间、购买频率和购买金额）。鉴于交互技术应用的普及，消费者可能披露揭示其购买行为的大量数据。例如，他们可能会披露对某些产品的偏好、生日、爱好、喜爱的食物及过敏信息等。顾客数据库的规模和复杂性不断增加，使数据在设计卓越顾客体验中发挥的作用日益明显。例如，人工智能公司 Travelsify 从酒店和餐厅评论中收集数据，为特定的酒店和餐厅创建了类似 DNA 的描述符。[40] 这类综合性数据工具对酒店制定市场战略具有巨大的价值。[41]

16.3.1 数据库的用途

企业会以多种方式使用数据库。例如，企业可以借助数据库找出最优质的顾客并利用这些信息创造销售机会。企业还可以挖掘数据，了解顾客的购买行为，利用这些信息进行产品设计及采取适当的沟通方式。总之，数据库可以为建立更牢固的长期顾客关系奠定坚实的基础。

数据库的一个重要用途是数据整合。如今，数据来源众多，必须对来自不同来源的数据进行整合，才能从不同数据库存储的信息中提取出意义。**数据仓库**（data warehouse）将企业获取的顾客信息都存放在中央数据库中。拥有整合后的数据库对于设计优质产品至关重要。例如，希尔顿充分利用其强大的数据库开发了酒店管理系统 OnQ，整合了来自希尔顿旗下所有品牌的数据。OnQ 还将中央预订系统、顾客关系管理和收入管理功能整合为一个系统，让酒店员工可以基于准确的信息为顾客服务。此外，OnQ 还促进了针对运营商的现场培训，从而提高了运营效率。[42]

数据存入数据库后，企业就可以利用数据库查询到特定的数据。例如，酒店经理可以从数据库中获取报告并查找特定类型的顾客。具体而言，管理人员可以获得所有已进行预订且将在 3 天内抵达酒店的顾客数据，并针对这些顾客进行有针对性的营销沟通。同样，餐厅经理可以获得过去 6 个月在网上订餐的顾客报告，并针对这些顾客设计营销活动。上述管理工具都离不开关系数据库的开发。

关系数据库以表的形式呈现数据，通常行代表一条记录，列代表一个字段。表中的各种数据之间存在关系，数据库管理提供了检索相关数据的可能性。数据库允许多个用户同时访问相同的数据，由此带来的担忧是，并非所有用户都会看到相同的更新后的数据。因此，当多个用户使用数据时，数据库管理系统（管理关系数据库中数据的软件协议）会进行处理以保持数据的一致性。[43]

前面的例子说明了利用数据库进行决策的基本方法。具体来说，这些例子说明了管理者是如何使用查询来获取存储在数据库中的数据的。但这只是数据库的基本用途，数据库技术已取得进一步的发展，如今管理者可以使用自动工具进行数据库查询。数据挖掘就是这样一套工具。数据挖掘代表了一系列技术和方法（如聚类分析、建模、时间序列预测和因子分析），以增加价值和发现新知识为目的，发掘数据中非同寻常的模式。[44] 数据挖掘起源于统计学和计算机科学的多个领域，如数据库管理、人工智能、机器学习及统计建模。过去几年中，在计算和存储成本下降以及可用数据暴增的情形下，数据挖掘技术持续发展。[45]

近年来,与数据挖掘相关的一组重要技术取得了令人鼓舞的成就,使管理者能够很好地理解顾客的行为。这套技术涉及预测分析,即利用计算机检查数据并预测人们未来如何做出决策。预测分析基于预测模型,其中包括可预测的核心变量,如顾客未来的购买行为。[46]预测分析为那些利用大数据、优化流程保持竞争力的企业提供了机遇。[47]这种洞察力对企业的决策至关重要,并且对顾客在接受服务期间获得的价值具有重要启示。[48]预测模型通常有多个数据输入,根据数据的权重提供一个智能的解决方案。[49]最重要的是,预测模型可以用"提升"来概括其特点,这个词能够描述它给企业带来的价值,与没有充分利用预测模型的情境相对应。[49]尽管来自各种组织及由顾客披露的数据量不断增加,大多数有关企业的预测分析战略尚处于起步阶段。

旅游接待业的高度碎片化(如大量的交易、普通民众的高购买频率)使其适合应用大数据的概念。最吸引人的技术之一是人工智能(AI),它与预测分析和数据库中存储的信息相结合,可以让管理者找到难以通过简单的分析观察到的消费模式。专家们识别出不同类型的人工智能,如过程自动化(线下和线上任务的自动化)、认知洞察力(从数据中察觉并解释有价值的模式)和认知参与(让员工和顾客使用智能系统或机器学习)。[50]人工智能以制定更佳的决策并为顾客提供更好的价值为核心,有很多优势。[50]在旅游接待业,人工智能可用于为顾客提供个性化的服务,更好地了解入住模式,优化收入,管理声誉及收集商业情报。[51]

鉴于各种来源数据的频率、速度和数量,只有高质量的数据才能发挥作用。如果这些数据的质量很低,从中得到的结果就不可靠。最常见的一个错误是记录重复。例如,根据在数据库中创建顾客记录时收集顾客数据的方式,同一位顾客可能有两个不完整的记录。因此,如果酒店设计了一个针对这位顾客的营销活动,那么他将收到重复的消息。这会让顾客感到厌烦,觉得酒店做事没有条理或者并不是真正关心他。

与数据库中存储数据的准确性直接相关的另一个重要方面是合理使用这些数据库。尽管数据大多是自动录入的,以确保正确的信息存储在正确的字段中,但有时也会出现错误或信息缺失的情况。有时,当新数据可用时,这些空白字段会以手动的方式完成录入。对于在数据库或顾客档案中录入数据的员工来说,准确了解数据类型及如何有效地利用这些信息非常重要。为了实现这一目标,员工培训及针对该职位制定明确的规程至关重要。

创建和维护数据库既不简单也不便宜。然而,在过去几年里,开发数据库所需的硬件以及获取和管理数据库中存储的数据所需的软件都取得了卓越的进步。例如,云计算的发展和存储成本的降低使旅游接待企业更容易获取数据库。此外,Oracle RDBMS、IBM DB2 或 MySQL 等软件的开发为企业从数据库中获益创造了机会。此外,比 Python 等早期软件更容易学习的编程工具的推出使管理者能够比以往更容易、更有效地从数据库中获取数据。然而,为了开发这样的数据库,企业在硬件、软件、分析程序、通信连接、培训和安全等多个方面都要有所投入。最重要的是,企业必须以战略眼光对待数据库开发,才能确保这些工具得到有效利用。

16.3.2　个性化、信息披露及为顾客创造价值

向企业披露信息历来都是管理实践中的一个重要话题,并不局限于旅游接待业。[52]顾客可能会为了换取个性化服务而披露个人信息。[53]然而,他们只有感知到这么做会带来高价值时才会披露个人信息。[54]因此,企业为顾客提供价值的一个绝佳方式就是提供个性化产品。在将产品个性化的过程中,企业依赖的是数据库中的数据,其中也包括顾客披露的数据。这些个人数据包括顾客的一般偏好及对企业提供的某些产品的评价。通过收集各种反馈意见,企业能够更好地了解哪些产品或产品的组成部分是顾客在意的。过去,这种数据交换通常是面对面进行的,顾客会将自己的产品偏好告诉服务人员,而工作人员会记录下这些偏好。如今,由于信息技术,特别是移动设备的应用,这样的交换变得更加容易且准确。这种交换是自动进行的,因为大多数企业都拥有交互工具,而顾客拥有可以提供这种数据的交互硬件。例如,移动应用程序被设计用来交换偏好数据,以及位置和其他有关顾客设备及其消费模式的重要数据。如果企业开发出将这些数据整合到新产品和服务中的方法,就可以为顾客创造较高的价值。

数据库的一个重要用途是为顾客提供价值。企业战略给顾客带来的价值必须与数据库的用途保持一致。为此,企业可以从战术和战略两个层面上使用数据库。对数据库的战术性使用是将数据库用于直接的、有限的目的。例如,企业可以使用最近购买过产品的顾客的信息,并针对这些顾客设计营销活动。这样的活动可能有助于企业吸引回头客。不过,企业如果从战略层面使用这些数据库,将获得更大的收益。也就是说,企业可以使用这些数据库来了解更多的顾客信息,并设计出与顾客期待从企业获得的价值更相符的产品。

希尔顿和万豪等大企业经常使用数据库来了解顾客偏好,并利用这些偏好提供进一步的服务。例如,如果顾客喜欢喝健怡可乐,而且每次住宿期间都要求酒店提供健怡可乐,则这一数据就会被存储到数据库中并在将来使用。例如,办理入住时,酒店会免费为顾客提供健怡可乐。企业战略性地利用这些工具时,便有可能基于对顾客的了解而获得竞争优势。接下来,企业就可以根据对顾客的了解开发具有可行性的服务模式,为顾客提供有价值的产品。

 ## 16.4　关系营销与忠诚计划

关系营销的目标是通过提供始终如一的价值与顾客建立长期的关系,从而让顾客信任企业。为了实现这一目标,企业的各部门必须共同协作,一起为顾客提供服务。与顾客建立的关系涉及经济、社会、技术和法律等多个层面,会产生较高的顾客忠诚度。支持这一目标的营销工具包括提供财务收益、社会收益和结构性关联三种类型。

财务收益是企业能够为顾客提供的最实际的益处。大多数企业都制订了奖励计划,对顾客的多次购买行为给予某种经济上的奖励。例如,酒店可以免费延长住宿时间或提供客房升级,而航空公司可以提供里程或积分。此外,很多大企业与银行合作推出联名信用卡,为持卡人提供优惠。例如,大通银行的一款信用卡允许顾客根据信用卡消费额累积

美联航 MileagePlus 计划的里程。[55] MileagePlus 计划采用等级制(分为普通会员、银卡会员、金卡会员、白金卡会员和 1K 会员五个等级),顾客加入会员后随着逐步升级,收益也会不断增加,比如银卡会员可免费托运 1 件行李,而 1K 会员可免费托运 3 件行李。此外,银卡会员最早可在出发当天获得免费升级确认,而 1K 会员在出发前 96 小时即可获得升级确认。[56] MileagePlus 计划的会员里程与星空联盟的其他航空公司会员里程是通用的。要获得银卡会员资格,顾客需要累积 25 000 英里定级里程或 30 个定级航段(消费不低于 3 000 美元)。金卡会员的标准则是 50 000 英里定级里程或 60 个定级航段(消费不低于 6 000 美元)。而要晋级到 1K 会员,顾客需要累积 100 000 英里定级里程或 120 个定级航段(消费不低于 12 000 美元)。[57]

社会收益通常被叠加到企业提供的财务收益中。企业大多会制定策略,通过了解个别顾客的需求提供个性化服务,从而增加与顾客的社会联系。有人可能会说,企业的这种做法是将顾客视为客户。客户有姓名、有个性化需求,并且受到企业的特别关注。例如,服务人员能够辨认出客人并说出他们的名字。随着时间的推移,服务人员会了解顾客的特殊偏好,并在他们尚未要求的情况下提供个性化服务。这将在企业与顾客之间建立一种持久的纽带,从而促进顾客的进一步参与并使双方共同维系关系。如果忠诚顾客在整个体验过程中接触的所有员工都遵循这一服务理念,那么顾客在离开酒店时就会很清楚自己对该酒店是有价值的。

结构性关联需要改变商业运作,要对忠诚顾客的产品进行调整,但这种调整不必针对每一位顾客。例如,凯悦酒店为奖励计划中较高级别的顾客提供延迟退房服务,白金会员可延迟退房时间至下午 2 点,而钻石会员可延迟退房时间至下午 4 点。万豪酒店提供类似的优惠,如银、金和白金级别的会员可享受优先办理退房手续及延迟退房服务。这是其他顾客无法享受的福利。这一福利对商旅人士来说至关重要,他们将酒店房间用作灵活的工作空间。让顾客不必急着退房,让他们可以平心静气地在退房前高效地完成更多的工作,可以让他们有非常高的满意度。企业如果可以成功地部署这种结构性的服务安排,就可以得到很大的好处。不过,这么做付出的成本可能也很高。这么做需要调整员工的时间表,并改变某些操作流程。虽然结构性关联实施起来并不容易,但竞争对手也很难模仿,从而可以赋予企业可持续的竞争优势。

在建立关系时,认为每个顾客都将与企业建立直接关系是行得通的,但企业应该有选择地建立顾客关系。企业选择顾客的依据是自己可以比其他企业更好地满足顾客的需求。选定了顾客后,企业会制订并实施与目标顾客建立关系的计划。表 16-1 展示了如何根据盈利能力将顾客分为不同的类别,而盈利能力直接受购买频率和购买金额的影响。

表 16-1 顾客的类型

	低购买频率	高购买频率
高盈利能力	努力提高这些顾客的惠顾频率	这些是你的最佳顾客,要回馈他们
低盈利能力	这些顾客关注促销,要确保促销有利可图	其中有些顾客有潜力成为较高盈利的顾客

16.4.1　顾客关系管理的益处

顾客关系管理(CRM)的益处源于忠诚顾客的持续惠顾、顾客营销(获取)成本的降低、忠诚顾客价格敏感度的降低及忠诚顾客的合作行动。与非忠诚顾客相比,忠诚顾客购买企业产品的频率更高,而且购买产品的种类可能也更多。因为忠诚顾客对企业很熟悉,有很强的回购动机,企业不需要投入营销费用去吸引这些顾客回购。这降低了企业的整体营销成本。[58]

忠诚顾客还会积极地进行口碑传播,这在当今以社交媒体为主导的环境中极为重要。例如,他们可能会捍卫自己对企业的忠诚,而且通常是在网络论坛及其他社交媒体上公开这样做。这种行为是非常有影响力的,因为它创造了一个有利于企业的信息背景,因而会刺激其他潜在顾客成为忠诚顾客。此外,忠诚顾客通常会准确地描述自己从企业获得的好处。例如,网络论坛可上传照片,忠诚顾客在论坛中讨论自己获得的好处,并通过上传照片等增加产品有形性的方式说明这些好处。

忠诚顾客也不太可能因为价格而另选他家,而且有可能比特征相似的非忠诚顾客购买更多的产品。[59]他们经常充当企业的合作伙伴,而不是顾客,并尝试帮助企业解决问题和提供服务,而不是对问题进行投诉。当企业出错时,他们有时甚至公开为企业辩护,这进一步强化了忠诚顾客会给企业带来益处的理念。考虑到所有这些好处,企业应设立一个良好的奖励计划并培养与忠诚顾客的良好关系,这样做是很有吸引力的。随着时间的推移,即便忠诚顾客的数量增长甚微,他们也会对企业利润产生重大影响。[59]因此,建立稳固的忠诚计划是企业的战略要务。[60]

16.4.2　忠诚计划

制订忠诚计划是为了吸引并维护企业的最佳顾客。大多数简单的忠诚计划都仅以经济奖励为基础,这很容易被竞争对手复制。忠诚计划的优点有目共睹,因此随着时间的推移,它逐渐演变成我们今天看到的战略计划。这些计划按照等级体系运作,顾客可以通过增加消费而获得升级资格从而得到更多回报。鉴于这些计划的战略地位及当今企业的整体战略,企业会不断调整其忠诚计划。例如,几家航空公司前不久改变了顾客获取积分的方式,将旅行里程改为消费额。美联航等航空公司使用消费额、飞行里程和航段的组合来评定会员的等级及可享受的福利。[57]例如,等级较低的会员(银卡会员和金卡会员)可享受的福利包括商务舱或头等舱升舱。

大多数企业会找出最高等级的精英顾客,邀请他们加入专门为超级精英设计的奖励计划。美联航的顶级会员全球服务计划就是仅限受邀顾客加入的计划,入会资格标准是不对外公布的。该计划的会员资格每年审查一次。会员可享受特殊的福利,包括优先升舱、同行者奖励机票、全球头等舱休息室、专享客服电话和电子邮件地址。通过专享客服电话或电子邮件进行问询,问题在几个小时内即可得到解决。成为会员最独特的好处之一是在芝加哥、休斯敦、洛杉矶和旧金山等美联航主要枢纽机场转机时可以乘坐奔驰等豪华车。因为有资格成为顶级会员的乘客在机票上耗资巨大而且出行频繁,所以他们在航班因天气或机械故障而被取消等非正常运营期间可享受优先办理机票改签等待遇。

企业制订忠诚计划时通常会把改变顾客行为作为目标,包括改变购买的频率和数量,以及积极传播口碑(尤其是在线口碑)。很多简单的忠诚计划是从打卡开始的,如购买10次之后即可获得赠品。这样可以跟踪顾客的行为,但不一定会改变其行为。更复杂的忠诚计划(如提供带有效期的优惠券)有可能改变顾客的行为。比如说,给通常不会购买饮料的忠诚顾客提供的免费饮料可能不会带来收入,但可能会为顾客提供全新的体验,他们未来可能会在没有激励的情况下购买饮料。

忠诚计划的一大益处是企业可以获得忠诚顾客的信息。这些信息通常由企业的信息系统自动捕获或是从顾客与服务人员的交流中获得,有助于洞察顾客的消费模式。酒店和航空公司都会调查忠实顾客,了解产品的某些特性是否会创造顾客价值。例如,表16-2显示了豪华酒店顾客对酒店可能会提供给他们的各种好处的重要性与顾客感知到的酒店表现之间的差异。二者之间的差异被标记为差距。

表 16-2 忠诚特征的差距分析 %

特 征	表现	重要性	差距
提供客房升级服务	18.7	69.4	50.7
可以要求指定的客房	4.9	44.7	39.8
如果酒店在您经常来访期间客房有可能售空,酒店相关人员会给您致电,询问是否需要预订	3.0	37.7	34.7
根据您之前的入住信息为您提供定制服务	24.3	57.7	33.4
当您抵达时,酒店员工会认出您	15.1	38.3	23.2
员工的态度表明,您的问题对他们很重要	24.0	42.6	18.6

资料来源:John Bowen and Stowe Shoemaker, University of Nevada, Las Vegas.

目前的很多忠诚计划是20世纪80年代针对"婴儿潮一代"制订的。然而,从那时起,市场条件发生了变化。最重要的是,顾客也在不断变化。因此,我们看到,这些忠诚计划也相应地出现了巨大的变化和调整。这些调整旨在增加忠诚计划对年纪较轻的顾客的吸引力。与年长的顾客相比,年轻的顾客可能更看重更为直接的好处。顾客的关注点已经从提供特定的一揽子福利转向提供高度个性化的服务。例如,"千禧一代"顾客希望在整个消费过程中感受到与众不同,他们十分注重个性化服务。[59]

忠诚计划设计者面临的挑战是如何设计能够吸引各个年龄段顾客的忠诚计划。这一点非常关键,因为每个细分市场内部的异质性都在增加,而且顾客比以往更加注重个性化。为了适应奖励计划的所有会员,企业已经对很多服务模式进行了重新设计。随着奖励计划的重要性日益增长,越来越多的企业将忠诚顾客作为服务流程的核心去部署服务模式和技术。例如,OnQ管理系统涵盖了希尔顿旗下的所有酒店,该系统开发了一些接口,让服务人员可以立即识别会员发出的请求,并根据顾客对整个酒店奖励计划的价值给出有效回应。此外,各种软件供应商还开发了可定制的界面,使服务人员在奖励计划的会员办理入住手续时能轻松地获得有关该会员的信息,并据此定制客户服务以增加价值。

16.5 传统形式的直接营销

旅游接待业应用的传统形式的直接营销包括直邮营销、电话营销和自助服务终端营销。

16.5.1 直邮营销

直邮营销是将产品信息、请柬、提示卡或其他物品寄往某个特定的地址。这种营销形式需要以数据库或名单为基础。沟通的类型包括信件、产品目录、广告、小册子、样品等。直邮是应用最广泛的营销媒体之一。例如,数据与营销协会(原名直销协会)是一个行业组织,向营销人员提供有关在数据驱动经济中开展营销所面临的挑战的见解。[61]此外,数据与营销协会还为消费者提供建议,特别是在商业往来中保护数据方面的建议。[62]

直邮方便了一对一的交流,使营销人员可以准确地选择市场,提供个性化的报价,并且精确地衡量其效果。尽管电子邮件和短信等电子传递工具日益普及,直邮营销仍然是一种重要的营销工具,因为它有助于将信息传递给更优质的潜在顾客。一些专家预测,直邮营销在未来几年前景乐观,尤其是考虑到电子营销导致的混乱局面。[63]直邮营销有其自身优势,主要与营销材料的耐久性及材料能够接触到多人有关。例如,针对某人推销特定酒店套餐的电子邮件可能只会被收件人看到。反过来,如果同一信息是通过直邮营销发送的,收信人可能不会立即扔掉收到的资料而是会保留一段时间,其他人可能会看到这份资料或者收信人可能会重新翻看,从而提高资料的有效性。然而,鉴于目前旅游接待企业营销计划的战略导向,如果直邮营销与其他形式的营销(如网站或短信/电子邮件营销)能够无缝对接,效果会更好。在所有这些营销形式中,整合营销信息是关键。

16.5.2 电话营销

电话营销是使用电话直接向顾客和商业客户进行销售。座机曾经是电话营销的主要工具,但手机的普及、消费者行为的持续改变及移动运营商推出的新服务模式使电话营销的方式发生了变化。

例如,对所有通话(包括顾客不想接听的电话)收费的服务模式使消费者拒接很多不愿接听的电话。这种态度上升到全体美国人层面,最终通过了由美国联邦贸易委员会负责管理的"谢绝来电电话注册"法案。该法案禁止向注册的电话号码拨打营销电话。消费者可以免费注册自己的电话号码,大多数消费者注册了电话号码后一个月内就不会再接到营销电话了。[64]美国联邦贸易委员会对那些仍然给注册了拒接来电的电话号码拨打营销电话的企业发起法律诉讼,禁止它们再拨打注册号码,并依据判决收取了超过 10 亿美元的罚款。[64]违反"谢绝来电电话注册"法案的企业每通电话可被处以最高 41 848 美元的罚款,可有效阻止企业违反该法案。[64]尽管电话营销受到管控,但针对消费者的集客式营销和针对企业的推式营销两种形式的电话营销仍然势头强劲。

"谢绝来电电话注册"法案的实施给营销人员直接向潜在顾客拨打电话制造了障碍。

面对这些障碍,各企业将工作重点转向那些表示愿意接听此类电话的顾客。这类顾客被列入"选择加入"名单,该名单在选择加入营销沟通中被持续使用。很多专家认为,选择加入技术的定位是现有顾客,不同于之前的侵入性技术,现有顾客在企业询问是否愿意接听电话时更有可能同意与其进行互动。[65]

16.5.3 自助服务终端营销

数字工具对顾客的吸引力使自助服务终端营销应运而生。很多企业都开发了自助服务终端,这些设备可以提供信息或允许顾客自助完成服务操作(如入住与退房、打印登机牌)。由于某些任务会导致服务瓶颈,因此在很多服务情境中,自助服务终端的开发对大多数顾客都是有益的。[66]

例如,StayNTouch开发的酒店自助服务站ZestStation可完成入住、钥匙回收和退房流程的办理,简化了服务交付并消除了人工办理入住和退房时的服务瓶颈。[67]在某些商业模式中,自助服务终端是服务系统的重要组成部分。例如,已经取消或减少了传统前台功能的酒店广泛地使用自助服务终端。随着触摸屏技术的发展,提供自助服务终端的技术供应商越来越多。Agilysys技术公司开发了rGuest特快自助服务终端,加快了顾客办理入住和退房等自助服务的速度。除了具有缩短服务线的优点之外,该自助服务终端还与PMS系统集成在一起。[68]

自助服务终端推动了当今诸多自助服务技术的发展。这些技术让顾客通过与机器而不是与服务人员互动来参与服务。对于常规任务而言,这是有益的,尤其是在顾客熟悉酒店或常规服务的情况下(如办理登机手续和打印行李牌)。很多企业的服务区以前安排了很多服务人员,现在转变为以自助服务终端为主,仅安排了为数不多的员工在顾客无法独立使用自助服务终端完成任务时提供帮助。由于触摸屏技术的发展和用户友好的直观界面的设计,自助服务终端及其他触摸屏设备在过去几年取得了巨大的进步,让更多的顾客相信这些工具确实有益。最重要的是,自助服务终端为其他服务技术的应用做好了铺垫,如放在房间里的平板电脑、智能电视或交互式文本系统,它们使企业能够为顾客提供很多个性化服务。[69]

16.5.4 互动电视

互动电视让观众可以通过遥控器与电视节目和广告进行互动。近年来,这样的工具越来越受欢迎,因为在特定情况下顾客喜欢与媒体互动。例如,Teleste酒店解决方案是一个集成解决方案,该解决方案利用酒店现有的有线网络为顾客提供互联网接入和互动电视。[70]互动电视为营销人员提供了以互动的、更深入的方式接触目标受众的机会。利用这种接触方式,营销沟通可以取得很好的效果,刺激购买行为并建立持久的关系。电视娱乐领域的另一个重要发展是网飞等流媒体服务及SlingTV等在线直播电视服务的日益普及。随着这类服务的发展,很多技术供应商推出了与智能电视或酒店客房内其他系统集成的硬件。这样的系统允许顾客使用自己的会员服务及已经订阅的流服务,从而可以提高顾客在酒店内的消费。同样,美联航等航空公司也推出了可用于飞机流媒体服务的移动应用程序。例如,安装了美联航应用程序的乘客,登录飞机上的Wi-Fi账号后即可在线观看电影。

16.6　在线隐私与安全

网络隐私可能是电子商务最大的忧患，因为科技和营销技术的发展已达到营销人员可以收集并分析顾客详细信息的程度。例如，网页浏览量及顾客浏览过网站或应用程序的哪些特定区域都可以被追踪到。

隐私权对于电子营销非常重要。例如，除了顾客主动利用移动设备传播的数据之外，从顾客那里可以收集到的数据越来越多。只有在顾客接受同意准则的前提下，企业才能使用这些数据，而且只能用于为顾客增加价值。新的隐私条例已经颁布。例如，欧盟颁布了《通用数据保护条例》(GDPR)，为欧盟居民提供隐私保护，并且规定了不遵守《通用数据保护条例》的组织应受的处罚。[71]由于旅行的全球性及顾客在接受服务过程中会披露大量信息，旅游接待业可能会受到影响。

在线营销的一个重要方面是顾客的安全问题。在很多情况下，顾客会担心与网站之间交互的数据会被图谋不轨的人截获。有这种感觉的顾客会对旅游接待企业持怀疑态度，因为在旅游中会有大量的小额交易，通常要与多个卖家打交道。例如，一对夫妇前往某地旅游并入住某酒店，而入住酒店后他们才想好要去哪些景点，因此需要预订门票（如博物馆的门票），很可能是使用自己的移动设备通过酒店提供的Wi-Fi账号连接到互联网。这类网络大多是不安全的，如果顾客不采取措施保护其互联网会话和交易的安全，则会面临网络安全风险。将这类安全风险降至最低的方法包括使用虚拟专用网络（VPN）、严格限定网络行为及避免点击重新定向链接。

不仅消费者担心安全和隐私问题，企业同样有这方面的担心。很多辅助日常业务的技术对行为不端的人同样具有吸引力。例如，企业数据库和销售点系统用于交换各种顾客信息与偏好，包括支付信息。因此，保护安全和隐私的一个重要方面是在企业层面保持高标准，培训员工，并打造信任文化。[72]例如，建议企业使用诸如支付卡行业数据安全标准（PCI-DSS）提供的规范，以提高系统安全性。[73]此外，企业应针对当隐私与安全性受到侵害时发生的后果进行信息安全审计和制订应对计划。除了目前用于保护安全和隐私的工具外，企业还应充分利用资源教育顾客和员工，防止他们成为网络攻击的受害者。如果企业致力于这样的活动，顾客会对其产生信任感，有利于其长期保持参与度和忠诚度。

课堂小组练习

*带星号的练习题适合作为个人家庭作业或线上作业。学生需要对答案给出解释。

1.*在YouTube上找一个旅游接待企业的优秀视频。为什么你觉得这个视频效果很好？

2.*假设你要去一个大城市旅游。你会如何利用互联网来决定你在游览期间入住哪里？假设你在该城市没有亲朋好友可以投靠，只能花钱住店。

3.*如果你是一家餐厅的店主，你会如何运用移动营销？

4. *给出数据仓库的定义并解释为什么它会成为流行的数据管理工具。

5. *讨论网站可以通过哪些方式收集网站访问者的信息并加以利用。可以参考酒店、餐厅、俱乐部或目的地营销组织的网站作为实例来回答问题。

6. 举出一家旅游接待企业有效运用社交媒体的实例。

体验练习

注册加入某一旅游接待企业的忠诚顾客计划。你需要提供哪些信息？这些信息看上去是否有用？是否存在应该提供却没有要求提供的信息？有没有询问你是否愿意接收信息？看看注册后是否会收到该企业的回应。

参考文献

1. H.H.W. Inc., Travel easier with the Hilton Honors App(2018).

2. Domino's Pizza, Domino's Android App(2018).

3. Jonathan Maze, Domino's Debuts Smartwatch App. *Nation's Restaurant News*(2018).

4. S. Segan, "What Is 5G?" *PC Magazine*(2018).

5. S. Axon, "The Best PCs, Gadgets, and Wearables of CES 2018," *Ars Technica*(2018).

6. B. Freeman, "Find Your Community: Inspiring Travel Networks," *Lonely Planet*(2018).

7. C. Morosan and J. T. Bowen, "Analytic Perspectives on Online Purchasing in Hotels: a Review of Literature and Research Directions," *International Journal of Contemporary Hospitality Management*, 30, no. 1(2018): 557-580.

8. Expedia.com. *Expedia Reviews*, December 10, 2018, https://www.expedia.com/reviews/.

9. E. Currington, "10 Best Restaurant Review Sites to Get Listed on," *The Digital Restaurant*(2018).

10. Doordash.com. *DoorDash*, 2018, https://www.doordash.com/(accessed December 10, 2018).

11. C. Morosan and A. DeFranco, "Disclosing Personal Information via Hotel Apps: A Privacy Calculus Perspective," *International Journal of Hospitality Management*, 47(2015): 120-130.

12. C. Morosan and A. DeFranco, "Co-creating Value in Hotels Using Mobile Devices: A Conceptual Model with Empirical Validation," *International Journal of Hospitality Management*, 52(2016): 131-142.

13. A. Smith and M. Anderson, *Social Media Use in 2018*(2018).

14. A. Bilgihan et al., "Consumer Perception of Knowledge-Sharing in Travel-Related Online Social Networks," *Tourism Management*, 52(2016): 287-296.

15. B. W. Wings, *Buffalo Wild Wings*, 2018, https://www.buffalowildwings.com/en/fan-zone/(accessed December 18, 2018).

16. Y. Chen and Z. Lin, "Fashionability vis-à-vis Rationality: Investigating Factors Driving Users' e-Tourism Website Stickiness," *Current Issues in Tourism*, 21, no. 1(2018): 41-57.

17. H. H. W. Inc., *Hilton University of Houston*, 2018, https://www3.hilton.com/en/hotels/texas/hilton-university-of-houston-HOUUHHF/index.html(accessed December 10, 2018).

18. Hotel Business, "OTAs Leading Travel Suppliers on Bookings, Research Shows," *Hotel*

Business, 2017.
19. T. Wozniak, "What We Can Learn from Email Marketing's 40-Year Evolution," *Forbes* (2018).
20. A. Gomez, "Five Ways to Improve Your Email Marketing Content," *Forbes* (2018).
21. M. Drolet, "Don't Bite That Phishing Bait: Bet on These Five Simple Safety Rules," *Forbes* (2018).
22. V. Singh, "Hotel CRM Reality Check," *HospitalityNet. org*, 2018.
23. Clairvoyix, "Clairvoyix Named Top Hospitality Email Marketing, CRM Company," *Hospitality Upgrade* (2018).
24. K. Tran, "Time Spent with Digital Video will Grow 25 percent by 2020," *Business Insider* (2018).
25. Disney Parks Blog. *Disney Parks Blog*, 2018, https://disneyparks.disney.go.com/blog/.
26. S. R. Branson, Follow Richard Branson's blog, 2018.
27. M. Atwood and C. Morosan, "An Investigation of the Persuasive Effects of Firm-Consumer Communication Dyads Using Facebook," *Worldwide Hospitality and Tourism Themes*, 2015. Special Edition on Social Media.
28. M. E. Zaglia, "Brand Communities Embedded in Social Networks," *Journal of Business Research*, 66, no. 2(2013): 216-223.
29. W. W. K. Ma and A. Chan, "Knowledge Sharing and Social Media: Altruism, Perceived Online Attachment Motivation, and Perceived Online Relationship Commitment," *Computers in Human Behavior*, 39(2014): 51-68.
30. M. Geetha, P. Singha, and S. Sumedha Sinha, "Relationship between Customer Sentiment and Online Customer Ratings for Hotels—An Empirical Analysis," *Tourism Management*, 61(2017): 43-54.
31. Alice. *Alice*, May 1, 2018, https://info.aliceapp.com/.
32. Zingle. *Zingle*, May 1, 2018, https://www.zingle.me.
33. Whistle. *Whistle*, May 1, 2018, http://www.trywhistle.com/.
34. T-Mobile. *T-Mobile ONE*, 2018, https://www.t-mobile.com/cell-phone-plans? icid=WMM_TM_Q417UNAVME_GHBARMBPJEO11768(accessed December 17, 2018).
35. Hilton Hotels Worldwide Inc. Let Yourself in with Hilton Digital Key(2018).
36. OpenKey. *The World Is Your Front Desk*, 2018, https://www.openkey.co/(accessed December 17, 2018).
37. C. Morosan, "Toward an Integrated Model of Adoption of Mobile Phones for Purchasing Ancillary Services in Air Travel," *International Journal of Contemporary Hospitality Management*, 26, no. 2 (2014): 246-271.
38. R. Ravikumar, *The Promise of Beacon Technology for the Hospitality Industry*, 2017.
39. hotels.com. *Hey Siri: Show Me the Shortcut to HandsFree Travel with hotels.com*, 2018, http://press.hotels.com/us/hey-siri-show-me-the-shortcut-to-handsfree-travel-with-hotels-com/.
40. Video: Travelsify Unveils Hotel Brand DNA to Close the Gap Between Brand Personality and Guest Experiences, 2018, Skift: Skift.
41. Travelsify. Travelsify Hotel DNATM and Restaurant DNATM AI analytics platform, 2018, https://www.travelsify.com/en/.
42. J. OnQ Inge—"A Windows Pioneer Still in Global Use," *Hospitality Upgrade* (2017).
43. Oracle. *The JavaTM Tutorials*, 2018, https://docs.oracle.com/javase/tutorial/jdbc/overview/database.html(accessed December 18, 2018).
44. K. Gibert et al., "Which Method to Use? An Assessment of Data Mining Methods in Environmental

Data Science," *Environmental Modelling & Software*, 110(2018): 3-27.

45. SAS. *Data mining: What It Is and Why It Matters*, 2018, https://www.sas.com/en_us/insights/analytics/data-mining.html(accessed December 18, 2018).

46. N. Sharma and M. Dadhich, "Predictive Business Analytics: The Way Ahead," *Journal of Commerce & Management Thought*, 5, no. 4(2014): 652-658.

47. B. T. Hazen et al., "Data Quality for Data Science, Predictive Analytics, and Big Data in Supply Chain Management: An Introduction to the Problem and Suggestions for Research and Applications," *International Journal of Production Economics*, 154, no. 72-80(2014).

48. M. M. Malik, S. Abdallah, and M. Ala'raj, "Data Mining and Predictive Analytics Applications for the Delivery of Healthcare Services: A Systematic Literature Review," *Annals of Operations Research*, 270(2018): 287-312.

49. M. Goul, T. S. Raghu, and R. D. St. Louis, "APC Forum: Governing the Wild West of Predictive Analytics and Business Intelligence," *MIS Quarterly Executive*, 17, no. 2(2018): 157-183.

50. T. Davenport and R. Ronanki, "Artificial Intelligence for the Real World," *Harvard Business Review*, 96, no. 1(2018): 108-116.

51. S. Redmore, "6 Ways Artificial Intelligence Is Already Impacting Hospitality," *Hotel Management* (2018).

52. R. Lin and S. Utz, "Self-Disclosure on SNS: Do Disclosure Intimacy and Narrativity Influence Interpersonal Closeness and Social Attraction?" *Computers in Human Behavior*, 70(2017): 426-436.

53. M. J. Metzger, "Effects of Site, Vendor, and Consumer Characteristics on Web Site Trust and Disclosure," *Communication Research*, 33, no. 3(2006): 155-179.

54. C. Morosan, "Information Disclosure to Biometric e-Gates: The Roles of Perceived Security, Benefits, and Emotions," *Journal of Travel Research*, 57, no. 5(2017): 644-657.

55. JPMorgan Chase and Co. *The UnitedSM Explorer Card*, 2018, https://www2.theexplorercard.com (accessed December 18, 2018).

56. U Airlines, *Premier Benefits and More*, 2018, https://www.united.com/web/en-US/content/mileageplus/premier/default.aspx?int_source=loy&int_medium=uacom&int_campaign=mphomepage&partner_name=premier_benefits_helplink&asset_type=mphome_link&launch_date=2017-04-24 (accessed December 18, 2018).

57. U Airlines, *Premier Status Qualification Requirements*, 2018, https://www.united.com/ual/en/us/fly/mileageplus/premier/qualify.html(accessed December 18, 2018).

58. R. Nethercott, "5 Reasons Why Repeat Customers Are Better Than New Customers," (n.d.).

59. J. T. Bowen, and S.-L. Chen McCain, "Transitioning Loyalty Programs," *International Journal of Contemporary Hospitality Management*, 27, no. 3(2015): 415-430.

60. A. Aluri, B. S. Price, and N. H. McIntyre, "Using Machine Learning to Cocreate Value through Dynamic Customer Engagement in a Brand Loyalty Program," *Journal of Hospitality & Tourism Research* (2018). Article ID: 109634801775352.

61. Data Marketing & Analytics. *Drive Data Further*, 2018, https://thedma.org/(accessed December 17, 2018).

62. Data Marketing & Analytics. *Consumer Help* (2018), https://thedma.org/resources/consumer-resources/(accessed December 17, 2018).

63. R. Niblock, "13 Direct Marketing Experts Reveal Their Predictions for the Future of Direct Mail,"

Pro Active, 2017.

64. F. T. Commission, *National Do Not Call Registry*. Consumer Information 2018, https://www.consumer.ftc.gov/articles/0108-national-do-not-call-registry(accessed December 17, 2018).

65. V. Kumar, X. A. Zhang, and A. Luo, "Modeling Customer Opt-In and Opt-Out in a Permission-Based Marketing Context," *Journal of Marketing Research*, LI(2014): 403-419.

66. H. Oh, M. Jeong, and S. Baloglu, "Tourists' Adoption of Self-Service Technologies at Resort Hotels," *Journal of Business Research*, 66, no. 6(2013): 692-699.

67. StayNTouch. *Zest StationTM*, 2018, http://www.stayntouch.com/zest-station/(accessed December 18, 2018).

68. Agilysys. *rGuest® Express Kiosk*, 2018, https://www.agilysys.com/en/solutions/by-products/property-management/rguestexpress(accessed December 18, 2018).

69. Intelity. *Guest Engagement Under One Platform*, 2018, https://intelitycorp.com/main/(accessed December 18, 2018).

70. "Teleste Hospitality Solution: High-Speed Internet and Versatile TV Services to Every Room over Your Existing TV Cable," *HospitalityNet.org*, 2018.

71. "Hospitality: Unprepared for GDPR," *Hospitality Technology*, 2017.

72. N. Doyle Oldfield, "HITEC Houston 2018: Building Trust with Guests Is the Key to Creating a Competitive Advantage," *Hospitality Upgrade*, 2018.

73. L. Wainstein, "Data Security in Hospitality: Risks and Best Practices," *HospitalityNet.org*, 2018.

第4部分
旅游接待业营销管理

第17章　旅游目的地营销

第18章　下一年的营销计划

旅游市场营销（第8版）
Marketing for Hospitality and Tourism, 8e

第 17 章

旅游目的地营销

学习目标

- 解释旅游目的地营销涉及的基本方面。
- 解释旅游开发以及创建和投资旅游景点的不同选择。
- 对旅游市场进行细分并跟踪调查。
- 讨论如何与旅游市场进行沟通。
- 说明以游客为中心的机构是如何组织和管理的。

导入案例

人们为什么要到新西兰度假？在 1999 年新西兰旅游局针对国际市场发起全新的全球推广活动之前，这的确是一个亟须解答的问题。新西兰旅游局的推广活动以"100% 纯净新西兰"为口号，其大胆、纯粹且简洁的表述与纯洁的自然、人、荒野、活动和一望无际的景观交相呼应。新西兰主要的客源市场是美国、澳大利亚、英国和日本。这个口号在任何语言中都简单直白，在全球范围内无须进行任何翻译。

新西兰第一次开展的全球营销推广活动向所有旅游市场传递的信息都是一致的。有趣的是，这样做在很大程度上是因为新西兰旅游局预算紧张，决策者认为在每个国家单独开展推广活动的成本可能过于高昂。事实证明，主品牌推广活动提供了一个机会，将景观、人和活动融合在一起传递出一种独具特色的表达和旅游体验。作为推广活动的一部分，新西兰还推出了一个全面、生动且具有互动性的网站，作为整合营销传播的平台，吸引潜在游客在旅行前咨询信息，在旅行后维持关系并鼓励游客讲述在新西兰旅游期间的见闻。

在新西兰拍摄的《指环王》电影三部曲于 2001—2003 年上映，成功地将新西兰打造成一个令人叹为观止的旅游目的地。毫无疑问，新西兰的全球推广活动取得了巨大成功，帮助新西兰树立了旅游目的地的正面形象和品牌知名度。推广活动成为很多广告、公共关系（PR）、在线营销和特别活动赞助的焦点，展示了电影带动下的目的地品牌宣传活动在经济和营销方面的影响力，并且让新西兰旅游局从当地媒体和国际媒体的广泛报道及宣传中获益。新西兰旅游局还积极围绕美洲杯帆船赛和新西兰拉力赛等活动开展公关活动。目前，新西兰旅游局的国际媒体项目每年在新西兰接待大约150名来自出版机构、网络和广播机构的国际记者。

新西兰旅游局将具体的营销推广活动与每部电影的发行及奥斯卡颁奖典礼等重大电影节事活动关联在一起。例如，继奥斯卡提名和获奖之后，报纸广告和海报等宣传品上都宣传说新西兰是"最佳电影支持国"。

多年来，新西兰旅游局还推出了"100％纯粹的放松""100％纯粹的欢迎""100％纯粹的激情"和"100％纯净的你"等与"100％纯净新西兰"相呼应的口号。在以"100％纯净新西兰"为核心的品牌推广活动中，还针对各主要客源市场开展了差异化的推广活动，如针对澳大利亚市场的"有什么值得关注"、针对英国市场的"你感觉怎么样？"，以及针对美国市场的"回归新西兰生活的承诺"。宣传推广活动逐渐由旅游业扩展到商务、投资、留学，以及在新西兰工作和生活等领域（可登录http://www.newzealand.com了解更多）。

1999—2004年，新西兰游客人数平均每年增长7％。1999—2008年，游客人数增长了50％，从160万增加到240万，外汇收入从35亿美元增长到近60亿美元。2004年的国际游客调查发现，6％的新西兰游客称《指环王》是促使他们访问新西兰的主要原因之一。2004年，有63 200名游客在新西兰参加了《指环王》相关活动，此后，每年平均有47 000名游客参观电影拍摄地。

最新改版的"100％中土世界，100％纯净新西兰"宣传推广活动，通过与即将上映的《霍比特人》三部曲相联系，将新西兰作为旅游目的地进行推广。与《霍比特人》系列电影的合作给新西兰提高其国际形象带来了更多的机会。其目的是向潜在的游客展示，人们幻想的中土世界其实就是现实中的新西兰。同样，新西兰旅游局的营销策略聚焦令人叹为观止的景观，并将《霍比特人》三部曲所吸引的国际注意力转化为旅游需求。这项新的宣传推广活动在2012年世界旅游大奖中斩获最佳目的地营销活动奖。

新西兰经济研究所的研究发现，将新西兰视为中土世界的营销活动对西方市场的游客增长产生了显著的、可量化的影响。截至2014年8月的国际游客入境数据显示，进入新西兰的度假游客比2013年增长了7.2％。作为中土世界推广活动的主要目标市场，美国游客数量与2013年同期相比增长了14.2％。国际游客调查显示，在2013年7月至2014年6月接受调查的所有国际游客中，13％的游客认为《霍比特人》是让他们对新西兰感兴趣的一个因素。

"100％纯净新西兰"的形象塑造活动已经扩展到旅游业之外，以吸引企业、贸易、人才、员工和学生，使新西兰的经济更加多样化。"100％纯净新西兰"的延伸将所有与地方经济相关的事物（旅游、商业、贸易、艺术和教育）都整合到同一个品牌之下。

影视旅游，又称影视作品营销，是指某个旅游目的地出现在影视作品中而吸引人们到该地游览。新西兰的例子清楚地表明了影视作品在形成和传播目的地形象方面的关键作用，以及公关和媒体关系对目的地营销组织（DMO）的目的地营销和品牌推广的影响力。

宣传的理念再好也离不开内容的支持。新西兰在成功激起人们的旅游欲望的同时还需要提供相应的旅游体验。因此,新西兰旅游局要确保宣传活动能落到实处,针对住宿、旅游公司和游客信息中心制定了新的质量准则和高标准。目的地营销组织还与新西兰航空(ANZ)合作,开发了"中土世界"特价机票和旅行套餐。2017年,新西兰国际游客数量达到370万人次,创造了101亿美元的国际旅游收入。

目的地营销组织可以利用影视作品带来的旅游机会,开展四类营销活动来促进影视旅游:①鼓励制片人在新西兰拍摄电影;②围绕电影和目的地进行持续的宣传;③拍摄后开展营销活动宣传电影拍摄地;④通过开展活动带动影视旅游。[1]

17.1 营销旅游目的地

17.1.1 旅游业的全球化

旅游一词的定义有很多种。本书使用世界旅游组织(UNWTO)和联合国统计局(UNSTAT)对旅游的定义:"前往惯常环境之外某目的地的一次旅行,在该地连续停留时间不超过一年,其出行主要目的(商务、休闲或其他个人目的)不是去游览国或游览地就业。"[2]本书对旅行和旅游两个词不做区分。

世界已经变成了一个全球性的社区,让人们可以亲眼观赏几十年前无法想象的美景:南极奇观、喜马拉雅山脉的神秘、亚马孙河流域的热带雨林、大溪地的美景、壮观的万里长城、激动人心的维多利亚瀑布、尼罗河的起源地,以及苏格兰岛的荒野。旅游成为一个市场规模不断扩大的全球性的商务活动。表17-1列出了国际入境游客数和旅游收入排名靠前的旅游目的地。

表 17-1 世界排名前 10 位的旅游目的地(2017 年接待国际入境游客数和收入)				
排名	国家	入境游客/100 万人次	排名	收入/亿美元
1	中国	105.7	2	1 015
2	法国	86.9	4	607
3	西班牙	81.8	3	68
4	美国	76.9	1	2 107
5	意大利	58.3	7	442
6	墨西哥	39.3	15	213
7	英国	37.7	6	512
8	土耳其	37.6	14	225
9	德国	37.5	9	398
10	泰国	37.4	5	575

资料来源:Tourism Highlights 2018.

过去60年间，旅游业不断发展，国际入境游客数量从1950年的2.5亿增长到2017年的13亿。2017年，国际入境游客增长了7%，为2009年全球经济危机以来的最高增幅。2017年，全球国际旅游收入达13 400亿美元，高于2016年的12 200亿美元。[3] 很多新兴旅游目的地从旅游发展中获益。

在对国际旅游目的地进行排名时，应考虑两个重要的旅游指标：国际入境游客数量和国际旅游收入。尽管有7个目的地入选这两个排行榜，但其排名却有明显的差异。这些目的地吸引不同类型的游客，平均停留时间和每次旅行的花费也不尽相同。如今，世界上很多行业都被数目相对较少的几个竞争者（寡头）把持着，它们占有大部分的市场份额。潜在的新竞争者要想进入这些市场是很困难的，或者说是不可能的。旅游业谁都能进入，新的旅游目的地可以获得市场份额及社会、经济效益。

阅读本书的学生有可能进入全球旅游业，并制定战略以促进所在国和城市的旅游业的发展。成功的旅游目的地规划和营销可以给旅游目的地带来数亿甚至数十亿美元的收入。新兴的辅助性行业和新的工作岗位将会被创造出来，人民的生活水平也将得到提高。同时，文化的交流将会使人们更加努力地寻求世界和平。目的地营销绝对是一个值得大学毕业生从事的职业。

旅游目的地并不需要像埃菲尔铁塔、大峡谷或比萨斜塔这样壮观的景点才能发展旅游业。东欧地区及中国、印度等国家正在快速发展，既是旅游客源地也是旅游目的地。非洲增长最为强劲，入境游客数量增长8.6%，其次是欧洲（8.4%）和亚太地区（6.4%）。中国已成为世界第一大旅游客源市场，2017年国际旅游消费达2 580亿美元。中国有380万间酒店客房，预计15～20年后还将增加500万～700万间。

17.1.2　旅游目的地

旅游者去旅游目的地旅行，这些地方有实际的或可以感知的边界，如海岛的自然边界、政治边界甚至是由于市场划分而形成的边界，如批发商将南太平洋之旅仅定义为去澳大利亚和新西兰。中美洲由7个国家组成，但很少有旅游局的官员或旅行社的规划师会这样认为，通常情况下中美洲之旅仅包括两三个国家，如哥斯达黎加、危地马拉和巴拿马，其他国家都被排除在外。这当中既有政治不稳定的原因，也有基础设施缺乏的原因。

澳大利亚和新西兰经常被组合在一起作为北美游客的观光路线，但澳大利亚多年来一直努力成为单一目的地，而不想同其他地方共同分享游客有限的假期。相应地，澳大利亚国内的旅游地（如西澳大利亚州及珀斯和阿德雷德等城市）也迫切需要树立独特的旅游目的地口碑，以免被抛弃或只是被用作游客过夜歇脚的地方。

旅游目的地提高知名度的渴望给我们出了一道极具挑战性的营销难题。在北卡罗来纳州东部，克雷文县新伯尔尼镇有几个吸引游客的景点和活动，该县的其他地方则鲜有这样的旅游资源，然而旅游促进基金却是从全县的酒店床位税中提取。政治压力迫使官员们把克雷文县而不是新伯尔尼镇作为旅游目的地促销。促销一个相对陌生的城镇本来就不容易，促销一个县更是增加了难度。

宏观目的地是像美国那样包括地区、州、市、镇及镇内成千上万个微观目的地的目的地。经常可以看到游客将夏威夷旅游等同于在位于火奴鲁鲁的夏威夷希尔顿度假村度假，很少有人会走出这些旅游度假区。数以千计的游客飞往奥兰多，然后马不停蹄地直奔迪士尼乐园，并在那里度过他们假期的大部分甚至全部时光。在这些游客眼里旅游目的地就是迪士尼乐园而非佛罗里达或奥兰多。

对于一些游客来说，真正的目的地是旅行的交通工具，如邮轮、游船或是像东方快车那样的特殊铁路。这些"移动的目的地"为乘客提供了各式各样的活动，而餐饮则尤为重要。游戏、戏剧、音乐剧、谋杀迷案剧本杀、研讨会、舞会等活动增强了移动目的地的乐趣。随着工业化社会中老龄人口数量的增加，这些相对被动的移动目的地可能会有更大的需求。

17.1.3 目的地营销系统

目的地营销比其他产品营销更具挑战性，因为目的地是一个高度多样化的产品组合，包括地理空间、景点、住宿、餐饮和娱乐。由于目的地营销组织的控制有限，以及提供统一品牌和目的地体验的公共与私人利益相关者的数量众多，这让目的地营销变得更加复杂。

与目标市场决定产品战略的商业营销不同，最初的目的地营销通常从手头的景点和资源开始，它们决定了潜在的目标细分市场（人造目的地除外）。图17-1显示了旅游业供求间的重要联系，有助于理解目的地营销的作用。目的地营销系统地将供给（目的地特征和利益）与需求（游客的需要）联系起来，以可持续的方式增强目的地的竞争力。

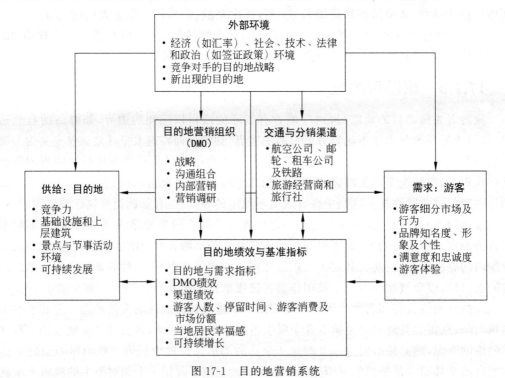

图 17-1 目的地营销系统

目的地有不同的自然、历史和文化景点。为了增强竞争力，目的地开发并提供辅助性的、支持性的和扩展性的产品，如基础设施、住宿、餐饮、交通、旅游、娱乐、游客服务等，并鼓励当地居民参与接待游客，以吸引现有市场或新市场。因此，了解当前和潜在的游客特征及目的地选择行为对于成功的目的地营销也是必要的。目的地需要知道应吸引哪些类型的游客，以及这些游客希望从旅行中得到什么。他们可以通过为特定的细分市场开发特定的产品来提高整体营销能力。例如，"千禧一代"想要为自己量身定制的体验，并希望参与打造自己的目的地体验。他们比老一辈人更喜欢出国旅游。据联合国估计，在所有国际游客中，年轻人占23%，近2.75亿的年轻游客每年为旅游业带来超过2 860亿美元的收入。[4]

通常情况下，旅游部、国家旅游组织（NTO）和会议旅游局（CVB）等目的地营销组织是负责制定目的地长期战略的正式营销组织，其经费来自销售税或特殊房间税。拉斯维加斯会议和旅游局（LVCVA）是拉斯维加斯的官方目的地营销组织，经费来自县酒店客房税，其职责包括营销活动、品牌推广、市场研究、战略规划、会议和活动中心的运营。商会、酒店与汽车旅馆协会、环境组织等很多公共和私人组织都承担着营销推广目的地和提供难忘的现场体验的责任。[5] 拉斯维加斯会议和旅游局的董事会成员既有来自公共组织的，也有来自私人组织的。

在很大程度上，销售功能由航空公司、旅游经营商与旅行社等分销渠道和运输企业承担。分销渠道成员和运输企业发挥着独特的作用，因为它们也有议价能力，对目的地营销和竞争力有很强的影响力。旅游经营商和旅行社是影响目的地形象与游客决策的重要信息来源。[6] 它们与旅游管理组织密切合作或独立运作，开发并销售旅游产品、宣传旅游目的地。对于大多数瞄准喜欢阳光沙滩的目标受众的欧洲和地中海目的地，其度假套餐大多是通过决定目的地"价格"的旅行社销售的。这些旅行社会确定销售组合中包含的目的地，决定接待目的地酒店的报价及度假套餐的价格。运输企业通过自己的旅游公司或战略联盟参与开发和销售度假套餐。例如，美联航旗下的联合假期（United Vacations）有自己的目的地列表，并提供休闲度假套餐，将机票与美国国内和国际目的地的协议酒店、租车及娱乐打包出售。[7]

外部环境的变化将影响营销系统中的各个要素和目的地的竞争力。汇率的剧烈波动、签证政策、恐怖主义袭击、疾病暴发和流行及一些自然灾害（如泰国的海啸）对目的地营销和竞争力有显著影响。燃油成本的增加使距离较远的目的地竞争力降低（而距离较近的目的地的竞争力上升）。目的地的竞争对手的动向，如新景点开发和品牌定位，也会影响目的地的营销战略。

目的地基准分析不仅应包括游客数量、市场份额、收入方面的结果和绩效指标，还应包括其他因素，如游客满意度和忠诚度、品牌知名度和形象、目的地营销组织的绩效和可持续增长指标。基准分析主要有三种类型：内部基准、外部基准和通用基准。内部基准是跟踪一段时间（每季度或每年）内的变化，并将一个目的地当前的表现与其之前的表现（如游客满意度、品牌形象、游客人数和旅游收入的变化）进行比较。外部基准是指选择一个主要竞争对手并比较某一时期的业绩（如将牙买加和多米尼加共和国进行比较）。通用基准是指与国际标准和最佳实践（如碳足迹，欧洲针对海滩和码头推出的"蓝旗"生态标签）进行比较。这种类型的基准分析尤其适用于评价目的地营销组织的绩效，以便从公关和媒体关系、节事活动举办、伙伴关系建立、品牌管理和有效组织方面的最佳实践中学习。[8]

17.1.4 目的地的竞争力

各目的地的资源和景观虽有不同,但却相似。新西兰有美丽的风景和自然环境,新加坡有多元文化的城市景观,牙买加和泰国有美丽的海滩,土耳其和希腊有丰富的历史、文化、自然景观和海滩,巴厘岛有文化传统,而意大利有文化、美食、艺术和时尚。有些目的地自然资源丰富,但在其他方面却处于劣势。有些目的地拥有大量的资源和景观,具有瞄准更广泛的细分市场的优势。[9]

目的地的竞争力涉及两个重要概念:比较优势和竞争优势。比较优势是拥有对旅游业发展至关重要的自然或人造资源,具体包括自然资源(气候、地理位置、自然美景)、历史和文化资源,以及人力资源、资本、基础设施(道路、供水、公共服务)和旅游上层建筑(酒店和餐厅、主题公园、高尔夫球场)等因素。但仅拥有景观和资源是不够的。竞争的成功在于将比较优势转化为竞争优势。竞争优势是有效利用这些资源,提高目的地的竞争力。[10]

旅游竞争力指数

数量众多但相互关联的因素决定了一个地方在区域和全球市场上的竞争力。世界经济论坛(WEF)每年制定和发布的旅游竞争力指数(TTCI)是全球旅游竞争力的一个综合框架和衡量标准。TTCI"旨在提供一个全面的战略工具,用以衡量促进旅游领域可持续发展的一系列因素和政策,进而促进一国的发展和竞争力"。TTCI采用的数据来自专家意见调查、各国外部来源的"硬"数据,以及世界旅游组织、经济合作与发展组织(OECD)、世界旅游理事会(WTTC)和德勤等全球机构的数据。

每个国家或目的地(共136个经济体)的得分由14个支柱组成(见图17-2),可分为四大类或四个子指标:①有利环境(5个支柱);②旅游政策和扶持条件(4个支柱);③基础设施(3个支柱);④自然与文化资源(2个支柱)。

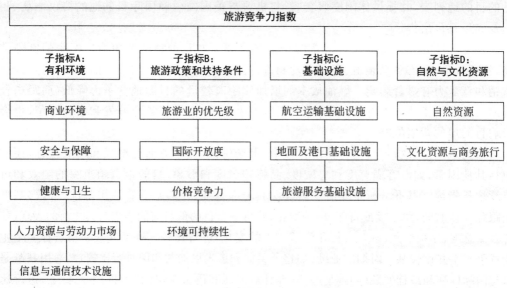

图17-2 旅行与旅游竞争力指数

资料来源:Travel and Tourism Competitiveness Report 2017. Copyright © 2017 by World Economic Forum.

表 17-2 显示了 10 个国家基于有利环境、旅游政策和扶持条件、基础设施、自然与文化资源四个主要子指标的区域排名和世界排名。分数从 1 分(最低)到 7 分(最高)。西班牙排名第一,法国第二,德国第三。西班牙是一个实力雄厚的集文化资源和自然资源于一体的休闲旅游目的地,旅游服务基础设施完善、航空运输四通八达、政策支持有力,并举办了大量国际会议,对商务旅行者来说,它的得分也很高。然而,由于商业环境(第 1 支柱)和价格竞争力(第 8 支柱)方面的不足,西班牙在子指标 A 和 B 上的得分相对较低,分别位列全球第 75 位和第 98 位。区域排名(美国、欧洲、北非、撒哈拉沙漠以南的非洲、中东和亚太地区)同样重要,因为投资者和游客会对特定区域感兴趣。尽管日本在全球排名第四,但在亚太地区却居于首位。

表 17-2 2017 年旅游竞争力指数排名前 10 位的国家

国家	区域排名	世界排名	子指标 A:有利环境	子指标 B:旅游政策和扶持条件	子指标 C:基础设施	子指标 D:自然与文化资源
西班牙	1	1	5.46	4.73	5.63	5.90
法国	2	2	5.52	4.55	5.40	5.75
德国	3	3	5.84	4.63	5.56	5.15
日本	1	4	5.82	4.70	5.10	5.40
英国	4	5	5.70	4.17	5.63	5.30
美国	1	6	5.56	4.32	5.73	4.85
澳大利亚	2	7	5.68	4.55	5.13	5.10
意大利	5	8	5.10	4.25	5.10	5.65
加拿大	2	9	5.62	4.05	5.60	4.35
瑞典	6	10	6.20	4.57	5.55	3.30

资料来源:Travel and Tourism Competitiveness Report 2017. Copyright © 2017 by World Economic Forum.

世界经济论坛发表的这份报告还对 14 个支柱的分数按国家分别进行了排名。在欧洲,西班牙的文化资源处于领先地位,因为它拥有众多的世界遗产、举办大量的国际博览会和展览会、拥有庞大的体育场馆及大量的酒店客房和汽车租赁设施。此外,西班牙的航空运输基础设施高度发达,排名全球前十。

TTCI 衡量的是有助于各国推动旅游业发展的因素,而不是各国作为旅游目的地的吸引力。TTCI 有两个用途:①它为 136 个经济体提供了一个了解它们在吸引企业和旅游投资方面的优劣势的基准工具;②它为国家政策制定者和旅游业制定战略方针提供信息,提高旅游竞争力。

价格竞争力对旅游目的地尤为重要,因为较低的成本可以增加对游客的吸引力。对于大多数以阳光和海洋市场为卖点的欧洲旅游目的地而言,游客支付的价格由途易(TUI)、托马斯库克(Thomas Cook)、旅游者(DER Touristik)和内克尔曼(Neckermann)等旅游经营商决定。由于地中海地区和度假村的设施供过于求,这些旅游经营商拥有讨价还价的能力和强制定价权。在第11章中,我们讨论了各种定价策略。产品捆绑定价对于旅游目的地非常重要,因为度假套餐的开发和销售通常是由传统旅行社和在线旅行社完成的。2012年,美国传统度假套餐的网上销售额高达54亿美元。[11]

价格因素包括运输服务(如游客的航空旅行)的成本,以及住宿、旅游服务、餐饮和娱乐等地面游览的成本。对于国际游客而言,出发地与目的地的汇率和生活成本差异是决定旅游需求和目的地竞争力的主要因素。"在估计目的地的价格竞争力时,必须考虑两类价格。第一类是目的地国与客源国之间的相对价格,第二类是竞争目的地之间的相对价格(会产生替代价格效应)。"[12]对于美国的旅行者来说,如果在法国和泰国之间选择,因为泰国的成本较低,即泰国的价格竞争力更高(性价比更高),更容易选择泰国。

国际物价比较的指标之一是《经济学人》1986年发明的"巨无霸"指数,用于阐明货币是否处于正确水平。例如,2018年7月巨无霸在美国的平均售价是5.5美元,而在中国的平均售价按市场汇率换算仅为3.2美元。[13]但该指数只能告诉我们汉堡的价格,而不是复杂的旅游产品的价格。在当今世界,游客对汇率的了解比对物价水平和通货膨胀率的了解更为充分,也更为敏感。

17.1.5 可持续旅游

旅游会对目的地的经济、社会文化和环境产生影响。因此,当涉及产品开发、竞争力和营销时,目的地应该考虑经济、社会文化、环境(利润、人和地球)三重底线。可持续旅游是指将环境影响和社会文化的变化降至最低,维系旅游目的地长远发展,并为当地社区创造经济机会的旅游方式。[14]三重底线表明,旅游目的地的运营与经济、社会和环境是相互影响的。[15]一个可持续的旅游目的地既要为游客和当地居民谋福利,又要注意保护资源。从市场营销的角度来看,可持续旅游意味着通过限制旅游承载量放弃当前的旅游收入,以确保未来的旅游需求可以得到满足。

1. 旅游的经济效应

旅游业最明显的好处体现在增加酒店、餐厅、零售业和运输业的就业,另一个不太明显的好处是促进相关产业的发展。第三个好处是旅游消费可以在当地经济循环中产生乘数效应。第四个好处是中央政府或地方财政有了来自旅游业的税收收入,可以像得克萨斯州、内华达州和佛罗里达州那样将税收负担转嫁到非居民身上。百慕大群岛的外汇和税收收入的一半以上来自旅游业,是为数不多的不收取所得税的发达经济体之一。纽约对酒店客房征收的累计床位税每年可为市政府增加数亿美元的收入。达拉斯、洛杉矶和休斯敦都征收超过12%的床位税。夏威夷州和郡的税收中有很大一部分来自旅游业。

这类税收的反对者认为,这种税收没有代表性,最终会导致政府乱支滥用,或是支出到与促进旅游业和提升旅游体验关系不大的项目上。旅游接待企业的管理者应确保床位税及其他与旅游相关的税收会被用于促进旅游业发展的基础设施上。拉斯维加斯游客缴纳的全部客房税中,约53%(数亿美元)会返还给社区,用于修建道路、公园、学校和其他惠及居民的政府项目。[16]

旅游业带来的第五个好处是可以刺激当地产品的出口。据估计,游客在礼物、服装和纪念品方面的支出占其全部支出的15%～20%。这些产品或多或少是在当地制造或组装的,从而会促进当地经济发展。

可持续旅游要让当地人受益,以一站式度假村为主的目的地却很难做到这一点。反对牙买加大力发展一站式度假村的理由是,这些度假村的收入实际上很少用于改善牙买加居民的生活水平。尽管桑道斯度假村(Sandals)和超级俱乐部(Superclubs)是当地企业,但外资度假村的大量存在会导致资金回流到发达国家。[17]

2. 旅游的社会文化效应

旅游业的发展会对目的地的社会文化基础产生积极或消极的影响。旅游目的地并不都是好客的。由于位置、气候、资源、规模和文化遗产等方面的原因,一些地方缺乏发展经济的手段,只能发展旅游业。某些地方发展旅游业是出于某种很复杂的甚至是矛盾的情感。例如,人们担心担心旅游业正在摧毁巴厘岛的文化。农田被开发成了度假区,新的就业机会破坏了当地人的家庭价值观。"巴厘岛与旅游业的联姻并非建立在爱的基础上。"巴厘岛的一位旅游官员的话清楚地反映了这种窘境。

这也是美国很多地方,尤其是西部地区面临的一个严重问题。科罗拉多州的居民投票反对将税收用于旅游宣传。在很多小型社区,居民反对将销售税用于开展旅游宣传的情绪日益高涨。还有些人对会引来数以千计的游客进入社区的大型活动(如棒球锦标赛、春季假期学生参观游览和摩托车比赛)提出抗议。在很多度假社区,在这里购买了第二套住宅仅偶尔来度假的居民在社区的人口构成中的比例正在上升。这些人并不在当地就业,经常把造访此地的游客看作是妨碍他们享受社区美好生活的一个消极因素。

在牙买加的奥乔里奥斯,一站式度假村主要由外国投资者拥有,目标市场是那些短期停留、出手阔绰的游客。这些游客根本不会离开度假村,既无助于促进当地经济发展也无助于他们了解当地文化。

3. 旅游的环境效应

旅游规划人员往往注重目的地的发展,而忽略了维持和保护那些吸引游客前往目的地的特性。意大利亚得里亚海岸因出现赤潮让游客几乎无法下海游泳,相关的负面宣传使那里的旅游业遭受巨大的打击。美国大峡谷日益严重的污染和约塞米蒂山谷的过度拥挤也使这些著名的国家公园风光大减。东非一些知名的狩猎公园因大量游客乘坐四轮驱动的越野吉普车狂野驰骋而变成了沙尘飞扬的地方。

希腊的国宝——位于雅典用白色大理石砌成的帕特农神庙已经成为忽视环境保护而被污染侵蚀的反面教材。因为污染和不注意卫生,泰国美丽的海滩和寺庙被严重破坏。

位于犹他州大湖附近的波浪谷是侏罗纪时期形成的纳瓦霍砂岩奇观,也是北美地区最受欢迎的石景摄影地之一。这里也是最受欢迎的徒步旅行目的地。美国土地管理局(BLM)将这里的日游客接待量限定在 20 人以内,并通过抽签的方式进行选取。[18]

这应该是未来发展的趋势。世界各地的自然与历史景观的负责人都在想办法在接待越来越多游客的同时保护这些文化遗产。可持续旅游是一个旅游管理的概念。当现有能力超负荷使用时,必须预期有可能导致的问题并努力防止问题的发生。

生态旅游是旅游业增长最快的一个利基市场,通常被认为是可持续旅游的一种形式。实际上,只有当政府与私有企业合作进行规划并严格执行规章制度和遵守法律时,生态旅游才能实现。人们普遍将哥斯达黎加视为生态旅游发展的范例。而尼泊尔却与之相反,所谓的生态旅游现在几乎发展成为大众旅游。当地砍伐了大片的森林,建起了200座山间客栈,造成了大面积的水土流失。徒步旅行的人数超出了环境承载力,再加上垃圾和污水问题,生态环境遭受极大破坏,就连珠穆朗玛峰也未能幸免。[19]

(1) 改善环境:生态旅游的各种形式。如今,旅游业的很多部门,如度假地、滑雪客栈、高尔夫球场和城市中心建起了生物栖息地,以促进野生动植物的生存和繁衍。比如,鹰隼已经学会在美国的城市里生存。[20]

一些度假地已经不再搞修剪得整整齐齐的草坪和植物,这些东西对动物来说没有一点食用价值,而是开始修建自然区域、栖息地和人工礁石。游客们看到野生动植物时通常会感到兴奋。当然,不可否认,这么做也会带来一些问题,如鹿群的数量激增,或引来毒蛇、鳄鱼、美洲狮等食肉动物来此觅食。

(2) 行业(公共的和私营的)与社区的合作。旅游目的地依靠公共部门和私营企业在规划、融资及实施等方面的合作。旅游目的地要想获得长久的成功,在制订旅游规划时需要跨区域的合作。很多直接依赖旅游业的社区未能与重要的经济部门协调一致。政府部门应明确发展原则、记录土地成本,并进行基础设施投资。旅游目的地必须经常补贴或进行税收减免以激励私人投资于酒店、会议中心、运输企业及停车场。在美国,遗迹修复工作通常由国家历史文物信托基金或美国公园管理局等非营利性组织负责实施,资金则主要来自通过税收减免吸引到的私人投资。从航空公司到酒店,旅游业的燃料税、租赁税、床位税和销售税等稳定的税收收入被用来建设旅游相关基础设施及其他公共设施。这些举措使纽约市得以打造南街海港博物馆、杰威茨会议中心和爱丽丝岛移民博物馆等旅游景点。

很多大型活动都是公私合作模式的有趣案例。为了成功举办奥运会和世界杯等大型活动,很多城市和地区逐渐发展了合作关系。2014年俄罗斯索契冬奥会和2010年南非世界杯就是很好的例子。[21]

只有所有利益相关者都参与战略规划时,目的地营销才能取得成功。因此,内部营销原则也应适用于营销目的地,包括教育和奖励利益相关者,与他们分享关键信息,协调所有利益相关者和居民共同参与营销战略规划。

2014年,牙买加政府与牙买加环境信托基金(JET)合作,斥资3 400万美元发起了名为"清洁海岸项目"的环保意识倡议。该项目为期一年,旨在教育与鼓励牙买加居民和游客参与环境清洁活动。[22]

(3) 低碳度假。随着人们对全球变暖的担忧日甚,对低碳度假的需求也逐渐增加。旅游接待业的供给者与消费者在很多方面都需要进行调整。一些拥有大量耗能设施的豪华度假村要做到低碳尤为艰难。加拿大太平洋国王酒店(King Pacific Lodge)位于偏远的不列颠哥伦比亚省海岸线上,是一家豪华的水上酒店。这里的最低房价为每人5 000美元3晚,附赠水上飞机、温泉浴和古巴雪茄。即便收费不菲,对于顾客提出的可能会对环境造成不良影响的要求,酒店还是会予以拒绝。例如,有顾客想要租用3艘双引擎船7人同行去钓大马哈鱼,并提出自己支付燃油费,但酒店出于环保方面的考虑拒绝了这一要求。[23]

由于休闲游比较随意自由,人们对于设施和服务的期待往往没有考虑环保因素。下

面列出了一些以往顾客认为是理所应当如今却受到质疑的项目

项　　目	二氧化碳排放量/磅
每天换新毛巾	0.5
3 小时的水上摩托	730
24 小时保持客房凉爽	105
乘坐球车打 18 洞高尔夫球	3
迷你冰箱中的 1 瓶可口可乐	2
在跑步机上运动 45 分钟	2
坐船钓鱼 2 个小时	每人 420
乘坐直升机 45 分钟	每人 350

并非所有顾客都会支持或接受对于二氧化碳排放量的重视。曾入住太平洋国王酒店的一位来自比弗利山庄的离婚律师认为,这种努力"毫无意义,只有那些仇视坐得起直升机的富人的所谓自由主义者才会支持"。

17.2　旅游开发与投资

在一个不断成长变化的旅游市场中,市场竞争异常残酷。除了实力雄厚的旅游目的地外,日渐衰落的目的地需要对产品进行升级换代,因此需要新的投资,而新的旅游目的地也在不断涌现。华盛顿的莱文沃斯以前是个以采矿为主的小镇,通过转型成为一个巴伐利亚式村庄而获得新生。爱荷华州的温特塞特是美国西部片影星约翰·韦恩(John Wayne)的出生地,如今也成为旅游者的游览地。威斯康星州的西摩宣传说这里是汉堡包的诞生地,每年 8 月都会举办汉堡包节。西摩的组织者曾经制作了一个重量超过 2 500 千克的全球最大的汉堡包。

中国山东省的曲阜是古代哲学家和教育学家孔子的故乡。曲阜的旅游资源主要是历史文化资源。如今曲阜旅游业的发展主要由地方政府主导,同时通过私营企业与公共部门的进一步合作,使旅游产品多样化,建设更多的住宿设施。[24]

伴随着美国的假期缩短但假期数量增多的趋势,距离大都市 200 千米左右的很多地方有了进入旅游市场的机会。地方旅游管理部门纷纷推出以"留在家附近"为主题的竞争策略。路易斯安那州的旅游局斥资 600 万美元面向 500 千米以外的一个市场开展夏季旅游促销活动。

城市的发展创造了很多旅游景点。位于悉尼会展中心附近的达令港已成为悉尼的主要旅游景点,附近有很多餐厅、零售店和景点(悉尼水族馆、澳大利亚国家海事博物馆和 Imax 剧院等)。达令港距离悉尼唐人街很近,可以步行抵达。在达令港乘坐单轨电车、汽艇、列车等也很方便。通过将众多活动都聚集在一个区域,达令港可以吸引游客前往悉尼或延长游览时间。除了吸引游客之外,达令港的开发也给本地居民带来了好处。

为了吸引游客,旅游目的地不仅要在旅游接待设施方面进行投资,还需要加大公共服务,特别是公共安全、交通和人群控制、急救、卫生和街道清洁等方面的投资。此外,目的地还需要向本国居民,以及商业零售商、餐厅、金融机构、公共和私人交通企业、酒店、警察和公务员等宣传推广旅游的好处,在招聘、培训、发放许可证及监督与旅游相关的企业和员工方面进行投资。

17.2.1 旅游节事活动和旅游景点

节事活动和旅游景点是旅游目的地用来吸引游客的两大主要策略。为了吸引游客,旅游目的地必须解决好成本和便利性等旅游基本问题。与其他消费者一样,游客会根据时间、精力和资源的投入与教育、体验、乐趣、放松和回忆等综合回报权衡去某地旅游的成本与收益。便利性在旅游决策中有很多含义:从机场到住宿地点所需的时间、语言障碍、清洁和卫生问题、通达性(海滩、景点、便利设施)和特殊需求(老年人、残疾人、儿童、饮食、医疗保健、传真和通信、汽车租赁)。

1. 节事活动

节事活动产生的经济影响来自酒店住宿、餐饮支出、旅游景点、娱乐、汽油及各种购物消费。不同节事的复杂性及其对社区旅游的贡献各不相同。旅游目的地潜在的节事活动市场可细分为:①文化庆典(如节日和宗教活动);②政治活动;③艺术和娱乐活动(如音乐会);④商贸活动(如会议和贸易展览);⑤教育和科学活动(如研讨会);⑥体育赛事(大型赛事和专业比赛);⑦娱乐活动(娱乐性运动和游戏);⑧私人活动(如婚礼、聚会和社交活动)。[25]

无论社区规模大小,几乎每个社区都可以提供一些旅游节事活动。南达科他州的普夸纳镇只有287位居民,但其举办的火鸡跑和割草比赛很有特色,在美国很有名气。南达科他州的另一座有着6 442人口的小镇斯特吉斯每年举办的摩托车拉力赛都成功地吸引了成千上万的游客。

旅游开发和营销通常由旅游局、商业委员会、会议旅游局、旅游部等组织负责。这些组织要规划和组织一些吸引游客的节事活动。战略规划中应考虑商务和休闲节事活动。拉斯维加斯高度依赖商务和休闲节事活动,举办包括会议、展览、体育和艺术活动、音乐会、表演、节日庆典、名人来访及私人聚会等多样化的大型和小型节事活动。拉斯维加斯有大约100万平方米的展览和会议空间。每年举办一次的国际消费电子展会预订近20万平方米的展览空间,吸引超过15万名零售买家、分销商、制造商、分析师和媒体人齐聚拉斯维加斯,对市值2 080亿美元的消费电子行业的最新产品和技术先睹为快。[26]

旅游策划人需要对所在地区的现有资源进行细致的评估,寻找适合举行各类节事活动的场地。河流和滑雪场等是大家都会注意到的举行节事活动的资源,但一大片空地却可能被忽视,其实这块空地完全可以用来举办热气球竞技赛。

皮马土宁水库是宾夕法尼亚州西部最具吸引力的景点之一,每年约有40万游客来到这里给鲤鱼抛掷面包干。这是靠口碑传播实现的。成千上万条鲤鱼聚集在一起,以至于鸭子都可以踩在鱼群上面。水库附近的路易斯维尔市的市长说:"鲤鱼旅游让我们的城市充满活力,给多家餐厅、一家高端礼品店及面包供应商带来了客流。"[27]

犹他州莎士比亚节最初只是一个小型活动,后来发展为价值数百万美元的活动,创造了大量的就业机会、增加了税收,并推动了当地旅游业的发展。持续两周的第一季活动吸引了3 276名观众,收获了打造第二季所需的2 000美元,并展示了大学与社区之间的合作关系。目前,莎士比亚节全年运作,全职工作人员达26人,预算超过500万美元。据估计,该节事活动每年的直接和间接经济影响总计超过3 500万美元。[28] 每年出席人数平均为12万,非居民游客在住宿、交通、餐饮和纪念品上的支出超过1 000万美元。

除了经济价值,节事活动还有助于为某一社区创造一种认同感。城市报纸及郊区周刊经常会刊登举办地点在一天车程范围内的节事活动详细列表。州和地方旅游局同样会发布节事活动详单,在旅行社、餐厅、酒店、机场、火车站和汽车站等处发放或张贴。

节事活动有助于目的地减少季节性旅游需求带来的问题。加拿大斯特拉特福德举办的莎士比亚节由一个地区性小活动发展成美国与加拿大的北美盛典。欧洲的很多音乐节和文化节也是如此,如萨尔茨堡音乐节、爱丁堡音乐节和斯波莱托艺术节。欧洲的艺术节数量众多,如挪威、西班牙等国的50多个音乐节,以及舞蹈比赛、夏季艺术展、伦敦和柏林等的各大剧院的演出。整个欧洲都在为争夺夏季游客展开激烈的竞争。美国各大城市都有夏季节事活动,密尔沃基等城市甚至全年都有节事活动。密尔沃基从6月一直到9月的湖畔节(意大利节、德国节、英国节和波兰节等)吸引了周边及美国各地的游客。

葡萄酒节和葡萄酒旅游线路在欧洲已经流行了上百年。如今,澳大利亚、新西兰和美国的葡萄酒产地也常常举办类似的节事活动。加利福尼亚州纳帕谷有270多座葡萄园,每年接待约500万名游客,每座葡萄园都能给游客提供独特的体验。[29] 得克萨斯州、密苏里州、弗吉尼亚州和北卡罗来纳州等以前并不以葡萄酒产地而闻名的州如今也办起了葡萄酒节或开发了葡萄酒旅游线路。

华盛顿州葡萄酒协会的一项调查表明,该州的135个葡萄酒酿造厂每年接待200万游客,带来了1 900万美元的旅游收入。据澳大利亚葡萄酒酿造业主协会的估计,到2025年葡萄酒旅游带来的收入将达11亿美元。[30]

(1) 可持续节事活动营销。旅游节事活动如果能够在吸引目标游客的同时与本地文化协调一致,就会产生益处,如果该旅游节事活动定期举办的话,效果会更好。只举行一次的旅游节事活动或需要旅游地投入大量资金的旅游节事活动可能不会带来足够的经济回报。节事推广者通常会说,旅游节事活动的公关价值远大于成本。对此,在举办节事活动前必须进行详细、客观的分析,并评估节事活动对主办地文化和社会的影响及可能带来的后果。"目的地必须选择符合当地实际的旅游节事活动,因为每一项旅游节事活动都会吸引不同类型的人群。"[31]

有些活动现在被宣传为"绿色"或"可持续"。绿色的节事活动不仅节省资金,而且新颖。例如,在数字时代,这些节事活动使用可下载的内容来减少碳排放,并吸引更多使用在线资源的人群。

旅游代理机构的专业节事策划人对理想的节事活动通常有一些标准,例如:能吸引一定数量的游客;能完善和强化社区的文化特征;可以在未来重复举办,最好每年都能举办一次;如果需要雇用兼职员工,应该从本地雇用;不得破坏私人或公共财产;尽可能利用当地企业提供的服务,如当地的餐饮供应商;如果使用酒店床位税作为经费,应为当地酒店提供客源；应允许和鼓励当地居民参与。

(2) 体育赛事。很多社区将体育赛事视为吸引游客的手段。这些赛事很受游客和居民的欢迎。在美国，每年有7 500万成年人作为观众或参赛者参与体育赛事，体育旅游的支出达270亿美元。[32]拉斯维加斯主办一系列大型体育赛事，如纳斯卡赛车（NASCAR）、拉斯维加斯大学生橄榄球赛和全美牛仔竞技总决赛。高尔夫球赛则是拉斯维加斯最具潜力的新兴细分市场之一。

自行车赛和马拉松赛是两项极受欢迎的体育赛事。落基山脉自行车赛吸引了来自美国的50个州及其他国家的4 000名选手骑行658千米横穿科罗拉多州。选手们的旅行支出及来自主办城市的赞助商和非营利组织的资助让沿途各主办城市都得到了实惠。[33]

迪士尼乐园马拉松比赛的赛程长达42千米，吸引了17 000人参加比赛。这项赛事让淡季的迪士尼乐园涌入了11万名游客。赛事的成功举办促使迪士尼为女性增设了一项公主半程马拉松比赛。尽管迪士尼的马拉松赛事的门票相对较贵，但所有门票都会提前售罄。"参赛者简直把迪士尼乐园给占领了，"迪士尼的一位发言人说，"到处都是跑步的人。"[34]

2. 旅游景点

旅游景点可能是自然形成的，如尼亚加拉大瀑布或苏格兰高地，也有可能是人文景观，如白金汉宫、梵蒂冈等。

很多国家已经认识到自然景观的价值，并建立了国家公园或州立公园来保护这些自然景观。然而，由于涌入这些景点的游客人数众多，保护工作困难重重。

旅游业的长期发展需要依靠能满足人们旅行愿望的人文景观。但埃及和墨西哥的金字塔等人文景观也由于游客人数的不断增加而面临问题。人们对新的旅游景点的需求永不停止。这就需要进行旅游投资。

旅游投资涵盖了从进入成本较低的节庆和赛事活动，到动辄数百万美元的露天运动场、交通系统、机场和会议中心基础设施。城市改造的规划者不计成本地设法将旅游业作为城市复兴的核心手段。波士顿的昆西市场、纽约的林肯中心和洛杉矶的渔人码头就是这样。要想产生强有力的旅游目的地拉力，能否将景点、设施和服务聚集在一个进出便利的地方是至关重要的。

在中央计划经济体制下（东欧和发展中国家），政府控制、规划并引导旅游业的发展。旅游业有必要赚取硬通货用于国际贸易、发展及国家目的。旅游业的扩张高度依赖公共投资，但事实证明，对消费者需求变化做出回应的私人投资和市场机制也是必要的。很多国家通过联合风险投资、外国所有权及允许个人投资者在某一时间投资等方式，鼓励私人投资。墨西哥的里维埃拉是公私联营进行旅游投资的成功例子：政府投资于基础设施，私人投资于酒店、餐厅、高尔夫球场和购物中心等经营设施。

(1) 联合国教科文组织世界遗产。联合国教科文组织（UNESCO）指定的世界遗产地对世界旅游业十分重要，对选定的遗址更是至关重要。该项目将人类共有遗产中具有突出文化或自然重要性的遗址列入遗产名录。2015年，共有1 031个遗产被列入名录：802个文化遗产、197个自然遗产和32个自然文化遗产。每个遗产都属于其所在国，但保护这些遗产对全世界具有重大意义。[35]

旅游主管部门十分注重所在国景点能否被列入世界遗产名单。2008年,德国德累斯顿想在一条风景如画的河流上建造一座长达640米的桥。联合国教科文组织则警告说,如果建了这座桥,德累斯顿将从世界遗产名单中除名。

(2) 滨水景观。世界各地的大多数城镇都意识到了河流、湖泊及海滨的巨大价值。[36]这些地方很多已经被用来发展仓库、码头、发电设施及重工业,成为污水横流、垃圾遍地、危险重重的区域。美国的洛杉矶和巴尔的摩、阿根廷的布宜诺斯艾利斯、德国的汉堡等很多城市都发现,将这些地区重新开发为高档住宅、酒店、餐厅、商场甚至是海上贸易区会带来巨大的财富。德国汉堡的海港城是欧洲最大的城市开发项目。从严格意义上说,这一区域并不能被称作旅游景点。海港城的总设计师布伦斯·伯伦特(Bruns-Berentelg)说:"我们想要以一种能够转变为永久性都市风格的方式融入经济、社会、文化和建筑等因素。"

独特的旅游景点只是旅游规划的一部分。纽约、伦敦、巴黎等大城市也是旅游景点。像多功能滨水区这样对城市内不同区域进行的开发是对自然景观的一种拓展。

城市可以随同旅游景点开发出完备的基础设施,迪拜就是一个很好的例子。迪拜的机场是世界级的,提供一流的免税购物环境;高速公路设计合理,从机场到各个景点非常方便。酒店也充分认识到服务与顾客满意的重要性。入住酒店后,顾客有众多的服务项目可以选择,如水上运动、网球、高尔夫球、观光游览等。迪拜投入巨大的人力、物力培训来自世界各地的员工。员工队伍的构成意味着来自任何国家的顾客都能找到与自己说同一种语言的员工。迪拜制定了利用旅游业带动经济发展的战略和实施计划。

迪拜的两个著名的度假胜地是帆船酒店(Burj Al Arab)和卓美亚海滩酒店(Jumeriah Beach Hotel)。帆船酒店不仅是世界上最高的酒店,也是最豪华的酒店之一。帆船酒店所有202间客房都是两层套房,入住酒店的客人可以选择劳斯莱斯豪华轿车或直升机接送机。每一层楼都设有一个私人接待处,每间套房都配备一名私人管家。卓美亚海滩酒店有600间客房和18个餐厅,距离岸边1 600米处有一个独具特色的潜水礁石区,还有完备的会议设施可供召开国际会议。

(3) 中转站旅游。很多旅游目的地对游客来说,只是他们前往其他旅游目的地途中的一个中转站。新加坡每年接待的游客数量是该国居民人数的2倍多,但是游客平均停留时间不超过3天,其中有21%的游客是过境游客或是在此稍作停留的游客。

游客在新加坡购物、用餐和住宿。在新加坡的观光和娱乐只占其旅游总支出的3%左右。虽然游客停留时间短暂,但是新加坡的旅游收入在亚洲排第二,在全球排第十一。[37]

堪萨斯州、内布拉斯加州、阿肯色州、密苏里州等都认识到了中途停留的游客对本州经济的重要价值。位于大都市带边缘的城市,如得克萨斯州路易斯威尔市(位于达拉斯市的北边),也在为中途停留的旅客提供服务。很多自驾的游客更愿意在大都市附近交通便利的汽车旅馆住宿,而不愿在大都市中心区找酒店下榻。

17.2.2　目的地生命周期:振兴目的地

就像酒店或餐厅一样,旅游目的地也会变得陈旧过时,无法满足游客的需要。旅游目的地会经历一个与产品生命周期相似的生命周期,最终进入衰退阶段。旅游管理者必须对其产品进行管理,确保在成长期兴建好可以支撑未来旅游需求的基础设施。在某些情况下,旅游业成熟期的可持续性有赖于把游客人数限制在基础设施可承受的范围内。旅游发展必须寻求旅游收入最大化的诱惑与自然景观维护、本地居民生活质量等之间的平衡。这个任务非常艰巨。管理不善的旅游目的地可能只会兴旺一时。

基础设施完善的旅游目的地通过把季节性旅游产品转变为适宜多季的旅游产品或扩大产品的地理范围而使业务得以增长。例如,科罗拉多州阿斯潘(Aspen)度假地的旅游项目原来只有冬季滑雪,现在增加了夏季消遣娱乐、教育培训及文化活动等。魁北克大力推广夏秋两季旅游及冬季狂欢节和滑雪。西弗吉尼亚以夏秋旅游而闻名,但也在大力推广春季及冬季旅游。

夏威夷瓦胡岛的怀基基地区进入了衰退期。为了扭转颓势,截至2007年年中,为改造怀基基地区已投入20亿美元,接下来还将投入10亿美元。[38]怀基基海滩步行街的中心建起了一家占地面积达1 115平方米的餐饮零售中心。取消了分区管制后,奥特瑞格企业集团(Outrigger Enterprises Group)拆除了旗下5家老酒店。此外还进行了多处改造,其中包括为打造夏威夷高档的罗迪欧大道而将一条街道上的T恤衫店和纪念品店全部搬迁。

为了扩大海滩面积,怀基基地区还从近海区抽取了近8 000立方米的沙子。为避免怀基基变成另一个嘈杂的海滩,这里禁止使用香蕉船、帆伞、快艇和水上摩托。万豪国际的总裁艾德·福勒说:"这个城市做出了郑重承诺,要让怀基基重新成为一个受欢迎的目的地。"

旅游目的地的振兴需要各级政府机构与各行业的私营企业合作,其中需要旅游接待企业的全力参与。

17.3 旅游市场的细分与监测

一个人将可支配收入用于旅游而不是购买家具、船只或其他物品取决于重要的心理决定因素。表17-3列出了决定旅游需求的主要心理因素,这些决定因素可以用作市场细分的变量。人口统计特征和生活方式也是市场细分的重要变量。

表17-3 旅游心理动机	
声望	某种声望的获得吸引着游客,特别是长途旅行游客。马可·波罗通过旅行成为历史名人,希腊和罗马神话中的英雄尤利西斯同样因此出名。到阿斯潘、里维耶拉、瑞士等很多地方旅游都可以给游客带来某种声望,虽然这些认知仅存在于游客的内心深处。
逃离	从日复一日单调的生活节奏中逃离出来轻松一下的愿望是人类的基本需要。旅游业早就认识到这一点,逃离一词经常被用在各种充满诱惑的宣传中。
结识异性的机会	这一点有正反两面性。旅行长久以来被看作是结识有魅力的人的一种手段,这是跨大西洋旅行、东方快车旅行和内河船旅行的传统之一。不幸的是,到某些国家或目的地的声色场所寻欢作乐则是不光彩的例子。

续表

教育	长期以来，人们认为旅游可以开阔眼界。很多更深层次的旅游心理动机来自教育获益远高于旅游支出、风险和精神压力等代价这一基本逻辑。
社会交往	与陌生人结识和交流是一个动机。度假村和邮轮旅游通常都可以满足这种需要。
家庭团聚	家庭团聚式旅游已成为旅游市场中的一个重要消费市场。在夫妻双方均忙于工作等使家庭关系日益紧张的时代，更存在一种强烈的将家庭置于首位、加强家人联系的需要，但家庭选择的度假方式并不都能让他们真正团聚，如果父母整天忙于参加潜水、滑雪、打高尔夫球等活动，小孩子可能会被组织去参加儿童活动，而很少与父母在一起。
放松	人类与动物行为学家指出，人类是在成年后仍有享乐需求的唯一物种或少数几个物种之一。度假地和邮轮完美地满足了人们需要游玩的天性。邮轮本身就是一种旅游目的地，并与陆上景点直接竞争。
自我探索	对许多人来说，旅行提供了发现自我的机会，见证了经历人生悲欢离合的人们的生活细节。有史以来，人们通过"登高""穿越沙漠"来寻找自我。许多文化，包括所谓的原始文化都鼓励甚至迫使年轻人独自旅行来发现自我。世界各地的青年旅舍接待的游客中有许多就是在寻找自我。度假村的临时工大多是请假出游以认清自我和自己想要成为什么样的人的年轻人。"自我完善度假"(holistic vacation)这一概念已被用来描述这些寻找自我的人。

资料来源：Peter Hawes, "Holistic Vacation," *Hemisphere* (March 1995): 85-87; A. J. Crompton "Motivations for Pleasure Vacations," *Annals of Tourism Research*, 6 (1974): 408-424; A. Mathieson and G. Wall, *Tourism: Economics, Physical and Social Impacts* (Harlow, Essex, UK: Longman, 1982).

在推拉动机模型的基础上对游客进行细分是利益细分的常见做法。推动因素被认为是使个人有旅行倾向的社会心理动机，而拉动因素是吸引个人前往特定目的地的属性。推拉动机模型同时考虑了目的地的特性和游客的个体特性。最近的一项研究将中国的长途出境旅游市场根据推拉动机分为三类：寻求娱乐/冒险者、生活体验/文化探索者、放松/知识寻求者。[39]

在很多国家，退休人口的比例越来越高，促使旅游业务急剧扩张。双职工夫妇的增加导致度假游呈现更短但更频繁的趋势。10天或10天以上的长假期近年来减少了，包含周末在内的3天左右的短假期越来越普遍。酒店与航空业通过提供低成本的周末包价远足游促进了这些趋势。现在商务旅行往往集合了商务和休闲活动。为了适应这种在开车可及范围内度假的旅游趋势，新的当地或地区性景点不断涌现，如面向家庭的度假村。

外国游客已成为北美旅游市场中越来越重要的部分。由于美元和加元贬值，外国游客逐年增加。英伦三岛的游客热衷于纽约和佛罗里达，而欧洲大陆游客则对美国西部尤其是加利福尼亚存在强烈的好奇心。夏威夷定位于日本市场是因为其高收入和高支出，还因为50%到美国大陆旅游的日本人都将夏威夷作为旅途的一站。来自日本市场的回头客在旅游方面的支出是美国游客的4倍。

2017年，拉斯维加斯4 200万名游客中有16%是国际游客，约为680万人。[40] 拉斯维加斯旅游局致力于从入境旅游的激增中获益，并且制定了目标，要使国际游客占到拉斯维加斯游客总数的30%。国际游客平均每次旅行花费1 100美元，每次在拉斯维加斯停留的时间超过 4 天。与之相比，国内游客平均每次旅行消费 580 美元，停留 3 天左右。[41]

现如今，拉斯维加斯大约 60% 的国际游客来自三个国家：英国、墨西哥和加拿大。拉斯维加斯旅游局的国际办事处针对不同国家采用不同的市场策略。在英国，办事处侧重推广拉斯维加斯的生活方式元素，包括表演、夜生活和餐饮。拳击等重大体育赛事在英国市场也很受欢迎。加拿大人则对美食和葡萄酒文化、名厨和烹饪活动更感兴趣。拉斯维加斯旅游局将巴西、俄罗斯、印度和中国等新兴市场视为最具潜力的地区。[42]

在人口变化趋势和收入变化的大背景下，适应变化的生活方式和需要对旅游业是一个动态的挑战。"婴儿潮一代"已步入老年，年轻时热衷于选择社会地位和豪宅，年老时则倾向于选择能够提供舒适、周到服务的物美价廉的度假村和包价旅游。旅游规划者必须决定游客数量、定位于哪个细分市场及如何平衡旅游业与其他产业的关系。这些决策受目的地气候、自然地貌、资源、历史文化和设施的约束。像其他企业一样，旅游营销人员必须了解现实与潜在的顾客及其需求；决定进入哪个目标市场；选择适当的产品、服务及活动事项。

与老一辈相比，"千禧一代"对出国旅游更感兴趣。据联合国估计，在所有国际游客中，有 20% 的游客是年轻人，人数接近 2 亿，每年带来的旅游收入超过 1 800 亿美元。[43]

在美国各地开展的一项针对"千禧一代"的调查为旅游目的地提供了一些见解。调查显示，"千禧一代"在选择旅游地点时受朋友和家人的影响很大，他们更倾向于和朋友一起旅游或游览朋友去过的地方。"千禧一代"不仅访问目的地网站，还访问在线旅行社。他们有学习新事物、获得乐趣和娱乐体验的强烈偏好。"千禧一代"中意于具有真实感的目的地。这一趋势催生了新的住宿概念，如青年旅舍、爱彼迎、沙发客和换房旅游。"千禧一代"还关心环境问题，参与可持续发展实践。他们更偏爱那些实施可持续发展的目的地。[44]

为了吸引"千禧一代"，旅游目的地可以让当地人参与营销活动，因为"千禧一代"游客依靠社交媒体和口碑推荐，而且信任来自同伴和陌生人的旅游评论。目的地可以促进关系的建立。"拜访瑞典人"就是这种关系营销的范例。该网站的意图在于帮助到访瑞典的游客与当地居民建立联系，让当地居民参与旅游体验的创造。这样一来，居民就成为自己国家和城市的旅游大使。BeWelcome 网站还开辟了游客与当地人之间的交流渠道。[45]

南卡罗来纳州的查尔斯顿市曾多次荣获"南卡罗来纳州旅游州长杯"，10 次获得美国"最佳礼仪"城市称号，11 次被权威的旅游杂志《悦游》(*Conde Nast*)的读者评为十大旅游目的地之一，还获得了《国家地理》《新娘》和《旅行与休闲》杂志的多个奖项。

南卡罗来纳州的另一个旅游目的地默特尔海滩吸引来的游客比查尔斯顿还多，但后者始终是"南卡罗来纳州旅游目的地皇冠上赢取荣誉最多的宝石"。[46]

查尔斯顿为什么能够成为一个排名靠前的旅游目的地而备受游客追捧？答案是它尽力去保护、保留那些长期以来吸引人们来到此地的东西：它的历史、迷人的建筑、快乐而又彬彬有礼、乐于助人的市民、众多的花园、一些离奇古怪的东西和一流的美食。

如果打折商品销售区取代了古老的庭院或是在市中心建起了一座投资数百万美元的主题公园，那么上述制胜法宝很快就会消失。必须注意保护并进一步形成旅游目的地真正的独有特征。如果不加保护，这些独有的特征很快就会丧失，从而让居民和游客受损。

并不是所有的游客都对目的地感兴趣。如果目的地试图去吸引每一位游客的话,那么所支出的经费将是一种浪费;旅游目的地不应广泛撒网,而应瞄准目标市场。很多到默特尔海滩游玩的游客觉得查尔斯顿乏味无趣。这些人显然不是查尔斯顿的目标市场,试图吸引这些人最终会导致双方都不满意。

17.3.1 农业旅游

在工业国家,人们大多居住在城市或城郊。在这样一个时代,农业旅游这种将农场或牧场作为旅游目的地的小众生态旅游已经成为旅游业增长最快的细分市场之一,在欧洲和北美以及澳大利亚和新西兰大受欢迎。农业旅游目的地提供娱乐、放松、户外冒险和餐饮等形式多样的体验,从只是去农场参观,到留在农场,甚至还可以在农场工作,获得教育和亲身体验。人们可以住在农场,享受用当地出产的农产品制作的美食。[47] 顶级农业旅游目的地包括中国的台湾、意大利的托斯卡纳、西班牙的马略卡,以及巴西、夏威夷、加利福尼亚和菲律宾。[48] 在夏威夷,农业旅游的选项众多,如参观大岛海岸线地区的咖啡种植园、游览毛伊岛的种植园、住在瓦胡岛上体验有机农场。

科罗拉多州立大学的一项研究证实了农业旅游的重要性。主持此项研究的科罗拉多州立大学农业与资源经济学系的道恩·斯尔曼尼(Dawn Thilmany)教授说:"在夏季和秋季,农业旅游的游客访问率最高。"

在因滑雪而闻名的科罗拉多州,农业活动显示出巨大潜力,为冬季以外的旅游注入了动力。斯尔曼尼说:"这些季节里增加的游客解决了住宿及服务业利用率较低的问题。"研究报告显示,受访者中有超出 20% 的人每年都会进行 3 次以上的农业旅游,为当地的农场和牧场开发农业旅游活项目提供了巨大的支持。

研究报告显示,来自科罗拉多州以外的其他州游客平均每次行程花费 860 美元;州内游客平均花费 368 美元。所有受访者都声称,他们下一次来旅游时会多花一些(州内居民 450 美元,州外居民 1 023 美元)。在经常参加农业旅游的游客中,大约有 56% 是科罗拉多州的居民。[49]

斯尔曼尼说:"我们发现,在科罗拉多州,人们对于农业旅游的兴趣很高。这就确保了当地社区与农业旅游企业可以积极主动地共同制定规划。"他还列举了共同制定酒乡大章克申(Grand Junction)营销计划的例子。"科罗拉多州的许多地区已经注意到,农场游和牧场游吸引了数量可观的游客。通过协调一致的营销举措,这些地区可以持续为农业旅游活动提供资金。"

17.3.2 太空旅游

2001 年 4 月,丹尼斯·蒂托(Dennis Tito)成为太空旅游第一人。他花费 2 000 万美元乘坐联盟号太空飞船飞往国际空间站。2008 年 10 月,理查德·加勒特(Richard Garrett)花费 3 000 万美元乘坐联盟号,成为登陆国际空间站的第 6 位游客。由于俄罗斯允许游客搭乘其载人飞船,因此一家名为太空探险(Space Adventures)的旅行社成立了并专门提供太空旅游产品。[50]

近年来已经成立了很多以为游客提供太空之旅体验为主营业务的私营企业。维珍大西洋航空公司的创始人理查德·布兰森(Richard Branson)成立了维珍银河公司(Virgin Galactic),不久就会进行试航。新墨西哥州的拉斯克鲁塞斯美国太空港(Las Cruces Spacesport America)计划为高端旅游者提供商业太空游。在英国、澳大利亚和瑞典也有类似的企业。

太空游客必须接受精英宇航员培训。他们要进入一艘名为SS2的太空船,当母舱上升至1.5万米的高空时SS2会从母舱脱离并持续几秒钟的自由落体运动,然后火箭助推装置点火,SS2将沿着垂直轨道加速,升至109 971米的高度。SS2上的乘客将在失重状态下从160万米以外观赏地球的景色。整个过程将持续大约两个半小时。[51]

美国国家航空航天局(NASA)正在为月球旅游做准备,其中包括谨慎选择登陆地点,以免破坏1969—1972年登月计划中太空员留下的6个地点的痕迹。根据这一原则,登月游客只能在尼尔·阿姆斯特朗首次登月地点的75米范围外行走。NASA对登月地点进行保护的想法获得了谷歌的支持,它拿出3 000万美元用于奖励第一个让机器人登月的通过私人募集资金的团队。NASA似乎认为人们很快就会追随着机器人的脚步登上月球。它要确保游客不会踩踏阿姆斯特朗留下的"人类一小步"的脚印。[52]

17.3.3 多日徒步与宗教朝圣

很多潜在旅游者已经厌倦了海滨度假等传统的旅游方式。多日徒步(远足)市场规模巨大,而且在不断增长。在某些情境下,徒步是以宗教为基础的,如前往西班牙北部圣地亚哥坎普斯特拉的朝圣之旅。朝圣之旅可能长达一个月也可能只持续几天,可以徒步、骑马或骑车。1990年,圣地亚哥大教堂登记完成朝圣之旅的人只有4 918名,如今每年登记完成朝圣之旅的人就超过10万多名,而且这一数字很有可能被低估了。

朝圣旅行的目的地不只是基督教圣地,每年还有上百万的朝圣者前往印度教、佛教、伊斯兰教及其他宗教圣地。尽管大多数游客是乘坐现代交通工具抵达的,但仍有很多人坚持徒步前往。

在日本西部,十几万名朝圣者参与了徒步前往33个圣地,以及前往四国岛88个圣地、长达1 300千米的朝圣之旅。朝圣者大多会携带一个小物件,上面写着"我们也一路同行"。很多前往圣地亚哥的朝圣者也会携带一个带有贝壳的物件。

对文化、科学、宗教或星座有特殊爱好的徒步者可以选择不同的徒步路线。有些路线特别受欢迎,甚至需要对游客的数量加以限制,如新西兰的米尔福德徒步路线。

欧洲的北海主题旅游是贯穿6个国家、绵延4 800千米的徒步路线,由欧盟出资近1 500万美元开发,目前已建好了从拉普兰到直布罗陀和塞浦路斯的11条长途路线。

美国东海岸从缅因州到乔治亚州的一条长达3 500千米的阿帕拉契山脉主题旅游线路一直以来都十分受欢迎。各国旅游组织都支持这样的长距离徒步旅行,因为它能够分散游客、减轻旅游的负面效应并为广大乡村地区提供经济支持。

世界各地有成百上千条具有旅游潜力的文化线路。例如,起始于中国古都西安,跨越塔克拉玛干沙漠,最终到达地中海的丝绸之路。这条漫长而艰难的旅途只有极少数游客能够完整地走下来,但很多人会在沿途的部分路段徒步前行。[53]

17.3.4 医疗旅游

医疗旅游是旅游细分市场中发展最快、利润最丰厚的一个市场。人们会通过国际旅行来获得廉价的医疗服务。2003年,医疗旅游者为35万人。2010年,这一数字已上升至600万人。

驱动医疗旅游快速增长的四个因素是:低成本;在国内医疗服务机构需要长时间排队等候;先进医疗护理过程及治疗方案的可得性;度假机会与私密性。低成本是最主要的驱动因素。因为对于没有(完整)医疗保险的人来说,选择国际目的地的低成本医疗也许是唯一可行的办法。为了永葆青春,"婴儿潮一代"很看重整容手术和牙齿整形服务,但医疗保险往往并不涵盖这些内容,这就为墨西哥、中美、亚洲和东欧带来了源源不断的商机。在澳大利亚、加拿大和英国等建立了全民医保体系的国家,需要接受此类手术的人要等候很久。对于排在长长的候诊名单上的人来说,去国外接受价格很低的治疗而不必忍受漫长的等待很有吸引力。国际医疗有时还可以为患者提供实验性的治疗,而这些治疗在其本国是受到法律禁止的,其中包括实验性癌症疗法及干细胞治疗。与躲在家里等待伤口愈合相比,秘密地去海外整容、在沙滩上恢复、痊愈后回家而且看起来年轻了10岁是一个不错的选择。

泰国是最受西欧医疗旅游者欢迎的整容目的地。2012年,约有250万名外国患者前往泰国,约占亚洲地区入境游客总数的一半。印度吸引了大量需要接受心脏手术的患者。巴西(整容手术)和墨西哥(减肥手术)由于地理位置靠近美国,吸引了来自美国的大量患者。前往土耳其接受矫正手术、激光眼部手术和整容手术的患者人数也在不断增长。[54]

医疗旅游正逐渐与度假结合起来。北美的一些保险公司为符合条件的顾客提供到国外治疗的机会。保险公司以免去顾客的自付费用和共付医疗费,以及在治疗期间及治疗后提供机票和住宿作为刺激手段,不仅向顾客提供低成本的产品,而且提供免费度假的机会。而保险公司这样做所承担的费用低于患者在美国接受治疗的费用。患者最大的担忧在于医疗服务的质量。有意开拓医疗旅游市场的国家需要完善标准,确保治疗过程能够让人感受到高品质并与医疗旅游者建立信任关系。[55]

17.3.5 寻根旅游

近年来,人们对了解自己祖先的兴趣大涨。[56]很多人都计划在假期游览谱系研究地。印第安纳州韦恩堡(Fort Wayne)的艾伦县公立图书馆每年接待40万名游客。犹他州的摩门教会因为是最大的家庭档案存储地而成为"必游之处",每年接待70万名游客。

澳大利亚、新西兰、阿根廷和加拿大等有大量欧洲移民的国家接待的寻根游客的数量也在不断增加。据苏格兰国家旅游组织游览苏格兰估计,苏格兰的寻根旅游每年带来超过6亿美元的收入,因此苏格兰开始重视寻根旅游,发起了宣传推广活动,并开发了经济型的"寻根包价游"。游览苏格兰的首席执行官马尔科姆·劳黑德(Malcolm Roughead)说:"我们需要尽一切努力确保每位游客都获得终生难忘的体验。在我们的广告宣传中,我们将邀请世界各地的人回到故土,踏上他们祖先走过的路。"[57]

前往一战的加里波利战场已成为澳大利亚年轻一代的"成年仪式"。在土耳其的加里波利半岛,随着成千上万澳大利亚人前往一战战场参加澳新军团百年庆典,那里的旅游贸易蓬勃发展。很多澳大利亚游客为此支出了7 000~10 000美元的费用。[58]

17.3.6 识别目标市场

目的地可以通过两个途径识别其天然的目标市场。一个途径是收集有关目前游客的资料。他们从哪儿来?为什么来?他们有着怎样的人口统计特征?满意度如何?有多少重游者?旅游支出是多少?通过考察上述及其他问题,规划者就可以确定目标市场。

另一个途径是梳理目的地的节事活动和景点,选择那些在理论上可能会对其感兴趣的顾客群。我们不能假定当前的游客就代表了所有想要来此游览的人。例如,如果肯尼亚只宣传游猎活动,它就会失去那些对当地文化、植物和鸟类感兴趣的人。

不同的顾客群会被不同的特征所吸引。地方旅游委员会设置市场细分变量并进行访谈对了解细分市场会有所帮助。吸引游客的景点、客源地位置、游客特征及其期望等变量都有助于确定最佳目标市场。

选定目的地的目标市场后,旅游规划者应开展调研以确定可以从哪里找到这样的游客。哪些国家的人有钱且想要来目的地游览?例如,阿鲁巴(Aruba)主要吸引喜爱阳光沙滩的游客。美国、加拿大及部分欧洲国家是很好的客源国。东欧人因为缺乏购买力而被排除在目标市场之外,但这种情况也在发生变化。尽管澳大利亚人出游很频繁,但被排除在外是因为他们附近就有阳光沙滩。通过这样的分析可以发现目标客源地。如果识别出来的目标市场有多个,那么应该估算每个市场的潜在收益。目标市场的潜在收益是该市场旅游收入与为吸引和服务这一市场而花费的支出的差额。支出取决于基础设施的需要。最后,旅游规划者应对潜在的目标市场进行排序并根据盈利能力进行选择。

如果以上分析得到的细分市场太少,则必须对基础设施和景点进行投资。这些投资可能多年之后才能收回,但这是让目的地在竞争日益激烈的市场上抢占一席之地所必须付出的代价。

爱尔兰旅游局发现,很多年轻的欧洲游客以背包徒步旅行和露营的方式游览被誉为绿宝石岛的爱尔兰,欣赏这里自然的、尚未被破坏的美丽景色,但他们的花费却很少。究竟应该根据吸引游客的人数(当前流行的标准)还是根据游客的支出水平来确定目标市场,是爱尔兰面临的一大难题。最终爱尔兰旅游局决定将目标放在规模相对小但收入高、停留时间长、支出更多,而且与当地的文化和环境相匹配的游客。

为此,爱尔兰旅游局现在不仅宣传其青山绿水和古老建筑,而且宣传爱尔兰的文学巨匠(如奥斯卡·王尔德、萧伯纳和詹姆斯·乔伊斯),希望吸引高收入且追求文化体验的游客游览都柏林,在这里,游客可以体验爱尔兰人精彩的演讲与智慧。

无论目的地寻求哪一类目标市场,都需要非常精准,比如滑雪场吸引滑雪者、天然礁石区吸引潜水者、艺术和手工艺品区吸引艺术群体。仅考虑这些还不够,还要通过额外的参考特征来细分潜在游客。美国的太阳谷、阿斯潘吸引的是高收入的专业的滑雪者,凯斯顿、冬园吸引的则是喜爱滑雪的家庭。

旅游业的营销人员知道,即使一个旅游目的地吸引的是某一旅游活动的爱好者,它仍有可能为其他类型的游客提供服务。例如,去滑雪的家庭或群体中往往会有人并不想滑雪。这个群体为什么会来呢？如果答案是"我们只提供滑雪这一种活动"，那么这个群体很可能去其他能提供更多旅游活动的目的地。

17.3.7 游客细分市场的分类

目标游客细分市场的分类方法有很多种，其中最常用的是基于游客是跟团还是自助游，即**团体包价旅游**（group-inclusive tour, GIT）和**散客旅游者**（independent traveler, IT）。国家旅游部门、国际航线及其他涉及国际旅游的组织或个人经常使用这两个名称。

下面是一些基于游客的组织化程度及其对旅游目的地的影响程度划分的目标游客。

（1）有组织的大众旅游者，即参加团体包价旅游的人。他们除了可以选择购买哪种包价旅游产品外，对于自己可以获得的旅游体验影响有限。他们一般跟团出游，通过旅游大巴的窗口观赏景色，住在预定好的酒店，仅在当地市场购物时才有机会接触到当地人。

（2）散客。这些游客与上一类游客类似，只不过他们对旅游日程有选择权。例如，他们可以租车去参观当地景点。

（3）探险旅游者。这些人属于散客旅游者。他们自己规划行程并预订酒店。他们大多是好交际的人，喜欢跟当地人交流。

（4）漂泊者。这些背包徒步旅行的人很少在传统的酒店住宿，通常会与朋友结伴住在青年旅舍，或者在野外露宿。他们往往会融入当地的低收入群体，并经常选择公共交通的三等座。他们大多是年轻人。

（5）探亲访友者。这类游客通常住在亲戚朋友家，因此通常不被视为重要的游客。然而，这种观点并不正确。虽然他们不在住宿上花钱，但是他们在餐饮、参观游玩和购物方面花费不少。

（6）商务旅行者。这个群体通常包括因各种商务原因而出行的人，如参加会议、商贸展或者求职。

（7）寻求快乐的旅行者。这个概念过于宽泛，包含了所有类型的游客。如果不进行进一步的细分，其用处不大。

（8）商务休闲旅行者。很多会议和商务旅行者都会在商业活动之前或结束后在当地游玩一段时间。

（9）教育和宗教旅行者。这类旅行者包括学生、朝圣者、传教士等。如果不进行进一步细分，这个概念对于旅游规划者而言没有太大的价值。

（10）过路游客。这部分游客对位于知名景点沿途，可以为游客提供方便的休息场所和过夜的停车场所的城市来说意义重大。

另一种著名的游客分类方法是普洛格（Plog）分类法。[59]根据到访的大多数游客的心理类型，目的地可以被标注在心理特征曲线上的某个位置。游客的个性特征决定了他们的旅游方式和旅游偏好。普洛格观察到旅游景点首先由多中心型游客（背包客与探险者）发现，当本地人意识到旅游业的经济收益时，服务和基础设施就会随之建设起来。此时多中心型游客将不再来这里，而是会寻找另一个未被破坏的景点。此时，游客的性质发生变化，每一个新的游客群都比上一个游客群更欠冒险性，如年纪更大，因而更注重舒适和服务。最后，旅游目的地的知名度较高，主要接待不喜欢冒险的自我中心型游客。

一项针对游客行为与偏好的研究表明,哥斯达黎加正在从吸引多中心型游客目的地向吸引自我中心型游客目的地转变。研究者总结说,哥斯达黎加所修建的基础设施实际上已经完善到了让冒险者摒弃的地步,但却对自我中心型游客构成了吸引力,这一结论印证了普洛格模型。

了解这一点后,洪都拉斯、伯利兹和尼加拉瓜等其他中美洲国家也开始争夺冒险旅游市场。这些国家必须保护自然环境,包括将某些区域划为保护区。

研究者还注意到,根据普洛格模型,柬埔寨、泰国和越南等亚洲国家正快速进入缺少规划的开发阶段。[60]

17.3.8 监控旅游市场

旅游市场是动态变化的,营销信息系统是保证旅游组织经营良好的重要组成部分。目的地需要通过确定每一个景点吸引的游客人数和类型来严密地监控各大景点的知名度。大都会艺术博物馆、大本钟或罗马斗兽场的知名度可能会突然或逐渐发生变化。营销信息系统有助于识别和预测会引起变化的环境发展趋势,并收集反映现有市场、新生市场和潜在目标市场需求的信息。

拉斯维加斯会议与旅游局(LVCVA)每年都会进行一次游客信息采集。数据来源于持续的游客调查。旅游组织的一项工作是增强目的地的可达性。LVCVA 利用调查所获信息识别出有能力开通直航线路的新兴市场,然后尽力说服航空公司开通新的航线。直飞拉斯维加斯的大量航班和相对低廉的机票价格增加了其可达性,这是它成为美国第一会议中心的部分原因。这一成功并非偶然,而是 LVCVA 所付出努力的回报。

科罗拉多州的汽船温泉酒店、会所度假协会及其他度假地的旅游局也与航空公司合作,确保航班可以抵达其所在的城市。但是,由于这些地方人口基数小,而且降雪量不断变化,航空公司不愿意在不收取保证金的情况下开通这些地方的航线。这就意味着旅游局必须积极采取行动收取充足的资金来交纳保证金。

旅游组织需要收集信息来保持竞争力。旅游产品需要随市场需求的变化而及时调整。应识别新兴市场并为其提供服务。还要找出可以用现有旅游产品予以满足的新的市场。旅游组织要完成上述任务需要掌握准确的市场信息。

1. 第一次到访游客与重游游客

第一次到访游客与重游游客是旅游目的地的重要细分市场,应该对其加以监控。目的地希望在第一次到访游客与重游游客之间保持平衡。拉斯维加斯 80% 的游客是重游游客,从长远来看,这可能会产生问题。

对于某些目的地,游客满意度的重要性要高于游客忠诚度,因为目标游客会寻求多样性,而不太可能重复访问同一目的地。一项研究发现,对国际旅游目的地忠诚度较低的游客要么是自然转换者,要么是体验转换者。自然转换者是追求新鲜事物或对价格敏感的游客,而体验转换者是那些对自己的游览体验不满的人。对这些目标群体应该区别对待。[61]

2. 短途游客与长途游客

短途游客往往只做短暂停留。他们还显示出对于包价旅游产品的偏好。长途游客停留时间较长，途经多个目的地而且要完成多种目的，如城市观光、乡村徒步、参加文化活动和节事活动。

17.4 与游客市场沟通

17.4.1 争夺游客需要塑造形象

电影、电视、音乐和名人代言中出现的目的地影像对该地的公众形象有极大影响。

美国各州为吸引游客而投入的媒体费用在迅速增长。得克萨斯和阿拉斯加等州在这方面的支出增长了4倍多。各国及国内各地互相发动宣传攻势，抢夺对方的市场。例如，伊利诺伊州将纽约、加利福尼亚、得克萨斯及日本等作为目标市场，制作了多语言版本的旅行指南、DVD和广播广告。

各旅游目的地与旅行、娱乐及通信企业建立伙伴关系以进行联合营销。它们在全国性媒体和旅游出版物上大力宣传，积极参与商务旅行推广活动以争取不断壮大的商务休闲市场，并将目标定位于旅行社。美国的很多州在州际公路干道沿线设立接待中心，不仅有自动的双向可视查询系统，还可为游客提供帮助。各州还向本地居民派发宣传手册、旅游地图和节事活动日程表。

最后，要想有效地树立目的地形象，宣传资料应该与实际相符。日落、海滩、建筑物和节事活动的精美图片要与游客的真实体验相符，否则游客会大失所望且抱怨不断，甚至可能败坏目的地的口碑。

很多旅游目的地发现在广告宣传中展现当地居民与游客的互动非常重要。世界上有无数的山区和海滩，大多数山区和海滩在照片上看起来都差不多。几乎没有游客会去寻求一个完全与世隔绝的度假地。就本性而言，人是社会动物，总会有意无意地寻求其他人的陪伴。

17.4.2 目的地品牌塑造

旅游目的地越来越多地采用品牌塑造技巧，在高度竞争的环境中形成独特的定位、形象和个性。目的地品牌塑造是创造差异化目的地形象的过程，影响着游客的目的地决策，传达出目的地对于独具特色的难忘体验的承诺。[62]目的地塑造品牌的机会存在于国家、城市及村镇（主品牌和子品牌）等不同的地理层面，博物馆和主题公园等特定景点、大型节事活动及生活方式包价游产品中。

在旅游目的地游览或度假是一种生活方式、个性和地位的展现。研究发现，那些认为自己的个性与拉斯维加斯作为旅游目的地的品牌个性更为契合的游客故地重游的可能性更高，而且会为其进行积极的口碑传播。[63]

公关和宣传（电影、新闻报道、事件和名人）对塑造品牌知名度和形象至关重要。拉斯维加斯的品牌战略历来侧重于特殊节事活动及在电影中出镜。

对于以游客为基础的品牌资产衡量，如品牌识别，关键的基准绩效指标是形象、忠诚度和品牌拥护度。内华达州旅游委员会针对邻近各州（加利福尼亚州、亚利桑那州和犹他州）及国际市场推广另类旅游时，发起了一项重塑内华达州品牌的营销推广活动，目标是推广乡村地区和鲜为人知的景点，包括"狂野西部"的旅游体验。[64]

旅游目的地宣传语

目的地宣传语是品牌识别的一部分，可以清晰地表达出产品的定位。宣传语是一个简短的语句，用于传递有关品牌的描述性或有说服力的信息。宣传语被视为国家、州和城市层面建立品牌知名度和形象的基本要素。[65]一些流行的宣传语包括："在拉斯维加斯发生的一切就留在拉斯维加斯吧""我爱纽约""100％纯净新西兰"。实际上，拉斯维加斯还有几个不太为人所知的口号，针对的是范围较窄的受众，包括针对会议策划者提出的"非同寻常"，针对推广特殊节事活动提出的"保证加班"，以及面向国际受众提出的"娱乐世界"。

目的地可以将改变宣传语作为其品牌重塑战略的一部分。最近，希腊国家旅游组织（GNTO）发起了一项新的全球旅游推广活动，新的宣传语是"希腊，永恒的经典"。牙买加在10年后放弃了其长期使用的宣传语"牙买加，一旦你去，你就会知道"，取而代之的是"牙买加，一切都好"，以此来传达这样一个信息：牙买加是一个让游客"感觉很好"的地方。新加坡旅游局将宣传语"非常新加坡"更改为"我行由我，新加坡"。

17.4.3　广告和促销的效果

照搬以往的成功案例这种做法越来越受到质疑。针对美国各州旅游促销支出有效性问题的研究所得到的各种结果当然是存在争议的。

有研究显示："旅游程度较低的地区增加支出可获益，而旅游程度较高的地区缩减支出可获益。"[66]另一项有关广告效果的研究指出，"就游览某一目的地的态度形成和兴趣而言，未观看广告的控制组与观看广告的小组之间并不存在明显差别。"[67]

上述两项研究表明，目的地的有效推广需要新的营销战略。社会在改变。目标市场，尤其是年轻人可能不再关注电视、报纸、杂志及广播等传统的媒体。在当今的数字时代，精明的目的地营销组织（DMO）正在利用社交和移动网络、智能手机、平板电脑、GPS（全球定位系统）应用程序、电子商务和预订引擎，以低成本的方式全天候地在全球范围内接触消费者，可以通过网站上的视频、文本、音频、预订系统、照片和来自顾客的实时评论与顾客进行互动。[68]

新西兰旅游局与脸书建立了全球合作伙伴关系，共同构建故事驱动的内容，并通过Ins和脸书平台营销目的地。新西兰旅游局的市场总监安德鲁·弗雷泽（Andrew Fraser）说："能够有效地跨所有数字平台开展宣传越来越重要，而直接与脸书合作是一个绝佳的机会，能够确保宣传活动使用最有效的、最棒的实践技术。事实上，我们所做的就是去找脸书，让他们给出一个内容创意，解决那些打算来新西兰旅游的人所面临的一些出行障碍。我们的研究表明，虽然这些人了解新西兰有史诗般的风景，但他们对我们的基础设施、在新西兰旅游的便利性、可参与的活动等的认识还不足。"

新西兰旅游局与脸书合作创作了一个引人入胜的故事：两名美国游客错过了奥克兰到惠灵顿的火车，由此开启了一段康比公路之旅，途中他们与当地人接触并游览了新西兰。[69]

目的地营销组织通常负责制定和衡量促销活动的效果。一个重要的渠道是在柏林、拉斯维加斯和马德里举办的大型旅游博览会,目的地、中介机构和旅游企业在那里齐聚一堂。

17.4.4　开发融景点与游乐设施于一体的组合产品

向潜在顾客传递信息的一个有效途径是提供组合产品。要想成为被游客选择的旅游目的地,旅游组织和旅游城市必须开发融景点与游乐设施于一体的组合产品。游客在相互竞争的旅游地之间比较优劣。旅游目的地要提供公共汽车、船只、火车和飞机等易于到达目的地的交通工具,还需要向旅行社和期待出游的人派发宣传册、录音带或录像带等。城市公交公司要提供包含当地主要景点的半天、全天及夜间线路。面积较小的汇聚了景点、服务和设施的区域可以创造兴奋感、冒险感和人气。

旅游目的地不断开发潜在资源来吸引更多的潜在游客。例如,伊利诺伊州是除佛罗里达州外,美国人均拥有最多公开、半公开高尔夫球场的地区,目前正在大力推广高尔夫游。高尔夫与芝加哥购物组合在一起的旅游产品受到日本游客的青睐。宾夕法尼亚州通过举办高尔夫球锦标赛、扩大游乐设施来开发曾经的煤炭开采地,促进了旅游业的发展。

加拿大的维多利亚市被称为"花园城市",美丽的布查花园就位于该市。布查花园占地 22 万平方米,以前是采石场,后来被改建成了姹紫嫣红的花园。布查花园以节事活动、餐饮和礼品店为特色,已经成为维多利亚旅游的同义词。当它与其他旅游活动,如高尔夫、购物、餐饮、博物馆整合起来时,就能为不同的旅游细分市场开发出不同的组合产品。

位于科罗拉多州拉江塔(La Junta)的科西尔(Koshare)印第安博物馆是一个文化旅游景点。它是世界上收藏北美洲艺术和手工艺品最多的博物馆之一,也是印第安人的历史博物馆。通过向当地年轻人传授土著居民的舞蹈,这一舞蹈形式得以保存,并在美国各地演出。

旅游目的地可以促销一个、几个或多个景点。芝加哥的营销主题是"芝加哥独有"(Chicago's Got It),突出展示芝加哥著名建筑、湖畔、交响乐团、世界最高的摩天大厦、金融交易所和瑞格利球场(芝加哥小熊队主场)的形象,表明这个城市拥有一切:商业、文化、娱乐、表演和体育。相反,洛杉矶市演绎的是它那深入人心的神秘而又迷人的形象:烟雾蒙蒙、色彩柔和的金门大桥。

旅游目的地之间的竞争扩展到餐饮、设施、运动、文化、娱乐等方面。哪个地方四星级酒店最多、餐饮价格最实惠、博物馆和剧院最多、酒品和饮料最好,或拥有最吸引人的自然景色、文化风情和地方传统?竞争体现在一些印刷品上,资格认证与排名在宣传册、广告和导游指南上随处可见。

尽管旅游目的地提供了最好的服务,通过公关活动和广告宣传勾画出积极的公众形象。但形象的建立会受到包括侵犯人权等令人烦恼的社会问题报告的影响。

来自西方国家的人权指控直接影响旅游业的发展。缅甸政府将旅游设施的建设者视为义务工,国际人权观察家则认为这是强迫劳动。英国的旅游关怀组织报告说,缅甸国家法律与秩序委员会(SLORC)"使用被强迫的劳工和移民来建设旅游相关工程"。[70]

SLORC 否认了该报告,声称人们是开心且自愿地进行义务劳动。无论报告是否反映了事实,有关侵犯人权、犯罪、疾病及其他社会问题的报告对旅游业具有负面影响,即使问题解决了,这一负面影响仍会持续很长时间。

打造旅游目的地的良好形象是旅游机构的核心任务。旅游机构可以是公共、准公共、非营利或私营。这些机构通常被称为全国性旅游组织(national tourist organizations, NTOs)。除美国以外,这类机构通常由中央政府、州政府或省政府与地方政府共同管理。例如,欧洲旅行委员会(European Travel Commission)由 24 个成员国组成,致力于吸引美国游客去欧洲游览,在美国协调促销活动。

17.4.5 创造和管理游客体验

单靠景点并不能吸引游客。很多地方都试图通过提供更大的价值,使旅行体验更具意义和回报来加深旅行体验。旅游目的地是各种产品和环境的混合体,形成的是目的地总体体验。

体验的"线索"是产品体验的组成部分,源于塑造消费者体验的各种感官信息。环境中感知到的任何东西(视觉、听觉、触觉、味觉和嗅觉)都是一条体验"线索",必须加以管理。未经管理的或随机的负面线索可能会抵消正面线索,从而破坏整个体验。[71] 若将其应用到旅游情境中,那么一次典型的国际目的地体验始于机场(甚至更早一些,在游客通过浏览网站去"体验"目的地时就开始了),接着是出租车或班车服务,酒店入住、餐饮、观光旅游、购物和娱乐体验。

旅游目的地可以通过安排成百上千条线索来创造正面的总体体验。例如,像难闻的气味和污染这样降低体验质量的负面线索应该予以消除。在某些城市,重新修建了机场与城市之间的道路,因为旧道路途经绵延数千米的贫民窟和棚户区。在新加坡,通往机场的道路总是装饰着鲜花,景观带长达数千米。新加坡的出租车司机以专业培训和服务而闻名于世,他们要通过英语考试、参加安全培训并学习定位技能。尽管机场出租车和公共交通可能是游客与目的地的第一个接触点,对游客满意度至关重要,但有些城市在这方面投入甚少。

可以打造特殊的旅游景点来创造和管理游客体验。位于哈瓦那历史悠久的老城区一座经过翻新的 18 世纪殖民地建筑中的朗姆酒博物馆应用的是体验营销原则,如在甘蔗磨坊里有骡子拉磨表演、在庭院里可品尝美酒,以及吸引人的朗姆酒制作历史和现场制作过程。为提升体验效果,博物馆里还有乐队现场表演、有可以品尝朗姆酒和当地美食的酒吧,以及出售朗姆酒和雪茄的纪念品商店。旅游目的地应该在设计或管理体验与保持体验的真实性之间寻求微妙的平衡。

1. 目的地体验与社交媒体的共同创造

新媒体的发展改变了人们与社交网络和旅游目的地的关系。如今,游客与目的地和旅游供应商的各种要素互动,共同创造自己的体验。旅游体验设计应注重互动性,包括游客与目的地物质要素的互动、与目的地社会要素(其他游客、当地人、员工和社交网络)的互动以及与社交媒体的互动。社交平台已经成为旅行前(共同创造)、旅行中(实时分享体验),以及旅行结束后讲述旅行经历并帮助他人共同创造体验不可或缺的组成部分。[72] 2014 年大通万豪奖励调查显示,几乎所有"千禧一代"游客都会在社交网络上发帖,与朋友分享旅行体验。

为推动这一过程,目的地管理组织和旅游供应商可以为游客搭建互动平台。泰国目的地管理组织的网站 Thailand 是专注于游客讲述的旅游故事和分享的平台,网站的"真实体验"栏目包括旅游故事、旅游小贴士,以及展示泰国众多激动人心的活动、节庆的旅行视频和照片。[73]

2. 当地生活体验

年轻人希望获得真实的"像当地人那样生活"的目的地体验。"像当地人一样"(Like-a-local)网站是旨在帮助游客像当地人那样感受和体验当地文化与目的地的组织。当地的专家打造了各类具有互动性的美食、艺术、绘画和舞蹈工作坊。例如,游览伊斯坦布尔的游客可以由当地导游安排一次长达 5 小时的美食徒步游,从伊斯坦布尔邻近欧洲的一侧开始,到邻近亚洲的一侧结束。游客还可以在巴塞罗那参加骑行游或徒步游、在巴黎参加美食游、在布拉格参加城市历史游。[74]

"和当地人一起"(Withlocals)移动应用程序通过亚洲国家的食物和体验将游客与当地人联系在一起。游客可以联系当地导游进行旅游定制,在当地人家中与他的家人一起用餐,了解当地文化,参加当地人组织的活动和工作坊。例如,他们可以尝试打泰拳、开嘟嘟三轮车,或是在当地人家里吃一顿泰式晚餐。[75]

为方便在加拿大旅游或计划到加拿大旅游的人查询旅行信息,并与当地人和游客互动,加拿大旅游委员会(CTC)最近推出了"像当地人一样探索加拿大"(ECLAL)网站和移动应用程序。[76]

"沙发客"(couchsurfing)网站是帮助游客住在当地人家里而不是入住酒店,为他们提供在线文化交流社区和另类旅游的平台。如今,"沙发客"拥有来自 200 多个国家或地区的 300 多万名会员,每周为成千上万名会员在世界各地进行面对面交流提供便利。世界各地的会员在旅行时都会住在其他会员家中,并与会员组织聚会。会员还利用社区交流信息、建议、见闻和文化。会员还可以加入当地社团,策划社交活动,如欢乐时光、露营旅行等聚会。可以说,"沙发客"为人们提供了"像当地人那样生活"的体验。[77]

17.5　组织与管理旅游营销

17.5.1　国家旅游组织

在各国和各地区,通常都有一些政府或准政府机构进行旅游目的地营销。在国家这一层面上的机构一般被称为国家旅游组织(NTO)。国家旅游组织通常有两项营销任务:①设计并开发旅游产品;②在目标市场上进行推广。国家旅游组织可以在营销调研的基础上采取适当的开发和促销方法,使产品贴近目标市场的需求。旅游组织的行动既代表整个旅游目的地,也是对单个旅游供给者营销活动的补充。美国旅游协会是一个全国性的非营利组织,其任务是促进美国国内游和入境游。协会拥有 1 300 多个成员组织,代表目的地、旅游服务提供商和旅游协会等的利益参与游说活动,以进一步推动美国旅游业的发展,并领导美国品牌(Brand USA)等针对国际游客的国家推广活动。[78]美国品牌推出了美国旅游官方网站（www.DiscoverAmerica.com）。

国家旅游组织的职能如下：

（1）收集和传递调研数据。国家旅游组织进行整个地区的旅游研究。游客的来源地、停留时间、住宿类型、在不同旅游产品上的支出等都由该组织收集并传递给其成员。这些信息有助于国家旅游组织认清旅游需求的发展趋势并制定相应的营销战略，对旅游接待企业也很有价值。

（2）市场代表。国家旅游组织在主要的市场设有办事处为其国家进行促销。其促销方式通常采取可提供咨询的广告的形式，如刊登在旅游杂志上的广告，这些广告提供了可以获取进一步信息的免费咨询电话。办事处经常要回答潜在游客的问题，还要促进分销环节的开发。办事处还是有关某一市场发展趋势信息的重要来源。

（3）组织研讨会和展销会。国家旅游组织推动旅游分销渠道各成员（如旅行社和旅游批发商）间的交流。除了举办各种研讨会外，国家旅游组织还在大型的旅游展销会上购买展位，邀请成员们展示资料或是进行有形展示。这节省了成员们自己购买展位的成本。

（4）组织考察团。国家旅游组织还会组织由渠道中的重要成员和旅游作家参加的考察团。考察团有旅游目的地的酒店、游轮及度假村的赞助，是为旅行社或其他能够给目的地带来业务的人提供的低价或免费的旅行。

（5）参与联合营销项目。一些国家旅游组织还提供支持性的广告来帮助成员在目标市场进行促销，如英国旅游局为英国航空公司在美国的广告促销提供支持。预计这些广告可以增加英国的入境游客，从而有利于整个英国旅游接待业。

（6）支持新企业或小企业。国家旅游组织会为对当地旅游业有重要意义的新企业和小企业提供支持。例如，乡村游、地方性节庆旅游、只提供住宿和早餐的小旅馆经常会得到国家旅游组织的支持。

（7）帮助和保护消费者。国家旅游组织通过为游客提供旅游信息来帮助他们。例如，在一些国家住宿设施有等级之分，这是为那些很在意自己入住酒店档次的客人设计的。国家旅游组织还会针对特定的细分市场设计含有住宿和餐饮菜单的旅游手册。

（8）常识教育。国家旅游组织还经常组织研讨会和培训课程，帮助本国的旅游经营者了解海外市场的重要性。

与其他组织一样，国家旅游组织必须制定任务说明，提出发展目标和战略。制定国家战略的根本目标是将该区域的现状转变为理想的状态。例如，如果某国政府的目标是提高旅游业在某一区域的经济收入，则可以选择能够增加到该区域旅游的人数的战略。一个高度依赖某一特定地理市场的国家可以选择多样化战略。例如，墨西哥因阳光和大海而闻名于世，为了吸引其他细分市场的游客，该国对一些历史遗迹进行了开发。

目的地营销者如果能够对团体（如协会）的目的地选择产生影响，将为旅游目的地带来可观的旅游收入。为了有机会被选为会议地址，目的地必须出现在决策的初始环节中。需要认真地调查和研究团体中负责选择地点的人员，并了解目标协会及弄清楚选址委员会中谁是真正的决策者。[79]

17.5.2 区域性旅游组织：地区协会及会议旅游局

很多州或省都有自己的旅游组织。澳大利亚昆士兰成立了昆士兰旅游局，由昆士兰政府直接管理。州旅游组织(STO)的很多职能与国家旅游组织类似，只是属于区域一级的。它们还与国家旅游组织合作，以获得经费并有效利用所在区域内的资源。昆士兰旅游局与其他旅游组织合作制定了十年战略规划。[80] 纽约州的旅游组织发起了名为"我爱纽约"的宣传活动，将纽约州划分为拥有共同旅游主题的不同区域，如纽约市、卡茨基尔地区、尼亚加拉地区和千岛海域。[81] 酒店、餐厅或景区等旅游接待企业的业主和管理者应与区域性旅游组织合作，尽量借助其拓展业务。

市级会议旅游局(CVB)在地方的层面上推动旅游发展。由于它们推广的是某一特定的目的地，因此人们往往将其称为目的地营销组织(DMO)。目的地营销组织的一个工作重心是引进各种会议在当地的会议中心或有会议室的酒店内召开。会议中心往往由当地政府所有，有时政府在建设之初就清楚地知道这些设施靠租金是赚不了钱的。游客的花费、营业税及酒店入住税可以弥补会议中心的亏损。有时，目的地营销组织和会议中心的管理人员分别属于两个不同的组织，因此需要两个组织密切沟通。

为了确保自己能够从会议业务中获得适当的份额，酒店、带宴会厅的餐厅及会议酒店周边的餐厅应该与当地的会议旅游局密切合作。当地酒店协会及餐厅协会通常会在当地旅游会议局的董事会中拥有一个席位，以确保有人代表自己的利益。[82]

市级会议旅游局经常与航空公司合作，并组织前往国内外的潜在客源市场召开洽谈会。像滑雪度假地这样的大型企业及北卡罗来纳州阿什维尔市的比特摩尔庄园(Biltmore House)这样的大型景区可以设立一个展台，派出自己的代表；而只提供早餐和住宿的小旅馆等小企业就只能提供旅游宣传小册子，并为旅游促销活动的主办单位提供一些支持。

课堂小组练习

1. 旅游目的地如何确定促销什么及向谁促销？
2. 旅游给你所在地区带来了哪些好处？
3. 从表17-3中列出的需求心理决定因素中挑选一个，描述一种建立在该因素上的旅游产品。
4. 选出一个你认为不错的旅游促销活动，可以是针对某个城市、地区、州或国家的促销活动，并解释你为什么认为该活动不错。请列出活动所使用的媒体、目标受众及给旅游目的地带来的好处。
5. 选择某一目的地的某种旅游体验。讨论如何才能使其成为令游客难忘的经历。

体验练习

在你所在地区选择一项吸引游客的节事活动(节日、音乐会、戏剧等)。观察该节事活动是如何推广的及其给社区带来了哪些好处。该节事活动得到有效推广了吗？如果是，为什么？如果不是，可以如何改进？

网络练习

1. 找出两个旅游营销组织的网站，可以是国家、州一级的旅游组织或会议旅游局。根据你的感受，评价这两个网站在促销旅游目的地方面的效果如何，并解释你的答案。

2. 访问国际目的地营销协会(DMAI)的网站(http://www.destinationmarketing.org)。目的地营销组织加入该协会成为会员有什么好处？

参考文献

1. Graham Busby and Callu Haines, "Doc Martin and Film Tourism: Creation of Destination Image," *Tourism*, 61, no. 2(2013): 105-120; Simon Hudson and J. R. Brent Ritchie, "Promoting Destinations via Film Tourism: An Empirical Identification of Supporting Marketing Initiatives," *Journal of Travel Research*, 44(2006): 387-396; http://www.tourismnewzealand.com/about-us/what-we-do/campaign-and-activity/(accessed June 16, 2015); http://www.tourismnewzealand.com/sector-marketing/film-tourism/(accessed September 28, 2014); Daniela Carl, Sara Kindon, and Karen Smith, "Tourists' Experiences of Film Locations: New Zealand as 'Middle-Earth,'" *Tourism Geographies*, 9, no. 1(2007): 49-63; "Celebrating 10 Years of 100% Pure New Zealand," http://www.tourismnewzealand.com/media/1544/pure-as-celebrating-10-years-of-100-pure-new-zealand.pdf(accessed July 31, 2015).

2. "Understanding Tourism: Basic Glossary," http://media.unwto.org/en/content/understanding-tourism-basic-glossary(accessed August 5, 2015); "International Recommendations for Tourism Statistics 2008: 10," http://unstats.un.org/unsd/-publication/SeriesM/seriesm_83rev1e.pdf.

3. Tourism Highlights 2018, UNWTO(August 2018): 2.

4. World Tourism Organization, Global Report on the Power of Youth Travel 2016, http://cf.cdn.unwto.org/sites/all/files/pdf/wyse_powerofyouthtravel.pdf; Amanda Machado, "How Millennials Are Changing Travel," *The Atlantic*, June 18, 2014, http://www.theatlantic.com/international/print/2014/06/how-millennials-are-changing-international-travel/373007/.

5. Robert Govers and Frank Go, *Place Branding: Gocal, Virtual and Physical Identities, Constructed, Imagined and Experienced*(New York: Palgrave Macmillan, 2009).

6. Seyhmus Baloglu and Mehmet Mangaloglu, "Tourism Destinations Images of Turkey, Egypt, Greece, and Italy as Perceived by US-Based Tour Operators and Travel Agents," *Tourism Management*, 22, no. 1, 1-9; Metin Kozak and Seyhmus Baloglu, *Managing and Marketing Tourist Destinations: Strategies to Gain a Competitive Advantage*(New York, NY: Routledge, 2011), 57.

7. See vacations.united.com.
8. Metin Kozak and Seyhmus Baloglu, *Managing and Marketing Tourist Destinations: Strategies to Gain a Competitive Advantage* (New York, NY: Routledge, 2011), 111-129.
9. Geoffrey I. Crouch and J. R. Brent Ritchie, "Conceptual and Theoretical Perspectives," in *Competitiveness and Tourism*, Vol. 1. eds. Geoffrey I. Crouch and J. R. Brent Ritchie (Northampton, MA: An Elgar Research Collection, 2012), p. 75.
10. Geoffrey I. Crouch and J. R. Brent Ritchie, "Introduction," in *Competitiveness and Tourism*, Vol. 1. eds. Geoffrey I. Crouch and J. R. Brent Ritchie (Northampton, MA: An Elgar Research Collection, 2012), pp. xii-xx.
11. "U.S. Consumer Online Travel Spending Surpasses $100 Billion for First Time in 2012," February 20, 2013, http://www.comscore.com/Insights/Press-Releases/2013/2/U.S.-Consumer-Online-Travel-Spending-Surpasses-100-Billion-for-First-Time-in-2012.
12. Peter Forsyth and Larry Dwyer, "Tourism Price Competitiveness," in *Competitiveness and Tourism*, Vol. 2. eds. Geoffrey I. Crouch and J. R. Brent Ritchie (Northampton, MA: An Elgar Research Collection, 2012), p. 8.
13. See www.economist.com/content/big-mac-index (accessed November 2018).
14. Salah S. Hassan, "Determinants of Market Competitiveness in an Environmentally Sustainable Tourism Industry," *Journal of Travel Research*, 38, no. 3 (2000): 244.
15. Andrew W. Savitz, *Triple Bottom Line* (San Francisco, CA: Jossey-Bass, 2006).
16. Terry Jicinsky and Seyhmus Baloglu, "Las Vegas—A Diversified Destination," in Metin Kozak and Seyhmus Baloglu, *Managing and Marketing Tourist Destinations: Strategies to Gain a Competitive Advantage* (New York, NY: Routledge, 2011), p. 155.
17. Ethan Hawkes and Robert J. Kwortnik, "Connecting with the Culture: A Case Study in Sustainable Tourism," *Cornell Hotel and Restaurant Administration Quarterly*, 47, no. 4 (2006): 369-381.
18. Hugo Martin, "Utah's Wave Is a Rock Star Without a Crowd," *The Denver Post* (January 6, 2008): 1T, 6T.
19. Rex S. Toh, Habibullah Kahn, and Karen Kim, "Singapore Tourist Industry: How Its Strengths Offset Economic, Social and Environmental Challenges," *Cornell Hotel and Restaurant Administration Quarterly*, 42, no. 1 (2001): 46.
20. David Bruce Weaver, "Eco-Tourism as Mass Tourism: Contradiction or Reality?" *Cornell Hotel and Restaurant Administration Quarterly*, 42, no. 2 (2001): 112.
21. "Game on—Mega-Event Infrastructure Opportunities," April 2011, https://www.pwc.com/en_GX/gx/capital-projects-infrastructure/pdf/MegaEvents_with_Abadie_Change.pdf.
22. "Tourism Ministry to Undertake $34 Million 'Clean Coasts Project,'" *Jamaica Observer*, June 27, 2014, http://www.jamaicaobserver.com/news/Tourism-ministry-to-undertake-34-million-Clean-Coasts-Project_17024117.
23. Jeffrey Ball, "The Carbon Neutral Vacation," *Wall Street Journal* (July 28-29, 2007): P1, P4, P5.
24. Ma Aiping, Si Lina, and Zhang Hongfei, "The Evolution of Cultural Tourism: The Example of Qufu, the Birth place of Confucius," in *Tourism in China: Destination, Cultures and Communities*, eds. Chris Ryan and Gu Huimin (New York: Routledge, 2009), pp. 187-196.
25. Donald Getz, "Event Tourism: Defifinition, Evolution, and Research," *Progress in Tourism Management*, 29 (2008): 403-428.

26. Lisa Wirthman, "What to Expect at the 2015 Consumer Electronics Show," November 19, 2014, http://www.forbes.com/sites/lasvegas/2014/11/19/what-to-expect-at-the-2015-consumer-electronics-show/.
27. James R. Hagerty, "Loaves and Fish: Piscine Gluttony in Pennsylvania," *Wall Street Journal* (June 16-17, 2007): A1, A2.
28. http://www.bard.org/about/history.html#.VE1BBvl4pKU (accessed August 9, 2015); "Economic Impact of the Utah Shakespeare Festival," January 4, 2012, http://www.le.utah.gov/interim/2012/pdf/00003264.pdf.
29. Martin A. O'Neill and Adrian Palmer, "Wine Production and Tourism: Adding Service to a Perfect Partnership," *Cornell Hotel and Restaurant Administration Quarterly*, 45, no. 3 (2004): 271.
30. Ibid.
31. Juergen Gnoth and Syed Aziz Anwar, "New Zealand Bets on Event Tourism," *Cornell Hotel and Restaurant Administration Quarterly*, 41, no. 4 (2000): 80.
32. Eliza Ching-Yick Tse and Suk-Ching Ho, "Targeting Sports Teams," *Cornell Hotel & Restaurant Administrative Quarterly* (February 2006): 49-59.
33. Susan Wargin, "Update," www.9news.com (accessed July 10, 2011).
34. "An Earful of Cheer, Disney Does Marathons the Only Way It Knows How," *Hemispheres Magazine.com* (May 2011).
35. World Heritage Centre, World Heritage List, http://whc.unesco.org/en/list/ (accessed August 11, 2015).
36. Deborah Steinborn, "On the Waterfront," *Wall Street Journal* (June 11, 2007): R11.
37. Rex S. Toh, Habibullah Kahn, and Karen Lim, "Singapore's Tourism Industry: How Its Strength Offsets Economic, Social and Environmental Challenges," *Cornell Hotel and Restaurant Administrative Quarterly*, 42, no. 1 (2001): 42, 48.
38. Norman Skiareivitz, Copley News Service, "Going Places: Waikiki $2 Billion Makeover," *Steamboat Pilot & Today* (November 4, 2007): 1D, 2D.
39. Xiang (Robert) Li, Fang Meng, Muzaffer Uysal, and Brian Mihalik, "Understanding China's Long-Haul Outbound Travel Market: An Overlapped Segmentation Approach," *Journal of Business Research*, 66, no. 6 (2013): 786-793.
40. "Vegas FAQ—Frequently Asked Questions," https://www.lvcva.com/stats-and-facts/visitor-statistics/.
41. "2017 Crosstab Report: Visitors by Origin (So California v International)," https://www.lvcva.com/stats-and-facts/visitor-profiles/ (accessed November 25, 2018).
42. "2017 International Visitation by Country & World Region," https://www.lvcva.com/stats-and-facts/visitor-origin/; Laura Carroll, "Las Vegas Aims to Benefit from Surge in Foreign Tourism," *Las Vegas Review Journal*, January 8, 2012, http://www.reviewjournal.com/business/-tourism/las-vegas-aims-benefit-surge-foreign-tourism; Laura Carroll, "Seeking International Visitors: Tourism Agency Widens Reach," *Las Vegas Review Journal* (February 29, 2012): 1d, 4d.
43. Amanda Machado, "How Millennials Are Changing Travel," *The Atlantic*, June 18, 2014, http://www.the-atlantic.com/international/print/2014/06/how-millennials-are-changing-international-travel/373007/.
44. Teresa Lee, "Top Millennial Traveler Trends," *Hotels Interactive*, April 16, 2013, http://www.

hotelinteractive. com/article. aspx? articleID = 28911; "Meet the Millennials: Insights for Destinations,"2011, from www. pgavdestinations. com/images/insights/Meet_the_Millennials. pdf; "Destination Marketing for Millennials," http://www. adventuretravelnews. com/destination-marketing-for-millennials(accessed November 13,2014).

45. "Destination Marketing for Millennials,"http://www.adventuretravelnews.com/destination-marketing-for-millennials(accessed November 13,2014).
46. Tom Crosby,"Kiawah Island Joins Charleston as Major South Carolina Destination,"*Go Magazine* (March/April 2004): 29.
47. Sharon Flanigan, Kirsty Blackstock, and Colin Hunter, "Agritourism from the Perspective of Providers and Visitors,"*Tourism Management*,40(2014): 395.
48. "Top 8 Agritourism Destinations in the World,"http://www.mnn.com/lifestyle/eco-tourism/photos/top-8-agritourism-destinations-in-the-world/-cultivate-your-knowledge(accessed August 5,2015).
49. "Colorado's Agritourism Market Climbing Says New CSU Report,"College of Agricultural Sciences, *AG Family*(Fall 2007),Colorado State University,p. 4.
50. *Houston Chronicle*, http://www.chron.com/disp/story.mpl/front/6052360.html(accessed October 11,2008).
51. See www.virgingalactic.com.
52. Dan Vergano,"NASA Prepares for Moon Tourism,"*USA Today*(November 10,2011): 1.
53. *Centennial Journal*(May 2007): 11C,12C.
54. "Medical Tourism Market(India,Thailand,Singapore,Malaysia,Mexico,Brazil,Turkey,South Korea, Costa Rica,Poland,Dubai,and Philippines)— Global Industry Analysis,Size,Share,Growth,Trends, and Forecast, 2013-2019," http://www. transparencymarketresearch. com/medical-tourism. html (accessed August 10, 2015); "Medical Tourism in 2013, Facts and Statistics,"*Medical Tourism Resource Guide*, http://www. medicaltourismresourceguide. com/medical-tourism-in-2013 (accessed May 9,2015).
55. Michael D. Horowitz and Jeffrey A. Rosenweig, "Medical Tourism—Health Care in the Global Economy,"*Physician Executive*,33,no. 6(2007): 24-30; "Healthcare Cost,"*Healthcare Financial Management*,62,no. 9(2008): 12.
56. Carla Almeida Santos and Grace Yan,"Genealogical Tourism: A Phenomenological Examination," *Journal of Travel Research*,49,no. 1(February 2011).
57. "Scotland Urged to Refocus on Genealogy Tourism,"*The Scotsman*,November 25,2012,http://www.scotsman.com/lifestyle/arts/news/scotland-urged-to-refocus-on-genealogy-tourism-1-2658576.
58. James Glenday,"Gallipoli 2015: Tourist Trade Booms Ahead of Anzac Centenary,"April 20,2015, http://www.abc.net.au/news/2015-04-20/-gallipoli-tourist-trade-booms-ahead-of-anzac-centenary/6404628.
59. Stanley C. Plog, "Why Destinations Rise and Fall in Popularity,"*Cornell Hotel and Restaurant Quarterly*,14,no. 4(1974): 55-59.
60. Zhaoping Liu,Judy A. Siguaw,and Cathy A. Enz,"Using Tourist Travel Habits and Preferences to Assess Strategic Destination Positioning,"*Cornell Hospitality Quarterly*,49,no. 3(August 2008): 258-280.
61. Seyhmus Baloglu, "An Investigation of a Loyalty Typology and the Multidestination Loyalty of International Travelers,"*Tourism Analysis*,6,no. 1(2001): 41-52.

62. Robert Govers and Frank Go, Place Branding: Glocal, *Virtual and Physical Identities, Constructed, Imagined and Experienced* (New York: Palgrave Macmillan, 2009).
63. Ahmet Usakli and Seyhmus Baloglu, "Brand Personality of Tourist Destinations: An Application of Self Congruity Theory," *Tourism Management* 32(2011): 114-127.
64. Laura Caroll, "Polishing a Silver Lining," *Las Vegas Business Press* (July 1-14, 2013): 6-9; Laura Carroll, "Seeking International Visitors: Tourism Agency Widens Reach," *Las Vegas Review Journal* (February 29, 2012): 4d.
65. Xinran Y. Lehto, Gwangjin Lee, and Joseph Ismail, "Measuring Congruence of Affective Images of Destinations and Their Slogans," *International Journal of Tourism Research*, 16(2014): 250.
66. John Deskins and Matthew Seevers, "Are State Expenditures to Promote Tourism Effective?" *Journal of Travel Research*, 50, no. 2(March 2011): 167.
67. Marsha Coleman and Kenneth F. Backman, "Walking in Memphis: Testing One DMO's Marketing Strategy to Millennials," *Journal of Travel Research*, 49, no. 1(February 2010).
68. Bill Baker, "The Changing Role of DMOs in the Digital Age," http://destinationbranding.com/dmofuture (accessed December 24, 2014).
69. http://www.tourismnewzealand.com/news/-tourism-s-global-facebook-campaign-world-class/ Retrieved on July 28, 2015; see www.facebook.com/purenewzealand.
70. J. S. Perry Hobson and Roberta Leung, "Hotel Development in Myanmar," *Cornell Hotel and Restaurant Administration Quarterly*, 38, no. 1(1997): 60-71. See also F. Doherty, "Come Ye Back to Mandalay," *Tourism in Focus*, 15(Spring 1995): 8.
71. Lewis P. Carbone, *Clued In: How to Keep Customers Coming Back Again and Again* (Upper Saddle River, NJ: Pearson Education, Inc., 2004).
72. Noel Scott, Eric Laws, and Phillip Boksberger, "The Marketing of Hospitality and Leisure Experiences," *Journal of Hospitality Marketing & Management*, 18, no. 2-3(2014): 99-110; Lis P. Tussyadiah, "Toward a Theoretical Foundation for Experience Design in Tourism," *Journal of Travel Research*, 53, no. 5(2014): 543-564; Barbara Neuhofer, Dimitrios Buhalis, and Adele Ladkin, "Conceptualizing Technology Enhanced Destination Experiences," *Journal of Destination Marketing & Management*, 1(2012): 36-46.
73. See http://www.tourismthailand.org/Real-Experiences.
74. See http://www.likealocalguide.com.
75. See https://www.withlocals.com.
76. See http://matadornetwork.com/goods/how-to-explore-canada-like-a-local.
77. Jennie Germann Molz, "CouchSurfing and Network Hospitality: It's Not Just About the Furniture," *Hospitality & Society*, 1 no. 3(2011): 215-224; Devan Rosen, Pascale Roy Lafontaine, and Blake Hendrickson, "CouchSurfing: Belonging and Trust in a Globally Cooperative Online Social Network," *New Media & Society*, 13, no. 6(2011): 981-998.
78. See https://www.ustravel.org.
79. Chris Ryan, *Recreational Tourism: A Social Science Perspective* (New York: Routledge, 1991), pp. 5-34; A. J. Burkhart and S. Medlik, *Tourism: Past, Present, and Future* (London: Heinemann, 1981), p. 256; T. C. Victor Middleton, *Marketing in Travel and Tourism* (Oxford, UK: Butterworth-Heinemann, 1994); Ernie Heath and Geoffrey Wall, *Marketing Tourism Destination* (New York: Wiley, 1992), p. 65; R. C. Mills and A. M. Morrison, *The Tourism System: An*

Introductory Text (Upper Saddle River, NJ: Prentice Hall, 1985), p. 248; S. Crystal, "What Is the Meeting Industry Worth?" *Meeting News*, 17, no. 7 (1993): 1, 11.

80. http://www.tq.com.au/ (accessed October 11, 2008).
81. http://www.iloveny.com/home.aspx (accessed October 11, 2008).
82. "Best Practices Convention Center Sales and Convention Center Operations," A report from the Joint Study Committee, Destination Marketing Association International, and International Association of Assembly Managers, August 25, 2007.

第 18 章

下一年的营销计划

□ 解释营销计划的目的。
□ 编制一份营销计划。
□ 描述如何推行营销计划并将其用于应对未来。

除了提供一间清洁、舒适的客房和一系列合意的设施之外,决定那些挑剔的游客的体验的是"细节"。对顾客是否深度投入也可作为衡量酒店顾客体验的标准。璞富腾度假酒店(Preferred Hotels & Resorts)正在实施顾客满意度研究,旨在进一步完善那些能够创造难以忘怀的"豪华体验"的细节服务。

例如,费城的里腾豪斯酒店(Rittenhouse Hotel)在常客的枕头上放一枚昂贵的珍珠而不是普通的巧克力作为晚安的问候。在不久前被《美食》杂志评为世界第一的火奴鲁鲁哈利库拉尼酒店(Halekulani Hotel),顾客会被快速引领到房间,在登记时可保持个人隐私,并得到一盒酒店自制的以示欢迎的巧克力。

虽然很多豪华酒店仍普遍使用意见簿和顾客偏好调查表,但没有一家酒店完成了核心使命:使顾客的个人品位、要求和偏好得到完全的、最大的满足。

我们发现对细节的深入关注——向顾客真诚地许诺,节省顾客的时间、精力和努力,提供完全私人化和个性化的服务,为顾客创造"巧妙的惊喜"体验——是赢得富裕阶层的回头客的原因。

为了更深入地了解富裕阶层的顾客,璞富腾酒店发起了一次深入探究顾客偏好与期望的市场调研。利用顾客辨别系统和顾客生活方式数据库,酒店不仅掌握了追求奢华旅游体验的细分市场的详细资料,而且收集了高端旅游市场潜在消费群体的细分数据。

在单个酒店层面,璞富腾酒店希望酒店经理可以通过市场调研了解顾客喜欢什么样的客房、喜欢哪些休闲活动、经常喝哪种葡萄酒及喜欢阅读哪些杂志。在宏观层面,璞富腾酒店针对顾客群中的特定微观细分市场(如来自美国西海岸的热衷打高尔夫球的律师或是带孩子出游的企业首席执行官)推出不同的项目、促销活动和战略联盟。利用上述深入调查顾客体验所获得的数据,璞富腾酒店能把服务做到极致。同时,这些独特的数据还可以帮助企业发现挖掘商机的分销渠道。

研究的最初应用:"体验式"联盟和新营销计划

尽管富有的顾客注重个性化且关注细节,但璞富腾酒店仍然识别了一些富有的顾客所具备的独特的属性或期待。富有者的一个最突出的特点是,他们趋向于围绕特定的符号、期望和体验而聚集在一起。简言之,他们把自己联合成一个社群。相应地,社群采用会员制的形式来限定人们对富有者体验的参与。

富有者体验这一概念中包含关系的构建,因此对于挑剔的顾客来说,璞富腾酒店瞄准富有顾客而开发的项目可以被视为培养密切关系的项目。这是一个最终意义上"密切富有者关系的项目"。

富有的顾客提出要获得独特、难忘的体验及优质的服务,璞富腾酒店辨别出一系列能够对顾客要求做出回应的相互关联的价值和质量关系,并利用这些信息提供直接迎合顾客需求的独特体验。通过以上工作,璞富腾酒店进一步拉近了与顾客的关系。

世邦/风之颂邮轮

将上述研究付诸行动的另一个例子是璞富腾酒店与世邦和风之颂邮轮公司(Seabourn/Windstar)建立合作伙伴关系。这两家邮轮公司提供的航线是世界上最豪华的旅游线路之一。下榻在奢华的璞富腾酒店的客人可以将在酒店的住宿天数免费更换为在豪华邮轮上度过的天数。这一合作使璞富腾酒店可以与世邦/风之颂邮轮公司共享顾客的消费记录和数据,得到有关顾客偏好的信息,确保提供顾客最满意的服务,并赢得回头客。

"璞富腾高尔夫球"项目

璞富腾酒店的另一个生活方式营销的应用实例是与世界级的高尔夫服务商高尔夫大世界(Wide World of Golf)合办"璞富腾高尔夫球"项目。"璞富腾高尔夫球"项目让入住璞富腾酒店的客人可以在世界上最好的高尔夫球场打球。

与新伙伴合作:旅行社与生活方式营销项目

面向富有者的生活方式营销项目远不止是"销售客房"。例如,通过上述与高尔夫服务商和邮轮公司的合作项目,璞富腾酒店可以与旅行社联合为富有者提供完整的组合体验服务。旅行社以合作伙伴的身份参与璞富腾酒店的服务链,并与挑剔的顾客建立联系。与通常根据价格及入住率预订机票和酒店相比,旅行社采用这种方式的效果更好。可以通过教学研讨会、培训项目和特价组合促销等方式完成客户建设。旅行社也有动力将自己定位为璞富腾酒店高端营销渠道的重要组成部分。[1]

理解营销概念和战略并不能保证在市场上取得成功。成功的营销还需要制订计划并谨慎实施。人们很容易陷入营销部门的日常工作而无暇去制订计划。一旦如此,营销部门的工作很可能失去目标和方向,变得消极被动而不是积极主动。有时候,就连经验丰富的经理也未能注意到这种情况,而当他们注意到时已经太晚了。这也许就是旅游接待企业营销部门和销售部门人事变动率很高的根本原因之一。

18.1 营销计划的目标

任何旅游接待企业的营销计划都要服务于以下几个目标:
(1) 为企业下一年的所有营销活动提供指导方针;
(2) 确保营销活动与企业的战略计划一致;
(3) 促使营销部门的管理者全面审视并客观地考虑营销过程的每一个步骤;
(4) 为预算编制过程提供帮助,确保营销目标所需资源的配给;
(5) 制定一个可以监控实际结果而不是预期结果的程序。

营销计划的制订是一个缜密的过程,不可能在几个小时内完成,最好能留出一天或更多时间来制订下一年的计划。很多营销经理发现,写计划书时最好带上下属和必要的材料离开办公室,因为办公室里不断出现的干扰不利于专心制订计划。

有效的营销计划必须每年更新,超过一年的营销计划一般效果不佳。但同时,年度营销计划必须与企业长期战略相符。企业长期战略是3~5年内企业期望达到的目标。

很多管理者坚信计划的制订过程是非常重要的,因为它会督促计划制订者提出并思考问题,最终形成策略。计划的制订应该有来自营销部门关键人员的参与和帮助。必要的讨论与思考过程具有促进作用,并有助于团队建设。此外,对于那些有志于成为管理者的年轻员工而言,这也是一种很好的培训方式。

营销计划并非凭空而来。要想制订成功的战略行动计划,营销人员需要获得有关环境、竞争和细分市场的最新信息。通常,评估现有营销情况应以分析内部数据为起点,以调查整个市场、竞争对手、关键问题、机遇与威胁的营销情报和调研为补充。在计划实施过程中,营销人员需要运用一系列调研方法来衡量计划的进展,如果结果达不到预期,还要搞清楚哪些地方需要改进。

最后,营销调研有助于营销人员深入了解顾客的需求、预期、感知及满意度。调研为进行市场细分、目标设定、差异化及定位等决策提供了充分的信息,从而为构建竞争优势奠定了基础。因此,营销计划应该列出将要实施哪些营销调研及如何应用这些调研的结果。

营销计划表明企业将如何建立并维持可盈利的顾客关系。在这个过程中,也塑造了大量内部与外部关系。首先,它影响了营销人员相互之间及与其他部门员工之间如何共事以传递价值并满足顾客。其次,它影响了企业与供应商、分销商及战略联盟合作者如何共事以实现计划中列出的目标。最后,它影响企业与其他利益相关者如何打交道,其中包括行政管理人员、媒体及整个社区。所有这些关系对组织的成功都至关重要,因此在制订营销计划时应有所考虑。

商业计划要全面审视整个组织的使命、目标、战略及资源分配情况,但营销计划与之不同,其涉及的范围很有限。营销计划描述了组织的战略目标如何以顾客为起点通过特定的营销战略和策略得以实现。它还与组织中其他部门的计划关联在一起。假设一项营销计划设定每年生产 20 万件产品,则生产部门必须进行调整以生产出相应数量的产品,财务部门必须调配资金以支付各项费用,人力资源部门必须招聘和培训相应的员工,等等。没有组织中其他部门的适当支持与资源投入,营销计划是无法取得成功的。

尽管每个企业的营销计划所涵盖的时间长度和布局有所不同,但通常都包含:①执行摘要;②与企业的关联;③环境分析和预测;④市场细分和目标市场选择;⑤下一年的目标与配额;⑥行动计划:战略与策略;⑦支持战略及达到目标所需的资源;⑧营销控制;⑨展示计划及推行计划;⑩为下一年做准备。为了有效地指导计划的实施,计划的每一部分都必须运用大量细节进行描述。一些企业会将营销计划在内部网上公开,让位于不同地点的管理人员及员工可以查阅并共同协作以应对计划中增加的内容和变化。

接下来我们逐一讨论营销计划中各部分所扮演的角色。

18.2 营销计划的编制

18.2.1 执行摘要

高层管理者可能只会阅读营销计划的**执行摘要**(executive summary)和一些图表。因此,秉承写给高层管理者的心态认真撰写这一部分非常重要。

下面一些提示也许有助于执行摘要的写作。

(1) 这部分是写给高层管理者看的。

(2) 篇幅限制在 2~4 页。

(3) 使用简短的句子和段落,避免使用不易理解的词句。

(4) 用以下方法组织这部分的写作:量化下一年的目标;简要描述实现目标的营销战略,包括目标市场描述;描述地区性、季节性预期目标;明确所需的费用和关键资源。

(5) 反复阅读这部分内容,不能草草写就。反复阅读和修改,直至通顺、易于理解,并能传递营销计划的核心内容。

18.2.2 与企业的关联

1. 与其他计划的关系

营销计划并非孤立的工具,它必须支持其他计划,如企业的战略计划。只要有可能,营销经理应参与战略计划的制订或提供建议。如果做不到,那么在制订下一年计划之前,营销经理必须深入理解战略计划的内容。

营销计划在多方面支持企业的战略计划。下一年的营销战略与策略必须支持如下战略决定:企业利润、成长等方面的目标;期望的市场份额;企业或其各产品线的定位;垂直或横向一体化;战略联盟;产品线的宽度与深度;顾客关系管理(CRM)。

2. 与营销相关的计划

在大型组织中,有时与营销相关的计划是由并不向营销部门汇报的部门制订的。这通常是由于:①这些部门在建立之初是独立于营销部门的;②非营销领域的人要政治花招,企图控制这些业务领域;③高层管理者没有认识到统一营销相关活动的必要性。

独立于营销部门制订计划的相关领域包括:销售;广告和促销;公关与宣传;数字营销;营销调研;定价;顾客服务。

如果这些领域的计划在制订时独立于营销计划,并没有考虑如何将它们联系起来,那么就有可能造成这些部门之间的混乱、低效率,以致纠纷不断。

如果企业的组织架构中没有将主要的营销活动放在营销部门,那么营销计划的编制与实施将变得更加复杂。在这种情况下,营销经理有必要邀请其他相关部门的经理参与营销计划的制订。这种相互往来的做法应该常规化。

营销部门的活动与企业内其他许多部门的活动密切相关。运营、财务、营销等部门相互影响。如果顾客因为运营部门的问题感到不满意,那么营销部门也会受到影响。同样,如果某个月或某种产品的财务预测不现实,那么为了达到预期的财务目标,营销部门势必会被要求加强工作。

期望营销部门与其他部门完美配合是不切实际的,但在制订部门营销计划之初就交换数据、提出建议并提供其他帮助,可以使部门之间的关系得到改善。

3. 企业发展方向

好的营销计划的唯一目标是为企业提供支持,这是营销计划的出发点。开始制订下一年的计划时,企业就应明确并重申企业的基本宗旨。让高层管理者了解企业使命、组织哲学和组织目标有助于指导下一年的计划制订。

旅游接待企业对社会、政治、经济环境的变化高度敏感。食品或洗漱用品制造商也许不会立即感受到这些变化,但航空业、酒店业、汽车租赁业及邮轮业等则会立即做出反应。

18.2.2 环境分析与预测

营销计划并非一篇政治或经济专题论文,不能指望旅游接待企业的管理者是这些领域的专家。他们应该关注有可能影响本行业和本企业的主要环境因素,考虑这些因素对营销的冲击,并对新事件和发展趋势做出快速的、明智的反应。我们在第 4 章讨论了环境及如何监控环境。环境分析对于制订一份有效的营销计划至关重要。

1. 定位陈述

营销计划中应该包括定位陈述,用以说明企业如何在市场中进行差异化定位。定位陈述为营销计划中的其他部分提供了必不可少的指导。

像美国航空这样的大型航空公司一直将自己定位为服务多个细分市场且市场占有率较高的中心辐射式运输企业。其他的航空公司则将自己定位为服务点对点利基市场的低价运输企业。

小型度假酒店通常将自己定位为面向个人、夫妇及小型团体提供度假服务的供应商。大型度假酒店也定位于这一市场,但同时还面向企业研讨会、会议及年度大会。

在机场、车站接送旅客的豪华轿车公司的定位不同于出租车公司。旅游汽车公司的定位也有别于观光汽车公司。

营销或销售部门及其服务供应商,如广告商、公关公司、营销调研公司等,必须清楚企业想要的定位是什么,否则它们努力工作的结果可能并不适用于企业,或者制定了一系列令人困惑的战略和策略。

旅游目的地要想挑选出一个完整且统一的定位陈述难度更大。通常,由于受到政治压力的影响,定位陈述最终会是泛泛而谈。因此,旅游目的地常仿效他人制定广告和销售策略就不足为奇了。

2. 主要环境因素

旅游接待企业需要重视各种宽泛的环境因素对其业务的影响。

(1) 社会因素。思考犯罪率和人口变化等主要社会因素可能带来的影响。这些因素强烈程度不一,可能在不同地区发生。那些对洛杉矶或悉尼有影响的社会因素可能对南达科他州拉皮德城影响很小。

有时社会条件的迅速变化会使保持警觉的营销者受益。长久以来,很多连锁酒店集团都认为印度酒店市场无关紧要。如今,印度社会经济结构的变化使其很适合中档酒店的发展。这一突然出现的潜在的庞大市场吸引了很多连锁酒店集团,如全球假日旅馆、精品国际酒店、卡尔森环球酒店、南太平洋酒店(澳大利亚)和欧贝罗伊度假酒店(印度)。

(2) 政治因素。那些影响税收、退休金收益的立法因素只是一些可能直接影响旅游营销的政治决策的例子。国际间的政治活动日益影响旅游接待业中一些大型跨国公司的营销计划。闭关自守多年后,越南对投资者和游客的开放使其接待业虽有风险但同时也有潜在的回报。[2]

(3) 经济因素。应当注意就业、收入、储蓄及利率等经济变量的变化。旅游接待企业特别是公寓、邮轮等对经济周期波动高度敏感。

(4) 恐怖主义。2008年11月,泰姬陵马哈拉宫殿酒店和奥贝罗伊三叉戟酒店遭到恐怖袭击,造成164人死亡,至少308人受伤。[3] 全球酒店业猝不及防地遭到恐怖袭击。2014年12月,澳大利亚悉尼林特咖啡馆成为恐怖袭击的目标。2015年1月,《查理周刊》总部和巴黎一家犹太食品超市也遭到恐怖袭击。

很明显,旅游接待业的所有细分市场都有可能成为恐怖袭击的目标。旅游接待业所有企业或组织都应制订针对恐怖袭击的安保计划。如果没有这样的计划,企业的员工和顾客都将面临风险。虽然反恐不是营销计划的主要内容,但营销主管有义务提醒上级管理者认真对待这个问题并做好准备。

3. 经济增长的驱动因素

经济增长的驱动因素能够迅速影响整个市场。营销人员在进入市场前、进入市场时及进入市场后都必须关注这些驱动因素。航空城(Aerotropolis)就是一个例子,很多社区都在慎重考虑这种发展模式。

航空城一词是北卡罗来纳大学的约翰·卡萨达(John D. Kasarda)教授提出的一个以机场为中心构建交通及城市经济区的概念。设计航空城这种模式是为了让其对经济发展起到强有力的推动作用,促进货物和乘客的快速流动。例如,阿姆斯特丹的爱士曼鲜花拍卖市场是欧洲最大、最重要的销售鲜花及植物的大型市场,其主要原因就是其位于史基浦机场附近。

中国、韩国及其他很多作为旅游、交通、国际商务中心的国家如今都在修建航空城,而酒店、餐厅及娱乐设施也是成功的航空城必不可少的组成部分。[4]

4. 竞争分析

进行竞争分析是旅游接待企业的普遍做法。在某些情况下，这一分析比较的主要是竞争对手的有形设施。例如：

我们的酒店	竞争对手的酒店
500间客房	600间客房
1个多功能厅	2个多功能厅
有行政楼层	没有行政楼层

仅分析酒店之间有形设施的差别往往会遗漏主要的竞争优势与劣势。大多数顾客不一定知道或在意竞争酒店的客房数量，但他们的确在意服务水平、整洁程度、员工素质和销售部门反应是否灵敏等方面的差别。竞争分析应当在比较存货清单的基础上扩展开来。真正的竞争优势是那些为顾客所感知并影响其购买决策的因素。一个具有创造性且警觉的营销经理清楚那些对顾客真正重要的和可控制的竞争变量。这样的管理者会制定战略和策略来改善薄弱之处，并加强原有的优势。

如果严格地基于有形设施进行比较分析，很多旅游接待企业根本就不应该存在。一些只提供住宿和早餐的家庭旅馆常常显得有些陈旧，不仅没有游泳池，有时连卫生间也是公用的，但它们却在竞争中谋得一席之地。赫兹和Avis两大租车公司可能在崭新的最新款式的汽车租赁市场上激烈竞争，但租辆破车公司（Rent-a-Wreck）却通过提供让很多人驾车时几乎羞于见人的旧车而获得成功。

进行竞争分析最好的方式是邀请营销和销售部门的人员（如销售人员）加入。尽管这些人对汇率等环境因素不太熟悉，但他们对竞争状况和顾客行为能卓有见识地聊上几个小时。

5. 市场趋势

市场趋势是对环境竞争因素的一种反映。旅游接待业的免费市场趋势信息通常来自外部组织，如商会、旅游局、大学、政府机构、银行、贸易协会，以及面向公众提供信息的注册会计师事务所或咨询公司等商业组织。

对制订旅游接待业营销计划有帮助的市场趋势信息包括：①游客动态，如客源地、中转站、人口统计特征、消费习惯、停留时间等；②竞争动态，如竞争企业数量、位置、产品类型（如公寓酒店）、出租率、平均房价等；③相关产业动态，旅游接待业各成员在航线、会议中心预订、新机场建设、新公路等领域是相互依赖的，因此有必要研究相关行业的动态。

美国航空业取消或减少飞机餐的趋势使飞行过程中的餐食供应发生了巨大变化。道伯斯国际服务公司等提供全套餐饮服务的企业不得不开发新产品和寻找新的市场。国际航空供餐公司开展多元化经营，提供机上耳机维修服务。蓝天大厨公司则开展私人业务，并为监狱、学校和医院供餐。蓝天大厨公司的前任营销和顾客服务副总裁兰德尔·博伊德（Randall C. Boyd）说："我们是出色的三明治、色拉和意大利面制造商，至于这些食物是供应给犯人还是学生，我们并不在意。"[5]

应选择那些对制订计划有用的动态信息。如果满篇都是没有直接联系的堆砌的信息,则计划将毫无价值。不幸的是,由专业人士编写的营销计划往往套用模板(看起来丰富多彩且有趣的统计数字和图表,但与特定营销需求和组织的目标关系不大)。企业花了数千美元制订营销计划,得到的计划却是千篇一律的。

6. 市场潜力

制订旅游接待业营销计划的人似乎经常忽略了对市场潜力的估计。酒店营销经理有时感觉这一概念并不适合自己。"我们视所有的游客为潜在顾客"是一个经常可以听到的说法。有人则回答说市场潜力对于旅游接待业来说只是个理论上的概念,通常只适用于快消品。

这些观点是错误的。尽管确实很难对潜在市场进行量化测定,但对潜在市场可以而且应该进行评估。旅游接待企业忽略或错误理解对市场潜力的评估,导致过度建设、产能过剩、降价、恐慌性地大做广告和促销以试图填满空房间或空座位,这些问题都是有目共睹的。

市场潜力应该被看作是在给定价格条件下,特定地区的市场对旅游接待产品可获得的总需求量。重要的是不要把不同的产品混合进单一市场潜力的评估中。

经常可以看到,人们用房间夜数表示某地区酒店客房市场总量。就营销计划制订的目标而言,这些数据的确有价值,但并不表明你的产品具有这样的市场潜力。大多数市场都混合了各种类型的酒店(如豪华酒店、经济型酒店、酒店公寓、分时度假酒店和家庭旅馆等)所提供的服务。

除非因特殊的重大事件使全城的酒店都爆满,否则每家酒店都具有其特定的市场潜力。市场潜力评估通常从考察各种各样的酒店市场开始,然后考察本酒店特定的市场及直接竞争对手。为了精确起见,市场潜力评估应以不同价位下的市场需求量的形式呈现。然而,对于大多数营销计划,这种做法通常是不必要的。大多数酒店营销经理会发现以房间夜数或收入表示的市场潜力估计是无法准确量化的。他们通常缺乏营销调研的支持,而且大多数人没有受过量化分析方面的训练。因此,市场潜力估计经常是大致推算,如"市场每年好像会增加或减少5%"。

需要注意:尽管很多旅游接待业的营销经理无法得到准确的估计,但他们仍应该认识到详细讨论和考察市场潜力等程序的重要性。不要假想市场潜力是固定的,或者认为它对营销成功是无关紧要的。收益管理的使用大大提高了对市场潜力的预估。

通过参与市场潜力评估过程,制订营销计划的人会逐渐意识到潜在的重要的市场条件,并能对营销战略进行适当的调整。记住,营销计划的编制过程不像工程或化学学科那样有固定且精确的范式。编制计划的过程就像计划本身一样,对成功的营销非常重要。

进行市场潜力评估后,美国滑雪度假开发商来到了亚洲。亚洲有着世界上最高、最多的雪山,而且几乎还未被开发。开发商估计3%的中国人(4 330万人)可能会成为潜在的滑雪爱好者。

该项目的主管预计,这个潜在市场有1亿人,这些人的可自由支配收入很充裕。卡尔加里大学的西蒙·哈德森(Simon Hudson)教授指出,全球约有7 000万名滑雪爱好者,如果3%的印度人也加入进来,那就是一个3 660万人的市场。[6]

尽管对于潜在市场的这些估计并不十分准确,但却使企业家和投资者兴奋不已。

密歇根州立大学商学院国际商业教育与研究中心(MSU-CIBER)和全球优势公司(Global Edge)共同开发了住宿市场潜力指数(L-MPI)。

住宿市场潜力指数的开发者称,该指数对于酒店开发、投资和收购决策的第一步具有很高的参考价值。该指数可以识别出在酒店开发方面具有长期潜力的市场领域,并使酒店开发商和投资者能够对25个最大的住宿市场进行比较。[7]

7. 营销调研

对营销情报的需要正逐渐增加。当前自然年度或财务年度开展的营销调研所获得的大部分信息是编制下一年营销计划的基础。不同类型和规模的旅游接待企业对营销调研的要求差别很大。赫兹租车公司和希尔顿酒店等企业设有专门的营销调研部门。单体酒店或汽车租赁点也许需要获得额外的营销信息,此时通常由各个酒店或营业点负责获取这些额外的数据。

营销调研需要获得的信息通常可分为宏观市场信息和微观市场信息。宏观市场信息包括(但不限于):产业发展趋势;社会、经济、政治形势;竞争信息;产业范围内的顾客资料。

微观市场信息则包括(但不限于):顾客信息;产品或服务信息;新产品分析和测试;中间商信息;定价研究;关键客户信息;广告或促销效果。

营销专栏 18-1

蓝珍珠酒店:脸书战略及蓝珍珠营销计划

蓝珍珠酒店是一家位于泰国普吉岛的豪华度假酒店。迈克尔·努尔巴特兰(Michael Nurbatlain)以一名销售经理的身份加入蓝珍珠酒店,但很快他的工作就扩展到电子营销、电子商务和社交媒体的管理。[8]

蓝珍珠酒店的营销组合发生了显著变化:从高度依靠旅游经营商转变为依靠直接预订及在线渠道。迈克尔·努尔巴特兰和他的团队通过尝试多样化渠道领导了这次变革,其中脸书是最成功的渠道之一。仅用了一年的时间,迈克尔就将蓝珍珠酒店脸书上的粉丝增加到8 000多人。这正是得益于出色的数字营销计划。

脸书上的内容:增长的关键

为了充分利用脸书上的粉丝,蓝珍珠酒店要求粉丝贴出照片,然后评选出他们最喜欢的照片。但脸书警告说,他们的比赛违反了相关规定和细则。蓝珍珠酒店只好制定了一个单独的投票方案以方便粉丝投票,最终的效果反而更好。比赛促进了粉丝之间的良好互动,增强了在线社区的凝聚力。此外,比赛吸引了数百名新粉丝的加入——这在当时被视为巨大的成功。

脸书上最近举办的比赛:终极度假套餐

蓝珍珠今年的想法是建立一个新的体系。相比只是让粉丝贴出照片,蓝珍珠酒店希望进一步提升参与感。蓝珍珠酒店邀请粉丝设计他们梦想中的3日度假套餐,即他们想在普吉岛上做什么?比赛没有严格的要求,就算有人写首诗来描述完美的假期,也会被接受。迈克尔与当地媒体合作,在它们的网站上发布消息,并发推文进行推广。但他们没有使用其他公关方式,也未发布新闻。所有宣传都是通过脸书进行的。

几天内蓝珍珠的脸书主页上就有了10~15个帖子,接下来帖子就像滚雪球一样越来越多。他们让粉丝上传照片,然后从中筛选,再把它们放到一个名为终极家庭度假套餐的相册中。一旦这些照片审核通过,参赛者就可以邀请自己的亲朋好友为帖子投票。比赛效果超出了想象,有一张照片得到了1 000多个赞。

经验总结

(1) 努力发展粉丝和追随者。记住,他们是在线社区最宝贵的资产。要对他们以礼相待。无论是正面评论还是负面评论都要给予回复。感谢那些发表正面评论的人,也要感谢那些发表负面评论的人让你注意到不足之处。记住,在线社区的其他成员会观察你如何应对负面评论。

(2) 在线比赛要设立不止一个奖项,否则人们会感到在比赛中获得奖项的可能性很低。设立多个奖项会让人感到有机会赢,从而吸引更多的人参加比赛。

(3) 照片是脸书的基础。那些喜欢你的酒店的客人、喜欢旅游目的地的游客、喜欢你设计的行程的客人,他们拍摄的照片比企业长篇大论的推广文字更受欢迎。照片能吸引眼球,发布一张带有简短说明的照片要比发表一篇帖子容易得多。

(4) 避免将脸书作为广告媒介。企业可以发布人们感兴趣的内容。特别促销活动可能会引起人们的兴趣,但不要太频繁,通常不要超过发帖量的10%。

(5) 通过在线社区传递的品牌价值和品牌个性与顾客在参观酒店或与酒店员工互动时观察到的品牌价值和品牌个性之间应保持一致。

18.2.4 市场细分与目标市场选择

1. 细分市场分析

任何营销计划的核心都是对可进入的细分市场进行分析,并选择正确的目标市场。并非所有的细分市场对旅游接待业都是合适的。对细分市场的选择应基于:①理解企业现状及企业目标;②研究现有的细分市场,并确认以企业的能力和期望是否适合占领并保持这些市场。

在旅游接待业,一个常见的错误是选择了错误的细分市场。营销经理经常为了保持客房出租率而允许或鼓励获取那些只能带来低收益的市场。与此相反,有些企业感觉自己是在为"低端"顾客服务,因此试图吸引与之截然相反的细分市场。如果贸然行事而没有名副其实地去改进产品或服务,成功的机会是微乎其微的。

对于酒店管理者来说,"营销计划会告诉你哪些人在使用你的酒店、哪些人可能会使用你的酒店,以及在哪里可以找到他们以扩大你的业务。"[9] 洛杉矶比尔特摩酒店(Biltmore Hotel)多年来一直是洛杉矶社会活动的中心,但酒店日渐萧条,最终被卖掉。新业主面临的任务是让这家酒店重新焕发生机。新业主发现比尔特摩酒店的营销计划杂乱无章。一些人认为该酒店仅迎合团队客人和游客,而其他人则感觉该酒店并不在乎他们而仅重视商务客人和短暂逗留的顾客。业主后来发现酒店的顾客中有28%是商务旅行者、40%是团队客人、32%是游客。新的管理层制定了一个更适当的营销方案:酒店业务中40％定位于商旅客人、50％定位于团体客人、10％定位于游客。根据这个方案，酒店制订了一个包括重新定位、改变餐饮服务及调整价格在内的新的营销计划。[10]

在制订营销计划时，营销人员必须在企业内部和外部寻找关于细分市场信息的资料。

内部资料分析	外部资料分析
顾客登记	公开出版的行业信息
信用卡收据	营销调研
顾客调查	与竞争对手、供应商及行业其他人交流后的估计
顾客数据库	

2. 细分市场盈利能力分析（Market-Segment-Profitability Analysis，MSPA）

用来确定一家企业现有顾客细分市场的收益、成本和盈利能力的信息是非常宝贵的，但不同细分市场的顾客信息却并没有被收集起来或没有被加以分析。"酒店营销人员通常注重顾客的细分市场，然而会计人员却是按照部门而不是细分市场来记录并汇报经营业绩。"[11]

大多数餐厅都得不到细分市场盈利能力的相关数据，而且对于多数会议中心和旅游局的营销人员来说，这些数据事实上根本就不存在。

3. 目标市场选择

营销计划中最重要的就是目标市场选择。如果选择了不适当的市场，将是对营销资源的一种浪费。正如前面提到的洛杉矶比尔特摩酒店的例子所示，选择目标市场时首先要定义目标顾客组合。通常来说，可以将顾客粗略地分为：

商务旅客	休闲旅客
散客	自己预订的散客（IT）
大型会议	旅游团（GIT）
研讨班、讨论会	

所定义的顾客组合必须能够支持企业的战略定位和收益管理。但情况并非总是如此。没有征求收益管理部门的意见或与其进行合作便制订并实施营销计划是人们司空见惯的事情。

目标市场应从现有的细分市场中选择，包括企业当前服务的细分市场和新发现的细分市场。目标市场的选择是营销管理的基本职责。需要认真考虑在制订营销计划时已经讨论过的因素。在旅游接待业，很多营销经理只是简单地选择上一年的目标市场。尽管大部分目标市场不会发生变化，但年复一年，会出现新的目标市场，目标市场的相对重要性也会变化。

亚洲和大洋洲的很多酒店经理发现，基于消费额和房间夜数选出的最重要的细分市场不再是欧美国家的游客，而是亚洲国家的游客。

女性游客的细分市场较稳定而且在游客中所占比重不断增加。观察酒店广告就可以看出酒店的营销人员已经意识到这个市场的重要性。

针对不同性别住宿偏好的一项研究表明,"男性与女性商务旅行者对酒店选择及应用的判断标准有很多重要区别。"[12]例如,女性更看重安全、送餐到客房的服务及低价等,而男性则更看重有没有将床与办公空间分开的套房。

营销计划的编制者需要时刻了解消费者的偏好,及时反馈给酒店的其他部门,并利用这些信息进行目标市场选择。

一个有趣的新市场是推迟到30多岁才要孩子的即将为人父母的夫妻。他们想在孩子出生前来一次"最后的狂欢"。美国加利福尼亚州的菩提伽湾温泉旅馆针对该市场推出了"孕期蜜月"组合产品。顾客的偏好从香槟、温泉浴变成了瓶装水和按摩。[13]

旅游目标市场

旅游业与接待业的营销计划在形式上相似,但前者对目标市场的初始定义可能更为宽泛。下面以澳大利亚旅游局制定的2020年旅游战略为例,从中可以看出其初始较为宽泛的目标市场。

全球市场战略——澳大利亚[14]

"为实现2020年旅游战略,澳大利亚旅游局将把大部分全球营销资源集中在2020年旅游增长潜力最大的市场上。澳大利亚旅游局还将瞄准那些增长潜力最大的新兴市场,并将继续对其他国际旅游市场给予支持。

主要市场已根据2020年游客消费增长潜力进行了分类。国际游客调查跟踪获得的游客消费指的是游客在澳大利亚花费的澳元(AUD)。"

以下内容摘自《全球市场战略——澳大利亚》。

到2020年,以下市场的游客消费可能超过50亿美元:中国;北美(美国和加拿大);英国;澳大利亚。

到2020年,以下市场的游客消费可能超过25亿美元:新西兰;韩国;新加坡;马来西亚。

到2020年,以下市场的游客消费可能超过10亿美元:日本;印度尼西亚;印度;德国。

在确定了主要的宏观市场之后,旅游规划人员和营销人员倾向于寻找宽泛的子细分市场,如休闲游客与商务游客,然后再从中寻找子细分市场,如积极休闲游客与被动休闲游客,而积极休闲游客又可以细分为海水运动者、山地车爱好者和滑雪爱好者等。

可以使用邮政编码对细分市场进行进一步的细分,如使用洛杉矶和旧金山的邮政编码。商务游客根据专业可以被细分为教授、医生、工程师和企业管理者等。

这种细分的信息来源是什么?大多数国家都要求入境人员填写入境旅游信息卡,国家(联邦)旅游规划人员可以通过查看信息卡获得信息。除此之外,旅游规划人员还可以创建一个用于研究的数据库,其中的数据大多来自大学、私人咨询/研究机构、航空公司、邮轮公司等组织。这些组织也可能会委托研究人员了解更多有关某些细分市场的信息。

旅游部委、旅游局、游客中心及其他负责旅游或营销规划和实施的组织为商业、经济、酒店、旅游等专业的大学毕业生提供了就业机会。

18.2.5 下一年的目标及配额

1. 目标

目标的确立为营销计划的其他部分指明了方向。营销战略与策略的目的是帮助达到这些目标。营销预算必须充足,以确保实现目标所需的资源及预期的销售结果会在计划规定的时间内实现。

人们对于目标由哪些部分组成这一问题偶尔还存在认识上的不统一。有人把"成为我们行业中最好的"或"为顾客提供最棒的服务"等表述作为目标。这其实是错误的,因为这些表述只是标语、口号或箴言而不是目标。下面这些才是目标。

(1) 定量化的,以货币单位(如美元、比索等)或计量单位(如房间夜数、乘客里程数、出租的汽车数量或出租率)来衡量;

(2) 特定的时间,如1年、6个月等;

(3) 具体利润指标,如22%的平均利润率。

制定目标的过程并不轻松,只是在上一年目标上加个随机的百分比算不上是制定目标。目标应当在仔细考虑本章讨论过的企业目标、企业资源、环境因素、竞争状况、市场趋势、市场潜力、现有细分市场及可能的目标市场等因素的基础上确定。

为了确保在现有市场上的盈利能力和竞争力,有必要确立多个子目标。例如,一个拥有1 000间客房的酒店毫无疑问要有两大目标:平均出租率和平均房价。但这两个目标本身并不足以指导营销战略的制定,必须设立一组子目标,如表18-1所示。

表18-1 酒店业通用目标示例

目标	平均出租率	平均房价
子目标	每个时期的出租率	每个时期各类客房的平均价格
	季节性:旺季、淡季、萧条期	
	每月	
	每周	
	每日	
	周末	
	每周三	
	休息室类型	时期
	套间	季节
	游泳池旁	每月
	普通间	每周

续表

目标	平均出租率	平均房价	
		每日	
		周末	
	各类休息室的出租率	注:很多旅游接待企业使用产量目标,如酒店、租车公司、邮轮公司、航空公司和旅客列车	
	套间		
	游泳池旁		
	乡村别墅		
	小屋		
	普通间		
	各类功能间的出租率		
	舞厅		
	(专题)研讨室		
	行政会议室		

目标	年度销售额	年度销售额	
		单位	金额/美元
	时间段		
	季节		
	每月		
	每周		
	每日		
	周末		
	部门		
	团队销售额		
	鼓励销售额		
	销售地区		
	美国东部		
	美国西部		
	销售人员		
	乔		
	莎丽		
	琼		
	弗雷德		

其他子目标可以由营销部门确定。重申一下,这些子目标都应支持企业目标及下一年的基本目标,而绝不是与营销部门的基本职能无关的孤立目标。

广告、促销、公关、营销调研和销售等每一个营销支持领域都需要一组子目标的指导。

为这些领域制定可量化的目标并非易事,但越来越多的高层管理者提出这样的要求。广告与促销是效果特别难以衡量的领域。管理层想要知道有多少收入来自广告或有多少市场份额和使用率的提高是广告促销带来的。除了直接广告这样的少数例子外,现有的测量手段很难对广告促销带来的收益进行精确衡量。因此,对于广告等推广活动,常使用心理份额和知名度等衡量指标,但这些指标还无法实现精确衡量。

一些酒店很关注星级评定,酒店的管理层致力于通过营销或销售等方式提升酒店的星级。在互联网分销渠道下,企业和消费者的决策更加依赖酒店的星级,因此会有更多的酒店把提升星级作为目标。

2. 配额

在销售和营销部门,再也没有什么比"配额"一词更令人害怕的了。然而,没有配额制度,即使是在最乐观的时候,完成目标的可能性也很小。为了富有成效,配额必须:以下一年目标为基础;不能一刀切;现实且可实现;分解成小单元,如每个人每周的配额;可理解且可衡量,如产品 X 5 周内的销售额为 1 万美元。一个无法理解且难以衡量的配额的例子是:"年初使市场份额提高 10%"。

3. 计划的沟通

如果不被理解、信任和采用,即使计划再细致、再完善也毫无用处。"不能仅将营销计划当作行动号令或判断、确定效率和效果所依赖的基准。还应将计划当作沟通营销战略的手段,让负责颁布或实施营销战略的人了解战略。"[15]需要了解营销计划的群体有若干个。

(1) 高层管理者。必须让高层管理者相信营销计划能够实现其所设定的目标。高层管理者将根据资金情况做出采纳与否的决定。

营销部门的经理应尽力争取的不仅是财务支持。如果高层管理者看好营销计划并提供公开支持,营销部门的员工就会士气大振,其他部门也将乐于提供帮助。相反,如果营销部门缺乏高层管理者足够的支持,企业内的小道消息就会迅速传开。其他部门看到高层管理者并没有坚定地支持营销计划,其提供的帮助也会很有限。

(2) 董事会及股东。董事会及股东偶尔会要求将下一年营销计划报送上来。这一群体一般不会看计划细节,而只想了解:该计划支持企业目标吗?以金额或数量表示的目标是什么?达到这些目标的主要策略是什么?成本包括哪些方面?我们什么时候可以看到结果?营销计划支持收益管理的目标吗?

(3) 下属。营销和销售部门的员工必须理解并支持营销计划。重要的是,要达成群体共识,认为下一年计划是切实可行的重要的行动路线图。不幸的是,很多旅游接待业的从业人员认为制订营销计划是浪费时间,因为没有人会在意它。

(4) 供应商。要重视将营销计划的某些方面转达给特定的供应商。在发展战略联盟时更应重视这一工作。广告代理商、营销调研公司、计算机软件供应商、公关公司、咨询顾问及其他供应商都需要知道和理解营销计划。在制订营销计划时就让这些人参与进来或许是不错的做法。供应链管理通常并不是营销部门的责任,但是旅游接待企业与供应商的战略联盟会影响定价、客户服务等营销职能。与供应链管理所涉及的各部门密切合作是最符合营销部门利益的。供应链管理这个工具的改进将影响营销的效果,应在营销计划中予以考虑。

供应链管理在制造型企业和大型零售店已被成功使用多年,为经营者节省了开支、提高了效率。如今,餐饮业也开始采用供应链管理。

约瑟夫·奥莱利(Joseph O'Reilly)提供了与餐厅供应管理相关的餐厅物流信息。奥莱利:"达登餐饮集团(Darden Restaurants)旗下有2 000多家餐厅,如橄榄花园、顶级烤肉馆(Capital Grille)和长角牛排馆(Longhorn Steakhouse)。达登餐饮集团的供应链每年管理的资本和食品支出超过30亿美元。""由于金额巨大,达登餐饮集团启动了一项供应链改革,期望通过降低价格和减少食物浪费每年节省4 500万美元。"[16]星巴克决定运用这一工具与其他餐饮企业合作购买糖和牛奶等基本原料。

供应链管理的广泛应用源于全球农产品价格的上涨,而农产品价格的上涨则源于对食品需求的增加。除非全球农产品产量提高到足以满足需求,否则餐厅就需要不断地寻找低价高效地获取食材的新方式。

有些餐厅(独立的和连锁的)决定直接向生产商采购。然而,农民往往不知道如何将农作物收割、包装、制作成餐厅可以直接使用的食材。现在的农产品生产者将自己的农作物视为商品,还不能直接端上餐桌,未来的农产品市场可能会与现在大为不同。[17]

(5)其他部门。收益管理部、客房部、前台、客服部、维修部等其他部门也会受下一年营销计划的影响,也有权知道计划的关键内容。

在每月的经理会议上,营销经理通常会被要求概述营销计划并回答提问。如果没有这样的机会,营销经理应在获得总经理或总裁批准后,组织其他部门的负责人一起讨论下一年的营销计划。

18.2.6 实施计划:战略和策略

制定营销战略的目的是为实现营销目标提供工具。营销策略则是支持营销战略的工具。很多时候,人们使用的战略和策略与目标的关系不大,这是错误的。导致这种错误的常见原因包括:

(1)希望保持现状。

(2)管理层想要沿用上一年的策略,他们担心新的战略和策略会危及自己的职位。

(3)没有参与营销计划的制订过程,认为这些步骤对做决定并不重要,也无意义。

(4)来自外部相关机构的过度影响,如广告代理商不想改变方向,也不想尝试新媒体。

(5)没有理解目标与战略和策略之间的关系。

(6)短视思维,认为事情进展得很好,没有对恶化的问题采取措施。不幸的是,在高速发展、竞争激烈的旅游接待业,产品竞争力一旦明显衰落,就不仅是采取补救措施的问题了。

营销战略和策略的实施要借助广告与促销、人员推销与分销、定价与产品。每个战略或策略都必须因地制宜以满足不同企业的特殊需要。在广告、新产品开发及其他战略领域，跟着行业平均水平亦步亦趋、不敢越雷池一步的行事原则是不明智的。

营销战略和策略必须始终与市场需要和企业文化相适应，并使企业能达到甚至超越目标。一项关于餐厅营销战略和策略的研究发现，很多餐厅采用跟随领导企业的软弱无力的战略，而不是制定个性化的、独特的战略和策略。研究者得出结论：餐厅在若干年内可能会保持良好的业绩，但长时间缺乏战略会导致利润下滑，甚至走向失败。[18]

1. 销售战略

销售人员必须制定和实施有助于实现目标的销售战略，如防止大客户的流失、发展大客户、有选择性地发展边际客户、排除某些边际客户、保留选定的边际客户但仅提供低成本的销售支持、从选定的潜在客户中获得新业务。

销售战略的制定应该从上述六个总体战略开始，并指出销售部门将如何实施这些战略。每个总体战略都由具体的销售策略支持，下面举例说明。

（1）企业外部：①加大对所有目标客户与潜在客户的销售力度；②对选定的购买决策者和决策影响者进行电话、直邮和个人销售访问；③在选定的旅游展销会上设立展台；④进行销售访问并与旅行中间商、旅行社、奖励旅游机构、国际销售代表等合作；⑤与关键客户、潜在客户、购买决策影响者等共进午餐；⑥特殊旅行任务及其他策略。

（2）企业内部：①销售人员的培训；②非销售人员的参与和支持；③激励和控制计划；④管理层的参与和支持。

2. 分销战略

选择适当的分销渠道是成功实施销售战略的根本。旅游接待企业必须时刻关注不断变化的分销渠道及势在必行的变革。

互联网预订系统、在线旅行社（OTA）的出现及传统旅行社数量的减少是分销系统发生的重大变化。企业期望通过主要的分销渠道创造销售佳绩，并按照星期、月份和季度预测销售额。营销计划应确定每个主要分销渠道的预期销量，这一点是至关重要的。

分销系统中各分销渠道创造的销量不尽相同，而且同样重要的是，它们各自创造的利润率也不同。旅游接待业的管理人员越来越无法抗拒Expedia、Travelocity、Priceline.com和Hotels.com等独立的网络销售公司带来的巨额销量。通过这些企业分销势必使利润率下降。

如果没有为某些分销渠道确定销售和利润目标并设置销售上限，旅游接待业的管理人员有一天可能会看到企业的销售额已被某一渠道或某一企业所掌控。毫无疑问，还存在其他渠道，如果这些渠道对企业很重要则应将其纳入营销计划中。营销经理和销售经理应该乐于尝试并使用新渠道。

3. 广告与促销战略

广告与促销战略应当由企业内部的广告部经理、销售部经理或营销部经理等相应的负责人制定。企业的相关负责人能与专业广告代理商、促销公司和咨询顾问等支持性群体共同开展工作，让这些人直接参与广告与促销战略的制定和实施是很重要的。

让外部企业全权负责制定和实施广告与促销战略是不明智的。历史经验表明，这样做的结果有可能是广告代理商等支持性群体只专注于制作酷炫的文字与图片并在权威媒体上推广,而企业除了所有的目标落空之外一无所获。这是因为外部群体看待目标的方式与委托人不同,有些广告对于委托人提高销量或市场份额没有多少贡献,但广告代理商却能获得如潮好评。企业外部的专业人士认为自己的客户是企业或企业管理层而不是终端顾客。这种看法并没有错,但却会导致他们忙于取悦聘请他们的管理者,而不是帮助达到企业或营销部门的目标。理论上,企业目标和营销目标与管理者的目标应当是一致的,但实际上二者存在很大偏差。在某些场合,企业外部的专业人员会轻视企业目标和营销目标,并认为这些目标妨碍了广告的创作。理想的做法是,负责广告与促销的企业经理与选定的外部专业人员组成团队一起工作,制定能够及时有效地实现目标的战略和策略。

当这一点实现后,团队将开发一个包括各种有利于实现目标的策略在内的广告与促销工具组合,而不只是为那些专业人士提供佣金,让他们活得轻松自在,或者只是制订一个乏味的、很可能不会受到管理者批评但收获甚微的计划。

负责广告与促销战略的人负有以下职责:

(1) 选择推介媒体,包括大众媒体、直邮、行业展销会、广告牌、专业广告、社交媒体(脸书及其他)。

(2) 必须考虑将数字营销与社交媒体营销作为备选媒体。

(3) 选择或批准广告信息,包括图形、色彩、规格、副本等方面的决策。

(4) 制作媒体目录,指出每种媒体(包括不需付费的媒体)应在何时采用。

(5) 制作活动事项目录,如公关活动事项及为作家提供体验游。

(6) 详细地将所获得的信息传达给管理层。

(7) 监督广告或促销方案的制定与实施,特别关注日程表和预算。

(8) 对可能的结果承担责任,越来越多的高层管理者要求负责广告与促销的人证明其工作的成效,并对结果负责。

然而,尽管数十年来营销教育广泛开展,已发表了成千上万篇专业文章,但很多旅游接待企业的经理仍将营销与广告等同起来。他们并未意识到广告只是营销的一部分。研究餐厅战略的学者引述了早期的论述:"很多企业(餐厅)试图通过增加广告支出来保持市场份额,但只是做广告并不能确保成功。"[19]

在营销计划制订过程中,广告与促销组合需要充分考虑的另一个方面是广告与促销合作。这要求团队协作及预算支持。例如,在度假村的例子中,合作的机会存在于以下群体之间:

(1) 度假村与度假村所在社区(如马萨诸塞州科德角的普罗温斯敦的所有度假村、餐厅与景点等);

(2) 度假村与目的地旅游促进组织(如旅游主管部门或地方商会);

(3) 度假村与供应商(如柑橘委员会或哥伦比亚咖啡园);

(4) 度假村与运输公司(如航空公司、长途汽车公司、邮轮公司等);

(5) 度假村与合作酒店或合作度假村。

墨西哥酒店业是一个进行广告与促销合作的例子。对比墨西哥10个连锁酒店的宣传册可以发现,大多数宣传册除了介绍本酒店之外,几乎没有提及本酒店所属品牌在墨西哥的其他酒店。地中海俱乐部(Club Med)却很好地利用了这一营销工具。该俱乐部不仅有介绍其全部分店的墨西哥语宣传册,甚至还为坐落在著名古迹附近的酒店专门制作了一本宣传册。[20]

4. 数字营销战略

除了付费使用社交媒体网站外,还应针对免费使用的社交媒体制订计划。获得正面的在线评论的一个方法是训练员工积极主动。当顾客说自己在酒店过得很愉快时,员工应该请他在猫途鹰等热门旅游网站上发表评论。另一个方法是鼓励顾客分享他们在停留期间拍摄的照片。佛罗里达州的一个度假村举办比赛,请顾客上传照片来回答"你如何在天堂里放松?"这个问题,并将参赛作品刊登在酒店的网站上。通过这次推广活动,增加了 400 名 Ins 粉丝、3 600 次网站访问量,客房预订量也增加了 44%。内容营销协会(Content Marketing Institute)的一项研究发现,70%在网上发布内容的消费者称这种做法让他们感觉与企业更亲近。这是鼓励顾客参与带来的额外好处。[21]

其他数字营销战略包括可以让酒店讨论店内活动的博客。博客尤为适合度假酒店,是让顾客了解度假酒店设施的好方法。对于能够创造体验的旅游组织的活动,如烹饪课、航海课、游览及其他活动,博客是宣传这些活动的好方法。可以将第 16 章介绍的一些运用数字营销的方法纳入营销计划中。

声誉管理应纳入营销计划的数字部分。这部分应包括谁负责监控社交媒体上的用户生成内容。很多大企业都有在线服务商提供的控制面板,可以通过上面的站点查看顾客在企业官网、在线旅行社、比价网(Meta sites)及其他在线资源上的评论。美国大通曼哈顿银行(CMB)对 2 000 名休闲顾客进行的一项研究发现,在信息搜索过程中,在线评论既是最常用的信息来源,也是最具影响力的信息来源。[22]另一项研究发现,只有 12%的旅行者会在搜索中包含评分低于 3 分的酒店,而 32%的人会搜索评分为 4 分或更高的酒店。康奈尔大学和宾州州立大学的研究人员还发现,旅行者很少搜索评分低于 3 分的酒店,而且评分比价格更重要。[23]此外,研究人员还发现,评论的数量也很重要。评论的数量较多为评分提供了可信度。营销计划不应只包含由谁负责监督用户生成内容,还应就各主要网站上的整体评分及评分数量制定目标。

5. 定价策略

定价仍然是营销的一项职能。营销经理必须对定价具有控制权,并与收益管理部门配合。如果营销计划和销售计划中未充分考虑定价策略,那么营销与销售两个部门将会在定价上冲突不断。如今,定价比以往任何时候都重要,这主要是因为在线旅行社的存在。

例如,销售部有责任与旅游批发商和关键客户等中间商打交道,这两部分顾客都会要求价格折扣。对客房、机票、出租车和客船卧铺的大订单承诺大幅折扣不可避免地会与收益管理部门产生矛盾。如果没有对主要细分市场的销量的预测与推断就制订营销或销售计划,则计划是不可能富有成效的。如果销售预测和收益计划都没有收益管理部门的参与,那么矛盾将不可避免。

回顾表 18-1 中列出的目标与子目标,这些目标要求按季节制定每档产品的平均房价。采用收益管理的概念与惯例,由于把每周目标和次级细分市场目标包括进来,定价目标质量将会大大改善。万豪酒店使用一种"推理定价"的策略,使用"围栏"对某些选定的细分市场进行限制,因为这些市场的价格弹性水平与其他市场不同。对某些细分市场给予"围栏"式的限制这种策略会直接影响营销与销售计划。营销经理在制订计划的过程中,最好与预订部门合作。预订部门在调整价格方面通常有很大的自由度,很大一部分销量都受该部门决策的影响。

定价目标与策略影响营销和销售的每个方面。适当的目标市场选择及重点市场的确定也视定价而定。

认为自己与定价管理者存在冲突的营销或销售经理或许注定会失败。很多旅游接待企业的高层管理者意识到将价格上调10％将产生可观的利润业绩,这比利用削减成本或传统营销策略吸引顾客所带来的利润增加还要多。

定价策略对连锁餐厅也很重要,需要得到密切关注。例如,食品服务质量是家庭餐厅、牛排馆和正餐休闲餐厅的顾客评价的最重要影响因素。然而,家庭餐的价格吸引力虽然能提高顾客对家庭餐馆连锁店的评价,但对于牛排馆和休闲餐厅却未必如此。[24]

一名有家庭连锁餐厅工作经验的营销者,若是被牛排馆或休闲餐厅雇用,就可能在定价策略上犯错误。尽管连锁餐厅看起来都一样,但每个餐厅的价格策略都不一样。

6. 产品策略

营销在改良现有产品和开发新产品方面扮演重要的角色。在一些旅游接待企业,营销部门会全程参与这一过程;在另一些旅游接待企业,营销部门只是作为咨询顾问出现;遗憾的是,还有一些旅游接待企业竟然把营销部门完全排除在这一过程之外。

当要对基础产品进行大改动时,就像度假村产业发生的巨变那样,营销人员可以为企业做出巨大的贡献并指引战略方向。通过增加当前产品线,营销也可以帮助企业大幅提高收入。在大多数旅游接待企业中存在数百或数千个开发新产品的机会。拉斯维加斯的亚历克西斯公园度假村(Alexis Park Resort)推出了巡回鸡尾酒会服务,由员工驾驶电动小车为泳池旁的顾客供应饮品。[25]纳什维尔的奥普兰酒店(Opryland Hotel)采用类似的方式推销酒店的纪念品,"只要想卖的东西比顾客选购的东西多,就不可能实现潜在的利润。对于那些愿意提供设施、服务及节事活动去吸引游客并且愿意培训直接与顾客打交道的员工以增加销量的有创造力的经营者来说,增加收入的机会很多。"[26]

改变产品种类的过程需要企业内众多个人及部门的参与和建议。营销可能会发现某种需求,如"邻居面包房"这一可用于快餐连锁的概念,但这个产品概念会直接影响生产、财务及人力资源。例如,麦当劳、汉堡大王和温迪等快餐企业在试验新鲜饼干或羊角面包时发现,要生产这些产品,从和面到冷藏揉好的面团,都需要额外的工作间、设备和员工培训。[27]

18.2.7 支持战略与达到目标所需的资源

制订营销计划时必须考虑可用资源,或那些可能加以利用的资源。营销计划制订中的一个常见错误是所确定的战略可能行得通,但却没有足够的资源支持。另一个错误是假定无论计划做得多出色,高层管理者都不会给予额外的支持。任何一个切实可靠的营销计划,都需要在神话般不切实际的计划与全盘接受高层管理者的固执之间谋求平衡。

1. 人力资源

确保营销或销售战略成功实施所需的最昂贵、最难以获取的资源通常是人力资源。管理层在资金的约束下有时候认为聘用新员工是无关紧要、不切实际或不明智的。

显然,某些时候增加销售人员、秘书和分析员等是很有必要的。需要为名正言顺地提出这一要求做好准备,还要记住新员工特别是新入职的销售人员并不会马上出成绩,必须考虑培训与招聘成本,以及管理者对这些人进行面试等工作所需的时间。

在这一过程中,企业文化的影响也不容忽视。设想像丽思卡尔顿这样的企业,其企业哲学是不仅将顾客当作淑女与绅士对待,也将员工视为淑女与绅士,而要向新员工灌输这样的思想可能是既费时又费力的。[28]

如果某一职位的用人情况在企业政策或规程中没有规定,那么营销计划就需要界定该职位的用人类型。有些接待企业遵循"我们要聘用最优秀的人"这一理念,营销经理必须对季节性的成本差异进行事先计划,如某个月因参加行业展销会需要较高的开支或者宣传册必须在数周内邮寄给关键客户和潜在客户。预算应反映对资源利用的缜密规划,如按周付酬的临时工。认真编制的预算是深思熟虑的营销计划的反映。

2. 其他财务支持

必须认真考虑除月薪、周薪和补助支出之外的财务支持并将其包括在计划中,具体包括差旅费、激励成本(如游览拉斯维加斯)及其他财务需要。

3. 调研、咨询和培训

旅游接待企业经常需要外部专业人士帮助进行营销调研(如焦点小组)、销售培训或是提供客观的外部评估、建议与收益管理咨询。

4. 杂费

杂费不应是贪污受贿资金的来源。专业书籍和杂志订阅费等方面的开支都可以归入杂费。

5. 预算

在较大的组织中,企业的政策与办事程序可以就有关开支类型及其他项目的问题给营销部经理提供指导。小企业的营销部经理则可能需要自己编制开支项目表,并且每年都要以其为指导,确保所有必需的资源都包含在内。

应该建立每周、每月、每季度和每年的预算来反映计划成本。当然,这不仅是为了使财会人员下一年过得更轻松。

18.2.8 营销控制

这部分关于营销控制的讨论首先假定销售计划是营销计划的一部分。事实上并非都是如此,一些旅游接待企业会分开制订两个计划。

销售计划与营销计划的制订过程大体一致,但销售计划不需要像营销计划那样全面,如广告和营销调研等就不需要包括在内,因为工作通常由支持部门负责。销售计划要特别关注销售队伍和目标,以及确保完成销售配额目标的实施策略。

1. 销售目标

销售目标必须基于每个销售区域、部门、地区、人员和时间段制定。上面讨论的销售总目标是设定个体目标的基础。销售队伍每名成员的销售目标或配额的总和应等于或超过年度目标。

制定企业年度销售目标的一种方法是从销售队伍成员的销售计划开始。每个成员都应该列出现有销售客户名单及下一年的潜在客户名单。根据现有客户和潜在客户估计出潜在的销售额，就可以预测下一年的销售额。

从销售部经理到总经理或其他高层管理者都有责任严格审查这些预测。最高管理层很少不做修改就直接同意销售队伍的预测。他们通常会把数字上调。这种情况被称为自下而上、自上而下的计划制订。

管理层修改销售队伍的预测数据通常基于以下原因：

（1）销售队伍的成员通常希望通过设定较低的销量估计值来保护自己。

（2）管理层通常基于企业发展的需要制定期望达到的某一销售目标。

（3）管理层可能拥有销售队伍所不掌握的营销调研信息。

（4）管理层可能有与销售队伍打交道的经历，知道这个预测通常会太高或太低及偏离实际情况的大致百分比。

（5）管理层可能准备向营销或销售部门提供额外的资源，而销售队伍并不知道这一点。

表 18-2 给出了一个典型的销售人员的销售额预测。销售经理有责任与销售人员密切协作以确保销售预测的精确性，最后必须将本部门销售额预测整合起来并提交管理层。

表 18-2 酒店销售人员的销售预测范例

销售人员：JANET CHIN	当年销售额			下一年销售额预测		
	房间夜数	收入	平均价格	房间夜数	收入	平均价格
主要商业客户 （关键客户） 1. 2. 3. 4.						
其他商业客户 1. 2. 3. 4.						
主要中间商客户 1. 2. 3. 4.						

续表

销售人员：JANET CHIN	当年销售额			下一年销售额预测		
	房间夜数	收入	平均价格	房间夜数	收入	平均价格
其他中间商客户 1. 2. 3. 4.						
航空业客户 1. 2. 3. 4.						
其他客户 1. 2. 3. 4.						
下一年的潜在客户 1. 2. 3. 4.						
客户/潜在客户总数	当年销售总额			下一年预测总额		

2. 销售预测与配额

所有销售人员最终都必须承担一定的销售配额。年度销售配额将被分解成季度和月度销售额。很多销售经理及有经验的销售人员会将月度配额再分解为每周的销售额。

销售经理有责任与销售人员一起开展工作，确保实现配额甚至超额完成。应持续评估销售业绩，并在实际销售额可能达不到预测或配额目标时制定并实施纠正措施。销售经理和销售人员如果等数月后再评估销售业绩并与预测销售额进行比较，然后再采取纠正措施，通常为时已晚。

3. 支出与预算

营销或销售经理应定期监控实际支出是否与预算数字相符。例如，红罗宾连锁休闲餐厅每个季度都要编制预算。

4. 所有营销目标的定期评估

营销或销售经理的角色有时就像是下属的保姆。处于这些职位的人经常评论说，他们为了确保下属及时完成任务就花费了大量的时间。这种说法很正确，因为营销或销售经理的主要角色就是确保所有的目标按时完成或超额完成。

负责广告、促销和营销调研的经理也有责任确保所有任务按时完成。如果夏季宣传册比预定日期晚了3周才印出来,销售人员很可能失去在潜在客户和关键客户进行旅游决策前给其寄送宣传册的最佳机会。相应地,销售人员有可能无法完成夏季销售配额。所有的营销或销售任务都是重要的,否则这个任务及相应的职位就应当撤掉。

营销或销售经理经常使用营销活动时间表来确保按时完成任务。这个简单的工具列出了主要的营销活动、应完成的期限、负责人,以及任务是否已完成。

5. 营销计划的调整

没有人能制订出完美的营销计划。市场环境的改变、灾难的发生等很多原因都需要对营销计划进行改进。一般来说,计划改进应在策略、预算、活动事项的时间安排等方面而不是在主要目标与战略方面进行。营销策略的调整通常不需要高层管理者的批准,而是被视为营销或销售经理的基本职责。

18.3 展示计划并为未来做准备

18.3.1 展示并推行计划

年销售额等主要目标和战略的改变需要得到高层管理者的批准。除非绝对必要,营销或销售经理最好不要改变主要目标和战略。除了像酒店发生火灾这样的灾难事件,大多数情况下,高层管理者会理所当然地认为需要对目标进行修改说明营销或销售经理的管理水平很糟糕。

决不要认为营销计划只要有条理就会获得批准与接受。营销计划必须获得包括下列群体在内的很多人的同意。

(1) 营销或销售队伍。在营销或销售领域,很多人并不信任计划。他们认为计划的探讨、编写、辩论及实施过程是在浪费时间。"如果管理者放手让我们自己工作,不要再制订计划,企业会发展得更好。"这种常见的观点或许是因为跟计划有关的糟糕经历、对计划制订过程的恐惧或对计划的好处并不了解。营销或销售经理在计划制订过程中需要得到下属的支持,最好向其说明计划的好处而不是强迫其顺从。

(2) 供应商、广告代理商等。应当让广告代理商和营销调研公司等外部组织参与计划制订过程,并让他们认识到参与计划制订过程是其作为团队成员的职责之一。

(3) 高层管理者。高层管理者必须批准年度营销计划。但写一份冗长的计划,通过企业邮件的方式发给高层管理者,然后期待着热情洋溢的批复是行不通的。营销或销售经理必须在共进午餐和正式陈述等场合面对面地向管理层展示计划,而且计划制订中的重要成员应在场。如果某次销售会议是展示给一个业务价值200万美元的关键潜在客户,则所做的展示应该仔细计划并展现专业素养。使用专业的展示材料,如幻灯片、投影仪、装订成册的年度计划复印件、精心挑选的图表和目录等,这些都有助于人们理解并快速切入关键点。

18.3.2 为未来做准备

营销计划的编制过程是连续的,营销任务永远不会终止。营销或销售经理需要时刻做计划。实际上,下一年营销计划的制订从今年的计划获得批准时就开始了。

1. 资料收集与分析

营销计划的制订需要有可靠的信息,而收集信息的过程总是可以改进的。从企业内部和外部收集并分析资料的过程每天都在持续。营销或销售经理必须时刻留意改进这一过程的方法和手段。

2. 作为企业成长工具的营销计划

好的营销计划有助于企业和部门的繁荣兴旺与成长。很多人容易忽视的是,好的计划还可以促进员工的成长。这些好处通常包括:参与计划制订过程可以加深员工对管理过程的理解;在计划制订过程中,员工可以学习如何进行团队协作;员工可以学会如何设定目标和安排时间表以确保目标的实现;员工可以了解建立合乎实际的战略与策略来实现目标的过程;以开放接纳的心态参与计划制订过程并运用营销计划的员工常常会发现自己的职业生涯更一帆风顺了。

很多旅游接待企业已经形成了一种尊重营销计划的文化氛围。这是企业文化的体验,也反映了高层管理者的支持。企业高级管理层的人员变化意味着对营销计划的支持将会减弱,甚至会让计划制订者灰心丧气。重视和鼓励企业内所有层次的计划制订的强有力的企业文化最终将得到回报。有些时候,特别是当市场环境恶化、新的竞争对手威胁到市场份额时,管理者对计划过程会丧失信心。崇尚制订计划的企业文化在这时候能够为计划的制订提供目标与方向。

在经济恶化时期需要制订计划。洛杉矶的加利福尼亚乡村俱乐部(CCC)提供了一个这样的例子。像加州南部的其他很多乡村俱乐部一样,想加入俱乐部的人需要排队,但转瞬间经济形势的恶化使会员纷纷准备退出俱乐部。CCC 的管理层没有慌乱,也没有寄希望于立即开展营销来扭转危局,而是从营销计划的制订过程中寻求方法,对市场与竞争对手进行分析。计划的制订过程使 CCC 找到了营销机会,如包括取消仅对高尔夫运动免除费用的定价策略。"只能对顾客说'好的'"的顾客导向措施得到认同和采纳,这些及其他变化彻底颠覆了以前的措施和程序,使俱乐部提高了市场份额和收入。[29]

一项针对酒店营销计划制订过程的研究表明,"营销计划制订中最重要的是管理层的参与和支持、留给制订计划的充足时间、针对营销计划制订的培训,以及将激励与目标的完成挂钩。"[30]

无论市场环境好坏,保持营销计划制订的连贯性将给旅游接待企业及其员工带来丰厚的回报。[31]

课堂小组练习

＊带星号的练习题适合作为个人家庭作业或线上作业。学生需要对答案给出解释。

1. ＊营销计划的目标是什么?如果不制订年度营销计划将会如何?
2. ＊环境因素与年度营销计划有什么关系?
3. ＊市场潜力的决定因素是什么?为什么如此重要?
4. 营销目标应当量化表示吗?请解释原因。

5. *营销战略与营销目标之间有关系吗？如果有，是什么关系？
6. *在营销计划中，营销控制真的必要吗？或者，它是一个可供选择的管理活动吗？
7. *在你所在地区挑选一个旅游接待企业，并为该企业制订营销计划。在网上寻找对你有用的信息并解释你会如何使用这些信息。

体验练习

会见一家酒店的销售主管或总经理，请他跟你仔细过一遍他所在酒店的营销计划，并讲解营销计划的制订过程。

参考文献

1. Condensed with permission from Peter Cass,"Luxury Lifestyle Marketing: New Frontier," *Hospitality Business Review*,2,no. 3(Fall 1999): 27-30.
2. Perry J. S. Hobson, Henry C. S. Vincent, and Kye-SungChon,"Vietnam's Tourism Industry: Can It Be Kept Afloat?"*Cornell Hotel and Restaurant Administration Quarterly*,35,no. 5(1994): 42-49.
3. 2008 Mumbai Attacks, Wikipedia, http://en.wikipedia.org/wicki/2008_Mumbai_attacks.
4. John D. Kasarda and Greg Lindsay, *Aerotropolis: The Way We'll Live Next*, 2011, ISBN 978-03741001193.
5. Richard Gibson,"Flight Caterers Widen Horizons Beyond Airlines,"*Wall Street Journal*(January 16, 1995): B1, B8.
6. David O. Williams,"Ski Execs Target Asian Markets,"*Rocky Mountain News*(January 4,2008): 5.
7. Lodging Market Potential Index, August 13, 2012, Global Edge.msu.edu and A. J. Singh, Raymond S. Schmidgall, and Tunga Kiyak, The Lodging Market Potential Index(L-MPI$^©$) Ranking of Major Lodging Markets in the United States, Vol 7, No. 1, 2013.
8. Josiah Mackenzie, Michael Nurbatlian's Photo Contest Gained 2000＋New Faces in Two Weeks for Indigo Pearl Resort, Hotel Marketing Strategies—Technology for Better Guest Experiences, July 17, 2011, www.hotelmarketingstrategies.com.
9. Carl K. Link,"Developing a Marketing Plan: Lessons from the Inn at Plum Creek,"*Cornell Hotel and Restaurant Administration Quarterly*,34,no. 5(1993): 35.
10. L. K. Prevette and Joseph Giudice,"Anatomy of a Turnaround: The Los Angeles Biltmore,"*Cornell Hotel and Restaurant Administration Quarterly*,30,no. 3(1989): 32.
11. Karady Islam and Woo Gon Kim,"Comparing Market Segment Profitability Analysis with Department Profitability Analysis and Hotel Marketing-Decision Tools,"*Cornell Hotel & Restaurant Administration Quarterly*,47,no. 2(2006): 155-173.
12. Ron Leiber,"A New Parenting Ritual: The Last Hurrah,"*Wall Street Journal*(July 7, 2004): D1.
13. Ibid.
14. From Global Market Strategy Tourism Australia, 2013-2015, Retrieved from www.tourism.australia.com/markets/market-strategy.aspx.

15. Francis Buttle, "The Marketing Strategy Worksheet: A Practical Tool," *Cornell Hotel and Restaurant Administration Quarterly*, 33, no. 3(1992): 57.
16. Joseph O'Reilly, Restaurant Logistics: Serving Up the Perfect Meal, www.inboundlogistics.com, August 2012.
17. Julie Jargon, "Eateries' New Way to Shop," *Wall Street Journal*, Corporate News (April 1, 2011): B5.
18. Joseph J. West and Michael D. Olsen, "Grand Strategy: Making Your Restaurant a Winner," *Cornell Hotel and Restaurant Administration Quarterly*, 31, no. 2(1990): 77.
19. Ibid.
20. Hana Ayala, "Mexican Resorts: A Blueprint with an Expiration Date," *Cornell Hotel and Restaurant Administration Quarterly*, 34, no. 3(1993): 40.
21. Max Starkov and Mariana Mechoso Safer (2015), "The Smart Hotelier's Action Plan to Digital Content Marketing," https://www.hsmai.org/details.cfm?id=http://cdn.hsyndicate.com/econnect/4069939.html(accessed December 19, 2018).
22. Judy Melanson, "The New Hotel Booking Path to Purchase: The Mobile, Social, and Online Journey August," CMB, 2014.
23. Samantha Worgull, "How Guests Choose Hotels During Online Booking," June 2015, http://www.hotelnewsnow.com/Articles/26532/How-guests-choose-hotels-during-online-booking (accessed December 4, 2018).
24. Michael S. Morgan, "Benefit Dimensions of a Midscale Restaurant Chain," *Cornell Hotel and Restaurant Administration Quarterly*, 34, no. 2(1993): 44-45.
25. Carl K. Link, "Internal Merchandising: Creating Revenue Opportunities," *Cornell Hotel and Restaurant Administration Quarterly*, 30, no. 3(1989): 56.
26. Ibid., p. 57.
27. Regina Robichald and Mahmood A. Khan, "Responding to Market Changes: The Fast Food Experience," *Cornell Hotel and Restaurant Administration Quarterly*, 29, no. 3(1988): 47.
28. William E. Kent, "Putting Up the Ritz: Using Culture to Open a Hotel," *Cornell Hotel and Restaurant Administration Quarterly*, 31, no. 3(1990): 16-24.
29. Jeffrey L. Pellissier, "Remarketing: One Club's Response to a Changing Market," *Cornell Hotel and Restaurant Administration Quarterly*, 34, no. 4(1993): 53-58.
30. S. Dev Chekitan, "Marketing Practices at Hotel Chains," *Cornell Hotel and Restaurant Administration Quarterly*, 31, no. 3(1990): 54-63.
31. For more on developing a marketing plan, see James C. Makens, *The Marketing Plan Workbook* (Upper Saddle River, NJ: Prentice-Hall, 1985); *Hotel Sales and Marketing Plan Workbook* (Winston-Salem, NC: Marion-Clarence, 1990).

附 录

案 例 研 究

 ## 案例1　齐普卡：不是汽车，而是城市生活方式

想象这样一个世界：没有人拥有汽车。汽车依然存在，但是人们不再拥有汽车，而是共享汽车。是不是听起来很疯狂？但是全球最大的汽车分时租赁公司——齐普卡的CEO斯科特·格里菲斯（Scott Griffith）正在把这样一个带有科幻色彩的世界变成现实。他拥有将近80万名充满激情的顾客，或者用这些顾客自己的话说是齐普卡粉丝。

齐普卡的业务是按天或小时租赁汽车。虽然分时租赁听起来像是对现有汽车租赁市场的一个微小创新，但是这个由齐普卡引发的概念实际上是全新的。从掌管这家新兴的创业公司开始，格里菲斯就知道，公司要想行稳致远，就不能把自己定位为汽车服务公司，齐普卡需要一个漂亮的定位，能够吸引那些需求尚未得到满足的顾客。

一家不关注汽车的汽车租赁公司

在格里菲斯看来，齐普卡不能变成一个服务于所有顾客的什么都提供的公司。但是分时租赁这一概念看起来好像特别适合在纽约、波士顿、亚特兰大、旧金山和伦敦等人口密集的城市居住或工作的人。对于这些地方的人来说，拥有一辆汽车（或两辆、三辆汽车）很麻烦，成本很高，也不符合环保理念。

从一开始，齐普卡的品牌定位就紧紧围绕一套价值系统展开。作为一种城市生活方式，齐普卡关注城市居民所在意的那些特性。对于最开始的那部分顾客来说，生活方式源于环保意识。一开始，齐普卡聚焦拥有强烈环保理念的顾客，发起的促销宣传是"我们·地球"和"想象一个道路上少了100万辆汽车的世界"。齐普卡醒目的绿色徽标也反映了它的这套拯救地球的哲学。而且齐普卡实打实地传播自己对环保的承诺。研究表明，每一辆齐普卡租赁汽车最多可以减少20辆汽车在路上行驶，每个使用者最多可以减少50%的碳排放。平均而言，使用齐普卡要比自己拥有汽车少行驶44%的路程，减少829升的原油消耗。齐普卡旗下拥有11 000辆汽车，带来的环保效果更是明显，它确实极大地降低了对环境的影响。

但是没过多久，齐普卡就意识到，要想继续发展，不能仅停留在环保这一层面。因此，它拓展了自己的定位，将城市生活方式的其他益处也囊括进来。齐普卡用这些益处来呼

应这样一个问题:"谁是真正的分时租赁顾客?"齐普卡认为有以下几个常见的原因会促使人们租赁共享汽车:减少自己买车的麻烦和花费,乘坐公共交通工具以达到省钱和环保的目的,在确实需要汽车时有车开。

齐普卡提供的最重要的一个益处是方便。在人口密集的城市拥有一辆汽车是非常麻烦的一件事情。齐普卡让顾客可以只操心开车的事情,而不用面对自己拥有汽车所带来的各种烦恼。它给了顾客"需要的时候可以驾驶的车辆",而且只需要四步就可以:"注册会员、预约、开锁、驾驶"。

满足顾客需求

要成为会员,每年需要缴纳 70 美元的会员费,即可获得个人租车卡,凭借此卡可以解锁全球各地的任意一辆齐普卡汽车。当你需要一辆汽车的时候,可以提前几个月也可以提前几分钟预约。你可以在线预约、电话预约,也可以使用智能手机上的应用程序。你可以选择所需的车型、时间和地点。每小时的租赁费用是 9 美元,涵盖了汽油、保险和免费里程。当你准备出发时,走到汽车旁边,把租车卡靠近前挡风玻璃刷一下就可以打开车门驾车出发了。到达目的地后,把车停在指定停车位即可。车辆保养和清洁是齐普卡的事。

齐普卡不仅消除了在城市拥有汽车的麻烦,它还能帮助使用者省钱。相比自家拥有汽车,齐普卡的使用者不需要承担汽车购置成本、保险、汽油、保养及其他一些费用,平均每月可以节约 600 美元。这相当于一年获得了 1 万美元的税后收入。在一个消费者越来越节俭的时代,这是一笔不菲的收入,对于那些能省就省的人来说更是如此。

齐普卡并不会服务于每一个人,它也不打算这么做。它只专注于城市生活方式的定位。对于第一批顾客来说,齐普卡"货舱"(停放汽车的某个区域)里有时髦的城市人所喜欢的 50 种款式,这些车子既时髦还省油:丰田普瑞斯、本田 CRV、沃尔沃 S60、宝马 328、丰田塔科马、丰田塞纳、斯巴鲁傲虎等。现在齐普卡还添置了混合动力、纯电动汽车及大型箱货车。齐普卡的顾客会为每一辆车子设置个性、姓名和描述。比如,普瑞斯·平"早上喜欢慢跑,人狠话不多",而思域·卡洛斯"教授瑜伽,喜欢皮划艇"。这样的一些个性化的描述会让顾客觉得他们好像是从一个朋友那里借车而不是被系统随机分配了一个冷冰冰的交通工具。

为了进一步减少顾客的麻烦,让共享汽车使用起来更加便捷,齐普卡精心设计了针对城市居民的促销策略。公司的目标是,顾客走路不超过 7 分钟就能找到一辆齐普卡汽车,这并不是一个容易实现的目标。齐普卡的管理层认识到,即便借助网络和移动端进行精准促销,也很难做到针对不同街区采用不同策略。因此,齐普卡派出了扫街的队伍,以真正了解城市的每一个街区。他们在当地街区和交通工具上打广告,采用地面游击式的营销策略。

齐普卡坚定不移地维持自己的企业形象,并不断开发对精通科技的都市人具有吸引力的新功能。最近,公司调整了重点,从基于网络开展服务改为全面基于移动端开展服务。很快,齐普卡将会配备各种车载设备,方便智能手机的接入和全自动语音导航。汽车和使用者之间的互动界面可以通过车载播放系统播放使用者手机里的播放列表。使用者可以获得所驾驶的汽车的相关信息,包括个性化的服务评价,以及使用者对车辆清洁程度、损坏情况和汽油使用情况的即时反馈系统。

培育品牌社群

齐普卡对城市生活、环保生活方式的关注,使它能够促进顾客群体间的紧密联系。齐普卡的粉丝们对于这一品牌有着狂热的忠诚,就像哈雷摩托或苹果公司的顾客一样,属于铁杆粉丝,要知道这两个品牌可是花了数十年的时间来培育顾客关系的。齐普卡的忠实粉丝扮演着邻里品牌大使的角色,30%的新会员是因为看了现有顾客的评价才加入的。"当我在一次聚会或其他场合遇见一个齐普卡的粉丝时,我会觉得我们有共同点。"一位住在布鲁克林的齐普卡粉丝说,"就好像我们都在生活中做出了明智的选择一样。"正如哈雷摩托的购买者会在周末集合起来一起骑行,互联网上充满了各种各样的齐普卡粉丝的聚会通知,可能是在酒吧、餐厅,也可能是在喜剧俱乐部等其他地方。

随着齐普卡的不断发展,它扩大了品牌的辐射范围,有各种类型的城市居民,也有商业组织和其他组织。谷歌等公司鼓励员工提升自己的环保意识,先是提倡员工乘坐公司班车,现在提倡员工在工作日办理业务或私事时都使用齐普卡。其他公司则把齐普卡看作是公务车、长途出租车和容易拥堵地区的备选方案。芝加哥市最近与齐普卡达成了战略合作,由后者为芝加哥市的政府部门提供更有效率、更加环保的交通方案。华盛顿特区政府在引入齐普卡后每年可节省100万美元。对于齐普卡来说,车队服务是一个非常好的市场。用齐普卡能省钱,随着这样的口碑传播开来,越来越多想要节省车队开支的组织与齐普卡签订了合约。在这一过程中,齐普卡把自己看作是一种城市生活方式的定位策略表现如何呢?人们都在说,齐普卡正在开足马力,高速发展。在过去的5年中,齐普卡的年收入增长了5倍,达到2.7亿美元,并实现了盈利,这也是个里程碑式的节点。如今有1 000万人在步行距离内就可以找到一辆齐普卡汽车,因此未来还有很大的增长空间。随着更多车辆的投入,齐普卡将持续增长。

对于传统的汽车租赁公司巨头来说,齐普卡的快速增长给它们拉响了警报。赫兹、Thrifty和U-Haul等企业纷纷推出了汽车共享业务。安飞士(Avis)也开展了这一业务,但最近却决定停止自己在这方面的业务,转而用5亿美元买下齐普卡。这样一来,齐普卡就能借助安飞士的大规模租赁服务而降低成本。对于其他租赁公司来说,齐普卡在规模和经验方面有着极大的先发优势,与目标地区的顾客有着良好的关系,时髦的城市人对其非常信任,这些都是像赫兹这样的巨头所无法匹敌的。对于齐普卡的粉丝来说,赫兹代表着汽车租赁,而齐普卡是他们忙碌的城市生活的一部分。

资料来源:Based on information from Mark Clothier,"Zipcar Soars After Profit Topped-Analysts' Estimates,"Bloomberg.com, November 9, 2012, www.bloomberg.com/news/2012-11-09/zipcar-soars-after-profittopped-analysts-estimates.html; Darrell Etherington,"Zipcar CEO Details In-Car Assistant, Personalized Deals and Member Onboarding for Mobile App," *Tech Crunch*, October 9, 2012, www.techcrunch.com/2012/10/09/zipcar-ceo-details-in-car-assistant-personalizeddeals-and-member-onboarding-for-mobile-app/; Jerry Hirsch,"Zipcar CEO Talks About Car Sharing as Lifestyle Choice," *Seattle Times*, May 13, 2012, www.seattletimes.nwsource.com/html/businesstechnology/2018197748_inpersonzipcarl4.html; Paul Keegan,"Zipcar; The Best New Idea in Business," *Fortune*, August 27, 2009, www.moneycnn.com/2009/08/26/news/companies/zipcar_car_rentals.fortune/; Stephanie Clifford, "How Fast Can This

Thing Go,Anyway?" *Inc.*,March 1,2008,www.inc.com/magazine/20080301/how-fast-can-this-thing-go-anyway.html;www.zipcar.com(accessed May 14,2019).

问题讨论

第 4 章

是什么环境因素促使安飞士认为齐普卡是一个很好的收购对象？

第 6 章

1. 齐普卡的品牌形象与哪些理念和价值观相联系？
2. 齐普卡是如何将这些理念和价值观与生活方式联系起来的？

第 7 章

齐普卡准备开发一个细分市场，发现组织市场颇具吸引力。利用第 7 章中关于组织购买决策的论述作为框架，回答下列问题：

1. 齐普卡能为组织客户解决什么问题？
2. 齐普卡能够满足什么需求？
3. 哪类组织是齐普卡最理想的客户？

第 8 章

1. 从基于利益进行定位的角度对齐普卡进行评价。
2. 分别基于利益与基于理念和价值观对齐普卡进行定位，你觉得哪一种定位更好？

案例 2　哥斯达黎加国家电力电信公司自助餐厅

哥斯达黎加国家电力电信公司(I.C.E.)的员工自助餐厅遇到了问题，高级管理层感到迫切需要采取一些措施。解决这个问题的责任落到了电子通信部经理助理安东尼奥的肩上。

问题表现在两个方面。第一，员工对过短的午餐时间感到不满，就餐时间经常超过规定的半小时，从而导致生产率下降。第二，如何改变员工的午餐习惯。大多数员工都会在自助餐厅购买丰盛的正宗拉丁式菜肴，这就需要花费很多时间，而且员工吃过午餐后会感到昏昏欲睡，明显影响了下午的工作效率。

I.C.E.及其自助餐厅的背景

I.C.E.是哥斯达黎加最大的电气公用事业公司，也是唯一一家电话公司，由哥斯达黎加政府所有并经营。I.C.E.在全国都有办事机构，总部位于首都圣何塞一个 15 层高的现代化建筑里。I.C.E.共有员工 4 486 人，其中 1 453 人在总部工作，这部分人会在员工自助餐厅用餐。

这个自助餐厅已经经营 5 年了，是由员工联合会负责管理的。员工联合会由员工选举产生的理事会负责，该理事会聘用一名专职经理全权负责自助餐厅的经营。

员工情况

在 I.C.E.总部大楼里工作的员工主要有行政人员、各类专业人员、工程师、办公室文员、秘书及接待员,他们大多在自助餐厅就餐。

菜单及饮食习惯

自助餐厅有两个自助区。一个是最受员工欢迎的主自助区,这里经常排长队,它因为提供一种叫卡萨多(Casado)的正宗拉丁菜而闻名,菜单每天也各不相同。最典型的一餐包括小牛排、香肠或肝等肉菜,搭配米饭、豆子、玉米或是更为常见的土豆等蔬菜。

主自助区提供的拉丁菜反映了哥斯达黎加人传统的饮食习惯。午餐历来是同家人一起享用的,家人边吃边谈,大约需要两三个小时,也许还要午睡。正是由于这一习俗,商店中午都会关门停业,直到下午两三点才恢复营业。这种风俗意味着员工每天要很早就开始工作,花很长的时间吃完午餐,再继续工作直到傍晚6:00或6:30。I.C.E.的经理决定打破这个传统,使一天的工作能够更加顺利地进行,避免受到午餐时间过长的干扰。I.C.E.的制度与美国的制度是很相似的。

在圣何塞,饮食习惯已经有改变的迹象。几家美国风味快餐厅打入了市场,其午餐生意相当红火,经营的品种包括汉堡包、比萨饼及其他快餐。麦当劳、哈迪和必胜客在午餐时间都是十分受欢迎的地方,尤其受到年轻人的青睐。目睹了像麦当劳等快餐厅的成功,I.C.E.员工联合会的理事会决定在自助餐厅开辟一个三明治自助区。这个自助区与提供拉丁菜的主自助区是分开的,它由一条长长的柜台组成,塑料托盘放在柜台上,上面堆满了未包装的冷三明治(夹有奶酪或火腿和奶酪),其他托盘里装着香木瓜片和西瓜等水果以及蛋糕。柜台上有台饮料机,为顾客提供咖啡、牛奶和碳酸饮料。

主自助区的尽头有两台收款机,三明治自助区的尽头有一台收款机。但没有记录记载在每个自助区就餐的人数,也没有记载三明治自助区每名员工的平均消费是多少。然而,据估计,三明治自助区的人均消费是主自助区人均消费的2/3。

工作时间及办公室制度

I.C.E.的办公时间是上午7:30到下午3:30,中间有半个小时的午餐时间。公司规定员工必须按时上班,这就意味着一些员工早晨5:30就得起床,几乎没有人能迟于6:30起床。

公司不允许员工在工作时间喝咖啡,办公大楼内也没有自动售货机。公司制定这条制度是因为很多员工把咖啡或其他饮料撒在文件上,而且公司认为这种休息时间根本就不必要,因为员工有半个小时的午餐时间。尽管公司不允许,但偶尔也会有员工从家里带来蛋糕或饼干,与同事分享。

为了使员工不在同一时间涌入餐厅,公司规定自助餐厅11点开始营业,从11点开始,员工按楼层划分,在规定时间到餐厅就餐,餐厅下午1:30准时停止营业。

调查结果

经理觉得在采取措施改变餐厅就餐状况以前,有必要在员工中先做一次调查,于是选定了一天,对所有到餐厅就餐的员工进行了问卷调查。调查结果如下(因为四舍五入的原因,表中的数据加总可能不等于100%):

对有关选定项目的意见					%
因素	意见				
	非常好	好	一般	不好	不发表意见
质量	0.63	16.46	44.78	23.42	14.71
样式	4.59	35.28	28.96	18.67	12.50
洁净	1.74	18.67	36.55	29.75	13.24
礼貌	5.38	27.37	39.24	25.16	2.85
方便	8.07	30.70	34.65	23.26	3.32
烹饪技术	8.39	35.28	33.70	18.83	3.80
数量	3.16	28.48	39.72	20.41	8.23

对提供食物类型的意见					%
食物	意见				
	非常好	好	一般	不好	不发表意见
鸡肉饭	8.86	43.04	29.59	7.59	10.92
虾饭	1.11	12.34	33.23	31.64	21.68
肉球	2.37	12.97	31.33	31.65	21.68
鲈鱼	10.28	37.18	25.63	8.86	18.04
炸牛排	4.11	22.47	34.02	18.04	21.36
酱里脊	3.64	24.68	30.85	15.82	25.06
酱舌头	5.54	26.58	26.42	17.41	24.05
酱鸡肉	3.32	23.10	29.43	16.30	27.85
炸鸡	2.37	23.89	30.70	12.97	30.06
排骨	3.32	19.15	29.43	21.99	26.11
肉酱意大利面	1.90	13.77	29.11	33.07	22.15
金枪鱼意大利面	2.37	10.92	26.42	34.18	26.11
鹰嘴豆炖牛肚	3.64	17.56	28.80	28.01	21.99
杂烩菜	1.90	14.40	24.05	38.76	20.89

对饮食和肉的种类的意见			%
问题	是	否	不发表意见
你认为营养均衡吗?	17.88	75.63	6.49
你认为每日特价菜应取消吗?	27.69	66.61	5.70
你认为卡萨多应取消吗?	26.42	68.04	5.54
你认为应提供便餐吗?	36.23	14.40	49.37

对便餐的偏好		%
食物	喜欢	不喜欢
热狗	44.46	55.54
汉堡包	30.85	69.15
鸡肉	42.41	57.54
馅饼	36.55	63.45
水果	18.99	81.01
三明治	49.53	50.47
甜点	31.80	68.20
汤	18.35	81.65
沙拉	23.10	76.90
水果沙拉	33.86	66.14
其他	10.28	89.72

注：如果提供便餐，所有被调查者均回答。

饮食习惯			%
问题	是	否	不回答
你有特别的饮食习惯吗？	14.72	76.58	8.70
你通常自带午餐吗？	10.76	81.33	7.91

午餐的平均时间	%
20～30 分钟	18.83
30～45 分钟	61.87
45～60 分钟	12.50
超过 60 分钟	0.79
未回答	6.01

有关自助餐厅座位利用情况的观察结果

公司选取了比较有代表性的几天对餐厅的座位利用情况做了一系列的观察。餐厅共有 58 张桌子，每张桌子配有 4 把椅子，因此餐厅共有 232 个座位。这些座位在这几天的利用情况如下所示。

可用座位的使用情况			
时间	可用座位数	等候的人数	理论上座位的过剩或短缺数
8月16日,星期三			
11:45	45	80	−35
12:25	16	90	−74
12:30	48	90	−42
13:05	68	40	+28
13:20	88	27	+61
8月17日,星期四			
11:15	44	16	+28
11:42	68	38	+30
11:56	39	43	−4
12:00	44	55	−11
12:10	80	53	+27
12:15	56	37	+19
12:30	56	52	+4
12:40	56	47	+9
12:55	26	46	−20
13:15	56	3	+53

1或2个人占用一张餐桌的情况			
时间	1人占用的餐桌	2人占用的餐桌	总数
8月16日,星期三			
11:42	12	22	34
11:56	6	26	32
12:00	6	38	44
12:10	3	30	33
12:15	15	18	33
12:30	6	26	32
12:55	15	20	35
13:15	6	14	20

自助区流动率

主自助区:经过两天的观察,可以发现从员工拿托盘到结账离开收银台,通过主自助区的平均时间是3分钟,变化范围在2~4分钟,从餐厅11:00开业到13:30停业,自助区的人流从未间断过。人流缓慢地前行,在12:00到12:45会形成等候的长队,有时这条长队一直延伸到大厅里的电梯前,这时人们在到达自助区前常常要等上20分钟。

三明治自助区:员工通过这个自助区的时间是半分钟到4分钟。如果员工不用三明治烤炉加热则平均时间是2.1分钟,如果使用收银台旁的三明治烤炉加热,则所需时间就将延长到3~8分钟,平均时间是4分半,因为往往会有8~10个人等着用烤炉加热三明治。

问题讨论

第3章

1. 市场营销观念或战略对于解决 I.C.E. 的自助餐厅问题会有帮助吗?
2. 一个单独的组织(如 I.C.E.),要想改变一种根深蒂固的文化习惯(如午餐习惯),能取得什么样的效果?
3. 你建议采取什么措施来增加光顾三明治和水果自助区的员工?

案例3　爱彼迎:真正的热情好客

与很多服务行业一样,酒店业的公司通过大量的标准化工作来确保顾客的体验。人们在预订主流的连锁酒店时,获得的服务一般都是有保证的。他们的客房面积通常是4×7.5平方米,有着窄窄的门厅,以及卫生间和壁橱。卫生间通常配备沐浴露、洗发水及其他洗漱用品。房间里会有一张或两张床,床两边配有床头柜,每个床头柜上方有一盏阅读灯。客房的角落里放置了一把软垫座椅和一个箱式凳,再加上一张桌子。床尾的地方还会放上一个橱柜,上边摆着一台平板电视机。有些客房还会配备迷你冰箱和微波炉。

这类客房的设计和装饰都相当现代,但是缺乏人情味,非常平庸。酒店里的其他细节同样乏善可陈。虽然豪华酒店不同分店之间会在这些方面有所变化,但是营造出来的氛围是一样的。很多旅客很看重这种标准化的体验,因为这能够确保他们的体验是在一个虽然狭隘但是可预期的边界之内。这样一来就减少了潜在的消极体验,从而在大多数情况下能够为大部分旅客带来满意的住宿体验。

但是现在有一家住宿提供商把目标对准了那些拥有不同需求和预期的旅客。爱彼迎正在颠覆住宿业的服务,它带给旅客的体验与主流的连锁酒店所提供的体验完全不同。作为新兴的共享经济的典型代表,在线平台企业爱彼迎将想把自己的住宅空间租出去的人与找寻住宿空间的人连接起来。作为一家真正的在线交易平台,爱彼迎并不拥有住宿设施,而只是将买方与卖方聚在一起,撮合二者达成交易。但是爱彼迎带来了一种全新的、与现有住宿行业通行做法不一样的顾客价值。住宿行业的这个新玩家为顾客提供了一种真实的住宿体验,顾客可以真实感受所造访的地方的生活是什么样子的。

酒店行业花了数十年的时间来不断提升标准化,而爱彼迎在8年的时间里就搭建了一个全球化的网络,可以提供200万间客房供顾客选择,服务的顾客超过6 000万,遍布全球191个国家的34 000座城市。爱彼迎的市值超过250亿美元。这些数据让人印象深刻,但更重要的是,爱彼迎在这么短的时间里所取得的成就已经超过了有100年历史的希尔顿国际酒店,后者拥有5 700客房,市值270亿美元。

爱彼迎是如何取得这一令人惊叹的奇迹的呢?按照它的两位创始人布莱恩·切斯基(Brian Chesky)和乔·基比亚(Joe Gebbia)的观点,爱彼迎认识到旅游行业为顾客提供的是千篇一律的选项,是消过毒的酒店和度假区里粗制滥造的客房,整个行业正在远离顾客。这种标准化的模式给整个酒店业带来的似乎是一种大家并不想要的目标,那就是确保不会发生任何真正有意思的事情。切斯基和基比亚认识到这一点后立即制定了把真实性带回酒店业的战略。

两百万间房间——没有两间一模一样

最开始的创业灵感很简单,为了挣点外快支付他们位于旧金山的小阁楼公寓的租金,两位创始人想到了一个很粗糙的点子。当时有一个大型会议在旧金山召开,全市所有的酒店都爆满。他们在自己阁楼的地板上放了三个床垫,以40美元一晚的价格出租,并获得了成功。在这个过程中,他们发现,预订他们这间阁楼的顾客得到的不只是一个可以住宿的空间,他们得到的是一个独一无二的与人交往的机会。从那一刻起,切斯基和基比亚迅速展开行动,把这一概念付诸商业实践。

通过爱彼迎上传自己想要出租的房间信息或预订一个房间非常简单。对于房东(这是爱彼迎对想出租空间的房屋所有者的官方称呼)来说,他们只需要在网站注册并通过网站的合法性审核就可以了。房东可以出租的空间多种多样,可以是长沙发、一个单独的房间、一个套房、停靠在码头的游艇上的一个房间、水上住宅或是一个完整的家,甚至是一座城堡(爱彼迎称其网站上有1 400多座城堡可供选择)。一些房东甚至会把院子租出去,让租客在院子里搭帐篷。爱彼迎提供的选择多达200万种,每一个都像它们的所有者一样是独一无二的。由于这些空间都是位于私人家庭和公寓内,因此它们通常坐落在居民区而不是全球性或全国性酒店品牌云集的商业中心。租客可以按天,也可以按周或月预订,房东决定价格及提供哪些服务项目。爱彼迎收取3%的预订费,并在24小时内将租金转给房东。

对于租客来说,这一过程就像在线购买或预订其他东西一样。租客需要登记,然后搜索城市、房间类型、价格区间、各类便利设施、房东的语言或其他信息,也可以按照自己输入的关键词进行搜索。大多数房间都附有照片和细节描述,让潜在的租客对将要入住的地方是什么样的有一个合理的评估。在预订之前如果有疑问,租客还可以联系房东。除了房屋租赁费用之外,租客通常还要交纳一笔保证金,并向爱彼迎支付6%~12%的服务费。预订需要通过爱彼迎的网站进行,这样资金交易就只能通过爱彼迎这个可靠的平台来流转。租客到达选定的房间时,房东将欢迎他们并安排入住。

切斯基和基比亚刚创建爱彼迎时可谓困难重重。包括投资人在内的很多人都对他们的经营模式表示怀疑。事实上,在爱彼迎成立的第一年,两位创始人找到的每一个风险投资人都拒绝了他们。"我们创建这家公司时,人们都认为我们疯了。"切斯基说,"他们说没人想跟陌生人一起住,因为可能会遇到可怕的事情。"他们在获得租客信任方面也遇到了很大的困难,很少有人愿意与从来没有接触过的人住在一起,大家不想冒这个险。

但是爱彼迎采用各种方法打消了人们的顾虑。首先,它建立了一套标准化的面向房东和租客的打分系统,双方都可以给对方打分,而且可以看到之前的评价。"超级房东"的身份意味着丰富的预订经验和高质量的服务。"商务旅行好帮手"勋章表明房东提供一些特殊的设施,如 Wi-Fi、桌子和基本的盥洗用品。爱彼迎还通过认证过程、安全和满意预订小贴士、24 小时信任和安全热线来让租客和房东放心。对房东还提供了特别保护,如为他们提供房屋损坏保险,最高可赔 100 万美元。爱彼迎承认,虽然这些措施并不能保证永远不会有不好的事情发生,但出问题的概率并不比连锁酒店高。

像当地人一样看世界

一开始,爱彼迎主要服务的是预算有限的租客,因此房租比同类型的酒店价格低一些。但后来,爱彼迎发现顾客群体在发生改变,休闲游客和商务游客也加入进来,这些人看重的并不只是低价。这种现象并不是偶然事件。爱彼迎通过品牌塑造、沟通及其他方面的经营活动,把自己精心定位为独一无二的真实住宿体验的提供者。通过这样做,爱彼迎消除了入住陌生人的家庭可能面临的不确定性,并将之转变为优势。酒店可以与爱彼迎展开价格和便捷性方面的竞争,但是它们没办法媲美爱彼迎的租客与房东关系。"租客们需要的是与当地人、当地文化接触的体验,"切斯基说,"这种热情好客是无法靠自动化实现的。"

热情好客正是爱彼迎开业第二年司庆典礼的主题。在爱彼迎最大的市场巴黎举行的典礼是一个激动人心的大事件,共有来自 110 个国家的 5 000 名房东参加了这一盛典。在主题演讲中,切斯基说,整个接待业对待租客的方式让他们觉得自己就像旅游者一样,但是在爱彼迎,租客们会觉得自己是社区和城市的一部分。

在演讲中,切斯基以他的父母在庆典开始前几天到巴黎的体验为例,对爱彼迎的经营理念做了总结。两位老人到巴黎的第一天,按照旅游指南游览的照片被投在会场的大屏幕上。这几张照片分别是他们乘坐双层旅游巴士、乘坐游船及在卢浮宫前面排队的照片。切斯基在讲述这几张照片时,以一种怀疑的语调提出:"每年有 3 000 万游客到巴黎。他们好像什么都看了,又好像什么都没有看到。我们不需要去历史遗迹和城市地标去体验一个地方的文化。我们可以通过与当地人一起生活而真正地体验一个地方的文化。"接下来,切斯基把两位老人在巴黎第二天的照片投到了大屏幕上。他们按照爱彼迎的几位顶级房东的指引,从当地人的视角去体验这座城市。他们在一家当地人爱去的路边咖啡店里喝咖啡、在花园里散步,然后在一家温暖舒适的巴黎舞厅里喝酒跳舞。"也许我们不应该去巴黎旅行,"切斯基说,"我们应该在巴黎生活。"

履行承诺

这一受到爱彼迎的所有员工支持的理想是其最近开展的雄心勃勃的品牌再塑造活动的推动力量。爱彼迎放弃了它原来很简单直接的文字徽标,改为被其称为"贝罗"的"关于归属的一个世界通用符号"。新的徽标传达的是一种超越语言、文化和地域的归属感。与这一新徽标一起提出的是"四海为家"这一新的口号。

为了确保爱彼迎每一个租客的体验都是真实的、独一无二的,爱彼迎对房东所在的社区投入了极大的关注。事实上,爱彼迎认为这些房东是自己的主要客户。由此带来的结果是,爱彼迎能够培育出一个跨越全球的住宿空间提供者社区,这些人真心相信爱彼迎的企业愿景。由于爱彼迎把房东看作业务的积极参与者,因此这些人对爱彼迎有一种主人翁的感觉,非常投入。通过这种方式,爱彼迎能够对房东施加影响,使他们愿意遵循一定的规范,从而创造最佳租客体验。这并不是说要创造一种标准化的模式。但是通过建议房东为租客提供机场接送服务和陪同游览服务,爱彼迎强化了与租客之间的联系。"对于租客来说,你的世界之所以与众不同,不仅是因为你的家庭,"切斯基告诉参加庆典的观众说,"而是你的整个生活。"

资料来源:Max Chafkin,"Airbnb Opens Up the World?"*Fast Company*,February 2016,pp. 76-95;Marshall Alstyne,Geoffrey Parker,and Sangeet Choudary,"Pipelines,Platforms,and the New Rules of Strategy," *Harvard Business Review*,April 2016,pp. 54-62;Dan Peltier,"Airbnb's CMO on Authentic Travel Experiences," *Skift*,July 14,2015,https://skift.com/2015/07/14/skift-global-forum-2015-airbnbs-cmo-on-the-meaning-of-authentic-travel-experiences/;and additional information from www.investopedia.com/articles/personal finance/032814/pros-and-cons-using-airbnb.asp?performancelayout=true and www.airbnb.com/about/about-us(accessed July 2016);https://www.hilton.com/en/corporate/（accessed May 28,2019).

问题讨论

第2章
1. 从服务的四个特征的角度对爱彼迎进行分析。爱彼迎是如何处理每一个特征的?
2. 用服务利润链概念对爱彼迎进行分析。
3. 爱彼迎是如何将自己的服务提供、服务传递和形象与其他企业区分开来的?
4. 对爱彼迎来说,竞争的风险有多高?

第5章
假定你是一家大型连锁酒店的营销总监,你会如何对爱彼迎所带来的业务冲击进行调研?

案例4　福乐鸡:美国快餐市场的霸主

　　福乐鸡是美国快餐市场的霸主。尽管在这一市场,麦当劳、赛百味、汉堡王、塔可贝尔轮流占据行业头部的位置,但福乐鸡悄悄地从一家美国东南部地区的快餐店变成了全美最大的炸鸡连锁店,以及全美第八大快餐食品提供商。福乐鸡每家门店的产品销量远远高于任何一家竞争对手的门店,是塔可贝尔和温迪的2倍,是肯德基的3倍。要知道它可是在周日不开门营业的情况下做到这一点的。年收入超过60亿美元、年平均增长率达12.7%,这家崛起于亚特兰大的炸鸡企业的脚步没有丝毫放缓的迹象。

　　福乐鸡是如何做到这一点的?答案是关注顾客。从20世纪60年代末第一家福乐鸡餐厅开张之日起,餐厅的创始人就一直坚守这样一种哲学:商业可持续发展的最佳方式就是为顾客提供最佳的体验。

使用压力炸锅

　　福乐鸡的创始人楚埃·凯西(S. Truett Cathy)对餐饮行业并不陌生。20世纪40—

60年代，凯西一直在乔治亚州经营餐厅，并找到了一种可以更好（而且更快）地烹饪鸡肉的方法。他发现用压力炸锅烹制鸡胸肉的时间与烹制快餐汉堡的时间是一样的。因此，他开发了鸡肉三明治，为顾客提供汉堡之外的另一种选择。他注册了福乐鸡公司，并在1967年开了第一家福乐鸡餐厅。

之后福乐鸡公司立即开始扩张，但是比市场领导者的速度慢一些。时至今日，福乐鸡每年也只新开100家门店。虽然它在全美拥有超过2 000家门店，但是与肯德基的4 100家、麦当劳的13 000家及赛百味的27 000家相比，这一数字仍然显得过低。福乐鸡之所以控制扩张的速度，最直接的原因是它的"顾客第一"哲学。作为一家家族企业，福乐鸡未偏离其核心价值观"聚焦更好的服务，而非更大的体量"。这种慢速扩张的策略有利于增强公司提供"更好的服务"的能力。

为了让自己的业务更加完美，福乐鸡始终坚持只提供有限的品类供消费者选择。起家的招牌炸鸡堡依然是招牌菜，"无骨鸡胸肉，经过完美调味，手工裹面包屑，用100%精制花生油加压烹制，配上烤过的黄油面包和莳萝泡菜片"。事实上，福乐鸡的招牌口号："鸡肉不是我们的发明，鸡肉三明治才是"已经陪伴公司数十年之久。虽然它在增加新品时极其谨慎和讲究策略，但招牌炸鸡堡依然是支撑公司形象和收入的最主要来源。这种聚焦使福乐鸡能够年复一年地供应顾客想要的东西，而不是每个月都想去尝试开发一款新品。

把事情做好

福乐鸡使命中另一个核心是"对所有进店的人施加积极影响"。虽然这看似一项艰巨的任务，但是这种情感渗透于公司业务的方方面面。不久前，福乐鸡的现任CEO丹·凯西被妻子贴在冰箱上的一张纸条深深触动了。前不久她去当地的一家福乐鸡门店就餐时，服务员不仅上错了食物，还多收了钱。她在小票上圈出了数字，并写了一句话："希望我回来时你已经把这改正过来了。"她将小票贴在冰箱上，让丈夫能够看到。这张纸条让丹·凯西在顾客服务上加倍努力。他发起了一项计划，通过该计划，福乐鸡的每一位员工都接受了再培训，以便他们在为顾客提供服务时能够付出更大的努力。这种付出更大的努力不仅意味着要满足基本的服务标准，如整洁和有礼貌，而且意味着不能简单地把顾客点的食物送到其桌子上就完事，而是要提供超出其预期的服务，如新鲜切花或是用于沙拉调味的胡椒粉。

一位顾客最近的经历说明了福乐鸡的顾客所期望的服务水平及使此类服务成为可能的创新精神："我和我的女儿在回家的途中把车停在福乐鸡。停车场上停满了车，免下车购买的窗口前排着长队……但是我们爱吃鸡肉三明治、华夫饼和薯条，因此觉得等待是值得的。走在人行道上时，我们看到有两名工作人员正在向免下车购买窗口前排队的每辆车打招呼，并在小平板电脑上下单。一位经理正在餐厅的外边四处走动，向顾客致以微笑，在他们离开时挥手告别。"

"当我们进入餐厅时，里边挤满了人。收银员立刻向我们问好。接待我们的收银员叫赛斯。他笑容灿烂，举止得体，说话清晰，像十几岁的孩子一样充满活力。他给了我们一个号码，说他会马上给我们准备好饮料。当其他客人离开时，我们找到了一张桌子就座。

还没有安顿好,我们的饮料就已经摆在桌上了。当赛斯离开后,另一个非常友好的人又给我们送来了我们点的食物。我和我15岁的女儿都忍不住感叹效率太高了。我们非常震惊,开始关注在我们之后涌进福乐鸡的人群。"

"柜台后面的每个人都齐心协力,举止得体,面带微笑。团队配合得非常好。然后罗恩,一位头发花白的和善男士挨桌询问顾客的情况,添加他们需要的东西,并为购买了冰激凌蛋筒的孩子们兑换涂画绘本。他询问了我们两次,给我们加了一次饮料。"

最近,该公司推出了"代为家长泊车服务",邀请带小孩的家长通过免下车购买窗口下单,停好车,然后进入门店就餐。当一家人进入餐厅时,他们的食物已经在餐桌上放置好了,高脚椅也摆放到位。但是除了告诉员工标准服务政策中所要求的服务策略外,福乐鸡还会培训员工去发现一些特殊的服务方式,如从垃圾箱中找回假牙,或把顾客落下的手机和钱包交还给他们。

让顾客做点事情

除了高水平的店内服务,福乐鸡还关注其他能够提升顾客体验的品牌建设要素。当福乐鸡用奶牛作为广告牌上的主角,并提出了那句到今天都很有名的宣传口号:"多吃鸡肉"时,它的品牌形象得到了极大的提升。在过去的20年里,这些深受消费者喜爱的奶牛及她们保护自我的信息,一直贯穿福乐鸡所有的宣传材料。这些奶牛们也是福乐鸡增强客户体验策略中很重要的一个要素,通过让顾客做一些事情来增加对他们的吸引力。

福乐鸡网站上展示的以牛为主题的产品,如杯子、T恤、毛绒玩具、冰箱磁吸、笔记本电脑包等数十种产品,也是"让顾客做点事情"。但是福乐鸡的营销人员并不满足于让顾客参与这些促销品的各种活动。每年7月都会有一天被设定为"奶牛感恩日",当天进店的客人只要打扮成奶牛的样子就可以获得免费餐点。去年是这项年度盛会的第十个年头,大约有100万名打扮成奶牛装束的顾客获得了这项福利。

福乐鸡的忠实粉丝喜欢的另一个传统是在新餐厅开业前露营。福乐鸡通过"幸运前100"的促销活动来激发消费者参与这项活动的热情。这是一项官方认可的活动,在该活动中,福乐鸡为每家新餐厅的前100名顾客提供一年的福乐鸡免费餐券。丹·凯西本人与顾客一起露营、为他们在T恤上签名、和他们一起摆姿势拍照并亲自向获胜者赠送餐券。一些以顾客为中心的免费赠送定期进行,而另一些则随机安排。以最近的"家庭挑战"为例,任何在进店用餐期间将智能手机交给"手机小屋"的顾客都可以获得免费蛋卷冰激凌。

为了使顾客不在店内时也能保持参与度,福乐鸡化身为社交和数字媒体方面的专家。其最新的应用程序福乐鸡One在发布后仅几个小时就跃居iTunes商店下载排名的第一位。9天后,已有超过100万人下载了这款应用程序。借助这款程序,人们可以在线下单、提出个性化要求、提前付款,而且无须在收银台前排队。在社交媒体追踪研究机构Engagement Labs最近的一项调查中,福乐鸡在所有主要社交媒体平台(包括脸书、推特和Ins)上排名第一,并成为最受欢迎的美国品牌。

每一年各种赞誉纷至沓来,很明显福乐鸡以顾客为中心的文化并不只是说说而已。在最近的快餐连锁行业消费者调查报告中,福乐鸡超越众多竞争对手,在客户服务方面排名第一。在最新的《年度客户服务名人堂》调查中,福乐鸡在15个行业的151家最知名公司中排名第二,仅次于亚马逊。高达47%的顾客对公司的服务评价是"优秀",而且福乐鸡是唯一一家连续两年上榜的快餐连锁企业。

在经历了数十年的惊人增长和成功之后,福乐鸡解雇了其长期以来的媒介采买商理查兹集团(Richards Group)。此外,被视为品牌象征的深受消费者喜爱的奶牛形象也将淡化,更多地作为宣传材料的背景。"这些奶牛是公司品牌不可或缺的一部分,如果你乐意,也可以把它看作是我们的吉祥物。"福乐鸡的首席营销官乔恩·布里奇斯(Jon Bridges)说,"但奶牛不是品牌,品牌比它的涵盖范围大。"到目前为止,布里奇斯只是保证奶牛的形象不会消失。但是一个新的"奶牛plus"的形象正在筹划中,以使品牌的宣传信息超越奶牛的形象,讲述食物、人和服务的故事,正是这些让福乐鸡品牌如此与众不同。这是一个非常冒险的举动。由于福乐鸡的增长速度比其他任何一家主要快餐连锁企业都要快,这就引出了一个问题:品牌符号的这种剧烈变化在未来几年会帮助其延续目前的增长,还是会造成顾客流失。

在宣布这一消息之前,据估计福乐鸡的收入将会在未来10年内增加60亿~90亿美元。估计在同一时期,麦当劳在美国的销售额最多可能会增加100亿美元,但也可能只有10亿美元。显然,所有这些增长都不是偶然的。正如一位食品行业分析师所说,"这背后是如何努力保持高水平的服务、高质量的产品,不出现大的偏差,并让顾客知道会发生什么。"只要福乐鸡继续将顾客放在第一位,我们就可以期待周围有越来越多的门店销售美味的鸡肉三明治。

资料来源:Jessica Wohl,"Chick-fil-A Drops The Richards Group After 22 Years," *Advertising Age*,July 21,2016,www.adage.com/print/305057; Micah Solomon,"Chick-fil-A Becomes a Customer Experience Thought Leader by Asking Families to Ditch Cell Phones," *Forbes*,March 3,2016,www.forbes.com/sites/micahsolomon/2016/03/03/chik-fil-a-rewards-families-for-ditching-cellphones-the-genius-customer-experience-move-of-2016/#4e1830e65858; Micah Solomon,"The Chick-fil-A Way of Customer Service and Employee Engagement," *Forbes*,June 14,2016,www.forbes.com/sites/micahsolomon/2016/06/14/the-chick-fil-away-of-customer-service-and-employee-engagement/#8587848660eb; Hayley Peterson,"HowChick-fil-A's Restaurants Sell Three Times as Much as KFC," *Time*,August 5,2015,www.businessinsider.com/how-chick-fil-a-is-dominating-fast-food-2015-8; Michael B. Sauter,"2015's Customer Service Hall of Fame," *USA Today*,August 2,2015,www.usatoday.com/story/money/business/2015/07/24/24-7-wall-st-customer-service-hall-fame/30,599,943/;"Chickfil-A One Surges to No. 1 Slot in iTunes App Store," *QSR*,June 10,2016,www.qsrmagazine.com/news/chick-fil-one-surges-no-1-slot-itunes-app-store;"Chick-fil-A Beats Amazon,Netflix in Social Media," *QSR*,January 12,2016,www.qsrmagazine.com/news/chick-fil-beatsamazon-netflix-social-media;and www.chick-fil-a.com/Company/Highlights-Fact-Sheets and www.chick-fil-a.com/Story(accessed June 2016)。

问题讨论

第1章

1. 举例说明福乐鸡的顾客需要、欲求和需求,并对这三个概念进行区分。

2. 描述福乐鸡为顾客提供的价值。福乐鸡是如何让顾客参与进来的？

3. 对福乐鸡在顾客期望方面的表现进行评价。

第 2 章

1. 福乐鸡是如何利用不可分割性这一概念为顾客提供卓越服务的？

2. 福乐鸡的忠实粉丝喜欢的另一个传统是在新餐厅开业前露营。福乐鸡通过"幸运前100"的促销活动来激发消费者参与这项活动的热情。在新店开业的前夜，停车场聚集数百名甚至更多的顾客是如何提供有形的服务展示的？

案例5 狩猎餐厅：更换概念还是仅改变装修风格

滚石山乡村俱乐部位于美国东部的一个大城市。俱乐部的总经理吉米·约翰逊（Jimmy Johnson）刚开完管理层委员会的每周例会。会议的第一个议题是俱乐部的狩猎餐厅（Hunt Room）。

俱乐部的餐饮经理汉斯·克鲁格（Hans Krueger）指出在过去的5年中狩猎餐厅的销售额一直呈下降趋势。他认为这家餐厅的总体概念非常好。餐厅也做了一些小改进（更换了餐厅的椅子和地毯），但是自1997年以来就一直没有进行过大的翻新。他觉得是时候来一次大的翻新了。他指出餐厅的食物、服务和定价都是一流的，只是氛围有点让顾客厌倦罢了。他说从顾客反馈的意见来看，他们对餐厅也是赞赏有加。克鲁格向委员会提交了一项耗资75万美元的翻新计划。这个翻新计划是对餐厅原有概念的进一步提升。

宴会部的经理爱丽丝·惠特克（Alice Whitaker）却认为狩猎餐厅的概念已经不再适用了。她指出餐厅的利润率已经出现下滑。虽然去狩猎餐厅用餐的人仍一如既往地喜欢它，但是俱乐部的会员中只有一小部分人在该餐厅就餐。约翰逊担心的是一旦餐厅的变化太大，他可能会失去原有的顾客，而新概念吸引来的顾客又不足以填补原有顾客流失所形成的空白。他倾向于支持克鲁格的观点，认为对餐厅原有概念做些小的修改是一个稳妥的方案。

这间俱乐部共有三个餐厅：威尼斯餐厅、狩猎餐厅和翠园轩。威尼斯餐厅是俱乐部最主要的餐厅，格局开放，光线充足，可以俯瞰整个高尔夫球场。威尼斯餐厅的菜单综合了欧洲、美洲和亚洲烹饪的特长。在威尼斯餐厅，午餐的平均价格为28美元，晚餐的平均价格为75美元。狩猎餐厅是一个休闲餐厅，餐厅里大量使用木质壁板，摆放着红色的皮革座椅，最有特色的是餐厅的墙上绘着打猎的场景。狩猎餐厅的菜单以牛肉、鹌鹑和几道海鲜菜为特色。晚餐的平均价格为60美元。因为午餐的销量不断下降，狩猎餐厅从2007年开始停止供应午餐。翠园轩是一个午餐和晚餐菜单都一样的非正式餐厅。餐厅的菜单与那些以家庭顾客为导向的餐厅的菜单几乎毫无二致。翠园轩位于一楼，有一个非常受爱游泳的会员欢迎的很有特色的平台，要知道他们要的可不只是一个能够提供小吃的地方。翠园轩的平均价位是早餐12美元、午餐17美元、晚餐25美元。晚餐的销售额除了夏季好一些，其他时候都很低。实际上，约翰逊正在考虑关闭翠园轩的晚餐业务。

在谈到狩猎餐厅时，惠特克指出俱乐部的会员们已经不再喜欢餐厅的菜谱里有太多的牛肉。她也观察到了一股消费的新潮流；会员们在寻求新的就餐体验。他们希望菜谱能给他们带来刺激,而且喜欢那种轻松随意的就餐氛围。此外,她指出狩猎餐厅的价格在逐步上升,已经不再被视为休闲餐厅。那些想吃顿便饭的顾客通常会去翠园轩或是当地的餐厅。惠特克觉得当地的餐厅让顾客觉得钱花得更值。

克鲁格回敬说狩猎餐厅与开张时相比,给顾客提供了更好的价值。他指出自2009年以来,牛肉的价格上涨了100%,但是他想方设法地部分消除了食材价格上涨的影响,餐厅的菜价仅上涨了65%。他进一步指出他并非在和镇上的餐厅竞争——俱乐部有着很高的声望,而且会员们来此就餐是因为这是他们自己的俱乐部。克鲁格宣称与镇上那些一流的餐厅相比,俱乐部能给顾客提供更高的价值。

约翰逊并不希望讨论升级成争论。因此,他认为在得到进一步的信息之前应该先搁置对于狩猎餐厅的讨论。随后的会议他也开得非常小心。约翰逊已经在这间俱乐部工作两年了,在这两年中,他维持了俱乐部的现状而没有做任何重大的改变。俱乐部预备会员的人数依旧呈下降的趋势。2005年,人们需要等4年才能成为俱乐部的会员,而现在只需要等待18个月就可以了。在过去的3年间,尽管菜单上的食物和饮料的价格平均每年上涨4%左右,但是二者的销售额却不见起色。约翰逊觉得自己已经"稳住了俱乐部的阵脚",但是他却始终无法提高俱乐部的销售额。他觉得转机就在眼前,但是他也知道董事会的一些董事对他快失去耐心了。他知道狩猎餐厅如果采用新概念,任何一点小错误都会使他丢掉工作,而且他也知道董事会里很多上了年纪的董事特别喜欢狩猎餐厅。

俱乐部面临的另一个问题是会员的老龄化。很多年轻的会员是老会员的子女。俱乐部似乎不打算吸引年龄不足40岁的会员。这让约翰逊很难做出改变,因为那些上了年纪的会员们不喜欢改变,而陪着父母亲一起来的年轻会员已经习惯了这里的一切。虽然这些年轻会员不在俱乐部就餐,但他们似乎很喜欢俱乐部现在的运行方式。这些年轻会员中的大多数都会来球场打球,让自己的孩子去游泳池游泳。在大多数情况下,他们的消费仅限于从球场和游泳池这两处的小吃店中购买的食品和饮料。

约翰逊仔细考虑自己所面临的选择:什么也不做还是采取措施防止销售额进一步下滑。他知道阻止销售额的下滑已经很不容易,但董事会想要的应该是销售额的增加。如果他在狩猎餐厅的问题上犯下任何错误,他将会很快丢掉工作。如果什么也不做,他可能会在这个位置上再呆几年,但是如果最终仍不能使销售额上升,他仍将丢掉工作。

问题讨论

第9章

1. 如果你是俱乐部的总经理,你会采取哪些步骤为狩猎餐厅确定新概念?
2. 你会寻求哪些信息?你将从何处获取这些信息?
3. 是什么使餐厅的概念逐渐失去吸引力?一家餐厅应该多长时间重新确定一次概念?
4. 俱乐部的餐厅应该同当地的餐厅竞争吗?
5. 运用头脑风暴法提出几个适合狩猎餐厅的概念,其中包括对装修风格和菜单的想法。

案例 6　In-N-Out 汉堡：顾客看重的是传统方式

1948 年，哈里·斯奈德(Harry Snyder)和妻子埃斯特·斯奈德(Esther Snyder)在加利福尼亚州鲍德温公园市开了第一家 In-N-Out 汉堡餐厅。这家店非常简陋，只有两条免下车购买车道，厨房就位于两条车道之间，还有一个可以步行购买的窗口，以及户外座位。菜单包括汉堡、奶昔、软饮料和薯条。这种菜单在那个时代很常见。事实上，同年，各方面与这家店都几乎一样的另一家汉堡企业在距离此地仅 45 分钟车程的地方开业了，它的名字叫麦当劳。今天，麦当劳在全球拥有超过 34 000 家门店，年收入超过 880 亿美元。In-N-Out 汉堡在 5 个州只有 281 家门店，估计年营业额为 6.25 亿美元。从结果来看，麦当劳似乎已经成为当之无愧的胜利者。

但 In-N-Out 汉堡从未想过成为另一个麦当劳。虽然规模比较小(或许正因为如此)，In-N-Out 汉堡的顾客很喜欢这家区域连锁店的现状。在顾客满意度方面，In-N-Out 汉堡完胜麦当劳。在其所在的市场区域所有快餐厅的顾客满意度评价中，它的得分总是排名第一。与麦当劳的顾客相比，In-N-Out 汉堡的顾客真的很喜欢它。几乎任何去过 In-N-Out 汉堡餐厅的人都认为这是他们吃过的最好的汉堡。因此，毫不奇怪，In-N-Out 汉堡每家店的平均销售额都超过麦当劳，是行业平均水平的两倍。

打破所有规则

用一本关于 In-N-Out 汉堡的权威书籍的作者史黛西·珀曼(Stacy Perman)的话说，该公司之所以能够取得如此巨大的成功，是因为它"打破了所有规则"。珀曼所说的规则，指的是快餐业甚至整个零售业的标准商业惯例。In-N-Out 汉堡餐厅一直坚持以顾客福祉为核心，但它是通过一种不可思议的方式来做到这一点的：不改变。公司最初的理念一直传承到今天，并且很好地说明了公司打破规则的底气："为顾客提供餐厅所能买到的最新鲜、最优质的食品，并在非常清洁的环境中为他们提供友好的服务。"麦当劳等汉堡巨头可能会提出异议说自己对顾客也有相同的关注点，但让我们仔细看看在 In-N-Out 汉堡以顾客福祉为核心意味着什么。

首先，在 In-N-Out 汉堡，优质食品意味着新鲜食品。汉堡由 100% 纯牛肉制成，不含添加剂、填料或防腐剂。In-N-Out 汉堡拥有并经营牛肉饼制作部门，确保每个汉堡都是新鲜的，而且从未冷冻过。每家餐厅的蔬菜都是手工切片和切丁的。薯条必须选用完整土豆。奶昔是由真正的冰激凌制成的。在一个越来越迷恋各类加工技术，如低温冷冻食品和在异地仓库中准备各种原料的行业，In-N-Out 汉堡显得格格不入。事实上，你在 In-N-Out 汉堡餐厅甚至找不到冰箱、加热灯或微波炉。从一开始，公司的口号就是"尝得出的品质"。而顾客也深信他们可以做到这一点。

In-N-Out 汉堡从未改变过保持新鲜的流程，但不同于常规做法的是，它也从不改变自己的菜单。与麦当劳或温迪不断推出新菜单不同，In-N-Out 汉堡坚守哈里·斯奈德最初的口头禅："保持简单。只做一件事，尽你所能做到最好。"创始人的这项指令关注的是连锁店一直做得很好的事情：制作美味的汉堡包、薯条和奶昔，一直如此。当其他企业关心如何扩展菜单,不断搜寻下一个热门食物以增加客流时,In-N-Out汉堡一直坚持这几种基本的食物。事实上,在60年的时间里,该公司仅在菜单中增加了七喜汉堡和辣椒博士汉堡两款新品。

尽管菜单提供的选择好像很有限,但顾客并不这么认为。能够体现In-N-Out汉堡重视承诺的一点是,其员工乐于按照完全定制的方式制作各种品类。在连锁店运营的最早几年,修改菜单就已经成为In-N-Out汉堡的一种常规操作,以至于出现了"秘密"菜单。虽然不会显示在常规菜单上,但顾客报出密语暗号就可以获得相应的服务。因此,知道内情的顾客可以购买"动物风格"汉堡(泡菜、额外涂抹酱、烤洋葱和芥末炸肉饼)。虽然菜单上有"2×2"(双肉、双奶酪)汉堡,但顾客也可以订购3×3或4×4汉堡。还可以订购动物风格炸薯条(两片奶酪、烤洋葱和涂抹酱)及精制风格或清淡风格薯条。那不勒斯奶昔是由巧克力、香草和草莓奶昔混合而成的。这份清单上的食物不胜枚举。知晓秘密菜单上的内容也会让顾客感到这家店与众不同。

让顾客感到开心的不仅是In-N-Out汉堡的食物。这家连锁店还拥有训练有素的员工,他们为顾客提供超出预期的友好服务。In-N-Out汉堡选聘、留用那些外向、热情和有能力的员工,并善待他们。它为新加入的兼职人员提供超出竞争对手的报酬,并定期给他们加薪。兼职人员还可以享受带薪假期。餐厅经理每年可获得超过10万美元的薪酬外加奖金,还有可与任何企业相媲美的全套福利。完成考核目标的经理可以与配偶一起享受欧洲豪华游,全程都乘坐头等舱。在举行庆祝活动时,餐厅经理们会身穿燕尾服。高管团队认为,这些掌管着In-N-Out汉堡餐厅运营的经理可以与任何蓝筹公司的经理平起平坐,并希望他们也有这种感觉。餐厅经理大多是从内部提拔的。事实上,In-N-Out汉堡有80%的经理都是从最底层成长起来的。因此,In-N-Out汉堡是这个高离职率的行业中离职率最低的公司之一。

快乐、积极的员工有助于创造忠诚、满意的顾客。事实上,像忠诚和满意这样的词并不能很好地反映顾客对In-N-Out汉堡餐厅的感受。这家连锁餐厅拥有无与伦比的狂热追随者。当In-N-Out汉堡的新店开张时,汽车排成的长队通常绵延近2 000米,人们要排队几个小时才能买到汉堡、薯条和奶昔。老顾客都知道,要想排在队伍的前列只能提前一天扎营夜宿。当In-N-Out汉堡在得克萨斯州首次亮相时,丹妮尔·德恩欧申特(Danielle Deinnocentes)呜咽着说:"捏我一下,不敢相信这是真的。"她不敢相信自己正置身这家汉堡餐厅中。

缓慢扩张,培育粉丝

一些观察家指出,In-N-Out汉堡之所以拥有一群铁杆顾客,其原因并不仅是食物和服务。因为In-N-Out汉堡采用的是缓慢扩张的战略,这就意味着并不是在每一个角落都能看到In-N-Out汉堡红白相间风格的店铺,以及店门口那两棵交织在一起的棕榈树。截至1976年,In-N-Out汉堡仅在南加州开了18家门店,而麦当劳和汉堡王已经在全球开设了数千家门店。从开张之日起,过了40年In-N-Out汉堡才走出加州,在拉斯维加斯开了一家门店。即便In-N-Out汉堡已经扩张到亚利桑那州、犹他州和得克萨斯州,它仍然近乎顽固地坚持每年开设门店不超过10家的政策。

在美国的大部分州都没有 In-N-Out 汉堡餐厅，这导致从东海岸到西海岸都有大片"渴求"In-N-Out 汉堡的地区。粉丝们不断在脸书上发帖呼吁 In-N-Out 汉堡能将门店开到自己所在的州。但 In-N-Out 汉堡的开店政策是由它对质量的承诺驱动的。只有在训练有素的管理人员和公司自己拥有的配送中心到位后，它才会开设新店。

In-N-Out 汉堡的稀缺只会增加它的吸引力。顾客经常需要开很久的车才能吃到美味的汉堡。必须开车走很远的路让人觉得去吃 In-N-Out 汉堡是件大事。外地游客经常将去 In-N-Out 汉堡餐厅就餐列入旅游清单。来自伊利诺伊州卡本代尔的理财规划师杰夫·罗斯（Jeff Rose）去拉斯维加斯看望母亲时，总是先将车停在 In-N-Out 汉堡餐厅吃上一顿。"开车去我母亲家时总要经过 In-N-Out 汉堡餐厅，"他辩解说，"这比在去圣地亚哥机场的路上多花 40 美元的出租车费去那里的 In-N-Out 汉堡餐厅就餐要划算得多。"

与其简单但重点突出的战略一致，In-N-Out 汉堡并没有在广告上投入太多，它觉得没有必要。事实上，虽然 In-N-Out 汉堡没有公布财务数据，但据估计，总促销支出不到收入的 1%。In-N-Out 汉堡为数不多的促销预算主要用于本地广告牌和广播广告。在口碑方面，In-N-Out 汉堡主要依靠顾客来完成这项艰巨的任务。顾客才是品牌传播的大使。他们自豪地穿着 In-N-Out 汉堡的 T 恤，在汽车保险杠上贴 In-N-Out 汉堡的贴纸。狂热的老顾客将源源不断的新顾客拉入餐厅，并迫不及待地告诉这些新加入者秘密菜单代码是什么，与他们一起分享 4×4 的动物风格汉堡所带来的乐趣。"当你告诉别人'动物风格'是什么意思时，"一位分析师说，"你会觉得自己在传递一个秘密信号，顾客们乐在其中。"

In-N-Out 汉堡并没有花钱请代言人，但很多名人都对它赞赏有加。《今夜秀》主持人柯南·奥布莱恩（Conan O'Brien）曾经请汤姆·汉克斯说说有哪些事情是在洛杉矶一定要做的。汉克斯回答说："在洛杉矶最值得做的事情之一是去 In-N-Out 汉堡餐厅就餐。"帕丽斯·希尔顿（Paris Hilton）因酒后驾车被拦下时，她称自己是要去 In-N-Out 汉堡餐厅。狗仔队还拍到了许多名人去 In-N-Out 汉堡餐厅就餐的照片，包括麦莉·赛勒斯（Miley Cyrus）、赛琳娜·戈麦斯（Selena Gomez）、克里斯蒂安·斯莱特（Christian Slater）和尼克·乔纳斯（Nick Jonas）。事实上，In-N-Out 汉堡并没有花钱请这些名人为品牌代言，这些人之所以来餐厅是因为 In-N-Out 汉堡餐厅确实是一个引领潮流的地方。

充满疑问的未来？

很多分析师质疑 In-N-Out 汉堡能否延续其 65 年来的稳定运营。例如，In-N-Out 汉堡由哈里·埃斯特或他们两个儿子中的一个经营，这种情况持续了 58 年，但 2006 年埃斯特去世后遇到了麻烦。当时斯奈德家族唯一的直系后裔 23 岁的林西·马丁内斯（Lynsi Martinez）还没有能力接管公司，因此 In-N-Out 汉堡的经营由前任运营副总裁马克·泰勒（Mark Taylor）负责。但按照埃丝特·斯奈德的遗嘱，其外孙女林西·马丁内斯于 2010 年在 28 岁生日之前接任了 In-N-Out 汉堡的第六任总裁。一向被认为很内向的马丁内斯逐渐获得了公司的所有权，并在 2017 年全面接管了 In-N-Out 汉堡。

公司管理层的更迭几乎没有引起顾客和粉丝的注意，这表明 In-N-Out 汉堡的传统仍在延续。在午餐时间，任何一家 In-N-Out 汉堡餐厅的门口都会排起长队，需求似乎和以往一样强烈。"麦当劳和汉堡王等连锁店改变越多、扩张越快,In-N-Out 汉堡就越坚持自己的立场,"一位分析师说,"从某种意义上说,它象征着理想的美国经商方式:善待人,注重产品质量,从而获得极大成功。"In-N-Out 汉堡餐厅的顾客非常赞同这一观点。在谈到快餐连锁企业时,兴奋的顾客会告诉你,"快餐企业分为两种,一种是 In-N-Out 汉堡,一种是其他公司。"

资料来源:Seth Lubove," Youngest American Woman Billionaire Found with In-N-Out," *Bloomberg*, February 4, 2013, www.bloomberg.com/news/2013-02-04/youngest-americanwoman-billionaire-found-with-in-n-out.html; Jay Weston, "In-N-Out Burger's 'Secret Menu' Revealed," *Huffington Post*, April 6, 2012, www.huffingtonpost.com/jay-weston/in-n-out burgers-secret-menu_b_1407388.html; Meredith Land, "Inside the In-N-Out Burger Empire," NBCDFW, November 17, 2011, www.nbcdfw.com/the-scene/food-drink/lnside-the-In-N-OutBurger-Empire-134,008,293.html; www.in-n-out.com(accessed May 2013).

问题讨论

第3章

1. 描述 In-N-Out 汉堡的优势和劣势。
2. In-N-Out 汉堡是否应该采用高速扩张战略?请说明原因。

案例7 澳大利亚旅游委员会

澳大利亚旅游委员会(ATC)准备在美国开展一项营销调研。该计划是由墨尔本本部提出的,在确定实施前,计划被送往设在伦敦、法兰克福、纽约、洛杉矶、东京和奥克兰的地区办事处征求意见。由美国到澳大利亚的游客增长率低于其他主要客源市场的游客增长率,为了增加美国游客的数量,有必要采取一定的营销策略。在制订营销策略以前,需要在美国进行调研以明确目标市场。

营销调研目标

此次调研的目标如下:
(1)确定美国人口中最有可能到澳大利亚度假的群体及其数量。
(2)在最有潜力的市场中仔细调研影响人们选择旅游目的地的因素。
(3)结合时间和费用因素,提供有关旅游度假产品类型的信息,以满足潜在市场的度假需要。
(4)调查游客对其他可供选择的度假目的地的知觉与偏好。
(5)向广告代理商提供有关信息以引导其开发能吸引和激发潜在市场的购买欲望的方法。
(6)提供一份媒介沟通模式指南,以便与潜在市场上的游客进行有效交流。
(7)找出针对潜在市场的最佳旅游产品的分销渠道(如航空公司、旅行社、银行的旅游部)。

(8) 调查旅行社在游客目的地选择决策中的作用及重要性。

(9) 调查潜在市场过去和将来有可能的度假方式,并用社会经济术语进行描述。还要注意收集潜在市场上的游客已经游览过的目的地及游览顺序方面的信息。

除了上述目标外,委员会认为进行营销调研时还应注意以下几点:

(1) 要想使澳大利亚吸引更多的美国游客,必须全面了解美国人选择旅游目的地的过程。

(2) 确保旅游产品的设计在价格、度假时长、偏好的居住标准及目的地交通等方面对潜在市场有最大的吸引力。

(3) 确保在宣传澳大利亚的过程中扬长避短,使之能有效地与其他远程旅游目的地竞争。

(4) 提出一个能充分衡量游客对澳大利亚特色景观(如大堡礁、内陆风光和悉尼港)的了解和喜爱程度的评价标准。

(5) 了解美国游客制订度假计划的过程细节,包括时间安排和常用的信息来源。

(6) 确保与潜在游客群体进行更有效的联系,并向其分销旅游产品。

建议使用的方法

委员会认为调研应分为两个阶段。第一阶段应该是定性的,目的是归纳有关人们个性和态度方面的问题,以供第二阶段使用。大家一致认为有必要在两个阶段都使用一种"面对面的"30～35 分钟的访谈,也有人考虑过电话访谈,但被否决了,因为担心受访者不能提供满意的答案,特别是在电话访谈中问到需要权衡的复杂问题时更会如此。

由于在美国进行实地调研的费用很高,所以委员会认为有必要减小抽样调研的样本量,在初步调研中选取 1 000 名受访者进行面对面访谈就足以对总样本和子样本的特征做出准确的估计。

委员会认为应基于以下四个标准选择受访者:①有过旅游经历;②将来有旅游的打算;③有旅游的愿望;④对澳大利亚感兴趣。不过,受访者中也应包括一些从未旅游过、没有旅游愿望及打算的人。"旅游"在这里被定义为:出于愉悦的目的而进行的长途国际旅行,目的地不包括墨西哥、加拿大和加勒比海地区国家。此外,有直系亲属在澳大利亚居住的人也被排除在外。

为了使结果更有效,委员会认为样本应主要来源于关键目标市场,因此在访谈中应有一个过滤程序,通过"过去的旅游经历"等一系列连贯的问题,使最终得到的样本以有着丰富旅游经验的人为主,因为调研表明这是到澳大利亚旅游的主要市场。

建议使用的结构如下:

(1) 有过旅游经历者:在过去 5 年中出于愉悦的目的进行过长途旅行的人,而无论其是否明确表明有旅游的意向。样本人数为 600 人,分为:①至少 200 名"有过旅游经历者";②至少 200 名"明确表明有旅游意向者";③至少 200 名"对澳大利亚感兴趣者"。

(2) 潜在旅游者:没有旅游经历,但打算在未来 3 年中出于愉悦的目的进行长途旅行的人。样本人数为 300 人,分为:①至少 100 个以欧洲以外的地区为目的地的人;②至少 200 个对澳大利亚感兴趣的人。

(3) 非旅游者或隐藏的旅游者。样本人数为100人,这些人虽然没有旅游经历或未表明有旅游意向,但表达了旅游的愿望(出于愉悦的目的进行长途旅行)及对游览澳大利亚的兴趣。

尽管委员会要求采用随机抽样的方法,但取样更倾向于高收入阶层,并不代表美国人口的一般结构状况。委员会认为还有必要对样本采取下列进一步限制:

(1) 不包括居住在农村或小城市的居民。

(2) 从东海岸只抽取少量样本单位,纽约除外。

(3) 从南部各州只抽取少量样本单位,佛罗里达州除外。

(4) 从加利福尼亚州、夏威夷州、纽约州、得克萨斯州和佛罗里达州抽取较多的样本。原因在于委员会之前做过的一项有关国际游客的调研结果显示这些地区的关联度较高。

(5) 使用多阶段抽样法,以城市为基本单位。为了节省成本,选取的城市不应超过20个,城市的选取应是随意的,但随机抽样时应遵循下列限定条件:

人数	
100	纽约州
50	佛罗里达州
50	得克萨斯州
150	加利福尼亚州
100	夏威夷州
50	新英格兰地区
150	东北部中心地区
50	西北部中心地区
100	其他南大西洋地区
50	其他西南部中心地区和东南部中心地区
100	山地地区
50	环太平洋地区
1 000	

采取上述抽样方法的原因在于委员会有从美国一份名为旅游脉搏(Travel Pulse)调查资料中得到的大量抽样数据,以及委员会早些时候做过的一项名为国际游客调查(International Visitors Survey)的研究数据。委员会认为进一步研究应该选取能够与以前研究结果相互比较的数据。

造访澳大利亚的美国游客的出访目的	%
度假	43
探亲访友	15
商务	23
其他	19
总计	100

澳大利亚国际游客的年龄	%
0~14岁	8.3
15~24岁	14.5
25~34岁	20.4
35~49岁	23.5
50~64岁	22.3
65岁及以上	11.0

澳大利亚国际游客的职业	%
专业技术人员（不包括教师）	13.1
教师	3.5
行政人员	15.9
文员与销售人员	9.8
服务人员（包括现役军人）	3.9
其他	11.1
描述不清楚的人员	5.8
有工作的人员合计	63.1
儿童（0~14岁）	8.3
学生（15岁及以上）	4.8
全职太太（或丈夫）	14.8
靠投资收益、养老金过活的人	9.0
无工作的人员合计	36.9
总　　计	100.0

澳大利亚国际游客月访问量排行					
月份	大洋洲	非洲	美洲	亚洲	欧洲
1	7	6	5	5	3
2	6	4	3	4	12
3	4	2	4	3	10
4	3	8	7	8	4
5	9	9	11	11	5
6	11	12	12	12	9
7	2	7	10	7	6
8	12	11	8	10	2
9	5	10	9	9	8
10	10	5	6	6	7
11	8	1	1	1	11
12	1	3	2	2	1

澳大利亚旅游客源排名前 10 位的国家或地区			
国家或地区	占比/%	国家或地区	占比/%
新西兰	28.9	加拿大	3.2
英国及爱尔兰	14.6	德国	2.7
美国	13.5	荷兰	1.9
日本	5.5	马来西亚	1.8
巴布亚新几内亚	4.4	中国香港特别行政区	1.8

美国各地区旅游方式（每 10 万人中的度假旅游人数）			
东南部中心地区	3.77	罗得岛	5.7
肯塔基州	3.9	康涅狄格州	11.8
田纳西州	4.6	大西洋中部地区	10.56
亚拉巴马州	3.6	纽约州	13.3
密西西比州	2.4	新泽西州	10.5
西南部中心地区	9.06	宾夕法尼亚州	6.4
阿肯色州	7.4	东北部中心地区	10.57
路易斯安那州	3.4	俄亥俄州	10.7
俄克拉何马州	12.6	印第安纳州	8.6
得克萨斯州	10.4	伊利诺伊州	13.3
山地地区	29.13	密歇根州	9.7
蒙大拿州	28.4	威斯康星州	7.3
爱达荷州	25.1	西北部中心地区	14.67
怀俄明州	10.8	明尼苏达州	18.3
科罗拉多州	28.1	艾奥瓦州	14.6
新墨西哥州	22.8	密苏里州	14.5
亚利桑那州	26.2	北达科他州	8.7
犹他州	18.6	南达科他州	13.4
内华达州	54.8	内布拉斯州	10.9
环太平洋地区	43.91	堪萨斯州	13.5
华盛顿州	33.0	南大西洋地区	11.12
俄勒冈州	29.9	特拉华州	6.6
加利福尼亚州	42.5	马里兰州	10.0
阿拉斯加州	88.7	哥伦比亚特区	52.0
夏威夷州	148.5	弗吉尼亚州	7.3
新英格兰地区	9.06	西弗吉尼亚州	3.1
缅因州	5.4	北卡罗来纳州	4.2
新罕布什尔州	2.4	南卡罗来纳州	4.8
佛蒙特州	8.1	佐治亚州	5.5
马萨诸塞州	9.7	佛罗里达州	23.7

问题讨论

第 5 章

1. 你对澳大利亚旅游委员会这项研究的目的和目标有何看法？
2. 你对该研究所使用的方法有何建议？
3. 你认为到澳大利亚的美国游客数量少于预期的原因是什么？回答这个问题时，请考虑旅行的费用、所需时间及其他因素。
4. 你认为通过调查得到的信息能帮助澳大利亚旅游委员会回答第 3 题中提到的问题吗？

第 17 章

1. 参照图 17.1，该研究的目标涉及目的地营销系统的哪些部分？未涉及哪个或哪些部分？
2. 该研究获得的信息可以如何帮助澳大利亚旅游委员会制订一项可行的旅游目的地营销计划？
3. 为了评估目的地的竞争优势，你认为澳大利亚旅游委员会的这项调查还应该包括哪些目标？

案例 8 女巫城堡酒店

英国戏剧家安德鲁·劳埃德·韦伯（Andrew Llyod Webber）对女巫城堡酒店（The Witchery by the Castle）餐厅的评价是："这是有史以来最优雅的餐厅。"位于苏格兰爱丁堡市的这家酒店在"世界上 50 家最适合度蜜月的人共享浪漫的场所中排名第四位"，多年来一直被认为是世界上最适合就餐和住宿的地方之一。它获得了数不清的奖项，如享有崇高声望的 AA 级苏格兰葡萄酒奖和苏格兰旅游局的蓟花勋章奖。《星期日泰晤士报》评价说女巫城堡酒店的豪华套房"已经跻身苏格兰最受欢迎的富有浪漫气息的隐逸场所之列"，而《星期日先驱报》则将这些套房形容成是"宝石镶座"。

女巫城堡酒店位于皇家大道的最西边，靠近爱丁堡城堡的大门，地处爱丁堡极具历史意义的老城区的核心地带。酒店入口处有一个镀金纹章招牌。酒店不远处就是苏格兰议会、苏格兰博物馆、圣伊莱斯教堂和苏格兰美术馆。酒店距离爱丁堡机场只有不到 13 千米，距离威尔利火车站只有几百米。

女巫城堡酒店最初是一位爱丁堡商人在 1595 年修建的。与美国马萨诸塞州的塞勒姆市一样，爱丁堡也经历过"巫师审判"和迫害时期，当时事件的发生地就在现在的女巫城堡酒店。

1979 年，现在作为女巫城堡酒店的这栋建筑已经破败不堪。土生土长的爱丁堡人詹姆斯·汤普森（James Thompson）看到了这栋破败建筑之下隐藏的机会，买下了这栋建筑。詹姆斯的职业生涯从每周六在克劳夫德酒店的茶室打工开始，而且因为在乔治·赫里奥特中学读过书而对历史有一定的了解。数年后，作为女巫城堡酒店的建造者和所有人,汤普森成了苏格兰接待业中最年轻的营业执照持有人。

女巫城堡酒店餐厅的成功促使詹姆斯在临近女巫城堡酒店的一所废弃校园里开办了第二家餐厅——秘密花园餐厅。詹姆斯能从别人认为一文不值的物品中发现机会,他把许多可利用的废旧建筑材料用在了秘密花园餐厅的建设中,其中就包括一扇从戈登公爵城堡的顶篷上取下来的16世纪的门框。因此,秘密花园餐厅也被一位评论家称为"苏格兰最有品位的餐厅"。

现在要想在女巫城堡酒店餐厅和秘密花园餐厅预订座位需要提前数周,因为这两间餐厅已经成为爱丁堡最受欢迎的旅游目的地餐厅,而且这两间餐厅的预订一直都处于爆满状态,每年要接待超过20万人。

在女巫城堡酒店餐厅的上面,沿着一个旋转楼梯往上,是两间充满神奇魅力的豪华套房,其名称分别是老教区长的住宅和内部圣所。这两间套房里摆满了古董,每一处都营造出一种让克娄巴特拉和安东尼奥、皇室成员和电影明星异常喜爱的情调。作为英国出游目的地中排名前十位的最浪漫的隐逸场所,这两间套房一年到头都对外营业,房价为每晚395美元,其中包含一瓶香槟、一盒巧克力、一份欧式早餐和一份报纸。

这两间套房的成功促使詹姆斯按照"世界上最好的歇息场所"的标准又建了四间套房,其名称分别为书屋、小礼拜室、警卫室和军械室。这四间套房各具特色,都是按照最完美的浪漫隐逸场所的标准建造的,套房里有大量的古董、装饰豪华的床铺、各种华美的纺织品和巨大的卷帘双人浴室。这几间套房位于一栋建于17世纪的精心修复过的建筑中。这栋建筑坐落在爱丁堡历史悠久的城堡山大街,距离女巫城堡酒店只有几步远。可以说,这几间套房的布置比以前的两间套房更加富有戏剧性,更加豪华。

哥特式的书屋套房可以俯瞰历史悠久的皇家大道,套房里有很多古籍,墙上都覆盖着佩兹利螺旋花纹呢,还有一间摆放着成排书籍的浴室,浴室里有一个没有任何遮挡的火炉。

军械室套房的选址经过了慎重考虑,从这间套房可以俯瞰一个私家小庭院。这间巨大而又充满魅力的套房的装饰采用了一些富有表现力的挂毯,一间镶着橡木板的浴室增加了套房的特色。

从警卫室套房向下俯瞰,老城区那些历史悠久的建筑的屋顶一览无余。套房里还有一张镶有仿古皮革的极富浪漫气息的大床。

餐厅和套房预订爆满是有原因的。女巫城堡酒店餐厅因为让客人可以在奢华的氛围中品尝美食而享誉全球。餐厅提供的是苏格兰最好的产品,如安格斯牛肉、羔羊肉、野味和海鲜。苏格兰龙虾和费恩湖牡蛎也经常作为特色搭配在荷兰辣酱油拌韭葱热熏鲑鱼或安格斯牛柳大蒜汤等招牌菜中。

女巫城堡酒店餐厅也因其葡萄酒而声名鹊起,酒窖里储藏着曾获得过享有崇高声望的《葡萄酒观察家》杂志评选的优秀奖及其他许多奖项的葡萄酒。

女巫城堡酒店餐厅的酒窖中储藏的1 000多种葡萄酒涵盖了所有知名葡萄酒产地的所有品种、价格和式样,其中有17种可以论杯卖。一支技术娴熟且热情投入的葡萄酒团队在一名受人尊敬的品酒师的支持下,不断品尝、采购葡萄酒来充实酒窖。他们广博的知识在为客人服务时也有充分的体现。

除了大量来自勃艮第和波尔多的旧大陆经典好酒外,女巫城堡酒店餐厅还有来自澳大利亚、智利和新西兰等新大陆生产商的好酒,以及种类齐全的产自西班牙和意大利的葡萄酒。香槟是女巫城堡酒店餐厅的特色,从普通的波美丽香槟到奢华的精选库克香槟、露德尔水晶香槟和香槟王,应有尽有。

女巫城堡酒店餐厅也提供各类麦芽威士忌酒、阿马涅克白兰地和利口酒。矿泉水是苏格兰东洛锡安的芬德利厂出产的。

很明显,女巫城堡酒店餐厅、秘密花园餐厅和几间套房的成功绝大部分要归功于它们所处的历史悠久的地理位置、营造的氛围、产品质量、让人感到兴奋和充满戏剧效果的建筑设计。

汤普森知道为了确保经营成功,上述因素需要长久地保持下去。他很清楚旅游接待业的顾客寻求新的餐饮和住宿体验的趋势。他还认识到口碑传播在获得新顾客方面的重要性。他坚信好的产品必须依靠忠诚且出色的员工、社区参与、个人领导力和适当使用技术的支持。

员工训练

仿照位于佛罗里达的迪士尼乐园对员工的做法,汤普森制定了一套新方法来鼓励员工不断寻求超越顾客现有期望的方法。公司授权员工处理顾客的任何要求,保证每一位顾客在每个方面都满意。汤普森鼓励管理团队制定了一套对在本公司工龄长的员工进行奖励的方法,使员工跳槽率明显低于行业平均水平。很多员工都跟随汤普森很多年了。还有很多员工在获得了国内外其他组织的工作经验后,又回来和汤普森一起工作。

参与社区活动和行业活动

汤普森相信旅游接待业提供了激动人心的职业前景,他鼓励年轻人投身这个行业。汤普森支持并资助了很多小学、中学及更高层次的教育机构的一系列教育计划,包括支持本地高中生参加厨艺比赛,让他们接受餐厅厨师的培训,在餐厅工作,获得经验。前不久,汤普森欣喜地看到一名学生进入了本年度未来厨师大赛的总决赛。

1999年,汤普森出资设立了詹姆斯·汤普森杰出服务奖,每年选出一名在追求卓越的顾客服务方面做出突出贡献的爱丁堡特尔福德学院的学生给予财务资助。汤普森还是每年一度的爱丁堡大学和法国里昂的弗朗索瓦·拉伯雷大学的交换生旅游活动的重要赞助人,该活动让20名学生和教师获得在法国烹调之都里昂的米奇林星级餐厅的实践经验。

汤普森坚信对最优秀的人或组织要给予认可和奖励,因此先后赞助了苏格兰旅游业的"奥斯卡奖"——苏格兰观光蓟花勋章奖、Caterer.com 最佳旅游网站奖,最近又赞助了 Caterer.com 网页奖。汤普森经常接到邀请去向行业内的其他人传授自己的专业知识,最近几年,他一直担任餐饮服务周创新奖的评委,并经常担任蓟花勋章奖的评委。

作为一名行业领袖,汤普森经常在公共场合发表演讲,宣传旅游接待业,他的餐厅在苏格兰一直保持着很高的媒体曝光度。他在《先驱新闻报》上有一个食品专栏,也经常对行业内的各种事件发表自己的看法。他的餐厅和套房不仅出现在包括 *Vogue*、*Hello*、

Elle、*Cosmopolitan* 和《纽约时报》在内的众多出版物上,还出现在世界各地的电视上。通过让自己的餐厅和套房出现在媒体上,汤普森向全世界展示了苏格兰旅游接待业的高品质形象。

汤普森相信促进苏格兰特别是爱丁堡的旅游发展是自己的责任。汤普森了解到来爱丁堡的游客渴求更多关于爱丁堡历史悠久但却被忽视的老城区的信息,因此积极支持"茶罐与魔法游"活动的举办,这也是爱丁堡市第一项专供游客徒步的旅游活动。每天傍晚都会有游客从女巫城堡酒店门前出发,这项旅游活动已经成为成千上万来爱丁堡旅游的游客体验中难忘的一部分。

汤普森与包括苏格兰企业创新集团、苏格兰边境旅游局和苏格兰国家博物馆在内的多个公共和私营部门组织保持密切合作,以提高苏格兰接待业的产品标准。作为迪士尼乐园顾客服务理念的狂热信徒,汤普森赞助了很多向行业中最优秀的企业学习的旅游活动,包括带领人们去佛罗里达的迪士尼乐园的学习旅行。他经常向人们讲起从迪士尼学来的经验教训。2002 年,汤普森与其他几个人共同发起了城堡山圣诞节活动,该活动通过引人注目的建筑灯光展示及一系列围绕城堡山开展的事件,在一个传统上属于一年中比较寂静的季节,给当地旅游企业带来了生意。汤普森也是财务委员会的核心成员,他们共筹集了 30 多万美元的赞助费,让声望很高的会议策划人国际会议 2004 年年会在爱丁堡召开,这个国际会议给爱丁堡和苏格兰都带来了巨大的利益。

支持更广泛意义上的社区,尤其是爱丁堡历史悠久的老城区,也是汤普森的社区参与活动中的一部分。他是老城区慈善托管金的托管人,是皇后音乐大厅委员会的委员。他支持一个针对当地无家可归者的项目——爱丁堡街道工作项目,担任该项目顾问委员会的委员。他还赞助了一支橄榄球队。女巫城堡酒店向一支足球队和柔道研究院提供了赞助。汤普森与其他人共同发起了极富创新精神的"为了起步者"项目,该项目通过整合包括警察和军队在内的众多公共和私营部门的资源,对那些因为各种原因难以进入旅游业的人进行扶持、教育和指导,使他们从无家可归者变成旅游业的从业者。

作为公司唯一的股东,汤普森可以通过持续不断地给慈善团体提供支持,把公司相当大的一部分利润返还给社区。他支持的慈善团体包括接待业托管基金、Crusaid 收容所、军队慈善基金、圣哥伦比亚临终关怀医院、儿童救助会和皇家莱森戏院。女巫城堡酒店还定期向一些组织捐赠就餐和住宿代金券,供这些组织用来筹款。

技术

汤普森在创建女巫城堡酒店餐厅时,他的基本理念是将食物、酒水、服务、地理位置和装饰等元素整合起来为就餐者提供一种美妙的就餐体验,这种理念在当时是很有创新性的,从那以后,持续创新就成了公司的一个特点。他先于其他餐厅安装了 EPOS 专家系统来谨慎地处理就餐者的点菜和账单。汤普森建立了一个使用最新技术的迷你呼叫中心,让一支业务熟练的团队使用专为餐厅开发的软件来集中处理客人对餐厅的各种要求。为了满足希望在网上预订的顾客,他很早就投资建设了一个网站,全天 24 小时向全世界展示公司的餐厅和套房,平均每天有 1 000 人次"点击"网站浏览这些信息。他的餐厅是英国国内第一批使用自己的预订数据库提供网上实时餐桌预订的餐厅之一。汤普森相信,旅游接待企业可以利用最新技术达到真正的老式餐厅的服务水平。他把自己的成功主要归结于社区和员工的支持。对汤普森来说,市场营销不只是做广告或制作宣传册。他以自己的行动证明了管理者或所有者亲自参与社区活动、行业活动和产品差异化活动的重要性。

问题讨论

第4章

根据上面的讨论,分析女巫城堡酒店的优势和劣势。

第14章

讨论女巫城堡酒店的公关活动。对女巫城堡酒店如何赢得苏格兰之外的公众的注意提出自己的看法。你可以上网搜索苏格兰爱丁堡女巫城堡酒店来获取相关信息,提出有针对性的建议。

案例9　梅奥诊所

梅奥诊所(Mayo Clinic)是世界上第一家也是最大的综合性非营利医疗机构。威廉·梅奥(William Mayo)和查尔斯·梅奥(Charles Mayo)在100多年前建立了梅奥诊所,那时它只是一个小型的门诊机构,开创了如今广泛使用的医疗团体实践的概念。

梅奥诊所提供出色的医疗服务,在癌症、心脏病、呼吸系统疾病及泌尿外科等专业领域居于领先地位。梅奥诊所一直位居《美国新闻与世界报道》最佳医院榜首,在美国成年人中享有85%的品牌认知度。梅奥诊所之所以能够获得如此巨大的成功,是因为它采取了与大多数医院不同的运营方法,而且始终关注患者的体验。患者至上和团队合作这两个相互关联的核心价值可以追溯到诊所的创始人,也是其所有组织工作的核心所在。

梅奥诊所位于明尼苏达州罗切斯特、亚利桑那州斯科茨代尔和佛罗里达州杰克逊维尔的三个院区都将患者体验的方方面面作为头等大事。患者一进入梅奥诊所就会感受到不同。新患者会受到专业的接待人员的迎接,并由其全程陪同办理各项手续。对于复诊的患者,接待人员会叫出他的名字,并送上诚挚的微笑。医院建筑的设计,用一位设计师的话说可以让"患者在见到医生之前感觉好一点"。罗切斯特院区所在的21层楼高的Gonda门诊大楼有着极为开阔的空间,甚至可以再加盖10层。墙上挂着精美的艺术品,医生办公室的设计让患者感觉安逸舒适,而不是充满消毒水味的冰冷感觉。

梅奥诊所斯科茨代尔院区的诊疗大厅有一个室内瀑布及一面可以眺望远山的巨大落地窗。在儿科检查室,一张巨大的樱桃色的图片将急救设备遮挡起来。病房内配有微波炉,以及可以展开变成床铺的椅子。医院的一位工作人员解释说,这是因为"患者通常不是一个人来到医院的"。梅奥诊所最新的紧急医疗直升机是世界上最先进的飞机,通过定制化改装可以携带高科技的医疗设备。

在为患者提供服务方面,梅奥诊所与其他医院的另一个显著的不同是它的团队合作理念。患者来梅奥诊所可以不持有医生的转诊单。接诊后,梅奥诊所会为患者配备一个团队,其中包括主治医生、外科医生、放射肿瘤学家、放射科医生、护士、住院医生或其他具有适当技能、经验和知识的专家。

专业医疗团队会一起诊断患者的问题,包括对检测结果进行数小时的讨论从而给出最准确的诊断结果,确定最佳的治疗方案。一旦团队达成了共识,团队的领导者就会去面见患者,告诉他团队的观点。在整个过程中,医生都会鼓励患者参与讨论。如果需要做手术,那么在24小时内就会实施手术,这也与患者在很多医院的漫长等待形成了鲜明的对比。梅奥诊所的医生明白,来寻求他们帮助的患者希望医院的行动越快越好。

梅奥诊所医生的薪酬不是依据他们每天看的患者人数或做的检测数决定的。因此,患者可以得到更多的个性化的关注和照料,医生们一起工作而不是互相竞争。正如梅奥诊所的一位儿科医生所说:"招呼一个同事来进行我所谓的'路边咨询',这在我看来是很自然的事情。我不会去考虑要给他支付费用或是欠他点什么这样的问题。从来都不存在所谓的交换条件。"

梅奥诊所是一家非营利性机构,因此它所有的营业收入都被再次投入医院的研究和教育项目上。突破性的研究很快就能应用到为患者提供高品质的服务上。梅奥诊所在它的5所医学院中都提供教育项目,它的许多医生都毕业于这些项目,因此梅奥诊所的哲学在这些人的脑海中根深蒂固,如梅奥诊所的座右铭"我们唯一需要考虑的利益就是患者的最大利益是什么"。

梅奥诊所多年来一直以其独立的思考、卓越的服务与表现以及对患者照护和满意度的全心全意的关注而受到了多家第三方组织的认可。

资料来源:Avery Comarow, "America's Best Hospitals," *U.S. News & World Report* (July 15, 2009); Chen May Yee, "Mayo Clinic Reports 2007 Revenue Grew 10%," *Star Tribune* (March 17, 2008); Leonard L. Berry and Kent D. Seltman, *Management Lessons from Mayo Clinic* (New York: McGraw-Hill, 2008); Leonard L. Berry, "Leadership Lessons from Mayo Clinic," *Organizational Dynamics* 33 (August 2004): 228-242; Leonard L. Berry and Neeli Bendapudi, "Clueing in Customers," *Harvard Business Review* (February 2003): 100-106; John La Forgia, Kent Seltman, and Scott Swanson, "Mayo Clinic: Sustaining a Legacy Brand and Leveraging Its Equity in the 21st-century Market," Presentation at the Marketing Science Institute's Conference on Brand Orchestration, Orlando, FL, December 4-5, 2003; Paul Roberts, "The Agenda—Total Teamwork," *Fast Company* (March 31, 1999).

讨论问题

第9章

1. 解释梅奥诊所是如何在顾客服务方面做得如此优秀的。它为何能够成功地采取一种不同于其他医院的医疗模式?

2. 梅奥诊所是如何利用服务产品中的有形元素来提高其服务交付质量的?

案例10 麋鹿山酒店

麋鹿山酒店的历史

当彼得·泰瑞奥(Peter Thieriot)第一次看到麋鹿山酒店(Elk Mountain Hotel)时,

它看上去就像一个"无底洞",需要耗费巨资进行翻新。泰瑞奥的律师强烈建议他打消购买并改建这座1905年建于怀俄明州麋鹿山的酒店的念头。

然而,麋鹿山酒店的历史、所处的美丽而宁静的长满三角叶杨的峡谷、麋鹿山小镇古老的西部风格、酒店自身的迷人魅力及距离泰瑞奥的水牛牧场很近等优势使它对泰瑞奥充满了吸引力。泰瑞奥成了麋鹿山酒店的主人,并开始对其进行装修。

酒店的花园小阁已有几十年的历史,吸引了路易斯·阿姆斯特朗(Louise Armstrong)、泰克斯·本尼克(Tex Beneke)、汤米·道尔西(Tommy Dorsey)、列斯·布朗(Les Brown)等20世纪四五十年代红极一时的名人。老一辈的人常说,"在花园小阁你不需要知道如何跳舞,那里的地板会告诉你的。"事实上,花园小阁的地板会随着乐队和跳舞者的节奏颤动。

彼得·泰瑞奥对麋鹿山酒店的翻新

怀俄明州寒冷的冬天和无情的时光带走了花园小阁的辉煌,但是泰瑞奥相信自己可以用现代化的建筑和有特殊弹力的地板使花园小阁再次辉煌起来,让人们"不需要知道如何跳舞也能跳得非常好"。

酒店的前台接待人员和侍者领班特雷·韦伯(Trey Webb)说:"我们拆除了酒店原有的附属设施,然后一个房间一个房间地改建。"餐厅的壁纸被剥去了九层,但是每一层壁纸都留下了一大块,以便对这些壁纸进行设计,并用它们装饰餐厅。

韦伯具有怀俄明人的精神和干劲,正是这种劲头吸引泰瑞奥从旧金山来麋鹿山创业。韦伯当时高中即将毕业,凭着骑术比赛得来的奖学金打算攻读怀俄明大学的生物学专业,最终拿到了博士学位。韦伯擅长追踪牛群和套捕小牛,他也了解马匹,了解人们的内心。他和其他来自这一地区的高中生们在酒店兼职。他们与生俱来的"西部品格"及乐于助人的品质使他们大受客人的欢迎。他们也表现出了对酒店的真正喜爱之情,并为它的复兴而感到自豪。

酒店的12间客房、大堂和餐厅在修复后,显得非常温暖和舒适,让员工和客人很容易爱上这个地方。泰瑞奥把三楼的一间阁楼改建成了可以容纳16个人的会议室。会议室的墙上留有很大的空间,可以用胶带把活动挂图暂时贴在墙上,这种规模的会议大都需要有地方把图挂起来。

酒店在翻修前经常有从梅迪辛弓(Medicine Bow)地区成群结队来喝酒的举止粗鲁的客人。在泰瑞奥购买这家酒店的10年前,有两名客人在停车场争吵起来,并用老式的六响枪决斗的方式来解决争端。幸运的是,这两个人的枪法都不怎么样,在子弹命中目标之前,县治安官就赶来了。

当年行为粗鲁的顾客如今已经被安分守己的有正当职业的中年人所取代。泰瑞奥说:"虽然有些老顾客在酒店装修后还会来喝酒甚至想闹事,但是当他们看到酒店现在出售的酒类和奶酪、停车场停的雷克萨斯和林肯汽车,听到客人们文雅的谈吐,他们就会迅速离开,并且不会再回来。"

"这个地区有一半人喜欢我们对酒店所做的翻新,另一半人则持不同意见。"这一点可以从麋鹿镇以东48千米的麦克法登(McFadden)的一个农场主家庭那里得到证实。这个家庭忠实地站在支持者阵营,认为翻修后的旅馆对这一地区贡献良多。

泰瑞奥并不担心本地客人在对旅游或外出就餐时享受优质的饭菜习以为常后,会减少来麋鹿酒店的次数。酒店的菜单设计"融合了一点特别的风味、一丝古老的西部情结和一种专业精神"。菜单上的水牛肉和驯鹿肉两道菜很好地重现了怀旧的西部情结。来自加利福尼亚和国外的众多可供选择的酒类、以海鲜为主料制成的开胃菜和脆皮焦糖布丁等甜点,让客人们对酒店的餐饮满是赞美而很少有抱怨。

客人们一致认为酒店的装修风格很独特。酒店所在地曾经是陆路小径的一个马车驿站。虽然驿站已经不复存在,但是始建于1905年的这家酒店的维多利亚风格却得到了强化。酒店原来的锡制浮雕天花板被清理并重新粉刷。屋顶覆盖的石棉瓦被拆除以露出雪松互搭壁板,展现自然之美。泰瑞奥坚信酒店的修复能够达到很高的水平。

苏珊和亚瑟·哈弗斯夫妇买下了酒店

10年前,亚瑟·哈弗斯和妻子苏珊买下了这家酒店。苏珊在旧金山担任营销顾问,具有在餐饮行业工作的背景。她曾在比利时拥有并经营一家餐饮公司,而且获得了法国蓝带西餐西点学校的毕业证书。亚瑟是一家电子商务公司负责国际开发的副总裁。一起创业是他们的愿望,尽管多年前就抱有这个愿望,但他们一直没有找到合适的项目。亚瑟在上网时偶然发现了麋鹿山酒店。这家历史悠久的酒店激起了他们的好奇心。尽管酒店主人没有出售的打算,他们还是联系上了在旧金山也有一处居所的泰瑞奥,想看看他是否有兴趣将酒店转手。哈弗斯夫妇来到麋鹿山酒店,查看了酒店及当地的情况。他们发现那里的人很友好,而且具有幽默感。除此之外,他们还很喜欢这里开阔的空间。一年之后,他们成了麋鹿山酒店的主人。

苏珊的餐饮业背景使麋鹿山酒店成为一颗"深藏不露的宝石",那些发现这颗宝石的顾客会劝说人们驾车沿着80号州际公路前行6.5千米到麋鹿山酒店。哈弗斯夫妇运用营销和餐饮技能打造出独特的红酒、啤酒和威士忌晚宴。他们还设计了独特的营销活动,如女子周末手枪训练项目,每人收费1 100美元,费用涵盖手枪训练和三晚住宿,以及住宿期间的三餐。

此外,还有幽灵晚宴派对。限定最多5对夫妇参加,此时餐厅仅有这些客人,他们要做好熬夜到凌晨1点的准备,在夜幕下寻觅魅影迷踪。每对夫妇的全包价为250美元,包括客房及晚宴的费用,但税费和小费不含在内。酒店的员工们保证幽灵非常友善,享用晚宴的客人可能会发现它。

无论是否友善,幽灵是不会付钱给酒店的。酒店要想赚钱还需要付钱的顾客,而要想顾客盈门,特别是在淡季就需要开展营销活动。虽然酒店的口碑传播是无可匹敌的,但是也需要借助营销去获得足够多的口碑传播。

泰瑞奥对麋鹿山酒店的翻修、亚瑟的营销技能和苏珊的餐饮技能使酒店成为游客愿意前往的目的地。但一个仅有200人的小镇毕竟需求有限,无力支撑酒店的发展。麋鹿山酒店必须成为周边几个小镇居民的目的地,以及各种组织举办活动、休闲度假的场所。

资料来源:Updated September 2015; Sources accessed November 20, 2011; "Elk Mountain, Wyoming," *MuniNetGuide*, http://www.muninetguide.com/states/wyoming/elk-mountain/; Jackie

Borchardt,"Elk Mountain Hotel offers serenity, escape," trib.com(March 27, 2011), http://trib.com/business/article_46602367-c87f-5f72-857b-3867c8734ae2.html; "Historic Elk Mountain Hotel Finding an International fFavor," *Rawlins Daily Times*, undated http://www. elk mountainhotel. com/-attachments/RawlinsDaily.pdf; Elk Mountain Hotel Web site; www.elkmountainhotel.com(accessed September 3, 2015).

问题讨论

第8章或第18章

查看怀俄明州及其相邻各州的地图。

1. 你认为怀俄明州的居民在夏季高峰期、深秋和初春平常期、冬季低谷期三个时期占酒店住宿客人的比例是多少？怀俄明州的哪些城镇是酒店的目标市场？

2. 除了目标市场的客人，剩下的客人来自哪些市场？

3. 根据顾客的人口统计特征和生活方式，你会选择哪些目标市场？

第14章

1. 制订适合麋鹿山酒店的公关活动计划。计划中要包括成本估算。记住，即使免费的公关活动也需要为旅行作家们提供食宿。

2. 开发一系列有创意的组合产品来提高平常期和低谷期的入住率。

第16章

1. 哈弗斯夫妇把网站链接到猫途鹰上，并在雅虎旗下的图片分享网站 Flickr 上发布了酒店的照片。亚瑟认为，如果没有互联网，酒店将无法存活下来。互联网是如何助力像麋鹿山酒店这样的小酒店的？

2. 访问麋鹿山酒店的网站，你认为还可以怎样借助互联网来营销这家酒店？

案例11　丽思卡尔顿酒店

很少有酒店品牌能够在顾客服务方面达到丽思卡尔顿酒店这么高的标准。这家豪华连锁酒店起步于波士顿地区的第一家丽思卡尔顿酒店，从诞生之日起，它就为美国的酒店顾客带来了一场服务方面的革命。它首开在每间客房为顾客提供私人浴室的先河，酒店内部处处可见鲜花，所有的员工都打着白色或黑色的领结，或者身着晨礼服。

1983年，酒店从业者豪斯特·舒尔茨（Horst Schulze）带着四人开发团队获得了丽思卡尔顿酒店品牌名称的使用权，并带领整个公司聚焦个性化服务及功能层面的服务，使丽思卡尔顿酒店的服务这一概念深入人心。这家五星级酒店不仅提供完美的设施，在顾客服务方面也是精益求精。

为了兑现服务承诺，丽思卡尔顿酒店为员工提供严格的培训，确保他们能够执行"三步服务法"，践行"12条服务理念"。三步服务法要求员工必须：热情而真诚地称呼顾客的名字，向其问好；预见并满足每一位顾客的需求；在顾客离店时，热情地称呼顾客的名字，并道再见。经理人员随身携带印有12条服务理念的卡片。正如丽思卡尔顿酒店的总裁库珀所说："我们所做的一切都是为了顾客。人们不会对事情产生情感，所以就需要我们带来情感。"丽思卡尔顿酒店遍布29个国家的3.5万名员工竭尽所能地为顾客提供独一无二的难忘体验。

丽思卡尔顿酒店不仅以培训员工为顾客提供完美服务而著称，它在日常经营中对自身使命和价值观的强化也非常出名。每一天，经理们都会让员工列队集合，开15分钟的现场会，解决服务实施过程中遇到的问题，并一起阅读和讨论丽思卡尔顿酒店的先进事迹。这些真实的故事传诵给丽思卡尔顿酒店遍布全世界的每一名员工，让大家了解优秀员工服务顾客的案例，并结合12条服务理念中的某一条进行阐发。

在丽思卡尔顿巴厘岛酒店住宿的一家人因为儿子食物过敏，需要特殊的鸡蛋和牛奶。酒店的员工在当地没有找到符合要求的食物，而主厨记得新加坡的一家商店有售，于是联系了自己住在新加坡的岳母，请她帮忙购买并坐飞机将食物送过来。这个例子体现了服务理念中的第六条。

还有一个例子，一名服务员无意中听到一位男士对坐轮椅的妻子说，很遗憾没办法带她去海滩。这名服务员马上联系了维修部的同事。第二天就造好了一条通向海滩的木制人行道，而且在人行道的尽头搭了一顶帐篷以方便这对夫妇共进晚餐。

先进事迹也可以很简单，比如一名服务员记得有位顾客对某种咖啡比较偏爱，因此在这名顾客后来入住时无须其提出要求就为他送上了这种咖啡。在库珀看来，每天的先进事迹"是让分布在全世界的员工了解我们对他们的行为有何期待的最佳方式，每个故事都强化了我们所期待的行为，并展示了我们组织中的每一名员工是如何为我们的服务理念做出贡献的"。每一名员工都获得了极大的授权，他们无须征得管理层同意，就可以花费最多2 000美元来实现顾客的预期需求或愿望，从而帮助公司实现与每一位顾客建立长达一生的良好关系的理念。

丽思卡尔顿酒店委托盖洛普公司通过电话访谈来测定其顾客服务的成败得失。电话访谈了解的问题既包括酒店功能方面也包括顾客情感方面。功能方面的问题如"您觉得餐饮怎么样？"或"客房清洁是否到位？"而情感方面的问题主要关注顾客在酒店的感受。酒店通过这些调查及每天的经验总结不断提升和强化顾客体验。

如今丽思卡尔顿酒店已经并入万豪集团旗下，在30个国家拥有97家分店。公司计划继续向欧洲、非洲、亚洲、中东和美洲扩展。丽思卡尔顿酒店两次荣获马尔科姆·鲍德里奇质量奖，也是唯一一家两次获此殊荣的公司。

资料来源：Robert Reiss, "How Ritz Carlton Stays at Top," *Forbes*, October 30, 2009; Carmine Gallo, "Employee Motivation the Ritz-Carlton Way," *BusinessWeek*, February 29, 2008; Carmine Gallo, "How Ritz-Carlton Maintains Its Mystique," *BusinessWeek*, February 13, 2007; Jennifer Robison, "How the Ritz-Carlton Manages the Mystique," *Gallup Management Journal*, December 11, 2008; Kelly Kearsley, "Taking a Cue from Ritz-Carlton's Customer Service," *Wall Street Journal*, March 1, 2013; Micah Solomon, "How Four Seasons and Ritz-Carlton Empower Employees and Uphold Customer Service Standards," *Forbes*, October 28, 2013; Micah Solomon, "A Great Customer Experience (Ritz-Carlton Caliber) Requires More Than Just Empowered Employees," *Forbes*, September 18, 2013, http://www.ritzcarlton.com/en/about/factsheet (accessed May 13, 2019)

问题讨论

第 7 章

你认为第 7 章提到的哪个细分市场与丽思卡尔顿酒店最匹配？

第 10 章

丽思卡尔顿酒店是如何运用第 10 章介绍的内部营销概念的？

第 15 章

1. 假设你是位于俄亥俄州克利夫兰的丽思卡尔顿酒店的一名销售人员。一家制药公司联系你说准备举办一个新药发布宣讲会，预计有 100 名医生参会。该公司打算将会议地点放在丽思卡尔顿酒店或另一家酒店。另一家酒店是一个独立品牌，各方面与万豪、凯悦或希尔顿等商务酒店差不多。这家酒店给出的报价要低 10％左右。你的经理告诉过你不能降低价格。你要如何消除客户对价格的异议并赢下这个订单？

2. 丽思卡尔顿酒店是如何与竞争对手展开竞争的？其与竞争对手的关键区别是什么？

3. 讨论对于像丽思卡尔顿酒店这样的奢华酒店，先进事迹在维持高水平的顾客服务方面的重要性。

案例 12　大塔基

在滑雪场这个充满了竞争的领域，对盈利的追求从来都是一场硬仗。但是大塔基正在开辟一条不同于传统的成功之路，并重新思考大型度假村常用的策略。个性化的服务给大塔基提供了所需的推动力。

乍一看，位于怀俄明州的大塔基滑雪消夏度假村的生存机会似乎比它那招牌式的粉末状的雪在炎热夏天不消融的可能性还小。依照传统的观点，滑雪度假地成功的关键因素是场地。滑雪者在往返机票、住宿及乘坐高速索道（山势起伏大，需要各种高速索道）上花费了大量的金钱，因此需要获得相应的回报。在山下随便建几间房子，作为客栈、租赁商店及咖啡厅是远远无法满足这些人的需求的。今天的游客们期待的是一个基地一样的小镇，里边有着整洁的商店、豪华酒店及提供高品质食物的餐厅——目的地就该这样。

根据上面提到的条件，大塔基似乎不应该如此成功。大塔基位于大提顿山的西坡，距离杰克逊洞滑雪场约 48 千米。大塔基的占地面积（12 平方千米）超过杰克逊洞（10 平方千米），但就进入性而言，大塔基只有四条索道，而杰克逊洞有八条索道、一架箱式缆车及一部普通缆车。而且，游客经过长途跋涉终于到达大塔基后看到的是围绕广场建造的 15 分钟就能逛完一圈的低矮的客栈、商店和餐厅。而在杰克逊洞这个本来就热闹非凡的基地，最近又新开了一家四季酒店，而且杰克逊镇距离杰克逊洞只有 19 千米。

土地利用是滑雪场盈利的关键。《滑雪业简讯》杂志的主编玛丽·麦卡恩（Mary McKhann）指出："对滑雪场的运营来说，房地产已经成为商业计划的一个重要组成部分。"通过开发房地产，滑雪场可以从商店和餐厅收取巨额租金，从高价独栋住宅、联排别墅和分时所有权的销售中获得可观的收入。住宅地产的销售及商业地产的出租也是评价是否值得开发度假地的标准,很多时候,只收索道费是无法支撑一个度假地的运营的。

大塔基滑雪消夏度假村位于塔基国家森林公园内,因此其用地受到了严格的限制。它花了6年的时间才获准在山顶建了一条索道;在未来一段时间内,要想扩展坡地或基地基本上是不可能的。

然而,80%的滑雪者在体验了大塔基的滑雪场之后毫不犹豫地成为回头客。虽然与全美范围内79家主要的滑雪场77%的回头率相比,这个数据可能不是那么显眼,但是要知道这些滑雪场大多距离重要的中心城市只有一两个小时的车程,而大塔基距离最近的城市爱达荷福尔斯约130千米。

大塔基成功的秘密是什么

由于无法拓展占地面积,大塔基只能充分挖掘现有的土地和资源,结果发现自己坐拥一座亟待开发的"金矿"。在7年前的夏天,拉里·威廉姆森(Larry Williamson)有了这一灵感。当时,大塔基的骑马项目是由一家外部的运动用品商负责经营的,而它所有的运作都严格按照时间表进行:一小时骑马项目开始的时间分别是早上9:00、10:30及中午1:00,两小时骑马项目开始的时间是上午10:00及下午1:30。威廉姆森回忆说,"我们无法说服他们:如果在9点半有顾客来骑马,明明有两名马术师、15匹马闲在那里,为什么要让顾客等半个小时再骑马呢?"

大塔基接管了骑马项目,而威廉姆森也很快意识到,顾客需要的并不是马术,而是享受骑在马上的感觉。他对这个项目进行了变革以满足顾客的期望。结果,"在3个月里,在没有开展任何额外的营销活动的情况下,我们的收入从2.4万美元增加到了4.5万美元,我们唯一改变的就是,当顾客来的时候,我们会尽快让他骑上马。"如今,骑马项目一个季度的收入已经达到10万美元。

接下来的任务是了解在雪季里如何让顾客满意。因为曾经做过滑雪教练,威廉姆森知道,在滑雪学校的经历会影响顾客是否再次光顾滑雪场。爱达荷大学的一项调查发现,那些在大塔基的滑雪学校参加过课程的人几乎百分之百会成为回头客,而那些没有在大塔基的滑雪学校学习过的人中只有将近一半的人会成为回头客。"答案很明显,如果你在滑雪学校学习,那么你就与大塔基有了情感,成了它的一部分。"威廉姆森说到。

但是就滑雪课程而言,有一个虽然不明显但却很值得重视的经验。很多滑雪学校判断课程是否成功的标准是学员们的水平提高了多少。这种方法存在的问题是,课程成功的标准是由教练按照一些指标进行评定的,而不是由顾客的偏好来评定的。

威廉姆森提出了一个完全不同的课程成功公式,称:"这个公式关心的不是学员的水平提高了多少,而是学员获得了多少乐趣。除非课程比较有趣,否则人们不会在度假时花钱来上课。乐趣是我对这个行业的关注点。"

滑雪学校的校长马克·汉森(Mark Hanson)是威廉姆森关于乐趣的概念中的关键人物。汉森在出任校长之前曾经担任了5年儿童项目的教练。汉森深知一个好的项目背后的秘密:"如果小孩子无法在滑雪中获得乐趣,那么妈妈们就不会再带他们来了。如果他们获得了乐趣,那么妈妈们是无法阻止他们再次来玩的。"

在将儿童项目的成功经验复制到成人教学中时,汉森必须面对的一个现实是,大塔基的成年顾客中有80%是2级或3级滑雪者,而在其他滑雪场这一比例为60%。这些高水平滑雪者不可能像初学者那样希望参加滑雪课程。威廉姆森说:"与威尔(Vail)滑雪场相比,我们教授的课程少了很多,因此让这些高水平的滑雪者来参加我们的课程就更加困难。冰雪对他们的吸引是部分原因,定制化的选择是另一个原因。因此,找出人们想要什么就成了我们优先考虑的问题。与其担心他们受伤,不如让他们做一些增加自信心的事情。"

汉森分析了大塔基的不利因素,意识到他们可以帮助大塔基与其他滑雪场区分开来,甚至能获得不少机会。大塔基的顾客只相当于汽船温泉镇度假村(位于科罗拉多州面积相当的一家滑雪场)人数的1/10。汉森并没有因为大塔基人气不旺的滑雪道而感到沮丧,他说:"客流量不足是一个优势。我们可以更加人性化地面对顾客。我们可以说,'现在这里就你我二人,让我们滑雪去,想怎么滑就怎么滑。'"

由于客流量小,大塔基的滑雪学校的课程更加灵活。在距离此地4小时车程的蒙大拿州的广阔天空滑雪场,半私人性质的中级课程只有下午才有,而如果下午两点雪开始融化导致课程被取消,学员只能自认倒霉。大塔基由于人少,面向"群体"开设的课程往往由于参与人数不多,称之为"半私人"授课可能更为准确。

这些私人课程最能体现汉森为提高顾客满意度而竭尽全力的决心。公关总监苏西·巴内特·布松(Susie Barnett Bushong)说:"你可以在任何时刻或任何一天参加私人授课,如果你并不打算学习滑雪技术,而只是想让教练带你看看一般人不知道的雪道,那也没问题。如果你对今天的课程不满意,可以明天再来,免费再听一次。"

随着项目的立足点不再是从价值和产品的角度来看待问题,薪酬策略也发生了改变。大塔基的教练有动力提高顾客的满意度来争取回头客,因为他们不再只是依靠劳动成本来获得报酬。威廉姆森称:"与学校给他们安排的课程相比,教练教授再次光顾滑雪场或再次参加私人课程的顾客赚的钱要多得多。"

滑雪学校大多是滑雪场为了招揽顾客而亏本经营的。大型滑雪场可以通过其他方面的收益来抵消滑雪学校的建设成本和人工成本,但大塔基规模太小没法这么做。因此,就需要力推私人和半私人课程。汉森说:"从财务的角度看,这些课程对我们来说是一个成功,因为它们带来了收益;对教练来说也是一个成功,因为他们可以挣得更多;对于顾客来说,这也是一种成功,因为他们得到了他们想要的。"

为了确保招到合适的员工,汉森很是下了一番功夫。他说:"他们必须喜欢与人打交道。"大塔基的规模再次成了优势。"我们每年雇用10~12名员工就可以了,而一些滑雪场每个季度就需要雇200人,"汉森说,"对新员工的需求量不大,这可以让我精挑细选。"

规模小让他可以密切关注员工。每名主管负责的教练不会超过15名。汉森密切关注着顾客对私人和半私人课程的需求,也会留心顾客的反馈。汉森称:"我并没有进行任何正式的监督,但是我每天会在山上呆很长时间。我会说,'嘿,我注意到你做了哪些事情,这是为什么呢?'"

汉森的关注获得了回报。与全美平均7.5%的收益率相比,大塔基滑雪学校的收益率只有4.5%。但是从利息折旧及摊销前收益来看,滑雪学校的贡献率达到了30.1%,全美的平均贡献率只是它的一半多一点。

大塔基还逆行业潮流而动,积极开拓本地市场。汉森说:"所有的研究都会告诉你,外地游客更舍得花钱,但是要想获得成功,我们就不能只关注我们的市场中的某个单一层面。"为了扩大在当地市场的份额,大塔基采用了一种无所不包的策略,赞助小学、初中和高中的滑雪项目,与爱达荷福尔斯市及爱达荷大学的滑雪俱乐部合作,组织一些专门针对利基市场(如来自爱达荷州东南部的女性)的项目。毫无疑问,这些俱乐部的会员可以在课程费、周末辅导费方面享受很大的折扣。汉森说:"有很多人每周只要有空就会来接受辅导,通过告诉他们的朋友,他们为我们拉来了很多业务。"

从停车场服务员到滑雪巡逻队,大塔基对顾客满意度和回头客业务的追求贯穿其工作的方方面面。每个部门都按其表现进行评价,而顾客满意在评价体系中有很大的权重。5年前,滑雪巡逻队的绩效评价为44%。在此之后,巡逻队员们开始与顾客一起吃饭,带着雪崩搜救犬为顾客进行演示,让顾客们总能看到他们的身影。去年,他们的评分达到了88%。

类似的,停车场员工之前的绩效评价勉强达到40%。他们决定让顾客看到他们高效率的工作,因此穿上了橘黄色的马甲,发明了一整套手势,对顾客更加友善。他们的评分由此飙升至90%。威廉姆森指出:"面对顾客露齿微笑是排在第一位的因素。"

威廉姆森知道,大塔基永远也无法与威尔或杰克逊洞这样的滑雪场进行直接的竞争。它永远也无法拥有同样数量的滑雪升降机或奢华的基地村镇,也无法通过开发房地产赚取租金和销售收入。他说:"我们关注的不是与其他滑雪场竞争,我们关注的是那些使大塔基独一无二的特色。"通过挖掘现有的资源,威廉姆森的团队成功地找到了一条将大塔基远近闻名的粉末雪转化成实打实的真金白银的道路。

问题讨论

第 2 章

1. 大塔基的管理层是如何创造出一种服务文化的?
2. 乐趣是如何与服务文化的建立产生关联的?
3. 大塔基通过聚焦什么产品建立了顾客与员工的互动?为什么这种产品会获得成功?

第 10 章

案例中哪些地方表明大塔基成功地实施了内部营销的概念?

案例 13　滴血之心餐厅:一家餐厅的独特定位

滴血之心餐厅30年来一直是伦敦人的最爱。这家常年受欢迎的餐厅是1983年由曾经是新闻记者的罗伯特·威尔逊(Robert Wilson)和罗宾·威尔逊(Robyn Wilson)在一个废弃的地下酒窖中创建的小酒吧,这里曾经是一个维多利亚时代钟表制造厂的仓库。虽然伦敦酒类协会的同行都提醒说,一家如此隐蔽的酒吧永远不会成功,但从一开始,滴血之心餐厅就获得了成功。时至今日,它每天接待的顾客超过1 000人。

历史：滴血之心庭院

这家历史悠久、人气极高的餐厅为顾客提供法式佳肴，就餐环境极富历史感。餐厅的名字来源于它所在的院子，根据历史书记载，院子是以17世纪的美女伊丽莎白·哈顿(Elizabeth Hatton)夫人命名的，她在那里被人谋害。

传说

17世纪伦敦社交界的宠儿伊丽莎白·哈顿是著名商人克里斯托夫·哈顿爵士(Christoper Hatton)的儿媳妇，虽然守寡，但却年轻、漂亮且富有。她的追求者众多，包括伦敦的一位知名主教和一名才华横溢的欧洲大使。能够收到她的邀请去哈顿花园参加舞会是很荣耀的事情。

哈顿夫人在1626年1月26日举行的冬季舞会是伦敦社交季的亮点之一。在当晚的宴会进行到一半时，宴会厅的大门被猛地打开了，一位皮肤黝黑的绅士大步走入，微微耸起肩膀，右手呈爪状。他拉着哈顿夫人的手，绕着房间跳了一圈舞，然后带着她穿过两道门到了花园。这引来了其他人的阵阵轻声议论。哈顿夫人和这位欧洲大使(就是这个人)会接吻吗？会有进一步的发展吗？或者她会独自返回？但最终结果却出乎所有人的预料。第二天早晨，在铺满鹅卵石的院子里，人们发现了她被肢解的尸体，心脏还在跳动，鲜血染红了地面。从那以后，这个院子就被人们称为滴血之心庭院。

查尔斯·狄更斯和滴血之心

查尔斯·狄更斯也知道滴血之心的传说。他在《小杜丽》(*Little Dorrit*)这本小说中描写了发生在这个庭院的故事，称"这个院子里的居民深信一直以来的谋杀的说法"。但是接下来他讲述了另一个版本的滴血之心的故事："那些温文尔雅、更富于想象力的居民，包括所有的女性，则认为故事其实是一位年轻的女士被自己残忍的父亲囚禁在闺房里，因为她深爱着自己的爱人不肯嫁给父亲选中的求婚者。但在认同谋杀传说的人看来，这个被囚禁的忠贞不渝的老处女的故事不过是未婚女子们的幻想。"

如今，滴血之心餐厅的发展已经远远超出了当年那个小小的地下室酒吧，但是它保留并强化了给它带来独特定位的建筑、文化和历史特色，受到多个细分市场顾客的追捧。

自1746年开始，在滴血之心庭院的门口就有一个酒馆，这家酒馆在历史上就以快乐的氛围而著称，那时它自我吹嘘的是"一便士开喝，两便士喝倒"。如今，餐厅更多是以传统的邻里酒吧的形式存在，供应真正的麦芽啤酒，为时间紧迫的顾客提供简单的午餐。

酒馆餐厅的楼下是一个按照农家宅院布置起来的区域，这里的特色是开放的烧烤区，为顾客提供了一个温暖、舒适的场所，在这里他们可以尽享自由放养的有机英国猪肉、野味、家禽，以及多种上好的美酒。

滴血之心餐厅也供应早餐，提供鲜榨橘子汁、自制羊角面包及"全英式"萨福克培根。

开业初期

在早期，滴血之心餐厅由于距离泰晤士报、镜报、卫报等很多全国性日报的总部很近，再加上与媒体的联系(以及媒体对名酒的偏爱),从成立之日起就吸引了很多知名的记者,并通过这些记者引起了公关行业的关注。

格雷律师公会的出庭律师公会(Barristers Chambers of Gray's Inn)的律师们也喜欢品酒,因此滴血之心餐厅成了这一专业群体最喜欢的午餐地点,在这里他们喝着高档红酒,再搭配上一盘熟猪肉或奶酪,讨论着他们的辩护词。

不断增加的高端顾客要求餐厅提供更加复杂多样的菜品,而不是一开始的小酒吧的水平。于是,餐厅扩展了规模,盘下了旁边的一个地下室,将厨房扩展成了一个铺着白色桌布的餐厅,提供更加复杂但依然经典的法式菜肴。

从只有40个座位的酒吧开始,滴血之心餐厅围绕古老的鹅卵石庭院不断扩展,现在它包括一间可容纳160人的正式的美食餐厅(外带可容纳30人的露台)、一间可容纳60人的法式平价餐厅(外带可容纳40人的露台)、一个可容纳70人的酒馆,以及两间分别命名为客厅和酒窖的私人餐厅。在伊犁广场,紧邻滴血之心庭院的是炫目的中世纪宴会厅——地窖餐厅及地窖咖啡厅。这座建于12世纪可容纳120人的地窖,是亨利八世和阿拉贡公主凯瑟琳举办婚礼的地方。

营销

餐厅开张那天,威尔逊夫妇雇了两名法国女服务员,在当地的地铁站散发"如何找到我们"的地图。餐厅由于没钱,因此并未做广告。作为一种宣传工具,传单并没有带来立竿见影的效果。开业第一天,餐厅的收入只有39.37英镑。然而,在一周之内,口碑效应形成了,业务量翻了三番。持续一周的传单散发是滴血之心餐厅唯一的外部促销活动。

依靠口碑是为了找到合适的顾客。口碑确实发挥了作用,它建立了一个忠实的同类型的顾客群,这些人相信,这个隐藏得很深的庭院及坐落其中的熙熙攘攘的法式餐厅,让他们有了一种个性化的发现。这个餐厅是一个"不为人知的秘密",当然,很幸运,很多人都参与了这个秘密。这家餐厅最独特的卖点就是它那独一无二的选址。

在开业后不久,滴血之心餐厅就被一位来自纽约的评论家评价为"极难找到,但绝对物超所值"。一名伦敦的出租车司机对一位迷路的顾客说,这家餐厅之所以叫滴血之心,就是因为它太难找了。罗伯特和罗宾的口头禅是,你需要自己去寻找滴血之心,光看关于它的宣传是远远不够的。他们还通过每月抽奖等方式获取顾客的名片,逐渐建立了老顾客的数据库。当时还没有电子邮件,名片上会印有通信地址和电话号码。这是一项极其耗费人力的工作,但是他们建起了5 000多人的数据库,其中备注了500名爱喝酒的顾客。

对于这500名顾客,除了推销日常的葡萄酒和晚餐,餐厅还会推广与葡萄酒有关的活动,如新博若莱葡萄酒早餐。因为美国施格兰公司(Seagram Company)在爱尔兰积压了大量的白雪香槟酒,愿意以极富吸引力的价格出售,因此滴血之心餐厅推出了大瓶酒之夜(Magnum Night),每周五晚上(顾客最少的晚上)大瓶香槟酒半价销售。

尽管没有进行特别的宣传,但大瓶酒之夜很快就成了非常吸引顾客的活动。半价优惠活动从下午5:30开始,到7:00结束,这段时间庭院里排起了长队。有一次,一位BBC的记者打电话来说他可以用信用卡提前付账,以免错过7:00的截止时间。

然而，这项促销活动也带来了消极影响。晚餐常客（餐厅的长期顾客）无法越过等待畅饮香槟的长队进来就餐。因此，一年后这项促销活动就停止了。在这项活动的基础上，餐厅成立了大瓶酒俱乐部，因为据说酒瓶越大，酒越好喝。常客也获邀加入。最开始，该俱乐部的会员在品尝香槟时可以打折。后来，获邀参加品酒餐或酿酒餐时也可以打折。俱乐部依然在不断壮大，成为会员是免费的，但必须通过邀请才能加入。这一限制让俱乐部的会员资格很受追捧。

如今，威尔逊夫妇依然不为滴血之心餐厅做广告，但是他们开始在面向企业活动市场和婚庆市场的特殊出版物上有针对性地进行促销。

通过电子邮件可以很方便地与老顾客进行沟通，但威尔逊夫妇对于打扰顾客的电子空间非常谨慎。只有在举办一些大型活动，如夏季户外餐厅开放，顾客可以获赠一杯玫瑰葡萄酒以庆祝落日余晖时，才会发送电子邮件。

威尔逊夫妇相信，在竞争不断加剧的餐饮界，保持低调是有好处的。2008年，虽然在财务上有所下滑，但是业务量依然在增加。在这段艰难的经济时期，伦敦《标准晚报》写了一篇关于餐厅感受到经济衰退压力的专题报道。滴血之心餐厅是为数不多的几家值得称颂的"满座"餐厅之一。

滴血之心餐厅获得了多家国内外媒体的好评。这些媒体赞扬了餐厅的食品、服务和氛围。媒体的赞扬要比餐厅自己打广告有效得多，因为潜在顾客认为媒体的信息更值得信赖。事实证明，新闻报道是餐厅生意兴隆的一个主要因素。

所获奖项

在开业后的6个月里，这家小酒馆就在 *Time Out* 杂志举行的伦敦十佳酒吧投票选举中上了榜。从那以后，它不断获得来自国内外的各种赞誉，如《泰晤士报》的"伦敦最浪漫餐厅"和《卫报》的"欧洲最佳聚餐地"及"最佳私人餐厅"。

《查格餐饮指南》将其评为伦敦顶级的三家商业午餐餐厅之一。最权威的伦敦餐厅指南《哈登斯》及伦敦人外出就餐时离不开的餐厅预订软件美餐（Square Meal）都将之评价为首选的商务餐厅。自成立之日起，滴血之心餐厅就以其种类繁多、价格合理的美酒而闻名。威尔逊夫妇多次获得《葡萄酒观察家》杂志颁发的"全球最佳葡萄酒排行榜"年度杰出奖。

问题讨论

第13章

1. 分析滴血之心餐厅使用的促销组合中的各要素。
2. 在你看来，滴血之心餐厅为何能够在预算如此有限的情况下获得巨大成功？

第14章

1. 如果你的公司签约成为滴血之心餐厅的公关公司，你会如何规划它的公关活动？
2. 在大众媒体上有很多对滴血之心餐厅的好评。你认为它是如何获得这些媒体的推荐的？

第 16 章

自从开业以来,滴血之心餐厅就没有改变过促销策略。如果你买下了滴血之心餐厅,你会利用社交媒体进行促销吗?如果会,你将如何利用社交媒体?如果不会,请说明理由。

案例 14　败也定价,成也定价:从一家当地餐厅得到的启示

"当我开车驶入铺满碎石的停车场时,我立刻意识到墨西哥戴森(Mexicatessan)是一间温馨友好的墨西哥餐厅。这里没有什么新的东西——我没有否定它的意思。这里的东西都有些年头了,虽然陈旧却让人感觉很舒服。墙和天花板的设计是墨西哥式的,窗式空调就安装在天花板的下面。"

这家餐厅位于中下层社区,不仅吸引了当地人,还吸引了很多休斯敦的富人和知名人士。餐厅的收益开始下降。店主赫雷拉长时间辛勤工作,为顾客提供高品质的食物,但他的时间和投资几乎得不到回报。餐厅的食物很美味、餐厅的地理位置很优越,也有一群老顾客,但问题出在定价上,因为墨西哥戴森的价格远低于同类竞争者。赫雷拉既要提供高品质的食物,又想保持低于连锁餐厅的定价。他利用价格获得了相对于连锁餐厅的优势,因为这些餐厅要支付高昂的房租和庞大的本地广告支出。

墨西哥戴森的低价不仅没有很好地吸引和留住老顾客,还几乎毁掉了它的生意。它的定价不能带来充足的现金流来维持餐厅的良好状态。赫雷拉的努力也无法收到经济回报。挣扎了几年后,赫雷拉委托专业人士做了一项调研,了解怎样才能提高餐厅的现金流。调研表明,尽管顾客认为餐厅的食物质量更好,餐厅的价格却至少比竞争对手低50%。赫雷拉决定将价格提高到仅比竞争对手低10%。他觉得这种价格差异和较高的食物质量足以抵消连锁餐厅的竞争优势。他开始通过一系列有计划的涨价来实现他的战略。因为要达到他的目标意味着一些菜品要提价70%甚至更多,第一次提价幅度约为25%,接下来一步步地提价,直到达到他所希望的价格水平。在3年多的时间里,菜品价格提高了40%~70%。这是一个大胆的举动。

提价后,墨西哥戴森的收入增加的百分比要高于提价的百分比,这表明提价几乎没有带来不良的反应。顾客仍然认为他们得到了高品质的食物。提价使赫雷拉有了足够的资金搭建一个新的屋顶、雇用更多的员工和进行餐厅内部装修,他的投资也带来了可观的回报。这个案例说明了定价的重要性,如果定价过低,即使拥有很多顾客,呈现一派繁荣景象,也不会有足够的资金维持正常运转。

赫雷拉是幸运的。将定价过低的产品提价要比将定价过高的产品降价容易得多。定价过高的企业会对用过其产品的顾客在心理上造成负面影响,即使价格下降了,顾客的态度或许也不会改变。在经营过程中,定价管理一定要慎之又慎。

问题讨论

第11章

1. 为什么赫雷拉不愿意提价？如此低廉的价格是如何几乎毁掉他的餐厅的？
2. 以这个案例为例，解释需求、价格和利润是如何相互关联的。

案例15　超值的精神航空公司：收获不多但付出更少

　　对精神航空公司不满的顾客经常在社交媒体上吐槽。这并不是大多数公司想要的顾客反馈。更加糟糕的是，精神航空公司不仅在社交媒体上反响不佳，它最近还被《消费者报告》杂志评为顾客体验最差的航空公司，得到的评分是该杂志有史以来的最低分，这可不是什么好事。

　　如此看来，精神航空公司一定会走向破产和毁灭之路，对不？恰恰相反，精神航空公司是美国扩张最快的航空公司，几乎每一趟航班都满员，而且每个季度都会实现可观的盈利，这在航空业是相当不容易的。精神航空公司是如何做到这一点的呢？答案是炉火纯青的超值定价法。精神航空公司的价值主张是："花小钱，飞更远。"

　　精神航空是一家廉价航空公司，其机票价格比竞争对手要低很多，在某些情况下甚至低90%。票价这么低，因此顾客也必须接受精神航空为他们提供的价值也很少。购买一张精神航空的机票，意味着你只获得了一种价值，而且是唯一的价值，即一张可以把你带到目的地的飞机上的座位。如果你想获得其他价值，你就需要付钱。除了所谓的"裸票"定价模式，精神航空其他的一切服务都收费。你只会得到你花钱所购买的，其他的，连一颗坚果也不会提供。

　　例如，大多数航空公司都免费提供饮料，但是精神航空即便提供一瓶纯净水或一罐苏打水也会收取3美元。想要一个枕头或者毯子？很乐意为您服务，请付7美元。想要预先指定某个座位需要花15美元，想让机场的值机人员打印登机牌需要付10美元。一个正常大小的随身行李箱需要再收55美元。更离谱的是，精神航空航班上的座椅之间很挤（精神航空称之为"一个舒适的小座位"），而且椅背不能倾斜。如果你想要一个能喘口气的空间，和你想的一样，你得多付点钱才能被安排在紧急出口边的座位上或者与头等舱空间差不多大小的前排座位。

控制华而不实

　　精神航空公司把自己的定价策略称为"控制华而不实"，让顾客可以更好地控制花钱购买哪些服务及不购买哪些服务。它指出，很多航空公司所谓的免费的苏打水、超级宽敞的腿部伸展空间，实际上并不是免费的。无论顾客是否需要这些服务，其成本已经包含在票价中了。精神航空公司的顾客则可以根据自己的需求进行选择。虽然这种方式听起来很有新意，但一些顾客认为这种方式有点锱铢必较，甚至有人认为这很不公平，带有欺骗性质。社交媒体上充斥着粗心大意的乘客为额外服务支付的费用远远超出他们购买裸票时节省的费用的故事。

精神航空公司以非常强硬的方式回应顾客的投诉。当顾客提出价格优惠时，精神航空的代理商一般都会表示爱莫能助。该公司认为，额外收费是可选项，不是必选项。基本票价涵盖了乘客到达目的地所需的一切。精神航空公司的CEO说："例如，我们不会对洗手间收费，我们永远也不会收费，那不是一个可选项。"

捍卫糟糕的服务和定价

精神航空公司并没有隐瞒自己糟糕的顾客服务记录，恰恰相反，它似乎把这作为一种荣耀。最近的一份研究指出，精神航空公司在美国交通运输部的顾客投诉榜中排名倒数第二，精神航空公司对此大肆吹嘘。这项研究指出，在过去的5年中，平均而言，航空业10万名乘客中只有8人会感到不满。精神航空公司对此的回应是提供24美元的折扣来庆祝这一数据。"这个数据是对的，我们的乘客中有99.99%的人不会向交通运输部投诉，"精神航空公司在一份媒体上公开宣称，"对于0.01%的会投诉的乘客，那也没什么。我们不是一家为所有顾客提供服务的航空公司（当然，我们欢迎您再次乘坐我们的航班，绝对省钱）。"

精神航空公司进一步为自己的定价策略辩护说，对于那些愿意花时间细读的顾客，公司提供了非常详细的关于收费项目的信息。事实上，精神航空公司的网站提供了"精神航空101：航班飞行简单指南"，详尽地列出了顾客可以花钱购买的服务项目，而且告诉乘客如何利用精神航空裸票系统来省钱。除了极少数喜欢大声嚷嚷，觉得自己受到了欺骗的乘客，精神航空的大多数乘客都很清楚他们得到了什么样的好处，并且对此很开心。当被问到对于精神航空的航班上一瓶水要收费3美元是否感到不满时，一名乘客的回答是："当然不会。它们只是在尽力弥补自己的成本。"这一态度代表了大多数精神航空乘客的真实想法，放弃额外的项目，获得超低价的机票对他们来说是一件非常开心的事情。

为了搞清楚实际情况，一位航空产业分析师决定亲自去体验一下，看看真相到底如何。他购买了一张精神航空公司从底特律飞往拉瓜迪亚的单程机票，价格仅为63美元，比达美航空、美国航空或美联航的票价差不多低近300美元。他讲述了自己的乘坐体验："飞机落地后，我对我的朋友说，不知道人们有什么可抱怨的？"他认为，大部分的不满来自误解，如果人们提前就了解精神航空的各项政策，他们就不会感到大惊小怪，不会购买一些他们不需要的服务。他建议说，如果你需要娱乐，你可以自己带一台便携式设备。提前做好计划，在登机前买好零食和水。在计算真正的费用时，要提前想好，把随身携带的行李或托运的行李所需的花费也考虑进去。或者轻装上阵，把所有的东西都塞进一个小的随身包中，或者一个你可以带上飞机的背包中。此外，心理上也要有准备，座位拥挤到"你可以闻出你前排乘客使用的洗发水是什么牌子"。当然，对于3小时以内的航班来说，座位稍微有点拥挤也不是太糟糕的事情。

对于那些抱怨自己在额外收费项目上花的钱超出了在票价上节省的钱的顾客，官方数据显示情况并非如此。精神航空公司总的飞行价格（所有费用都包含在内）依然是业内最低的，比竞争对手的价格平均低40%。即便价格如此低，由于其客运里程成本是业内最低的，精神航空公司的利润率依然是业内最高的。例如，精神航空公司在每名乘客身上获得的总收益要比美联航盈亏平衡情况下从每名乘客身上获得的收益少一半左右。在过去的4年中,虽然面临那些体量巨大的竞争对手的各种挑战,但是精神航空公司的年收入增长超过80%,达到20亿美元,净收入飙升近200%。

精神航空公司通过自己"收获不多,但付出更少"的定位策略大获成功。确实,在乘坐精神航空公司的航班时你不会获得太多服务。但反过来看,你不需要为你不想要的东西支付费用。这样你到了目的地,钱包里就有了更多可以消费的钱。如果花钱购买那些额外服务让你很不舒服,不要购买它们就好。或者你可以乘坐其他公司的航班,你支付的票价里会包含各种项目。但是精神航空公司并不会让这些额外收费项目变成免费服务。精神航空公司的CEO说:"我们是不会为了避免少数顾客的投诉而添置一些大部分顾客不看重的东西。如果那样做的话,将会让所有人的花费增加,这与我们票价最低的承诺相违背,这也是我们的顾客一直在告诉我们的,他们真正看重的正是这一点。"

资料来源:Shawn Tully,"Behind the Sudden Departure of Spirit Airline's Wildly Unconventional CEO,"*Fortune*,January 8,2016,http://fortune.com/2016/01/08/spirit-airlines-ceo-ouster/;"If Spirit Airlines Is So Unpopular,Why Are Its Flights So Full?"*CBS News*,March 23,2014,www.cbsnews.com/news/if-spirit-airlines-is so-unpopular-why-are-its-flights-so-full/;Justin Bachman,"Spirit Airlines Sees All Those Passenger Complaints as Mere Misunderstandings,"*Bloomberg Businessweek*,April 18,2014,www.businessweek.com/articles/2014-04-18/spirit-airiines-passenger-complaints-part-of-its-business-model;Jared Blank,"3 Myths About Spirit Airlines,"*Online Travel Review*,September 10,2012,www.onlinetravelreview.com/2012/09/10/3-myths-about-spirit-airlines-or-my-flight-on-spirit-was-perfectly-fine-really/;Adam Levine-Weinberg,"Why Houston Is Spirit Airlines' Next Big Growth Market,"*The Motley Fool*,November 20,2014,www.fool.com/investing/general/2014/11/20/why-houston-is-spirit-airlines-next-big-growth-mar.aspx;"Value Airline of the Year-Spirit Airlines,"*ATW*,January 23,2015,http://atwonline.com/airiines/value-airline-year-spirit-airlines;and http://marketing.spirit.com/how-to-fly-spirit-airlines/en/,http://ir.spirit.com/financials.cfm,and www.spirit.com(accessed September 2016)。

问题讨论

第1章

1. 精神航空公司是如何为乘客创造价值的?
2. 从需要、欲求、需求的角度分析精神航空公司满足了顾客的什么欲求。
3. 课堂讨论:班上有没有乘坐过廉价航空公司的航班的同学。哪些同学下次还会乘坐?哪些同学不会再乘坐?请分别给出理由。

第11章

1. 精神航空公司的定价策略使用了哪些定价原则和方法?
2. 在机票价格如此低的情况下,精神航空公司是如何满足乘客的期望的?

案例16　阿波罗旅馆

开业10个月后,瑞安·索耶(Ryan Sawyer)为自己管理阿波罗旅馆所取得的成就感到自豪,但他知道还有很多工作要做。

阿波罗旅馆位于肯塔基州，所有者是威廉姆斯化妆品公司。这家旅馆最初是威廉姆斯美容学校的学生宿舍，2002年9月改建成一家拥有82间客房面向社会大众的旅馆。

旅馆所在的建筑内还有一家生产个人护理用品的工厂和威廉姆斯化妆品公司的总部。

威廉姆斯化妆品公司关闭了美容学校，决定把精力集中在化妆品的生产和销售上。改建旅馆只是为了利用美容学校这栋已有的建筑。

旅馆刚开业时，客人很少，几乎没有工作人员，预算也很有限。旅馆没有宣传册、网站，甚至在黄页上连一个名录也没有。索耶没有酒店业的工作经验，但他却被要求开拓业务并实现盈利。

索耶拥有科罗拉多州立大学的经济管理学士学位，曾经在一家很大的区域性银行及彭尼公司工作过。

营销策略

索耶决定旅馆要面向广泛的顾客群。多年来，威廉姆斯夫妇通过教会和社区活动结识了很多人。这些人脉在旅馆的推广方面很有帮助。

会议和旅游局也给旅馆介绍了很多客人。索耶联系了青少年棒球联盟，通过给裁判提供免费住宿（两位裁判住一间客房）得到了一份让各参赛队伍入住旅馆的合同。

为了在赛季吸引客人，索耶推出优惠活动，如果客人提前两个月预订客房并预先付款，则入住三晚免一晚的房费。后来的结果证明这项活动有一定的效果。

阿波罗旅馆为一家大型电力公司提供优惠房价以鼓励该公司的员工入住。这一策略给旅馆带来了不少的客人。

旅馆还为美国军人提供优惠房价。索耶觉得旅馆只有82间客房，让旅馆住满的最佳策略是面向组织机构而非旅游散客进行促销。

旅馆似乎已经获得了"住宿物有所值"的好名声，过去的4个月平均入住率达到58%。

索耶注意到公司的个人护理用品虽然就在同一栋建筑内生产，旅馆却并没有使用或销售这些产品。于是他在客房里摆放了公司的个人护理用品，并开了一间销售公司的个人护理用品及其他传统礼品的礼品店。

人员

作为一家小型的私人旅馆且并非公司的核心业务，阿波罗旅馆可以尝试不同的经营策略。例如，前台员工给旅馆带来业务的话，可以获得一定的佣金，从而鼓励前台员工时刻关注潜在客人打电话或上门咨询时的各种销售机会，并鼓励他们向自己的朋友及有联系的组织（如教堂、学校、俱乐部等）"推销"旅馆。索耶说，有了佣金，前台员工的平均收入远超其他旅馆的前台员工。

索耶认为自己的首要职责是对旅馆进行营销，好让"客房的灯亮起来"，而运营决策应该留给负责运营的人来做。他坚信大部分渴望个人成长和承担责任的人都能学会运营工作，而且能在没有自上而下的微观管理的情况下把工作做得更好。他还认为，所有的员工都应该接受交叉培训,都要愿意临时承担自己本职工作以外的责任。有一次,在客人入住的高峰期,维修工被要求穿上制服,担当起行李服务员的角色。这个方法似乎取得了不错的效果。

旅馆要求每个新员工都学会如何打扫房间和整理床铺,以便在紧急时刻他们能为旅馆的这个重要运营领域提供帮助。阿波罗旅馆雇用员工的第一条准则就是"愿意学习、愿意工作"。

旅馆还要求员工不断提高专业技能。当管理层需要做出决策时,旅馆要求各部门主管用专业方式把自己的意见打印成定稿,并提交上来。这迫使部门主管认真思考自己的建议,认真对待,并做好捍卫自己观点的准备。

欢迎新建议

索耶说他对员工及其他人提出的提高旅馆入住率和运营水平的新建议持欢迎态度。

问题讨论

第 9 章

分别就提高入住率、提升每间可出租客房平均收入和提高运营水平向索耶提出建议。

第 10 章

1. 为进一步提高索耶在员工中倡导的个人责任感,你会做些什么?
2. 你认为在一家旅馆中,应该对员工进行交叉培训吗?这会不会吓跑那些有可能成为优秀员工的应聘者?

第 14 章

索耶应该找一家广告代理公司协助他对旅馆进行定位和营销吗?解释你的答案。

案例 17　卡梅隆商贸客栈

从亚利桑那州弗拉格斯塔夫市出发沿着 89 号高速公路向北行驶 84 千米后,游客就会惊喜地看到位于小科罗拉多河峡谷旁边的卡梅隆商贸客栈(Cameron Trading Post & Lodge)。事实上,卡梅隆小镇绝大部分的商业活动都是在卡梅隆商贸客栈进行的。客栈旁边还有一座建于 1911 年的已废弃的有些塌陷的吊桥。

卡梅隆商贸客栈最初只是一个货栈,霍皮人和纳瓦霍人在这里用羊毛、毯子和家畜换取面粉、糖、罐头及家庭日常用品。他们要想到达货栈,需要坐马车走好几天。顾客们在货栈会受到家人般的接待,他们的吃住也都在货栈。卡梅隆小镇的居民对来此做生意的商人们很信任,因为这些商人懂得当地的方言、了解当地的顾客,而且会向当地人解释让他们迷惑不解的美国法律和社会制度。

卡梅隆商贸客栈的所有权如今归员工及创始人的直系后裔乔·阿特金森(Joe Atkinson)所有。客栈为前往大峡谷、鲍威尔湖、彩绘沙漠和犹他州的旅客提供一个中途歇脚点。

在质量、顾客服务、尊重美国土著文化、出色的商品推销、公正对待员工、员工培训、员工授权和产品持续创新等方面，卡梅隆商贸客栈堪称典范。

卡梅隆商贸客栈很注意保持自然资源特别是水资源的使用与商业增长之间的微妙平衡，这也给整个接待业敲响了警钟。

卡梅隆商贸客栈背后的推动力量来自乔·阿特金森，他是开发西部的那些先驱者的后裔，继承了他的祖先们的生活态度，而不是那种好莱坞式的虚幻态度。

阿特金森家族因为与印第安人做生意而搬到了亚利桑那州和新墨西哥州。19世纪40年代，家族中的一名成员在用马和骡子给顾客运送货物时被派尤特人、纳瓦霍人或是逃犯杀害了。

乔出生在亚利桑那州的三间木屋商栈（Three Hogans Trading Post），天生就是做生意的料。他的叔父休伯特从得克萨斯州克利本搬到了亚利桑那州，并于1916年在卡梅隆小镇建了一家货栈。1964年，这家货栈被租借给雪佛龙石油公司，后来又被租借给了哈维公司。哈维公司是接待业的先驱者，与圣达非铁路公司合作建立了非常成功的有西部特色的酒店、餐厅和礼品连锁店。

乔获得了卡梅隆商贸客栈，以及位于盖洛普、圣达非、阿尔伯克基和凤凰城的印第安珠宝店的控制权。

乔没有受过大学教育，但是却成了公认的印第安珠宝和艺术专家，还掌握了驾驶塞斯纳双引擎飞机的技术。乔4岁就开始接触雪茄烟，直到最近才戒了烟。这也是他第二次戒烟。第一次戒烟是他上小学的时候，校规禁止学生吸烟。

卡梅隆商贸客栈经营美国西南部风格的艺术品、纪念品和古董，其特色是手工制作的高品质仿古风格的编织品、提篮、陶器、珠宝和雕刻品。卡梅隆商贸客栈这栋砂岩筑成的建筑好像一个免费对外开放的美国西南部印第安风格的艺术品展览馆。

参观者可以在客栈古典奢华的氛围中进餐。一个巨大的石头砌成的壁炉和众多瑰丽的当地艺术品让餐厅的布置极具西南部风格。菜单上是美国和墨西哥特色菜及富有特色的"纳瓦霍炸玉米卷"。

客栈共有66间客房，装修的主题风格依旧是豪华的美国西南部风格，客房里的家具也很高雅，而且精心维护。客房的价格适中，但一年中只有25～30天能达到100%的入住率。

	房　　价
3月～10月	119～199美元外加税金
11月～2月	79～169美元外加税金

此外，客栈还有房车宿营地，为宿营者提供全套电力、污水排放系统和饮用水。

	房车宿营收费
一晚	35美元外加税金
一个月	350美元外加税金

乔说,除了在3A级旅游指南上刊登的一些信息及树立的几个招牌外,卡梅隆商贸客栈几乎没有进行营销。美国西南部近几年持续干旱,客栈的用水来自小科罗拉多河,但是每年用水量被严格限定在2 400万加仑。客栈现在的用水量为2 250万加仑,乔说管理层不得不考虑在不同类型的顾客之间进行权衡。住店客人的用水量远超来餐厅就餐和中途路过购买商品的顾客的用水量,但是住店客人往往也能带动餐厅和礼品店的销售。

在"9·11"事件之前,客栈每天要接待45辆旅游巴士。这些游客中,40%来自欧洲,其余的是美国和加拿大的退休人员。管理层原本以为这些游客由于只能停留30~40分钟,会倾向于吃自助餐,然而事实上游客特别是欧洲来的游客更喜欢坐下来点菜吃。

意识到这一点后,管理层和餐厅的员工设计了一个系统,能让所有顾客在25分钟内吃上自己点的热气腾腾的饭菜。乔对员工们主动提供这种服务而不惜辛苦忙碌感到很自豪。

2004年,每天会有18辆旅游巴士来到客栈,可以预计,如果美国不再次遭受恐怖袭击或发生其他意外,来客栈的旅游巴士的数量还会增加。客栈出售的印第安产品和陈列馆让来自德国、意大利、法国的欧洲游客感到兴奋不已,客栈90%以上的员工是印第安人,其中大部分是霍皮人和纳瓦霍人,这一点也让欧洲游客很兴奋。

斯坦福大学校友会也发现了卡梅隆商贸客栈。校友会的成员每年都会来这里,住客栈或房车宿营地。他们带着自己的厨师,在花园里为他们准备露天餐。

珍品拍卖会

虽然乔说起客栈的营销活动时有点轻描淡写,但他表示由于美国西南部印第安艺术珍品拍卖会的举行,客栈获得了巨大的成功。这个拍卖会于1985年首次举行,当时只有15~18人参加。而到1999年,有300多人参加了当年的拍卖会,客房、房车宿营地、餐厅和礼品店都挤满了人。然而,由于印第安古董艺术品的减少,拍卖会不再举行。最后一次拍卖会的拍卖目录封面是4岁大的乔手拿雪茄坐在一把木制摇椅上。

乔也认为可以开展一些促销活动来增加淡季的入住率。客栈通常的入住率如下所示:

季 节	入住率
夏季	85%
冬季	30%
秋季和春季	60%~70%

美国人的休假模式使夏季成了客栈入住的高峰期,但是亚利桑那州北部天气最凉爽的几个月却是客栈入住的低谷期。

管理风格

乔亲自负责客房家具的挑选、陈列馆的布置及制订未来扩张计划,并打算沿着峡谷边修建一批纳瓦霍风格的泥盖小屋,作为一种独具特色的客房。

迈克·戴维斯(Mike Davis)是客栈的总经理,负责日常运营,包括很关键的商品采购工作。迈克有丰富的零售业从业经验。乔说虽然他有时会和迈克进行磋商,但大多数情况下都是让迈克放手去干。

客栈的员工很少有跳槽的,很多员工退休时拿到的退休金和福利在当地都是非常高的。乔对员工的评价是:他们把自己献给了卡梅隆商贸客栈;为了改善客栈的运营,他们付出了很多;他们渴望学习、渴望提高自己;他们对顾客很友善,并能提供优质的服务;他们不惧怕被人说"那是个愚蠢的主意";他们接受交叉培训,在不同的岗位上工作,也乐于这么做;他们把自己和管理层看作是一个大家庭中的成员。

乔和他的管理团队认识到印第安劳动力、卡梅隆的历史和重视质量这几个方面的优势已经确立起来了。然而,他们知道平衡顾客与产品供应(使用自然资源的产品)的任务在将来会更加紧迫。

目前,产品销售收入占总收入的比重最高,餐饮收入排在第二位,住宿排在第三位。乔确信对三种产品一视同仁非常重要,而抵制过度重视某种产品的诱惑也很重要。他的目标是维护好卡梅隆商贸客栈的历史和文化基础,并为110名全职员工提供一个安全的工作保证,否则他们将被迫前往弗拉格斯塔夫市和凤凰城工作以养家糊口,那样的话,他们千百年来的文化和社会传承就会遭到破坏。

资料来源:Updated May 2019;http://www.camerontradingpost.com/.

问题讨论

第18章

1. 讨论在面对营销、业务增长、自然资源和客栈传统上的员工基础等问题时,乔和他的管理团队是如何权衡的。
2. 你对卡梅隆商贸客栈的管理层有何建议?
3. 在未来的5~10年间,美国及其他国家的旅游接待企业还有可能遇到哪些敏感的资源问题?
4. 在资源管理中,营销应该发挥的作用是什么?
5. 在旺季以外的季节,卡梅隆商贸客栈要怎么做才能提高入住率?

案例18　热带垂钓旅馆

垂钓旅馆的业务怎样才能与一个大型香蕉生产商的经营相匹配?这是一家跨国香蕉公司哥斯达黎加分公司所面临的问题。

热带垂钓旅馆的地理位置及简介

热带垂钓旅馆是一家位于哥斯达黎加加勒比海海岸的钓鱼小屋,坐落在帕斯图拉河畔。在旅馆附近的戴蒙特酒店有一条机场跑道,因此顾客可以乘坐轻型飞机来这里。顾客也可以从圣何塞走盘山公路,这条路98%已经铺好,需要3~3.5小时的车程。但走这条路常会遇到大雾,将妨碍行程。这里有一个供船只装卸的小码头。从码头有长长的很陡峭的带有手扶钢索的台阶通往上面绿草青青的河岸。

热带垂钓旅馆后面是一个香蕉种植园。一条水泥路把香蕉园与旅馆和居民区隔开。旅馆周围的环境受到精心呵护，非常迷人。它的美不是激动人心或叹为观止的，而是让人感到平静与放松。对面的河岸上是茂密的丛林，丛林中猴子欢快的嬉戏声不绝于耳。

热带垂钓旅馆的建筑是丛林风格，不是搭建在地面上而是建在木桩上。这有助于通风和防腐，以及阻止昆虫和小动物进入。旅馆不大，可容纳22位客人。客房由一个个独立的小木屋组成，与主楼形成L形。客房都经过了精心布置，干净明亮。每间客房都有一个带淋浴器及其他洗浴设施的浴室。床有单人床和双层单人床两种。房间里没有空调，但是晚风轻抚的感觉很舒适，必要时裹一条薄毛毯就可以了。

休闲和娱乐设施

垂钓大海鲢和锯盖鱼是旅馆提供的主要的娱乐活动。游客可以在从利蒙到尼加拉瓜边界的洲际运河或在礁湖或河口区垂钓。但是旅馆前面的河却不适合垂钓，需要乘船30～40分钟到河的下游寻找钓鱼的最佳地点。

大海鲢和锯盖鱼生活的主要区域有三处：旅馆南面40分钟船程的下游礁湖；旅馆北面下游地区的帕利斯迈纳斯渔村附近，需要45～60分钟船程且靠近另一家旅馆；更靠北的约需90分钟船程的桃鲁格鲁地区。

洲际运河及沿岸丛林风光秀丽，景色宜人，在这里人们可以看到许多珍奇鸟类，也可以听到猴子的叫声，甚至能隐约看到它们。迪士尼和雅克公司都曾经在这里取过景。这里还有鳄鱼、鹿、雏菊、美洲虎及一些小动物，但很少能看到。这里有各种各样的花草树木，空气中弥漫着香水树在夜间散发的阵阵幽香，植物学家和大自然爱好者可以在这里待上几个小时，尽情享受其中的乐趣。

在这个地区，开发商业性捕猎的机会很小，因为这里的鸭子和鹅并不多，鹿也很小，而且大部分地区逐渐变成了国家公园，野生动物得到了很好的保护。在礁湖及洲际运河里游泳和滑水很危险，因为水里有很多被淹没的木头，有时甚至有鲨鱼出没。加勒比海岸绵延着未得到开发的无人居住的黑色沙滩，沙滩上长满了迷人的棕榈树。从旅馆很难到达海岸，因为河口处的海浪太大，无法驾驶平底船或摩托艇入海，也不能乘坐这些船只进行海洋捕鱼。

酒店、现代网球场或高尔夫球场等大型建筑项目都需要大片的土地，这些都会占用利润丰厚的香蕉种植园的土地。

钓鱼季节

虽然热带垂钓旅馆全年营业，但11月1日至次年1月15日并不适合垂钓，因为这段时间常有暴雨。干燥季节集中在1月下旬到5月下旬及8月至10月两段时间。钓锯盖鱼最好的时间是8月下旬到11月1日。最佳垂钓月份和热带垂钓旅馆的高客流量月份的对比如下表所示，可以看出热带垂钓旅馆很难成为全季节旅馆。5月至8月，热带垂钓旅馆不得不与美国的度假区竞争，9月和10月是垂钓的最佳时节，这时是美国的秋季，气候宜人，但因为美国的学校已经开学，客流量并不高。11月和12月是美国的冬季，也是度假季节,但这时不适合垂钓。由于自然条件的限制,热带垂钓旅馆每年仅有 3～5 个月的营业佳期,为了减少这种依赖性,需要增加必要的促销手段。11月、12月及1月的一半时间由于天气和垂钓条件的限制,仍然是营业的淡季。因此,旅馆可以利用的最多只有 9 个月。

月份	钓鱼条件	客流量最高的 5 个月(约占总客流量的 80%)
1	好	
2	非常好	1
3	一般	
4	一般	
5	非常好	2
6	非常好	3
7	好	
8	好	
9	非常好	4
10	非常好	5
11	差	
12	差	

热带垂钓旅馆的价值

要估计垂钓旅馆的市场价值并不容易,教育资源信息中心给出的估值为 15 万～25 万美元。难以对其进行评估的一个原因是,其成功很大程度上要直接归结于拥有并为其提供电力能源的香蕉公司,有意向的买家可能会发现这一点。不过,发电机和独立井口并不难获得。

竞争对手

(1) Azul Grande。这家垂钓旅馆是热带垂钓旅馆的主要竞争对手,可以接待 24 位客人。该旅馆位于帕利斯迈纳斯渔村里,只能通过私人飞机和船只到达。它不像热带垂钓旅馆那样吸引人,四周是渔村破旧的民宅,旅馆的外观也比热带垂钓旅馆破旧,但清洁、干净,而且设施良好。在前院有一只猴子迎接游客。这家垂钓旅馆的顾客几乎都来自美国,旅馆老板在一些户外杂志上刊登广告,有时还会在美国电视脱口秀节目中露面。该旅馆的预订业务完全由芝加哥的独家代理商负责。

(2) 太阳岛(Isla Del Sol)。这家垂钓旅馆位于圣胡安河口,而圣胡安河恰好构成了尼加拉瓜和哥斯达黎加的分界线。业主兼经理是来自底特律的劳瑞先生。旅馆每年最多开业 6 个月,很难盈利。

（3）Casa Fantastica。这家垂钓旅馆也位于圣胡安河口，每年最多营业6个月。没有关于这家垂钓旅馆成功经营的信息，但是从它在户外杂志《海水运动健将》上刊登的广告来看，其经营策略是相当具有扩张性的。

收费

加勒比海岸线上这些相互竞争的垂钓旅馆每周的人均费用为2 000～4 000美元。热带垂钓旅馆与其他旅馆均鼓励游客来此逗留的时间不少于5天，因为交通成本较高，这样也能尽量让游客有更多的垂钓机会。停留时间太短的游客可能钓不到多少鱼，回去会向别人抱怨在这里垂钓并不愉快。所有的垂钓旅馆都提供竞争性的服务，而热带垂钓旅馆则提供更为细致、独特的服务，甚至不惜花费更多的时间和金钱将客人送到最佳的钓鱼地点。

热带垂钓旅馆的促销手段主要是在圣何塞的英文报纸上刊登广告，口碑传播看来是人们了解旅馆的主要途径。翻看顾客登记簿可以发现，绝大多数顾客来自美国，其次是哥斯达黎加。

问题讨论

第12章

1. 你认为热带垂钓旅馆应使用哪种分销渠道？
2. 分销渠道与细分市场有何关联？

第13章

1. 你建议热带垂钓旅馆采用什么促销战略和策略？
2. 讨论垂钓旅馆或狩猎旅馆与普通的酒店在管理方式和营销方面有何区别。
3. 负责多个物业的独立团队能否做好多个狩猎或垂钓旅馆的营销？

案例19　博尔德河酒店

在任何一个行业，对处于衰退期的产品进行重新定位并成功吸引新的细分市场都是最艰巨的营销任务。然而，这正是安德里亚·刘易斯（Andrea Lewis）收购了科罗拉多州博尔德市博尔德河酒店（Boulder Creek）这家并不靠近高速公路的经济旅馆（Econo Lodge）后所做的工作。

"这是我做过的最难的事情，"安德里亚说，"我丈夫伯特和我1999年购买了这家旅馆，但伯特忙于芝加哥的房地产业务，因此管理旅馆的职责主要落在我的头上。"

安德里亚对旅馆经营一无所知，但她发现自己在担任蒂芙尼公司的销售经理时，为了督导19个州的26名销售人员所接受的培训及在督导工作中获得的经验是非常宝贵的。安德里亚刚在蒂芙尼公司得到提升没多久，伯特就打电话过来说打算购买一家位于博尔德市的被人们忽略了的具有很大潜在价值的经济旅馆。他说："我需要你辞职，到博尔德来，再造这家旅馆。"安德里亚的两个年轻朋友前不久去世了，她对自己说："我喜欢博尔德，喜欢科罗拉多。虽然这项工作非常具有挑战性，但是生命苦短，就让我们开始动手干吧。"

与安德里亚面对的艰巨任务相比,她在蒂芙尼公司的生活就像梦一般美好。旅馆的主楼已有百年之久,衰败不堪,分阶段建成的汽车旅馆综合楼修建在对驾车者没有或很少有吸引力的路段,旅馆缺乏景观美化,停车场车辙纵横,也没有游泳池和健身房等康乐设施。旅馆坐落在学生居住区,很难把自己销售给那些中途停留的驾车者。

员工素质和态度与这栋破败的旅馆很般配。有几名员工贩毒,还有几名员工吸毒,而且员工对顾客的态度都是冷冰冰的。旅馆的前台为顾客提供的一项不同寻常的服务是用文身机在顾客的脚踝上刺青。旅馆的维护保养也差强人意。

安德里亚说:"我们接管的员工不愿为顾客服务,还不断地招惹来粗俗的顾客。"因此,前台用防弹玻璃保护起来也就不足为奇了。

旅馆糟糕的管理状况让周边的科罗拉多大学和纳洛帕大学也无人愿意光顾。旅馆以前的政策是"即使是像科罗拉多大学这样的最优秀、最理想的客户,我们也敬谢不敏"。

转机

经过3年的努力,博尔德河酒店从濒临倒闭变成了金奖的获得者,以及美国唯一一家白金级品质客栈(Quality Inn and Suites)。博尔德河酒店的回头客业务量很大,在酒店业的淡季,博尔德市其他酒店的平均入住率为50%,而博尔德河酒店的平均入住率为78%。同时,博尔德河酒店的日均房价(ADR)为70美元,是同类酒店房价中比较高的。

这种非凡的转变是如何实现的呢?

改换品牌

伯特和安德里亚觉得在经济旅馆的品牌名称下不可能实现明显的改观,但是留在精选国际酒店集团内还是有好处的。他们意识到在博尔德市还没有优质客栈这一品牌。安德里亚向精选国际酒店集团的管理层展示了她想要实现的巨变,得到许可成为第一家也是唯一一家改换成优质客栈的经济旅馆。

硬件设施

博尔德市有一套严格的建筑规章制度,而且建筑开工许可证也不容易搞到。得知这种情况后,安德里亚雇了一位受人尊敬且了解这座城市及政府官员的建筑师。安德里亚和这名建筑师认为,有百年历史的主楼应该作为一座有历史意义的建筑予以保留并进行装修,而且要赋予它多种功能,酒店的前台、商务中心、管理部门的办公室都将设在这栋建筑内,而且在楼上还将建两间客房。

前台的旁边用五颜六色的鹅卵石点缀的壁炉是该区域的核心景观。对有历史意义的主楼和客房的装饰,采用的是科罗拉多西部艺术家的作品。改造时将酒店尤其是有历史意义的主楼充分展示出来,让驾车路过的客人更容易被酒店所吸引。酒店的美化使用了各种本地野花和山石,它们极好地衬托了刻有优质客栈和博尔德河酒店两个品牌名称的极具吸引力的招牌。

40间客房和6间套房改建的时候,全部采用了"低调的高档酒店室内用品"。每一间客房都有凯悦和威斯汀等高档酒店才有的特色布置。安德里亚找了一些当地的艺术家给酒店制作了一些西部风格的灯具、家具和床单被罩。

酒店新建了一个健身中心并配备了最新的健身设施。在重修过的仅供住店客人使用的室内游泳池及投币式洗衣房旁边，修建了一间桑拿浴室和一个热水浴池。

酒店餐厅提供的早餐种类很多，远非很多酒店通常供应的那些冰凉的谷类食品和炸面包圈可比。博尔德河酒店每天提供的免费自助早餐包括鸡蛋、香肠、华夫饼、谷类食品、面包、水果、酸奶，以及果汁、茶和咖啡三类饮料。

小猎狗萨曼莎

爱尔兰软毛梗萨曼莎是安德里亚养的宠物，也是酒店员工和客人的朋友。博尔德河酒店开张时规定宠物是不许进入的。然而，这条规定让酒店感到有些尴尬，因为萨曼莎特别喜欢在"宠物禁止入内"的牌子下面打盹。于是，酒店开辟了几间客房供那些带宠物的客人使用，其他客房仍然禁止宠物入内，因为有些客人对宠物过敏。

新员工

由于对员工进行再培训、改变其态度要比改建酒店的难度大得多，因此以前的员工全部被辞退了。

安德里亚先去了一家名叫博尔德职场的机构，并在该机构安排下接触了一些50多岁的求职者。她选中的经理人选虽然缺乏酒店业的从业经验，但是拥有运营管理的学位，而且展现了良好的人际关系技巧和积极的工作态度。

安德里亚亲自负责员工的培训工作。她的培训理念是，如果你像对待金子一样对待你的员工，他们反过来也会像对待金子一样对待你。安德里亚拥有瓦萨大学的MBA学位，但是她觉得自己在蒂芙尼公司及更早前在雅诗兰黛公司所受的培训可以向员工灌输"追求卓越"的理念。

安德里亚的培训持续不断地围绕教会所有员工"顾客服务不是一蹴而就的"这一主题进行。虽然第一批雇用的员工需要接受计算机应用技能培训，但最近雇用的员工大多已经掌握了这项技能。

营销或销售

与那些尚未装修好就让客人入住，客人需要绕过梯子和油漆罐才能进入客房的酒店不一样，安德里亚坚持认为酒店不做好充足的准备就不能开张。"虽然我们确实需要现金流，但是让客人们享受完美的产品才是最重要的。"尽管很多人对此并不介意，但是安德里亚回复说："您现在还不能入住，等我们准备好了再来吧，我们不想让您失望。"客人等待后对酒店的做法表示很满意。安德里亚说，我们都有一种心理，即"越是得不到就越想得到"。

安德里亚亲自去拜访了博尔德市的一些组织，她将这些组织视为目标客户，认为它们能为酒店提供认可且欣赏高质量住宿条件的客源。那些只是寻找"廉价住宿"的客人并不是酒店的目标顾客。

科罗拉多大学和纳洛帕大学每年都有很多来访的教授、学生家长及其他一些人。一些成功的企业特别是技术企业，也有很多商务旅行者。

酒店接受直接划账，对那些来自目标组织机构而且有可能对旅行者住哪家酒店产生影响的顾客，酒店会安排他们游览有百年历史的主楼。酒店有一个潜在顾客和看门人（那些阻止酒店与潜在顾客接触的人）的名单，酒店在举行新产品发布会、游泳池边聚会、鸡尾酒会等活动时，可以根据这份名单来扩大邀请对象。

酒店邀请很多旅行作家前来下榻，并隆重地接待他们，同时还给他们准备了一个真实且有趣的关于博尔德河酒店发展历程的故事。这一策略使报纸杂志上刊登了很多关于博尔德河酒店的文章。对那些会对将来业务产生影响的人，酒店提供多日免费住宿。

安德里亚还瞄准了旅游接待业辅助业务，在这种业务中存在等价交换的可能性。酒店设计了一些组合产品来支持当地的其他一些业务，如餐饮业务。安德里亚觉得这些产品在"当地的合作者"之间建立了相互支持的关系，也给酒店客人提供了一些超出其预期的产品和服务。

在装修好酒店并知晓成功营销酒店所需的条件后，安德里亚表示，她准备聘请一名销售人员来确保业务的持续增长。

注重环保

博尔德河酒店的大多数顾客都与当地的两所大学有联系。这些顾客要求给他们提供的服务应该是健康的、环保的，所以酒店内肯定是禁止吸烟的。但是顾客们最近提出的意见引发了安德里亚的创造性思维。酒店的每间客房都提供高质量的洗发水、肥皂和浴液等洗漱用品。但许多顾客称小包装的洗漱用品不环保，应该将它们装在液体分配器中。

如何才能在既不采用那种大众化的缺乏想象力的分配器，又不会让那些喜欢传统的迷你小瓶装的物品的顾客不满的情况下满足这一要求，是安德里亚正在考虑的问题。

保持新鲜感和差异化

安德里亚知道，成功的关键在于使酒店保持新鲜感、迎合高消费的顾客及保持差异化。这意味着要严查细节。

每间客房都放有传奇主厨沃尔夫冈·帕克（Wolfgang Puck）为博尔德河酒店独家配制的咖啡，这也是酒店的特色之一。每间客房的无绳电话让客人在打电话时可以随意走动。酒店曾经讨论过让客人在室外遛狗的计划，但由于场地不足暂时还无法实现。如果客人带宠物狗入住，酒店会提供一套备用床单。

安德里亚觉得需要把酒店的窗户都换成新的，这样可以节省大量的能源。然而，游泳池也需要翻新。她应该把钱花在客人有可能不会注意到的窗户上还是游泳池上？这是安德里亚经常要面对的决策问题。

扩张

安德里亚和伯特觉得已经了解了博尔德市的酒店市场，于是又在博尔德市购买了一栋老建筑。这一次依旧需要安德里亚亲自参与。

除此以外，他们还在考虑科罗拉多州的其他一些城市，如博尔德市周边的柯林斯堡（科罗拉多州立大学所在地）和格里利市（北科罗拉多大学所在地）。接下来还要考虑加入哪个品牌。博尔德河酒店还要用优质客栈的品牌吗？只有10%左右的客人预订来自优质客栈的母公司，但是留在优质客栈旗下还是很有价值的。安德里亚和伯特觉得要是作为一家独立的酒店经营虽然也能和现在一样好，但是博尔德地区的其他人将会获得优质客栈这一品牌的使用权，然后坐享他们辛辛苦苦取得的商誉。

博尔德市对安德里亚一直很友好，而且经常有市民称赞博尔德河酒店为邻里和这座城市所做的贡献。安德里亚和伯特的计划与工作已经有了回报，但他们明白不能有片刻的放松，他们需要时刻保持警惕，对各种新想法、新概念保持一种开放的态度。

问题讨论

第8章

1. 安德里亚和伯特对博尔德河酒店进行了再定位。在重新定位前酒店的目标市场是什么？现在的目标市场又是什么？
2. 他们是如何改变营销组合以适应新的目标市场的？
3. 你认为是否应继续留在优质客栈的旗下？解释原因。

案例20　国际旅行社

位于墨西哥城的国际旅行社的总经理很关心销售人员的表现。该旅行社专注于美国游产品。产品包含机票、酒店客房及往返机场的交通。销量最好的产品是前往奥兰多、休斯敦或纽约的家庭游。

旅行社的销售人员给人感觉并没有认真利用销售机会，而只想着销售没有附加值的基本旅游套餐。销售人员似乎对于努力售出全部产品组合来最大化销售利润并不感兴趣。以奥兰多旅游套餐为例，这款产品中包含迪士尼乐园、未来世界中心和环球影城的门票。由于主题公园之间的距离远，很多游客会租车。租车预订服务为销售人员创造了另一个销售机会。

旅行社共有7名销售人员，其中两人负责走访商务客户，待在办公室里的时间较少，其他5人是旅行顾问，负责在办公室销售旅游套餐。

在办公室工作的旅行顾问没有销售配额，而经常在外走访客户的两人则有一定的销售配额。达不到配额的销售人员要向旅行社说明情况，但除非这种情况持续几个月，否则旅行社不会采取其他措施。如果完不成任务的情况持续存在且较严重，销售人员可能会被解雇。

旅行社每年为销售人员提供5~7次熟悉业务的考察旅行，这意味着每名销售人员每年至少可以有一次旅行经历。这些旅行并不占用员工的年假。考察旅行的目的是了解目的地及航空公司、酒店、餐厅等的服务。总经理希望销售人员获得目的地的相关经验，从而可以通过向顾客销售更多的旅行服务来实现利润最大化。针对其中3名旅行顾问的销售分析显示，大约95%的销售额来自旅游套餐，剩下的5%来自主题公园门票、租车、客房升级、目的地游览、旅游保险和娱乐门票等项目。

旅行社的销售人员可以用顾客的母语回答问题,并根据自己对目的地的了解及从其他客人那里收到的反馈信息提出建议。利用对目的地和顾客的了解,旅行社可以提供房间升级服务,如为规模较大的家庭提供两居室套房或酒店早餐。顾客通过旅行社购买这些服务可以获得力度较大的折扣。去奥兰多旅游的客人需要购买主题公园门票,去纽约旅游的客人很可能想去百老汇看演出,将正确的产品销售给正确的顾客可以提高国际顾客的满意度。

国际旅行社的总经理想尽办法鼓励旅行顾问出售其他旅游产品,但觉得他们对花费大量时间和精力去做这件事情一点也不感兴趣。总经理认为尽力销售完整的产品组合可以提高顾客的满意度和利润,因此需要制订一份鼓励交叉销售的计划。

问题讨论

第 15 章
1. 旅行社可以采取哪些方法激励销售人员进行更多的交叉销售?
2. 目前的考察旅行对销售人员来说有激励作用吗?
3. 从销售激励和销售控制的角度讨论实现国际旅行社的目标所需要采取的措施。

案例 21　超级酒店公司

超级酒店公司(Superior Hotels)的总裁简恩·特莱伯(Jan Trible)很关心公司的发展。超级酒店公司在佛罗里达州的分时度假管理界颇负盛名。公司最近接到了一份为洛矶山脉的滑雪胜地提供管理咨询的合同,这意味着公司可以将业务扩展到度假村管理的新领域。公司内部正在讨论在一个只有 10 万~20 万人口的城市发展商务酒店业务是否明智。

分时度假村的管理

超级酒店公司的管理风格在公司对分时度假村的管理中得到了体现。公司管理着 5 个分时度假村,共 240 个单元。公司坚持一项政策,即不与任何陷入困境的分时度假项目签订管理合同,理由是这些项目大多没有经过缜密的计划而且从长期来看是不太可能成功的。简恩认为分时度假领域即将发生一次大震荡,现在的许多项目都可能会失败。

超级酒店公司的方针是在项目启动时就与分时度假村的开发商一起工作。一般来说,开发商的目标是短期的,而负责经营管理的公司必须有长期的目标。该政策要求公司参与项目的整个规划过程,包括设计蓝图和内部装修。如果开发商拒绝合作,公司将不会接受项目的管理委托。管理人员认为分时度假项目与传统酒店和度假村的开发项目有很大不同,例如:

(1) 一个分时度假村有成百上千个业主,而一个传统的酒店和旅游胜地只有一个和几个业主。

(2) 分时度假村的客房使用频率很高,约为 95%。家具、地毯及其他设施比正常使用情况下会更快地损坏,因此不能简单地套用酒店的运营规则。

(3) 在分时度假村,顾客享有业主的权益。顾客通常非常挑剔,因为他们把这里视为自己的产业,而且经常抱怨传统酒店的顾客习以为常的事情。

(4) 分时度假村的销售充斥着大量夸张的广告,顾客的期望很高。超级酒店公司必须将销售部门描绘的梦想变为现实。

(5) 分时度假村的长期成功取决于在 20 年或更长的时间内每年都能吸引同一批顾客。如果顾客觉得不满意,而且有足够多的顾客决定放弃自己的所有权,那么转售将非常困难,整个项目也会处于危险的境地。

超级酒店公司已经针对上述复杂因素制定了几种管理方案。

业主反馈

每位业主来度假村时都会收到业主意见调查表。简恩会认真地阅读每位业主填写的意见调查表。表中的内容涉及的范围很广,从房屋的外观到是否有昆虫、啮齿动物存在的迹象。如果业主给出的评价很差,包括简恩在内的公司管理层的一名成员将亲自联系提意见的业主并随时向其反馈解决问题的进展。

每周举办一次的"业主咖啡"活动也是收集业主意见的一个渠道,每次活动至少有一位管理人员参加,包括度假村的老板、客房部主管、内部管理总监等。超级酒店公司发行一份季刊并送给所有的业主。季刊中除了关于往返度假村的机票价格变化等一般信息外,还有提醒每位业主的度假时间的个性化内容。

娱乐管理

超级酒店公司认为,即使是风景最美、条件最好的度假村最终也会让人觉得乏味。为了确保顾客每年都会发现新东西,公司设计了一个娱乐项目并聘请了专业人员负责。该项目针对所有年龄段的人,参考了地中海俱乐部的一些成功理念。

照看儿童服务让父母们可以享受在其他大多数度假村享受不到的自由。热狗派对、海滩聚会、网球比赛、贝壳知识讲授及其他服务可以满足很多娱乐和教育需求。为了使所有参加的人都满意,每一项娱乐都被严密监控以剔除薄弱环节。所有这些活动中最突出的一点是它们提供了人与人之间相互交流的机会。简恩认为,在普通的度假村,顾客住上一周可能也结交不到一个新朋友,而非常理想的是,人们参与这些娱乐活动时自然而然地会结识新朋友。

客房管理与维护

一天内会有大批顾客离开,同时又有大批顾客抵达,这种情况让分时度假业的客房管理与维护尤为困难。公司聘用了一个全职维修团队并储备了大量可供替换的家具。如果电视机或其他电器设备出了问题,公司会立即更换而不是派人维修。简恩认为,顾客只有一周的度假时间,肯定不希望被修理工打扰。公司与一家独立的家政服务公司签订合同,由其负责分时度假村的客房清洁。客房部经理会亲自检查每个房间并确保出现的问题立刻得到解决。

超级酒店公司的形象与经营理念

简恩对公司的经营理念给出了这样的总结:"我们经营的所有物业都应该是一流的,而不能是二流的或平庸的。"这一注重质量的经营理念使管理层在管理新的度假村时改变了以往的策略。最近公司推出了一项新的政策,即在未来要管理的所有物业中持有股权。之所以制定这一政策是出于两个原因:第一,持有股权可以让超级酒店公司在物业开发和经营管理决策上更有话语权进而保证质量;第二,超级酒店公司不愿意看到将物业提高到某一理想的质量和性能水平后分时度假村的所有者却决定不再续签管理合同的情况。

公司目标

超级酒店公司的管理层和所有者希望公司在 10 年内成为一家公认的有实力的全国性的度假村和商业酒店管理公司。他们觉得度假村的增长空间很有限,因为大多数好的地段已经被别人抢先开发了。

今后 5 年的最佳发展战略是在拥有 10 万～20 万人口的处于阳光地带的城市开发一流的商业地产。公司管理层预计在这一市场每年开发 3 个新的房地产项目是可行的。处于阳光地带的城市能提供最大的增长潜力,因为这些城市缺少有 150～200 间客房的高品质酒店。这些二线城市仍然是重要的工业和农业中心,却不能提供各方面都绝对一流的酒店住宿条件。然而,这些城市却大多有备受关注的医疗设施,仅这个因素就能对游客产生足够的吸引力。

问题讨论

第 18 章

1. 超级酒店公司的核心竞争力是什么?是度假区的管理、分时度假村的管理、滑雪胜地的管理,还是商务酒店的管理,抑或其他方面?
2. 你认为超级酒店公司应该进入像滑雪胜地或商务酒店这样的多样化市场吗?
3. 你认为超级酒店公司能有效地营销和管理众多不同类型的酒店吗?
4. 你会给简恩·特莱伯什么建议?

 ## 案例 22 优步

虽然比较少见,但时不时就会有一家公司出现,完全颠覆传统的产品或服务的分销方式。亚马逊彻底改变了在线销售,苹果的 iTunes 和 iPod 让音乐发行变化惊人。现在出现了优步,这款网约车应用程序使城市交通发生了革命性的变化。优步让传统的出租车和汽车服务变得物美价廉。在短短 7 年间,优步在 60 多个国家的 700 多个城市迅速扩张,形成了一个由 400 多万名司机组成的庞大网络,每年通过优步叫车的车费超过 100 亿美元。

颠覆性的产品

为什么世界各地有这么多的顾客抛弃了早已存在且用起来还不错的出租车,而选择了新出现的优步?原因是方便和安心。再也不用走到车水马龙的街上挥手去叫路过的出租车了,优步的应用程序让乘客可以从任何地点呼叫附近的出租车或豪华轿车,然后在地图上查看车辆的行进情况。使用优步的应用程序,乘客可以提前知道预估车费(通常比普通出租车便宜),从而消除了猜测和不确定性。到达后,乘客下车离开就可以了。优步会自动从乘客预存的账户中扣款,把车费支付给司机(包括小费),从而免除了常常让乘客感到不方便和尴尬的支付时刻。从旧金山、伦敦、巴黎、阿布扎比到北卡罗来纳州的阿什维尔,或佐治亚州的阿森斯,世界各地的优步的流程都一样。下面对比优步的体验与普通出租车的不确定且常令人不安的体验。

一位商业记者描述说,他在出租车站排队等到一辆车,但司机却为了多赚点钱而试图说服另一位等车的陌生人拼车走。出租车的外观又旧又脏,座位也破旧不堪。在整个乘车过程中,出租车司机戴着耳机用外语打电话,心不在焉地跟着导航穿行在熙熙攘攘的城市街道,让人担忧安全问题。记者总结说:"我在家门口下了出租车,意识到我再也不会陷入这种尴尬境地了。优步改变了我的生活,我再也不会坐出租车了。"

优步司机包括从传统出租车和运输公司转过来的职业司机,以及在业余时间赚些外快的普通人。所有优步司机都要经过入职培训,要求熟练掌握所在地区的主导语言,以便与顾客进行有效沟通。尽管各地会有一些差别,但优步使用的车辆的车龄一般不会超过10年。它的双向评级系统使乘客可以对司机进行评级,司机也可以对乘客进行评级,这有助于双方保持最佳行为。评级差的司机会面临被乘客拒绝的风险,而评级差的乘客也面临被司机拒绝的风险。

优步的颠覆性创新为一个亟需变革的行业注入了新的活力。长久以来,城市交通的一大特点就是出租车公司与地方政府之间形成了一种类似企业同盟的关系,导致出租车车费高、服务差、责任轻。正如一位经济学教授指出的那样,在出租车行业,"(新兴企业)进入的时机已经成熟,因为每个人都对现状深恶痛绝"。

不过,优步也因其"峰时定价"而受到批评,这种动态定价机制在供不应求时会提高车费,有时甚至会因车费高得惊人而受到哄抬价格的指控。优步称这种做法是合理的,可以为司机提供激励,让更多的司机在乘客最需要用车的时候提供服务。根据优步的说法,如果乘客因为价格提升而面临高于正常的费用,那么没有优步的话很可能根本打不到出租车。此外,优步会提前告知乘客预估车费。如果他们无法接受,可以在路边打出租车、乘坐公共交通工具或者步行。

竞争对手和启动成本

优步的巨大成功引来了众多竞争对手,如来福车(Lyft)、Gett、Carma 和 Zimride。优步拥有巨大的市场先发优势,其叫车量是实力最接近的竞争对手来福车的10倍,而且优步发展新用户的速度更快。此外,即使竞争加剧,对那些想法相同的竞争对手,优步也并不畏惧。事实上,采用新模式的竞争对手越多,革命性渠道增长和繁荣的态势与传统渠道相比就越好，从而为新用户的加入创造了机会。相反，新的分销模式对传统出租车和租车公司构成了最大的威胁，这些公司的顾客和司机正在转向优步及其竞争对手。

尽管呈现爆炸式增长，但与其他所有提供叫车服务的公司一样，优步尚未实现盈利。与脸书、亚马逊及当今受互联网驱动的经济中很多其他革命性公司一样，优步的创业模式是先建立一个庞大的用户群，然后再考虑怎么赚钱。优步留下每笔车费的20%~30%，其余的分给司机。优步将大部分收入都用在了扩张和促销上。投资者似乎很有信心。优步已经筹集了超过100亿美元的风险投资。优步于2019年上市，估值为824亿美元。同年早些时候，来福车的股票首次公开发行，其估值为243亿美元。

挑战

像任何创新者一样，新兴企业优步也面临一些重大挑战。例如，优步被批评对司机质量和安全控制得太少。到目前为止，该公司未直接雇佣司机（所有优步的司机都是独立承包商），也未拥有任何车辆（所有车辆都是司机所有），因此一直处于行业监管机构的关注之下。优步公司内部及司机均受到过性骚扰指控。谷歌母公司Alphabet旗下的Waymo也对优步提起诉讼。优步收购了无人驾驶公司Otto。该诉讼指控Waymo的一名员工在离开Waymo创办Otto之前下载了Waymo的机密文件。这些意外事件促使优步任命亿客行前首席执行官达拉·科斯罗萨西（Dara Khosrowshahi）担任首席执行官，取代了优步的创始首席执行官。

对业务的界定超出网约车领域

在新任首席执行官的领导下，优步的使命由"在世界上任何地方为任何人创造像可靠的水流一样的交通"转变为"运转世界，点燃机遇"。这扩大了优步的使命，不再局限于将人们送到目的地。优步正在考虑将业务扩展到医疗保健、快递等领域。随着人口老龄化，很多老年人需要乘车往返医院接受治疗。优食（Ulber Eats）提供送餐服务，运营得非常成功。"既然能在5分钟内驾车抵达，那么在5分钟内也可以递送很多其他东西。"

资料来源："The Fall of Travis Kalanick Was a Lot Weirder and Darker Than You Thought," https://www.bloomberg.com/news/features/2018-01-18/the-fall-of-travis-kalanick-was-a-lot-weirder-and-darker-than-you-thought（accessed May 16, 2019）; Uber.com（accessed May 16, 2019）; Eric Newcomer and Ellen Huet, "Battling Lyft for Market Share, Uber Again Turns to Discounting," *Skift*, January 22, 2016, http://skift.com/2016/01/22/battling-lyft-for-market-share-Uber-again-turns-to-discounting/; Alan Murray, "Uber-nomics," *Fortune*, January 2015, p. 6; Jim Edwards, "Uber Has Changed My Life and as God Is My Witness I Will Never Take a Taxi Again," *Business Insider*, January 22, 2014, www.businessinsider.com/Uber-has-changed-my-life-and-as-god-is-my-witness-i-will-never-take-a-taxi-again-where-available-2014-1#ixzz3TYF7ZY29; Brad Stone, "Invasion of the Taxi Snatchers: Uber Leads an Industry's Disruption," *Businessweek*, February 20, 2014, pp. 38-42; Tracey Lien, "Lyft Defies Predictions by Continuing to Grow as a Rival to Uber," *Los Angeles Times*, January 5, 2016, www.latimes.com/business/technology/la-fi-0105-lyft-growth-20, 160, 105-story.html; Jon Russell, "Uber Makes First Big Expansion in China as It Aims to Reach 100 Cities in 2016," *TechCrunch*, January 18, 2016, http://techcrunch.com/2016/01/18/Uber-sichuan-expansion/.

问题讨论

第 5 章

你正在考虑使用优食为餐厅提供送餐服务。目前餐厅尚未提供送餐服务,顾客只能在餐厅点餐并领取食物。经理让你研究使用优食是否可行。你将收集哪些信息提交给经理?

第 12 章

1. 比较出租车和优步的分销系统。也就是说,对顾客如何获得出租车服务和优步乘车服务进行对比。

2. 与出租车公司相比,优步在为需要交通工具的人创建分销系统方面创造了哪些优势?

第 17 章

1. 说明优步是如何为游客提供便利的。

2. 作为目的地管理者,你会欣然接受优步吗?如果是这样,你会如何将你的立场告诉为社区服务多年的出租车司机?

教师服务

感谢您选用清华大学出版社的教材！为了更好地服务教学，我们为授课教师提供本书的教学辅助资源，以及本学科重点教材信息。请您扫码获取。

▶▶ 教辅获取

本书教辅资源，授课教师扫码获取

▶▶ 样书赠送

市场营销类重点教材，教师扫码获取样书

 清华大学出版社

E-mail: tupfuwu@163.com
电话：010-83470332 / 83470142
地址：北京市海淀区双清路学研大厦 B 座 509

网址：http://www.tup.com.cn/
传真：8610-83470107
邮编：100084